Betriebswirtschaftslehre mit Rechnungswesen für die Höhere Berufsfachschule Wirtschaft

Band 2: Rechnungswesen

von

Dipl.-Kfm. Dipl.-Hdl.
Manfred Deitermann

Dipl.-Kfm. Dipl.-Hdl.
Dr. Siegfried Schmolke

Dipl.-Hdl.
Wolf-Dieter Rückwart

winklers®

66861

Vorwort

Der Lehrplan für das Fach „Betriebswirtschaftslehre mit Rechnungswesen" für die **Höhere Berufsfachschule** – Typ Wirtschaft und Verwaltung – wird durch ein **zweibändiges Werk** abgedeckt. Mit ständigen **Verknüpfungen und Verweisen** zum jeweils anderen Band enthält

- **Band 1** die **betriebswirtschaftlichen** Lerninhalte und
- **Band 2** die Lerninhalte des **Rechnungswesens.**

Auch im vorliegenden **Band 2 „Rechnungswesen"** entspricht die Reihenfolge der Themenbereiche den Vorgaben des **neuen Lehrplans.** Die alternativ zu behandelnden Themen „Deckungsbeitragsrechnung" sowie „Der Jahresabschluss der Kapitalgesellschaften und seine Analyse unter Finanzierungsgesichtspunkten" werden in angemessenem Umfang behandelt. Die Deckungsbeitragsrechnung wird aus didaktischen sowie sachlogischen Gründen im Kapitel „Kosten- und Leistungsrechnung im Industriebetrieb" dargestellt.

Den einzelnen Stoffgebieten liegt der **„Schulkontenrahmen Nordrhein-Westfalen"** zugrunde, der grundlegend dem abschlussorientierten Industriekontenrahmen (IKR) entspricht. Die mit **„Exkurs"** bezeichneten Kapitel bieten eine über den Lehrplan hinausgehende Möglichkeit der Vertiefung und Weiterbildung.

Die einzelnen Sachgebiete werden gründlich und praxisnah, umsatzsteuer- und EDV-gerecht als auch schülergemäß nach dem bewährten Prinzip der Verfasser behandelt:

- Betriebswirtschaftliche und rechtliche Grundfragen mit Verweisen zu Band 1
- Beispiel mit Lösung
- Zusammenfassung in einem Merksatz
- Übungen mit unterschiedlichem Umfang und Schwierigkeitsgrad
- Aufgaben zur Entscheidung, Weiterführung und Vertiefung

Dem **praxis- und handlungsorientierten Lernen** dienen vor allem **zwei Beleggeschäftsgänge,** die nicht nur konventionell, sondern auch **computergestützt** bearbeitet werden können. Dieser Zielsetzung wird besonders in den Kapiteln **„Kosten- und Leistungsrechnung"** und **„Auswertung des Jahresabschlusses"** dadurch entsprochen, dass die sachlich strukturierten Inhalte an je einem **Beispielunternehmen** begründet und **zusammenhängend entwickelt** werden.

Mehrfarbige Darstellungen **(Vierfarbendruck: grauer** Raster: Beispiele; **grüner** Raster: Aufstellungen; **roter** Raster: Berechnungen; **gelber** Raster: Zusammenfassungen. Buchungen sind **blau** markiert.**)** und knappe Merksätze sowie zahlreiche Aufgaben und Fragen tragen zur gewünschten Sicherung des Lernerfolgs bei.

Das **Arbeitsheft** (ISBN 3-8045-6688-X) zum Band 2 „Rechnungswesen" erleichtert die Arbeit des Schülers.

Vorwort zur 11. Auflage

Die vorliegende 11. Auflage wurde durchgehend überarbeitet und den Themenbereichen des Lehrplans angepasst. Insbesondere die Kapitel „A, 10 Buchen mit Finanzbuchhaltungsprogrammen", „C, 3 Lohn- und Gehaltsabrechnung" sowie „E, 5 Ausscheiden von Anlagegütern" sind aktualisiert worden. Neu aufgenommen wurden die Abschnitte „Return on Investment" sowie „Inventurdifferenzen".

Manfred Deitermann
Wolf-Dieter Rückwart

11., überarbeitete und erweiterte Auflage, 2005

Westermann Schroedel Diesterweg
Schöningh Winklers GmbH
Postfach 11 15 52, 64230 Darmstadt
Telefon: 06151 8768-0 Telefax: 06151 8768-61
www.winklers.de
Lektorat: Erika Grimm
Druck: westermann Druck GmbH, Braunschweig
ISBN 3-8045-**6686**-3

66862

Inhaltsverzeichnis

A Abbildung betrieblicher Abläufe durch das Rechnungswesen

1 Grundlagen der Industriebuchführung

1.1 Aufgaben der Industriebuchführung

Aufgabenbereiche des Industriebetriebes. Aufgabe eines Industriebetriebes ist es, Güter herzustellen und an einen weiterverarbeitenden Betrieb oder an den Groß- und Einzelhandel zu verkaufen. Das folgende Beispiel soll die drei wichtigsten Aufgabenbereiche (Funktionen) eines Industriebetriebes verdeutlichen:[1]

In einem Holzverarbeitungsbetrieb werden Tischplatten aus Pressspan hergestellt. Pressspan wird in Tafeln von 2x3 m Größe fertig gekauft, im Werk gesägt, kunststoffbeschichtet oder mit verschiedenen Holzarten furniert, lackiert sowie umleimt. Die fertigen Tischplatten werden an ein Montagewerk zur Herstellung von Tischen verkauft.

- **Beschaffung.** Das Beispiel zeigt, dass die für die Herstellung der Tischplatten erforderlichen **Betriebsmittel** (Maschinen, Werkzeuge u. a.) und **Werkstoffe** (Pressspan, Furnierholz, Kunststoff, Lack, Leim u. a.) zunächst beschafft werden müssen. Alle mit dem Einkauf verbundenen Tätigkeiten sind dem Aufgabenbereich „Beschaffung" zuzuordnen. Dazu zählt auch die Beschaffung von **Arbeitskräften** und **Geldmitteln** (Finanzierung). → siehe auch Band 1, BWL, Kapitel 3.
- **Fertigung.** Im Fertigungs- bzw. Produktionsprozess werden die eingekauften Werkstoffe mithilfe von **Arbeitskräften und Maschinen** (Säge, Hobelmaschine, Furnierpresse, Spritzgerät u. a.) zu **fertigen** Tischplatten **(= Fertigerzeugnisse)** verarbeitet. Alle mit der Herstellung eines Gutes verbundenen Tätigkeiten werden als „Fertigung" bezeichnet. → siehe auch Band 1, BWL, Kapitel 5.
- **Absatz.** Die weitere Aufgabe des Industriebetriebes besteht darin, die **fertigen Tischplatten** an das Montagewerk zu **verkaufen.** Alle Tätigkeiten, die mit dem **Verkauf der Fertigerzeugnisse** zusammenhängen, bezeichnen wir als „Absatz". → siehe auch Band 1, BWL, Kapitel 4.

Geschäftsfälle. Die genannten Tätigkeiten führen zu Geschäftsfällen, die **Höhe und Zusammensetzung** der **Vermögensteile** (z. B. Bankguthaben, Kassenbestand, Forderungen an Kunden, Werkstoffbestände u. a.) und der **Schulden** (z. B. Darlehensschulden, Verbindlichkeiten gegenüber Lieferern u. a.) **ständig verändern.**

Merke:

- **In jedem Industriebetrieb lassen sich die Tätigkeiten (Geschäftsfälle) insbesondere den folgenden drei Aufgabenbereichen zuordnen:[1]**

▷ **Beschaffung** von	▷ **Fertigung**	▷ **Absatz**
– Betriebsmitteln	(Produktion)	(Verkauf)
– Werkstoffen	der	der
– Arbeitskräften	Erzeugnisse	Erzeugnisse
– Geldmitteln		

- **Geschäftsfälle verändern Höhe und Zusammensetzung der Vermögensteile und Schulden.**

1 Siehe auch Band 1, BWL, Kapitel 1.2.1 und 1.2.2.

Beleg. Jedem Geschäftsfall muss ein Beleg zugrunde liegen, der über

▶ **Vorgang,** ▶ **Datum** und ▶ **Betrag**

Auskunft gibt. Der Beleg (Rechnungen, Bankauszüge, Quittungen u. a.) ist der **Nachweis für die Richtigkeit der Aufzeichnung** (Buchung).

Die folgende Übersicht zeigt einige typische Geschäftsfälle mit ihren Belegen:

Bereich	Geschäftsfall	Beleg
Beschaffung	Einkauf von Spanplatten	Eingangsrechnung
Fertigung	Verbrauch von Spanplatten Lohnzahlung	Materialentnahmeschein Lohnliste
Absatz	Verkauf von fertigen Erzeugnissen	Ausgangsrechnung

Merke: **Zu jedem Geschäftsfall gehört ein Beleg als Nachweis der Buchung.**

Die Buchführung muss alle **Geschäftsfälle laufend, lückenlos und sachlich geordnet** nach Werkstoffeinkäufen, Verkaufserlösen (Umsatzerlösen), Verbindlichkeiten gegenüber Lieferern, Forderungen an Kunden usw. **erfassen und aufzeichnen** (buchen). Ohne eine ordnungsgemäße Aufzeichnung der Geschäftsfälle würde die Unternehmensleitung in kürzester Zeit den **Überblick über die Vermögens-, Schulden- und Erfolgslage** sowie das gesamte Betriebsgeschehen verlieren. Außerdem fehlten ihr dann die zahlenmäßigen Grundlagen für alle Planungen, Entscheidungen und Kontrollen.

Die Buchführung im Industriebetrieb erfüllt wichtige Aufgaben:

- Sie stellt den **Stand des Vermögens und der Schulden** fest.
- Sie zeichnet **alle Veränderungen** der Vermögens- und Schuldenwerte lückenlos und sachlich geordnet auf.
- Sie ermittelt den **Erfolg des Unternehmens,** also den **Gewinn** oder den **Verlust,** indem sie alle Aufwendungen (Werteverzehr) und Erträge (Wertezuwachs) erfasst.
- Sie liefert die Zahlen für die **Preisberechnung (Kalkulation) der Erzeugnisse.**
- Sie stellt Zahlen für **innerbetriebliche Kontrollen** zur Verfügung, die der Steigerung der Wirtschaftlichkeit dienen.
- Sie ist die Grundlage zur **Berechnung der Steuern.**
- Sie ist wichtiges **Beweismittel** bei Rechtsstreitigkeiten mit Kunden, Lieferern, Banken, Behörden (Finanzamt, Gerichte) u. a.

Aus der Aufzählung der Aufgaben geht hervor, dass die Buchführung **für jeden Kaufmann** von großer Bedeutung ist. **Im Industriebetrieb** hat die Buchführung insbesondere wichtige Vorgänge zahlenmäßig zu erfassen, die mit der eigentlichen **betrieblichen Tätigkeit** im Zusammenhang stehen, also mit

▶ der **Herstellung** und ▶ dem **Absatz** der Erzeugnisse.

Merke:

- **Die Buchführung ist die sachlich geordnete und lückenlose Aufzeichnung aller Geschäftsfälle eines Unternehmens aufgrund von Belegen.**
- **Die Buchführung, auch Geschäfts- oder Finanzbuchhaltung genannt, liefert auch die Zahlen für die übrigen Zweige des industriellen Rechnungswesens:**
  - ▷ **Kosten- und Leistungsrechnung,**
  - ▷ **Statistik und**
  - ▷ **Planungsrechnung.**
- **Die Geschäfts- oder Finanzbuchhaltung bildet somit die Grundlage des gesamten betrieblichen Rechnungswesens.**

1.2 Gesetzliche Grundlagen der Buchführung

Buchführungspflicht. Die Buchführung ist das zahlenmäßige Spiegelbild des gesamten Unternehmensgeschehens. Sie erfüllt wichtige Aufgaben nicht nur für die Unternehmensleitung und die **Unternehmenseigner,** sondern auch für den **Staat** zur richtigen Ermittlung der Steuern. Letztlich dient eine ordnungsmäßige Buchführung auch dem **Schutz der Gläubiger** des Unternehmens. Es liegt daher nahe, dass sowohl das **Handelsgesetzbuch** (§ 238 HGB) als auch die **Abgabenordnung** (§§ 140f. AO) den Unternehmer zur Buchführung verpflichten. **Nach Handelsrecht** ist nur **der ins Handelsregister eingetragene Kaufmann** mit dem Firmenzusatz **e. K., e. Kffr.** oder **e. Kfm.** und **OHG, KG, GmbH** oder **AG** zur Buchführung verpflichtet:

„Jeder **Kaufmann** ist verpflichtet Bücher zu führen und in diesen seine Handelsgeschäfte und die Lage seines Vermögens nach den Grundsätzen ordnungsmäßiger Buchführung ersichtlich zu machen." (§ 238 [1] HGB)

Nach Steuerrecht ist zunächst auch der Unternehmer zur Buchführung verpflichtet, der nach Handelsrecht gemäß § 238 HGB buchführungspflichtig ist (§ 140 AO). Darüber hinaus ist nach Steuerrecht jeder andere gewerbliche Unternehmer, auch der Nichtkaufmann, z. B. Handwerker u. a., zur Buchführung verpflichtet, der gemäß § 141 AO **eine** der folgenden **Voraussetzungen** erfüllt:

- **Jahresumsatz** übersteigt .... **350.000,00 €**

oder
- **Jahresgewinn** übersteigt .... **30.000,00 €**

Merke: **Das HGB unterscheidet zwischen dem Kaufmann (= im Handelsregister eingetragen) und dem Nichtkaufmann.**

Die handelsrechtlichen Vorschriften über die Rechnungslegung, nämlich

Buchführung und **Jahresabschluss,**

enthält das Handelsgesetzbuch in seinem 3. Buch **„Handelsbücher".**

Das 3. Buch „Handelsbücher" im HGB gliedert sich in **drei Abschnitte:**
• Der **1. Abschnitt (§§ 238–263 HGB)** enthält Vorschriften, die auf **alle Kaufleute** anzuwenden sind. Zu diesen **grundlegenden Vorschriften** zählen die Buchführungspflicht, die Führung von Handelsbüchern, das Inventar, die Pflicht zur Aufstellung des Jahresabschlusses (Bilanz und Gewinn- und Verlustrechnung), die Bewertung der Vermögensteile und Schulden sowie die Aufbewahrung von Buchführungsunterlagen u. a. m.
• Der **2. Abschnitt (§§ 264–335 HGB)** enthält – ergänzend zum 1. Abschnitt – **spezielle Vorschriften für alle Kapitalgesellschaften,** insbesondere über die **Gliederung, Prüfung und Veröffentlichung des Jahresabschlusses** der Aktiengesellschaft, Kommanditgesellschaft auf Aktien und Gesellschaft mit beschränkter Haftung. Die Vorschriften dieses Abschnitts entsprechen zugleich den Rechnungslegungsvorschriften aller **EU-Mitgliedstaaten** aufgrund des Bilanzrichtlinien-Gesetzes.[1]
• Der **3. Abschnitt (§§ 336–339 HGB)** enthält für **eingetragene Genossenschaften** über den 1. und 2. Abschnitt hinausgehende Regelungen.[1]

Rechtsformspezifische Vorschriften der jeweiligen Unternehmensform sind im Aktiengesetz, GmbH-Gesetz und Genossenschaftsgesetz enthalten.

Steuerrechtliche Vorschriften über die Buchführung enthalten die **Abgabenordnung** (AO), das **Einkommensteuergesetz** (EStG), **Körperschaftsteuergesetz** (KStG), **Umsatzsteuergesetz** (UStG) sowie die entsprechenden **Durchführungsverordnungen** (EStDV, KStDV, UStDV) und **Richtlinien** (EStR, KStR, UStR).

Merke: **Das 3. Buch HGB enthält in drei Abschnitten eine geschlossene Darstellung der handelsrechtlichen Rechnungslegungsvorschriften (siehe Anhang).**

1 Siehe auch Band 1, BWL, Kapitel 2.5 und 2.6.

1.3 Ordnungsmäßigkeit der Buchführung

Die Buchführung gilt als ordnungsgemäß, wenn sie so beschaffen ist, dass sie einem sachverständigen Dritten (Steuerberater, Betriebsprüfer des Finanzamtes) in angemessener Zeit einen **Überblick** über die

▶ **Geschäftsfälle** und ▶ **Lage des Unternehmens**

vermitteln kann (§ 238 HGB, § 145 AO). Die Buchführung muss deshalb

▶ **allgemein anerkannten** und ▶ **sachgerechten Normen**

entsprechen, und zwar den **„Grundsätzen ordnungsmäßiger Buchführung" (GoB).**

Quellen der GoB sind vor allem Wissenschaft und Praxis, die Rechtsprechung sowie Empfehlungen der Wirtschaftsverbände. Zahlreiche Grundsätze haben ihren Niederschlag in handels- und steuerrechtlichen Vorschriften gefunden.

Aufgabe der GoB ist es, Unternehmenseigner sowie Gläubiger des Unternehmens vor falschen Informationen und Verlusten zu schützen.

Die wichtigsten Grundsätze ordnungsmäßiger Buchführung (GoB)

- **Die Buchführung muss klar und übersichtlich sein.**
  - Sachgerechte und überschaubare Organisation der Buchführung
  - Übersichtliche Gliederung des Jahresabschlusses (§§ 243 [2], 266, 275 HGB)
  - Keine Verrechnung zwischen Vermögenswerten und Schulden sowie zwischen Aufwendungen und Erträgen (§ 246 [2] HGB)
  - Buchungen dürfen nicht unleserlich gemacht werden (§ 239 [3] HGB).
- **Ordnungsmäßige Erfassung aller Geschäftsfälle.**
  Die Geschäftsfälle sind **fortlaufend und vollständig, richtig und zeitgerecht** sowie **sachlich** geordnet zu buchen, damit sie leicht überprüfbar sind (§§ 238 [1], 239 [2] HGB). **Kasseneinnahmen und -ausgaben** sind **täglich** aufzuzeichnen (§ 146 [1] AO).
- **Keine Buchung ohne Beleg!**
  Sämtliche Buchungen müssen anhand der Belege jederzeit nachprüfbar sein. Die Belege müssen fortlaufend nummeriert und **geordnet aufbewahrt** werden (§ 257 [1] HGB).
- **Ordnungsmäßige Aufbewahrung der Buchführungsunterlagen.**
  Alle Buchungsbelege, Buchungsprogramme, Konten, Bücher, Inventare, Eröffnungsbilanzen sowie Jahresabschlüsse einschließlich Anhang und Lagebericht sind **zehn Jahre** geordnet aufzubewahren (§ 257 [4] HGB, § 147 [3] AO).
  Mit Ausnahme der Eröffnungsbilanz und des Jahresabschlusses können alle Buchführungsunterlagen auf einem **Bildträger** (Mikrofilm) oder auf einem anderen **Datenträger** (Disketten, CD-ROM, DVD u. a.) aufbewahrt werden. **„Grundsatz ordnungsmäßiger DV-gestützter Buchführungssysteme"** (GoBS): Die gespeicherten Daten müssen **jederzeit** durch Bildschirm oder Ausdruck **lesbar** zu machen sein (§§ 239, 257 HGB, § 147 AO).

Merke: **Nur eine ordnungsmäßige Buchführung besitzt Beweiskraft** (§§ 258 f. HGB).

Verstöße gegen die GoB sowie die handels- und steuerrechtlichen Vorschriften können eine **Schätzung der Besteuerungsgrundlagen** (Umsatz, Gewinn) durch die Finanzbehörden zur Folge haben (§ 162 AO). Mit **Freiheitsstrafe** oder mit **Geldstrafe** wird bestraft, wer Jahresabschlüsse unrichtig wiedergibt oder verschleiert (§ 331 HGB, §§ 370 f. AO). Im Insolvenzfall können Verstöße gegen die GoB Strafverfolgung (Freiheitsstrafe) nach sich ziehen (§ 283 Strafgesetzbuch).

Aufgaben

1

1. *Erläutern Sie die grundlegenden Aufgabenbereiche (Funktionen) eines Industriebetriebes.*
2. *Welche Aufgaben zählen im Einzelnen zum Funktionsbereich „Beschaffung"?*
3. Geschäftsleitung, Lagerung und Verwaltung sind weitere wichtige Funktionsbereiche eines Unternehmens. *Ordnen Sie*
   a) der Geschäftsleitung,
   b) der Verwaltung und
   c) der Lagerung

   jeweils einige bedeutsame Tätigkeiten zu.
4. Die Elektrowerke AG hat einen Großauftrag zur Lieferung von 1200 Kühlschränken XZ 250 erhalten.
   a) Beschreiben Sie die durch den Auftrag bedingten Arbeitsabläufe.
   b) Unter welcher grundlegenden Bedingung würden Sie den Auftrag nur annehmen? Begründen Sie Ihre Entscheidung.
   c) Nennen Sie Geschäftsfälle, die sich durch die Erledigung des Auftrags in den Bereichen Beschaffung, Fertigung und Absatz ergeben.

2

1. *Nennen Sie mindestens drei wichtige Aufgaben der Buchführung eines Industriebetriebes.*
2. *Worin unterscheiden sich im Wesentlichen Industrie- und Handelsunternehmen?*
3. *Welche Unterschiede bestehen zwischen Industrie- und Handwerksbetrieben?*
4. *Nennen Sie mindestens vier Geschäftsfälle mit den entsprechenden Belegen.*
5. *Was bedeutet der wichtigste Grundsatz der Buchführung: „Keine Buchung ohne Beleg!"?*
6. *Aus welchen Zweigen besteht das gesamte industrielle Rechnungswesen?*
7. *Welche Bedeutung hat die Geschäfts- oder Finanzbuchführung für die übrigen drei Zweige des Rechnungswesens?*

3

Erläutern Sie die Auswirkung der folgenden Geschäftsfälle auf Höhe und Zusammensetzung des Vermögens und der Schulden des Unternehmens:

1. Aufnahme eines Darlehens bei unserer Hausbank.
2. Kauf eines LKWs gegen Bankscheck.
3. Einkauf von Werkstoffen auf Ziel (Zahlungsziel: 30 Tage).
4. Die Tageseinnahmen der Geschäftskasse werden bei der Hausbank eingezahlt.
5. Wir begleichen die Liefererrechnung (Fall 3) durch Banküberweisung.
6. Teilrückzahlung (Tilgungsrate) des Darlehens durch Banküberweisung.
7. Ein Kunde, an den wir aufgrund einer Lieferung von Erzeugnissen eine Forderung haben, begleicht diese durch Banküberweisung.

4

1. *Erläutern Sie die Buchführungspflicht nach Handels- und Steuerrecht.*
2. *Stellen Sie fest, ob der Schlossermeister Eisenhart buchführungspflichtig ist, wenn er in einem bestimmten Geschäftsjahr bei einem Umsatz von 295.000,00 € einen Gewinn von 30.500,00 € erzielt.*

5

1. *Unter welcher Voraussetzung gilt eine Buchführung als ordnungsmäßig?*
2. *Nennen Sie wichtige Grundsätze ordnungsmäßiger Buchführung.*
3. Eine Geschäfts- oder Finanzbuchführung kann
   a) formelle und
   b) materielle Mängel aufweisen.

   Nennen Sie zu a) und b) jeweils ein Beispiel.
4. *Welche Folgen können schwerwiegende materielle Mängel einer Buchführung haben?*

2 Inventur, Inventar und Bilanz

2.1 Inventur

Nach § 240 HGB sowie §§ 140, 141 AO ist der Kaufmann verpflichtet

▶ **Vermögen** und ▶ **Schulden**

seines Unternehmens festzustellen, und zwar

- bei **Gründung** oder **Übernahme** eines Unternehmens,
- für den **Schluss eines jeden Geschäftsjahres** (in der Regel zum 31. Dezember),
- bei **Auflösung** oder **Veräußerung** seines Unternehmens.

Die hierzu erforderliche Tätigkeit nennt man **Inventur** (lat. invenire = vorfinden).

Die Inventur, auch **Bestandsaufnahme** genannt, erstreckt sich auf **alle Vermögensteile und alle Schulden** des Unternehmens, die jeweils **einzeln** nach ihrer **Art** (Bezeichnung), **Menge** (Stückzahl, nach Gewicht, Länge u. a.) und **Wert** (in Euro[1]) zu einem bestimmten Zeitpunkt (Stichtag) zu erfassen sind.

Merke: **Inventur ist die mengen- und wertmäßige Bestandsaufnahme aller Vermögensteile und Schulden eines Unternehmens zu einem bestimmten Zeitpunkt.**

Arten der Inventur. Nach der Art ihrer Durchführung unterscheidet man

▶ **körperliche Inventur** und ▶ **Buchinventur.**

Die **körperliche Inventur** ist die **mengenmäßige Aufnahme** aller körperlichen Vermögensgegenstände (z. B. Technische Anlagen und Maschinen, Fahrzeuge, Betriebs- und Geschäftsausstattung, Bestände an Werkstoffen und Erzeugnissen, Barmittel) durch **Zählen, Messen, Wiegen** und notfalls durch **Schätzen mit nachfolgender Bewertung** der Mengen in €.

Die **Buchinventur** erstreckt sich auf alle **nicht körperlichen** Vermögensteile und Schulden. Forderungen, Bankguthaben sowie alle Arten von Schulden sind **wertmäßig** aufgrund der buchhalterischen **Aufzeichnungen und Belege** (z. B. Kontoauszüge) festzustellen und nachzuweisen. Im Rahmen dieser **buchmäßigen Bestandsaufnahme** werden häufig auch Saldenbestätigungen bei Kunden und Lieferern eingeholt.

Anlagenkartei. Die jährliche körperliche Bestandsaufnahme des **beweglichen** Anlagevermögens (Maschinen, Fahrzeuge u. a.) entfällt, wenn für jeden Anlagegegenstand eine gesonderte **Anlagenkarte** geführt wird, die folgende Angaben buchmäßig ausweist: Bezeichnung, Tag der Anschaffung, Anschaffungswert, Nutzungsdauer, jährliche Abschreibung, Tag des Abgangs u. a. (Abschnitt 31 der Einkommensteuerrichtlinien) → siehe S. 200.

Vorbereitung und Durchführung der Inventur. Die körperliche (mengenmäßige) Inventur des Vorratsvermögens (Handelswaren, Erzeugnisse) bedarf vor allem einer sorgfältigen Vorbereitung und Durchführung. Zunächst wird ein **Inventurleiter** ernannt. Der Inventurleiter erstellt einen genauen **Aufnahmeplan.** Dieser Aufnahmeplan legt die einzelnen **Inventurbereiche** fest sowie **personelle Besetzung** der Aufnahmegruppen, die **Aufnahmevordrucke und -richtlinien,** die Hilfsmittel (z. B. Diktiergeräte) und den **Zeitpunkt der Inventur.** Bestimmte Aufsichtspersonen müssen durch **Stichproben** die Bestandsaufnahme überprüfen.

Merke:
- **Körperliche Inventur** ▷ **mengen- und wertmäßige Bestandsaufnahme**
- **Buchinventur** ▷ **nur wertmäßige Bestandsaufnahme aufgrund von Aufzeichnungen und Belegen**

1 Im Folgenden wird überwiegend das Kurzzeichen „€" verwendet.

2.2 Inventurverfahren für das Vorratsvermögen

Inventurvereinfachungsverfahren. Die Bestandsaufnahme der Vorräte an Werkstoffen, Erzeugnissen und Waren ist in der Regel mit erheblichem Arbeitsaufwand verbunden. Der Gesetzgeber (§ 241 HGB, Abschnitt 30 der Einkommensteuerrichtlinien) erlaubt deshalb folgende Verfahren zur **Vereinfachung der Inventur** der Lagervorräte:

1. Stichtagsinventur = zeitnahe körperliche Bestandsaufnahme

Zeitnahe Stichtagsinventur. Die **mengenmäßige** Bestandsaufnahme der Vorräte muss nicht am Abschluss-Stichtag (31. Dez.) erfolgen. Sie muss aber **zeitnah** innerhalb einer **Frist von 10 Tagen vor oder nach dem Abschluss-Stichtag** durchgeführt werden. Zugänge und Abgänge zwischen dem Aufnahmetag und dem Abschluss-Stichtag werden anhand von Belegen **mengen- und wertmäßig** auf den 31. Dez. **fortgeschrieben bzw. zurückgerechnet.**

Nachteile. Die Stichtagsinventur führt zu einem großen Arbeitsanfall innerhalb weniger Tage, der oft Betriebsunterbrechungen zur Folge hat.

2. Verlegte Inventur = vor- bzw. nachverlegte körperliche Bestandsaufnahme

Die vor- bzw. nachverlegte Inventur stellt gegenüber der Stichtagsinventur bereits eine wesentliche Erleichterung dar. Die **körperliche** Bestandsaufnahme erfolgt an einem beliebigen Tag innerhalb der letzten **3 Monate vor oder der ersten 2 Monate nach dem Abschluss-Stichtag.** Die einzelnen Artikel dürfen zu unterschiedlichen Zeitpunkten aufgenommen werden. Der am Tag der Inventur ermittelte Bestand wird **nur wertmäßig** (nicht mengenmäßig!) auf den Abschluss-Stichtag fortgeschrieben oder zurückgerechnet:

Wertfortschreibung	Wertrückrechnung
Wert am Tag der Inventur (z. B. 15. Okt.)	Wert am Tag der Inventur (z. B. 28. Febr.)
+ Wert der Zugänge vom 15. Okt.–31. Dez.	– Wert der Zugänge vom 1. Jan.–28. Febr.
– Wert der Abgänge vom 15. Okt.–31. Dez.	+ Wert der Abgänge vom 1. Jan.–28. Febr.
= **Wert am Abschluss-Stichtag (31. Dez.)**	= **Wert am Abschluss-Stichtag (31. Dez.)**

3. Permanente Inventur = laufende Inventur anhand der Lagerkartei

Voraussetzung. Die permanente Inventur ermöglicht es, den am Abschluss-Stichtag vorhandenen Bestand des Vorratsvermögens nach Art, Menge und Wert auch ohne gleichzeitige körperliche Bestandsaufnahme festzustellen. Der Bestand für den Abschluss-Stichtag kann in diesem Fall nach Art und Menge der **Lagerkartei** entnommen werden. Für jeden einzelnen Artikel werden alle Mengenbewegungen (Zu- und Abgänge) laufend buchmäßig erfasst. In jedem Geschäftsjahr muss **mindestens einmal** – der Zeitpunkt ist beliebig! – durch **körperliche Bestandsaufnahme** geprüft werden, ob der in der Lagerkartei ausgewiesene Buch- bzw. Sollbestand des Vorratsvermögens mit dem tatsächlich vorhandenen Bestand (Istbestand) übereinstimmt. Tag und Ergebnis der körperlichen Inventur sind auf der entsprechenden Lagerkarteikarte zu vermerken und zu unterschreiben.

Vorteile. Die permanente Inventur ist ein rationelles und aussagefähiges Inventurverfahren, das der Unternehmensleitung **täglich,** vor allem beim Einsatz von Datenverarbeitungsanlagen, **wichtige Daten** über die Bestandsbewegungen liefert. Ihr besonderer Vorzug liegt darin, dass die körperliche Bestandsaufnahme der einzelnen Gruppen des Vorratsvermögens zu beliebigen Zeitpunkten durchgeführt werden kann.

4. Stichprobeninventur mithilfe mathematisch-statistischer Methoden

Der Lagerbestand nach Art, Menge und Wert kann auch mithilfe **anerkannter** mathematisch-statistischer Verfahren (z. B. Mittelwertschätzung) aufgrund von Stichproben ermittelt werden. Dabei werden die als **Stichprobe** ausgewählten Lagerpositionen zunächst körperlich aufgenommen und bewertet. Das **Stichprobenergebnis** wird sodann auf den Gesamtinventurwert der Lagervorräte **hochgerechnet.** Die Stichprobeninventur gilt als zuverlässiges, Zeit und Kosten sparendes Hilfsverfahren der Inventur.

2.3 Inventar

Die mithilfe der Inventur ermittelten **Bestände der einzelnen Vermögensposten und Schulden** werden in einem besonderen

Bestandsverzeichnis = Inventar

zusammengefasst. Das Inventar besteht aus **drei Teilen:**

A. Vermögen	**B. Schulden**	**C. Eigenkapital = Reinvermögen**

Das **Vermögen** gliedert sich in **Anlage- und Umlaufvermögen.**

Das Anlagevermögen bildet die **Grundlage der Betriebsbereitschaft.** Deshalb gehören dazu alle Vermögensposten, die dem Unternehmen **langfristig** dienen, wie z. B.:

- **Grundstücke und Bauten**
- **Technische Anlagen und Maschinen**
- **Andere Anlagen** (z. B. Fuhrpark)
- **Betriebs- und Geschäftsausstattung** (z. B. Werkstatt- und Büroeinrichtung)

Das Umlaufvermögen umfasst alle Vermögensposten, die sich **kurzfristig** in ihrer Höhe **verändern,** weil sie sich ständig **„im Umlauf"** befinden: **Werkstoffe** werden eingekauft und dann zu **Fertigerzeugnissen** verarbeitet. Werden Fertigerzeugnisse mit einem Zahlungsziel verkauft, entstehen im Unternehmen **Forderungen aus Lieferungen und Leistungen (a. LL).** Begleichen die Kunden ihre Rechnungen durch Banküberweisung, vermindert sich der Forderungsbestand, wobei sich zugleich das **Bankguthaben** erhöht, das wiederum zum Kauf von Werkstoffen verwendet werden kann. **Zum Umlaufvermögen rechnen vor allem folgende Posten:**

- **Rohstoffe,** die den Hauptbestandteil des Erzeugnisses bilden, z. B. Stahlblech, Holz
- **Hilfsstoffe** als Nebenbestandteile des Erzeugnisses, z. B. Farbe, Klebstoff, Schrauben
- **Betriebsstoffe,** die nicht direkt in das Erzeugnis eingehen, z. B. Schmieröl, Brennstoffe
- **Unfertige Erzeugnisse,** also Erzeugnisse, die sich noch in der Fertigung befinden
- **Fertige Erzeugnisse,** also Erzeugnisse, die zum Verkauf bereitliegen
- **Forderungen aus Lieferungen und Leistungen** (a. LL)
- **Kassenbestand** (Bargeld)
- **Bankguthaben**

Die **Vermögensposten** werden im Inventar **nach steigender Flüssigkeit** (Liquidität) geordnet, also nach dem Grad, wie schnell sie in Geld umgesetzt werden können. So sind die weniger „flüssigen" (liquiden) Posten, wie z. B. Grundstücke, im Inventar zuerst und die bereits liquiden Mittel, wie Bargeld und Bankguthaben, zuletzt aufzuführen.

Die **Schulden** (Verbindlichkeiten) werden im Inventar nach ihrer **Fälligkeit** geordnet:

- **Langfristige Verbindlichkeiten,** wie z. B. Hypotheken- und Darlehensschulden
- **Kurzfristige Verbindlichkeiten,** wie z. B. Verbindlichkeiten a. LL, Mietschulden

Die Verbindlichkeiten stellen das im Unternehmen arbeitende **Fremdkapital** dar.

Das **Eigenkapital oder Reinvermögen** des Unternehmens ergibt sich, indem man die Schulden vom Vermögen abzieht:

	Summe des Vermögens
–	**Summe der Schulden**
=	**Eigenkapital (Reinvermögen)**

Merke:
- **Das Inventar weist zu einem bestimmten Tag (Stichtag) alle Vermögensposten und Schulden eines Unternehmens nach Art, Menge und Wert aus.**
- **Das Vermögen wird in Anlage- und Umlaufvermögen gegliedert, wobei die Vermögensposten nach steigender Flüssigkeit geordnet werden.**
- **Die Schulden bzw. Verbindlichkeiten werden nach ihrer Fälligkeit geordnet.**

668614

INVENTAR

der Möbelwerke Lutz Weise e. Kfm., Leverkusen, für den 31. Dezember ..

	€	€
A. Vermögen		
I. Anlagevermögen[1]		
1. Grundstücke und Bauten		
Unbebaute Grundst., Hansastr. 50–52	250.000,00	
Bebaute Grundstücke, Hansastr. 10–48 ...	805.000,00	
Betriebsgebäude	5.104.000,00	
Verwaltungsgebäude	2.251.000,00	8.410.000,00
2. Technische Anlagen und Maschinen		
lt. Anlagenverzeichnis AV 1		2.703.000,00
3. Fuhrpark lt. AV 2		427.000,00
4. Betriebs- u. Geschäftsausstattung lt. AV 3		460.000,00
II. Umlaufvermögen[1]		
1. Rohstoffe lt. Inventurliste IV 4		2.405.000,00
2. Hilfsstoffe lt. Inventurliste IV 5		824.000,00
3. Betriebsstoffe lt. Inventurliste IV 6		154.000,00
4. Unfertige Erzeugnisse lt. IV 7		628.000,00
5. Fertige Erzeugnisse		
960 Schreibtische T 18 je 490,00 €	470.400,00	
1 040 Schränke S 24 je 700,00 €	728.000,00	
Diverse Kleinmöbel lt. IV 8	853.600,00	2.052.000,00
6. Forderungen a. LL		
Schnickmann OHG, Köln	452.000,00	
Hamm KG, Mainz	279.000,00	
Bodo Herms e. K., Düsseldorf	263.000,00	994.000,00
7. Kassenbestand		27.000,00
8. Bankguthaben		
Stadtsparkasse Leverkusen	590.000,00	
Deutsche Bank, Leverkusen	326.000,00	916.000,00
Summe des Vermögens		**20.000.000,00**
B. Schulden		
1. Hypothek der Sparkasse Leverkusen		4.106.000,00
2. Darlehen der Deutschen Bank, Köln		1.204.000,00
3. Verbindlichkeiten a. LL		
Heyn GmbH, Münster	457.000,00	
Jutta Hermanns e. Kfr., Rheine	233.000,00	690.000,00
Summe der Schulden		**6.000.000,00**
C. Ermittlung des Eigenkapitals		
Summe des Vermögens		20.000.000,00
– Summe der Schulden		6.000.000,00
Eigenkapital (Reinvermögen)		**14.000.000,00**

Aufbewahrung. Inventare sind **10 Jahre** geordnet aufzubewahren. Die Aufbewahrung kann auch auf einem **Bildträger** (Mikrofilm) oder auf einem anderen **Datenträger** (Disketten, CD-ROM, DVD u. a.) erfolgen, wenn sichergestellt ist, dass die Wiedergabe oder die Daten jederzeit lesbar gemacht werden können (§ 257 HGB).

Merke:
- **Inventur = Bestandsaufnahme → Inventar = Bestandsverzeichnis.**
- **Das Inventar ist Grundlage eines ordnungsgemäßen Jahresabschlusses.**

1 Siehe auch Band 1, BWL, Kapitel 6.1.1.2.

Aufgaben

6 a) *Ordnen Sie die Vermögensposten 1–17 im Bereich des Anlagevermögens (I) und des Umlaufvermögens (II) nach steigender Flüssigkeit:*

1. Bankguthaben
2. Technische Anlagen (TA) und Maschinen
3. Rohstoffe
4. Kassenbestand
5. Gebäude
6. Fertige Erzeugnisse
7. Fuhrpark
8. Forderungen aus Lieferungen und Leistungen (a. LL)
9. Hilfsstoffe
10. Vorprodukte/Fremdbauteile
11. Postbankguthaben
12. Betriebs- und Geschäftsausstattung
13. Grundstücke
14. Unfertige Erzeugnisse
15. Maschinelle Anlagen (Fließband)
16. Betriebsstoffe
17. Wertpapiere als Kapitalanlage

b) *Ordnen Sie die folgenden Verbindlichkeiten nach ihrer Laufzeit (Fälligkeit):*

1. Verbindlichkeiten aus Lieferungen und Leistungen (a. LL)
2. Hypothekenschulden
3. Verbindlichkeiten gegenüber Finanzbehörden
4. Darlehensschulden

7 *Nennen Sie Beispiele für*

a) Rohstoffe,
b) Fremdbauteile (Fertigteile),
c) Hilfsstoffe und
d) Betriebsstoffe

in einer Büromöbelfabrik.

8
9 Die Textilwerke U. Brandt e. K., Köln, stellten zum 31. Dezember 01[1] (Aufgabe 8) und zum 31. Dezember 02[2] (Aufgabe 9) folgende Inventurwerte fest:

Grundstücke und Bauten:	8	9
Bebaute Grundstücke, Grünstraße 8–22	500.000,00	400.000,00
Betriebsgebäude	3.300.000,00	3.324.000,00
Verwaltungsgebäude	1.200.000,00	1.176.000,00
Technische Anlagen und Maschinen lt. Anlagenverzeichnis 1	2.654.000,00	3.264.000,00
Werkzeuge lt. Anlagenverzeichnis 2	336.000,00	285.000,00
Fuhrpark: 1 LKW	223.000,00	178.400,00
3 PKW	127.000,00	101.600,00
Betriebs- und Geschäftsausstattung lt. Inventurliste 3	480.000,00	384.000,00
Rohstoffe lt. Inventurliste 4	2.052.000,00	2.486.000,00
Hilfsstoffe lt. Inventurliste 5	188.000,00	194.000,00
Betriebsstoffe lt. Inventurliste 6	43.000,00	48.000,00
Unfertige Erzeugnisse lt. Inventurliste 7	469.000,00	324.000,00
Fertige Erzeugnisse lt. Inventurliste 8	2.081.000,00	2.362.000,00
Forderungen a.LL: F. Schmelz e. K., Tübingen	528.000,00	728.000,00
R. Tauber OHG, Frankfurt	335.000,00	615.000,00
Kasse (Barbestand)	28.000,00	26.000,00
Postbankguthaben	189.000,00	294.000,00
Bankguthaben bei der Commerzbank Wuppertal	1.267.000,00	1.310.000,00
Hypothekenschulden: Stadtsparkasse Wuppertal	2.805.000,00	2.524.500,00
Darlehensschulden: Stadtsparkasse Wuppertal	1.603.000,00	1.202.250,00
Handelsbank Düsseldorf	1.207.000,00	905.250,00
Verbindlichkeiten a. LL lt. Verzeichnis 9	785.000,00	1.368.000,00

1. *Erstellen Sie die Inventare der beiden aufeinander folgenden Geschäftsjahre.*
2. *Vergleichen Sie die beiden Inventare und erklären Sie die Veränderungen im Anlage- und Umlaufvermögen, in den Schulden und im Eigenkapital.*

1 In diesem Lehrbuch bedeuten die Ziffern „00" = Vorjahr, „01" = 1. Jahr
2 „02" steht für 2. Jahr, usw.

Die Maschinenfabrik W. Pätzold e. K., Düsseldorf, stellte zum 31. Dezember 01 (Aufgabe 10) und zum 31. Dezember 02 (Aufgabe 11) folgende Inventurwerte fest: 10 11

	10	11
Grundstücke und Bauten:		
Bebaute Grundstücke, Steinstraße 18–32	350.000,00	300.000,00
Verwaltungsgebäude	3.150.000,00	3.125.000,00
Betriebsgebäude	4.900.000,00	4.802.000,00
Rohstoffe lt. Inventurliste 5	734.000,00	562.000,00
Hilfs- und Betriebsstoffe lt. Inventurliste 6	416.000,00	424.000,00
Fertige Erzeugnisse lt. Inventurliste 8	486.000,00	786.000,00
Technische Anlagen und Maschinen lt. Anlagenverzeichnis 1	2.615.000,00	3.562.000,00
Werkzeuge lt. Anlagenverzeichnis 2	537.000,00	494.000,00
Kundenforderungen a. LL lt. Inventurliste 9	350.000,00	567.000,00
Kassenbestand	48.000,00	39.000,00
Fuhrpark lt. Anlagenverzeichnis 3	375.000,00	314.000,00
Betriebs- und Geschäftsausstattung lt. Anlagenverzeichnis 4	366.000,00	445.000,00
Unfertige Erzeugnisse lt. Inventurliste 7	233.000,00	315.000,00
Bankguthaben bei der Deutschen Bank, Köln	731.000,00	842.000,00
bei der Stadtsparkasse Köln	514.000,00	423.000,00
Verbindlichkeiten a. LL lt. Verzeichnis 10	486.000,00	671.000,00
Hypothekenschulden	4.140.000,00	3.900.000,00
Darlehensschulden: Deutsche Bank, Köln	920.000,00	864.000,00
Stadtsparkasse Köln	654.000,00	515.000,00

1. *Gliedern Sie die Vermögensteile nach der Liquidität und die Schulden nach der Fälligkeit.*
2. *Erstellen Sie die Inventare der beiden aufeinander folgenden Geschäftsjahre.*
3. *Vergleichen Sie die beiden Inventare und erklären Sie die Veränderungen im Anlage- und Umlaufvermögen, in den Schulden und im Eigenkapital.*

Ermitteln Sie im Rahmen der zeitlich verlegten Inventur durch Wertfortschreibung bzw. Wertrückrechnung jeweils den Vorratsbestand an Profileisen U 642 zum Abschluss-Stichtag (31. Dezember): 12

a) Bestand am Tag der Inventur (1. Oktober): 32.800,00 €; Wert der Zugänge vom 1. Oktober bis 31. Dezember: 58.300,00 €. Wert der Abgänge in die Fertigung (Verbrauch) vom 1. Oktober bis 31. Dezember: 76.300,00 €.

b) Bestand am Aufnahmetag (20. Februar): 43.600,00 €; Wert der Abgänge vom 1. Januar bis 20. Februar: 22.800,00 €; Wert der Zugänge vom 1. Januar bis 20. Februar: 15.200,00 €.

1. *Nach welchen Gesetzen ist der Unternehmer zur Buchführung und zu regelmäßigen Jahresabschlüssen verpflichtet?* 13
2. *Die Buchführung muss den „Grundsätzen ordnungsmäßiger Buchführung" (GoB) entsprechen. Erläutern Sie die Quellen der GoB.*
3. *Unterscheiden Sie zwischen Inventur und Inventar.*
4. *Worin unterscheiden sich Anlage- und Umlaufvermögen?*
5. *Was versteht man unter körperlicher Bestandsaufnahme?*
6. *Die körperliche Inventur erfolgt durch Zählen, Messen, Wiegen und gegebenenfalls Schätzen. Nennen Sie jeweils ein Beispiel.*
7. *Welche Bestände können nur aufgrund von Belegen oder Aufzeichnungen, also durch eine „Buchinventur", festgestellt werden?*
8. *Wie lange sind a) Inventare und b) Belege aufzubewahren?*
9. *Worin sehen Sie die Nachteile der Stichtagsinventur?*
10. *Welche Vorteile hat die permanente Inventur?*
11. *Unterscheiden Sie zwischen vorverlegter und nachverlegter Inventur.*

2.4 Erfolgsermittlung durch Eigenkapitalvergleich

Auf der Grundlage des Inventars lässt sich auf einfache Weise der

Erfolg des Unternehmens,

also der **Gewinn oder Verlust** des Geschäftsjahres, ermitteln. Dies geschieht durch

Eigenkapitalvergleich,

der dem „Betriebsvermögensvergleich" nach § 4 [1] Einkommensteuergesetz entspricht.

Man vergleicht zunächst das Eigenkapital vom Ende eines Geschäftsjahres mit dem vom Schluss des vorangegangenen Geschäftsjahres. Hat sich das **Eigenkapital erhöht,** ist das positiv zu sehen und lässt grundsätzlich auf einen im Geschäftsjahr erzielten **Gewinn** schließen. Eine **Verminderung des Eigenkapitals** deutet dagegen grundsätzlich auf einen **Verlust** hin.

Beispiel: Die Möbelwerke Lutz Weise e. Kfm. weisen in ihrem Inventar auf S. 15 zum Schluss des Geschäftsjahres 02 ein Eigenkapital von 14.000.000,00 € aus. Zum Schluss des vorangegangenen Geschäftsjahres 01 betrug das Eigenkapital 12.200.000,00 €.

	Eigenkapital zum 31. Dezember 02	14.000.000,00 €
–	Eigenkapital zum 31. Dezember 01	12.200.000,00 €
	Erhöhung des Eigenkapitals	**1.800.000,00 €**

Privatentnahmen. Die Erhöhung des Eigenkapitals um 1.800.000,00 € kann nur dann zugleich als Gewinn des Geschäftsjahres gedeutet werden, wenn dem Betriebsvermögen während des Geschäftsjahres weder Vermögensposten für private Zwecke des Unternehmers entzogen noch private Kapitaleinlagen gemacht wurden. Hat der Unternehmer Lutz Weise im Vorgriff auf den erwarteten Gewinn 60.000,00 € für die Anschaffung eines Sportwagens dem betrieblichen Bankkonto gegen Quittung (Beleg) entnommen, ist im Inventar die Summe des Vermögens und damit auch das Reinvermögen bzw. Eigenkapital um diesen Betrag geringer ausgewiesen. Zur genauen Ermittlung des Jahresgewinns müssen deshalb alle **Privatentnahmen** der Eigenkapitalerhöhung wieder **hinzugerechnet** werden:

> **Entnahmebeleg**
> Dem Geschäftskonto 119233815 bei der Sparkasse Leverkusen wurden heute durch Überweisung an die Sportcar GmbH 60.000,00 € privat entnommen.
> Leverkusen, 10. Nov. 02 *L. Weise*

	Eigenkapital zum 31. Dezember 02	14.000.000,00 €
–	Eigenkapital zum 31. Dezember 01	12.200.000,00 €
	Erhöhung des Eigenkapitals	1.800.000,00 €
+	**Privatentnahme**	**60.000,00 €**
	Gewinn zum 31. Dezember 02	**1.860.000,00 €**

Privateinlagen. Geld- und Sachwerte, die der Unternehmer während des Geschäftsjahres in das Betriebsvermögen eingebracht hat, sind **nicht vom Unternehmen erwirtschaftet** worden und stellen somit auch keinen Gewinn dar. Deshalb muss der Möbelfabrikant Lutz Weise, der ein geerbtes Grundstück im Wert von 250.000,00 € auf sein Unternehmen übertragen hat, diesen Betrag wieder von der Erhöhung des Eigenkapitals **abziehen:**

> **Kapitaleinlage**
> Das unbebaute Grundstück in Leverkusen, Hansastraße 50–52, wurde lt. Grundbuchauszug vom 15. Dezember 02 von mir zum Zeitwert von 250.000,00 € in das Betriebsvermögen meiner Möbelwerke eingebracht.
> Leverkusen, 19. Dez. 02 *L. Weise*

Erfolgsermittlung durch Eigenkapitalvergleich[1]		
	Eigenkapital zum 31. Dezember 02	14.000.000,00 €
–	Eigenkapital zum 31. Dezember 01	12.200.000,00 €
	Erhöhung des Eigenkapitals	1.800.000,00 €
+	**Privatentnahme**	60.000,00 €
–	**Privateinlage**	250.000,00 €
	Gewinn zum 31. Dezember 02	**1.610.000,00 €**

Merke: **Gewinn ist der Unterschiedsbetrag zwischen dem Eigenkapital am Schluss des Geschäftsjahres und dem Eigenkapital am Schluss des vorangegangenen Geschäftsjahres, vermehrt um den Wert der Privatentnahmen und vermindert um den Wert der Privateinlagen (§ 4 Abs. 1 EStG).**

Verzinsung des Eigenkapitals. Setzt man den Jahresgewinn ins Verhältnis zum Anfangseigenkapital, erhält man die Verzinsung (Rentabilität) des im Unternehmen arbeitenden Eigenkapitals. Ein Vergleich des Ergebnisses mit einer anderen langfristigen Kapitalanlage, z. B. in Form von festverzinslichen Wertpapieren (4–6 %), zeigt, ob sich der Einsatz des Eigenkapitals gelohnt hat.

12.200.000,00 € Eigenkapital = 100 %
1.610.000,00 € Gewinn = x %

$$x\,\% = \frac{1.610.000,00\ € \cdot 100\,\%}{12.200.000,00\ €} = \mathbf{13{,}2\,\%}$$

$$\textbf{Rentabilität des Eigenkapitals} = \frac{\textbf{Jahresgewinn} \cdot \textbf{100 \%}}{\textbf{Anfangseigenkapital}}$$

Aufgaben

14 Die Textilfabrik F. Schnell e. K., Hamburg, weist im Inventar zum 31. Dezember 02 ein Eigenkapital in Höhe von 480.000,00 € aus. Am 31. Dezember 01 betrug das Eigenkapital 450.000,00 €. Im Geschäftsjahr 02 hatte F. Schnell insgesamt 72.000,00 € dem Vermögen (Bargeld) seines Unternehmens für private Zwecke entnommen.

Wie hoch ist der Gewinn des Unternehmens zum 31. Dezember 02?

15 Das Inventar der Möbelwerke Lutz Weise e. Kfm. (vgl. Seite 15) weist ein Eigenkapital von 14.000.000,00 € aus. Am Ende des darauf folgenden Geschäftsjahres ergibt sich aus dem Inventar ein Eigenkapital von 14.850.000,00 €.

Für Privatzwecke hatte Lutz Weise dem Geschäftsbankkonto 180.000,00 € entnommen.

a) *Wie hoch ist der Gewinn des Geschäftsjahres? Ermitteln Sie die Verzinsung.*

b) *Wie hoch ist der Verlust, wenn das Eigenkapital statt 14.850.000,00 € lediglich 13.500.000,00 € beträgt?*

16 **17** Die Maschinenfabrik Klaus Barth e. K., Leverkusen, hat am Anfang des Geschäftsjahres ein Eigenkapital von 590.000,00 € (680.000,00 €). Am Ende des Geschäftsjahres betragen lt. Inventur die Vermögensteile 870.000,00 € (985.000,00 €), die Schulden 210.000,00 € (150.000,00 €).

Während des Geschäftsjahres sind als Privatentnahmen 48.000,00 € (36.000,00 €) und als Einlagen 25.000,00 € (20.000,00 €) gebucht worden.

a) *Ermitteln Sie den Erfolg des Unternehmens durch Eigenkapitalvergleich.*

b) *Ermitteln Sie die Rentabilität des Eigenkapitals.*

1 Lt. § 4 Abs. 1 Einkommensteuergesetz auch **„Betriebsvermögensvergleich"** genannt.

2.5 Bilanz

Das Inventar ist eine ausführliche Aufstellung der einzelnen Vermögensteile und Schulden nach Art, Menge und Wert, das ganze Bände umfassen kann. Dadurch verliert es erheblich an Übersichtlichkeit.

§ 242 HGB verlangt daher außer der regelmäßigen Aufstellung des Inventars noch eine **kurz gefasste Übersicht,** die es ermöglicht, geradezu mit einem Blick das **Verhältnis zwischen Vermögen und Schulden** des Unternehmens zu überschauen. Eine solche Übersicht ist die **Bilanz.**

Die Bilanz ist eine Kurzfassung des Inventars in Kontenform. Sie enthält auf der linken Seite die Vermögensteile, auf der rechten Seite die Schulden bzw. Verbindlichkeiten (Fremdkapital) und das **Eigenkapital als Ausgleich (Saldo).** Beide Seiten der Bilanz (ital. bilancia = Waage) weisen daher die **gleichen Summen** aus. **Aktiva** heißen die Vermögenswerte, **Passiva** die Kapitalwerte. Aktiva werden nach der Flüssigkeit und Passiva nach der Fälligkeit geordnet.

Aus dem Inventar auf Seite 15 ergibt sich folgende **Bilanz:**

Aktiva	Bilanz zum 31. Dezember ..		Passiva
I. Anlagevermögen		**I. Eigenkapital**	14.000.000,00
1. Grundst. u. Bauten	8.410.000,00	**II. Schulden (Fremdkapital)**	
2. TA und Maschinen	2.703.000,00	1. Hypothekenschulden	4.106.000,00
3. Fuhrpark	427.000,00	2. Darlehensschulden	1.204.000,00
4. Betriebs- und Geschäftsausstattung	460.000,00	3. Verbindlichk. a. LL	690.000,00
II. Umlaufvermögen			
1. Rohstoffe	2.405.000,00		
2. Hilfsstoffe	824.000,00		
3. Betriebsstoffe	154.000,00		
4. Unfertige Erzeugnisse	628.000,00		
5. Fertige Erzeugnisse	2.052.000,00		
6. Forderungen a. LL	994.000,00		
7. Kassenbestand	27.000,00		
8. Bankguthaben	916.000,00		
	20.000.000,00		**20.000.000,00**

Leverkusen, 10. Januar .. *Lutz Weise*

Merke:

- **Die Bilanz ist eine kurz gefasste Gegenüberstellung von Vermögen (Aktiva) und Kapital (Passiva) in Kontenform.**
- **Grundlage für die Aufstellung der Bilanz ist das Inventar.**
- **Die Bilanz muss klar und übersichtlich gegliedert sein (§ 243 [2] HGB). Anlage- und Umlaufvermögen, Eigenkapital und Verbindlichkeiten sind gesondert auszuweisen und aufzugliedern (§§ 247, 266 HGB → siehe Anhang).**

  Vermögensposten (Aktiva) → Ordnung nach der **Flüssigkeit**
  Kapitalposten (Passiva) → Ordnung nach der **Fälligkeit**
- **Der Jahresabschluss (Bilanz und Gewinn- und Verlustrechnung) ist vom Unternehmer unter Angabe des Datums persönlich zu unterzeichnen (§ 245 HGB).**

2.6 Aussagewert der Bilanz

Inhalt der Bilanz. Die Bilanz lässt nahezu auf einen Blick erkennen, woher das Kapital stammt und wo es im Einzelnen angelegt (investiert) worden ist:

Aktiva **Bilanz** **Passiva**

Vermögens**formen**	Vermögens**quellen**
Vermögens- oder Aktivseite zeigt die **Formen** des Vermögens: I. Anlagevermögen ...... 12.000.000,00 II. Umlaufvermögen ...... 8.000.000,00 **Vermögen .... 20.000.000,00** =	**Kapital- oder Passivseite** zeigt die **Herkunft** des Vermögens: I. Eigenkapital .... 14.000.000,00 II. Fremdkapital .... 6.000.000,00 **Kapital 20.000.000,00**
Wo ist das Kapital angelegt?	**Woher stammt das Kapital?**

Man kann auch sagen:

- **Die Passivseite** der Bilanz gibt Auskunft über **die Herkunft der finanziellen Mittel.** Sie zeigt also die **Mittelherkunft oder Finanzierung.**
- **Die Aktivseite** weist dagegen die Anlage bzw. **Verwendung des Kapitals** aus. Sie gibt also Auskunft über die **Mittelverwendung oder Investierung.**

Aussagewert der Bilanz. Die oben dargestellte Kurzfassung der Bilanz zeigt bereits deutlich die **Zusammensetzung (Struktur) des Kapitals und des Vermögens** in absoluten Zahlen. Man erkennt, dass das Unternehmen überwiegend mit eigenen Mitteln arbeitet. Der Unternehmer bewahrt damit seine Unabhängigkeit gegenüber seinen Gläubigern. Außerdem ist die Zinsbelastung durch fremde Mittel nicht zu hoch. Die solide Ausstattung des Unternehmens mit Kapital (die Finanzierung) kommt auch dadurch zum Ausdruck, dass nicht nur das gesamte Anlagevermögen, sondern auch ein Teil des Umlaufvermögens mit Eigenkapital beschafft (finanziert) worden ist.

Die Bilanzstruktur wird noch aussagefähiger, wenn man sie **in Gliederungszahlen (%)** darstellt. Dadurch werden folgende **Verhältnisse** überschaubarer:

AV : UV ↓ **EK : AV** ↓ **EK : FK** ↓

Aktiva **Bilanzstruktur** **Passiva**

Vermögensstruktur	€	%	**Kapital**struktur	€	%
Anlagevermögen (AV)	12.000.000,00	**60 %**	Eigenkapital (EK)	14.000.000,00	**70 %**
Umlaufvermögen (UV)	8.000.000,00	**40 %**	Fremdkapital (FK)	6.000.000,00	**30 %**
Gesamtvermögen	20.000.000,00	**100 %**	Gesamtkapital	20.000.000,00	**100 %**

Merke:

- **Die Bilanz ist eine kurz gefasste Gegenüberstellung von:**
  - ▷ Vermögens**formen** und Vermögens**quellen,**
  - ▷ Mittel**verwendung** und Mittel**herkunft,**
  - ▷ **Investierung** und **Finanzierung.**
- **Die Bilanzstruktur zeigt deutlich den Vermögens- und Kapitalaufbau.**

Die rechnerische Gleichheit beider Bilanzseiten, also von Vermögen und Kapital, kann auch in einer Gleichung ausgedrückt werden:

Bilanzgleichung				
Vermögen	=	**Kapital**		
Vermögen	=	**Eigenkapital**	+	**Fremdkapital**
Eigenkapital	=	**Vermögen**	–	**Fremdkapital**
Fremdkapital	=	**Vermögen**	–	**Eigenkapital**

2.7 Vergleich zwischen Inventar und Bilanz

Die Inventur ist die Voraussetzung für die Aufstellung des Inventars. Das Inventar bildet die Grundlage für die Erstellung der Bilanz:

Inventur

↓

Inventar

↓

Bilanz

Inventar und Bilanz sind aufzustellen:

- bei **Gründung** oder **Übernahme** eines Unternehmens,
- regelmäßig zum **Schluss des Geschäftsjahres,**
- bei **Veräußerung** oder **Auflösung** des Unternehmens.

Inventar und Bilanz zeigen beide den Stand des Vermögens und des Kapitals eines Unternehmens. **Sie unterscheiden sich nur in der Art der Darstellung:**

Inventar	Bilanz
● **Ausführliche** Darstellung der einzelnen Vermögens- und Schuldenwerte. ● Angabe der Mengen, Einzelwerte **und** Gesamtwerte. ● Darstellung des Vermögens und des Kapitals **untereinander:** ▷ **Staffelform**	● **Kurz gefasste** überschaubare Darstellung des Vermögens und des Kapitals. ● **Nur** Angabe der **Gesamtwerte** der einzelnen Bilanzposten. ● Darstellung des Vermögens und des Kapitals **nebeneinander:** ▷ **Kontenform**

Merke:

1. **Inventar und Bilanz sind 10 Jahre lang im Inventar- und Bilanzbuch aufzubewahren (§ 257 [4] HGB).**
2. **Den Jahresabschluss (Bilanz und Gewinn- und Verlustrechnung) unterzeichnen (§ 245 HGB):**

● bei der Einzelunternehmung:	▷ Inhaber persönlich,
● bei der OHG:	▷ alle Gesellschafter,
● bei der KG:	▷ alle persönlich haftenden Gesellschafter,
● bei der AG:	▷ alle Mitglieder des Vorstandes,
● bei der GmbH:	▷ alle Geschäftsführer.

Aufgaben

18 19

Beachten Sie die Gliederung der Bilanz auf Seite 20.

Stellen Sie nach folgenden Angaben die Bilanz für die Elektromotorenfabrik Rolf Röhrig e. Kfm., Frankfurt (Main), zum 31. Dezember .. auf.

	18	19
Technische Anlagen und Maschinen	1.300.000,00	1.150.000,00
Betriebs- und Geschäftsausstattung	380.000,00	350.000,00
Rohstoffe	450.000,00	550.000,00
Fertige Erzeugnisse	100.000,00	250.000,00
Forderungen a. LL	220.000,00	350.000,00
Kassenbestand	50.000,00	30.000,00
Bankguthaben	300.000,00	320.000,00
Darlehensschulden	500.000,00	800.000,00
Verbindlichkeiten a. LL	200.000,00	400.000,00

1. *Mit welchem Gesamtkapital, Eigenkapital und Fremdkapital arbeitet die Unternehmung?*
2. *Wie beurteilen Sie das Verhältnis der eigenen zu den fremden Mitteln?*
3. *Reichten die eigenen Mittel zur Beschaffung (Finanzierung) des Anlagevermögens aus?*

---

20 21

Stellen Sie nach folgenden Angaben die Bilanz für die Metallwarenfabrik Gerd Badicke e. Kfm., Leverkusen, zum 31. Dezember .. auf. Ordnen Sie die Vermögens- und Kapitalposten.

	20	21
Rohstoffe	850.000,00	1.200.000,00
Verbindlichkeiten a. LL	500.000,00	900.000,00
Kassenbestand	50.000,00	40.000,00
Forderungen a. LL	400.000,00	700.000,00
Grundstücke und Bauten	3.200.000,00	3.000.000,00
Darlehensschulden	700.000,00	1.500.000,00
Technische Anlagen und Maschinen	1.100.000,00	900.000,00
Hypothekenschulden	1.600.000,00	2.100.000,00
Fuhrpark	220.000,00	250.000,00
Betriebs- und Geschäftsausstattung	280.000,00	350.000,00
Hilfsstoffe	450.000,00	650.000,00
Betriebsstoffe	100.000,00	200.000,00
Bankguthaben	800.000,00	960.000,00
Fertige Erzeugnisse	450.000,00	750.000,00

Beantworten Sie die gleichen Fragen wie zu den Aufgaben 18/19.

---

22 *Stellen Sie die Bilanzen aufgrund der Inventare (Aufgaben 8 und 9) der Textilwerke U. Brandt e. K., Köln, zum 31. Dezember .. auf.*

---

23 *Die Bilanzen der Maschinenfabrik W. Pätzold e. K., Düsseldorf, sind aufgrund der Inventare (Aufgaben 10 und 11) zum 31. Dezember .. aufzustellen.*

---

24 *Stellen Sie für die Bilanzen der Aufgaben 18 bis 23 jeweils die Bilanzstruktur dar, indem Sie den Prozentanteil des Eigen- und Fremdkapitals sowie des Anlage- und Umlaufvermögens an der Bilanzsumme (= 100 %) ermitteln (vgl. auch Muster auf Seite 21 unten).*

1. *Beurteilen Sie vor allem das Verhältnis der eigenen zu den fremden Mitteln.*
2. *Wie viel Eigenkapital verbleibt nach Deckung (= Finanzierung) des Anlagevermögens noch für die Deckung des Umlaufvermögens?*

3 Buchen auf Bestandskonten

3.1 Wertveränderungen bei Bilanzposten

Bilanz bedeutet Waage. Stellen wir uns die Bilanz als eine **Waage** mit vielen kleinen Waagschalen vor:

Bilanz

	Aktiva: Geschäftsausstattung	Rohstoffe	Bank	= Summe	Summe =	Passiva: Eigenkapital	Darlehensschulden	Verbindlichkeiten
	50.000,00	20.000,00	5.000,00	= 75.000,00	75.000,00 =	51.000,00	15.000,00	9.000,00
1	**52.000,00**	20.000,00	**3.000,00**	= 75.000,00	75.000,00 =	51.000,00	15.000,00	9.000,00
2	52.000,00	20.000,00	3.000,00	= 75.000,00	75.000,00 =	51.000,00	**18.000,00**	**6.000,00**
3	52.000,00	**24.000,00**	3.000,00	= **79.000,00**	**79.000,00** =	51.000,00	18.000,00	**10.000,00**
4	52.000,00	24.000,00	**1.500,00**	= **77.500,00**	**77.500,00** =	51.000,00	18.000,00	**8.500,00**

Jeder Geschäftsfall hat Auswirkungen auf die Posten in der Bilanz, und zwar in **doppelter** Weise. Auch wenn Geschäftsfälle nicht in der Bilanz dargestellt werden, können wir auf diese Weise **vier Möglichkeiten der Bilanzveränderung** verdeutlichen.

1. **Aktivtausch,** d. h., der Geschäftsfall betrifft **nur die Aktivseite** der Bilanz. Die Bilanzsumme ändert sich somit nicht:

   Wir kaufen eine EDV-Anlage gegen Bankscheck für 2.000,00 €.

Ausstattung +	Bank −

2. **Passivtausch,** d. h., der Geschäftsfall wirkt sich **nur auf der Passivseite** aus. Daher ändert sich die Bilanzsumme nicht:

   Eine kurzfristige Liefererschuld wird in eine Darlehensschuld umgewandelt: 3.000,00 € (Umschuldung).

Verbindlichk. −	Darlehen +

3. **Aktiv-Passivmehrung,** d. h., der Geschäftsfall betrifft **beide Seiten** der Bilanz. Der Erhöhung eines Aktivpostens steht auch die Erhöhung eines Passivpostens gegenüber. Die Bilanzsummen nehmen auf beiden Seiten um den gleichen Betrag zu. Die Bilanzgleichung bleibt somit gewahrt.

   Wir kaufen Rohstoffe auf Ziel (Kredit) für 4.000,00 €.

Rohstoffe +	Verbindlichk. +

4. **Aktiv-Passivminderung;** auch hier betrifft der Geschäftsfall **beide Seiten** der Bilanz. Der Verminderung eines Aktivpostens entspricht die Verminderung eines Passivpostens. Die Bilanzgleichung bleibt durch Abnahme der Bilanzsumme auf beiden Seiten gewahrt.

   Wir begleichen eine bereits gebuchte Liefererrechnung über 1.500,00 € durch Banküberweisung.

Bank −	Verbindlichk. −

Merke:

1. **Jeder Geschäftsfall wirkt sich auf mindestens zwei Posten der Bilanz aus. Möglich sind:**
   - **Aktivtausch:** ▷ Tauschvorgang auf der Aktivseite
   - **Passivtausch:** ▷ Tauschvorgang auf der Passivseite
   - **Aktiv-Passivmehrung:** ▷ Erhöhung auf beiden Bilanzseiten
   - **Aktiv-Passivminderung:** ▷ Verminderung auf beiden Bilanzseiten
2. **Bei allen vier Möglichkeiten der Wertveränderungen bleibt das Gleichgewicht der Bilanzseiten (Bilanzgleichung) erhalten. Es verändert sich lediglich der zahlenmäßige Inhalt bestimmter Bilanzposten.**

Bei jedem Geschäftsfall sind folgende Fragen zu beantworten:

1. **Welche Posten der Bilanz werden berührt?**
2. **Handelt es sich um Aktiv- oder/und Passivposten der Bilanz?**
3. **Wie wirkt sich der Geschäftsfall auf die Bilanzposten aus?**
4. **Um welche der vier Arten der Bilanzveränderung handelt es sich?**

Aufgaben

25

Aktiva: Grundstücke und Bauten 480.000,00 €, Technische Anlagen und Maschinen 130.000,00 €, Rohstoffe 50.000,00 €, Forderungen a. LL 25.000,00 €, Kasse 5.000,00 €, Bank 30.000,00 €.

Passiva: Eigenkapital 671.000,00 €, Darlehensschulden 20.000,00 €, Verbindlichkeiten a. LL 29.000,00 €.

Stellen Sie sich für die folgenden Geschäftsfälle zuerst die o. g. vier Fragen. Buchen Sie danach in der Bilanzwaage:

1. Kauf einer Maschine gegen Bankscheck 18.000,00
2. Wir kaufen Rohstoffe auf Ziel (= Kredit des Lieferers) lt. Eingangsrechnung . 9.000,00
3. Wir begleichen die gebuchte Liefererrechnung durch Banküberweisung 9.000,00
4. Unser Kunde begleicht eine gebuchte Rechnung (unsere Forderung) bar ... 650,00
5. Eine kurzfristige Liefererschuld wird in eine langfristige Darlehensschuld umgewandelt 6.000,00
6. Unser Kunde begleicht unsere gebuchte Rechnung durch Banküberweisung 3.500,00
7. Unsere Bareinzahlung auf unser Bankkonto 2.000,00
8. Teilrückzahlung unserer Darlehensschuld durch Banküberweisung 2.000,00

26

Aktiva: TA und Maschinen 490.000,00 €, Fuhrpark 40.000,00 €, Rohstoffe 42.000,00 €, Forderungen a. LL 15.000,00 €, Kasse 6.000,00 €, Bank 28.000,00 €.

Passiva: Eigenkapital ?, Darlehen 30.000,00 €, Verbindlichkeiten a. LL 20.000,00 €.

Beantworten Sie zunächst zu jedem Geschäftsfall die o. g. vier Fragen. Buchen Sie die Änderungen der Bilanzwerte und erstellen Sie anschließend eine ordnungsmäßige Schlussbilanz.

1. Wir buchen die Eingangsrechnung für Zieleinkauf von Rohstoffen 1.700,00
2. Unsere Banküberweisung für Liefererrechnung (Fall 1) 1.700,00
3. Wir verkaufen eine gebrauchte Maschine bar für 2.500,00
4. Wir kaufen Rohstoffe gegen Bankscheck für 4.500,00
5. Wir begleichen eine gebuchte Liefererrechnung durch Banküberweisung ... 5.500,00
6. Unser Kunde begleicht unsere gebuchte Rechnung durch Banküberweisung 3.400,00
7. Wir tilgen eine Darlehensschuld durch Banküberweisung 8.000,00

3.2 Einrichtung der Bestandskonten

Jeder Geschäftsfall wirkt sich auf mindestens zwei Posten der Bilanz aus. In der Praxis ist es aber nicht möglich, die Veränderungen der Aktiv- und Passivposten ständig in einer Bilanz vorzunehmen. Man benötigt eine genaue und übersichtliche

Einzelabrechnung jedes Bilanzpostens (= Konto).

Deshalb richtet man für jeden Vermögens- und Kapitalposten ein Konto ein. Nach den Seiten der Bilanz unterscheidet man

- **Aktivkonten = Vermögenskonten,**
- **Passivkonten = Kapitalkonten.**

Bestandskonten. Aktiv- und Passivkonten weisen im Einzelnen die **Bestände an Vermögen und Kapital** des Unternehmens aus und erfassen die **Veränderungen** dieser Bestände aufgrund der Geschäftsfälle. Sie stellen daher Bestandskonten dar. Man spricht von **aktiven und passiven Bestandskonten.** Die **linke** Seite des Kontos wird mit **„Soll" (S)**, die **rechte** Seite mit **„Haben" (H)** bezeichnet.

Eröffnungsbilanz

Aktiva		Passiva	
TA u. Masch.	60.000,00	Eigenkapital	70.000,00
Rohstoffe	35.000,00	Darlehensschulden	20.000,00
Kasse	5.000,00	Verbindlichkeiten a. LL	10.000,00
	100.000,00		100.000,00

Aktivkonten:

S	TA und Maschinen	H
AB 60.000,00		

S	Rohstoffe	H
AB 35.000,00		

S	Kasse	H
AB 5.000,00		

Passivkonten:

S	Eigenkapital	H
		AB 70.000,00

S	Darlehensschulden	H
		AB 20.000,00

S	Verbindlichkeiten a. LL	H
		AB 10.000,00

Vereinbarungsgemäß stehen bei **Aktivkonten** die **Anfangsbestände** auf der **Sollseite des Kontos.**

Vereinbarungsgemäß stehen bei **Passivkonten** die **Anfangsbestände** auf der **Habenseite des Kontos.**

Soll	Aktivkonto	Haben
AB + Zugänge		– Abgänge SB

Soll	Passivkonto	Haben
– Abgänge SB		AB + Zugänge

Merke:

- **Die Zugänge stehen auf der Seite der Anfangsbestände (AB), weil sie diese Bestände erhöhen.**
- **Die Abgänge stehen jeweils auf der entgegengesetzten Seite.**
- **Saldiert man nun die Abgänge mit den Beträgen der Gegenseite, erhält man als Saldo den Schlussbestand (SB), sodass jedes Konto am Ende auf beiden Seiten (Soll und Haben) mit gleicher Summe abschließt.**
- **Aktiv- und Passivkonten sind Bestandskonten.**

Kontenbestand. Aus den Eintragungen auf einem Konto lässt sich jederzeit (z. B. zum Monatsende) der jeweilige Kontenbestand (= Buchbestand, Saldo) feststellen, indem man

1. die wertmäßig stärkere Seite addiert (hier: Soll 2.520,00 €),
2. diese Summe auf die wertmäßig **schwächere** Seite überträgt (hier: Haben),
3. **den Saldo** als Unterschiedsbetrag zwischen Soll und Haben durch Nebenrechnung ermittelt (hier 1.213,00 €) und auf der **schwächeren** Seite einträgt.

Soll (Einnahmen) **Kassenkonto** **Haben** (Ausgaben)

Datum	Text	€	Datum	Text	€
1. Jan.	Anfangsbestand	1.550,00	5. Jan.	Zahlung an H. Steinbring	850,00
5. Jan.	Bankabhebung	300,00	21. Jan.	Postwertzeichen	120,00
16. Jan.	Zahlung von H. Krüger	260,00	26. Jan.	Bürobedarf	165,00
20. Jan.	Zahlung von Harlinghausen	220,00	28. Jan.	Zeitungsinserat	172,00
29. Jan.	Barverkauf	190,00	31. Jan.	Saldo ❸	1.213,00
	❶	2.520,00		❷	2.520,00
1. Febr.	Saldovortrag	1.213,00			

Aufgaben

27

Führen Sie ein Kassenkonto vom 25. bis 31. Januar.

25. Jan.	Anfangsbestand	2.855,00
25. Jan.	Barzahlung eines Kunden	220,00
26. Jan.	Barzahlung an einen Lieferer	380,00
26. Jan.	Zahlung für eine Zeitungsanzeige	120,00
27. Jan.	Bezahlung der Rechnung für Büromaterial	180,00
27. Jan.	Privatentnahme des Inhabers	400,00
28. Jan.	Abhebung von der Bank	2.800,00
28. Jan.	Gehaltsabschlagszahlungen	1.620,00
29. Jan.	Zahlung für Postwertzeichen	144,00
29. Jan.	Zahlung für Bahn- und Hausfracht	65,00
30. Jan.	Zahlung an Fensterputzer	200,00
31. Jan.	Mieteinnahme	1.500,00
31. Jan.	Zahlung für Lohnabschläge	2.900,00

Das Kassenkonto ist abzuschließen. Wie hoch ist der Saldo?

28

Führen Sie das Konto „Verbindlichkeiten a. LL" vom 1. bis 6. Februar.

1. Febr.	Anfangsbestand (Saldovortrag)	16.200,00
2. Febr.	Eingangsrechnung: Zielkauf von Rohstoffen	11.100,00
3. Febr.	Wir begleichen eine Rechnung unseres Lieferers. Banküberweisung	2.250,00
4. Febr.	Eingangsrechnung: Zielkauf von Rohstoffen	3.450,00
5. Febr.	Wir begleichen eine Liefererrechnung durch Banküberweisung von	980,00
6. Febr.	Wir begleichen eine gebuchte Liefererrechnung mit Bankscheck	2.300,00

Das Konto ist abzuschließen. Wie hoch ist der Saldo am 6. Februar?

29

1. *Nennen Sie jeweils einen Geschäftsfall für eine der vier möglichen Wertveränderungen in der Bilanz und erläutern Sie die Auswirkung auf die Bilanzsumme.*
2. *Auf welcher Seite des Kontos „Forderungen a. LL" werden Zugänge (Mehrungen) und auf welcher Abgänge (Minderungen) gebucht?*
3. *Auf welcher Seite bucht man bei Hypothekenschulden jeweils die Zugänge und Abgänge?*

3.3 Buchung von Geschäftsfällen und Abschluss der Bestandskonten

Eröffnung der Aktiv- und Passivkonten. Die zum Abschluss eines Geschäftsjahres aufgrund des Inventars erstellte Bilanz heißt **Schlussbilanz.** Sie ist zugleich die **Eröffnungsbilanz** des folgenden Geschäftsjahres und somit Grundlage für die Eröffnung der Aktiv- und Passivkonten. Für jede Bilanzposition wird das entsprechende Bestandskonto eingerichtet und der **Anfangsbestand** vorgetragen, und zwar bei Aktivkonten im Soll und bei Passivkonten im Haben.

Die folgenden fünf Geschäftsfälle werden auf den entsprechenden Bestandskonten gebucht, wobei jeder Sollbuchung eine betragsmäßig **gleich hohe** Habenbuchung auf einem anderen Konto gegenübersteht. Dabei ist jeweils das Gegenkonto anzugeben. Diesen **laufenden** Buchungen müssen entsprechende **Belege** (z. B. Rechnungen) zugrunde liegen.

Vor jeder Buchung sind folgende Überlegungen anzustellen:

1. **Welche Konten werden durch den Geschäftsfall berührt?**
2. **Sind es Aktiv- oder Passivkonten?**
3. **Liegt ein Zugang (+) oder Abgang (–) auf dem jeweiligen Konto vor?**
4. **Sind etwa auf beiden Konten Zugänge oder Abgänge zu buchen?**
5. **Auf welcher Kontenseite ist demnach jeweils zu buchen?**

		Buchung
❶ Kauf einer EDV-Anlage gegen Banküberweisung: 20.000,00 € Rechnungsbetrag.		
Die Geschäftsausstattung erhöht sich:	Aktivkonto:	Soll
Das Bankguthaben vermindert sich:	Aktivkonto:	Haben
❷ Zieleinkauf von Rohstoffen für 15.000,00 € lt. ER.		
Der Rohstoffbestand nimmt zu:	Aktivkonto:	Soll
Die Verbindlichkeiten a. LL nehmen auch zu:	Passivkonto:	Haben
❸ Ein Kunde begleicht eine bereits gebuchte Rechnung durch Banküberweisung über 14.000,00 €.		
Das Bankguthaben nimmt zu:	Aktivkonto:	Soll
Der Bestand an Forderungen a. LL nimmt ab:	Aktivkonto:	Haben
❹ Wir begleichen eine bereits gebuchte Liefererrechnung durch Banküberweisung: 3.000,00 €.		
Die Verbindlichkeiten a. LL nehmen ab:	Passivkonto:	Soll
Das Bankguthaben nimmt ab:	Aktivkonto:	Haben
❺ Eine Liefererverbindlichkeit über 18.000,00 € wird vereinbarungsgemäß in eine Darlehensschuld umgewandelt.		
Die Verbindlichkeiten a. LL nehmen ab:	Passivkonto:	Soll
Die Darlehensschulden erhöhen sich:	Passivkonto:	Haben

Erklären Sie anhand der o. g. fünf Geschäftsfälle, welche Art der Wertveränderung in der Bilanz vorliegt. Nennen Sie auch jeweils die Auswirkung auf die Bilanzsumme.

Merke:
- **Jeder Geschäftsfall wird doppelt gebucht, und zwar zuerst im Soll und danach im Haben.**
- **Bei der Buchung in den Konten wird jeweils das Gegenkonto angegeben.**

Abschluss der Bestandskonten. Sind alle Geschäftsfälle bis zum Jahresende gebucht, wird für jedes Aktiv- und Passivkonto der Schlussbestand nach folgendem Vorgehen ermittelt: Zunächst ist aus dem Inventar **die Schlussbilanz** aufzustellen. Die Vermögens- und Schuldenwerte der Bilanz werden als Schlussbestände (= Istbestände) in die Bestandskonten übernommen, und zwar stehen die Schlussbestände der Aktivkonten auf der Habenseite, die Schlussbestände der Passivkonten auf der Sollseite. Stimmen die Schlussbestände (= Istbestände) mit dem Saldo der gebuchten Werte überein, ist das Konto ausgeglichen. Gibt es **Abweichungen** zwischen den Ist- und Buchbeständen, sind die gebuchten Werte zu korrigieren. Wird z. B. im Konto „Rohstoffe" durch die Inventur ein Schwund im Wert von 1.000,00 € festgestellt, so ist der rechnerische Buchbestand nicht maßgeblich und muss korrigiert werden **(= ❻ Inventurdifferenz)**.

Aktiva	Eröffnungsbilanz		Passiva
Betriebs- u. Geschäftsausstattg.	270.000,00	Eigenkapital	320.000,00
Rohstoffe	60.000,00	Darlehensschulden	102.000,00
Forderungen a. LL	85.000,00	Verbindlichkeiten a. LL	68.000,00
Bank	75.000,00		
	490.000,00		490.000,00

S	Betriebs- u. Geschäftsausstattung		H
AB	270.000,00	SB	290.000,00
❶ Bank	20.000,00		
	290.000,00		290.000,00

S	Eigenkapital		H
❻ Inv.-D.	1.000,00	AB	320.000,00
SB	319.000,00		
	320.000,00		320.000,00

S	Rohstoffe		H
AB	60.000,00	❻ Inv.-D.	1.000,00
❷ Verb.	15.000,00	SB	74.000,00
	75.000,00		75.000,00

S	Darlehensschulden		H
SB	120.000,00	AB	102.000,00
		❺ Verb.	18.000,00
	120.000,00		120.000,00

S	Forderungen a. LL		H
AB	85.000,00	❸ Bank	14.000,00
		SB	71.000,00
	85.000,00		85.000,00

S	Verbindlichkeiten a. LL		H
❹ Bank	3.000,00	AB	68.000,00
❺ Darl.	18.000,00	❷ R-St.	15.000,00
SB	62.000,00		
	83.000,00		83.000,00

S	Bank		H
AB	75.000,00	❶ BGA	20.000,00
❸ Ford.	14.000,00	❹ Verb.	3.000,00
		SB	66.000,00
	89.000,00		89.000,00

Aktiva	Schlussbilanz		Passiva
Betriebs- u. Geschäftsausstattg.	290.000,00	Eigenkapital	319.000,00
Rohstoffe	74.000,00	Darlehensschulden	120.000,00
Forderungen a. LL	71.000,00	Verbindlichkeiten a. LL	62.000,00
Bank	66.000,00		
	501.000,00		501.000,00

Von der Eröffnungsbilanz über die Bestandskonten zur Schlussbilanz

Reihenfolge der Buchungsarbeiten:

1. *Eröffnungsbilanz aufstellen*
2. *Anfangsbestände auf Aktiv- und Passivkonten vortragen*
3. *Geschäftsfälle auf den entsprechenden Bestandskonten buchen*
4. *Schlussbestände (Salden) auf den Aktiv- und Passivkonten ermitteln und mit den Inventurwerten abstimmen*
5. *Konten abschließen*
6. *Schlussbilanz aufstellen*

ER = Eingangsrechnung	**BA** = Bankauszug	**KB** = Kassenbeleg
AR = Ausgangsrechnung	**PA** = Postbankauszug	(z. B. Quittung)

Aufgaben

30 **Anfangsbestände**

Grundstücke und Bauten	310.000,00
Technische Anlagen und Maschinen	170.000,00
Rohstoffe	30.000,00
Forderungen a. LL	35.000,00
Kasse	5.000,00
Bank	55.000,00
Darlehensschulden	20.000,00
Verbindlichkeiten a. LL	46.000,00
Eigenkapital	?

Geschäftsfälle

1. Wir begleichen die bereits gebuchte Eingangsrechnung ER 402 durch Banküberweisung	11.300,00
2. Wir kaufen Rohstoffe auf Ziel lt. Eingangsrechnung ER 414	7.200,00
3. Wir tilgen die Darlehensschuld durch Überweisung lt. Bankauszug (BA)	5.000,00
4. Ein Kunde überweist den bereits gebuchten Rechnungsbetrag auf unser Bankkonto	5.200,00
5. Unsere Bareinzahlung auf Bankkonto lt. Bankauszug	2.200,00

Abschlussangabe: Die Schlussbestände auf den Konten stimmen mit der Inventur überein.

31 **Anfangsbestände**

Technische Anlagen und Maschinen	235.000,00
Betriebs- und Geschäftsausstattung	75.000,00
Rohstoffe	22.000,00
Forderungen a. LL	19.000,00
Kasse	4.500,00
Bank	36.000,00
Darlehensschulden	24.000,00
Verbindlichkeiten a. LL	20.000,00
Eigenkapital	?

Geschäftsfälle

1. ER 422: Eingangsrechnung für Rohstoffe	2.300,00
2. BA 120: Kauf einer EDV-Anlage gegen Bankscheck	8.500,00
3. BA 121: Tilgung einer Darlehensschuld mit Bankscheck	5.000,00
4. BA 122: Überweisung unseres Kunden zum Rechnungsausgleich	3.400,00
5. ER 423: Kauf einer Fertigungsmaschine auf Ziel (Kredit)	12.000,00
6. BA 123: Ausgleich einer Liefererrechnung durch Banküberweisung	4.300,00
7. BA 124: Verkauf einer nicht mehr benötigten Maschine gegen Bankscheck	2.400,00

Abschlussangabe: Die Schlussbestände auf den Konten entsprechen den Inventurwerten.

1. *Warum müssen die Schlussbestände auf den Aktiv- und Passivkonten mit den Inventurwerten abgestimmt werden?* 32
2. *Begründen Sie, dass Aktiv- und Passivkonten als Bestandskonten gelten.*
3. *Was versteht man unter einem Saldo? Wie ermittelt man ihn in Bestandskonten?*
4. *Vervollständigen Sie jeweils das aktive bzw. passive Bestandskonto:*

a)

Soll	?	Haben
?		Abgänge
?		?

b)

Soll	?	Haben
?		?
?		Zugänge

Nennen Sie jeweils den Geschäftsfall zu den Buchungen im folgenden Konto: 33

Soll	Bank		Haben
Anfangsbestand	150.000,00	2. Darlehensschulden	12.600,00
1. Forderungen a. LL	23.000,00	3. Kasse	5.400,00
4. BGA	4.600,00	5. Verbindlichkeiten a. LL	6.700,00
6. Hypothekenschulden	120.000,00	Schlussbestand	272.900,00
	297.600,00		297.600,00

Nennen Sie jeweils den Geschäftsfall zu den Buchungen im folgenden Konto: 34

Soll	Verbindlichkeiten a. LL		Haben
3. Darlehensschulden	60.000,00	AB	207.000,00
4. Postbank	10.350,00	1. Hilfsstoffe	5.700,00
SB	156.150,00	2. BGA	13.800,00
	226.500,00		226.500,00

Erläutern Sie den Zusammenhang zwischen den Buchungen 1. und 2. im folgenden Konto: 35

Soll	Verbindlichkeiten a. LL		Haben
2. BGA	23.000,00	AB	138.000,00
		1. BGA	23.000,00

Anfangsbestände 36

TA und Maschinen	202.000,00	Postbankguthaben	400,00
BGA	81.000,00	Bankguthaben	39.000,00
Rohstoffe	22.000,00	Darlehensschulden	27.000,00
Forderungen a.LL	26.000,00	Verbindlichkeiten a.LL	40.000,00
Kasse	4.500,00	Eigenkapital	?

Geschäftsfälle

1.	BA 141:	Ausgleich der Liefererrechnung ER 418 durch Banküberweisung	3.200,00
2.	ER 432:	Eingangsrechnung für Rohstoffe	9.500,00
3.	PA 40:	Kunde überweist Rechnungsbetrag auf unser Postbankkonto	1.750,00
4.	PA 41:	Überweisung vom Postbankkonto auf Bankkonto	1.900,00
5.	BA 142:	Rechnungsausgleich des Kunden auf unser Bankkonto	2.150,00
6.	BA 143:	Tilgung einer Darlehensschuld mit Bankscheck	4.000,00
7.	KB 82:	Verkauf eines nicht mehr benötigten Faxgerätes bar	250,00
8.	BA 144:	Unsere Bareinzahlung auf Bankkonto	2.400,00

Abschlussangabe

Die Buchbestände der Aktiv- und Passivkonten stimmen mit den Inventurwerten überein.

3.4 Buchungssatz

3.4.1 Einfacher Buchungssatz

Eine Buchführung gilt als **ordnungsgemäß,** wenn sich **„die Geschäftsfälle in ihrer Entstehung und Abwicklung verfolgen lassen“** (§ 238 Abs. 1 HGB). Deshalb muss jeder Buchung zunächst ein **Beleg** als Nachweis für die Richtigkeit zugrunde liegen. Darüber hinaus sind alle Buchungen nicht nur sachlich, sondern auch zeitlich (chronologisch) zu ordnen.

Die sachliche Ordnung der Buchungen erfolgt durch Erfassung der Geschäftsfälle auf **Sachkonten.** So werden beispielsweise alle Bargeschäfte auf dem Sachkonto „Kasse“ und alle Rohstoffeinkäufe auf dem Sachkonto „Rohstoffe“ erfasst. Die Sachkonten bilden das wichtigste „Buch“ der Buchführung: das **„Hauptbuch“.**

Die zeitliche Ordnung der Buchungen erfolgt im **„Grundbuch“,** das auch **„Tagebuch“** oder **„Journal“** (frz. jour = Tag) genannt wird. Hier werden die Geschäftsfälle in chronologischer Reihenfolge in Form von

Buchungsanweisungen bzw. **Buchungssätzen**

erfasst, die kurz das jeweilige Konto mit der Soll- und Habenbuchung nennen. Das **Grundbuch** bildet damit die **Grundlage** für die Buchungen auf den entsprechenden **Sachkonten des Hauptbuches.**

Beispiel: Rohstoffeinkauf aufgrund der folgenden Eingangsrechnung:

Vereinigte Holzwerke GmbH
Meißen

Holzwerke GmbH · Postfach 12 15 · 01662 Meißen

Büromöbelwerke
Werner Peters e. Kfm.
Stauffenbergallee 22 - 30
01099 Dresden

Telefon 03521 54234
Tefefax 03521 55238

Steuer-Nr. 065 213 4567 8
USt-IdNr. DE 156 387 298

E-Mail
service@Holzwerke-meissen-wvd.com

Internet
www.holzwerke-meissen-wvd.com

Konto	Soll	Haben
Rohstoffe	37.500,00	
Verbindl. a. LL		37.500,00

Gebucht: ..-12-17 / J 58 Dt

ER 407

..-12-15

Rechnung Nr. 45 688 - Ihre Bestellung vom 30. Nov. ..

Wir lieferten am 12. Dezember .. frachtfrei:

500 Platten Nussbaumfurnier SP 28	37.500,00 €[1]

Zahlungsbedingungen: Der Rechnungsbetrag ist ohne Abzug spätestens in 30 Tagen zu zahlen.

Volksbank Meißen, Konto 60 345, BLZ 850 950 04

Der **Buchungssatz** gibt die Sachkonten an, auf denen im Soll bzw. Haben zu buchen ist. Er nennt **zuerst** das Konto, in dem im **Soll** gebucht wird, und **danach** das Konto mit der **Haben**buchung. Beide Konten werden durch das Wort **„an“** verbunden. Außer dem **Buchungssatz** werden noch **Buchungsdatum, Kurzbezeichnung und Nummer des jeweiligen Belegs in das Grundbuch eingetragen.**

1 Die Umsatzsteuer wird in den Belegen aus methodischen Gründen erst nach Behandlung des Abschnitts 7.3 (siehe S. 63 f.) ausgewiesen.

Grundbuch				
Datum	**Beleg**	**Buchungssatz**	**Soll**	**Haben**
..-12-17	ER 407	**Rohstoffe**	37.500,00	
		an **Verbindlichkeiten a. LL**		37.500,00

Im Hauptbuch erfolgt nun die Eintragung der Buchung auf den **Sachkonten:**

Soll	**Rohstoffe**	Haben	Soll	**Verbindlichkeiten a. LL**	Haben
Verb. a. LL	37.500,00			Rohstoffe	37.500,00

Vorkontierung der Belege. Bevor die Buchungen im Grund- und Hauptbuch erfolgen, werden die Belege mithilfe eines **Buchungsstempels** vorkontiert, der jeweils die Konten und den Betrag im Soll und Haben nennt. Datum, Journalseite und Namenszeichen des Buchhalters bestätigen die Durchführung der Buchung im Grund- und Hauptbuch.

Merke:

- **Keine Buchung ohne Beleg!**
- **Der Buchungssatz nennt die Buchung auf den Konten in der Reihenfolge**
  Sollkonto an **Habenkonto.**
- **Zur Bildung des Buchungssatzes beantwortet man fünf Fragen (siehe S. 28).**
- **Das Grundbuch erfasst die Buchungen in zeitlicher Reihenfolge. Das Hauptbuch übernimmt die sachliche Ordnung der Buchungen auf den Sachkonten.**

Aufgaben

37

In der Finanzbuchhaltung der Büromöbelwerke Werner Peters e. Kfm. sind am 12. Dezember .. folgende Geschäftsfälle im Grundbuch zu erfassen. *Tragen Sie Buchungsdatum, Beleg und Buchungssatz ein:*

1.	Barverkauf eines gebrauchten Personalcomputers lt. KB 412	450,00
2.	Barabhebung vom Bankkonto lt. BA 210	5.800,00
3.	Zielkauf von Rohstoffen lt. ER 469	14.600,00
4.	Umwandlung einer Liefererschuld in eine Darlehensschuld lt. Brief 46	13.500,00
5.	Kunde überweist lt. BA 211 fälligen Rechnungsbetrag auf unser Bankkonto .	400,00
6.	Barkauf von Hilfsstoffen lt. KB 413	800,00
7.	Eingangsrechnung (ER 470) für Betriebsstoffe	3.600,00
8.	Kauf einer Maschine für den Produktionsbetrieb auf Ziel lt. ER 471	34.700,00
9.	Unsere Postbanküberweisung auf Bankkonto lt. PA 110	1.900,00
10.	Wir begleichen eine fällige Rechnung lt. BA 212 durch Banküberweisung ..	1.800,00
11.	Bareinzahlung auf Bankkonto lt. BA 213	2.800,00
12.	Kunde begleicht lt. BA 214 eine fällige Rechnung (AR 447) durch Überweisung	2.400,00
13.	Kauf eines Kopiergerätes lt. BA 215 gegen Bankscheck	2.850,00
14.	Lt. BA 216 Überweisung an Lieferer zum Ausgleich von ER 468	600,00
15.	Aufnahme einer Hypothek bei der Sparkasse lt. BA 217	14.000,00
16.	Kauf eines Baugrundstücks gegen Bankscheck lt. BA 218	166.000,00
17.	Lt. KB 414 Barverkauf eines gebrauchten Geschäfts-PKWs	4.100,00
18.	Lt. BA 219 Tilgung einer Darlehensschuld durch Banküberweisung	12.000,00
19.	Kunde sandte uns lt. BA 220 einen Bankscheck zum Ausgleich von AR 451 .	12.600,00

38 *Welche Geschäftsfälle liegen folgenden Buchungssätzen zugrunde?*

1. Fuhrpark an Bank	30.000,00
2. Verbindlichkeiten a. LL an Bank	5.000,00
3. Bank an Kasse	8.500,00
4. Rohstoffe an Verbindlichkeiten a. LL	11.400,00
5. Kasse an Bank	2.500,00
6. Postbank an Forderungen a. LL	3.800,00
7. Kasse an Betriebs- und Geschäftsausstattung	1.200,00
8. Bank an Darlehensschulden	40.000,00
9. Betriebs- und Geschäftsausstattung an Bank	2.300,00
10. Bank an Postbank	5.400,00
11. Bank an Forderungen a. LL	6.700,00
12. Darlehensschulden an Bank	3.800,00

39 *Nennen Sie jeweils den Geschäftsfall und den Buchungssatz zu den Buchungen im folgenden Bankkonto:*

Soll		**Bank**	Haben
AB	24.000,00	2. Kasse	6.000,00
1. Forderungen a. LL	4.500,00	3. Verbindlichkeiten a. LL	5.300,00
4. Darlehensschulden	50.000,00	5. Hypothekenschulden	6.700,00
6. BGA	1.500,00	SB	62.000,00
	80.000,00		80.000,00

40 *Kontieren Sie für die Küchentechnik-Werke Karl Wirtz e. K. den folgenden Beleg.*

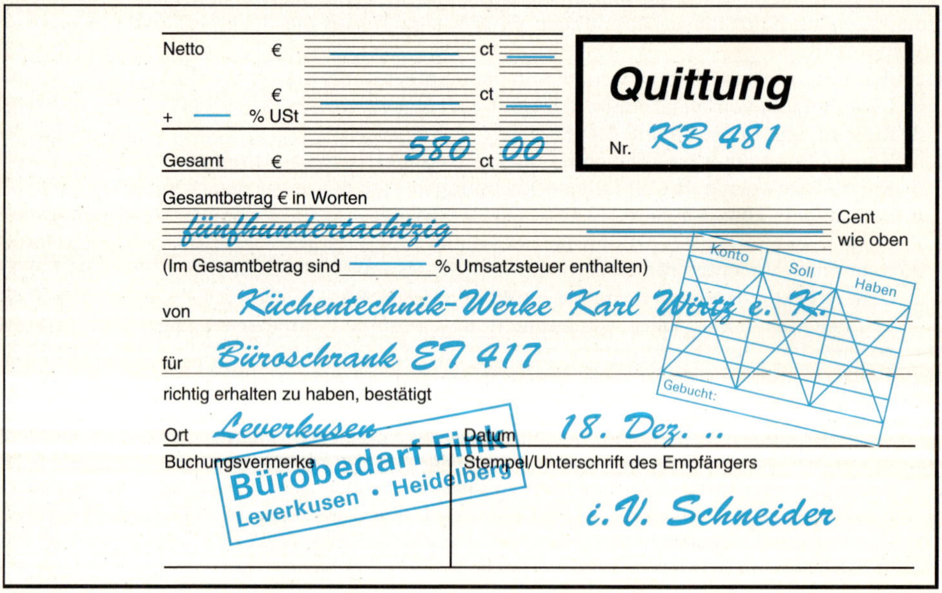

Netto € ______ ct ______
€ ______ ct ______
+ ___ % USt
Gesamt € 580 ct 00

Quittung
Nr. KB 481

Gesamtbetrag € in Worten
fünfhundertachtzig ______ Cent wie oben
(Im Gesamtbetrag sind ______ % Umsatzsteuer enthalten)
von Küchentechnik-Werke Karl Wirtz e. K.
für Büroschrank ET 417
richtig erhalten zu haben, bestätigt
Ort Leverkusen Datum 18. Dez. ..
Buchungsvermerke | Stempel/Unterschrift des Empfängers

Bürobedarf Fink
Leverkusen • Heidelberg

i.V. Schneider

Konto	Soll	Haben

Gebucht:

41

Kontieren Sie die folgenden Belege für die Küchentechnik-Werke Karl Wirtz e. K.

Udo Steffens e. Kfm. ELEKTROZUBEHÖRHANDEL

Udo Steffens e. Kfm., Postfach 12 80, 46483 Wesel

Küchentechnik-Werke
Karl Wirtz e. K.
Röntgenstr. 44
51373 Leverkusen

ER 498

Eingang: ..-12-15

Ihre Bestellung vom	Unser Auftrag Nr.	Zeit der Leistung	Datum
..-12-02	K 4 089 IV	..-12-12	..-12-13

Rechnung Nr. 2 312 K

Artikel-Nr.	Gegenstand	Menge Stück	Stückpreis €	Gesamtpreis €
TS 12	Thermostat	30	8,00	240,00
W 24	Elektromotor	150	82,00	12.300,00
				12.540,00[1]

Konto	Soll	Haben

Gebucht:

Telefon 0281 4869 ...
Fax 0281 4875 ...
USt-IdNr.: DE 456 377 212

E-Mail service@elektrosteffens-wvd.de
Internet www.elektrosteffens-wvd.de
Steuer-Nr. 065 387 6244 9

Deutsche Bank, Wesel
Konto-Nr. 486 222
BLZ 145 678 55

Postbank Köln
Konto-Nr. 124 45-501
BLZ 370 100 50

Durchschrift

Stadtsparkasse Leverkusen

Begünstigter: Elektrozubehörhandel Udo Steffens e. Kfm., 46483 Wesel

Konto-Nr. des Begünstigten: 486 222

Bankleitzahl: 145 678 55

bei (Kreditinstitut): Deutsche Bank, Wesel

EUR Betrag: Euro, Cent: 12.540,00--------------

Kunden-Referenznummer – noch Verwendungszweck, ggf. Name und Anschrift des Auftraggebers – (nur für Empfänger): Rechnung Nr. 2 312 K vom 13. Dez. ..

Kontoinhaber: Küchentechnik-Werke Karl Wirtz e. K., 51373 Leverkusen

Konto-Nr. des Kontoinhabers: 218 435 717

Konto	Soll	Haben

Gebucht:

..-12-22 Karl Wirtz

Datum, Unterschrift

1 Aus methodischen Gründen bleibt die Umsatzsteuer noch unberücksichtigt.

3.4.2 Zusammengesetzter Buchungssatz

Bisher wurden durch die Geschäftsfälle **nur zwei Konten angerufen.** Es handelte sich um **einfache** Buchungssätze.

Zusammengesetzte Buchungssätze entstehen, wenn durch einen Geschäftsfall **mehr als zwei Konten** berührt werden. Dabei muss die Summe der Sollbuchungen stets mit der Summe der Habenbuchungen übereinstimmen.

Beispiel 1: Wir begleichen die Rechnung unseres Lieferers (ER 66) über 3.000,00 € durch Banküberweisung 2.600,00 € (BA 44) und Postbanküberweisung 400,00 € (PA 28).

Buchung: **Soll:** **Verbindlichkeiten a. LL** — **Haben:** **Bank, Postbank**

Grundbuch				
Datum	**Beleg**	**Buchungssatz**	**Soll**	**Haben**
..-06-20	ER 66	**Verbindlichkeiten a. LL**	**3.000,00**	
	BA 44	an **Bank**		**2.600,00**
	PA 28	an **Postbank**		**400,00**

Buchung auf den Konten des Hauptbuches:

S	**Verbindlichkeiten a. LL**		H
Bank/ Postbank	3.000,00	AB	12.000,00

S	**Bank**		H
AB	14.000,00	Verbindlk.	2.600,00

S	**Postbank**		H
AB	800,00	Verbindlk.	400,00

Beispiel 2: Ein Kunde begleicht eine Rechnung (AR 1401) über 1.000,00 €, und zwar mit Bankscheck (BA 45) über 700,00 € und bar 300,00 € (KB 86).

Buchung: **Soll:** **Bank, Kasse** — **Haben:** **Forderungen a. LL**

Grundbuch				
Datum	**Beleg**	**Buchungssatz**	**Soll**	**Haben**
..-06-24	BA 45	**Bank**	**700,00**	
	KB 86	**Kasse**	**300,00**	
	AR 1401	an **Forderungen a. LL**		**1.000,00**

Übertragen Sie die Buchung auf die Konten des Hauptbuches.

Merke: **Bei einfachen und zusammengesetzten Buchungssätzen gilt stets:**
Summe der Sollbuchung(en) <=> Summe der Habenbuchung(en)

Aufgaben

42

Wie lauten die Buchungssätze für folgende Geschäftsfälle? Tragen Sie die Buchungssätze in das Grundbuch ein.

1. Kauf von Rohstoffen	bar	500,00	
	auf Ziel	11.500,00	12.000,00
2. Kauf eines Baugrundstückes	gegen Bankscheck	168.000,00	
	gegen bar	2.000,00	170.000,00
3. Verkauf eines gebrauchten LKWs	gegen bar	2.000,00	
	gegen Bankscheck	14.000,00	16.000,00
4. Kunde begleicht Rechnung	durch Banküberweisung	12.000,00	
	gegen bar	500,00	12.500,00
5. Kauf von Büromöbeln	bar	1.500,00	
	gegen Bankscheck	4.000,00	5.500,00
6. Tilgung einer Hypothek	durch Banküberweisung	17.000,00	
	durch Postbanküberweisung	2.000,00	
	bar	1.000,00	20.000,00
7. Wir begleichen Rechnungen unseres Lieferers			
	durch Banküberweisung	8.000,00	
	durch Postbanküberweisung	1.000,00	
	bar	500,00	9.500,00
8. Tilgung einer Darlehensschuld	durch Banküberweisung	15.000,00	
	durch Postbanküberweisung	1.000,00	16.000,00
9. Kauf einer EDV-Anlage	gegen Postbanküberweisung	3.000,00	
	gegen Banküberweisung	17.000,00	
	gegen bar	1.000,00	21.000,00

43

Welche Geschäftsfälle liegen folgenden Buchungssätzen zugrunde?	Soll	Haben
1. Kasse	1.000,00	
Bank	12.000,00	
an Fuhrpark		13.000,00
2. Hilfsstoffe	8.000,00	
an Kasse		1.000,00
an Bank		7.000,00
3. BGA	4.000,00	
an Bank		3.000,00
an Postbank		1.000,00
4. Darlehensschulden	7.000,00	
an Kasse		1.000,00
an Bank		6.000,00
5. Bank	7.000,00	
Postbank	1.000,00	
Kasse	1.000,00	
an Forderungen a. LL		9.000,00
6. Technische Anlagen und Maschinen	14.000,00	
an Kasse		2.000,00
an Bank		12.000,00
7. Verbindlichkeiten a. LL	22.000,00	
an Bank		19.000,00
an Postbank		2.000,00
an Kasse		1.000,00

3.5 Eröffnungsbilanzkonto (EBK) und Schlussbilanzkonto (SBK)

In der **doppelten** Buchführung steht einer Sollbuchung stets eine Habenbuchung in gleicher Höhe gegenüber. Dieses **Prinzip der Doppik** muss natürlich auch **für die Buchung der Anfangsbestände** der Aktiv- und Passivkonten gelten. Dazu bedarf es eines **Hilfskontos** im Hauptbuch, das die **Gegenbuchungen** für die Eröffnung der aktiven und passiven Bestandskonten aufnimmt: das

Eröffnungsbilanzkonto (EBK).

Die Eröffnungsbuchungssätze für die aktiven und passiven Bestandskonten lauten:

- **Aktivkonten** an **Eröffnungsbilanzkonto (EBK)**
- **Eröffnungsbilanzkonto (EBK)** an **Passivkonten**

Das **Eröffnungsbilanzkonto** weist somit die Aktivposten im Haben und die Passivposten im Soll aus und ist deshalb das genaue **Spiegelbild der Eröffnungsbilanz:**

Aktiva	**Eröffnungsbilanz**	**Passiva**
AB der Aktivposten		AB der Passivposten

Soll	**Eröffnungsbilanzkonto (EBK)**	**Haben**
AB der Passivposten		AB der Aktivposten

Soll	**Aktivkonto**	Haben
Anfangsbestand		

Soll	**Passivkonto**	Haben
		Anfangsbestand

Zum Jahresschluss werden die Aktiv- und Passivkonten abgeschlossen über das

Schlussbilanzkonto (SBK).

Die Abschlussbuchungssätze lauten:

- **Schlussbilanzkonto (SBK)** an **Aktivkonten**
- **Passivkonten** an **Schlussbilanzkonto (SBK)**

Soll	**Schlussbilanzkonto (SBK)**	**Haben**
SB der Aktivposten		SB der Passivposten

Das Schlussbilanzkonto muss selbstverständlich **vorab mit den Inventurwerten** bzw. mit der aus dem Inventar erstellten **Schlussbilanz** abgestimmt werden.

Merke:

- **In der Schluss- und Eröffnungsbilanz heißen die Seiten „Aktiva" und „Passiva", im Eröffnungsbilanzkonto und Schlussbilanzkonto dagegen „Soll" und „Haben".**
- **Das Eröffnungsbilanzkonto ist das Hilfskonto zur Eröffnung der Aktiv- und Passivkonten.**
- **Das Schlussbilanzkonto dient dem buchhalterischen Abschluss dieser Bestandskonten.**
- **Vor dem Abschluss der Konten bedarf es der Inventur.**

668638

Inventur zum 31. Dezember 01

↓

Inventar zum 31. Dezember 01

↓

Aktiva	Schlussbilanz zum 31. Dezember 01		Passiva
Rohstoffe	28.000,00	Eigenkapital	50.000,00
Bank	47.000,00	Verbindlichk. a. LL	25.000,00
	75.000,00		75.000,00
Ort, Datum			Unterschrift

Inventar- und Bilanzbuch

Hauptbuch

Soll	Eröffnungsbilanzkonto (EBK)		Haben
Eigenkapital	50.000,00	Rohstoffe	28.000,00
Verbindlichk. a. LL	25.000,00	Bank	47.000,00
	75.000,00		75.000,00

S	Rohstoffe		H
EBK	28.000,00	SBK	48.000,00
❶	20.000,00		
	48.000,00		48.000,00

S	Eigenkapital		H
SBK	50.000,00	EBK	50.000,00

S	Bank		H
EBK	47.000,00	❷	10.000,00
		SBK	37.000,00
	47.000,00		47.000,00

S	Verbindlichkeiten a. LL		H
❷	10.000,00	EBK	25.000,00
SBK	35.000,00	❶	20.000,00
	45.000,00		45.000,00

Soll	Schlussbilanzkonto (SBK)		Haben
Rohstoffe	48.000,00	Eigenkapital	50.000,00
Bank	37.000,00	Verbindlichk. a. LL	35.000,00
	85.000,00		85.000,00

Inventur zum 31. Dezember 02

↓

Inventar zum 31. Dezember 02
mit dem Abgleich von Ist- und Buchbeständen

↓

Aktiva	Schlussbilanz zum 31. Dezember 02		Passiva
Rohstoffe	48.000,00	Eigenkapital	50.000,00
Bank	37.000,00	Verbindlichk. a. LL	35.000,00
	85.000,00		85.000,00
Ort, Datum			Unterschrift

Inventar- und Bilanzbuch

1. *Nennen Sie die Buchungssätze zur Eröffnung der obigen Aktiv- und Passivkonten.*
2. *Nennen Sie die Geschäftsfälle und Buchungssätze zu den Kontenbuchungen ❶ und ❷.*
3. *Wie lauten die Abschlussbuchungen der obigen Aktiv- und Passivkonten?*

Aufgaben

1. Erstellen Sie zunächst die Schlussbilanz des Vorjahres.
2. Eröffnen Sie danach die Bestandskonten mithilfe des Eröffnungsbilanzkontos (EBK).
3. Buchen Sie die Geschäftsfälle auf den jeweiligen Bestandskonten.
4. Schließen Sie die Bestandskonten über das Schlussbilanzkonto (SBK) ab.
5. Erstellen Sie für das Bilanzbuch eine ordnungsgemäß gegliederte Schlussbilanz.

44 **Anfangsbestände**

TA u. Maschinen	270.000,00	Kasse	6.000,00
BGA	140.000,00	Bankguthaben	32.000,00
Rohstoffe	60.000,00	Verbindlichkeiten a. LL	48.000,00
Forderungen a. LL	35.000,00	Eigenkapital	495.000,00

Geschäftsfälle

1.	ER 408: Kauf von Rohstoffen auf Ziel	12.200,00
2.	KB 25: Barkauf eines Aktenschrankes	600,00
3.	Kunde begleicht lt. BA 82 eine fällige Rechnung mit Bankscheck	1.800,00
4.	ER 409: Zielkauf eines Stanzautomaten	11.100,00
5.	Lt. BA 83 Bareinzahlung auf Bankkonto	1.300,00
6.	Wir begleichen die fällige Rechnung eines Lieferers lt. KB 26 bar	1.700,00
7.	Kauf von Rohstoffen lt. ER 410	4.000,00
8.	Lt. BA 84 Ausgleich einer fälligen Kundenrechnung durch Überweisung	2.400,00

Abschlussangabe: Die Schlussbestände auf den Konten entsprechen den Inventurwerten.

45 **Anfangsbestände**

Grundstücke und Bauten	380.000,00	Kasse	6.000,00
TA u. Maschinen	290.000,00	Postbankguthaben	3.400,00
BGA	130.000,00	Bankguthaben	49.000,00
Rohstoffe	48.000,00	Darlehensschulden	178.000,00
Hilfsstoffe	14.000,00	Verbindlichkeiten a. LL	55.000,00
Forderungen a. LL	34.000,00	Eigenkapital	?

Geschäftsfälle

1.	Lt. BA 112 Aufnahme eines Darlehens bei der Bank	42.600,00
2.	Kauf von Rohstoffen lt. ER 510	4.000,00
3.	Lt. AR 156 Zielverkauf einer gebrauchten Maschine zum Buchwert	12.100,00
4.	Zielkauf von Rohstoffen lt. ER 511	2.950,00
5.	Lt. BA 113 Überweisung an Lieferer zum Ausgleich von ER 499	8.150,00
6.	Lt. KB 93 Barkauf eines Aktenvernichters	300,00
7.	Lt. BA 114 Bareinzahlung auf Bankkonto	1.200,00
8.	Zieleinkauf von Hilfsstoffen lt. ER 512	1.200,00
9.	Lt. PA 86 Überweisung vom Postbankkonto auf Bankkonto	1.400,00
10.	Lt. BA 115 Darlehenstilgung durch Bankscheck	14.000,00
11.	Kunde begleicht lt. BA 116 fällige Rechnung durch Überweisung	4.400,00

Abschlussangabe: Die Schlussbestände auf den Konten entsprechen den Inventurwerten.

46
1. Begründen Sie, weshalb Aktiv- und Passivkonten Bestandskonten darstellen.
2. Unterscheiden Sie zwischen a) Grundbuch, b) Hauptbuch, c) Inventar- und Bilanzbuch.
3. Erklären Sie den Grundsatz der Bilanzidentität.
4. Worin unterscheiden sich Schlussbilanz und Schlussbilanzkonto? Welcher Zusammenhang besteht zwischen beiden?

4 Buchen auf Erfolgskonten

4.1 Aufwendungen und Erträge

Die bisher gebuchten Geschäftsfälle veränderten lediglich die Bestände der Vermögens- und Schuldposten der Bilanz, nicht aber das Eigenkapital. Nun ist es aber **Aufgabe eines Industriebetriebes,** durch Einsatz von Werkstoffen, Arbeitskräften, Maschinen u. a. eigene **Erzeugnisse herzustellen und mit Gewinn zu verkaufen.** Dabei entstehen **Geschäftsfälle, die das Eigenkapital mindern oder erhöhen.** Im ersten Fall handelt es sich um **„Aufwendungen“,** im zweiten um **„Erträge“.**

Werden beispielsweise in einem Industriebetrieb lt. Materialentnahmeschein **Rohstoffe** im Wert von 35.000,00 € **zur Verarbeitung in die Fertigung gegeben,** vermindern sich durch diesen **Aufwand** der Bestand an Rohstoffen und zugleich das Eigenkapital. Der Buchungssatz würde dann lauten: **„Eigenkapital an Rohstoffe“.** Erhalten wir lt. Bankauszug eine **Zinsgutschrift** von 700,00 €, erhöhen sich durch diesen **Ertrag** das Bankguthaben und zugleich auch das Eigenkapital. Die Buchung müsste somit **„Bank an Eigenkapital“** lauten. Gleiche Buchungen ergeben sich, wenn wir einen Scheck über 2.500,00 € **Provision erhalten** (Bank an Eigenkapital) oder wenn wir 25.000,00 € **Löhne** durch Banküberweisung **zahlen** (Eigenkapital an Bank).

Merke: **Aufwendungen vermindern, Erträge erhöhen das Eigenkapital.**

Aus Gründen der Übersichtlichkeit bucht man aber in der Praxis die verschiedenen **Arten von Aufwendungen und Erträgen** nicht unmittelbar auf dem Eigenkapitalkonto, sondern gesondert auf **Unterkonten des Eigenkapitalkontos,** den

Aufwandskonten und **Ertragskonten,**

die man als **Erfolgskonten** bezeichnet. Nur so lässt sich nachträglich schnell feststellen, für welchen Aufwand wir im obigen Beispiel 25.000,00 € überwiesen haben oder für welchen Ertrag uns eine Bankgutschrift über 700,00 € erteilt wurde. Im ersten Fall wird das **Aufwandskonto „Löhne“** durch die Buchung **„Löhne an Bank“** im Soll mit 25.000,00 € belastet. Im zweiten Fall werden im **Ertragskonto „Zinserträge“** mit der Buchung **„Bank an Zinserträge“** 700,00 € im Haben gebucht.

Wie die Beispiele zeigen, wird auf den Erfolgskonten wie auf dem Passivkonto „Eigenkapital“ gebucht: **Aufwandskonten** erfassen die Eigenkapital**minderungen im Soll,** **Ertragskonten** die Eigenkapital**mehrungen im Haben.**

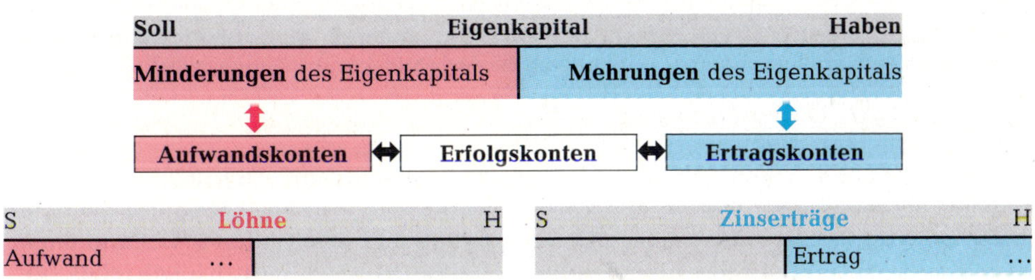

Merke: **Erfolgskonten sind Unterkonten des Eigenkapitalkontos. Auf Aufwandskonten wird deshalb im Soll, auf Ertragskonten im Haben gebucht.**

Aufwendungen entstehen, wenn dem Produktionsprozess eines Unternehmens **„Werte"** (z. B. Güter, Dienste) **zugeführt** und diese im Produktionsprozess **verbraucht** werden. Dies führt zur **Verminderung von Vermögensposten** (z. B. Rohstoffe, Bankguthaben) und damit auch zu einer **Verminderung des Eigenkapitals.** Im Industriebetrieb rechnen vor allem **folgende Aufwendungen** dazu:

1. **Werkstoffaufwendungen.** Sie entstehen durch den Verbrauch von Roh-, Hilfs- und Betriebsstoffen, der auf **folgenden Aufwandskonten** erfasst wird:
   - **Aufwendungen für Rohstoffe**
     Rohstoffe sind Werkstoffe, die den **wesentlichen Bestandteil** des fertigen Erzeugnisses bilden, z. B. Stahlblech, Stabholz und Spanplatten, Glas, Wolle, Kunstfasern, Rohöl u. a.
   - **Aufwendungen für Hilfsstoffe**
     Hilfsstoffe sind Werkstoffe, die als **Nebenbestandteil** in das Erzeugnis eingehen, z. B. Lack, Leim, Schrauben, Nägel, Schweißmaterial, Säuren u. a.
   - **Aufwendungen für Betriebsstoffe**
     Betriebsstoffe sind Stoffe, die nicht in das fertige Erzeugnis eingehen, z. B. Brenn- und Treibstoffe, Schmiermittel, Schleif- und Reparaturmaterial u. a.
2. **Aufwendungen für Vorprodukte/Fremdbauteile.** Sie entstehen durch Verbrauch der von Zulieferern bezogenen Fertigteile, z. B. Elektroartikel, Beschläge, Vorprodukte u. a.

   Der Verbrauch an Werkstoffen und Fertigteilen kann auf zweifache Weise ermittelt werden:
   - **Laufend mithilfe von Materialentnahmescheinen.** Bei dieser **direkten** Methode wird der **Verbrauch** bei der Entnahme **belegmäßig** erfasst und gebucht.
   - **Nachträglich durch Inventur** am Ende der Rechnungsperiode (= **indirekte** Methode):
     Anfangsbestand + Zugänge – Schlussbestand lt. Inventur = Verbrauch

Beispiel:	Anfangsbestand an Rohstoffen	50.000,00	
	+ Zugänge (Einkäufe, netto)	30.000,00	80.000,00 €
	– Schlussbestand lt. Inventur		10.000,00 €
	Rohstoffverbrauch		**70.000,00 €**

3. **Aufwendungen für Handelswaren.** Hierbei handelt es sich um Artikel, die meist als Zubehör zu den eigenen Fertigerzeugnissen angeschafft und unverarbeitet verkauft werden, z. B. Fußmatten, Schonbezüge in der Kraftfahrzeugindustrie.
4. **Personalaufwand**
   - **Löhne** für alle Arbeiter des Industriebetriebes
   - **Gehälter** für alle Angestellten
   - **Gesetzliche und freiwillige Sozialaufwendungen** (siehe S. 132 f.)
5. **Wertminderungen des Sachanlagevermögens** (z. B. durch Abnutzung) werden durch jährliche **Abschreibungen** auf dem Aufwandskonto **„Abschreibungen auf SA"** erfasst.
6. **Aufwendungen für Miete, Zinsen, Werbung, Büromaterial, Betriebssteuern u. a.** Für diese Aufwendungen müssen entsprechende Aufwandskonten eingerichtet werden.

Erträge entstehen, wenn **„Werte"** (z. B. fertige Erzeugnisse, Dienste) vom Unternehmen gegen Entgelt Dritten zur Verfügung gestellt werden. Dies führt zu einer **Erhöhung von Vermögensposten** (z. B. Bankguthaben, Forderungen a. LL) und damit auch zu einer **Erhöhung des Eigenkapitals. Hauptertrag des Industriebetriebes** sind die Erlöse aus dem Verkauf der eigenen Erzeugnisse. Diese **„Umsatzerlöse für eigene Erzeugnisse"** sollen nicht nur die Selbstkosten der Erzeugnisse decken, sondern darüber hinaus auch einen Gewinn erbringen. Daneben fallen in einem Industriebetrieb auch **Zinserträge, Mieterträge** und **Provisionserträge** an.

1. Wir verbrauchen für die Herstellung im Betrieb lt. Materialentnahmescheine (ME) für 12.000,00 € Rohstoffe, für 2.000,00 € Hilfsstoffe, für 1.000,00 € Betriebsstoffe.

Werkstofflager (Bestände) → **Verbrauch** → **Fertigung (Aufwendungen)**

S	Rohstoffe		H	S	Aufwendungen für Rohstoffe		H
Bestände	60.000,00	AfR	12.000,00 →	Rohstoffe	12.000,00		

S	Hilfsstoffe		H	S	Aufwendungen für Hilfsstoffe		H
Bestände	15.000,00	AfH	2.000,00 →	Hilfsstoffe	2.000,00		

S	Betriebsstoffe		H	S	Aufwendungen für Betriebsstoffe		H
Bestände	5.000,00	AfB	1.000,00 →	Betriebsstoffe	1.000,00		

Buchung: **Aufwendungen für Rohstoffe** ..... an **Rohstoffe** **12.000,00**
Aufwendungen für Hilfsstoffe .... an **Hilfsstoffe** **2.000,00**
Aufwendungen für Betriebsstoffe . an **Betriebsstoffe** **1.000,00**

2. Wir bezahlen Löhne 15.000,00 €, Gehälter 13.000,00 €, Miete 1.500,00 € durch Banküberweisung.

S	Löhne	H	S	Gehälter	H	S	Mietaufwendungen	H
B.	15.000,00		B.	13.000,00		B.	1.500,00	

S	Bank		H
...	80.000,00	Diverse	29.500,00

Buchung: **Löhne** **15.000,00**
Gehälter **13.000,00**
Mietaufwendungen ... **1.500,00**
an **Bank** **29.500,00**

3. Im Betrieb entstehen weitere Aufwendungen. Banküberweisung für:
Büromaterial 800,00 €, Reparaturen 300,00 €, Betriebssteuern 400,00 €.

S	Büromaterial	H	S	Fremdinstandsetzung	H	S	Betriebssteuern	H
B.	800,00		B.	300,00		B.	400,00	

S	Bank		H
...	80.000,00	Diverse	29.500,00
			1.500,00

Buchung: **Büromaterial** **800,00**
Fremdinstandsetzung **300,00**
Betriebssteuern **400,00**
an **Bank** **1.500,00**

4. Alle im Betrieb hergestellten Erzeugnisse wurden auf Ziel verkauft. Die Ausgangsrechnungen weisen insgesamt 55.000,00 € aus.

S	Forderungen a. LL		H	S	Umsatzerlöse für eigene Erzeugnisse		H
Erlöse	55.000,00					Ford. a. LL	55.000,00

Buchung: **Forderungen a. LL** .... an **Umsatzerlöse für eigene Erzeugnisse** ... **55.000,00**

Merke:
- **Aufwands- und Ertragskonten** <=> **Erfolgskonten**
- **Aktiv- und Passivkonten** <=> **Bestandskonten**

Abschluss der Erfolgskonten

Aufwendungen → **Erfolg** ← **Erträge**

S	Aufwendungen für Rohstoffe		H
Rohstoffe	12.000,00	GuV	12.000,00

S	Aufwendungen für Hilfsstoffe		H
Hilfsstoffe	2.000,00	GuV	2.000,00

S	Aufwendungen für Betriebsstoffe		H
Betriebsstoffe	1.000,00	GuV	1.000,00

S	Löhne		H
Bank	15.000,00	GuV	15.000,00

S	Gehälter		H
Bank	13.000,00	GuV	13.000,00

S	Mietaufwendungen		H
Bank	1.500,00	GuV	1.500,00

S	Büromaterial		H
Bank	800,00	GuV	800,00

S	Fremdinstandsetzung		H
Bank	300,00	GuV	300,00

S	Betriebssteuern		H
Bank	400,00	GuV	400,00

S	Gewinn- und Verlustkonto		H
Aufwendungen für Rohstoffe	12.000,00	Umsatzerlöse	55.000,00
Aufwendungen für Hilfsstoffe	2.000,00		
Aufwendungen für Betriebsstoffe	1.000,00		
Löhne	15.000,00		
Gehälter	13.000,00		
Mietaufw.	1.500,00		
Büromaterial	800,00		
Instandsetzung	300,00		
Betriebssteuern	400,00		
EK: Gewinn	9.000,00		
	55.000,00		55.000,00

S	Eigenkapital		H
SB	159.000,00	AB	150.000,00
		GuV: Gewinn	9.000,00
	159.000,00		159.000,00

S	Umsatzerlöse f. eigene Erzeugnisse		H
GuV	55.000,00	Ford. a. LL	55.000,00

Merke:

- **Das Gewinn- und Verlustkonto ist das Abschlusskonto aller Erfolgskonten.**
- **Das GuV-Konto sammelt auf der Sollseite alle Aufwendungen und auf der Habenseite alle Erträge.**
- **Der Saldo im GuV-Konto ist der Gewinn oder Verlust der Rechnungsperiode, der dem Eigenkapitalkonto zugeführt wird.**
- **Das Gewinn- und Verlustkonto zeigt die Quellen des Erfolges.**

4.2 Gewinn- und Verlustkonto als Abschlusskonto der Erfolgskonten

Am Ende des Geschäftsjahres müssen

Aufwendungen und **Erträge**

einander **gegenübergestellt** werden, um den **Erfolg** des Unternehmens festzustellen. Diese Aufgabe übernimmt das

Konto „Gewinn und Verlust" (GuV).

Alle Aufwands- und Ertragskonten werden daher über das Gewinn- und Verlustkonto abgeschlossen. Die Buchungssätze lauten:

- **GuV-Konto** an **alle Aufwandskonten**
- **Alle Ertragskonten** an **GuV-Konto**

Das Gewinn- und Verlustkonto weist somit auf der Sollseite die gesamten **Aufwendungen** aus, auf der Habenseite dagegen die **Erträge.** Aus dieser Gegenüberstellung ergibt sich als **Saldo** der Erfolg des Unternehmens: ein **Gewinn oder Verlust,** je nachdem, ob die Erträge oder die Aufwendungen überwiegen:

S **Gewinn- und Verlustkonto**	H
Aufwendungen	Erträge
Gewinn	

S **Gewinn- und Verlustkonto**	H
Aufwendungen	Erträge
	Verlust

- **Erträge > Aufwendungen → Gewinn**
- **Erträge < Aufwendungen → Verlust**

Abschluss des Gewinn- und Verlustkontos über Eigenkapitalkonto. Der ermittelte Gewinn oder Verlust wird sodann auf das Eigenkapitalkonto übertragen.

Die **Abschlussbuchungen** lauten:

- bei **Gewinn:** **GuV-Konto** an **Eigenkapitalkonto**
- bei **Verlust:** **Eigenkapitalkonto** an **GuV-Konto**

S **Eigenkapital**	H
Schlusskapital	Anfangskapital
	Gewinn

S **Eigenkapital**	H
Verlust	Anfangskapital
Schlusskapital	

Merke:
- **Der Gewinn erhöht das Eigenkapital.**
- **Der Verlust vermindert das Eigenkapital.**

Das GuV-Konto ist somit ein unmittelbares **Unterkonto des EK-Kontos.** Im Beispiel hat sich das Eigenkapital durch den Gewinn um 9.000,00 € erhöht (siehe Seite 44).

Geschäftsgang mit Bestands- und Erfolgskonten

Aktivkonten – **Bestandskonten** – **Passivkonten**

Aufwandskonten – **Erfolgskonten** – **Ertragskonten**

Aktivkonten

S	BGA		H
EBK	380.000	SBK	380.000

S	Rohstoffe		H
EBK	120.000	AfR	265.000
V. a.LL	240.000	SBK	95.000
	360.000		360.000

S	Forderungen a. LL		H
EBK	57.000	Bank	11.500
UE	454.000	SBK	499.500
	511.000		511.000

S	Bankguthaben		H
EBK	143.000	Gehälter	120.000
Zinsertr.	2.700	Mietaufw.	15.000
F. a.LL	11.500	SBK	45.500
Prov.-E.	23.300		
	180.500		180.500

Passivkonten

S	Darlehensschulden		H
SBK	231.000	EBK	231.000

S	Verbindlichkeiten a. LL		H
SBK	309.000	EBK	69.000
		Rohst.	240.000
	309.000		309.000

S	Eigenkapital		H
SBK	480.000	EBK	400.000
		GuV	80.000
	480.000		480.000

Aufwandskonten

S	Aufwend. f. Rohstoffe		H
Rohst.	265.000	GuV	265.000

S	Gehälter		H
Bank	120.000	GuV	120.000

S	Mietaufwendungen		H
Bank	15.000	GuV	15.000

Ertragskonten

S	Umsatzerlöse f. eig. Erzeugn.		H
GuV	454.000	Ford. a.LL	454.000

S	Zinserträge		H
GuV	2.700	Bank	2.700

S	Provisionserträge		H
GuV	23.300	Bank	23.300

Schlussbilanzkonto

Soll			Haben
BGA	380.000	Eigenkapital	480.000
Rohstoffe	95.000	Darlehensschulden	231.000
Forderungen a. LL	499.500	Verbindlichk. a. LL	309.000
Bankguthaben	45.500		
	1.020.000		1.020.000

Gewinn- und Verlustkonto

Soll			Haben
Aufwend. f. Rohst.	265.000	Umsatzerlöse	454.000
Gehälter	120.000	Zinserträge	2.700
Mietaufwend.	15.000	Provisionserträge	23.300
Eigenkapital	80.000		
	480.000		480.000

Reihenfolge der buchungstechnischen Arbeiten:

Ausgangspunkt: Schlussbilanz des Vorjahres

Aktiva	**Schlussbilanz zum 31. Dezember des Vorjahres**		Passiva
BGA	380.000,00	Eigenkapital	400.000,00
Rohstoffe	120.000,00	Darlehensschulden	231.000,00
Forderungen a. LL	57.000,00	Verbindlichkeiten a. LL	69.000,00
Bankguthaben	143.000,00		
	700.000,00		700.000,00

I. Eröffnung der Bestandskonten über Eröffnungsbilanzkonto (EBK)

1. Eröffnung der Aktivkonten:	BGA	an	EBK	380.000,00
	Rohstoffe	an	EBK	120.000,00
	Ford. a. LL	an	EBK	57.000,00
	Bankguthaben	an	EBK	143.000,00
2. Eröffnung der Passivkonten:	EBK	an	Eigenkapital	400.000,00
	EBK	an	Darlehensschulden	231.000,00
	EBK	an	Verbindlichk. a. LL	69.000,00

Soll	**Eröffnungsbilanzkonto**		Haben
Eigenkapital	400.000,00	BGA	380.000,00
Darlehensschulden	231.000,00	Rohstoffe	120.000,00
Verbindlichkeiten a. LL	69.000,00	Forderungen a. LL	57.000,00
		Bankguthaben	143.000,00
	700.000,00		700.000,00

II. Buchung der Geschäftsfälle in der Finanzbuchhaltung des Metallwerks M. Gruppe e. K.

1. Zieleinkauf von Breitstahlband lt. ER 01 – 05: 240.000,00 €
   Buchung: Rohstoffe an Verbindlichkeiten a. LL 240.000,00
2. Lt. ME 01-10 wurde Breitstahlband i. d. Fertigung gegeben: 265.000,00 €
   Buchung: Aufwendungen für Rohstoffe an Rohstoffe 265.000,00
3. Zahlung der Gehälter lt. Bankauszug BA 01: 120.000,00 €
   Buchung: Gehälter an Bank 120.000,00
4. Zielverkauf von fertigen Stahlblechgehäusen an die Computer GmbH, Rostock, lt. AR 01: 454.000,00 €
   Buchung: Forderungen a. LL an Umsatzerlöse für eig. Erzeugnisse 454.000,00
5. Zahlung der Miete für die Betriebsräume lt. BA 02: 15.000,00 €
   Buchung: Mietaufwendungen an Bank 15.000,00
6. Gutschrift der Bank für Zinsen lt. BA 03: 2.700,00 €
   Buchung: Bank an Zinserträge 2.700,00
7. Lt. BA 04 Eingang einer Vermittlungsprovision: 23.300,00 €
   Buchung: Bank an Provisionserträge 23.300,00
8. Die Weinert GmbH begleicht die AR 456 d. Vorj. lt. BA 05: 11.500,00 €
   Buchung: Bank an Forderungen a. LL 11.500,00

III. Abschluss der Erfolgskonten

1. Abschluss der **Aufwandskonten:**	GuV an Aufwendungen für Rohstoffe	265.000,00
	GuV an Gehälter	120.000,00
	GuV an Mietaufwendungen	15.000,00
2. Abschluss der **Ertragskonten:**	Umsatzerlöse f. eig. Erzeugn. an GuV	454.000,00
	Zinserträge an GuV	2.700,00
	Provisionserträge an GuV	23.300,00
3. Abschluss des **GuV-Kontos:**	bei Gewinn: GuV an Eigenkapital	80.000,00

IV. Abschluss der Bestandskonten nach Abstimmung mit den Inventurergebnissen

1. Abschluss der **Aktivkonten:**	SBK an 4 Aktivkonten
2. Abschluss der **Passivkonten:**	3 Passivkonten an SBK

Die Kontenkreise der doppelten Buchführung

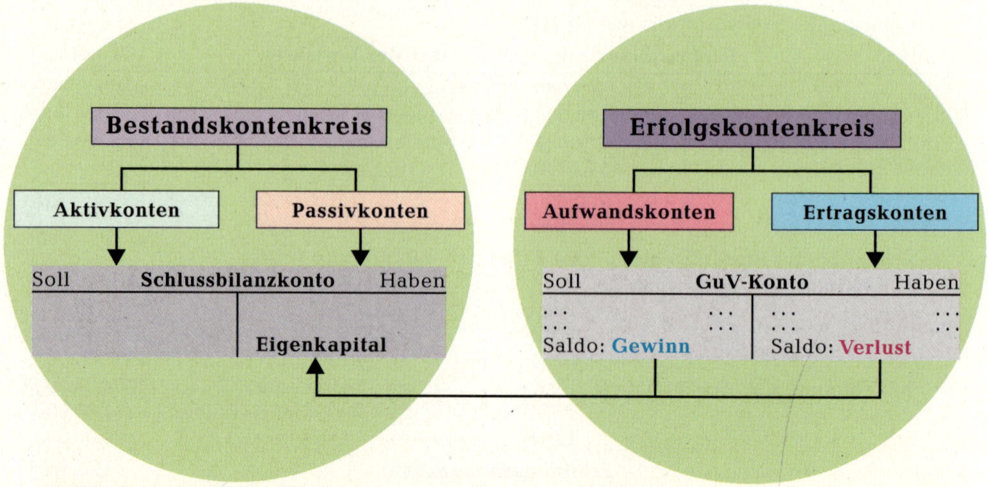

Merke:
- **Bestands- und Erfolgskonten bilden in der Buchführung je einen eigenen Kontenkreis. Das Eigenkapitalkonto ist das Bindeglied beider Kreise.**
- **Die Buchführung weist den Jahreserfolg auf zweifache Weise nach:**
  1. durch Gegenüberstellung der Aufwendungen und Erträge im GuV-Konto,
  2. durch Eigenkapitalvergleich (siehe S. 18 f.).
  Daher: Doppelte Buchführung beinhaltet doppelte Erfolgsermittlung.
- **Schlussbilanz und Gewinn- und Verlustrechnung bilden den Jahresabschluss eines Unternehmens (§ 242 Abs. 3 HGB).**

Aufgaben

47 *Bilden Sie zu den folgenden Geschäftsfällen die Buchungssätze und erläutern Sie jeweils die Auswirkung auf den entsprechenden Vermögensposten und das Eigenkapital.*

Bestandskonten: 350.000,00 BGA, 120.000,00 Rohstoffe, 35.000,00 Hilfsstoffe, 81.200,00 Forderungen a. LL, 95.700,00 Bank, 6.100,00 Kasse, 572.000,00 Eigenkapital, 116.000,00 Verbindlichkeiten a. LL.

Erfolgskonten: Umsatzerlöse für eigene Erzeugnisse, Zinserträge, Provisionserträge, Aufwendungen für Rohstoffe, Aufwendungen für Hilfsstoffe, Löhne, Gehälter, Miete, Büromaterial, Werbung, Portokosten, Kosten der Telekommunikation.

1.	Kauf einer PC-Anlage lt. ER 506		12.500,00
2.	Lt. KB 210: Barkauf von Büromaterial		450,00
3.	ME 420: Abgabe von Rohstoffen in die Fertigung		45.000,00
4.	Überweisung der Löhne lt. BA 280		26.800,00
5.	Zielverkauf von eigenen Erzeugnissen lt. AR 612		67.000,00
6.	Lt. BA 281 erfolgte Gutschrift der Bank für Zinsen		250,00
7.	Lt. ME 421 wurden in der Fertigung Hilfsstoffe verbraucht		2.800,00
8.	Lt. BA 282 überweist ein Kunde den fälligen Rechnungsbetrag		8.900,00
9.	Werkstoffeinkauf lt. ER 507: Rohstoffe	45.600,00	
	Hilfsstoffe	5.400,00	51.000,00
10.	BA 283: Gutschrift für Erhalt von Vermittlungsprovision		4.800,00
11.	BA 284: Begleichung einer fälligen Rohstoffrechnung		22.950,00
12.	Barkauf von Postwertzeichen lt. KB 211		380,00
13.	Lt. BA 285 Lastschriften der Bank für Überweisung der Lagermiete		8.700,00
	der Telekom-Rechnung		2.860,00
	der Gehälter		16.800,00
14.	ER 508: Eingang einer Rechnung über Werbeanzeigen		12.860,00

48

Bestands- und Erfolgskonten der Metall GmbH zum 31. Dez.	Soll	Haben
Grundstücke und Bauten	520.000,00	15.000,00
Technische Anlagen und Maschinen	182.000,00	17.000,00
Betriebs- und Geschäftsausstattung	63.000,00	5.500,00
Rohstoffe	380.000,00	335.000,00
Hilfsstoffe	78.000,00	55.000,00
Forderungen a. LL	116.000,00	29.000,00
Bank	824.000,00	623.000,00
Eigenkapital	–	635.000,00
Verbindlichkeiten a. LL	229.000,00	507.000,00
Umsatzerlöse für eigene Erzeugnisse	–	858.400,00
Mieterträge	–	42.000,00
Zinserträge	–	4.700,00
Aufwendungen für Rohstoffe	335.000,00	–
Aufwendungen für Hilfsstoffe	55.000,00	–
Löhne und Gehälter	326.000,00	–
Portokosten	4.200,00	–
Kosten der Telekommunikation	8.600,00	–
Büromaterial	5.800,00	–
Abschlusskonten: GuV und SBK	3.126.600,00	3.126.600,00

1. *Richten Sie die obigen Konten mit den Soll- und Habensummen ein.*
2. *Schließen Sie zunächst die Erfolgskonten über das GuV-Konto ab und übertragen Sie den ermittelten Gewinn oder Verlust auf das Eigenkapitalkonto (Buchungssatz?).*
3. *Schließen Sie die Bestandskonten zum SBK ab.*
4. *Ermitteln Sie die Verzinsung (Rentabilität) des Eigenkapitals, indem Sie den Gewinn zum Anfangseigenkapital ins Verhältnis setzen.*

49

Nennen Sie die Buchungssätze für die folgenden Belege der Textilwerke GmbH:

Beleg 1

Material-Entnahmeschein Nr.: 11 350 — **Textilwerke GmbH**

Rohstoffe [X] Hilfsstoffe [ ]

Datum: ..-01-15 Kostenstelle: Zuschneiderei 3

Artikel-Nr.	Menge	Einheit	Bezeichnung	€/Einheit	Summe
486	800	m	Frottee L	4,00	3.200,00
487	600	m	Walk-Frottee	6,00	3.600,00
				Buchhaltung	6.800,00

ausgestellt: Zimmer ausgegeben: Koch

Beleg 2

Quittung Nr. KB 132

Netto € ct
€ ct
+ % USt
Gesamt € 270 ct 00

Gesamtbetrag € in Worten: zweihundertsiebzig Cent wie oben

(Im Gesamtbetrag sind ___ % Umsatzsteuer enthalten)

von Textilwerke GmbH

für Reparatur des Kopiergerätes

richtig erhalten zu haben, bestätigt

Ort Stuttgart Datum 21. Febr. ..

Buchungsvermerke | Stempel/Unterschrift des Empfängers: Elektronik GmbH, Kaisersbacher Str. 12, 70374 Stuttgart

Beleg 3

Durchschrift
Landesgirokasse Stuttgart

Begünstigter: Meinerz OHG, Stuttgart
Konto-Nr. des Begünstigten: 323 567 51 Bankleitzahl: 600 501 01
bei (Kreditinstitut): Landesgirokasse Stuttgart
EUR Betrag: Euro, Cent: 6.500,00
Kunden-Referenznummer – noch Verwendungszweck, ggf. Name und Anschrift des Auftraggebers – (nur für Empfänger): Lagermiete für März ..
Kontoinhaber: Textilwerke GmbH, Stuttgart
Konto-Nr. des Kontoinhabers: 723 544 32

..-02-23 ppa. Herzberg
Datum, Unterschrift

50 Die Textilwerke GmbH ermittelt den Verbrauch an Nähgarn monatlich durch Inventur. Der Durchschnittspreis je Rolle beträgt 25,00 €.

1. *Ermitteln Sie anhand der folgenden Lagerkarte den Werkstoffverbrauch im Monat Januar.*
2. *Nennen Sie den Buchungssatz.*[1]

Lagerkarte		**Textilwerke GmbH**	
Artikel-Nr.: 0568		**Mindestbestand:** 200 Stück	
Artikel-Bez.: Nähgarnrollen		**Höchstbestand:** 500 Stück	
Datum	**Beleg**	**Bestand in Stück**	**Zugang in Stück**
..-01-01	Vortrag (AB)	250	–
..-01-12	Lieferschein L 425	–	150
..-01-18	Lieferschein L 431	–	180
..-01-28	Lieferschein L 488	–	300
..-01-31	Inventurliste (SB)	280	–

51 Die Kleinmöbelfabrik Hanna Schnell e. Kffr. erstellt Computertische und verarbeitet Spanplatten und Stahlrohre als Rohstoffe, Leim und Schrauben als Hilfsstoffe.

Richten Sie die Konten mit ihren Soll-/Habensummen ein:	**Soll**	**Haben**
Rohstoffe	350.000,00	220.000,00
Hilfsstoffe	60.000,00	45.000,00
Betriebsstoffe	42.000,00	31.000,00
Forderungen a. LL	799.000,00	610.000,00
Bankguthaben	850.000,00	595.000,00
Eigenkapital	–	850.000,00
Verbindlichkeiten a. LL	218.000,00	297.000,00
Aufwendungen für Rohstoffe	220.000,00	–
Aufwendungen für Hilfsstoffe	45.000,00	–
Aufwendungen für Betriebsstoffe	31.000,00	–
Löhne	285.000,00	–
Gehälter	198.000,00	–
Aufwendungen für Miete	160.000,00	–
Umsatzerlöse für eigene Erzeugnisse	–	610.000,00

Buchen Sie auf den Bestands- und Erfolgskonten die folgenden Geschäftsfälle:

1. Eingangsrechnungen (ER) für
   Spanplatten 72.000,00
   Leim 2.000,00
2. Materialentnahmescheine (ME) für
   Spanplatten 80.000,00
   Schrauben 4.000,00
   Treibstoffe 2.000,00
3. Lastschriften der Bank für
   Lohnzahlungen 16.000,00
   Gehälter 8.000,00
   Miete 12.000,00
4. Ausgangsrechnungen (AR): Zielverkäufe von Computertischen 590.000,00

Schließen Sie die Erfolgskonten über das GuV-Konto ab, ermitteln und buchen Sie den Gewinn. Schließen Sie danach die Bestandskonten über das Schlussbilanzkonto ab.
Haben sich Produktion und Absatz der Computertische „gelohnt"? Vergleichen Sie den Gewinn mit dem Eigenkapital (AB), ermitteln und beurteilen Sie die Verzinsung (Rentabilität).

1 Siehe auch Band 1, BWL, Kapitel 3.4.

Beachten Sie die Reihenfolge der Buchungsarbeiten:

1. *Richten Sie die Bestands- und Erfolgskonten ein.*
2. *Eröffnen Sie die Bestandskonten über das Eröffnungsbilanzkonto (EBK).*
3. *Bilden Sie zu den Geschäftsfällen die Buchungssätze (Grundbuch).*
4. *Übertragen Sie die Buchungen auf die Bestands- und Erfolgskonten (Hauptbuch).*
5. *Schließen Sie die Erfolgskonten über das GuV-Konto ab und übertragen Sie den Gewinn oder Verlust auf das Eigenkapitalkonto.*
6. *Erst zum Schluss werden alle Bestandskonten zum Schlussbilanzkonto (SBK) abgeschlossen, sofern die Inventur keine Abweichungen zwischen Buch- und Istbeständen ergibt.*

Bestandskonten: Rohstoffe 60.000,00 €, Hilfsstoffe 16.000,00 €, Betriebsstoffe 8.000,00 €, Forderungen a. LL 14.000,00 €, Kasse 10.000,00 €, Bank 20.000,00 €, Eigenkapital 128.000,00 €: Schlussbilanzkonto. 52

Erfolgskonten: Aufwendungen für Rohstoffe, Aufwendungen für Hilfsstoffe, Aufwendungen für Betriebsstoffe, Löhne, Gehälter, Betriebssteuern, Werbeaufwendungen, Umsatzerlöse für eigene Erzeugnisse, Zinserträge: GuV-Konto.

Geschäftsfälle

1. Verbrauch von Hilfsstoffen lt. Materialentnahmeschein (ME) 101	1.300,00
2. Verbrauch von Rohstoffen für die Herstellung lt. ME 102	14.000,00
3. Verbrauch von Betriebsstoffen für die Herstellung lt. ME 103	1.300,00
4. Betriebssteuern wurden lt. BA 10 durch Überweisung beglichen	1.800,00
5. Fertigungslöhne wurden lt. BA 11 überwiesen	9.000,00
6. Lt. BA 12 erfolgte Gehaltszahlung durch Überweisung	2.400,00
7. Wir bezahlten Werbeanzeige lt. BA 13 durch Bankscheck	250,00
8. Verkauf aller hergestellten Erzeugnisse auf Ziel lt. AR 10	47.300,00
9. Lt. BA 14 erfolgte eine Gutschrift für Zinsen	400,00

Abschlussangabe: Die Salden der Bestandskonten entsprechen der Inventur.

Auswertung: *Wie hoch sind die gesamten Aufwendungen der Rechnungsperiode und welche Erträge stehen diesen Aufwendungen gegenüber? Wie hoch ist das Ergebnis und wie wirkt es sich auf das Eigenkapital aus?*

Bestandskonten: Betriebs- und Geschäftsausstattung 200.000,00 €, Rohstoffe 82.000,00 €, Hilfsstoffe 24.000,00 €, Betriebsstoffe 12.000,00 €, Forderungen a. LL 13.000,00 €, Kasse 7.000,00 €, Bankguthaben 23.000,00 €, Eigenkapital 346.000,00 €, Verbindlichkeiten a. LL 15.000,00 €: Schlussbilanzkonto. 53

Erfolgskonten: Aufwendungen für Rohstoffe, Aufwendungen für Hilfsstoffe, Aufwendungen für Betriebsstoffe, Löhne, Fremdinstandsetzung, Büromaterial, Umsatzerlöse für eigene Erzeugnisse, Provisionserträge: GuV-Konto.

Geschäftsfälle

1. Eingangsrechnung für Rohstoffe: ER 10	13.500,00
2. Verbrauch von Rohstoffen für die Herstellung lt. ME 104	14.100,00
3. Lohnzahlung erfolgte lt. BA 15 durch Überweisung	6.200,00
4. Zielverkauf von eigenen Erzeugnissen lt. AR 11	12.400,00
5. Wir begleichen eine Rechnung (ER 8) über Reparaturkosten (Bank)	350,00
6. Barzahlung für Büromaterial lt. KB 11	250,00
7. Verbrauch von Betriebsstoffen lt. ME 105	1.400,00
8. Verbrauch von Hilfsstoffen lt. ME 106	1.900,00
9. Kunden begleichen lt. BA 16 fällige Rechnungen durch Überweisung	9.500,00
10. Verkauf aller eigenen Erzeugnisse auf Ziel lt. AR 12	35.900,00
11. Lt. BA 17 erhielten wir Provision durch Überweisung	3.500,00

Abschlussangabe: Die Salden der Bestandskonten entsprechen der Inventur.

Auswertung: *Wie hoch ist der Erfolg und wie wirkt er sich auf das Eigenkapital aus?*

54 **Anfangsbestände**

Techn. Anlagen u. Maschinen	150.000,00	Kasse	3.000,00
Rohstoffe	60.000,00	Bankguthaben	25.000,00
Hilfsstoffe	30.000,00	Eigenkapital	200.000,00
Betriebsstoffe	15.000,00	Darlehensschulden	60.000,00
Forderungen a. LL	10.000,00	Verbindlichkeiten a. LL	33.000,00

Bestandskonten

Technische Anlagen und Maschinen, Rohstoffe, Hilfsstoffe, Betriebsstoffe, Forderungen a. LL, Kasse, Bank, Darlehensschulden, Verbindlichkeiten a. LL, Eigenkapital: Schlussbilanzkonto;

Erfolgskonten

Aufwendungen für Rohstoffe, Aufwendungen für Hilfsstoffe, Aufwendungen für Betriebsstoffe, Löhne, Gehälter, Büromaterial, Werbeaufwendungen, Mietaufwendungen, Fremdinstandsetzung, Kosten der Telekommunikation, Umsatzerlöse für eigene Erzeugnisse, Zinserträge: GuV-Konto.

Geschäftsfälle

1.	Zieleinkauf von Rohstoffen lt. ER 179	4.500,00
	von Hilfsstoffen lt. ER 180	1.500,00
	von Betriebsstoffen lt. ER 181	1.200,00
2.	Barkauf von Büromaterial lt. KB 88	250,00
3.	Überweisung für Maschinenreparatur lt. BA 121	400,00
4.	Verkauf von eigenen Erzeugnissen	
	auf Ziel lt. AR 210	19.500,00
	gegen Barzahlung lt. KB 89	700,00
5.	Lt. BA 122 Überweisung für	
	Löhne	8.700,00
	Gehälter	4.300,00
6.	Lt. BA 123 Überweisung von Kunden für fällige Rechnungen	9.500,00
7.	BA 124: Unsere Überweisung für	
	Miete	1.800,00
	Telefon- und Telefaxkosten	350,00
	Werbeanzeigen	780,00
	Ausgleich einer fälligen Liefererrechnung	4.520,00
8.	Verkauf aller eigenen Erzeugnisse auf Ziel lt. AR 211	38.000,00
9.	Bank schreibt uns lt. BA 125 Zinsen gut	600,00

Abschlussangaben

Im vorliegenden Industriebetrieb wird der Werkstoffverbrauch durch Inventur ermittelt. Die Schlussbestände betragen lt. Inventur für

Rohstoffe	28.000,00
Hilfsstoffe	22.700,00
Betriebsstoffe	11.600,00

Buchen Sie zunächst jeweils den Endbestand und ermitteln und buchen Sie danach den Verbrauch an Rohstoffen, Hilfsstoffen und Betriebsstoffen (vgl. S. 42).

Auswertung

1. *Nennen Sie die Auswirkung des Erfolges (Ergebnisses) auf das Eigenkapital.*
2. *Worauf führen Sie den Verlust in der Aufgabe zurück?*
3. *Ermitteln Sie auch den Erfolg durch Kapitalvergleich, indem Sie das Eigenkapital der Eröffnungsbilanz mit dem der Schlussbilanz vergleichen.*
4. *Begründen Sie, dass ein hoher Gewinn das oberste Unternehmungsziel ist.*

668652

55

Anfangsbestände

TA und Maschinen	420.000,00	Kasse	700,00
BGA	210.000,00	Bankguthaben	125.000,00
Rohstoffe	89.000,00	Eigenkapital	577.000,00
Hilfsstoffe	12.500,00	Darlehensschulden	260.000,00
Betriebsstoffe	2.800,00	Verbindlichkeiten a. LL	69.000,00
Forderungen a. LL	46.000,00		

Bestandskonten

TA und Maschinen, BGA, Rohstoffe, Hilfsstoffe, Betriebsstoffe, Forderungen a. LL, Kasse, Bank, Eigenkapital, Darlehensschulden, Verbindlichkeiten a. LL: Schlussbilanzkonto;

Erfolgskonten

Umsatzerlöse für eigene Erzeugnisse, Provisionserträge, Aufwendungen für Rohstoffe, Aufwendungen für Hilfsstoffe, Aufwendungen für Betriebsstoffe, Löhne, Gehälter, Mietaufwendungen, Kosten der Telekommunikation, Zinsaufwendungen, Versicherungsbeiträge: GuV-Konto.

Geschäftsfälle

1.	Eingangsrechnungen	für Rohstoffe	65.000,00	
		für Hilfsstoffe	12.000,00	
		für Betriebsstoffe	8.500,00	85.500,00
2.	Ausgangsrechnung für den Verkauf eigener Erzeugnisse	auf Ziel	123.000,00	
		gegen Bankscheck	7.500,00	130.500,00
3.	Bankauszug: Lastschriften	für Löhne	18.600,00	
		für Gehälter	12.400,00	
		für Darlehenszinsen	6.800,00	
		für Telefon-, Telefaxgebühren	2.500,00	
		für Haftpflichtversicherung	2.700,00	43.000,00
4.	Materialentnahmescheine	für Rohstoffe	72.000,00	
		für Hilfsstoffe	5.800,00	
		für Betriebsstoffe	2.300,00	80.100,00
5.	Bankauszug: Gutschriften	für Überweisungen von Kunden	88.600,00	
		von Provisionen	2.300,00	90.900,00
6.	Bankauszug: Lastschriften für Überweisungen an Lieferer zum Ausgleich von Liefererrechnungen		82.600,00	
	an Vermieter für Miete von Lagerräumen		6.700,00	89.300,00
7.	Ausgangsrechnung: Verkauf von eigenen Erzeugnissen			62.000,00

Abschlussangabe

Die Salden der Bestandskonten entsprechen der Inventur.

Auswertung

1. *Wie hoch sind die Aufwendungen des Industriebetriebes und welche Erträge stehen ihnen gegenüber?*
2. *Ermitteln Sie die Rentabilität des Eigenkapitals, indem Sie den Gewinn dem Eigenkapital zu Beginn der Rechnungsperiode gegenüberstellen.*

5 Einführung in die Abschreibung der Sachanlagen[1]

5.1 Ursachen, Buchung und Wirkung der Abschreibung

Das Anlagevermögen ist dazu bestimmt, dem Unternehmen **langfristig** zu dienen. Bei **abnutzbaren Anlagegütern** (z. B. Gebäude, Maschinen, Computer) ist die Nutzungsdauer jedoch begrenzt. Der Wert dieser **Sachanlagen** mindert sich durch

- **Nutzung** (Gebrauch),
- **natürlichen Verschleiß,**
- **technischen Fortschritt** und
- **außergewöhnliche Ereignisse.**

Diese Wertminderungen werden in der Regel zum Jahresschluss als **Aufwand** auf dem Konto

Abschreibungen auf Sachanlagen (SA)

erfasst. Statt Abschreibung heißt es im Steuerrecht „Absetzung **f**ür **A**bnutzung" **(AfA).**

Beispiel: Die Anschaffungskosten einer Maschine, die eine Nutzungsdauer von 10 Jahren hat, betragen 120.000,00 €. Die Maschine kann somit **jährlich gleich bleibend (linear)** mit 12.000,00 € (120.000,00 € : 10) abgeschrieben werden. Dadurch vermindert sich der Gewinn des Unternehmens um 12.000,00 €.

S	Techn. Anlagen u. Maschinen		H
AB	120.000,00	Abschr.	12.000,00
		SBK	108.000,00

S	Abschreibungen auf Sachanlagen		H
TA u. Maschinen	12.000,00	GuV-Konto	12.000,00

S	Schlussbilanzkonto		H
TA u. Maschinen	108.000,00		

S	GuV-Konto		H
...	200.000,00	...	250.000,00
Abschr.	12.000,00		
Gewinn	?		

Buchungen:

1. Abschreibungen auf SA	an	TA u. Maschinen	12.000,00
2. GuV-Konto	an	Abschreibungen auf SA	12.000,00
3. Schlussbilanzkonto	an	TA und Maschinen	108.000,00

Merke:

- **Die Wertminderung der Anlagegüter wird durch Abschreibungen erfasst.**
- **Durch die Abschreibung werden die Anschaffungskosten eines Anlagegutes auf seine Nutzungsdauer (Jahre) verteilt.**
- **Abschreibungen mindern als Aufwand den Gewinn und somit auch die gewinnabhängigen Steuern, wie z.B. die Einkommensteuer.**

In der Kalkulation der Verkaufspreise der Erzeugnisse werden die **Abschreibungen als Kosten** eingesetzt. **Über die Umsatzerlöse fließen** die einkalkulierten **Abschreibungsbeträge** in Form von liquiden Mitteln (Geld) in das Unternehmen **zurück.** Diese Mittel stehen nun wiederum für **Anschaffungen (Investitionen)** im Sachanlagevermögen zur Verfügung. Das Unternehmen finanziert somit die Anschaffung von Sachanlagegütern in erster Linie aus **Abschreibungsrückflüssen.** Die Abschreibung stellt deshalb ein bedeutendes **Mittel der Finanzierung** dar.

Abschreibungskreislauf. Abschreibungen bewegen sich nahezu in einem Kreislauf. Aus dem Anlagevermögen fließen sie über die Umsatzerlöse in das Umlaufvermögen (Bank) und von dort durch Neuanschaffungen in das Anlagevermögen zurück.

Merke: **Abschreibungen finanzieren Investitionen in Sachanlagen.**

1 Siehe ausführliche Behandlung der Abschreibungen auf Sachanlagen auf Seite 200 f.

5.2 Berechnung der Abschreibung

Der jährliche Abschreibungsbetrag wird in der Regel nach der linearen oder degressiven Methode berechnet. In unserem Ausgangsbeispiel soll die Maschine jeweils zum Jahresschluss **linear mit 10 %** der **Anschaffungskosten** und **degressiv mit 20 %** vom jeweiligen **Buchwert** (Restwert) abgeschrieben werden. Im ersten Fall ergeben sich jährlich **gleich bleibende** und im zweiten **fallende** Abschreibungsbeträge. Durch die Abschreibung verringert sich jährlich der Buch- bzw. Restwert des Anlagegutes:

Lineare AfA	Ermittlung des Buchwertes	Degressive AfA
120.000,00 €	Anschaffungswert	120.000,00 €
12.000,00 €	– AfA am Ende des 1. Jahres	**24.000,00 €**
108.000,00 €	= **Buchwert am Ende des 1. Jahres**	96.000,00 €
12.000,00 €	– AfA am Ende des 2. Jahres	**19.200,00 €**
96.000,00 €	= **Buchwert am Ende des 2. Jahres**	76.800,00 €
10 % AfA von den **Anschaffungskosten**	**Führen Sie das Beispiel zu Ende.**	**20 % AfA** vom **Buchwert**

Bei der linearen Abschreibung erfolgt die Abschreibung in jedem Jahr der Nutzung von den **Anschaffungskosten** des Anlagegutes. Die **Abschreibungsbeträge** sind daher **gleich hoch.** Nach Ablauf der Nutzungsdauer ist der Buchwert gleich null. Sollte sich das Anlagegut nach Ablauf der Nutzungsdauer noch weiterhin im Betrieb befinden, so ist es mit einem **Erinnerungswert von 1,00 €** im Anlagekonto auszuweisen. Im Beispiel dürften dann am Ende des 10. Jahres nur 11.999,00 € abgeschrieben werden.

$$\textbf{Abschreibungsbetrag} = \frac{\textbf{Anschaffungskosten}}{\textbf{Nutzungsjahre}} = \frac{120.000{,}00\ €}{10\ \text{Jahre}} = \textbf{12.000,00 €/Jahr}$$

$$\textbf{Abschreibungssatz in \%} = \frac{\textbf{100 \%}}{\textbf{Nutzungsjahre}} = \frac{100\ \%}{10\ \text{Jahre}} = \textbf{10 \%/Jahr}$$

Bei der degressiven Abschreibung wird die Abschreibung nur im ersten Nutzungsjahr von den Anschaffungskosten vorgenommen, in den folgenden Jahren dagegen vom jeweiligen **Buch- oder Restwert.** Dadurch ergeben sich **jährlich fallende Abschreibungsbeträge.** Bei der degressiven Abschreibung wird der Nullwert des Anlagegutes nach Ablauf der Nutzungsdauer nie erreicht. Der **Abschreibungssatz** ist daher bei degressiver Abschreibung **höher** als bei linearer AfA. **Steuerrechtlich** darf bei **beweglichen** Anlagegütern der degressive AfA-Satz **höchstens das Zweifache des linearen AfA-Satzes** betragen, jedoch **nicht höher als 20 %**[1] sein (§ 7 Abs. 2 EStG).

Vorteil der degressiven Abschreibung. Wertminderungen können bei Anlagegütern vor allem in den ersten Jahren der Nutzung – bedingt durch den technischen Fortschritt (Modellwechsel) – sehr hoch sein. Dieser Tatsache trägt die degressive Abschreibungsmethode Rechnung, da bei ihr in den ersten Nutzungsjahren die Abschreibungsbeträge höher sind als bei linearer Abschreibung.

Merke:
- **Sachanlagen werden in der Regel linear oder degressiv abgeschrieben.**
- **Abschreibungsmethode und Nutzungsdauer des Anlagegutes bestimmen die Höhe des jährlichen Abschreibungsbetrages.**

1 Bei **beweglichen Anlagegütern,** die **bis zum 31. Dezember 2000** angeschafft oder hergestellt wurden, beträgt der **degressive AfA-Satz** höchstens das **Dreifache** des linearen AfA-Satzes, jedoch nicht höher als **30 %.**

Beispiele für die Nutzungsdauer (Jahre) von Anlagegütern lt. AfA-Tabelle:

1. Betriebliche Bauten	25–33	6. Büromöbel	13
2. Krananlagen	14–21	7. Großrechner	7
3. Bearbeitungsmaschinen	5–15	8. Personalcomputer	3
4. Lastkraftwagen	9[1]	9. Drucker, Scanner u. a.	6
5. Personenwagen	6[1]	10. Registrierkassen	8

Ermitteln Sie die entsprechenden Abschreibungssätze (in Prozent).

Aufgaben

56 Die Anschaffungskosten einer Maschine betragen 200.000,00 €, die Nutzungsdauer wird auf 10 Jahre geschätzt.

a) *Ermitteln Sie bei linearer Abschreibung jeweils den Abschreibungsbetrag und -satz.*

b) *Welcher AfA-Satz ist für die degressive Abschreibung anzuwenden?*

c) *Stellen Sie die Abschreibungsbeträge bei linearer und degressiver Abschreibung wenigstens für die ersten vier Jahre in einer Tabelle gegenüber und ermitteln Sie für jedes Jahr den Buch- bzw. Restwert.*

d) *Buchen Sie für das 1. Jahr die Abschreibung auf Maschinen. Richten Sie folgende Konten ein: TA u. Maschinen, Abschreibungen auf Sachanlagen, GuV-Konto, Schlussbilanzkonto.*

57 *Es sind folgende Konten einzurichten:*

Technische Anlagen und Maschinen 290.000,00 €, BGA 120.000,00 €, Abschreibungen auf Sachanlagen, GuV-Konto, Schlussbilanzkonto.

Buchen Sie die Abschreibungen auf Maschinen 20 %, BGA 10 %.

Schließen Sie die Bestandskonten und das Konto Abschreibungen auf Sachanlagen ab und stellen Sie danach das Schlussbilanzkonto auf.

58 *Folgende Konten sind einzurichten:*

TA u. Maschinen 220.000,00 €, Fuhrpark 140.000,00 €, BGA 90.000,00 €, Abschreibungen auf Sachanlagen, GuV-Konto, Schlussbilanzkonto.

Lt. Inventur sind folgende Schlussbestände vorhanden:

TA u. Maschinen 196.000,00 €, Fuhrpark 113.000,00 €, BGA 81.000,00 €.

Buchen Sie die Abschreibungen und schließen Sie diese Konten ab.

59 **Anfangsbestände**

TA u. Maschinen 90.000,00 €, Fuhrpark 50.000,00 €, BGA 25.000,00 €, Rohstoffe 31.000,00 €, Hilfsstoffe 3.500,00 €, Betriebsstoffe 2.500,00 €, Forderungen a.LL 9.000,00 €, Kasse 6.000,00 €, Bank 28.000,00 €, Verbindlichkeiten a.LL 14.000,00 €, Darlehensschulden 10.000,00 €, Eigenkapital 221.000,00 €.

Bestandskonten

TA u. Maschinen, Fuhrpark, BGA, Rohstoffe, Hilfsstoffe, Betriebsstoffe, Forderungen a.LL, Kasse, Bank, Verbindlichkeiten a.LL, Darlehensschulden, Eigenkapital: Schlussbilanzkonto.

Erfolgskonten

Aufwendungen für Rohstoffe, Aufwendungen für Hilfsstoffe, Aufwendungen für Betriebsstoffe, Löhne, Betriebssteuern, Abschreibungen auf Sachanlagen, Umsatzerlöse für eigene Erzeugnisse: GuV-Konto.

Geschäftsfälle

1. Lt. BA Überweisung eines Kunden zum Ausgleich einer Rechnung	1.200,00
2. Materialentnahmescheine für die Herstellung der Erzeugnisse:	
Rohstoffe	13.000,00
Betriebsstoffe	1.600,00
3. Lt. BA Überweisung an einen Lieferer zum Ausgleich einer Rechnung	3.300,00
4. Kauf von Rohstoffen auf Ziel lt. ER	2.850,00

1 Bei besonders starker Belastung verkürzt sich die Nutzungsdauer um ein Jahr.

5. Lt. BA Überweisung für Gewerbesteuer	750,00
6. Lt. BA Überweisung für Löhne	5.100,00
7. Lt. BA Teilrückzahlung eines Darlehens durch Überweisung	3.500,00
8. Verkauf aller fertigen Erzeugnisse auf Ziel lt. AR	72.700,00

Abschlussangaben

1. Abschreibungen: 20 % auf TA u. Maschinen; Fuhrpark: 10.000,00 €; BGA: 2.500,00 €.
2. Endbestand an Hilfsstoffen lt. Inventur 1.700,00
   Der Verbrauch an Hilfsstoffen ist noch zu ermitteln und zu buchen.
3. Keine Bestände an eigenen Erzeugnissen.

Auswertung

1. *Wie hoch sind die Aufwendungen der Abrechnungsperiode?*
2. *Welche Erträge stehen diesen Aufwendungen gegenüber?*
3. *Wie hoch ist demnach der Erfolg (Gewinn oder Verlust)?*
4. *Weisen Sie den Erfolg auch durch Kapitalvergleich (Betriebsvermögensvergleich) nach, indem Sie das Eigenkapital der Schlussbilanz mit dem der Eröffnungsbilanz vergleichen.*

60

Anfangsbestände

TA u. Maschinen 120.000,00 €, Fuhrpark 40.000,00 €, BGA 30.000,00 €, Rohstoffe 16.000,00 €, Hilfsstoffe 5.000,00 €, Betriebsstoffe 3.000,00 €, Forderungen a. LL 10.000,00 €, Kasse 8.000,00 €, Bank 28.000,00 €, Verbindlichkeiten a. LL 18.000,00 €, Darlehensschulden 20.000,00 €, Eigenkapital 222.000,00 €.

Kontenplan

Wie in Aufgabe 59, zusätzlich Konto „Gehälter".

Geschäftsfälle

1. Lt. ME Verbrauch von Rohstoffen	3.100,00
Hilfsstoffen	800,00
Betriebsstoffen	700,00
2. Lt. BA Kauf einer Maschine gegen Bankscheck	5.000,00
3. Lt. BA Aufnahme eines Darlehens bei der Bank	45.000,00
4. Lt. BA Zahlung der Löhne durch Überweisung	4.100,00
5. Lt. BA Banküberweisung eines Kunden zum Ausgleich einer Rechnung	2.950,00
6. Lt. BA Banküberweisung für Kraftfahrzeugsteuer	900,00
7. Zieleinkauf von Hilfsstoffen lt. ER	6.100,00
8. Zieleinkauf von Rohstoffen lt. ER	13.400,00
9. Lt. BA Gehaltszahlung durch Überweisung	2.500,00
10. Verkauf aller fertigen Erzeugnisse, davon	
gegen Bankscheck	5.500,00
auf Ziel lt. AR	48.800,00

Abschlussangaben

1. Abschreibungen: TA u. Maschinen 5.000,00 €, Fuhrpark 6.000,00 €, BGA 2.000,00 €.
2. Keine Bestände an eigenen Erzeugnissen.

61

1. *Unterscheiden Sie zwischen linearer und degressiver Abschreibung.*
2. *Erläutern Sie die Gewinnauswirkung bei beiden Abschreibungsmethoden im Jahr der Anschaffung des Vermögensgegenstandes.*
3. *Welchen besonderen Vorteil hat die degressive Abschreibung?*
4. *Erläutern Sie den Kreislauf der Abschreibung.*
5. *Inwiefern ist die Abschreibung ein bedeutendes Mittel der Finanzierung?*
6. *Nennen Sie Beispiele für Rohstoffe und Hilfsstoffe.*

---

6 Aufwandsorientierte Erfassung der Werkstoffeinkäufe

Bisher haben wir die **Werkstoffeinkäufe** aufgrund der Eingangsrechnung **auf** den **Bestandskonten** Roh-, Hilfs- und Betriebsstoffe u. a. gebucht, also **bestandsorientiert erfasst.** Der **Verbrauch** an Roh-, Hilfs- und Betriebsstoffen wurde anhand von **Materialentnahmescheinen** oder durch **Inventur** ermittelt und auf die entsprechenden **Aufwandskonten** für Roh-, Hilfs- und Betriebsstoffe **umgebucht:**

S	**Rohstoffe**	H
Anfangsbestand	Rohstoffverbrauch	
Einkäufe von Rohstoffen	Schlussbestand	

→

S	**Aufwendungen für Rohstoffe**	H
Rohstoffverbrauch	GuV-Konto	

Zur Einsparung von Lagerkosten lassen bestimmte Industriebetriebe Werkstoffe erst dann anliefern, wenn sie in der Fertigung benötigt werden **(„Just-in-time-Fertigung“).**[1] In diesem Fall ist es sinnvoll, den **Werkstoffeinkauf direkt als Aufwand** auf den entsprechenden Aufwandskonten für Roh-, Hilfs- und Betriebsstoffe zu buchen, also **sofort aufwandsorientiert zu erfassen.** Somit weisen die **Werkstoffbestandskonten** der Roh-, Hilfs- und Betriebsstoffe jeweils nur noch den **Anfangsbestand,** den **Schlussbestand lt. Inventur** sowie gegebenenfalls **als Saldo die Veränderung des Anfangsbestandes** aus:

S	**Rohstoffe**	H
Anfangsbestand	Schlussbestand	
Bestands**mehrung**		

S	**Rohstoffe**	H
Anfangsbestand	Schlussbestand	
	Bestands**minderung**	

Die Bestandsveränderung weist im obigen Rohstoffbestandskonto entweder eine **Mehrung oder Minderung** des Anfangsbestandes aus, je nachdem, ob der Schlussbestand lt. Inventur größer oder kleiner als der Anfangsbestand ist. Im Falle einer **Bestandsmehrung** wurden im Abrechnungszeitraum mehr Rohstoffe eingekauft als verbraucht. Bei einer **Bestandsminderung** mussten dagegen zusätzlich Rohstoffe aus dem Lagerbestand des Vorjahres in die Fertigung gegeben werden.

Um den tatsächlichen Rohstoffverbrauch auf dem Konto „Aufwendungen für Rohstoffe (AfR)“ **ermitteln zu können,** muss man die **Bestandsveränderung** des Rohstoffbestandskontos **auf das Rohstoffaufwandskonto umbuchen:**

Umbuchung der Bestandsmehrung

S	**Rohstoffe**	H
Anfangsbestand	Schlussbestand	
Bestands**mehrung**		

S	**Aufwendungen für Rohstoffe**	H
Einkauf von Rohstoffen	Bestands**mehrung**	
	Saldo = **Verbrauch** von Rohstoffen ▷ GuV	

Buchung: Rohstoffe an **AfR**

Umbuchung der Bestandsminderung

S	**Rohstoffe**	H
Anfangsbestand	Schlussbestand	
	Bestands**minderung**	

S	**Aufwendungen für Rohstoffe**	H
Einkauf von Rohstoffen	**Saldo** = **Verbrauch** von Rohstoffen ▷ GuV	
Bestands**minderung**		

Buchung: AfR an **Rohstoffe**

1 Siehe auch Band 1, BWL, Kapitel 3.3 und Kapitel 5.7.1.

Beispiel 1: **Bestandsmehrung.** Zu Beginn des Geschäftsjahres beträgt der Lagerbestand an Rohstoffen 100.000,00 €. Während des Geschäftsjahres wurden Rohstoffe im Nettowert von 200.000,00 € eingekauft. Zum Schluss des Geschäftsjahres beträgt der Bestand an Rohstoffen lt. Inventur 120.000,00 €.

❶ **Buchung des Anfangsbestandes an Rohstoffen:**

Rohstoffe .... an **Eröffnungsbilanzkonto** **100.000,00**

❷ **Buchung des Werkstoffeinkaufs direkt als Aufwand:**

Aufwendungen f. Rohstoffe an **Verbindlichkeiten a. LL** **200.000,00**

❸ **Buchung des Schlussbestandes an Rohstoffen:**

Schlussbilanzkonto ... an **Rohstoffe** **120.000,00**

❹ **Umbuchung der Bestandsveränderung (Mehrbestand):**

Rohstoffe .... an **Aufwendungen f. Rohstoffe** **20.000,00**

❺ **Abschluss des Kontos „Aufwendungen für Rohstoffe":**

GuV-Konto .... an **Aufwendungen f. Rohstoffe** **180.000,00**

S	**Rohstoffe**		H
❶ AB	100.000,00	❸ SB	120.000,00
❹	20.000,00		

S	**Aufwendungen für Rohstoffe**		H
❷	200.000,00	❹	20.000,00
		❺ GuV	180.000,00

S	**Schlussbilanzkonto**		H
❸	120.000,00		

S	**GuV-Konto**		H
❺	180.000,00		

Beispiel 2: **Bestandsminderung.** Die Angaben des ersten Beispiels werden bis auf den Schlussbestand an Rohstoffen, der nunmehr 60.000,00 € betragen soll, übernommen.

S	**Rohstoffe**		H
❶ AB	100.000,00	❸ SB	60.000,00
		❹	40.000,00

S	**Aufwendungen für Rohstoffe**		H
❷	200.000,00	❺ GuV	240.000,00
❹	40.000,00		

S	**Schlussbilanzkonto**		H
❸	60.000,00		

S	**GuV-Konto**		H
❺	240.000,00		

Nennen Sie selbst jeweils den Buchungssatz für die Erfassung des Schlussbestandes an Rohstoffen ❸, die Umbuchung des Minderbestandes an Rohstoffen ❹ sowie den Abschluss des Kontos „Aufwendungen für Rohstoffe" ❺.

Merke: **Werden die Werkstoffeinkäufe direkt als Aufwand erfasst, ergibt sich der tatsächliche Werkstoffverbrauch auf den Aufwandskonten erst nach Berücksichtigung der Bestandsveränderungen auf den Werkstoffbestandskonten.**

Wert der Werkstoffeinkäufe	**Wert der Werkstoffeinkäufe**
– **Mehrbestand an Werkstoffen**	+ **Minderbestand an Werkstoffen**
= **Werkstoffverbrauch**	= **Werkstoffverbrauch**

Aufgaben

62 In der Maschinenbau GmbH wird der Werkstoffeinkauf direkt auf den entsprechenden Aufwandskonten erfasst. Während des Geschäftsjahres wurden für insgesamt 450.000,00 € Rohstoffe und für 50.000,00 € Hilfsstoffe auf Ziel eingekauft.

Zu Beginn des Geschäftsjahres betrug der Bestand an Rohstoffen 70.000,00 € und an Hilfsstoffen 30.000,00 €. Zum Schluss des Geschäftsjahres ergab die Inventur einen Rohstoffbestand von 120.000,00 € und einen Hilfsstoffbestand von 10.000,00 €.

1. *Richten Sie folgende Konten ein:*
   Rohstoffe, Hilfsstoffe, Aufwendungen für Rohstoffe, Aufwendungen für Hilfsstoffe, Verbindlichkeiten a. LL, Eröffnungsbilanzkonto, Schlussbilanzkonto, Gewinn- und Verlustkonto.
2. *Nennen Sie jeweils den Buchungssatz und buchen Sie auf den entsprechenden Konten*
   a) den Anfangsbestand an Roh- und Hilfsstoffen,
   b) den Einkauf von Roh- und Hilfsstoffen direkt als Aufwand,
   c) den Schlussbestand an Roh- und Hilfsstoffen lt. Inventur,
   d) die jeweilige Bestandsveränderung bei Rohstoffen und Hilfsstoffen,
   e) den Abschluss der Konten „Aufwendungen für Rohstoffe" und „Aufwendungen für Hilfsstoffe".

63 Die Metall GmbH erfasst in ihrer Buchhaltung die Werkstoffeinkäufe verbrauchs- bzw. fertigungssynchron.

Bilden Sie die Buchungssätze, buchen Sie auf Konten und schließen Sie die Konten ab.

Richten Sie folgende Konten ein:	**Soll**	**Haben**
Rohstoffe	150.000,00	–
Hilfsstoffe	20.000,00	–
Betriebsstoffe	10.000,00	–
Aufwendungen für Rohstoffe	280.000,00	–
Aufwendungen für Hilfsstoffe	60.000,00	–
Aufwendungen für Betriebsstoffe	15.000,00	–
Verbindlichkeiten a. LL	250.000,00	300.000,00
Schlussbilanzkonto	–	–
Gewinn- und Verlustkonto	–	–

Buchen Sie die folgenden Geschäftsfälle:

1. Eingangsrechnungen (ER) für	Rohstoffe	70.000,00
	Hilfsstoffe	25.000,00
	Betriebsstoffe	12.000,00
2. Schlussbestände lt. Inventur:	Rohstoffe	50.000,00
	Hilfsstoffe	25.000,00
	Betriebsstoffe	4.000,00

Wie hoch ist der jeweilige Verbrauch an Roh-, Hilfs- und Betriebsstoffen?

64
1. *Entscheiden Sie (+ bzw. –):*
   a) Werkstoffverbrauch = Werkstoffeinkauf ? Mehrbestand an Werkstoffen
   b) Werkstoffverbrauch = Werkstoffeinkauf ? Minderbestand an Werkstoffen
2. *Welche betriebswirtschaftlichen Vorteile hat die fertigungssynchrone Anlieferung der Werkstoffe (Just-in-time-Verfahren)*[1]*?*
3. *Welche Kosten der Vorrats- bzw. Lagerhaltung können im Einzelnen eingespart werden?*
4. *Worin sehen Sie buchhalterisch den Vorteil, die Werkstoffeinkäufe direkt als Aufwand auf den entsprechenden Aufwandskonten zu erfassen?*
5. *Welche Nachteile hat die buchhalterische Erfassung der Werkstoffeinkäufe auf Aufwandskonten?*

1 Siehe auch Band 1, BWL, Kapitel 5.7.1.

7 Umsatzsteuer beim Ein- und Verkauf

7.1 Wesen der Umsatzsteuer (Mehrwertsteuer)

Viele zum Verkauf angebotene Waren legen meist einen langen Weg zurück: vom Betrieb der Urerzeugung über Betriebe der Weiterverarbeitung, des Groß- und Einzelhandels bis zum Endverbraucher. Menschen und Kapital schaffen **auf jeder Stufe** dieses Warenwegs „mehr Wert". Diesen **Mehrwert,** der sich jeweils aus der **Differenz zwischen Verkaufs- und Einkaufspreis** der Ware ergibt, besteuert der Staat mit **„Mehrwertsteuer",** deren Grundlage das **Umsatzsteuergesetz** ist. Die Mehrwertsteuer heißt deshalb auch offiziell **Umsatzsteuer.** Der **allgemeine** Umsatzsteuersatz beträgt **16 %,** der **ermäßigte,** z. B. für Lebensmittel und Bücher, **7 %.**

Eine Wohnzimmerschrankwand, die in einem Möbeleinzelhandelsgeschäft an einen Privatkunden für **11.600,00 €** (10.000,00 € **Warenwert** + 1.600,00 € **Umsatzsteuer)** verkauft wurde, legt in der Regel vier Umsatzstufen zurück. Der Forstbetrieb mit angeschlossenem Sägewerk liefert das Holz an die Möbelwerke, die daraus die Schrankwand herstellen und an den Möbelgroßhändler verkaufen, der wiederum das Möbeleinzelhandelsgeschäft beliefert. Von dem **auf jeder Umsatzstufe** entstandenen **Mehrwert** werden **16 % Umsatzsteuer** berechnet und als **Zahllast** an das Finanzamt abgeführt. Das sind für alle vier Umsatzstufen **insgesamt 1.600,00 € Umsatzsteuer,** also genau der Betrag, den der **Privatkunde als Endverbraucher** an Umsatzsteuer **zu tragen und zu zahlen** hat:

Umsatzstufen	Einkaufspreis lt. ER	Verkaufspreis lt. AR	Mehrwert	Zahllast: 16 % USt vom Mehrwert
Forstbetrieb	0,00 €	2.000,00 €	**2.000,00 €**	**320,00 € USt**
Möbelwerke	2.000,00 €	6.500,00 €	**4.500,00 €**	**720,00 € USt**
Möbelgroßhandel	6.500,00 €	8.000,00 €	**1.500,00 €**	**240,00 € USt**
Möbeleinzelhandel	8.000,00 €	10.000,00 €	**2.000,00 €**	**320,00 € USt**
Privatkunde zahlt an Einzelhandel:		**11.600,00 € =**	**10.000,00 € +**	**1.600,00 € USt**

Die Umsatzsteuer, die auf jeder Stufe des Warenwegs an das Finanzamt abgeführt wird, **belastet nicht die Unternehmen,** sondern, wie das Beispiel zeigt, **allein den Privatkunden,** der die Rechnung des Möbeleinzelhändlers einschließlich der Umsatzsteuer im **Preis von 11.600,00 €** bezahlt. Der Einzelhändler vereinnahmt die Umsatzsteuer im Namen des Finanzamtes und führt sie entsprechend ab.

Merke:
- **Auf jeder Stufe des Warenwegs entsteht ein Mehrwert.**
- **Nettoverkaufspreis > Nettoeinkaufspreis = Mehrwert**
- **Jeder Unternehmer hat zwar die Umsatzsteuer von seiner Mehrwertschöpfung als Zahllast an das Finanzamt abzuführen, sie belastet ihn jedoch nicht.**
- **Die Umsatzsteuer wird ausschließlich vom Privatkunden getragen.**

7.2 Ermittlung der Zahllast aus Umsatzsteuer und Vorsteuer

Wenn die Umsatzsteuer auf allen Rechnungen offen ausgewiesen wird, kann die an das Finanzamt abzuführende **Umsatzsteuer-Zahllast auf jeder Stufe des Warenwegs** sehr **schnell ermittelt** werden, wie das folgende Beispiel zeigt:

Beispiel: Der Forstbetrieb Hölzer KG verkauft an die Möbelwerke Kurz Eichenholz aufgrund der nebenstehenden Ausgangsrechnung:

Ausgangsrechnung d. Forstbetriebs Hölzer:	
Eichenholz, netto	2.000,00 €
+ 16 % Umsatzsteuer	320,00 €
Rechnungsbetrag	**2.320,00 €**

Beispiel: Die Möbelwerke W. Kurz e. K. verkaufen die aus Eichenholz hergestellte Wohnzimmerschrankwand an den Möbelgroßhandel Schnell aufgrund der AR:

Ausgangsrechnung der Möbelwerke Kurz:	
Wohnzimmerschrankwand S 404, netto	6.500,00 €
+ 16 % Umsatzsteuer	1.040,00 €
Rechnungsbetrag	**7.540,00 €**

Die **Warenlieferung** des Forstbetriebs an die Möbelwerke **unterliegt nach § 1 Umsatzsteuergesetz der Umsatzsteuer.** Der Forstbetrieb **schuldet** dem Finanzamt somit **320,00 € Umsatzsteuer,** die er aber von den Möbelwerken zurückhaben will. Deshalb ist der Lieferer der Ware gesetzlich verpflichtet die **Umsatzsteuer** in der **Ausgangsrechnung** neben dem Warenwert (Nettowert) **gesondert auszuweisen.**

Die Ausgangsrechnung des Forstbetriebes ist zugleich die **Eingangsrechnung** der Möbelwerke. Die in der Eingangsrechnung genannte Umsatzsteuer (320,00 €) dürfen die Möbelwerke als **Vorsteuer** von der aufgrund ihrer Ausgangsrechnung geschuldeten Umsatzsteuer (1.040,00 €) abziehen. **Die Vorsteuer,** also die Umsatzsteuer auf Eingangsrechnungen, **stellt** damit eine **Forderung gegenüber dem Finanzamt dar.**

Aus der Differenz zwischen den Umsatzsteuerschulden aufgrund der Ausgangsrechnungen **und den Vorsteuern** aufgrund der Eingangsrechnungen ergibt sich die an das Finanzamt abzuführende **Umsatzsteuer-Zahllast,** sofern die Schulden das Vorsteuerguthaben überwiegen. Die Umsatzsteuer-Zahllast ist dem Finanzamt in Form einer **Umsatzsteuervoranmeldung** grundsätzlich **vierteljährlich** und bei einer Vorjahres-Umsatzsteuer von mehr als 6.136,00 € **monatlich** online mitzuteilen. Vereinfacht ergibt sich für das Beispiel der Möbelwerke Folgendes:

Umsatzsteuerverbindlichkeiten aufgrund der Ausgangsrechnung	1.040,00 €
– Vorsteuerguthaben aufgrund der Eingangsrechnung	320,00 €
Umsatzsteuer-Zahllast	**720,00 €**

Durch den Abzug der Vorsteuer erreicht man, dass jeweils **nur der Mehrwert besteuert wird,** wie ein Vergleich mit der Tabelle auf Seite 61 zeigt. Die **Möbelwerke** werden durch die Umsatzsteuer **nicht belastet.** Sie vereinnahmen vom Großhandel 1.040,00 € Umsatzsteuer, von der sie 320,00 € Vorsteuer an das Sägewerk und 720,00 € Zahllast an das Finanzamt abführen. Gleiches gilt für den Möbelgroß- und -einzelhandel.

Merke:
- **Die Umsatzsteuerbeträge auf Ausgangsrechnungen sind Verbindlichkeiten gegenüber dem Finanzamt.**
- **Die Umsatzsteuerbeträge auf Eingangsrechnungen sind Vorsteuern, die Forderungen gegenüber dem Finanzamt darstellen.**
- **Die Zahllast wird meist monatlich ermittelt und bis zum 10. des Folgemonats abgeführt: Umsatzsteuer aus AR > Vorsteuer aus ER = Zahllast**
- **Nur Unternehmen und Selbstständige sind zum Vorsteuerabzug berechtigt.**

7.3 Die Umsatzsteuer – ein durchlaufender Posten der Unternehmen

Der Umsatzsteuer unterliegen nach § 1 UStG alle **Lieferungen und Leistungen,** die im **Inland** gegen **Entgelt** von einem **Unternehmen** erbracht werden. Auch **unentgeltliche Entnahmen** von Sachgütern und sonstigen Leistungen des Unternehmens durch den Unternehmer (z. B. für Privatzwecke)[1] sind umsatzsteuerpflichtig. **Der gewerbliche Erwerb von Gütern aus EU-Mitgliedstaaten** gegen Entgelt, der sog. **„Innergemeinschaftliche Erwerb"**, unterliegt ebenfalls der **deutschen Umsatzsteuer.** Während der **Export in Nicht-EU-Staaten,** in sog. Drittländer (z. B. Schweiz), **von der Umsatzsteuer befreit** ist, ist für den **Import** aus diesen Staaten **Einfuhrumsatzsteuer** zu zahlen.

Wie die Grunderwerbsteuer (3,5 %) und die Versicherungsteuer (16 %) zählt auch die **Umsatzsteuer** in der verwaltungsrechtlichen Einteilung der Steuern zu den **Verkehrsteuern,** die rechtliche oder wirtschaftliche Vorgänge besteuern, wie z. B. die Lieferung einer Ware oder den Erwerb eines Grundstücks. Von ihrer Wirkung aus müsste man die **Umsatzsteuer** eigentlich zu den **Verbrauchsteuern** rechnen, weil sie den **Verbrauch der privaten Haushalte belastet,** wie z. B. die Tabaksteuer, Mineralölsteuer, Biersteuer. **Für alle Unternehmen und Selbstständige** (Handwerker, Notare, Anwälte, Handelsvertreter u. a.) ist die **Umsatzsteuer** lediglich ein **durchlaufender Posten,** da sie die ihren Kunden in Rechnung gestellte Umsatzsteuer im Namen des Finanzamtes vereinnahmen, sie als Vorsteuer an ihre Vorlieferanten und als Zahllast an das Finanzamt abführen. Damit das korrekt geschieht und für das Finanzamt nachprüfbar wird, gibt es die gesetzliche Vorschrift, die **Umsatzsteuer** auf allen Ausgangsrechnungen **offen auszuweisen.** Diese Zusammenhänge werden noch einmal in unserem Umsatzstufenbeispiel verdeutlicht:

Umsatzstufen	Ausgangsrechnung/ Eingangsrechnung		Umsatzsteuer	Vorsteuer	Zahllast
Forstbetrieb	Nettopreis + 16 % USt Bruttopreis	2.000,00 € 320,00 € 2.320,00 €	320,00 €	0,00 €	**320,00 €**
Möbelwerke	Nettopreis + 16 % USt Bruttopreis	6.500,00 € 1.040,00 € 7.540,00 €	1.040,00 €	320,00 €	**720,00 €**
Großhandel	Nettopreis + 16 % USt Bruttopreis	8.000,00 € 1.280,00 € 9.280,00 €	1.280,00 €	1.040,00 €	**240,00 €**
Einzelhandel	Nettopreis + 16 % USt Bruttopreis	10.000,00 € 1.600,00 € 11.600,00 €	1.600,00 €	1.280,00 €	**320,00 €**
Privatkunde	**bezahlt brutto**	**11.600,00 €** **Probe:**	**4.240,00 €** **Schuld** –	**2.640,00 €** **Forderung** =	**1.600,00 €** **Zahllast**

Die aufgrund der **Umsatzsteuervoranmeldungen** abgeführten Zahllasten stellen lediglich **Vorauszahlungen** an das Finanzamt dar. Deshalb ist für das abgelaufene Geschäftsjahr noch eine **Umsatzsteuer-Jahreserklärung** zu erstellen, die zusammen mit der Einkommen- bzw. Körperschaftsteuererklärung **bis zum 31. Mai des Folgejahres** beim Finanzamt einzureichen ist.

1 Siehe auch S. 73 f.

Sind die Vorsteuern eines Monats, Quartals oder Jahres höher als die Umsatzsteuer, erstattet das Finanzamt diesen **Vorsteuerüberhang** durch Überweisung.

Beispiel: Die Umsatzsteuervoranmeldung der Möbelwerke Werner Kurz e. K. weist zum 31. März folgende Zahlen aus:

	Umsatzsteuer	112.000,00 €
–	Vorsteuer	136.000,00 €
	Vorsteuerguthaben zum 31. März	**24.000,00 €**

Merke:
- **Bemessungsgrundlage der Umsatzsteuer ist das Entgelt[1], also der Nettopreis der bezogenen Lieferung oder Leistung zuzüglich aller Nebenkosten.**
- **Die Umsatzsteuer ist auf allen Ausgangsrechnungen gesondert auszuweisen, sofern diese auf Unternehmen oder Selbstständige ausgestellt sind.**
- **Bei Kleinbetragsrechnungen bis zu 100,00 € einschl. USt (z. B. Tankstellenbeleg) genügt die Angabe des Steuersatzes für die im Bruttobetrag enthaltene Umsatzsteuer.**
- **Die Umsatzsteuervoranmeldung ist grundsätzlich vierteljährlich und bei einer Vorjahres-Umsatzsteuer von mehr als 6.136,00 € monatlich online beim Finanzamt einzureichen.**
- **Für jedes Geschäftsjahr ist eine Umsatzsteuer-Jahreserklärung abzugeben.**
- **Ein Vorsteuerüberhang (Vorsteuer > Umsatzsteuer) wird vom Finanzamt erstattet.**
- **Bei Unternehmen und Selbstständigen ist die Umsatzsteuer ein durchlaufender Posten.**

7.4 Buchung der Umsatzsteuer im Ein- und Verkaufsbereich

7.4.1 Buchung beim Einkauf von Rohstoffen u. a.

Der Einkauf von Roh-, Hilfs- und Betriebsstoffen sowie von Fertigteilen und Handelswaren wird aufgrund einer Eingangsrechnung (ER) gebucht. Sie weist den Nettowert der bezogenen Werkstoffe und die darauf entfallende Umsatzsteuer gesondert aus. In unserem Stufenbeispiel auf Seite 63 erhalten die Möbelwerke für die Lieferung von Eichenholz vom Forstbetrieb Hölzer folgende Rechnung:

Eingangsrechnung der Möbelwerke W. Kurz e. K.		
	Eichenholz, netto	2.000,00 €
+	16 % Umsatzsteuer	320,00 €
	Rechnungsbetrag	**2.320,00 €**

Die in der **Eingangsrechnung** ausgewiesene Umsatzsteuer – die sog. **Vorsteuer** – begründet für die Möbelwerke eine **Forderung gegenüber dem Finanzamt;** daher wird die beim Einkauf der Rohstoffe in Rechnung gestellte Vorsteuer zunächst im

Aktivkonto „Vorsteuer“

auf der Sollseite gebucht. Im Konto „Aufwendungen für Rohstoffe“ wird im Soll nur der Nettobetrag erfasst. Der Rechnungsbetrag wird auf dem Konto „Verbindlichkeiten a. LL“ im Haben gebucht.

Der Buchungssatz aufgrund der **Eingangsrechnung** lautet:

Aufwendungen für Rohstoffe	**2.000,00**	
Vorsteuer	**320,00**	
an **Verbindlichkeiten a. LL**		**2.320,00**

1 Nach § 10 UStG ist Entgelt alles, was der Leistungsempfänger aufwendet, um die Lieferung zu erhalten, jedoch abzüglich der Umsatzsteuer.

S	Aufwendungen für Rohstoffe	H
Verb. a. LL	2.000,00	

S +	Vorsteuer	− H
Verb. a. LL	320,00	

S	Verbindlichkeiten a. LL	H
	AfR/ Vorsteuer	2.320,00

Merke: **Die Umsatzsteuer in der Eingangsrechnung ist die Vorsteuer. Das Konto „Vorsteuer" ist ein Aktivkonto. Es weist ein Guthaben, d. h. eine Forderung gegenüber dem Finanzamt aus.**

7.4.2 Buchung beim Verkauf von eigenen Erzeugnissen

Der Verkauf von eigenen Erzeugnissen wird aufgrund einer Ausgangsrechnung (AR) gebucht. Sie weist den Nettopreis der Erzeugnisse und die darauf entfallende Umsatzsteuer gesondert aus. In unserem Beispiel erstellen die Möbelwerke Kurz aus Eichenholz Wohnzimmerschrankwände und verkaufen eine davon an den Möbelgroßhandel Schnell auf Ziel (Nettopreis 6.500,00 €). Die Möbelwerke Kurz schicken dem Möbelgroßhändler folgende Rechnung:

Ausgangsrechnung der Möbelwerke W. Kurz e. K.	
Wohnzimmerschrankwand S 404, netto ...	6.500,00 €
+ 16 % Umsatzsteuer	1.040,00 €
Rechnungsbetrag	**7.540,00 €**

Die Möbelwerke Kurz belasten den Großhändler Schnell auf dem Konto „Forderungen a. LL" mit dem Rechnungsbetrag von 7.540,00 €; denn der Möbelgroßhändler ist verpflichtet den Möbelwerken den Nettowert des Erzeugnisses und deren Umsatzsteuerverbindlichkeiten aus dieser Lieferung zu bezahlen. Das Konto „Umsatzerlöse für eigene Erzeugnisse" übernimmt im Haben den Nettopreis von 6.500,00 €. Die darauf entfallende Umsatzsteuer, also die Umsatzsteuer aus dem Verkauf der Erzeugnisse, wird dem Finanzamt auf dem

Passivkonto „Umsatzsteuer"

im Haben gutgeschrieben.

Der Buchungssatz aufgrund der **Ausgangsrechnung** lautet:

Forderungen a. LL	**7.540,00**	
an **Umsatzerlöse für eigene Erzeugnisse**		**6.500,00**
an **Umsatzsteuer**		**1.040,00**

S	Forderungen a. LL	H
Umsatzerlöse/ USt	7.540,00	

S	Umsatzerlöse f. eigene Erzeugnisse	H
	Ford. a. LL	6.500,00

S −	Umsatzsteuer	+ H
	Ford. a. LL	1.040,00

Merke: **Das Konto „Umsatzsteuer" ist ein Passivkonto. Es weist Umsatzsteuerverbindlichkeiten gegenüber dem Finanzamt aus.**

7.4.3 Vorsteuerabzug und Ermittlung der Zahllast

Ermittlung der Zahllast. Mit dem Verkauf der Wohnzimmerschrankwand an den Möbelgroßhandel Schnell entsteht für die Möbelwerke Kurz zunächst eine **Umsatzsteuerschuld** in Höhe von 1.040,00 € gegenüber dem Finanzamt. Die Möbelwerke haben jedoch durch die beim Einkauf der Rohstoffe geleistete Vorsteuer ein **Guthaben,** d. h. eine Forderung an das Finanzamt in Höhe von 320,00 €. Sie brauchen also nur noch den **Unterschiedsbetrag** zwischen der Umsatzsteuer beim Verkauf und der Umsatzsteuer beim Einkauf (= Vorsteuer) an das Finanzamt zu zahlen **(= Zahllast):**

	Umsatzsteuerverbindlichkeit aus dem Verkauf	**1.040,00 €**
–	**Vorsteuerguthaben** aus dem Einkauf	**320,00 €**
	Zahllast	**720,00 €**

Die Zahllast in Höhe von 720,00 € entspricht somit 16 % der eigenen Mehrwertschöpfung (16 % von 4.500,00 € = 720,00 €).

Zum Schluss des Umsatzsteuervoranmeldungszeitraums[1] ist der Saldo des Kontos „Vorsteuer" (= Forderung) auf das Konto „Umsatzsteuer" (= sonstige Verbindlichkeit) zu übertragen, um die Zahllast buchhalterisch zu ermitteln:

Buchung: **Umsatzsteuer** .... an **Vorsteuer** **320,00**

S	Vorsteuer		H	S	Umsatzsteuer		H
Verb. a. LL	320,00	Saldo	320,00 →	VSt	320,00	Ford. a. LL	1.040,00
				Zahllast	720,00		

Überweisung der Zahllast. Nach dieser Umbuchung weist nun der Saldo des Kontos „Umsatzsteuer" die Zahllast aus, die **spätestens bis zum 10. des folgenden Monats** an das Finanzamt abzuführen ist:

Buchung: **Umsatzsteuer** .... an **Bank** **720,00**

S	Bank		H	S	Umsatzsteuer		H
...	25.000,00	**USt**	**720,00** ←	VSt	320,00	Ford. a. LL	1.040,00
				Bank	**720,00**		
					1.040,00		1.040,00

Merke:

- **Zur buchhalterischen Ermittlung der Zahllast wird das Konto „Vorsteuer" über das Konto „Umsatzsteuer" abgeschlossen.**
- **Nach der Verrechnung zeigt der Saldo auf dem Konto „Umsatzsteuer" den an das Finanzamt abzuführenden Betrag: die Zahllast.**
- **Bei einem Steuersatz von 16 % entspricht der Rechnungs- oder Bruttobetrag stets 116 %: Warennettobetrag (= 100 %) + 16 % Umsatzsteuer. Aus dem Bruttobetrag lässt sich der Anteil der Umsatzsteuer wie folgt herausrechnen:**
  116 % ≙ Bruttobetrag, 16 % ≙ x:

$$\textbf{Steueranteil} = \frac{\textbf{Bruttobetrag} \cdot 16\ \%}{116\ \%}$$

1 siehe Seiten 62 und 64

7.5 Bilanzierung der Zahllast und des Vorsteuerüberhangs

Passivierung der Zahllast. Zum 31. Dezember ist die Zahllast des Monats Dezember als **„Sonstige Verbindlichkeit" in die Schlussbilanz** einzusetzen, also zu **passivieren.**

S	Vorsteuer		H
...	120.000,00	USt	120.000,00

S	Umsatzsteuer		H
VSt	120.000,00	...	140.000,00
SBK	20.000,00		
	140.000,00		140.000,00

S	Schlussbilanzkonto		H
		USt-Z	20.000,00

Buchungen zum 31. Dez.:

1. **Umsatzsteuer** an **Vorsteuer** **120.000,00**
2. **Umsatzsteuer** an **Schlussbilanzkonto** .. **20.000,00**

Aktivierung des Vorsteuerüberhangs. Entsprechend ist ein Vorsteuerüberhang zum 31. Dezember als **„Sonstige Forderung" in der Schlussbilanz** auszuweisen, also zu **aktivieren.** In diesem Fall ist das Konto „Umsatzsteuer" über das Konto „Vorsteuer" abzuschließen.

S	Vorsteuer		H
...	80.000,00	USt	50.000,00
		SBK	30.000,00
	80.000,00		80.000,00

S	Umsatzsteuer		H
VSt	50.000,00	...	50.000,00

S	Schlussbilanzkonto		H
VSt	30.000,00		

Buchungen zum 31. Dez.:

1. **Umsatzsteuer** .... an **Vorsteuer** ... **50.000,00**
2. **Schlussbilanzkonto** ... an **Vorsteuer** ... **30.000,00**

Merke: **Zum Bilanzstichtag (31. Dezember) ist im Schlussbilanzkonto**
- **die Zahllast als „Sonstige Verbindlichkeit" auszuweisen (zu passivieren),**
- **ein Vorsteuerüberhang als „Sonstige Forderung" zu aktivieren.**

Aufgaben

65 Ein Unternehmen der Grundstoffindustrie verkauft an einen Industriebetrieb Rohstoffe im Wert von 2.000,00 € netto. Der Industriebetrieb erstellt aus den Rohstoffen fertige Erzeugnisse und verkauft diese für 6.000,00 € an den Großhandel. Der Großhandel veräußert diese Waren an den Einzelhandel für 7.600,00 €. Der Einzelhandel setzt die Waren an verschiedene Konsumenten für 11.000,00 € ab. Die Preise sind Nettopreise, allgemeiner Steuersatz.

Zeichnen Sie ein Stufenschema (siehe Seite 63), das den Rechnungsbetrag, die Umsatzsteuer beim Verkauf, die Vorsteuer und die Zahllast enthält. Buchen Sie auf jeder Stufe.

66 Ein Industrieunternehmen hat im Monat Oktober insgesamt Umsatzerlöse von netto 50.000,00 € und Einkäufe von Rohstoffen von netto 30.000,00 € getätigt. Allgemeiner Steuersatz.

Konten: Aufwendungen für Rohstoffe, Vorsteuer, Verbindlichkeiten a. LL, Umsatzerlöse für eigene Erzeugnisse, Umsatzsteuer, Forderungen a. LL, Bank (Anfangsbestand 10.000,00 €).

1. *Buchen Sie a) die Umsatzerlöse, b) Rohstoffeinkäufe, c) Ermittlung der Zahllast (31. Oktober).*
2. *Bis wann ist die Zahllast an das Finanzamt zu überweisen? Buchen Sie.*

67 *Buchen Sie den folgenden Beleg*

1. als Ausgangsrechnung im Forstbetrieb Hölzer KG und
2. als Eingangsrechnung in den Möbelwerken W. Kurz e. K.:

Forstbetrieb Hölzer KG, Gewerbestraße 40 – 52, 86131 Augsburg

Forstbetrieb Hölzer KG
www.hoelzer-wvd.com

Möbelwerke
Werner Kurz e. K.
Industriestraße 30 – 36
70565 Stuttgart

Telefon 0821 286929-0
Telefax 0821 286929-31
E-Mail vertrieb@hoelzer-wvd.com

Steuer-Nr. 065 435 4576 8
USt-IdNr. DE 223 441 678

EINGEGANGEN ..-05-15

..-05-10

Rechnung 39 456

Ihre Bestellung vom 30. April ..

Wir lieferten am 8. Mai .. auf Ihre Rechnung und Gefahr

40 Eichenholzpaneele	
je 50,00 € netto	2.000,00 €
+ 16 % Umsatzsteuer	320,00 €
	2.320,00 €

Zahlungsbedingungen: 30 Tage netto Kasse
Dresdner Bank, Augsburg, Konto 345 678 90, BLZ 720 800 01

68 In den Möbelwerken W. Kurz e. K. liegen folgende Belege zur Buchung vor:

Beleg 1

Netto	€ 570	ct 00
+ 16 % USt	€ 91	ct 20
Gesamt	€ 661	ct 20

Quittung Nr. KB 287

Gesamtbetrag € in Worten: sechshunderteinundsechzig — Cent wie oben
(Im Gesamtbetrag sind 16 % Umsatzsteuer enthalten)
von Möbelwerke W. Kurz e. K.
für Reparaturarbeiten an der Heizungsanlage
richtig erhalten zu haben, bestätigt
Ort Stuttgart Datum ..-12-30
Buchungsvermerke
Stempel/Unterschrift des Empfängers: Hilmar Gunst e. Kfm. Sanitär und Heizung Sonnenhof 15 70378 Stuttgart — Gunst

Beleg 2

TANK - RAST
S. Gunkel GmbH
Sollingstrasse 54
70469 STUTTGART
Steuer-Nr.
065 292 3456 0

* SÄULEN-NR. 10
* Diesel
* Liter 115,69 x 0,83 EUR

TOTAL 96,02

Im Gesamtbetrag sind
16 % Umsatzsteuer
enthalten.

VIELEN DANK
GUTE FAHRT!

Nennen Sie zu den Belegen 1 und 2 jeweils den Buchungssatz.

69

1. *Bilden Sie zu folgenden Geschäftsfällen die Buchungssätze und buchen Sie auf den Konten:* Aufwendungen für Rohstoffe, Vorsteuer, Verbindlichkeiten a.LL, Forderungen a.LL, Umsatzerlöse für eigene Erzeugnisse, Umsatzsteuer, Bankguthaben (AB 200.000,00 €).

a) ER 407:		Rohstoffe, netto	50.000,00 €
	+	Umsatzsteuer	8.000,00 €
		Rechnungsbetrag	58.000,00 €
b) AR 354:		Eigene Erzeugnisse, netto	70.000,00 €
	+	Umsatzsteuer	11.200,00 €
		Rechnungsbetrag	81.200,00 €

2. *Ermitteln Sie buchhalterisch die Zahllast und nennen Sie den Buchungssatz.*
3. *Nennen Sie den Buchungssatz für die Überweisung der Zahllast zum 10. des Folgemonats.*
4. *Buchen Sie auf den entsprechenden Konten.*

70

Bilden Sie zu den Geschäftsfällen der Möbelwerke W. Kurz e. K. die Buchungssätze:

1.	Einkauf von Buchenholz lt. ER 234, netto	30.000,00 €	
	+ Umsatzsteuer	4.800,00 €	34.800,00 €
2.	ER 235: Reparatur des LKW, netto	2.400,00 €	
	+ Umsatzsteuer	384,00 €	2.784,00 €
3.	Verkauf von Büroschränken lt. AR 345, netto	45.000,00 €	
	+ Umsatzsteuer	7.200,00 €	52.200,00 €
4.	AR 346: Verkauf von Schreibtischen gegen Bankscheck, netto	12.000,00 €	
	+ Umsatzsteuer	1.920,00 €	13.920,00 €
5.	ER 236: Kauf eines PC-Farbdruckers, netto	900,00 €	
	+ Umsatzsteuer	144,00 €	1.044,00 €
6.	ER 237: Dachreparatur am Betriebsgebäude, netto	15.600,00 €	
	+ Umsatzsteuer	2.496,00 €	18.096,00 €
7.	ER 238: Kauf eines Kleintransporters, netto	36.500,00 €	
	+ Umsatzsteuer	5.840,00 €	42.340,00 €
8.	ER 239: Kauf von Lack, netto	450,00 €	
	+ Umsatzsteuer	72,00 €	522,00 €

71

Die Möbelwerke W. Kurz e. K. haben lt. ER 123 Büromaterial für brutto 278,40 €, also einschließlich 16 % Umsatzsteuer, gegen Barzahlung erworben.

Ermitteln Sie aus dem Bruttopreis (= 116 %)

1. die darin enthaltene Umsatzsteuer (= 16 %) und
2. den Nettopreis (= 100 %).

72

Die Möbelwerke W. Kurz e. K. haben in der Buchhandlung Badicke das Fachbuch „Die Umsatzbesteuerung im innergemeinschaftlichen Warenverkehr" für brutto 42,80 € gegen Barzahlung erworben. Der Beleg enthält den Hinweis: „Im Betrag sind 7 % Umsatzsteuer enthalten."

Ermitteln Sie aus dem Bruttobetrag

1. den Nettowert und
2. die Umsatzsteuer.

73 Zum 31. Dezember weisen die Konten „Vorsteuer" und „Umsatzsteuer" folgende Beträge aus:

S	Vorsteuer		H
...	330.000,00	...	300.000,00

S	Umsatzsteuer		H
...	620.000,00	...	700.000,00

1. *Schließen Sie die obigen Konten ab. Richten Sie dazu das Schlussbilanzkonto ein.*
2. *Nennen Sie die Buchungssätze.*
3. *Was sagt Ihnen der Saldo zum 31. Dezember?*

74 Die nachstehenden Konten weisen zum 31. Dezember folgende Summen aus:

S	Vorsteuer		H
...	550.000,00	...	460.000,00

S	Umsatzsteuer		H
...	830.000,00	...	870.000,00

1. *Schließen Sie die obigen Konten ab. Richten Sie dazu das Schlussbilanzkonto ein.*
2. *Nennen Sie die Buchungssätze.*
3. *Was sagt Ihnen der Saldo zum 31. Dezember?*

75 *Ergänzen Sie folgende Aussagen:*

1. Die Umsatzsteuer ist nur vom ••• zu tragen. Sie belastet das ••• nicht.
2. Nur Unternehmen und Personen, die umsatzsteuerpflichtige Lieferungen und Leistungen im ••• gegen ••• im Rahmen des Unternehmens erbringen, sind zum Abzug der ••• berechtigt.
3. Die Vorsteuer stellt eine ••• gegenüber dem Finanzamt dar. Die Umsatzsteuer ist dagegen eine ••• gegenüber dem Finanzamt.
4. Die Zahllast wird in der Regel ••• ermittelt und bis zum ••• des ••• an das Finanzamt überwiesen.
5. Die Zahllast des Monats Dezember ist in der Schlussbilanz zu •••. Ein Vorsteuerüberhang ist zum 31. Dezember zu •••.
6. Mehrwert ist der ••• zwischen dem Nettoverkaufs- und Nettoeinkaufspreis. Durch den Vorsteuerabzug wird erreicht, dass auf jeder Stufe des Warenwegs nur der ••• dieser Stufe besteuert wird.
7. In Rechnungen an ••• ist die Umsatzsteuer ••• auszuweisen. Die Rechnungen enthalten den •••, die ••• und den •••.
8. In Kleinbetragsrechnungen bis ••• € (einschl. USt) genügt die Angabe des im Rechnungsbetrag enthaltenen •••.

76 *Ordnen Sie die Begriffe Zahllast, Vorsteuerüberhang, Aktivierung und Passivierung entsprechend zu.*

1. Umsatzsteuer des Monats Dezember > Vorsteuer des Monats Dezember
2. Umsatzsteuer des Monats Dezember < Vorsteuer des Monats Dezember

77 Im Dezember hatten die Möbelwerke W. Kurz e. K. folgende Umsätze: Verkäufe von eigenen Erzeugnissen netto 600.000,00 €, Einkäufe von Roh-, Hilfs- und Betriebsstoffen u. a. netto 800.000,00 €, allgemeiner Steuersatz.

1. *Richten Sie die erforderlichen Konten ein.*
2. *Buchen Sie die Vorgänge summarisch und nennen Sie die entsprechenden Buchungssätze.*
3. *Warum ergibt sich zum 31. Dezember keine Zahllast?*
4. *Wohin gelangt der Vorsteuerüberhang beim Jahresabschluss? Buchen Sie.*
5. *Inwiefern stellt die Vorsteuer eine Forderung gegenüber dem Finanzamt dar? Begründen Sie.*

78

Anfangsbestände

TA u. Maschinen	230.000,00	Forderungen a. LL	44.000,00
BGA	90.000,00	Kasse	6.000,00
Rohstoffe	62.000,00	Bankguthaben	40.000,00
Hilfsstoffe	42.000,00	Verbindlichkeiten a. LL	43.000,00
Betriebsstoffe	15.000,00	Eigenkapital	?

Kontenplan

Eröffnungsbilanzkonto, TA u. Maschinen, BGA, Rohstoffe, Hilfsstoffe, Betriebsstoffe, Forderungen a. LL, Vorsteuer, Kasse, Bank, Verbindlichkeiten a. LL, Umsatzsteuer, Aufwendungen für Rohstoffe, Aufwendungen für Hilfsstoffe, Aufwendungen für Betriebsstoffe, Löhne, Werbeaufwendungen, Portokosten, Büromaterial, Fremdinstandsetzung, Abschreibungen auf Sachanlagen, Umsatzerlöse für eigene Erzeugnisse, Gewinn- und Verlustkonto, Eigenkapital, Schlussbilanzkonto.

Geschäftsfälle

1.	Zieleinkauf von Rohstoffen lt. ER 22–29, netto	9.600,00	
	+ Umsatzsteuer	1.536,00	11.136,00
2.	Barkauf von Büromaterial lt. KB 5, Nettopreis	280,00	
	+ Umsatzsteuer	44,80	324,80
3.	BA 1: Überweisung der Löhne		8.500,00
4.	BA 2: Überweisung für unsere Werbeanzeigen, Nettopreis	800,00	
	+ Umsatzsteuer	128,00	928,00
5.	Zielverkäufe von eigenen Erzeugnissen lt. AR 35–40, netto	25.000,00	
	+ Umsatzsteuer	4.000,00	29.000,00
6.	Barzahlung für Maschinenreparatur lt. KB 6, Nettopreis	700,00	
	+ Umsatzsteuer	112,00	812,00
7.	Zieleinkauf von Betriebsstoffen lt. ER 30–34, netto	4.500,00	
	+ Umsatzsteuer	720,00	5.220,00
8.	BA 3: Überweisungen von Kunden, Rechnungsbeträge		18.100,00
9.	Zielverkäufe von eigenen Erzeugnissen lt. AR 41–48, netto	42.000,00	
	+ Umsatzsteuer	6.720,00	48.720,00
10.	KB 7: Kauf von Postwertzeichen, bar		550,00

Abschlussangaben

1. Abschreibungen auf TA u. Maschinen 5.000,00 €; auf BGA 1.400,00 €.

2. Schlussbestände lt. Inventur:

	Rohstoffe	39.600,00
	Hilfsstoffe	35.800,00
	Betriebsstoffe	17.000,00

3. Ermittlung und Passivierung der Umsatzsteuer-Zahllast.

8 Privatentnahmen und Privateinlagen

8.1 Privatkonto

Zum Lebensunterhalt entnimmt der Unternehmer seinem Unternehmen Geld und Sachwerte. Überweisungen für Privatzwecke erfolgen oft über die betrieblichen Bankkonten, wie z. B. Zahlungen für Lebens- und Krankenversicherung, Einkommen- und Kirchensteuer u. a. Diese **Privatentnahmen,** die meist im Vorgriff auf den zu erwartenden Jahresgewinn erfolgen, **mindern** jedoch zunächst das im Unternehmen arbeitende **Eigenkapital.** Zuweilen bringt der Unternehmer aber auch Geld- oder Sachwerte aus seinem Privatvermögen in das Unternehmen ein, wie z. B. ein Grundstück aus einer Erbschaft. Diese **Privateinlagen erhöhen das Eigenkapital** seines Unternehmens.

Privatentnahmen und Privateinlagen verändern das Eigenkapital. Aus Gründen der Übersichtlichkeit werden sie aber nicht direkt über das Eigenkapitalkonto, sondern zunächst auf einem **Unterkonto des Eigenkapitalkontos** gebucht, dem so genannten

Privatkonto[1]**.**

Das Privatkonto erfasst im Soll die Entnahmen und im Haben die Einlagen. Zum Jahresschluss wird das Privatkonto über das Eigenkapitalkonto abgeschlossen.

Abschlussbuchung bei:
- Entnahmen > Einlagen: **Eigenkapital** an **Privatkonto**
- Einlagen > Entnahmen: **Privatkonto** an **Eigenkapital**

S	Privatkonto	H
Privatentnahmen		Privateinlagen
		Entnahmeüberschuss

S	Eigenkapital	H
Entnahmen		Anfangseigenkapital
Schlusskapital		

S	Privatkonto	H
Privatentnahmen		Privateinlagen
Einlagenüberschuss		

S	Eigenkapital	H
Schlusskapital		Anfangseigenkapital
		Einlagen

Beispiel:
1. Fabrikant Kurz entnimmt dem betriebl. Bankkonto 30.000,00 € f. Privatzweck.
   Buchung: Privatkonto an **Bank** **30.000,00**
2. Kurz bringt seinen Privat-PKW ins Betriebsverm. ein: 18.000,00 € Zeitwert.
   Buchung: Fuhrpark an **Privatkonto** **18.000,00**

S Privatkonto			H
Bank	30.000,00	Fuhrpark	18.000,00
		EK	12.000,00
	30.000,00		30.000,00

S Gewinn- und Verlustkonto			H
Aufwend.	410.000,00	U-Erlöse	460.000,00
EK: Gewinn	50.000,00		
	460.000,00		460.000,00

S Eigenkapital			H
Privat	12.000,00	EBK	200.000,00
SBK	238.000,00	Gewinn lt. GuV	50.000,00
	250.000,00		250.000,00

Merke:
- **Das Privatkonto ist ein Unterkonto des Eigenkapitalkontos.**
- **Das Eigenkapital verändert sich durch**
  - ▷ **Privatentnahmen und Einlagen aus dem Privatvermögen sowie durch den**
  - ▷ **Gewinn oder Verlust des Geschäftsjahres.**

1 Das Privatkonto kann nur für den Einzelunternehmer oder den unbeschränkt haftenden Gesellschafter einer Offenen Handelsgesellschaft (OHG) oder Kommanditgesellschaft (KG) eingerichtet werden. Siehe auch Band 1, BWL, Kapitel 2.

8.2 Exkurs: Unentgeltliche Entnahme von Gegenständen und sonstigen Leistungen

Der Umsatzsteuer unterliegen nicht nur Lieferungen und Leistungen eines Unternehmens gegen Entgelt, sondern auch **unentgeltliche Entnahmen von Sachgütern und sonstigen Leistungen** des Unternehmens durch den Unternehmer **zu unternehmensfremden (z. B. privaten) Zwecken.** Dieser Besteuerungstatbestand wurde bis zum 31. März 1999 als **Eigenverbrauch** bezeichnet. Durch das **Steuerentlastungsgesetz 1999/2000/2002** wurde **ab 1. April 1999** der Begriff des Eigenverbrauchs abgeschafft. An seine Stelle trat in der Neufassung des Umsatzsteuergesetzes (§ 3 Abs. 1 b und 9 a UStG) und in der **Kontobenennung** die Bezeichnung

„Entnahme von Gegenständen und sonstigen Leistungen" (kurz: ... v. G. u. s. L.).

Für jede Entnahme ist ein **Eigenbeleg** zu erstellen, der den Nettoentnahmewert sowie die Umsatzsteuer ausweist. Der Nettoentnahmewert wird im Haben des **Ertragskontos „Entnahme v. G. u. s. L."** erfasst, was eine schnelle **Umsatzsteuerverprobung** ermöglicht (§ 22 UStG).

Beispiel 1: Möbelfabrikant Kurz entnimmt dem Fertigwarenlager den Esstisch TE 56 zum Herstellwert von 700,00 € + 16 % Umsatzsteuer für Privatzwecke.

Buchungen:

❶ **Privatkonto**	**812,00**	an	**Entnahme v. G. u. s. L.**	**700,00**
		an	**Umsatzsteuer**	**112,00**
❷ **Entnahme v. G. u. s. L.**	**700,00**	an	**GuV-Konto**	**700,00**

Möbel WERKE
Werner KURZ e. K.

Privatentnahme Esstisch TE 56

Herstellwert	700,00 €
+ 16 % Umsatzsteuer	112,00 €
Entnahme, brutto	812,00 €

Stuttgart, ..-08-10 Werner Kurz

S	Privatkonto		H
❶ Entn./USt	812,00		

S	Entnahme v. G. u. s. L.		H
❷ GuV	700,00	❶ Privat	700,00

S	Umsatzsteuer		H
		❶ Privat	112,00

S	GuV-Konto		H
		❷ Entnahme	700,00

Beispiel 2: Möbelfabrikant Kurz lässt die Heizung seines Wohnhauses durch den eigenen Betrieb warten. **Die Buchungsanweisung für diese private Inanspruchnahme einer betrieblichen Leistung lautet:**

	7,5 Arbeitsstunden zu je 40,00 €	300,00 €
+	16 % Umsatzsteuer	48,00 €
	Entnahme, brutto	**348,00 €**

Buchung:	**Privatkonto**	**348,00**	an	**Entnahme v. G. u. s. L.**	**300,00**
			an	**Umsatzsteuer**	**48,00**

Bei privater Nutzung des Geschäftswagens muss der **private Nutzungsanteil** durch Führung eines **Fahrtenbuches** nachgewiesen und ermittelt werden. Dieser unterliegt nach dem **Steueränderungsgesetz 2003** der **Umsatzsteuer**, wenn das Fahrzeug **nach dem 31. Dezember 2002** erworben worden ist. Bei Anschaffung des Fahrzeuges kann der **volle Vorsteuerabzug** geltend gemacht werden. **Buchung:** Fuhrpark und Vorsteuer an Verbindlichkeiten a. LL.

Bei der Ermittlung des USt-pflichtigen privaten Nutzungsanteils an den Fahrzeugkosten bleiben die **vorsteuerfreien** Kosten (z. B. Kfz-Steuer/-Versicherung) **außer Ansatz.**

Aufgaben

79 *Richten Sie das Bankkonto (AB 200.000,00 €), das Konto „Unbebaute Grundstücke" (AB 0,00 €), das Eigenkapitalkonto (AB 300.000,00 € + 80.000,00 € Gewinn lt. GuV-Konto) und das Privatkonto ein. Buchen Sie für die Möbelwerke W. Kurz e. K. unter Nennung des jeweiligen Buchungssatzes die folgenden Geschäftsfälle auf den genannten Konten:*

1. W. Kurz zahlt aus seinem Privatvermögen 20.000,00 € auf das betriebliche Bankkonto ein.
2. W. Kurz überweist 2.800,00 € Miete für ein Ferienhaus vom Geschäftsbankkonto.
3. Für private Ausgaben entnimmt W. Kurz 2.500,00 € dem Geschäftsbankkonto.
4. W. Kurz begleicht seine Zahnarztrechnung über das Geschäftsbankkonto: 640,00 €.
5. Kurz hat sein Erbgrundstück ins Betriebsvermögen eingebracht: 160.000,00 € Zeitwert.
6. W. Kurz überweist seine Einkommen- und Kirchensteuervorauszahlung in Höhe von 36.500,00 € über das Geschäftsbankkonto an das Finanzamt.

Schließen Sie das Privatkonto unter Nennung des Buchungssatzes ab, ermitteln Sie danach den Schlussbestand im Eigenkapitalkonto und erläutern Sie die Veränderungen in diesem Konto.

---

80 *Richten Sie die Konten Eigenkapital, Gewinn und Verlust und Privat ein und übertragen Sie die folgenden Buchungsbeträge:*

	a) €	b) €
Anfangsbestand des Eigenkapitalkontos	500.000,00	400.000,00
Gesamtaufwendungen	650.000,00	580.000,00
Gesamterträge	790.000,00	540.000,00
Privatentnahmen	120.000,00	60.000,00
Privateinlagen	40.000,00	50.000,00

1. *Schließen Sie das Gewinn- und Verlustkonto und das Privatkonto ab.*
2. *Ermitteln Sie im Eigenkapitalkonto den Schlussbestand.*
3. *Erläutern Sie die Auswirkungen der privaten Vorgänge und des Gewinn- und Verlustkontos auf den Anfangsbestand des Eigenkapitals.*

---

81 *Erläutern Sie jeweils die Auswirkung auf das Anfangseigenkapital:*

1. Gewinn > Entnahmen
2. Gewinn < Entnahmen
3. Verlust < Einlagen
4. Verlust > Einlagen

---

82 *Nennen Sie als Buchhalter(in) der Möbelwerke W. Kurz e. K. die Buchungssätze zu folgenden fünf Belegen:*

Beleg 1

Möbel WERKE Werner KURZ e. K.

Quittung

Barentnahme für den Haushalt
2.000,00 €.

Stuttgart, ..-12-12

Werner Kurz

Möbel WERKE Werner KURZ e. K.

Entnahme für Privatzwecke

Schreibtisch ST 306
Herstellwert .... 400,00 €
+ 16 % Umsatzsteuer ... 64,00 €
464,00 €

Stuttgart, ..-12-13 Werner Kurz

Beleg 3

Beleg / Quittung für den Auftraggeber

Konto-Nr. des Auftraggebers
723 544 32

Empfänger
Hermann-Gmeiner-Fonds Deutschland e. V.
Menzinger Straße 23, 80638 München

Konto-Nr. des Empfängers
1 111 111 Deutsche Bank, München

Spende zur Förderung der SOS-Kinderdörfer in aller Welt

EUR 650,00

Auftraggeber/Einzahler (genaue Anschrift)

Möbelwerke
Werner Kurz e. K.
Industriestraße 30 - 36
70565 Stuttgart

Beleg 4

Durchschrift
Landesgirokasse Stuttgart

Begünstigter: Dr. med. Heinz Klein
Konto-Nr. des Begünstigten: 650 342 44
Bankleitzahl: 600 501 01
bei (Kreditinstitut): Landesgirokasse Stuttgart
EUR Betrag: Euro, Cent: 450,00
Kunden-Referenznummer – noch Verwendungszweck, ggf. Name und Anschrift des Auftraggebers – (nur für Empfänger): Arztrechnung vom 28. Nov. ..
Kontoinhaber: Werner Kurz, 70565 Stuttgart
Konto-Nr. des Kontoinhabers: 723 544 32
..-12-12 Werner Kurz
Datum, Unterschrift

Beleg 5

Beleg Nr. 604
Buchungsanweisung

Möbel WERKE
Werner KURZ e. K.

Privater Anteil an den März-Telefonkosten: netto 150,00 € + 24,00 € USt.
Die bereits gebuchte Telekom-Rechnung (gemietete Anlage) lautete über netto 3.000,00 € + 480,00 € USt.

Stuttgart, ..-12-13 W. Kurz

83

Anfangsbestände

TA u. Maschinen	282.000,00	Bankguthaben	82.000,00
BGA	138.000,00	Eigenkapital	400.000,00
Rohstoffe	230.000,00	Darlehensschulden	286.500,00
Forderungen a.LL	115.000,00	Verbindlichkeiten a.LL	172.500,00
Kasse	12.000,00		

Konten

EBK, TA u. Maschinen, BGA, Rohstoffe, Forderungen a.LL, Vorsteuer, Kasse, Bank, Eigenkapital, Privat, Darlehensschulden, Verbindlichkeiten a.LL, Umsatzsteuer, Umsatzerlöse für eigene Erzeugnisse, Zinserträge, Entnahme v. G. u. s. L., Aufwendungen für Rohstoffe, Gehälter, Abschreibungen auf Sachanlagen, Büromaterial: GuV, SBK.

Geschäftsfälle

1.	BA 1: Begleichung der Liefererrechnung ER 456 durch Überweisung		23.200,00
2.	Verkauf von eigenen Erzeugnissen lt. AR 552, netto	148.000,00	
	+ Umsatzsteuer	23.680,00	171.680,00
3.	KB 8: Geschäftsinhaber entnimmt der Kasse für Urlaubsreise		2.500,00
4.	Einkauf von Rohstoffen lt. ER 482, netto	12.000,00	
	+ Umsatzsteuer	1.920,00	13.920,00
5.	BA 2: Überweisung für eine Spende an UNICEF		600,00
6.	Bareinkauf von Büromaterial lt. ER 457, netto	700,00	
	+ Umsatzsteuer	112,00	812,00
7.	BA 3: Lastschrift der Bank für Gehaltsüberweisungen		15.000,00
8.	BA 4: Wohnungsmiete des Geschäftsinhabers wird vom Geschäftsbankkonto überwiesen		1.200,00
9.	BA 5: Zinsgutschrift der Bank		1.500,00
10.	Beseitigung einer Rohrverstopfung i. Privathaus d. Unternehmers durch Handwerker des eigenen Betriebes, Nettokosten	650,00	
	+ Umsatzsteuer	104,00	754,00
11.	BA 6: Überweisung f. Reparatur am Privathaus d. Unternehmers		570,00

Abschlussangaben

1. Abschreibungen auf TA u. Maschinen: 11.000,00 €; auf BGA: 5.500,00 €.
2. Der Schlussbestand an Rohstoffen beträgt lt. Inventur 145.000,00 €.
3. Die Buchwerte der übrigen Bestandskonten entsprechen der Inventur.

84

1. Das Eigenkapital des Metallwerks Horn KG betrug zum 1. Januar 500.000,00 € und zum 31. Dezember 580.000,00 €. Die Privatentnahmen betrugen 60.000,00 € und die Privateinlagen 40.000,00 €. *Wie hoch war der Jahreserfolg?*
2. *Sehen Sie einen Zusammenhang zwischen Privatentnahmen und Gewinn?*
3. Durch Besteuerung der Entnahmen wird der Unternehmer dem ●●● gleichgestellt.

9 Organisation der Buchführung

9.1 Schulkontenrahmen Nordrhein-Westfalen

9.1.1 Aufgaben und Aufbau des Schulkontenrahmens

Die Konten der Buchführung bilden zugleich die **zahlenmäßige Grundlage für die Planungen und Entscheidungen** der Unternehmensleitung. Dazu sind **wichtige Bilanz-, Aufwands- und Ertragsposten** durch Vergleich mit den Zahlen früherer Geschäftsjahre **(Zeitvergleich)** sowie mit branchengleichen Betrieben **(Betriebsvergleich)** betriebswirtschaftlich **auszuwerten.** Die Buchführung mit ihren zahlreichen Konten bedarf daher einer bestimmten **Ordnung,** die die **Konten** des Unternehmens und der branchengleichen Betriebe nicht nur **systematisch und detailliert sowie EDV-gerecht gliedert,** sondern vor allem auch **einheitlich benennt.**

Der Kontenrahmen ist ein solches **Kontenordnungssystem.** Es gibt Kontenrahmen für den Groß- und Außenhandel, den Einzelhandel und für die Industrie, für das Handwerk, für Banken und Versicherungen. Außerdem gibt es für Ausbildungszwecke einen **„Schulkontenrahmen"**, der in seinem Aufbau grundlegend dem **„Industriekontenrahmen"** (IKR) entspricht. Die Anwendung des Kontenrahmens ist für die Unternehmen nicht verbindlich, sondern lediglich eine **Empfehlung** der Wirtschaftsverbände.

Der Schulkontenrahmen ist wie alle Kontenrahmen nach dem **dekadischen System** (Zehnersystem) aufgebaut. Die Konten werden zunächst eingeteilt in

10 Klassen von 0 bis 9,

wobei die **Klassen 0 bis 8** der **Finanz- bzw. Geschäftsbuchhaltung** (= **Rechnungskreis I**) vorbehalten sind. Die **Klasse 9** kann für eine **kontenmäßige Darstellung der Kosten- und Leistungsrechnung** (= **Rechnungskreis II**) genutzt werden, sofern sie nicht – wie **in der Praxis** üblich – **tabellarisch** durchgeführt wird. **Die beiden Hauptbereiche des Rechnungswesens** bilden jeweils einen **eigenen Kontenkreis.** Der Schulkontenrahmen ist deshalb kontenmäßig ein echtes **Zweikreissystem.**

	Kontenklasse		Inhalt der Kontenklasse
Finanzbuchhaltung	**Bestandskonten**	**0**	Immaterielle Vermögensgegenstände und Sachanlagen
		1	Finanzanlagen
		2	Umlaufvermögen und aktive Rechnungsabgrenzung
		3	Eigenkapital, Wertberichtigungen, Rückstellungen
		4	Verbindlichkeiten und passive Rechnungsabgrenzung
	Erfolgskonten	**5**	Erträge
		6	Betriebliche Aufwendungen
		7	Weitere Aufwendungen
		8	Ergebnisrechnung (Abschlusskonten)
KLR		**9**	Buchhalterische Abwicklung der Kosten- und Leistungsrechnung (KLR)

Merke: **Die Finanzbuchhaltung (Rechnungskreis I) und die Kosten- und Leistungsrechnung (Rechnungskreis II) bilden jeweils einen eigenen Kontenkreis.**

Gliederung der Konten nach dem Jahresabschluss. Bilanz und Gewinn- und Verlustrechnung bilden den Jahresabschluss der Finanzbuchhaltung. Um die **Abschlussarbeiten** zu **vereinfachen,** wurden die Konten im Kontenrahmen auf den Jahresabschluss ausgerichtet. **In Reihenfolge und Bezeichnung der Posten entsprechen die Konten der**

- **Gliederung der Bilanz** im § 266 HGB und der
- **Gliederung der Gewinn- und Verlustrechnung** im § 275 HGB[1].

Bilanz und Gewinn- und Verlustrechnung lassen sich somit **direkt aus** den Salden der **Bestands- und Erfolgskonten** der Finanzbuchhaltung erstellen:

Soll	**8010 Schlussbilanzkonto**		Haben
Kontenklasse	**Aktiva**	**Passiva**	**Kontenklasse**
0	Immaterielle Vermögensgegenstände und Sachanlagen	Eigenkapital, Wertberichtigungen und Rückstellungen	**3**
1	Finanzanlagen	Verbindlichkeiten und passive Rechnungsabgrenzung	**4**
2	Umlaufvermögen und aktive Rechnungsabgrenzung		

Soll	**8020 Gewinn- und Verlustkonto**		Haben
Kontenklasse	**Aufwendungen**	**Erträge**	**Kontenklasse**
6	Betriebliche Aufwendungen	Erträge	**5**
7	Weitere Aufwendungen		

Die Abschlussbuchungssätze lauten somit für die

▶ **Bestandskonten:**	**8010 Schlussbilanzkonto** an alle **Aktivkonten** der Klassen 0, 1 und 2
	Alle **Passivkonten** der Klassen 3 und 4 an **8010 Schlussbilanzkonto**
▶ **Erfolgskonten:**	Alle **Ertragskonten** der Klasse 5 an **8020 Gewinn- und Verlustkonto**
	8020 Gewinn- und Verlustkonto an alle **Aufwandskonten** der Klassen 6 und 7

Merke: **Der abschlussorientierte Schulkontenrahmen, also die Ausrichtung der Konten auf die Bilanz und Gewinn- und Verlustrechnung, führt zu einer wesentlichen Vereinfachung der Abschlussarbeiten und damit zu einer rationellen Erstellung des Jahresabschlusses.**

1 Vgl. §§ 266, 275 HGB auf der Rückseite des Schulkontenrahmens im Anhang des Lehrbuches.

9.1.2 Erläuterung der Kontenklassen 0 bis 8

Klasse 0 Immaterielle Vermögensgegenstände und Sachanlagen

Die Kontenklasse 0 bildet die Grundlage der Betriebsbereitschaft. Sie enthält vor allem die notwendigen **Sachanlagen** (Kontengruppen 05 bis 09) eines Unternehmens, wie Grundstücke, Gebäude, technische Anlagen und Maschinen, Betriebs- und Geschäftsausstattung u. a. Die Kontengruppen 02 und 03 erfassen **immaterielle Anlagewerte** (Lizenzen, Konzessionen, Geschäfts- oder Firmenwert). Die Kontengruppe **„00 Ausstehende Einlagen auf das Gezeichnete Kapital"** ist zu führen, sofern das Stammkapital der GmbH oder das Grundkapital der AG noch nicht voll eingezahlt worden ist.

Klasse 1 Finanzanlagen

Hier werden die **langfristigen Finanzanlagen** eines Unternehmens erfasst, wie z. B. **Kapitalbeteiligungen** an anderen Unternehmen, **langfristige Ausleihungen** sowie **Wertpapiere,** die als **langfristige Kapitalanlage** angeschafft wurden.

Klasse 2 Umlaufvermögen und aktive Rechnungsabgrenzung

Diese Klasse enthält die Bestandskonten für **Roh-, Hilfs- und Betriebsstoffe, unfertige und fertige Erzeugnisse** sowie **Handelswaren,** die **Forderungen a. LL,** die **Vorsteuer,** als **kurzfristige Anlage** erworbene **Wertpapiere** sowie die **flüssigen Mittel** (Kasse u. a.). Die **aktive Rechnungsabgrenzung** dient der **periodengerechten** Abgrenzung des Jahreserfolges.

Klasse 3 Eigenkapital und Rückstellungen

Die Klasse 3 enthält die **Eigenkapitalkonten** der Einzelunternehmen und Personengesellschaften (OHG, KG) sowie der Kapitalgesellschaften (GmbH, AG, KGaA). Das **Privatkonto** wird als Unterkonto den Eigenkapitalkonten der Personenunternehmen zugeordnet. **Rücklagen** werden in Form der **Kapital- und Gewinnrücklagen** in der Klasse 3 erfasst und **offen** in der Bilanz der **Kapitalgesellschaft** – getrennt vom „Gezeichneten Kapital" – ausgewiesen. Gewinnrücklagen entstehen durch Einbehaltung von Teilen des Gewinns, Kapitalrücklagen durch Zuzahlung der Gesellschafter der Kapitalgesellschaft. Verbindlichkeiten, deren Höhe oder Fälligkeit zum Bilanzstichtag noch nicht feststehen, werden in der Klasse 3 als **Rückstellungen** geführt: Pensions-, Steuer- und sonstige Rückstellungen.

Klasse 4 Verbindlichkeiten und passive Rechnungsabgrenzung

In der Kontenklasse 4 werden **alle kurz- und langfristigen Verbindlichkeiten** gegenüber Banken, Lieferern, Finanzamt u. a. sowie die **passive Rechnungsabgrenzung** erfasst.

Klasse 5 Erträge

Die **Kontengruppen 50 und 54** enthalten die **eigentlichen betrieblichen Erträge** der Unternehmen: Die **Umsatzerlöse für eigene Erzeugnisse und Handelswaren** werden einschließlich der **Unterkonten** in der Klasse 5 erfasst. Die Kontengruppe 54 enthält die Konten der **„sonstigen" betrieblichen Erträge,** wie Mieterträge, Provisionserträge, unentgeltliche Entnahmen durch den Unternehmer u.a. In den übrigen Kontengruppen werden sowohl Erträge aus Beteiligungen als auch **Zinserträge** und **außerordentliche** (ungewöhnliche, seltene) Erträge u.a. berücksichtigt.

Klasse 6 Betriebliche Aufwendungen

Vor allem: **Aufwendungen für Roh-, Hilfs- und Betriebsstoffe und Handelswaren, Personalaufwand, Abschreibungen und diverse „Sonstige betriebliche Aufwendungen".**

Klasse 7 Weitere Aufwendungen

Die Klasse 7 enthält insbesondere **alle Steuern, Zinsen** und ähnliche Aufwendungen sowie die **außerordentlichen** (ungewöhnliche, seltene) Aufwendungen.

Klasse 8 Eröffnung/Abschluss

Die Klasse 8 dient vor allem der Eröffnung und dem Abschluss der Konten:

▶ **8000 Eröffnungsbilanzkonto** ▶ **8010 Schlussbilanzkonto** ▶ **8020 GuV-Konto**

Merke: **Die Klassen 0 bis 8 enthalten die Konten der Finanzbuchhaltung (RK I).**

9.1.3 Kontenrahmen und Kontenplan

Im Kontenrahmen lässt sich jede der **10 Kontenklassen (ein**stellige Ziffer) in **10 Kontengruppen (zwei**stellige Ziffer), jede Kontengruppe in **10 Kontenarten (drei**stellige Ziffer) und jede Kontenart in **10 Kontenunterarten (vier**stellige Ziffer) untergliedern.

Beispiel: **Aus der Kontennummer „2801" erkennt man die**

▶ **Kontenklasse:**	**2** Umlaufvermögen und ARA	Kontenrahmen
▶ **Kontengruppe:**	**28** Flüssige Mittel	
▶ **Kontenart:**	**280** Guthaben bei Kreditinstituten	Kontenplan
▶ **Kontenunterart:**	**2800** Kreissparkasse	
	2801 Deutsche Bank	

Kontenplan. Der **Kontenrahmen** bildet die **einheitliche Grundordnung** für die Aufstellung **betriebsindividueller Kontenpläne** der Unternehmen eines Wirtschaftszweiges. **Aus dem Kontenrahmen** entwickelt jedes Unternehmen seinen **eigenen Kontenplan,** der auf seine besonderen Belange (Branche, Struktur, Größe, Rechtsform) ausgerichtet ist. So lässt sich im Kontenplan eine weitere Untergliederung der Kontenarten in Kontenunterarten entsprechend den Bedürfnissen des Unternehmens vornehmen. Der Kontenplan enthält somit nur die im Unternehmen geführten Konten.

Vereinfachung der Buchungsarbeit. Der Kontenplan vereinfacht die Buchungen in den Konten, da die Kontenbezeichnungen durch Kontennummern ersetzt werden.

Beispiel: **Geschäftsfall:**
Herr Kurz entnimmt der Geschäftskasse für Privatzwecke 1.800,00 €.

Buchungssatz	**statt:** **Privat** an **Kasse**	**1.800,00**
	nunmehr kurz: **3001** an **2880**	**1.800,00**

S	3001 Privat		H	S	2880 Kasse		H
2880	1.800,00			AB	7.500,00	3001	1.800,00

EDV-Kontenrahmen. Soll der Schulkontenrahmen – wie in diesem Buch beabsichtigt – zugleich auch in der EDV-Buchführung verwendet werden, ist jedes **Sachkonto** (= Hauptbuchkonto) in der Regel mit einer **vierstelligen** Kontenziffer zu versehen. **Personenkonten** (Kunden- und Liefererkonten) haben stets **fünfstellige** Kontenziffern.

Merke:

- **Der Kontenrahmen bildet für alle Unternehmen eines Wirtschaftszweiges die einheitliche Grundordnung für die Gliederung und Bezeichnung der Konten. Der Kontenrahmen ermöglicht damit**
  - ▷ **eine Vereinfachung und Vereinheitlichung der Buchungen sowie**
  - ▷ **Zeit- und Betriebsvergleiche zur Überwachung der Wirtschaftlichkeit.**
- **Der Kontenplan enthält nur die im Unternehmen geführten Konten.**

Aufgaben

85

Wie lauten die Kontenbezeichnungen und die zugrunde liegenden Geschäftsfälle?

1. 0860 und 2600 an 2800	4. 6300 an 2800	7. 4400 an 2800
2. 6000 und 2600 an 4400	5. 6520 an 0860	8. 3001 an 5420 und 4800
3. 2400 an 5000 und 4800	6. 6870 und 2600 an 2880	9. 2800 an 2400

86 *Nennen Sie jeweils den Geschäftsfall der folgenden Buchungen auf dem Bankkonto:*

Soll		2800 Bank	Haben
1. 8000	86.000,00	5. 4400	18.400,00
2. 2880	5.000,00	6. 4800	12.300,00
3. 4250	25.000,00	7. 6300	24.300,00
4. 2400	12.000,00	8. 8010	73.000,00
	128.000,00		128.000,00

Anfangsbestände

0700 TA u. Maschinen	250.000,00	2800 Bank	28.000,00
2000 Rohstoffe	40.000,00	2880 Kasse	6.000,00
2020 Hilfsstoffe	12.000,00	4250 Darlehensschulden	83.000,00
2030 Betriebsstoffe	8.000,00	4400 Verbindlichkeiten a. LL	25.000,00
2400 Forderungen a. LL	17.000,00	3000 Eigenkapital	?

Kontenplan

0700, 2000, 2020, 2030, 2400, 2600, 2800, 2880, 3000, 3001, 4250, 4400, 4800, 5000, 5420, 6000, 6020, 6030, 6140, 6160, 6200, 6520, 6700, 7000, 7510, 8000, 8010, 8020.

Geschäftsfälle

1.	Unsere Überweisung der Geschäftsmiete lt. BA 1	3.800,00
2.	Verkauf von eigenen Erzeugnissen lt. AR 605 frei Haus	26.700,00
	+ Umsatzsteuer	4.272,00
3.	Ausgangsfracht hierauf bar lt. KB 1, Nettofracht	1.400,00
	+ Umsatzsteuer	224,00
4.	Zieleinkauf von Rohstoffen lt. ER 807, netto	15.000,00
	+ Umsatzsteuer	2.400,00
5.	Überweisung von Kunden zum Ausgleich von AR lt. BA 2	12.600,00
6.	Lt. BA 3 Lastschrift der Bank für Darlehenszinsen	2.200,00
7.	Lt. KB 2 Privatentnahme bar	1.400,00
8.	Verkauf von eigenen Erzeugnissen lt. AR 606 ab Werk, netto	18.600,00
	+ Umsatzsteuer	2.976,00
9.	BA 4: Überweisung für Fertigungslöhne lt. Lohnliste	11.700,00
10.	Überweisung der Gewerbesteuer lt. BA 5	2.100,00
11.	Einkauf von Hilfsstoffen lt. ER 808, netto	3.500,00
	+ Umsatzsteuer	560,00
12.	BA 6: Unsere Überweisung für Maschinenreparatur, netto	600,00
	+ Umsatzsteuer	96,00
13.	Eigenbeleg: Privatentnahme von Erzeugnissen, netto	1.600,00
	+ Umsatzsteuer	256,00

Abschlussangaben

1.	Schlussbestände lt. Inventur:	Rohstoffe	40.200,00
		Hilfsstoffe	7.000,00
		Betriebsstoffe	6.400,00
2.	Abschreibungen auf TA u. Maschinen		5.000,00

Bilden Sie die Buchungssätze und buchen Sie auf Konten.

Anfangsbestände 88

0700 TA und Maschinen	242.000,00	2880 Kasse	5.800,00
0800 BGA	88.000,00	3000 Eigenkapital	479.800,00
2000 Rohstoffe	160.000,00	4250 Darlehensschulden	150.000,00
2020 Hilfsstoffe	20.000,00	4400 Verbindlichkeiten a.LL	112.600,00
2400 Forderungen a.LL	98.000,00	4800 Umsatzsteuer	13.400,00
2800 Bankguthaben	142.000,00		

Kontenplan

0700, 0800, 2000, 2020, 2400, 2600, 2800, 2880, 3000, 3001, 4250, 4400, 4800, 5000, 5420, 5710, 6000, 6020, 6160, 6300, 6520, 6700, 6820, 6870, 7510, 8000, 8010, 8020.

Geschäftsfälle

1.	BA 1: Überweisung der Umsatzsteuer-Zahllast	13.400,00
2.	BA 2: Banklastschrift für Darlehenstilgung	22.000,00
3.	BA 3: Unsere Überweisung für Miete: Produktionshalle	16.500,00
	Privatwohnung	1.200,00
4.	Rohstoffeinkäufe lt. ER 79–83, brutto	28.420,00
5.	KB 1: Barzahlung der Heizungsreparatur, brutto	580,00
6.	Verkäufe von eigenen Erzeugnissen lt. AR 97–103, brutto	226.200,00
7.	BA 4: Überweisung der Gehälter	11.400,00
8.	KB 2: Barentnahme des Unternehmers für den Haushalt	800,00
9.	BA 5: Bezahlung von Werbeanzeigen durch Bankscheck, brutto	2.030,00
10.	KB 3: Barzahlung der Wertmarken für Frankiermaschine	1.200,00
11.	BA 6: Überweisung von Kunden zum Ausgleich von AR 95–96	13.800,00
12.	BA 7: Lastschrift der Bank für Darlehenszinsen	2.400,00
13.	Entnahme von Erzeugnissen für Privatzwecke, Warenwert	2.500,00
14.	BA 8: Zinsgutschrift der Bank	2.300,00
15.	Betrieb belastet Unternehmer für private LKW-Nutzung mit netto	1.500,00
16.	BA 9: Privateinlage des Unternehmers durch Bankeinzahlung	20.000,00

Abschlussangaben

1. Abschreibungen: TA und Maschinen: 11.000,00 €, BGA: 6.000,00 €.
2. Schlussbestände lt. Inventur: Rohstoffe ... 112.200,00
   Hilfsstoffe ... 7.800,00
3. Die Buchwerte der übrigen Bestandskonten entsprechen der Inventur.

Auswertung

Ermitteln Sie die Verzinsung (Rentabilität) des Eigenkapitals, indem Sie den Gewinn zum Anfangseigenkapital ins Verhältnis setzen.

89

1. *Worin unterscheiden sich Kontenrahmen und Kontenplan?*
2. *Unterscheiden Sie im Kontenrahmen und Kontenplan zwischen Kontenklasse, Kontengruppe, Kontenart, Kontenunterart.*
3. *Begründen Sie die Notwendigkeit eines Kontenrahmens.*
4. *Welches Prinzip liegt dem Aufbau des Schulkontenrahmens zugrunde?*
5. *Vergleichen Sie die Kontenklassen und Kontengruppen des Schulkontenrahmens mit den Positionen der Bilanz (§ 266 HGB) und der GuV-Rechnung (§ 275 HGB) (s. Anhang).*
6. *Welche Kontenklassen werden im Kontenrahmen*
   a) der Finanzbuchhaltung und
   b) der Kosten- und Leistungsrechnung zugeordnet?
7. *Begründen Sie das „Zweikreissystem" im Kontenrahmen.*

9.2 Die Belegorganisation

9.2.1 Bedeutung und Arten der Belege

Die Richtigkeit der Buchungen kann nur anhand der Belege überprüft werden. Deshalb muss jeder Buchung ein entsprechender Beleg zugrunde liegen. Der wichtigste **Grundsatz ordnungsmäßiger Buchführung** (§ 238 [2] HGB) lautet deshalb:

Keine Buchung ohne Beleg!

Nach der Herkunft der Belege unterscheidet man zwischen **externen** Belegen (= Fremdbelege) und **internen** Belegen (= Eigenbelege).

Belegarten

Externe Belege fallen im Geschäftsverkehr mit Außenstehenden an.	**Interne Belege** entstehen aus innerbetrieblichen Geschäftsfällen.
Beispiele: – Eingangsrechnungen – Quittungen – Gutschriftsanzeige des Lieferers für Werkstoffrücksendung und nachträglichen Preisnachlass – Begleitbriefe zu erhaltenen Schecks und Wechseln – Erhaltene sonstige Geschäftsbriefe über z. B. nachträgliche Belastungen – Bankbelege (z. B. Kontoauszüge u. a.) – Postbelege (z. B. Quittungen über Einzahlungen, Versand, Kontoauszüge der Postbank u. a.)	**Beispiele:** – Kopien von Ausgangsrechnungen – Quittungsdurchschriften – Durchschrift der Gutschriftsanzeige an Kunden für Rücksendung von Erzeugnissen und nachträglichen Preisnachlass – Durchschriften von Begleitbriefen zu weitergegebenen Schecks und Wechseln – Durchschriften von abgesandten sonstigen Geschäftsbriefen – Lohn- und Gehaltslisten – Belege über Privatentnahmen (Entnahme v. G. u. s. L.) – Belege über Storno- und Umbuchungen sowie Abschlussbuchungen

Ersatzbelege sind auszustellen, wenn ein **Originalbeleg abhanden gekommen** ist oder ein Fremdbeleg nicht zu erhalten war. Bei verloren gegangenen Fremdbelegen wird man in der Regel eine Abschrift erbitten. Fehlen z. B. über eine Taxifahrt oder von auswärts geführte Ferngespräche die erforderlichen Belege, so ist ein Ersatzbeleg zu erstellen, der **Zeitpunkt, Grund und Höhe der Ausgabe** enthält.

9.2.2 Bearbeitung der Belege

Folgende Arbeitsstufen umfasst die Bearbeitung der Belege in der Buchhaltung:

- **Vorbereitung** der Belege zur Buchung
- **Buchung** der Belege im Grund- und Hauptbuch
- **Ablage** und Aufbewahrung der Belege

Die sorgfältige Vorbereitung der Belege ist unerlässliche Voraussetzung ordnungsmäßiger Buchführung. Dazu gehören:

- **Überprüfung der Belege** auf ihre **sachliche und rechnerische Richtigkeit.**
- **Bestimmung des Buchungsbeleges.** Gehören zu einem Geschäftsfall mehrere Belege (z.B. bei Banküberweisungen: Überweisungsvordruck und Kontoauszug), muss vorab bestimmt werden, welcher Beleg als Buchungsunterlage verwendet werden soll, um mehrfache Buchungen zu vermeiden.
- **Ordnen der Belege nach Belegarten (Belegsortierung)** als **Voraussetzung für Sammelbuchungen** und eine ordnungsmäßige Ablage und **Aufbewahrung** der Belege:

– Ausgangsrechnungen	– Bankbelege
– Gutschriften an Kunden	– Postbankbelege
– Eingangsrechnungen	– Kassenbelege
– Gutschriften von Lieferern	– Privatentnahmen
– Lohn- und Gehaltslisten	– Sonstige Belege

- **Fortlaufende Nummerierung** der Belege innerhalb jeder Belegart.
- **Vorkontierung der Belege,** indem man mithilfe eines Kontierungsstempels die Buchungssätze bereits auf den Belegen angibt.

Jede Buchung im Grund- und Hauptbuch enthält den Hinweis auf die **Belegart und die Belegnummer.** Dieser **Belegvermerk** (z.B. AR 15) stellt sicher, dass zu jeder Buchung der zugehörige Beleg sofort auffindbar ist. Umgekehrt muss nach jeder Buchung der **Buchungsvermerk auf dem Beleg** eingetragen werden, der die Journalseite, das Buchungsdatum sowie das Zeichen des Buchhalters angibt. Durch diese **wechselseitigen Hinweise** wird der **Beleg zum Bindeglied** zwischen Geschäftsfall und Buchung.

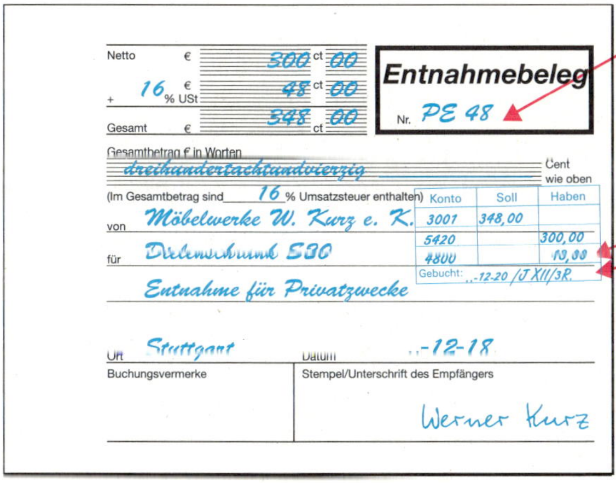
Netto € 300 ct 00
+ 16 % USt € 48 ct 00
Gesamt € 348 ct 00

Entnahmebeleg
Nr. PE 48

Gesamtbetrag € in Worten: dreihundertachtundvierzig — Cent wie oben
(Im Gesamtbetrag sind 16 % Umsatzsteuer enthalten)
von: Möbelwerke W. Kurz e. K.
für: Dielenschrank 530
Entnahme für Privatzwecke

Konto	Soll	Haben
3001	348,00	
5420		300,00
4800		48,00

Gebucht: ..-12-20 / J XII/3 R.

Ort: Stuttgart — Datum: ..-12-18
Buchungsvermerke — Stempel/Unterschrift des Empfängers: Werner Kurz

Belegaufbewahrung. Nach der Buchung müssen die Belege sorgfältig abgelegt und **10 Jahre** aufbewahrt werden, **gerechnet vom Schluss des Kalenderjahres,** in dem der Beleg entstanden ist (§ 257 [4] HGB, § 147 [3] AO). **Für jede Belegart** wird in der Regel **ein Ordner** angelegt, in dem die Belege nach fortlaufender Nummer abgeheftet sind. Bei einer **Mikrofilmablage** muss die jederzeitige Wiedergabe der mikroverfilmten Belege sichergestellt sein (vgl. S. 10).

Merke: Die Belegorganisation ist die Grundlage ordnungsmäßiger Buchführung.

9.3 Die Bücher der Finanzbuchhaltung

Die Buchungen müssen **jederzeit nachprüfbar** sein. Sie sind deshalb jeweils

- in **zeitlicher Reihenfolge** zu erfassen,
- nach **sachlichen Gesichtspunkten** zu ordnen und
- gegebenenfalls **durch Nebenaufzeichnungen zu erläutern.**

Diese Ordnung der Buchungen erfolgt in bestimmten **„Büchern"** der Buchführung.

9.3.1 Das Grundbuch

Im Grundbuch (Journal) werden die Buchungen in **zeitlicher (chronologischer) Reihenfolge** erfasst. Im Einzelnen nimmt das Grundbuch folgende Buchungen auf:

1. **Eröffnungsbuchungen über EBK**
2. **Laufende Buchungen** aufgrund der vorkontierten Belege
3. **Vorbereitende Abschlussbuchungen,** die auch **Umbuchungen** genannt werden:
   - Buchung der Abschreibungen
   - Abschluss der Unterkonten (z.B. Privat)
   - Verrechnung der Vor- und Umsatzsteuer
4. **Abschlussbuchungen**
   - Abschluss der **Erfolgskonten** über das GuV-Konto
   - Abschluss des **GuV-Kontos** über das Eigenkapitalkonto
   - Abschluss der **Bestandskonten** über das Schlussbilanzkonto

Wichtige Daten sind im Grundbuch bzw. Journal auszuweisen: Belegdatum, Belegvermerk, Buchungstext, Kontierung und der Buchungsbetrag:

Journal		**Monat November ..**				**Seite ...**
Datum	**Beleg**	**Buchungstext**	**Kontierung**		**Betrag in €**	
			Soll	Haben	Soll	Haben
12. Nov...		Übertrag von Seite ...			...	...
12. Nov...	BA 158	Überweisung an Vits KG	4400	2800	4.640,00	4.640,00
13. Nov...	AR 896	Verkauf an Holzen OHG	2400	5000	6.960,00	6.000,00
				4800		960,00
14. Nov...	BA 159	Überweisung von Decker	2800	2400	2.784,00	2.784,00
...	...	...				
...	...	...				

Bedeutung des Grundbuches. Die chronologischen Aufzeichnungen im Journal ermöglichen es, jeden einzelnen Geschäftsfall während der Aufbewahrungsfristen schnell bis zum Beleg zurückzuverfolgen und damit nachzuweisen.

Buchungsverfahren. Jede Grundbuchung muss auf dem entsprechenden Sachkonto des Hauptbuches und gegebenenfalls auf dem Konto bzw. der Karteikarte eines Nebenbuches (Lagerkartei, Kunden- und Liefererkonto u.a.) erfasst werden. Ob die Grundbuchungen **vor** der Übertragung auf die Konten **(= Übertragungsbuchführung)** oder **im Durchschreibeverfahren (= Durchschreibebuchführung)** oder **automatisch** mit der Buchung auf den Konten **(= EDV-Buchführung)** erfolgen, ist eine Frage des jeweils angewandten **Buchungsverfahrens.**

9.3.2 Das Hauptbuch

Sachliche Ordnung. Aus dem Grundbuch lässt sich der Stand der einzelnen Vermögensteile und Schulden nicht erkennen. Deshalb müssen die Geschäftsfälle noch in **sachlicher** Ordnung auf entsprechenden **Sachkonten** gebucht werden, z.B. alle Gehaltszahlungen auf einem Konto „Gehälter", alle Bargeschäfte auf einem Kassenkonto u.a. Die Sachkonten stellen wegen ihrer Bedeutung für die Buchführung das **Hauptbuch** dar. Sie werden in der Regel auf losen Formblättern oder EDV-mäßig geführt.

Die Sachkonten sind die **im Kontenplan** des Betriebes verzeichneten **Bestands- und Ergebniskonten.** Ihr Abschluss führt zur Gewinn- und Verlustrechnung und Bilanz. Bei jeder Buchung auf einem Sachkonto müssen ähnlich wie im Grundbuch vermerkt werden: Datum, Belegvermerk, Buchungstext, Gegenkonto, Betrag im Soll und im Haben:

Konto: 2800 Bank					
Beleg-datum	**Beleg-vermerk**	**Buchungstext**	**Gegenkonto**	**Betrag in €**	
				Soll	Haben
12. Nov...	BA 158	Überweisung an Vits KG	4400	–	4.640,00
14. Nov...	BA 159	Überweisung von Decker	2400	2.784,00	–
...	...	...			
...	...	...			

Zusammenhang zwischen Belegen, Grund- und Hauptbuch

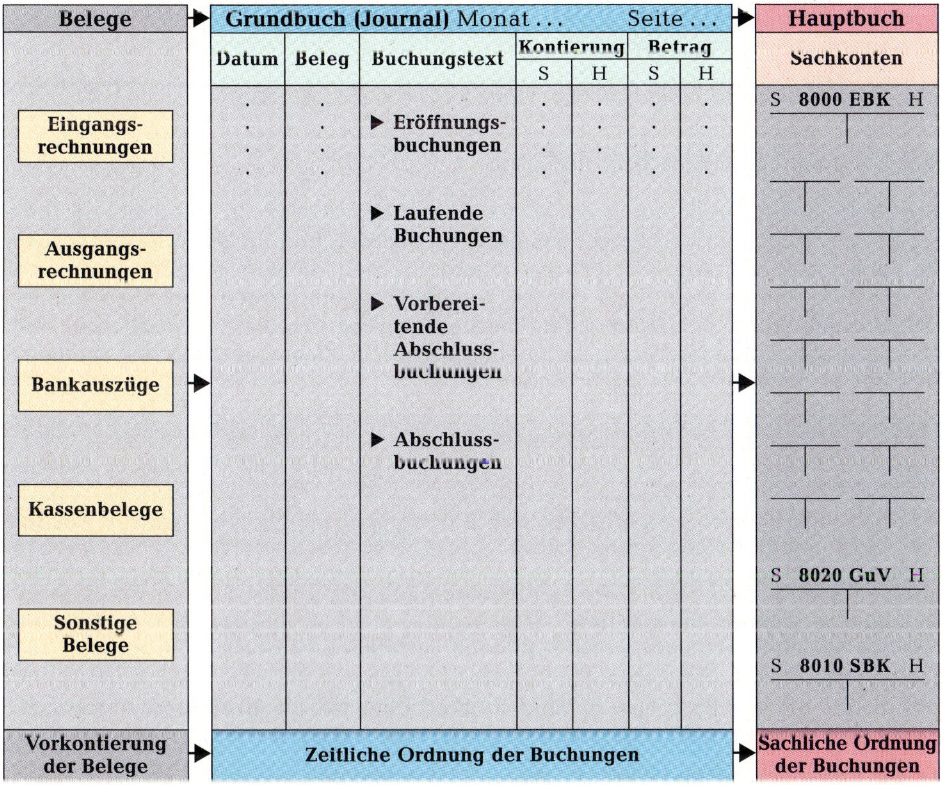

Merke:
- **Das Grundbuch (Journal) erfasst die Geschäftsfälle in zeitlicher Reihenfolge.**
- **Das Hauptbuch erfasst die Geschäftsfälle in sachlicher Ordnung auf Sachkonten.**

9.3.3 Die Nebenbücher im Überblick

Bestimmte Sachkonten des Hauptbuches müssen **näher erläutert** werden, um **wichtige Einzelheiten** zu erfahren. Das geschieht in entsprechenden **Nebenbüchern.**

Sachkonten		Nebenbücher
Forderungen a.LL, Verbindlichkeiten a.LL	⟷	**Kontokorrentbuch** erfasst den unbaren Geschäftsverkehr mit jedem einzelnen Kunden und Lieferer.
Bestandskonten für Roh-, Hilfs- und Betriebsstoffe, unfertige und fertige Erzeugnisse sowie Handelswaren	⟷	**Lagerkartei** erfasst für jede einzelne Werkstoff- und Warenart Zugänge und Abgänge und ermittelt jederzeit (permanent) den Buchbestand → Seite 50.
Löhne und Gehälter	⟷	**Lohn-/Gehaltsbuchhaltung** Für jeden Arbeitnehmer wird ein Lohn- bzw. Gehaltskonto geführt → Seite 132 f.
Anlagekonten	⟷	**Anlagenkartei** Für jeden Anlagegegenstand gibt es eine Anlagenkarte, die Anschaffungskosten, Nutzungsdauer, Abschreibung und Buchwert zum 31. Dezember ausweist → Seite 200.
Besitz- und Schuldwechsel	⟷	**Wechselbuch** Die Fälligkeiten u.a. der Wechsel müssen überwacht werden.

Merke: Die Nebenbücher dienen der Erläuterung bestimmter Sachkonten im Hauptbuch.

9.3.3.1 Kontokorrentbuchhaltung

Die Kontokorrentbuchhaltung erfasst den Geschäftsverkehr mit Kunden und Lieferern. Die Einrichtung von **Personenkonten für Kunden und Lieferer** ist erforderlich, weil aus den Sachkonten „2400 Forderungen a.LL“ und „4400 Verbindlichkeiten a.LL“ nicht zu ersehen ist, wie hoch die Forderungen gegenüber den einzelnen Kunden **(Debitoren)** und die Schulden gegenüber den einzelnen Lieferern **(Kreditoren)** sind. Die Kunden- und Liefererkonten dienen vor allem der **Überwachung der Zahlungstermine.** Sie bilden das Kontokorrentbuch[1].

Kundenkonto: Computer GmbH, Rostock					**Kontonummer:** 10001	
Datum	**Beleg**	**Buchungstext**	**Journalseite**	**Soll**	**Haben**	**Saldo**
2. Jan...	–	Saldovortrag	J 1	4.640,00	–	4.640,00
4. Jan...	BA 1	Banküberweisung	J 1	–	3.480,00	1.160,00
12. Jan...	AR 38	Verkauf Artikel-Nr. 567	J 3	2.784,00	–	3.944,00
...	...	...				

Bei konventioneller Buchhaltung (Übertragungsbuchführung) **muss jede Buchung auf den Sachkonten 2400 und 4400 zugleich auf dem entsprechenden Kunden- und Liefererkonto vermerkt werden.** Beim Abschluss werden die Salden der Kunden- und Liefererkonten jeweils in eine **Saldenliste für Debitoren bzw. Kreditoren** übertragen, deren Summe mit dem Saldo des Kontos 2400 bzw. 4400 übereinstimmen muss.

In der EDV-Buchführung wird **nur** auf den **Personenkonten** gebucht. Die dort erfassten Buchungen werden **automatisch** auf die **Sachkonten** 2400 und 4400 **übertragen.**

1 ital.: conto corrente = laufende Rechnung

Sachkonten sind in der Regel vierstellig, **Personenkonten fünfstellig.**

Debitoren: 10000–59999 → z.B. 10000 Kunde A, 10001 Kunde B, usw.
Kreditoren: 60000–99999 → z.B. 60000 Lieferer A, 60001 Lieferer B, usw.

Kundenkonten erhalten z.B. an der **fünften** Stelle (die EDV-Anlage liest die Kennziffern von rechts nach links) die **Kennziffern 1 bis 5, Liefererkonten** die Ziffern **6 bis 9.**

Beispiel: In den Möbelwerken Kurz weisen die Saldenlisten der Kunden- und Liefererkonten sowie die Sachkonten 2400 und 4400 zum 31. Dezember folgende Zahlen aus:

Konto-Nr.	Kunden	Salden
10001	Möbelgroßhandel Hein	115.000,00
10002	Möbelcenter MC	86.250,00
10003	SB-Möbelmarkt	165.000,00
	Saldensumme	**366.250,00**

Konto-Nr.	Lieferer	Salden
60001	Holzwerke GmbH	135.000,00
60002	Furnierwerke AG	247.250,00
60003	Scharnierwerke OHG	143.750,00
	Saldensumme	**526.000,00**

2400 Forderungen a. LL				
Datum	**Beleg**	**Text**	**Soll**	**Haben**
31. Dez.	–	...	2.875.000,00	2.508.750,00
		Saldo	–	**366.250,00**
			2.875.000,00	2.875.000,00

4400 Verbindlichkeiten a. LL				
Datum	**Beleg**	**Text**	**Soll**	**Haben**
31. Dez.	–	...	1.889.000,00	2.415.000,00
		Saldo	**526.000,00**	–
			2.415.000,00	2.415.000,00

Merke: **Die Saldensumme der Kundenkonten (Debitoren) und Liefererkonten (Kreditoren) im Kontokorrentbuch muss jeweils mit dem Saldo des Sachkontos „2400 Forderungen a. LL" bzw. „4400 Verbindlichkeiten a. LL" im Hauptbuch übereinstimmen.**

Aufgaben

90

In der Finanzbuchhaltung der Möbelwerke Kurz weisen die **Kundenkonten** Möbelgroßhandel Hein und Möbelcenter MC folgende **offene Posten,** also noch nicht bezahlte Rechnungen, aus:

S	10001 Möbelgroßhandel Hein e. K.	H
AR 407	23.200,00	
AR 409	11.600,00	

S	10002 Möbelcenter MC	H
AR 408	34.800,00	
AR 410	5.800,00	

Richten Sie außer den Kundenkonten noch folgende Sachkonten ein: 2400 Forderungen a.LL (AB 75.400,00 €), 2800 Bank (AB 109.500,00 €), 4800 Umsatzsteuer, 5000 Umsatzerlöse für eigene Erzeugnisse.

Buchen Sie die folgenden Geschäftsfälle auf den Sachkonten und nehmen Sie zugleich die entsprechenden Eintragungen auf den Kundenkonten vor:

1. Kunde Möbelgroßhandel Hein begleicht AR 407 lt. BA 12 .... 23.200,00 €
2. Verkauf von 20 Eicheschränken ES 44 lt. AR 411 an das Möbelcenter MC, netto .... 50.000,00 €
   \+ Umsatzsteuer .... 8.000,00 € — 58.000,00 €
3. Möbelcenter MC begleicht lt. BA 13 die fällige AR 408 .... 34.800,00 €
4. Verkauf v. Schreibtischen ST 45 an den Möbelgroßhandel Hein lt. AR 412, netto .... 15.000,00 €
   \+ Umsatzsteuer .... 2.400,00 € — 17.400,00 €

1. *Ermitteln Sie die Salden der Kundenkonten und stellen Sie diese in einer Saldenliste „Debitoren" zusammen.*
2. *Ermitteln Sie den Saldo im Sachkonto 2400 Forderungen a.LL und stimmen Sie diesen mit der Summe der Salden der Debitoren-Saldenliste ab.*

91 Die **Liefererkonten** Holzwerke GmbH und Furnierwerke AG der Möbelwerke Kurz weisen folgende **offene Posten** aus:

S	60001 Holzwerke GmbH		H
		ER 580	29.000,00
		ER 582	13.920,00

S	60002 Furnierwerke AG		H
		ER 581	46.400,00
		ER 583	19.720,00

Richten Sie noch folgende Sachkonten ein:
2000 Rohstoffe, 2600 Vorsteuer, 2800 Bank (AB 167.000,00 €), 4400 Verbindlichkeiten a. LL (AB 109.040,00 €).

Buchen Sie die folgenden Geschäftsfälle auf den erforderlichen Sachkonten und ergänzen Sie entsprechend die beiden Liefererkonten:

1.	ER 580 wird bei Fälligkeit beglichen. BA 45		29.000,00 €
2.	Einkauf von Eichenfurnier EF 200 lt. ER 584 bei Furnierwerke AG, netto	44.000,00 €	
	+ Umsatzsteuer	7.040,00 €	51.040,00 €
3.	Ausgleich von ER 581 lt. BA 46		46.400,00 €
4.	Einkauf von Spanplatten SP 405 bei Holzwerke GmbH lt. ER 585, netto	8.500,00 €	
	+ Umsatzsteuer	1.360,00 €	9.860,00 €

1. *Ermitteln Sie die Salden der Liefererkonten und des Kontos 4400 Verbindlichkeiten a. LL.*
2. *Erstellen Sie die Kreditoren-Saldenliste und nehmen Sie die Abstimmung mit dem Sachkonto 4400 vor.*

92
1. *Erläutern Sie Aufgaben und Bedeutung der Bücher der Buchführung:*
   a) Grundbuch,
   b) Hauptbuch,
   c) Nebenbücher,
   d) Inventar- und Bilanzbuch.
2. *Inwiefern ist der Beleg Bindeglied zwischen Geschäftsfall und Buchung?*
3. *Belege lassen sich nach ihrer Entstehung in*
   a) Fremd- bzw. externe Belege und
   b) Eigen- bzw. interne Belege unterscheiden.
   Nennen Sie Beispiele.
4. *Nennen Sie die Aufbewahrungsfrist für Geschäftsbelege, die Bücher der Buchführung, das Inventar und die Bilanz.*
5. *Von welchem Zeitpunkt an beginnt die Aufbewahrungsfrist?*
6. *Welche Möglichkeiten der Belegaufbewahrung bestehen?*

93

Geschäftsgang mit Grund-, Haupt-, Kontokorrent- und Bilanzbuch

1. *Richten Sie die Sachkonten ein und tragen Sie die Beträge der Summenbilanz vor.*
2. *Richten Sie die Personenkonten ein und tragen Sie die Soll- und Habenbeträge vor.*
3. *Buchen Sie die Geschäftsfälle für Dezember auf den entsprechenden Konten.*
4. *Erstellen Sie zum 31. Dezember die Saldenlisten der Personenkonten und stimmen Sie diese mit den Sachkonten „2400 Forderungen a. LL" und „4400 Verbindlichkeiten a. LL" ab.*
5. *Führen Sie den kontenmäßigen Jahresabschluss im Hauptbuch durch.*
6. *Erstellen Sie eine ordnungsmäßig gegliederte Bilanz für das Bilanzbuch.*

Belegabkürzungen: AR (Ausgangsrechnung), ER (Eingangsrechnung), BA (Bankauszug), PA (Postbankauszug), KB (Kassenbeleg), ME (Materialentnahmeschein), PE (Privatentnahmebeleg), SB (Sonstige Belege).

93

Kundenkonten der Maschinenfabrik Werner Stark e. K.	Soll	Haben
10000 F. Walter e. Kffr., Leverkusen	344.500,00	322.400,00
10001 Kühn KG, Köln	241.250,00	221.400,00
10002 R. Schulze e. Kfm., Bergheim	225.000,00	175.580,00
Summe	810.750,00	719.380,00
Liefererkonten der Maschinenfabrik Werner Stark e. K.	**Soll**	**Haben**
60000 M. Blau e. K., Rheine	189.400,00	224.600,00
60001 S. Schneider e. K., Emsdetten	180.200,00	215.800,00
60002 Weber GmbH, Soest	155.400,00	184.480,00
Summe	525.000,00	624.880,00

Sachkonten der Maschinenfabrik Werner Stark e. K.		Soll	Haben
0700	Technische Anlagen und Maschinen	156.000,00	8.500,00
0800	Betriebs- und Geschäftsausstattung	62.000,00	4.500,00
2000	Rohstoffe	189.000,00	–
2400	Forderungen a. LL	810.750,00	719.380,00
2600	Vorsteuer	75.759,00	63.640,00
2800	Bank	782.220,00	646.070,00
2850	Postbankguthaben	69.343,00	14.000,00
2880	Kasse	28.940,00	21.150,00
3000	Eigenkapital	–	429.000,00
3001	Privat	40.000,00	–
4400	Verbindlichkeiten a. LL	525.000,00	624.880,00
4800	Umsatzsteuer	71.048,00	127.080,00
5000	Umsatzerlöse für eigene Erzeugnisse	–	780.150,00
5420	Entnahme v. G. u. s. L.	–	14.100,00
6000	Aufwendungen für Rohstoffe	460.000,00	–
62–64	Personalkosten	102.000,00	–
6520	Abschreibungen auf Sachanlagen	–	–
6700	Mieten	45.070,00	–
6800	Aufwendungen für Kommunikation	35.320,00	–
8010	Schlussbilanzkonto	–	–
8020	Gewinn- und Verlustkonto	–	–
Summen zum 17. Dezember		3.452.450,00	3.452.450,00

Geschäftsfälle ab 18. Dezember bis 31. Dezember

Datum	Beleg	Buchungstext	€
18. Dez.	AR 949	Verkauf von eigenen Erzeugnissen an F. Walter, brutto	10.208,00
19. Dez.	ER 468	Rohstoffeinkauf bei M. Blau, brutto	14.268,00
20. Dez.	BA 91	Überweisung von Kühn KG	13.340,00
		Überweisung an S. Schneider	22.620,00
21. Dez.	KB 248	Barkauf von Postwertzeichen	650,00
	PE 35	Private Erzeugnisentnahme, netto	750,00
23. Dez.	ER 469	Rohstoffeinkauf bei Weber GmbH, brutto	13.688,00
27. Dez.	KB 249	Privatentnahme, bar	800,00
28. Dez.	AR 950	Verkauf von eigenen Erzeugnissen an R. Schulze, brutto	18.096,00
29. Dez.	PA 93	Überweisung von R. Schulze	27.840,00
		Überweisung der Telefongebühren, netto	1.200,00
30. Dez.	KB 250	Barkauf von Büromaterial, brutto	522,00
31. Dez.	KB 251	Barverkäufe von eigenen Erzeugnissen, brutto	6.496,00
Abschlussangaben			
31. Dez.	SB 116	Abschreibungen auf 0700: 5.200,00 €; auf 0800: 2.400,00 €.	
31. Dez.	SB 117	Inventurbestand an Rohstoffen	168.000,00
31. Dez.	Inventar	Buchbestände = Inventurbestände	

10 Buchen mit Finanzbuchhaltungsprogrammen

10.1 Finanzbuchhaltung in der betrieblichen Praxis

Die Zahl der täglichen Geschäftsfälle ist selbst in kleineren Unternehmen so groß, dass die Fülle von Belegen nicht mit einem **konventionellen Buchungsverfahren** (Übertragungsbuchführung, Durchschreibebuchführung) in wirtschaftlich vertretbarer Zeit zu bearbeiten ist. **Nur eine EDV-gestützte Buchführung ermöglicht es,**

- **eine Vielzahl von Buchungsdaten in kürzester Zeit zu erfassen,**
- **automatisch zu verarbeiten,**
- **auszuwerten und zu speichern sowie**
- **die Ergebnisse jederzeit abzurufen.**

Drei Schritte kennzeichnen die **Arbeitsweise der EDV** in der Buchführung:

EINGABE	→	VERARBEITUNG	→	AUSGABE
der Daten über: ▷ **Bildschirm mit Eingabetastatur** ▷ **Magnetbandgerät** ▷ **Belegleser**		der Daten in der: **Zentraleinheit** ↓ ▷ **Hauptspeicher,** ▷ **Steuerwerk** und ▷ **Rechenwerk**		der Daten über: ▷ **Bildschirm** ▷ **Schnelldrucker**

10.1.1 Merkmale kommerzieller Finanzbuchhaltungssoftware

Zur Steuerung und Verwaltung der betrieblichen Prozesse wird in der Praxis i. d. R. betriebswirtschaftliche **Standard- oder Individualsoftware** eingesetzt.[1] Diese **Programme** beinhalten neben den prozesssteuernden Modulen (Warenwirtschaftssystem, Produktions- und Planungssystem, Maschinensteuerung) auch kaufmännische Module wie die Finanzbuchhaltung, die Kostenrechnung oder das Personalwesen. Im Folgenden werden die Merkmale der betrieblichen Finanzbuchhaltungssoftware kurz dargestellt:

1. Die Programme haben eine **komfortable Benutzerführung.** Die Menüstruktur ist schnell erkennbar, die Eingabemasken sind übersichtlich gestaltet. Eingabefehler werden teilweise durch Plausibilitätskontrollen abgefangen.
2. Die für den Betrieb einzurichtenden **Stammdaten** können **flexibel** gestaltet werden. Konten, Bilanzstruktur, GuV-Aufbau usw. lassen sich veränderten betrieblichen Bedingungen oder neuen gesetzlichen Bestimmungen schnell anpassen.
3. Das **Buchen von Eingangs- und Ausgangsrechnungen** erfolgt im Rahmen einer **Offene-Posten-Buchhaltung.** Es wird also nicht auf einem Konto „Forderungen“ oder „Verbindlichkeiten“ gebucht, sondern auf **einzelnen Debitoren- und Kreditorenkonten,** deren Salden in ihrer Summe den Forderungen bzw. Verbindlichkeiten entsprechen.
4. **Bestimmte Buchungen** werden **automatisch** durchgeführt. Die **Umsatzsteuer bzw. Vorsteuer,** aber auch die **Steuerberichtigungen** bei Skontozahlungen oder Gutschriften werden in der Regel automatisch aufgrund der Einstellungen in den Stammdaten gebucht.
5. Buchungen lassen sich als **Dialog-** oder als **Stapelbuchungen** erfassen. Bei einer **Dialogbuchung** wird jede Buchung **sofort** nach ihrer Eingabe **auf** die entsprechenden **Konten übertragen.** Die Erfassung als **Stapelbuchung** hat den Vorteil, dass die **erfassten Daten** zunächst nur als Text gespeichert werden und damit **ohne Stornierung korrigiert** werden können.

1 Anbieter für branchenneutrale betriebswirtschaftliche Software sind u. a. SAP, Sage KHK und Lexware.

6. Die Programme bieten umfangreiche **Auswertungen.** Neben der Bilanz und der GuV-Rechnung werden **Saldenlisten, OP-Listen, Mahnlisten, Fälligkeitslisten** usw. gedruckt. Das amtliche Formular für die **Umsatzsteuer-Voranmeldung** (Voraussetzung für die Überweisung der Zahllast an das Finanzamt) und so genannte **betriebswirtschaftliche Auswertungen** wie Bilanzkennziffern können jederzeit erstellt werden.
7. Die **Benutzeroberfläche des Moduls Finanzbuchhaltung** entspricht den Oberflächen der anderen betriebswirtschaftlichen Anwendungen (Kostenrechnung, Bestellwesen, Fakturierung, Gehaltsabrechnung u. a.). Welcher Benutzer (Mitarbeiter, User) welches Modul mit welchen Rechten nutzen darf, wird über **Passwörter** geregelt.
8. Die **Daten sämtlicher betriebswirtschaftlicher Anwendungen** werden in einer **zentralen Datenbank** gehalten, sodass von vielen Arbeitsplätzen und unterschiedlichen Anwendungen auf aktuelle Daten zugegriffen werden kann. Zum Beispiel werden die Daten der mithilfe des Programmmoduls Fakturierung in der Verkaufsabteilung erstellten Ausgangsrechnungen an das Programmmodul Finanzbuchhaltung übergeben und dort automatisch gebucht.
9. Zu beachten sind bei der Arbeit mit Finanzbuchhaltungsprogrammen neben den **„Grundsätzen ordnungsmäßiger Buchführung“** (GoB, siehe Seite 10) die seit 1995 geltenden **„Grundsätze ordnungsmäßiger DV-gestützter Buchführungssysteme“** (GoBS).[1]

10.1.2 Buchen der laufenden Geschäftsfälle

Der typische Arbeitsablauf für die Buchung der laufenden Geschäftsfälle **beinhaltet:**

- **Sortieren der Belege.** Belege gleicher Art bilden „Stapel“. Ein Beispiel für einen sinnvollen Stapel sind die Eingangsrechnungen der beiden letzten Tage, die den Einkauf von Rohstoffen betreffen.
- **Vorkontierung der Belege.** Auf dem Beleg werden die Konten, i. d. R. auch die Kostenstellen, manuell vermerkt.
- **Ermitteln einer Buchungskontrollsumme.** Die Endbeträge der zu buchenden Belege des Stapels werden summenmäßig erfasst.
- **Erfassen der Kontierungsdaten am Bildschirmarbeitsplatz über „Stapelbuchen“.** Das Modul Finanzbuchhaltung der betriebswirtschaftlichen Software wird aufgerufen und das **Menü „Buchungserfassung“** gewählt. Die Kontierungsdaten jedes einzelnen Beleges werden mithilfe der **Erfassungsmaske** eingegeben.
- **Abstimmen der Kontrollsumme.** Bei Abweichung ist eine Fehlersuche notwendig. Das heißt konkret: Eine Mitarbeiterin bzw. ein Mitarbeiter liest die Daten der gebuchten Belege vor, eine andere (ein anderer) hakt die Buchungen im Journal ab.
- **Übernahme der Buchungen und Drucken des Journals.** Sofern keine offensichtlichen Fehler vorliegen, wird der Stapel „ausgebucht“, das heißt, die Buchungen werden in das Finanzbuchhaltungssystem übernommen. Anschließend kann das Journal (Grundbuch) gedruckt und abgeheftet werden.

Das Erstellen von **Auswertungen** (Offene-Posten-Listen, Zahlungsvorschlagslisten, Umsatzsteuer-Voranmeldung, vorläufige Bilanz, GuV-Rechnung und andere) wird von den dafür jeweils zuständigen Mitarbeitern angefordert. Die Auswertungen können mithilfe der Finanzbuchhaltungssoftware jederzeit zur Verfügung gestellt werden.

Merke:
- **In der betrieblichen Praxis wird die Finanzbuchhaltung mithilfe kommerzieller Finanzbuchhaltungssoftware durchgeführt.**
- **Das Modul Finanzbuchhaltung ist Bestandteil integrierter kaufmännischer Software.**

1 **Zu den Grundsätzen zählen vor allem: Zuverlässigkeit** des eingesetzten Programms, **Nachprüfbarkeit** der Daten, Gewährleistung der **Datensicherheit**, Sicherstellung der jederzeitigen **Datenwiedergabe.**

Merke:

- **Konten, Bilanzstruktur und GuV-Aufbau können über die Stammdatenpflege jederzeit verändert werden.**
- **Wesentlicher Bestandteil des Finanzbuchhaltungssystems ist die Offene-Posten-Buchhaltung.**
- **Buchungen werden in eine Buchungserfassungsmaske eingetragen. Die Auswirkungen der Buchungen werden von der Finanzbuchhaltungssoftware als Auswertungen erstellt.**
- **Für das Erstellen von Auswertungen, wie z. B. Bilanz und GuV-Rechnung, werden keine Konten abgeschlossen. Die Salden bleiben erhalten.**

10.2 Offene-Posten-Buchhaltung

Bei Buchung einer Eingangs- bzw. Ausgangsrechnung wird jeweils ein **offener Posten** angelegt. Bei der Buchung des Zahlungsausgangs bzw. Zahlungseingangs wird die **Belegnummer** des entsprechenden offenen Postens angegeben und der offene Posten wird ausgeglichen. Die Sachkonten **2400 Forderungen a. LL** und **4400 Verbindlichkeiten a. LL** können **nicht manuell** angebucht werden, da sie als **Sammelkonten** die Buchungen auf den Personenkonten **automatisch,** also softwarebedingt, aufnehmen.

Beispiel: Die Textilwerke Edgar Tuch e. K. (siehe Aufgabe 104) erhalten am 15. Januar .. von dem Lieferanten Velox GmbH die folgende **Rechnung,** die die **Belegnummer 101** erhält:

Menge	Bezeichnung	Einzelpreis in €	Gesamtpreis in €
100 Rollen	Jeansstoff 800/A	35,00	3.500,00
		Rechnungspreis netto	3.500,00
		+ 16 % Umsatzsteuer	560,00
		Rechnungspreis brutto	4.060,00

Die Textilwerke Tuch bezahlen die Rechnung am 20. Januar per **Banküberweisung.** Die **Belegnummer des Kontoauszuges ist 102.**

Die Buchungen lauten:

101	**6000 Aufw. für Rohstoffe**	**3.500,00**			
	2600 Vorsteuer	**560,00**	an	**60000 Velox GmbH** (Kreditorenkonto)	**4.060,00**
102	**60000 Velox GmbH** (Kreditorenkonto)	**4.060,00**	an	**2800 Bank**	**4.060,00**

Sollen beide Buchungen **sofort** nacheinander erfasst werden, ist es sinnvoll, die Methode **„Dialogbuchen“** zu wählen.

Bevor die Buchungen mithilfe eines Finanzbuchhaltungsprogramms erfasst werden, sollten die Eingabedaten in einen **Kontierungsbogen** eingetragen werden. Der Kontierungsbogen ist wie die Buchungsmaske der eingesetzten Software aufgebaut.

10.2.1 Einsatz der Finanzbuchhaltungssoftware „Lexware financial office“

Der Kontierungsbogen weist nach Eintragung der o. g. Buchungen Folgendes aus:

Datum	Beleg-Nr.	Buchungstext	Betrag in €	Soll-konto	Haben-konto	USt-Text	OP-Nr.
15. Jan.	101	Eingangsrechnung	4.060,00	6000	60000	VoSt16	
20. Jan.	102	Zahlungsausgang	4.060,00	60000	2800		101

Die Buchungserfassungsmaske weist die erfassten **Daten der Eingangsrechnung** aus:

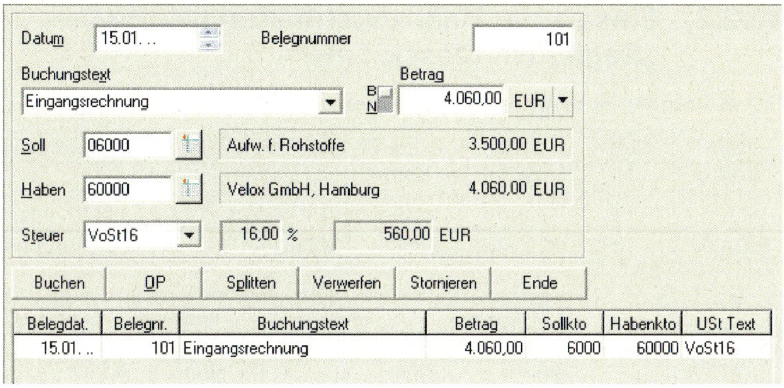

Der Schalter vor dem Betragsfeld ermöglicht die Eingabe des Brutto- oder Nettobetrages **(Voreinstellung „brutto").** Mit der Eintragung der Kontonummern erscheinen die Kontobezeichnung und der Saldo einschl. der aktuell erfassten Buchung. In den Stammdaten des Kontos 6000 Aufwendungen für Rohstoffe ist der **Steuertext VoSt16** (16 % Vorsteuer) eingetragen, deshalb erscheint dieser Text **automatisch** im Feld Steuer. Anhand des Steuertextes ermittelt die Software den Steuerbetrag. Steuersatz und Steuerbetrag werden angezeigt. Mit Betätigen der **Schaltfläche „Buchen"** wird die Buchung in das **Journal** übertragen und im unteren Teil angezeigt.

Das nebenstehende Bild zeigt die **Buchung des Zahlungsausgangs** vor Betätigen der OP-Schaltfläche:

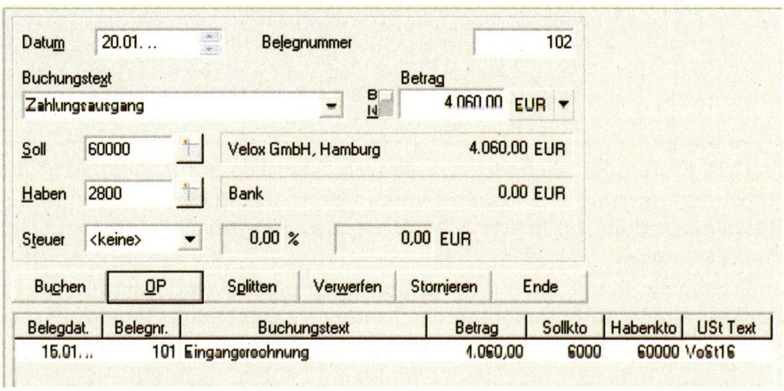

Nach Klicken auf die OP-Schaltfläche erscheinen in einem weiteren Fenster die **offenen Posten des** in der Buchung angegebenen **Personenkontos:**

Im obigen Beispiel liegt nur **ein** offener Posten vor. Erfasster Zahlungsbetrag und offener Posten sind identisch. Der offene Posten wird markiert und nach Klicken auf die Schaltfläche „Buchen" ist der Zahlungsausgang gebucht.

Sollte der Buchungsbetrag nicht mit dem Betrag des gewählten offenen Postens identisch sein, bietet das Programm in einem weiteren Fenster die Auswahl „Weiterführen" oder „Ausbuchen" an. **Weiterführen** wird gewählt, wenn der Restbetrag als offener Posten weiterhin bestehen soll. Es handelt sich um eine Teilzahlung. **Ausbuchen** wird gewählt, wenn der offene Posten ausgeglichen ist, zum Beispiel bei Skontoabzug.

10.2.2 Einsatz der Finanzbuchhaltungssoftware „Sage KHK Classic Line"

Die Eintragung in den Kontierungsbogen sollte folgendermaßen erfolgen:

Soll-konto	Beleg-Nr.	Beleg-datum	Haben-konto	Betrag	SA	SC	Buchungstext	OP-Nr.
S6000	101	15. Jan.	K60000	4.060,00	V	1	Eingangsrechnung	101
K60000	102	20. Jan.	S2800	4.060,00			Zahlungsausgang	101

Die nebenstehende Darstellung zeigt die erfassten Daten der Eingangsrechnung in der **Buchungserfassungsmaske:**

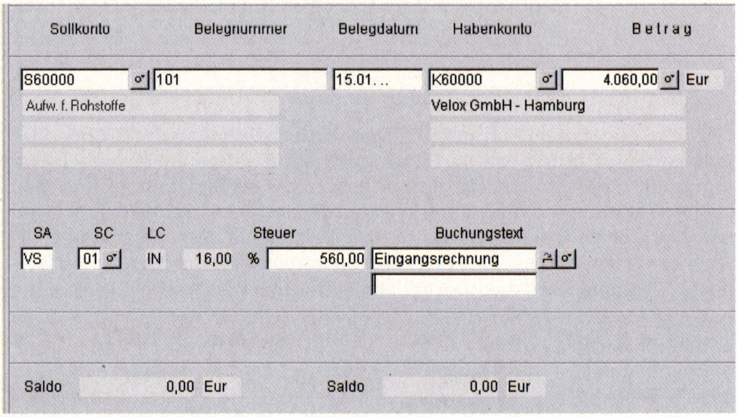

Nach Aufrufen der Buchungserfassungsmaske *(Finanzbuchhaltung → Buchen → Buchungserfassung → Buchungserfassung)* ist ein **Buchungskreis** (in der Regel 01) **und** die **Buchungsperiode** (aktueller Monat) einzutragen. Anschließend steht die Erfassungsmaske zur Verfügung.

Jede Eingabe in ein Datenfeld wird mit der Eingabetaste bestätigt. Nach **Eingabe der Kontonummer** wird die Bezeichnung des Kontos eingeblendet. Gleichzeitig wird am unteren Bildschirmrand der **aktuelle Saldo des Kontos** angezeigt.

Bei Kontonummern brauchen nachfolgende Nullen nicht eingegeben zu werden. Die Kontonummern können vollständig über den numerischen Block der Tastatur eingegeben werden. Das **„D"** für **Debitoren** wird mit einer **„1"**, das **„K"** für **Kreditoren** wird mit einer **„2"** und das **„S"** für **Sachkonten** wird mit einer **„3"** eingegeben.

Bei der **Anzeige der aktuellen Salden** werden Sollsalden ohne Vorzeichen und Habensalden mit einem Minuszeichen hinter dem Betrag dargestellt.

In den **Datenfeldern SA (Steuerart)** und **SC (Steuercode)** werden die **Voreinstellungen** (VS: Vorsteuer Soll) und 01 (Steuersatz: 16 %) aus den Stammdaten des Kontos Aufwendungen für Rohstoffe angezeigt. Wird, wie in diesem Beispiel, bei der Buchung ein offener Posten angelegt, erscheint nach Eingabe des Buchungstextes ein weiteres Fenster für die **Daten des offenen Postens:**

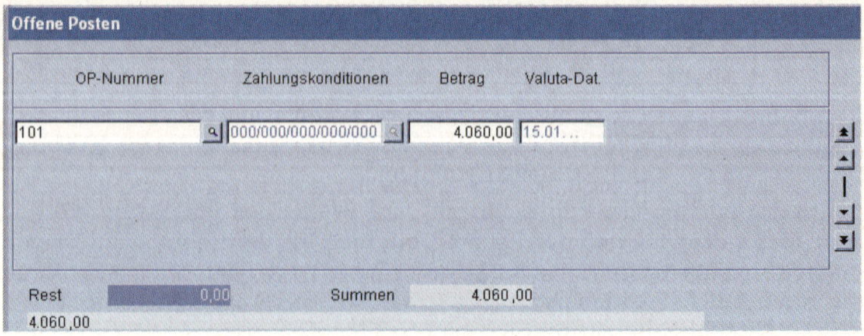

Als OP-Nummer wird die vorher eingegebene **Belegnummer** vorgeschlagen. In der Regel wird sie übernommen.

Es kann eine **Zahlungsbedingung** erfasst werden (Tage Skonto, Skontosatz, Tage Ziel). In den Feldern Betrag und Valuta-Datum werden die Voreinstellungen normalerweise übernommen. Bei der Buchung auf Personenkonten erscheint anschließend in einem weiteren Fenster die Frage: **„Buchung abschließen und speichern?“.** Nach Klicken auf „Ja“ ist die Buchung erfolgt.

Der nebenstehende Bildschirmausdruck zeigt die Buchung des Zahlungsausgangs:

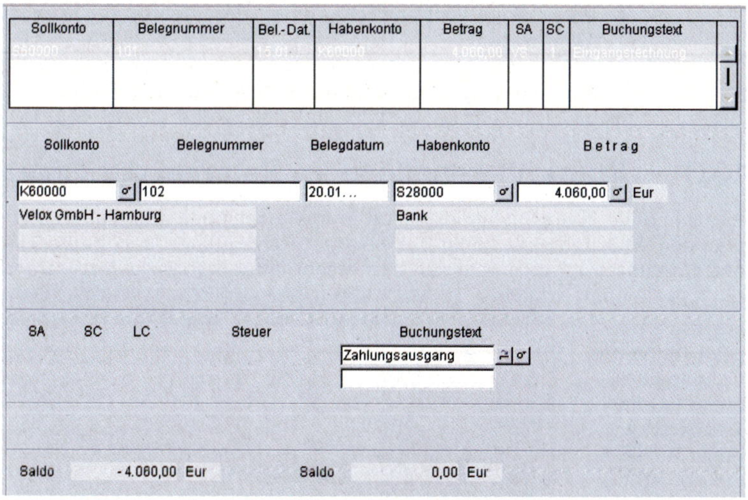

Die zuletzt erfassten Buchungen werden im oberen Teil des Erfassungsbildschirmes angezeigt. Nach Eingabe des Buchungstextes werden in einem gesonderten Fenster die **offenen Posten des Kreditorenkontos,** auf dem im Soll gebucht wird, angezeigt.

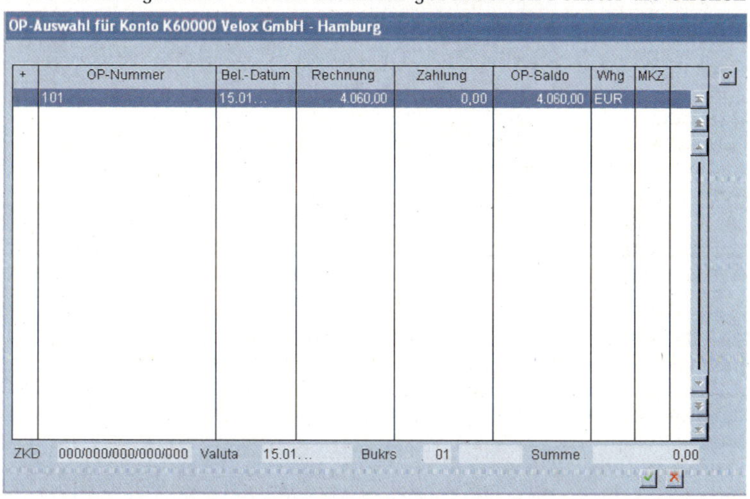

Die durch die Zahlung auszugleichende **Rechnung wird markiert.** Nach Bestätigen mit der Eingabetaste werden die **OP-Daten in die Buchungserfassungsmaske** übernommen. Mit Übernahme dieser Daten wird die **Buchung gespeichert.**

Falls Buchungsbetrag und Betrag des offenen Postens nicht übereinstimmen, wird der **Restbetrag** angezeigt. Soll dieser Restbetrag „ausgebucht“ werden (OP ist ausgeglichen, Zahlung ist vollständig erfolgt), wird der **Restbetrag als Skonto** eingetragen. Wird in das Skontofeld nichts eingetragen, bleibt der **Restbetrag als Verbindlichkeit** (bei Kunden als Forderung) bestehen. Die Voreinstellung des Datenfeldes Skonto hängt von der erfassten Zahlungskondition bei Buchung der zu zahlenden Rechnung ab.

Merke:

- **Bei der Buchung von Eingangs- und Ausgangsrechnungen werden offene Posten angelegt.**
- **Zahlungen an Lieferanten und Zahlungen von Kunden werden jeweils einem vorher gebuchten offenen Posten zugeordnet.**
- **Die Offene-Posten-Buchhaltung der Kreditoren (Lieferer) unterstützt die Entscheidungen bei eigenen Zahlungen (Zeitpunkt, Nutzen von Skonto, ...).**
- **Die Offene-Posten-Buchhaltung der Debitoren (Kunden) unterstützt das Mahnwesen.**
- **Alle Debitoren werden dem Sammelkonto „Forderungen a. LL", alle Kreditoren dem Sammelkonto „Verbindlichkeiten a. LL" zugewiesen.**

10.3 Stammdatenpflege im Rahmen der Finanzbuchhaltung

Kommerzielle Finanzbuchhaltungsprogramme zeichnen sich dadurch aus, dass der Kontenplan des Unternehmens völlig frei gestaltet werden kann. Das heißt, Sachkonten, Debitoren und Kreditoren können jederzeit neu eingerichtet bzw. verändert werden.

Das nebenstehende Fenster zeigt **Daten des Kunden Hartmann KG der Textilwerke Edgar Tuch e. K.,** erstellt mit der **„Lexware"-Finanzbuchhaltung.** Am linken Rand ist die Auswahl der Bearbeitungsmasken für die Kundenstammdaten aufgeführt.

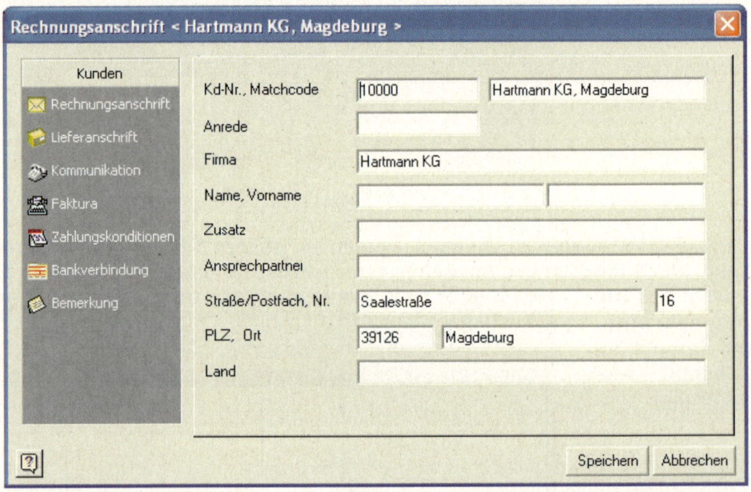

Das nebenstehende Beispiel, erstellt mit der **„Sage-KHK-Classic-Line"-Finanzbuchhaltung,** zeigt die **Stammdaten des Sachkontos Rohstoffe.** Über das Auswertungskennzeichen BA032 wird gesteuert, dass der Saldo des Kontos in der Bilanz unter der Position „1. Roh-, Hilfs- und Betriebsstoffe" erscheint.

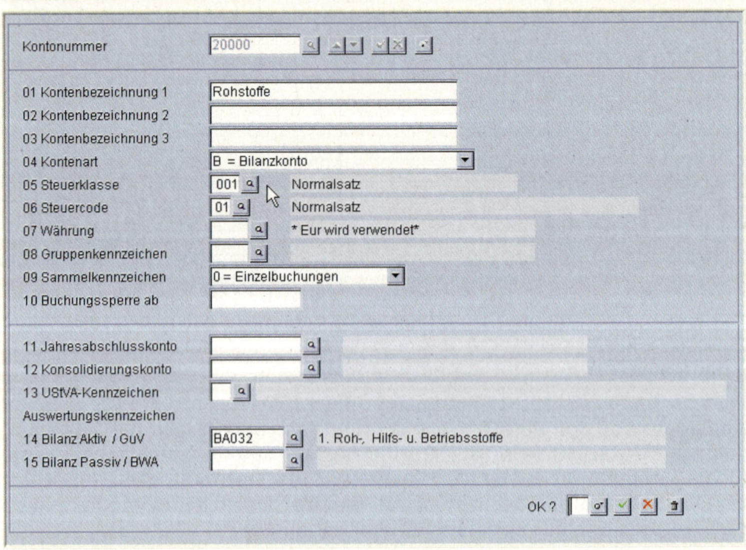

Merke:
- **Die Konten (Debitoren, Kreditoren, Sachkonten) werden in der Finanzbuchhaltung als Stammdaten geführt.**
- **Bei der Erfassung eines neuen Kunden werden neben dem Debitorenkonto auch Daten für andere Module (Kundenadresse für die Fakturierung) erfasst.**
- **Alle Sachkonten müssen genau einer Position in der Bilanz (Bestandskonten) oder einer Position in der GuV-Rechnung (Erfolgskonten) zugeordnet werden.**
- **Weitere wichtige Stammdaten sind Steuerschlüssel, Zahlungsbedingungen und vorformulierte Buchungssätze.**

Aufgaben

94

Sie sind Mitarbeiter/-in in der Finanzbuchhaltung der Textilwerke Edgar Tuch e. K. Der folgende Geschäftsgang ist im November des aktuellen Geschäftsjahres zu buchen. Den Kontenplan der Textilwerke Tuch können Sie der Aufgabe 96 entnehmen.

Geschäftsfälle (Hinweis: Der Umsatzsteuersatz beträgt in allen Fällen 16 %.)

Nr.	*Datum*	*Text*	
101	10. Nov.	Ausgangsrechnung an den Kunden Hartmann KG für die Lieferung von eigenen Erzeugnissen, brutto	12.760,00
102	10. Nov.	Eingangsrechnung für Rohstoffe von der Velox GmbH, brutto	4.640,00
103	15. Nov.	Privateinlage des Inhabers bar	2.000,00
104	15. Nov.	Die Hartmann KG bezahlt AR 101 durch Banküberweisung	12.760,00
105	15. Nov.	Zahlung einer Reparatur bar, brutto	58,00
106	15. Nov.	Tilgung der Darlehensschuld durch Banküberweisung	3.500,00
107	15. Nov.	Banküberweisung an die Velox GmbH. Ausgleich der ER 102	4.640,00
108	15. Nov.	Eingangsrechnung für Hilfsstoffe von der Velox GmbH, brutto	1.740,00
109	17. Nov.	Eingangsrechnung für Rohstoffe von der Velox GmbH, brutto	3.828,00
110	20. Nov.	Banküberweisung der Löhne	1.120,00
111	20. Nov.	Privatentnahme des Inhabers bar	500,00
112	20. Nov.	Abbuchung der Bank für Zinsen	250,00

Arbeitsanweisungen

1. *Buchen Sie die Geschäftsfälle im Grundbuch.*
2. *Führen Sie die Konten „Umsatzsteuer" und „Vorsteuer" und ermitteln Sie die Zahllast.*
3. *Tragen Sie die Buchungen in einen Kontierungsbogen ein. Die Struktur des Kontierungsbogens ist abhängig von der Software, die Ihnen zur Verfügung steht.*
4. *Erfassen Sie die Buchungen mithilfe eines kommerziellen Finanzbuchhaltungsprogramms (z. B. Lexware oder KHK).*
5. *Erstellen Sie folgende Auswertungen:*
   a) Journal des Monats November,
   b) Saldenliste Sachkonten zum 30. November,
   c) Saldenliste Kreditoren zum 30. November,
   d) Offene-Posten-Liste Kreditoren zum 30. November,
   e) Umsatzsteuer-Voranmeldung für November.

95

1. *Sie richten für ein kommerzielles Finanzbuchhaltungsprogramm das Konto 6800 Büromaterial neu ein. Warum ist es sinnvoll, einen Steuertext bzw. Steuercode zu erfassen?*
2. *Kommerzielle Finanzbuchhaltungsprogramme kennen das Konto SBK nicht. Dafür lässt sich jederzeit eine Saldenliste erstellen. Worin unterscheidet sich die Auswertung „Saldenliste Sachkonten" von dem Konto SBK?*
3. *Welche Informationen enthält die Offene-Posten-Liste Kreditoren im Vergleich zur Saldenliste Kreditoren?*
4. *Die Sachkonten 2400 Forderungen a. LL und 4400 Verbindlichkeiten a. LL sind eingerichtet. Sie haben auf diesen Konten jedoch nicht gebucht. Trotzdem weisen diese Konten in der Saldenliste Buchungen auf. Welche sind das?*
5. *Die Umsatzsteuer-Voranmeldung weist die Zahllast bzw. den Vorsteuer-Überhang auf. Welche anderen wesentlichen Daten werden ausgedruckt?*

B Beleggeschäftsgang 1 – computergestützt

96 Die **Textilwerke Edgar Tuch e. K.**, Parkstraße 44, 90409 Nürnberg, Bankverbindungen: Stadtsparkasse Nürnberg: Konto-Nr. 218435717, BLZ 76050101; Postbank Nürnberg: Konto-Nr. 998796-850, BLZ 76010085, haben sich auf die Herstellung von Frotteeartikeln und Decken spezialisiert. In ihrer **Finanzbuchhaltung** werden folgende **Bücher** geführt:

- **Grundbuch** (Journal) für die laufenden Buchungen, die vorbereitenden Abschlussbuchungen und die Abschlussbuchungen.
- **Hauptbuch** für die Sachkonten: Bestandskonten, Erfolgskonten, Abschlusskonten.
- **Kontokorrentbuch** für die Personenkonten: Kundenkonten, Liefererkonten.
- **Bilanzbuch** für die Aufnahme des ordnungsmäßig gegliederten Jahresabschlusses: Jahresbilanz und Gewinn- und Verlustrechnung mit Unterschrift.

In der EDV-Fibu müssen die folgenden **Salden der Sach- und Personenkonten** über das **Hilfs- bzw. Gegenkonto „8050 Saldenvorträge“** gebucht werden.

I. Die Sachkonten der Textilwerke E. Tuch e. K. weisen zum 27. Dez. .. folgende Salden aus:

Kontenplan und vorläufige Saldenbilanz	Soll	Haben
0700 Technische Anlagen und Maschinen	886.900,00	–
0800 Andere Anlagen/BGA	278.000,00	–
2000 Rohstoffe	120.000,00	–
2020 Hilfsstoffe	28.000,00	–
2030 Betriebsstoffe	48.000,00	–
2400 Forderungen aus Lieferungen und Leistungen	72.152,00	–
2600 Vorsteuer	18.900,00	–
2800 Bank	312.210,00	–
2850 Postbank	28.100,00	–
2880 Kasse	21.000,00	–
3000 Eigenkapital	–	825.000,00
3001 Privat	84.000,00	–
4250 Darlehensschulden	–	342.930,00
4400 Verbindlichkeiten aus Lieferungen und Leistungen	–	101.732,00
4800 Umsatzsteuer	–	225.600,00
5000 Umsatzerlöse für eigene Erzeugnisse	–	1.400.000,00
5420 Entnahme v. G. u. s. L.	–	10.000,00
5430 Andere sonstige betriebliche Erträge	–	18.000,00
5710 Zinserträge	–	42.000,00
6000 Aufwendungen für Rohstoffe	540.000,00	–
6020 Aufwendungen für Hilfsstoffe	60.000,00	–
6030 Aufwendungen für Betriebsstoffe	15.000,00	–
6160 Fremdinstandhaltung	88.000,00	–
6200 Löhne	186.000,00	–
6300 Gehälter	145.000,00	–
6520 Abschreibungen auf Sachanlagen	–	–
6820 Portokosten	3.600,00	–
6830 Kosten der Telekommunikation	6.400,00	–
6850 Reisekosten	2.000,00	–
7510 Zinsaufwendungen	22.000,00	–
Abschlusskonten: 8010 SBK, 8020 GuV	2.965.262,00	2.965.262,00

II. Die Personenkonten weisen die folgenden offenen Posten und Salden aus:

Kundenkonten (Debitoren)		Offene Posten – Kunden			
Konto-Nr.	**Kunden**	**Datum**	**Rechnungs-Nr.**	**Betrag**	**Salden**
10000	Hartmann KG Saalestraße 16 39126 Magdeburg	..-12-04 ..-12-06	4563 4565	12.296,00 5.104,00	17.400,00
10001	Kaufring GmbH Bendstraße 10 52066 Aachen	..-12-02 ..-12-04 ..-12-07	4558 4564 4566	1.798,00 7.946,00 2.146,00	11.890,00
10002	Holzmann OHG Amselweg 14 67063 Ludwigshafen	..-12-03 ..-12-04	4560 4562	870,00 33.930,00	34.800,00
10003	Wolfgang Kunde e. Kfm. Hauptstraße 7 06132 Halle	..-12-02 ..-12-03 ..-12-10	4559 4561 4567	2.088,00 1.102,00 4.872,00	8.062,00
Saldensumme der Kundenkonten (Abstimmung mit Konto 2400)					**72.152,00**

Liefererkonten (Kreditoren)		Offene Posten – Lieferer			
Konto-Nr.	**Lieferer**	**Datum**	**Rechnungs-Nr.**	**Betrag**	**Salden**
60000	Velox GmbH Postfach 671120 22359 Hamburg	..-12-18	24502	42.804,00	42.804,00
60001	Schneider KG Am Wiesenrain 16 75181 Pforzheim	..-12-03 ..-12-17	14678 14701	3.016,00 25.752,00	28.768,00
60002	Garne GmbH Kantstraße 22 19063 Schwerin	..-12-09 ..-12-15	1496 1528	6.670,00 23.490,00	30.160,00
60003	Offermann OHG Industriestraße 200 90765 Fürth	–	–	–	–
60004	Walter Schreiber e. K. Ring 12 65779 Kelkheim	–	–	–	–
Saldensumme der Liefererkonten (Abstimmung mit Konto 4400)					**101.732,00**

III. Die Belege 1–22 stellen die Geschäftsfälle der Textilwerke E. Tuch e. K. vom 28. Dezember bis 31. Dezember dar.

IV. Abschlussangaben aufgrund der Inventur (siehe Belege 23–25)

1. Abschreibungen auf TA u. Maschinen 110.000,00 €; auf Betriebs- und Geschäftsausstattung 30.000,00 €.
2. Inventurbestände: Rohstoffe .... 151.050,00 €
   Hilfsstoffe .... 22.375,00 €
   Betriebsstoffe .... 22.000,00 €
3. Die Kasse hat lt. Inventur einen Bestand von 13.100,00 €. Das Kassenkonto weist einen Buchbestand von 12.950,80 € aus. Die Differenz konnte nicht aufgeklärt werden.
4. Im Übrigen stimmen alle Buchbestände mit den Inventurwerten überein.

V. Aufgaben

1. *Führen Sie die **Vorkontierung der Belege** auf einem Grundbuchblatt durch.*
2. *Buchen Sie **konventionell oder computergestützt** auf den Sach- und Personenkonten.*
3. *Erstellen Sie den **Jahresabschluss** konventionell oder mithilfe des Computers.*

Belegbuchung 1

Velox
Webwaren GmbH

Velox GmbH, Postfach 67 11 20, 22359 Hamburg

Eingang: ..-12-28

Textilwerke
Edgar Tuch e. K.
Parkstraße 44
90409 Nürnberg

Konto	Soll	Haben

Gebucht:

Ihre Bestellung Nr./Tag/Zeich.	Unsere Auftrags-Nr./Zeich.	Zeit der Leistung/ Liefertag	Datum
..-12-23	WR 10 012 y	..-12-26	..-12-27

Rechnung Nr. 24 589

Wir sandten für Ihre Rechnung und auf Ihre Gefahr:

Zeichen und Nr.	Gegenstand	Menge und Einheit	Preis je Einheit €	Betrag €
St 44	Baumwolle "Velox"	1 000	3,00	3.000,00
KM 27	Satin "Royal"	500	4,50	2.250,00
EH 14	Lamahaar "Rekord"	880	25,00	22.000,00
				27.250,00
	+ 16 % Umsatzsteuer			4.360,00
				31.610,00

Telefon 040 246829
Fax 040 486820

Steuer-Nr.
065 211 8768 0
USt-IdNr.
DE 872 646 918

Bankkonto
Vereins- und Westbank Hamburg
Kto.-Nr. 6 091 123, BLZ 200 300 00

E-Mail
webwaren.gmbh@velox-wvd.de

Internet
www.velox-wvd.de

Belegbuchung 2

Quittung Nr. KB 476

Netto € — ct —
+ — % USt € — ct —
Gesamt € 280 ct 00

Gesamtbetrag € in Worten
zweihundertachtzig Cent wie oben

(Im Gesamtbetrag sind — % Umsatzsteuer enthalten)

von Geschäftskasse

für Geschäftsreisespesenvorschuss

Konto	Soll	Haben

Gebucht:

richtig erhalten zu haben, bestätigt

Ort Nürnberg Datum 28. Dez. ..

Buchungsvermerke

Stempel/Unterschrift des Empfängers
E. Tuch

Belegbuchung 3

Edgar Tuch e. K. TEXTILWERKE

Textilwerke E. Tuch e. K., Parkstr. 44, 90409 Nürnberg

Textil-Großhandel
Hartmann KG
Saalestr. 16
39126 Magdeburg

Konto	Soll	Haben
Gebucht:		

Unsere Auftrags-Nr.	20 336
Lieferschein-Nr.	20 586
Versanddatum:	..-12-28
Versandart:	LKW
Verpackungsart:	Kartons

USt-IdNr.: DE 463 569 847

Bitte bei Zahlung angeben:
Rechnungs-Nr. 4 568
Rechnungsdatum: ..-12-28

Ihr Zeichen/Bestellung Nr. vom: WA/4 896/..-12-18
Kunden-Nr.: 10 000

Rechnung

Position	Sachnummer	Bezeichnung der Lieferung/ Leistung	Menge und Einheit	Preis je Einheit	Betrag €
L	4 842	Badetücher "Luxor"	840	10,00	8.400,00
K	2 245	Saunamäntel "S"	620	22,50	13.950,00
H	3 451	Lama-Decken	80	50,00	4.000,00
					26.350,00
		+ 16 % Umsatzsteuer			4.216,00
					30.566,00

Zahlbar rein netto innerhalb von 20 Tagen. Skontoabzug ist nicht zulässig.

Geschäftsräume
Parkstraße 44
90409 Nürnberg
Steuer-Nr. 065 382 7655 1

Telefon 0911 56356
Telefax 0911 44481
E-Mail textilwerke@tuch-wvd.de
Internet www.tuch-wvd.de

Stadtsparkasse Nürnberg
Konto-Nr. 218 435 717
BLZ 760 501 01

Postbank Nürnberg
Konto-Nr. 9987 96-850
BLZ 760 100 85

Belegbuchung 4

Quittung Nr. KB 477

Netto € ct
+ % USt € ct
Gesamt € 500 ct 00

Gesamtbetrag € in Worten: fünfhundert Cent wie oben
(Im Gesamtbetrag sind % Umsatzsteuer enthalten)
von Geschäftskasse
für private Zwecke

Konto	Soll	Haben
Gebucht:		

richtig erhalten zu haben, bestätigt
Ort Nürnberg Datum 31. Dez. ..
Buchungsvermerke
Stempel/Unterschrift des Empfängers E. Tuch

Belegbuchung 5

Deutsche Post AG
90403 Nürnberg
82062580 ..-12-29 KB 478

7204
Postwertzeichen ohne Zuschlag
*340,00 EUR A

Bruttoumsatz *340,00 EUR
mehrwertsteuerbefreit A
Nettoumsatz A *340,00 EUR

Konto	Soll	Haben
Gebucht:		

Vielen Dank für Ihren Besuch.
Ihre Post

Belegbuchung 6

Kontoauszug Stadtsparkasse Nürnberg

Konto-Nr.	Datum	Ausz.-Nr.	Blatt	Buchungstag	PN-Nr.	Wert	Umsatz
218 435 717	..-12-27	66	1				
GUTSCHRIFT HARTMANN KG, MAGDEBURG RE 4 565 VOM 6. DEZ. .. (KONTO 10 000)				12-27	0678	12-27	5.104,00 H

Konto | Soll | Haben
Gebucht:

TEXTILWERKE
E. TUCH E. K.
PARKSTR. 44
90409 NÜRNBERG

Alter Saldo
H 312.210,00 EUR

Neuer Saldo
H 317.314,00 EUR

Belegbuchungen 7 und 8

Kontoauszug Stadtsparkasse Nürnberg

Konto-Nr.	Datum	Ausz.-Nr.	Blatt	Buchungstag	PN-Nr.	Wert	Umsatz
218 435 717	..-12-28	67	1				
ÜBERWEISUNG **(Belegbuchung 7)** SCHNEIDER KG, PFORZHEIM RE 14 678 VOM 3. DEZ. .. (KONTO 60 001)				12-27	0677	12-27	3.016,00 S
EINZAHLUNG **(Belegbuchung 8)**				12-27	0679	12-27	6.500,00 H

Konto | Soll | Haben
Gebucht:

Konto | Soll | Haben
Gebucht:

TEXTILWERKE
E. TUCH E. K.
PARKSTR. 44
90409 NÜRNBERG

Alter Saldo
H 317.314,00 EUR

Neuer Saldo
H 320.798,00 EUR

zu Belegbuchung 8

Stadtsparkasse Nürnberg

Empfangsbescheinigung

über Bar-Einzahlung auf eigenes Konto

Kontonummer	Kontoinhaber
218 435 717	Textilwerke E. Tuch e. K.

Betrag: Euro, Cent
6.500,00------

..-12-27 6.500,00

Stadtsparkasse Nürnberg

Für den Einzahlungstag und den Betrag ist der Maschinendruck maßgebend.

Belegbuchung 9

Ernst Offermann & Sohn OHG

Transporte
Heizöle
Kohlen

Ernst Offermann & Sohn OHG, Industriestr. 200, 90765 Fürth

Eingang: ..-12-30

Textilwerke
E. Tuch e. K.
Parkstraße 44
90409 Nürnberg

Konto	Soll	Haben

Gebucht:

Bankverbindungen:
Vereinigte Sparkasse Fürth, Nr. 218 211 936, BLZ 762 501 10
Volksbank Fürth, Nr. 724 320, BLZ 762 900 00
Commerzbank Fürth, Nr. 6 105 672, BLZ 762 400 11
Industriestraße 200 · Telefon 0911 51799 · Telefax 0911 53525
90765 Fürth Steuer-Nr. 065 553 8421 7

Rechnungs-Nr.	Rechnungsdatum
12 954	.. 12 20

Rechnung

Liefordatum	Bezeichnung	Menge	ME	E-Preis	Betrag
..-12-27	Heizöl EL	12 200	1	0,30	3.660,00

Warenwert	Bruttobetrag	USt	USt €	Rechnungsbetrag
3.660,00		16 %	585,60	4.245,60 €

Zahlbar innerhalb 14 Tagen nach Rechnungseingang ohne Skontoabzug. Die gelieferte Ware bleibt bis zur vollständigen Bezahlung unser Eigentum.
Gerichtsstand für beide Teile ist Fürth.

Belegbuchung 10

Deutsche Telekom
Ihre Rechnung

T · · · · · ·

Deutsche Telekom AG, Niederlassung
90426 Nürnberg

134/1B1/009838/02

12... 0,55 EUR

Textilwerke
Edgar Tuch e. K.
Parkstr. 44
90409 Nürnberg

Datum ..-12-21
Seite 1 von 4

Kundennummer 298 100 9725
Rechnungsnummer 913 685 3071
Buchungskonto 476 020 3885

Haben Sie noch Fragen zu Ihrer Rechnung? Sie erreichen Ihren Kundenservice kostenfrei unter:

Telefon freecall 0800 33 01020
Telefax freecall 0800 33 01021

Ihre Rechnung für Dezember 20..

Die Leistungen im Überblick (Summen)	Beträge (Euro)
Monatliche Beträge	33,36
Verbindungen Deutsche Telekom	485,82
Beträge anderer Anbieter	4,24
Nettobetrag	**523,42**
Umsatzsteuer 16 %	83,75
Rechnungsbetrag	607,17

Der Rechnungsbetrag wird in den nächsten Tagen von Ihrem Konto 998796-850, BLZ 76010085 abgebucht.

Ihre Rechnung im Detail und weitere Hinweise finden Sie auf der Rückseite und den folgenden Seiten.

Vielen Dank!

Kontoauszug zu Belegbuchung 10

Buchungstag	Wert	PN-Nr.	Konto-Nr.	Datum	Ausz.-Nr.	Blatt	KONTOAUSZUG	Umsatz
			0998796850	..-12-27	213	1	Kontostand vom 23. Dez.	***28.100,00
12-27	12-28	0114	FERNMELDERECHNUNG LASTSCHRIFT					607,17 -

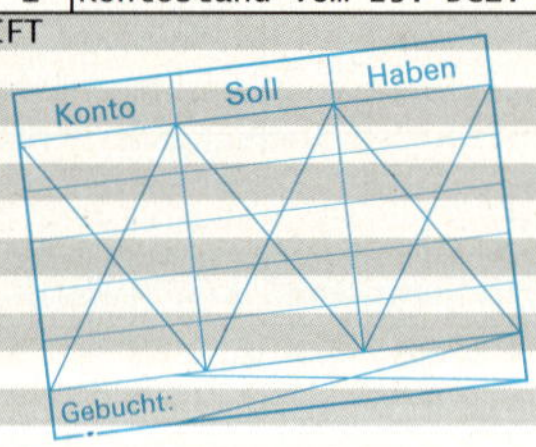

SUMME ZAHLUNGSAUSGÄNGE 607,17
SUMME ZAHLUNGSEINGÄNGE
NEUER KONTOSTAND EUR ****27.492,83

TEXTILWERKE
E. TUCH E. K.
PARKSTRASSE 44
90409 NÜRNBERG

AKTUELLER SOLLZINSSATZ 14,000 % ANLAGEN: 1

Anschrift
Postfach 9999
90426 Nürnberg

Büroräume
Eckernförder Str. 242
90426 Nürnberg

Öffnungszeiten
Mo.–Di. und Do.–Fr.
09:00–15:00 Uhr

Kundenservice
Tel. 0911 1562-0

BTX-Kontoführung
*28000 160

Postbank

Belegbuchung 11

Herstellung von Frottee-Stoffen

Franz Schneider KG

Franz Schneider KG, Am Wiesenrain 16, 75181 Pforzheim

Eingang: ..-12-31

Konto	Soll	Haben

Gebucht:

Textilwerke
Edgar Tuch e. K.
Parkstraße 44
90409 Nürnberg

Ihre Bestellung vom	Unser Auftrag Nr.	Zeit der Leistung	Datum
..-12-21	K 4 789 IV	..-12-27	..-12-30

Rechnung Nr. 14 723

Wir sandten für Ihre Rechnung auf Ihre Gefahr:

Artikel Nr.	Gegenstand	Menge/Stück	Stückpreis €	Gesamtpreis €
TS 12	Frottee-Stoff 1,80	1 200 m	4,00	4.800,00
W 26	Walk-Frottee 1,50	400 m	6,00	2.400,00
				7.200,00
	+ 16 % Umsatzsteuer			1.152,00
				8.352,00

Steuer-Nr. 065 888 5614 5
USt-IdNr. DE 345 276 116
E-Mail: franz.schneider@schneider-wvd.de
Internet: www.schneider-wvd.de
Telefon 07231 4869
Telefax 07231 35275
Bankkonto 1 759 312 Commerzbank Pforzheim BLZ 666 400 35
Postbank Stuttgart 124 45-701 BLZ 600 100 70

Belegbuchung 12

Walter Schreiber e. K. • Büroeinrichtungen

Walter Schreiber e. K., Büroeinrichtungen, Ring 12, 65779 Kelkheim

Eingang: -12-31

Konto	Soll	Haben

Gebucht:

Textilwerke
Edgar Tuch e. K.
Parkstraße 44
90409 Nürnberg

Rechnung Nr. 070

Ihr Zeichen/Ihre Bestell.-Nr. vom	Unser Auftrag Nr./Zeich.	Zeit der Leistung	Datum
..-12-21	US 8 012	..-12-27	..-12-30

Wir sandten für Ihre Rechnung und auf Ihre Gefahr:

Zeichen/Nr.	Gegenstand	Menge/Einheit	Preis je Einheit €	Betrag €
ST 43	Schreibtisch, Eiche 156/76 mit 6 Schubfächern	2	805,00	1.610,00
	+ 16 % Umsatzsteuer			257,60
				1.867,60

Telefon 06195 34625
Steuer-Nr. 065 222 8765 4
Telefax 06195 32158
USt-IdNr. DE 112 246 338
Geschäftszeit 08:30 – 18:30 Uhr
Postbank Frankfurt/M 401252-605 BLZ 500 100 60

Belegbuchung 13

Entnahmebeleg

Nr. PE 36

	€	ct
Netto	450	00
+ 16 % USt	72	00
Gesamt	522	00

Gesamtbetrag € in Worten

fünfhundertzweiundzwanzig ——— Cent wie oben

(Im Gesamtbetrag sind 16 % Umsatzsteuer enthalten)

von Auslieferungslager Textilwerke

für private Zwecke

6 Lama-Decken LS je 75,00 Euro

Konto	Soll	Haben

Gebucht:

Ort Nürnberg

Datum 30. Dez. ..

Buchungsvermerke

Stempel/Unterschrift des Empfängers

E. Tuch

Belegbuchung 14

Quittung

Nr. KB 479

	€	ct
Netto	370	00
+ 16 % USt	59	20
Gesamt	429	20

Gesamtbetrag € in Worten

vierhundertneunundzwanzig ——— Cent wie oben

(Im Gesamtbetrag sind 16 % Umsatzsteuer enthalten)

von Textilwerke Tuch e. K.

für Reparaturarbeiten an

der Zuschneidemaschine

Konto	Soll	Haben

Gebucht:

richtig erhalten zu haben, bestätigt

Ort Erlangen

Datum 30. Dez. ..

Buchungsvermerke

Stempel/Unterschrift des Empfängers

Hartmut Götz e. Kfm.
Feinmechanik-Meisterbetrieb
Sonnenstraße 15
91058 Erlangen

Götz

Belegbuchung 15

Buchungstag	Wert	PN-Nr.	Konto-Nr.	Datum	Ausz.-Nr.	Blatt	KONTOAUSZUG	Umsatz
			0998796850	..-12-30	214	1	Kontostand vom ..-12-27	***27.492,83
12-30	12-30	0114	ÜBERWEISUNG GARNE GMBH, SCHWERIN RE 1 496 VOM 9. DEZ. .. (KONTO 60 002)					6.670,00 -

Konto	Soll	Haben

Gebucht:

TEXTILWERKE
E. TUCH E. K.
PARKSTRASSE 44
90409 NÜRNBERG

SUMME ZAHLUNGSAUSGÄNGE	6.670,00
SUMME ZAHLUNGSEINGÄNGE	
NEUER KONTOSTAND	EUR ****20.822,83

AKTUELLER SOLLZINSSATZ 14,000 % ANLAGEN: 1

Anschrift Postfach 9999 90426 Nürnberg · Büroräume Eckernförder Str. 242 90426 Nürnberg · Öffnungszeiten Mo.–Di. und Do.–Fr. 09:00–15:00 Uhr · Kundenservice Tel. 0911 1562-0 · BTX-Kontoführung *28000 160 · Postbank

Belegbuchungen 16 und 17

Buchungstag	Wert	PN-Nr.	Konto-Nr.	Datum	Ausz.-Nr.	Blatt	KONTOAUSZUG	Umsatz
			0998796850	..-12-30	215	1	Kontostand vom ..-12-30	***20.822,83
12-30	12-30	0114	GUTSCHRIFT WOLFGANG KUNDE E. KFM., HALLE **(Belegbuchung 16)** RE 4 567 VOM 10. DEZ. .. (KONTO 10 003)					4.872,00 +
12-30	12-30	0114	GUTSCHRIFT KAUFRING GMBH, AACHEN **(Belegbuchung 17)** RE 4 564 VOM 4. DEZ. .. (KONTO 10 001)					7.946,00 +

Konto	Soll	Haben

Gebucht:

Konto	Soll	Haben

Gebucht:

TEXTILWERKE
E. TUCH E. K.
PARKSTRASSE 44
90409 NÜRNBERG

SUMME ZAHLUNGSAUSGÄNGE	
SUMME ZAHLUNGSEINGÄNGE	12.818,00
NEUER KONTOSTAND	EUR ****33.640,83

AKTUELLER SOLLZINSSATZ 14,000 % ANLAGEN: 1

Anschrift Postfach 9999 90426 Nürnberg · Büroräume Eckernförder Str. 242 90426 Nürnberg · Öffnungszeiten Mo.–Di. und Do.–Fr. 09:00–15:00 Uhr · Kundenservice Tel. 0911 1562-0 · BTX-Kontoführung *28000 160 · Postbank

Belegbuchung 18

Edgar Tuch e. K. TEXTILWERKE

Textilwerke E. Tuch e. K., Parkstr. 44, 90409 Nürnberg

Textil-Großhandel
Holzmann OHG
Amselweg 14
67063 Ludwigshafen

Konto	Soll	Haben

Gebucht:

Unsere Auftrags-Nr. 20 337
Lieferschein-Nr. 20 587
Versanddatum: ..-12-29
Versandart: LKW
Verpackungsart: Original
USt-IdNr.: DE 463 569 847

Bitte bei Zahlung angeben:
Rechnungs-Nr. 4 569
Rechnungsdatum: ..-12-30

Ihr Zeichen/Bestellung Nr. vom: LZ/2 112/..-12-27
Kunden-Nr.: 10 002

Rechnung

Position	Sachnummer	Bezeichnung der Lieferung/ Leistung	Menge und Einheit	Preis je Einheit	Betrag €
KS	5 634	Bademäntel 100 % Bw	600	40,00	24.000,00
GT	4 321	Badetücher 50/70	900	5,00	4.500,00
					28.500,00
		+ 16 % Umsatzsteuer			4.560,00
					33.060,00

Zahlbar rein netto innerhalb von 20 Tagen. Skontoabzug ist nicht zulässig.

Geschäftsräume
Parkstraße 44
90409 Nürnberg
Steuer-Nr. 065 382 7655 1

Telefon 0911 56356
Telefax 0911 44481
E-Mail textilwerke@tuch-wvd.de
Internet www.tuch-wvd.de

Stadtsparkasse Nürnberg
Konto-Nr. 218 435 717
BLZ 760 501 01

Postbank Nürnberg
Konto-Nr. 9987 96-850
BLZ 760 100 85

Belegbuchung 19

Kontoauszug

Stadtsparkasse Nürnberg

Konto-Nr.	Datum	Ausz.-Nr.	Blatt	Buchungstag	PN-Nr.	Wert	Umsatz
218 435 717	..-12-30	68	1				
GUTSCHRIFT KAUFRING GMBH, AACHEN RE 4 566 VOM 7. DEZ. .. (KONTO 10 001)				12-29	0678	12-29	2.146,00 H

Konto	Soll	Haben

Gebucht:

TEXTILWERKE
E. TUCH E. K.
PARKSTR. 44
90409 NÜRNBERG

Alter Saldo: H 320.798,00 EUR
Neuer Saldo: H 322.944,00 EUR

Belegbuchungen 20 und 21

Empfangsbestätigung

760 501 01

Stadtsparkasse Nürnberg

..-12-28 E. Tuch

Datum — Unterschrift für nachstehenden Auftrag

Ziehen Sie zu Gunsten des unten angegebenen Kontos die beigefügten Schecks ein. Die Gutschrift erfolgt Eingang vorbehalten.

		Scheck-Nummer	Konto-Nummer des Ausstellers	Bankleitzahl bezogenes Institut	Betrag
20	1	3 460 413	104 983 Wolfgang Kunde	800 537 62	2.088,00
21	2	6 823 777	6 670 182 Holzmann OHG	545 700 94	870,00
	3				
	4				
	5				

Bitte alle Schecks mit dem Vermerk >Nur zur Verrechnung< versehen.

Stückzahl: 2

Gesamtbetrag: Euro, Cent: 2.958,00-----------------

Kontoinhaber: Name, Vorname/Firma (max. 27 Stellen): Textilwerke Tuch e. K.

Konto-Nr. des Inhabers: 218 435 717

Stadtsparkasse Nürnberg

Clüs

– Durchschrift für den Einreicher –

Stempel und Unterschriften der Sparkasse/Landesbank

Kontoauszug zu den Belegbuchungen 20, 21, und 22[1]

Kontoauszug — Stadtsparkasse Nürnberg

Konto-Nr.	Datum	Ausz.-Nr.	Blatt	Buchungstag	PN-Nr.	Wert	Umsatz
218 435 717	..-12-31	69	1				
SCHECKEINLIEFERUNG				12-31	0685	12-28	2.958,00 H
DA MIETE[1]				12-31	0688	12-30	860,00 S

Konto | Soll | Haben — Gebucht:

Konto | Soll | Haben — Gebucht:

TEXTILWERKE
E. TUCH E. K.
PARKSTR. 44
90409 NÜRNBERG

Alter Saldo: H 322.944,00 EUR

Neuer Saldo: H 325.042,00 EUR

1 Belegbuchung 22: DA = Dauerauftrag für die Wohnungsmiete des Geschäftsinhabers.

Belegbuchung 23

Buchungsanweisung	Datum: ..-12-31		**Beleg-Nr.:**	
Betreff: Abschreibungen auf Sachanlagen			Gebucht: Datum:	
Buchungstext	Soll		Haben	
	Konto	Betrag	Konto	Betrag
- Technische Anlagen und Maschinen				
- Betriebs- und Geschäftsausstattung				

Belegbuchung 24

Buchungsanweisung	Datum: ..-12-31		**Beleg-Nr.:**	
Betreff: Bestandsveränderungen			Gebucht: Datum:	
Buchungstext	Soll		Haben	
	Konto	Betrag	Konto	Betrag
Bestandsveränderungen				
- Rohstoffe				
- Hilfsstoffe				
- Betriebsstoffe				

Belegbuchung 25

Buchungsanweisung	Datum: ..-12-31		**Beleg-Nr.:**	
Betreff: Umbuchungen/Vorbereitende Abschlussbuchungen			Gebucht: Datum:	
Buchungstext	Soll		Haben	
	Konto	Betrag	Konto	Betrag
- Kassendifferenz				
- Vorsteuerverrechnung				
- Privatentnahmen				

C Dokumentation betrieblicher Werteströme

1 Beschaffungsbereich

1.1 Bezugskosten

Beim **Werkstoffeinkauf** fallen oft noch Nebenkosten an, die bis zur Verfügung über die Werkstoffe im eigenen Lager entstehen. Zu diesen **Bezugskosten** zählen vor allem:

- **Verpackungskosten**
- **Transportkosten**
- **Versicherungskosten**
- **Einfuhrzölle u. a.**

Die Bezugskosten erhöhen den Anschaffungspreis der eingekauften Werkstoffe und müssen deshalb auch nach § 255 (1) HGB dem Anschaffungspreis hinzugerechnet werden. Bei aufwandsorientierter Erfassung der Werkstoffe werden die Bezugskosten entweder

- **direkt** auf den **Werkstoff-Aufwandskonten 6000, 6020 und 6030**[1] oder
- zunächst auf deren **Unterkonten „Bezugskosten"** gebucht: **6001, 6021 und 6031.**

Die **gesonderte Erfassung der Bezugskosten** auf Unterkonten ermöglicht **die Überwachung der Wirtschaftlichkeit** dieser Kosten sowie eine **aussagefähige Bezugskalkulation.**

Beispiel: Für den Kauf von Rohstoffen weist die Eingangsrechnung ER 456 Folgendes aus:

	Rohstoffe	44.000,00 €	
+	Verpackungs- und Transportkosten	2.000,00 €	46.000,00 €
+	Umsatzsteuer		7.360,00 €
	Rechnungsbetrag		**53.360,00 €**

Wie lautet der Buchungssatz?

Buchung: ❶ **6000 Aufw. f. Rohstoffe 44.000,00**
6001 Bezugskosten .. 2.000,00
2600 Vorsteuer ...... 7.360,00 an **4400 Verbindlichk. a. LL .. 53.360,00**

Die Umbuchung der Bezugskosten auf das entsprechende Aufwandskonto erfolgt in der Regel **monatlich.** Die Aufwandskonten der Werkstoffe weisen danach die nach § 255 HGB vorgeschriebenen **Anschaffungskosten (= Bezugspreise)** aus.

Buchung: ❷ **6000 Aufw. f. Rohstoffe ....** an **6001 Bezugskosten 2.000,00**

S	6000 Aufwendungen für Rohstoffe	H
❶ 44.000,00		
❷ 2.000,00		

S	4400 Verbindlichkeiten a. LL	H
		❶ 53.360,00

S	6001 Bezugskosten	H
❶ 2.000,00		❷ 2.000,00

S	2600 Vorsteuer	H
❶ 7.360,00		

	Anschaffungspreis	44.000,00
+	Anschaffungsnebenkosten	2.000,00
	Anschaffungskosten	**46.000,00**

Merke: **Alle Wirtschaftsgüter sind bei Erwerb zu Anschaffungskosten zu aktivieren:**

	Anschaffungspreis	(Listenpreis abzüglich Sofortrabatt)
–	**Anschaffungspreisminderungen**	(nachträgliche Preisnachlässe: Skonti u. a.)
+	**Anschaffungsnebenkosten**	(Bezugskosten, Montagekosten u. a.)
=	**Anschaffungskosten (§ 255, 1 HGB)**	

1 Bei **bestandsorientierter Erfassung der Werkstoffeinkäufe** wird auf **Bestandskonten der Klasse 2 gebucht.**

Aufgaben

Beachten Sie: Rabatte, die **bereits bei Rechnungserteilung** gewährt werden, wie z. B. Mengen-, Sonder- und Wiederverkäuferrabatte, werden buchhalterisch nicht gesondert erfasst. Gebucht wird direkt der um diese **Sonderrabatte gekürzte Rechnungsnettobetrag.**

97

1. *Richten Sie im Metallwerk Hein e. Kfm. die Konten 2600, 4400, 6000 und 6001 ein und buchen Sie die Rechnungen a) und b) unter jeweiliger Nennung des Buchungssatzes auf Konten.*
2. *Weisen Sie durch Umbuchung die Anschaffungskosten der Stahlträger nach.*
3. *Ermitteln Sie den prozentualen Anteil der Bezugskosten am Anschaffungspreis.*

a) ER 412: Eingangsrechnung über Rohstoffe

	Listenpreis: 12 Stahlträger XT je 1.250,00 €	15.000,00 €
–	10 % Sonderrabatt	1.500,00 €
	netto	13.500,00 €
+	Umsatzsteuer	2.160,00 €
	Rechnungsbetrag	15.660,00 €

b) ER 413: Speditionsrechnung zu a):

	Verladekosten und Entladekosten	450,00 €
	Transportkosten	1.300,00 €
	Versicherung	250,00 €
	netto	2.000,00 €
+	Umsatzsteuer	320,00 €
	Rechnungsbetrag	2.320,00 €

98

1. *Buchen Sie für die Möbelwerke W. Kurz e. K. die folgenden Rechnungen auf den erforderlichen Konten und nehmen Sie danach die entsprechenden Umbuchungen vor. Nennen Sie auch jeweils den Buchungssatz.*
2. *Ermitteln Sie für beide Artikel jeweils die Anschaffungskosten insgesamt und je Stück.*

a) ER 380:		2000 Profilleisten je 17,50 €	?
	–	20 % Mengenrabatt	?
	+	Verpackungs- und Transportkosten	850,00
	+	Transportversicherung	80,00
	+	Umsatzsteuer	?
b) ER 381:		800 kg Holzleim je 5,00 €	?
	+	Frachtkosten	400,00
	+	Umsatzsteuer	?

99 Die Eingangsrechnung ER 1234 wurde wie folgt gebucht:

6000 Aufw. f. Rohstoffe	4.400,00			
6001 Bezugskosten ..	100,00			
4800 Umsatzsteuer ...	720,00	an	4400 Verbindlichkeiten a. LL ...	5.220,00

Wie lautet die Berichtigungsbuchung (Stornobuchung)?

100

Kontenauszug der Stahlmöbelwerke GmbH	Soll	Haben
2000 Rohstoffe	120.000,00	–
2020 Hilfsstoffe	25.000,00	–
2600 Vorsteuer	65.000,00	50.000,00
2800 Bank	730.000,00	555.000,00
4400 Verbindlichkeiten a. LL	570.000,00	650.000,00
4800 Umsatzsteuer	50.000,00	60.000,00
6000 Aufwendungen für Rohstoffe	450.000,00	–
6001 Bezugskosten für Rohstoffe	22.500,00	–
6020 Aufwendungen für Hilfsstoffe	98.000,00	–
6021 Bezugskosten für Hilfsstoffe	8.500,00	–

Geschäftsfälle

1.	ER 489 für Stahlrohre SZ 345, netto	65.000,00	
	+ Verpackung	500,00	
	+ Transportversicherung	200,00	
	+ Bahnfracht	800,00	66.500,00
	+ Umsatzsteuer		10.640,00
	Rechnungsbetrag		77.140,00
2.	Hausfracht für ER 489 gegen Bankscheck, netto	250,00	
	+ Umsatzsteuer	40,00	290,00
3.	ER 490 für Farben, netto	2.500,00	
	+ LKW-Fracht	200,00	
	+ Umsatzsteuer	432,00	3.132,00

Schlussbestände: Rohstoffe: 140.000,00 €; Hilfsstoffe: 10.000,00 €.

Abschlusskonten: 8010 SBK und 8020 GuV.

1. *Buchen Sie die Geschäftsfälle 1 bis 3. Schließen Sie die Konten ab.*
2. *Wie hoch sind die Anschaffungskosten der Rohstoffe und Hilfsstoffe?*
3. *Ermitteln Sie jeweils den Prozentanteil der Bezugskosten an den entsprechenden Anschaffungspreisen der Rohstoffe und Hilfsstoffe.*
4. *Erläutern Sie den Saldo aus den Steuerkonten.*
5. *Weshalb zählt die Vorsteuer nicht zu den Anschaffungskosten?*

Das Metallwerk Thomas Berg erhält für die Anschaffung von zwei PCs die folgende Rechnung: **101**

PC-ONLINE GMBH • Pestalozzistraße 44 • 70563 Stuttgart

PC ONLINE GMBH
Stuttgart

Thomas Berg e. K.
Metallwerk
Industriestraße 22 - 28
70565 Stuttgart

Ihr Auftrag vom ..-10-23 | Datum ..-11-12

Rechnung 21 544/..

Wir lieferten Ihnen am 10. Nov. .. durch unseren LKW, unfrei:

2 Personalcomputer ONLINE-Pentium, komplett mit Bildschirm und Drucker, wie angeboten, zum Nettopreis von je 1.500,00 €	3.000,00 €
+ anteilige Frachtkosten	150,00 €
	3.150,00 €
+ 16 % Umsatzsteuer	504,00 €
	3.654,00 €

Die Rechnung ist innerhalb von 20 Tagen mit 1 % Skonto oder nach 40 Tagen ohne Abzug zu bezahlen.

Bankverbindung: Postbank Stuttgart, Konto 1136 42-701, BLZ 600 100 70 Steuer-Nr. 065 456 7890 1

1. *Buchen Sie die Eingangsrechnung für das Metallwerk Berg.*
2. *Warum erübrigt sich im vorliegenden Fall die Einrichtung eines Bezugskostenkontos?*
3. *Wie hoch sind die Anschaffungskosten der PCs?*

1.2 Rücksendung von Werkstoffen an den Lieferer[1]

Bemessungsgrundlage der Umsatzsteuer ist der auf Eingangsrechnungen ausgewiesene **Nettobetrag** der eingekauften Werkstoffe. Bei einer **Rücksendung** mangelhafter Werkstoffe **an den Lieferer ändert sich nachträglich** auch die Bemessungsgrundlage der Umsatzsteuer und damit auch **die bereits gebuchte Vorsteuer.**

Schicken wir Werkstoffe an den Lieferer zurück, weil sie falsch oder mit Mängeln behaftet geliefert wurden, vermindert sich nicht nur deren Aufwand im Haben des betreffenden Werkstoffaufwandskontos, sondern zugleich auch **anteilig die Vorsteuer** im Haben des Vorsteuerkontos. Die Verbindlichkeiten a. LL verringern sich im Soll um den Gesamtbetrag der Gutschriftsanzeige des Lieferers.

Beispiel: 1. Kauf von Rohstoffen auf Ziel lt. ER 413:

	Rohstoffe, netto	4.000,00 €
+	Umsatzsteuer	640,00 €
	Rechnungsbetrag	**4.640,00 €**

2. Nach Erhalt der Lieferung wurde festgestellt, dass ein Teil der Rohstoffe beschädigt ist, der zurückgeschickt wird. Vom Lieferer erhalten wir die folgende **Gutschriftsanzeige:**

	Nettowert der zurückgesandten Rohstoffe	800,00 €
+	Umsatzsteuer	128,00 €
	Gutschrift (brutto)	**928,00 €**

❶ **Buchung aufgrund der Eingangsrechnung:**

6000 Aufwendungen für Rohstoffe	**4.000,00**	
2600 Vorsteuer	**640,00**	
an **4400 Verbindlichkeiten a. LL**		**4.640,00**

❷ **Buchung der Rücksendung aufgrund der Gutschriftsanzeige des Lieferers:**

4400 Verbindlichkeiten a. LL	**928,00**	
an **6000 Aufwendungen für Rohstoffe**		**800,00**
an **2600 Vorsteuer**		**128,00**

S	**6000 Aufwendungen für Rohstoffe**		H
❶	4.000,00	❷	800,00

S	**2600 Vorsteuer**		H
❶	640,00	❷	128,00

S	**4400 Verbindlichkeiten a. LL**		H
❷	928,00	❶	4.640,00

Merke: **Bei Rücksendungen an die Lieferer ist die Vorsteuer anteilig zu berichtigen.**

Rücksendungen von Sonderverpackung. Werden beim Kauf von Werkstoffen Behälter oder Fässer in Rechnung gestellt, so können diese in der Regel gegen eine entsprechende **Gutschrift** zurückgeschickt werden. In diesem Fall sind die Konten „Bezugskosten" und „Vorsteuer" auf ihrer Habenseite entsprechend zu berichtigen, während das Konto „Verbindlichkeiten a. LL" mit dem Gesamtbetrag im Soll zu entlasten ist.

Merke: **Gutschriften für die Rücksendung von Werkstoffen und Sonderverpackungen vermindern nachträglich die USt-Bemessungsgrundlage und damit anteilig die gebuchte Vorsteuer.**

1 Siehe auch Band 1, BWL, Kapitel 3.9.1.3.

Aufgaben

Buchen Sie auf den Konten 2600, 4400, 6000 und 6001 die folgenden Geschäftsfälle. Nennen Sie auch jeweils den Buchungssatz. 102

1. ER 234 für Rohstoffe, Listenpreis netto	18.000,00
– 20 % Mengenrabatt	?
+ Umsatzsteuer	?
2. Eingangsfracht lt. Speditionsrechnung, netto	800,00
+ Umsatzsteuer	128,00
3. Gutschrift des Lieferers f. Rücksendung beschädigter Rohstoffe (ER 234), netto	2.500,00
+ Umsatzsteuer	400,00

Das Metallwerk Matthias Hein e. Kfm. hat am 10. April von den Walzwerken Sauerland AG vier Tonnen Stahlprofil S 2003 zum Listenpreis von 1.500,00 €/t unter Abzug von 10 % Mengenrabatt bezogen. 103

1. *Erstellen Sie die Rechnung bei 16 % Umsatzsteuer.*
2. *Nennen Sie den Buchungssatz und buchen Sie im Metallwerk Hein.*

In der Fertigung des Metallwerks M. Hein e. Kfm. wurde festgestellt, dass eine Tonne des Stahlprofils (siehe Aufgabe 103) einen versteckten Mangel aufweist. Die Lieferfirma Sauerland AG erteilt nach Mängelrüge eine Gutschrift über die Rücksendung der beanstandeten Werkstoffe. 104

1. *Erstellen Sie die Gutschriftsanzeige rechnerisch.*
2. *Nennen Sie den Buchungssatz und buchen Sie im Metallwerk Hein.*

Buchen Sie folgende Geschäftsfälle: 105

1. ER 405: Kauf von Hilfsstoffen, netto 2.600,00 € + Umsatzsteuer	?
2. Beschädigte Hilfsstoffe (siehe Fall 1) werden an den Lieferer zurückgeschickt, und zwar im Nettowert von	750,00
3. Rücksendung mangelhafter Rohstoffe an den Lieferer, Listenpreis 8.600,00 € – 10 % Rabatt + Umsatzsteuer	?
4. ER 406: Kauf von Rohstoffen, Listenpreis	15.800,00
– 20 % Rabatt	?
+ LKW-Fracht	350,00
+ Umsatzsteuer	?

Bei Überprüfung der Rohstofflieferung (siehe Fall 4 der Aufgabe 105) wurde festgestellt, dass Rohstoffe zum Listenpreis von 2.500,00 € beschädigt sind. Nach Rücksendung der fehlerhaften Werkstoffe erhält der Kunde die Gutschriftsanzeige des Lieferers. 106

1. *Erstellen Sie die Gutschriftsanzeige.*
2. *Wie bucht der Kunde?*

107

1. ER 507: Kauf von 20 Fässern Schmieröl, netto	3.000,00	
20 Fässer je 40,00 €, netto	800,00	3.800,00
+ Umsatzsteuer		608,00
Rechnungsbetrag		4.408,00
2. Gutschriftsanzeige des Lieferers für zurückgesandte Fässer:		
25 % Gutschrift von 800,00 € berechnete Leihverpackung, netto		200,00
+ Umsatzsteuer		32,00
Gutschrift, brutto		232,00

Nennen Sie die Buchungssätze zu 1. und 2. und buchen Sie auf den entsprechenden Konten.

1.3 Nachträgliche Preisnachlässe im Beschaffungsbereich[1]

Nachlässe, die uns **nachträglich von Lieferern** in Form von

- **Preisnachlässen aufgrund von Mängelrügen,**
- **Boni bzw. Treue- oder Umsatzrabatten** und
- **Skonti**

gewährt werden, **mindern den Anschaffungs- bzw. Einkaufspreis** der bezogenen Werkstoffe **und** damit auch die darauf entfallende **Vorsteuer.**

Zur besseren Übersicht und für Zwecke der Kalkulation sowie der Umsatzsteuerverprobung werden die vom Lieferer erhaltenen Nachlässe auf einem **Unterkonto** des betreffenden Werkstoffaufwandskontos erfasst:

6000 Aufwend. f. Rohstoffe	6020 Aufwend. f. Hilfsstoffe	6030 Aufwend. f. Betriebsstoffe
6002 Nachlässe	6022 Nachlässe	6032 Nachlässe

Zum Monats- oder Jahresschluss werden die **Unterkonten über** die entsprechenden **Aufwandskonten abgeschlossen,** die danach die **Anschaffungskosten** der betreffenden Werkstoffe ausweisen.

Beispiel: Ein Lieferer, von dem wir lt. ER 688 Rohstoffe zum Nettopreis von 3.000,00 € + 480,00 € Umsatzsteuer = 3.480,00 € bezogen haben, gewährt uns aufgrund unserer Mängelrüge einen Preisnachlass von 20 %. Die **Gutschriftsanzeige** des Lieferers lautet:

	20 % Nachlass von 3.000,00 € netto	600,00 €
+	Umsatzsteuer	96,00 €
	Gutschrift für Preisnachlass, brutto	**696,00 €**

Nettoverfahren. Aufgrund der **Gutschriftsanzeige des Lieferers** kann der **Preisnachlass direkt netto bei sofortiger Vorsteuerberichtigung** gebucht werden. Deshalb wird dieses Buchungsverfahren auch „Nettoverfahren" genannt:

❶ **Buchung aufgrund der Eingangsrechnung:**

6000 Aufw. f. Rohstoffe	**3.000,00**			
2600 Vorsteuer	**480,00**	an	**4400 Verbindlichkeiten a. LL**	**3.480,00**

❷ **Nettobuchung des Preisnachlasses aufgrund der Gutschriftsanzeige:**

4400 Verbindlichkeiten a. LL	**696,00**	an	**6002 Nachlässe für Rohstoffe**	**600,00**
		an	**2600 Vorsteuer**	**96,00**

❸ **Umbuchung am Ende der Rechnungsperiode:**

6002 Nachlässe für Rohstoffe	an	**6000 Aufwendungen für Rohstoffe**	**600,00**

S	6000 Aufwendungen für Rohstoffe		H
❶	3.000,00	❸	600,00

S	6002 Nachlässe für Rohstoffe		H
❸	600,00	❷	600,00

S	2600 Vorsteuer		H
❶	480,00	❷	96,00

S	4400 Verbindlichkeiten a. LL		H
❷	696,00	❶	3.480,00

	Anschaffungspreis	3.000,00 €
–	Preisminderung	600,00 €
	Anschaffungskosten	**2.400,00 €**

Bruttoverfahren. Wird der **Nachlass zunächst brutto,** also einschließlich der Umsatzsteuer, gebucht und die **Vorsteuerberichtigung erst am Ende des Umsatzsteuervoranmeldungszeitraums** vorgenommen, spricht man vom Bruttobuchungsverfahren:

1 Siehe auch Band 1, BWL, Kapitel 3.9.1.3.

Buchungen beim Bruttoverfahren:

❶ **4400 Verbindlichkeiten a. LL** .... an **6002 Nachlässe für Rohstoffe** ... **696,00**

Ermittlung der Vorsteuerberichtigung aus dem Bruttonachlass am Monatsende:

116 % ≙ 696,00 €
16 % ≙ x €

$$x = \frac{696{,}00 \cdot 16\,\%}{116\,\%} = 96{,}00\ €$$

❷ **6002 Nachlässe für Rohstoffe** .... an **2600 Vorsteuer** **96,00**

S	6002 Nachlässe für Rohstoffe		H
❷	96,00	❶	696,00

S	2600 Vorsteuer		H
4400	480,00	❷	96,00

S	4400 Verbindlichkeiten a. LL		H
❶	696,00	6000, 2600	3.480,00

In der EDV-gestützten Finanzbuchhaltung erfolgt die **Errechnung und Buchung der Steuerberichtigung** nach Eingabe des Bruttonachlasses **automatisch.**

Merke:

- **Preisnachlässe werden nachträglich aufgrund einer Mängelrüge oder als Bonus und Skonto gewährt.**
- **Nachlässe des Lieferers mindern die Anschaffungskosten der Werkstoffe.**
- **Bei Nettobuchung der Nachlässe wird die Steuer jeweils sofort, bei Bruttobuchung dagegen erst am Ende des Monats summarisch berichtigt und gebucht.**

Aufgaben

Die Fertigbau GmbH hat für die Erstellung einer Lagerhalle vier Stahlträger von der Stahlhandel GmbH bezogen. Die Eingangsrechnung ER 678 weist Folgendes aus: 108

	4 Stahlträger ST 5000 zu je 2.700,00 €, netto	10.800,00 €
+	16 % Umsatzsteuer	1.728,00 €
	Rechnungsbetrag	12.528,00 €

Bei Montagebeginn wurde festgestellt, dass der Schutzanstrich bei einem Stahlträger fehlerhaft ist. Die Lieferfirma gewährt auf diesen Träger einen nachträglichen Preisnachlass von 20 %.

1. *Erstellen Sie die Gutschriftsanzeige der Lieferfirma. Nennen Sie alle Buchungssätze.*
2. *Buchen Sie Eingangsrechnung und Gutschriftsanzeige auf den Konten der Fertigbau GmbH.*

Nennen Sie die Buchungssätze zu folgenden Geschäftsfällen: 109

1.	Zieleinkauf von Rohstoffen lt. ER 409, Rechnungsbetrag		58.000,00
2.	Lieferer (ER 409) gewährt nachträglich Preisnachlass wegen Mängelrüge, netto		850,00
3.	Zielverkauf von eigenen Erzeugnissen lt. AR 789, netto	45.000,00	
	+ Umsatzsteuer	7.200,00	52.200,00
4.	Rohstofflieferer gewährt uns einen Bonus, brutto		2.842,00
5.	Rücksendung beschädigter Hilfsstoffe an den Lieferer, netto		1.200,00

Buchen Sie die folgenden Geschäftsfälle auf den Konten 2600, 4400, 6020, 6021 und 6022: 110

1. Zieleinkauf von Hilfsstoffen lt. ER 456. Der Listeneinkaufspreis beträgt 18.000,00 €. Der Lieferer gewährt einen Mengenrabatt von 8 %. Für Transport und Verpackung berechnet er 300,00 €. Umsatzsteuer: 16 %. *Erstellen Sie die Rechnung und buchen Sie.*
2. Beschädigte Hilfsstoffe (Fall 1) werden zurückgeschickt: Hilfsstoffwert 2.500,00 € netto. *Erstellen Sie die Gutschrift und buchen Sie aus der Sicht des Kunden.*
3. Auf den Restbetrag gewährt der Lieferer aus Kulanz noch nachträglich einen Preisnachlass von 10 %. *Erstellen Sie eine neue Gutschriftsanzeige und buchen Sie. Wie hoch ist der Überweisungsbetrag an den Lieferer?*

111

Auszug aus der Summenbilanz der Fertigbau GmbH	Soll	Haben
2000 Rohstoffe	120.000,00	–
2020 Hilfsstoffe	25.000,00	–
6000 Aufwendungen für Rohstoffe	450.000,00	–
6001 Bezugskosten	24.000,00	–
6002 Nachlässe	–	12.000,00
6020 Aufwendungen für Hilfsstoffe	65.000,00	–
6021 Bezugskosten	6.000,00	–
6022 Nachlässe	–	1.600,00
8010 Schlussbilanzkonto	–	–
8020 Gewinn- und Verlustkonto	–	–

Richten Sie die obigen Konten ein und führen Sie den Abschluss durch.

Schlussbestände lt. Inventur: 78.800,00 € Rohstoffe, 22.600,00 € Hilfsstoffe.

112

Anfangsbestände

0700 TA u. Maschinen	450.000,00	2800 Bankguthaben	129.900,00
0800 BGA	221.000,00	2880 Kasse	12.800,00
2000 Rohstoffe	234.000,00	3000 Eigenkapital	600.000,00
2020 Hilfsstoffe	67.800,00	4250 Darlehensschulden	383.250,00
2400 Forderungen a. LL	40.250,00	4400 Verbindlichk. a.LL	172.500,00

Kontenplan: 0700, 0800, 2000, 2020, 2400, 2600, 2800, 2880, 3000, 3001, 4250, 4400, 4800, 5000, 5420, 6000, 6001, 6002, 6020, 6021, 6160, 6200, 6300, 6520, 6800, 7510, 8000, 8010, 8020.

Geschäftsfälle

1.	ER 201: Zielkauf von Rohstoffen, Listenpreis ab Werk	55.600,00	
	– 5 % Mengenrabatt	2.780,00	
	+ Frachtkosten	880,00	
	+ Umsatzsteuer	8.592,00	62.292,00
2.	ER 202: Maschinenreparatur, netto	1.800,00	
	+ Umsatzsteuer	288,00	2.088,00
3.	KB 89: Barkauf von Büromaterial, netto	450,00	
	+ Umsatzsteuer	72,00	522,00
4.	KB 90: Barentnahme für Privatzwecke		1.500,00
5.	AR 209: Zielverkauf von eigenen Erzeugnissen, netto	125.000,00	
	+ Umsatzsteuer	20.000,00	145.000,00
6.	Lieferer (Fall 1: ER 201) gewährt Preisnachlass wegen Mängelrüge, brutto		6.380,00
7.	ER 203: Zielkauf von Hilfsstoffen	6.200,00	
	+ Transportkosten	300,00	
	+ Umsatzsteuer	1.040,00	7.540,00
8.	BA 123: Banküberweisung von Kunden		87.000,00
9.	Liefierergutschrift auf ER 203: Rücksendung beschädigter Hilfsstoffe (Fall 7), brutto		1.740,00
10.	PE 02: Entnahme eines Fertigerzeugnisses für Privatzwecke, netto		1.800,00
11.	BA 124: Lastschrift für Gehaltsüberweisungen	12.800,00	
	Lohnüberweisungen	15.200,00	
	Darlehenszinsen	6.000,00	
	Darlehenstilgung	5.000,00	39.000,00
12.	ER 204: Kauf einer EDV-Anlage, brutto		9.860,00

Abschlussangaben: Inventurbestände: Rohstoffe ... 254.200,00
Hilfsstoffe ... 52.000,00
Abschreibungen: 0700: 15.000,00 €; 0800: 6.000,00 €.

1.4 Nachlässe in Form von Liefererskonti[1]

Bedeutung des Skontos. Rechnungen werden in der Regel innerhalb einer bestimmten Zahlungsfrist unter Abzug von Skonto beglichen. Der Skonto ist eine **Zinsvergütung für vorzeitige Zahlung.** Er enthält aber auch eine **Prämie für die Ersparung von Risiko und Aufwand,** die mit Zielverkäufen verbunden sind.

Beispiel: **ER 4235:**

	Rohstoffe, netto	10.000,00 €
+	Umsatzsteuer	1.600,00 €
	Rechnungsbetrag	**11.600,00 €**

Zahlungsbedingungen: Die Rechnung ist zahlbar innerhalb von 10 Tagen mit **2 % Skonto (= 232,00 €)** oder in 30 Tagen ohne Abzug.

Lohnt sich die vorzeitige Zahlung der Rechnung unter Abzug von Skonto?

0. Tag – 10 Tage – **10. Tag**	20 Tage – **30. Tag**
◀ Barzahlung **mit** Skontoabzug ▶	◀ Zahlung des vollen Rechnungsbetrags **ohne** Skontoabzug = **Kreditgewährung** des Lieferers ▶

Zur Beantwortung der oben gestellten Frage muss der **Skontosatz in einen effektiven Zinssatz umgerechnet** werden, und zwar alternativ als Überschlagslösung mithilfe des Dreisatzes oder genau mithilfe der Zinsformel.

Bei der Überschlagslösung werden der tatsächliche Zahlungsbetrag und der Skontoabzug in € nicht berücksichtigt, sondern nur der **Skontosatz und** die **Kreditzeit:**

20 Tage ~ 2 % Skonto
360 Tage ~ p % Skonto

$$p\,\% = \frac{2\,\% \cdot 360 \text{ Tage}}{20 \text{ Tage}} = \mathbf{36\,\%}$$

Der auf **1 Jahr** umgerechnete Skontosatz beträgt **36 %.**

Die genaue Lösung mithilfe der Zinsformel berücksichtigt den Skontoabzug in € (232,00 €) und die tatsächliche Zahlung von 11.368,00 € (11.600,00 € – 232,00 €):

$$p\,\% = \frac{Z \cdot 360}{K \cdot t} = \frac{232{,}00\text{ €} \cdot 360 \text{ Tage}}{11.368{,}00\text{ €} \cdot 20 \text{ Tage}} = \mathbf{0{,}3673} = \mathbf{36{,}73\,\%}$$

Die Berechnungen belegen, dass es wirtschaftlich sinnvoll ist, Rechnungen vorzeitig mit Skontoabzug zu begleichen:

Beispiel: **ER 4235:**

	Rohstoffe, netto	10.000,00 €
+	Umsatzsteuer	1.600,00 €
	Bruttorechnungsbetrag	11.600,00 €
–	**2 % Skonto von 11.000,00 €**	**232,00 €**
	Überweisungsbetrag	**11.368,00 €**

Ermittlung der Vorsteuerberichtigung und des Nettoskontobetrages:

116 % Skonto ~ 232,00 €
16 % Vorsteuer ~ x €

$$x\text{ €} = \frac{232{,}00\text{ €} \cdot 16\,\%}{116\,\%} = \mathbf{32{,}00\text{ €}}$$

232,00 € Bruttoskonto – 32,00 € Vorsteuerberichtigung = 200,00 € Nettoskonto

Nettobuchung. Der vom Lieferer gewährte **Nettoskonto** in Höhe von 200,00 € wird **bei sofortiger Vorsteuerberichtigung** zunächst im Haben des Unterkontos **„6002 Nachlässe“** erfasst und zum Monats- oder Jahresschluss **auf** das zugehörige Aufwandskonto **„6000 Aufwendungen für Rohstoffe“ umgebucht,** das danach die **Anschaffungskosten** der bezogenen Rohstoffe mit 9.800,00 € ausweist:

1 Siehe auch Band 1, BWL, Kapitel 3.8.2.2.

❶ **Buchung aufgrund der ER 4235:** *Nennen Sie den Buchungssatz.*

❷ **Buchung des Rechnungsausgleichs (Nettoverfahren):**

4400 Verbindlichkeiten a. LL	**11.600,00**	
an **6002 Nachlässe**		**200,00**
an **2600 Vorsteuer**		**32,00**
an **2800 Bank**		**11.368,00**

❸ **Umbuchung:** **6002 Nachlässe** an **6000 Aufwendungen für Rohstoffe** **200,00**

S	6000 Aufwendungen für Rohstoffe		H
❶	10.000,00	❸	200,00

S	6002 Nachlässe		H
❸	200,00	❷	200,00

S	2600 Vorsteuer		H
❶	1.600,00	❷	32,00

S	2800 Bank		H
		❷	11.368,00

S	4400 Verbindlichkeiten a. LL		H
❷	11.600,00	❶	11.600,00

	Anschaffungspreis	10.000,00 €
–	Liefererskonto, netto	200,00 €
	Anschaffungskosten	**9.800,00 €**

Beim **Bruttoverfahren** wird der **Skonto** zunächst **brutto,** also einschließlich Steueranteil, auf dem Konto **„6002 Nachlässe“** erfasst. Erst zum Schluss des Umsatzsteuervoranmeldungszeitraumes wird die **Vorsteuer summarisch berichtigt:**

❷ **Bruttobuchung:**

4400 Verbindlichk. a. LL	**11.600,00**	an	**6002 Nachlässe**	**232,00**
		an	**2800 Bank**	**11.368,00**

❸ **Vorsteuerberichtigung:**

6002 Nachlässe .... an **2600 Vorsteuer** **32,00**

❹ **Umbuchung:**

6002 Nachlässe .... an **6000 Aufwend. f. Rohstoffe** .. **200,00**

S	6000 Aufwendungen für Rohstoffe		H
❶	10.000,00	❹	200,00

S	6002 Nachlässe		H
❸	32,00	❷	232,00
❹	200,00		

S	2800 Bank		H
		❷	11.368,00

S	2600 Vorsteuer		H
❶	1.600,00	❸	32,00

S	4400 Verbindlichkeiten a. LL		H
❷	11.600,00	❶	11.600,00

Merke:

- **Liefererskonti werden in der Regel netto, also ohne Steueranteil, auf dem Konto „Nachlässe“ erfasst und monatlich auf das betreffende Werkstoffaufwandskonto umgebucht. Zuvor ist die Vorsteuer zu berichtigen:**

$$\text{Steuerberichtigungsbetrag} = \frac{\text{Bruttoskontobetrag} \cdot 16\,\%}{116\,\%}$$

- **Bei EDV-gestützter Buchführung wird der Skontobetrag brutto eingegeben (Bruttobuchungsverfahren). Die Vorsteuerberichtigung erfolgt automatisch.**

Aufgaben

113 Die Eingangsrechnung 8857 über 2.900,00 € (Rohstoffwert 2.500,00 € + 400,00 € USt) wird unter Abzug von 2 % Skonto durch Banküberweisung an den Lieferer beglichen.
Konten: 2600, 2800 (AB 85.000,00 €), 4400, 6000, 6002.

1. *Buchen Sie den Eingang der Rohstoffe aufgrund der ER 8857.*
2. *Ermitteln Sie die Steuerberichtigung und buchen Sie beim Rechnungsausgleich den Skonto*
   a) netto und
   b) brutto.
   Nennen Sie auch jeweils die Buchungssätze.

114

Auszug aus der vorläufigen Summenbilanz	Soll	Haben
2600 Vorsteuer	52.500,00	48.350,00
4800 Umsatzsteuer	72.150,00	83.450,00
6002 Nachlässe (brutto)	?	3.712,00

1. *Ermitteln Sie am Monatsende die Steuerberichtigung und buchen Sie.*
2. *Ermitteln Sie nach der Berichtigungsbuchung die Umsatzsteuer-Zahllast.*

115

Auszug aus der Saldenbilanz der Fertigbau GmbH	Soll	Haben
2000 Rohstoffe	450.000,00	–
2020 Hilfsstoffe	80.000,00	–
2600 Vorsteuer	25.000,00	–
2800 Bank	45.000,00	–
4400 Verbindlichkeiten a. LL	–	120.000,00
6000 Aufwendungen für Rohstoffe	320.000,00	–
6001 Bezugskosten für Rohstoffe	15.000,00	–
6002 Nachlässe für Rohstoffe	–	12.000,00
6020 Aufwendungen für Hilfsstoffe	95.000,00	–
6021 Bezugskosten für Hilfsstoffe	4.000,00	–
6022 Nachlässe für Hilfsstoffe	–	5.000,00
Abschlusskonten: 8010 und 8020		

Schlussbestände lt. Inventur
Rohstoffe 150.000,00 €; Hilfsstoffe 100.000,00 €

1. *Buchen Sie noch folgende Geschäftsfälle:*
   a) Einkauf von Hilfsstoffen lt. ER 456: 25.000,00 € + USt
   b) Nachträglicher Preisnachlass des Lieferers auf ER 456: 10 %
   c) Rücksendungen beanstandeter Rohstoffe an den Lieferer: 5.000,00 € netto
   d) Ausgleich der ER 456 (1. a) durch Banküberweisung abzüglich 2 % Skonto.
2. *Welche betriebswirtschaftlichen Vorteile hat die aufwandsorientierte Anlieferung der Werkstoffe („Just-in-time")?*
3. a) Werkstoffverbrauch = Werkstoffeinkauf ? Mehrbestand an Werkstoffen
   b) Werkstoffverbrauch = Werkstoffeinkauf ? Minderbestand an Werkstoffen

116 In einem Geschäftsjahr beträgt der Rohstoffverbrauch 600.000,00 €.
Ermitteln Sie den Rohstoffeinkauf, wenn zum 31. Dezember
1. *ein Mehrbestand an Rohstoffen in Höhe von 150.000,00 € und*
2. *ein Minderbestand an Rohstoffen über 100.000,00 € vorliegen.*

117 *Nennen Sie jeweils die Auswirkung auf den Rohstofflagerschlussbestand.*
1. Einkaufsmenge = Verbrauchsmenge
2. Einkaufsmenge > Verbrauchsmenge
3. Einkaufsmenge < Verbrauchsmenge

2 Absatzbereich

2.1 Erfassung der Umsatzerlöse und Vertriebskosten[1]

Hauptertrag bzw. wichtigste Leistung des Industriebetriebes bilden die Erlöse aus dem Verkauf der eigenen Erzeugnisse, die auf dem Konto

5000 Umsatzerlöse für eigene Erzeugnisse

erfasst werden.

Bezieht der Industriebetrieb auch **Handelswaren[2]**, die ohne weitere Be- oder Verarbeitung **als Zubehör zu den eigenen Erzeugnissen** verkauft werden, so sind die Erlöse gesondert auf folgendem Ertragskonto auszuweisen:

5100 Umsatzerlöse für Waren.

Die Gliederung der Umsatzerlöse nach Erzeugnis- und bei Handelswaren nach Artikelgruppen vermittelt eine aussagefähige **Übersicht über den Anteil** der einzelnen Erzeugnisgruppen bzw. Artikel **am Monats-, Quartals- oder Jahresumsatz.** Unter Berücksichtigung der **Selbstkosten** der einzelnen Erzeugnisgruppen und Artikel lässt sich schnell der **Gewinn/Verlust je Erzeugnis- oder Artikelgruppe** ersehen:

Beispiel: Im Metallwerk Matthias Hein e. Kfm. werden Stahltüren je nach Abmessung und Verwendung in drei Erzeugnisgruppen produziert und verkauft. Das Rechnungswesen stellt für Januar folgende Zahlen zur Verfügung:

	5010 Umsatzerlöse für Stahltür ST 01	5020 Umsatzerlöse für Stahltür ST 02	5030 Umsatzerlöse für Stahltür ST 03	Gesamtrechnung
Umsatzerlöse	84.000,00	92.000,00	64.000,00	240.000,00
– Selbstkosten	73.920,00	78.200,00	69.400,00	221.520,00
Gewinn/Verl.	**10.080,00**	**13.800,00**	**– 5.400,00**	**18.480,00**

1. *Ermitteln Sie den Prozentanteil der Erzeugnisgruppen*
   a) am Gesamtumsatz,
   b) an den gesamten Selbstkosten und
   c) am Gesamtgewinn.
2. *Erläutern Sie die Ergebnisse und machen Sie Verbesserungsvorschläge.*

Vertriebskosten. Während bei der Beschaffung von Werkstoffen und Handelswaren Bezugskosten anfallen, entstehen beim Absatz der eigenen Erzeugnisse und Handelswaren Vertriebskosten, die in der **Kontenklasse 6** erfasst werden:

- **6040 Verpackungsmaterial**
- **6140 Frachten und Fremdlager** (zuzüglich Versicherungen u. a.)
- **6150 Vertriebsprovisionen**

Verpackungsmaterial (z.B. Kartons, Wellpappe, Verpackungsfolien) ist bei vielen Erzeugnissen und Waren zunächst einmal erforderlich, um diese in einen **verkaufsreifen** Zustand zu versetzen. Diese Art von Verpackung geht über das **Konto „6040 Verpackungsmaterial" als Kosten in die Kalkulation** der Verkaufspreise ein. Das für den **Transport der Güter** benötigte Verpackungsmaterial wird ebenfalls auf dem vorgenannten Konto erfasst und in der Regel an den **Kunden weiterbelastet.** Dazu gehören auch Spezialverpackungen, die z.B. see- und tropenfest sind. **In Rechnung gestellte Verpackungskosten** werden buchhalterisch als **Umsatzerlöse** ausgewiesen.

1 Siehe auch Band 1, BWL, Kapitel 3.8.
2 Der **Einkauf von Handelswaren** wird auf dem Konto **„6060 Aufwendungen für Waren"** erfasst.

Fracht- und Lagerkosten in einem Fremdlager entstehen, wenn die Lieferung der eigenen Erzeugnisse und Handelswaren vereinbarungsgemäß „ab Werk" erfolgt. Übernehmen Speditionsunternehmen den Transport und die Lagerung der Güter, sind die Kosten auf dem Konto **„6140 Frachten und Fremdlager"** zu erfassen. Die Fracht- und Fremdlagerkosten fallen für jede Sendung in genau bestimmbarer Höhe an, auch bei Zustellung mit eigenen Fahrzeugen des Lieferers. Sie werden in der Ausgangsrechnung gesondert ausgewiesen und buchhalterisch als **Umsatzerlöse** erfasst. Auf dem Konto „6140 Frachten und Fremdlager" wird auch die Transportversicherung gebucht.

Vertriebsprovisionen fallen in Industriebetrieben an, wenn Aufträge durch Handelsvertreter vermittelt worden sind. Sie werden auf dem Konto **„6150 Vertriebsprovisionen"** erfasst und gehen als **Kosten** in die **Preiskalkulation** ein.

Warenschulden sind Holschulden. Deshalb hat grundsätzlich der Käufer alle Vertriebskosten zu tragen, sofern nichts anderes vereinbart wurde. Dem **Kunden in Rechnung gestellte Vertriebskosten sind** buchhalterisch und umsatzsteuerlich **Bestandteil der Umsatzerlöse** und unterliegen damit in der Ausgangsrechnung der **Umsatzsteuer.** Somit ist die erforderliche **Umsatzsteuerverprobung** sichergestellt.

Beispiel:

❶ Für die Fracht der an einen Kunden ab Werk gelieferten Erzeugnisse begleichen die Möbelwerke W. Kurz e. K. die Speditionsrechnung durch Bankscheck:

	Frachtkosten einschl. Ver- und Entladung	1.800,00 €
+	Umsatzsteuer	288,00 €
	Rechnungsbetrag	**2.088,00 €**

❷ Die Ausgangsrechnung AR 3456 der Möbelwerke W. Kurz e. K. lautet:

	50 Schreibtische je 425,00 €	21.250,00 €
+	verauslagte Frachtkosten	1.800,00 €
		23.050,00 €
+	Umsatzsteuer	3.688,00 €
	Rechnungsbetrag	**26.738,00 €**

Buchungen:

	Soll	Haben
❶ **6140 Frachten und Fremdlager**	**1.800,00**	
2600 Vorsteuer	**288,00**	
an **2800 Bank**		**2.088,00**
❷ **2400 Forderungen a. LL**	**26.738,00**	
an **5000 Umsatzerlöse für eigene Erzeugnisse**		**23.050,00**
an **4800 Umsatzsteuer**		**3.688,00**

S	**6140 Frachten und Fremdlager**	H
❶ 1.800,00		

S	**2400 Forderungen a. LL**	H
❷ 26.738,00		

S	**2600 Vorsteuer**	H
❶ 288,00		

S	**5000 Umsatzerlöse f. eigene Erzeugnisse**	H
		❷ 23.050,00

S	**2800 Bank**	H
		❶ 2.088,00

S	**4800 Umsatzsteuer**	H
		❷ 3.688,00

Merke:

- **Die Umsatzerlöskonten für eigene Erzeugnisse und Handelswaren lassen sich nach Erzeugnis- bzw. Artikelgruppen gliedern.**
- **Dem Kunden in Rechnung gestellte Vertriebskosten werden wegen der umsatzsteuerlichen Verprobung als Umsatzerlöse behandelt und entsprechend gebucht.**

Aufgaben

118 *Nennen Sie die Buchungssätze zu folgenden Geschäftsfällen:*

1. Ausgangsrechnung 4567: Nettowert	14.500,00	
+ Transportversicherung	500,00	
+ Umsatzsteuer	2.400,00	17.400,00
2. ER 2345: Verpackungsmaterialkauf für den Versand	7.500,00	
+ Umsatzsteuer	1.200,00	8.700,00
3. ER 2347: Unser Handelsvertreter stellt uns an Verkaufsprovisionen in Rechnung, netto	4.500,00	
+ Umsatzsteuer	720,00	5.220,00
4. ER 2348: Spediteur berechnet für Lieferung an Kunden (siehe Fall 1), netto	650,00	
+ Umsatzsteuer	104,00	754,00

119 a) Barzahlung der Ausgangsfracht für AR 607: netto 350,00 € + 56,00 € Umsatzsteuer.

b) **AR 607 der Stahlwerke AG**

7 t Stahl TX, Nettowert		7.650,00
Verpackungskosten	200,00	
Verladekosten	150,00	
Fracht	350,00	700,00
		8.350,00
+ Umsatzsteuer		1.336,00
Rechnungsbetrag		9.686,00

1. *Buchen Sie aus der Sicht des Lieferers.*
2. *Wie hoch sind die Umsatzerlöse?*

120 a) Die Aufgabe 119 b) ist als Rohstoffrechnung beim Kunden zu buchen.
b) Der Kunde zahlt die Hausfracht bar: 250,00 € netto + 40,00 € Umsatzsteuer.

1. *Wie lauten die Buchungssätze für die Fälle a) und b)?*
2. *Ermitteln Sie die Anschaffungskosten der Rohstoffe.*

121 **AR 608 der Chemiewerke GmbH**

10 Behälter Chlor zu je 250,00 €	2.500,00	
abzüglich 20 % Rabatt	500,00	2.000,00
Transportversicherung	80,00	
Fracht	220,00	300,00
		2.300,00
+ Umsatzsteuer		368,00
Rechnungsbetrag		2.668,00

1. *Buchen Sie den Vorgang für den Verkäufer und erläutern Sie die Höhe und Zusammensetzung der Umsatzerlöse.*
2. *Buchen Sie die Aufgabe als Eingangsrechnung für Hilfsstoffe beim Kunden.*

122 *Erläutern Sie den Grundsatz „Warenschulden sind Holschulden“ aus der Sicht des Verkäufers und schildern Sie die buchhalterischen Auswirkungen, wenn der Verkäufer Vertriebskosten in der Ausgangsrechnung geltend macht.*

2.2 Gutschriften an Kunden aufgrund von Rücksendungen

Senden Kunden Erzeugnisse oder Waren zurück, die falsch oder mit Mängeln behaftet geliefert wurden, wird der bereits gebuchte Zielverkauf eigener Erzeugnisse oder Waren entsprechend rückgängig gemacht. Die **Rückbuchung erfolgt aufgrund der dem Kunden zugesandten Gutschriftsanzeige.**

Beispiel: Ein Kunde, dem wir lt. AR 765 eigene Erzeugnisse für 5.000,00 € netto + 800,00 € Umsatzsteuer (16 %) auf Ziel verkauft hatten, sendet beschädigte Erzeugnisse zurück. Unsere **Gutschriftsanzeige** an den Kunden lautet:

	Nettowert der zurückgeschickten Erzeugnisse	600,00 €
+	Umsatzsteuer	96,00 €
	Gutschrift	**696,00 €**

❶ **Buchung aufgrund der Ausgangsrechnung:**

2400 Forderungen a. LL	**5.800,00**	
an **5000 Umsatzerlöse für eigene Erzeugnisse**		**5.000,00**
an **4800 Umsatzsteuer**		**800,00**

❷ **Buchung der Rücksendung durch den Kunden aufgrund unserer Gutschriftsanzeige:**

5000 Umsatzerlöse für eigene Erzeugnisse	**600,00**	
4800 Umsatzsteuer	**96,00**	
an **2400 Forderungen a. LL**		**696,00**

S	2400 Forderungen a. LL		H
❶	5.800,00	❷	696,00

S	5000 Umsatzerlöse f. eigene Erzeugnisse		H
❷	600,00	❶	5.000,00

S	4800 Umsatzsteuer		H
❷	96,00	❶	800,00

Merke: **Senden Kunden beanstandete Erzeugnisse und Waren zurück, führt das zu einer entsprechenden Rückbuchung auf den Konten Umsatzerlöse, Umsatzsteuer und Forderungen.**

Aufgabe

Kontenplanauszug: 2400, 2600, 4400, 4800, 5000, 5100, 6000, 6001, 6060, 6061. 123

Ermitteln Sie für die folgenden Geschäftsfälle jeweils den Rechnungs- bzw. Gutschriftsbetrag, nennen Sie den Buchungssatz und buchen Sie auf den entsprechenden Konten.

1.	ER 2356 für Rohstoffe: Listenpreis	20.000,00
	Gewährter Mengenrabatt	20 %
	+ Umsatzsteuer	?
2.	Eingangsfracht (Fall 1) lt. Speditionsrechnung, netto	800,00
	+ Umsatzsteuer	128,00
3.	Rücksendung beschädigter Rohstoffe (ER 2356), Nettowert	5.000,00
	+ Umsatzsteuer	800,00
4.	AR 3456: Verkauf von eigenen Erzeugnissen, Listenpreis	40.000,00
	Gewährter Wiederverkäuferrabatt	25 %
	+ Umsatzsteuer	?
5.	Kunde (AR 3456) sendet uns beschädigte Erzeugnisse zurück, Nettowert	4.000,00
6.	ER 2357: Kauf von Handelswaren, netto	14.600,00
	Verpackung, netto	400,00
7.	AR 3457: Verkauf von Handelswaren, Listenpreis	2.500,00
	Gewährter Mengenrabatt	10 %
	+ Umsatzsteuer	?
8.	Kunde (AR 3457) erhält Gutschrift wegen Falschlieferung, netto	1.300,00

2.3 Nachträgliche Preisnachlässe im Absatzbereich

Preisnachlässe, die den Kunden aufgrund von

- **Mängelrügen**, ▶ **Boni** und ▶ **Skonti**

nachträglich gewährt werden, **schmälern die Umsatzerlöse.** Zur besseren Übersicht und für Zwecke der Kalkulation und Umsatzsteuerverprobung werden sie aber nicht direkt im Soll des betreffenden Umsatzerlöskontos gebucht, sondern zunächst auf einem besonderen **Unterkonto „Erlösberichtigungen":**

5000 Umsatzerlöse für eigene Erzeugnisse	**5100 Umsatzerlöse für Waren**
5001 Erlösberichtigungen für eig. Erzeugnisse	**5101 Erlösberichtigungen für Waren**

Umbuchung. Beim Monats- oder Jahresabschluss werden die **Unterkonten** im Rahmen der vorbereitenden Abschlussbuchungen **über das entsprechende Erlöskonto** abgeschlossen. Die gewährten **Nachlässe mindern nachträglich die Umsatzerlöse** und damit auch die Bemessungsgrundlage der Umsatzsteuer, was eine **Berichtigung der Umsatzsteuer** erforderlich macht.

Beispiel: Wir gewähren einem Kunden, dem wir lt. AR 812 eigene Erzeugnisse für 10.000,00 € netto + 1.600,00 € Umsatzsteuer = 11.600,00 € verkauft haben, aufgrund seiner Mängelrüge nachträglich einen Preisnachlass von 20 %. Unsere **Gutschriftsanzeige** lautet:

	20 % Preisnachlass von 10.000,00 € netto	2.000,00 €
+	Umsatzsteuer	320,00 €
	Bruttogutschrift	**2.320,00 €**

Wie lauten die Buchungen für 1. den Zielverkauf lt. AR 812, 2. den nachträglich gewährten Preisnachlass und 3. den Abschluss des Kontos „5001 Erlösberichtigungen für eigene Erzeugnisse"?

❶ **Buchung aufgrund der Ausgangsrechnung:**

2400	**Forderungen a. LL**	**11.600,00**	
	an **5000 Umsatzerlöse für eigene Erzeugnisse** ...		**10.000,00**
	an **4800 Umsatzsteuer**		**1.600,00**

❷ **Nettobuchung des dem Kunden gewährten Preisnachlasses:**

5001	**Erlösberichtigungen für Erzeugnisse**	**2.000,00**	
4800	**Umsatzsteuer**	**320,00**	
	an **2400 Forderungen a.LL**		**2.320,00**

❸ **Umbuchung am Ende der Rechnungsperiode:**

5000 Umsatzerlöse .... an **5001 Erlösberichtigungen** **2.000,00**

S	**2400 Forderungen a.LL**		H
❶	11.600,00	❷	2.320,00

S	**5000 Umsatzerlöse f. eigene Erzeugnisse**		H
❸	2.000,00	❶	10.000,00

S	**5001 Erlösberichtigungen**		H
❷	2.000,00	❸	2.000,00

S	**4800 Umsatzsteuer**		H
❷	320,00	❶	1.600,00

	Umsatzerlöse	10.000,00 €
–	Preisminderung	2.000,00 €
	Berichtigte Erlöse	**8.000,00 €**

Nennen Sie die Buchungen des vorhergehenden Beispiels nach dem Bruttoverfahren.

Beispiel: Wir haben lt. AR 813 Handelswaren für 15.000,00 € + 2.400,00 € USt = 17.400,00 € verkauft. Der Kunde begleicht vereinbarungsgemäß den Rechnungsbetrag durch Banküberweisung unter Abzug von 2 % Skonto.

			Steuerberichtigung
	Waren, netto	15.000,00 €	$= \frac{\text{Bruttoskonto} \cdot 16\,\%}{116\,\%}$
+	Umsatzsteuer	2.400,00 €	
	Bruttorechnungsbetrag	17.400,00 €	$= \frac{348 \cdot 16\,\%}{116\,\%} = \mathbf{48{,}00\ €}$
–	**2 % Skonto**	**348,00 €**	
	Überweisungsbetrag	**17.052,00 €**	

Um welchen Betrag mindern sich durch den Skontoabzug jeweils die Umsatzerlöse für Waren und die Umsatzsteuer? Wie lauten die Buchungen?

Der **Bruttoskontobetrag** (348,00 €) ist **in** den **USt-Anteil** (48,00 €) und den **Erlösanteil** (348,00 € – 48,00 € = 300,00 €) **aufzuteilen.**

Die Kundenskonti können wie die Liefererskonti nach dem **Nettoverfahren** (sofortige USt-Berichtigung) **oder** nach dem **Bruttoverfahren** (spätere USt-Berichtigung) gebucht werden. In der **EDV-Buchführung** wird – wie bereits weiter oben behandelt – der Bruttoskontobetrag eingegeben, wobei das Programm dann die Steuerberichtigung automatisch errechnet und direkt bucht.

Nettobuchungsverfahren:

❶ **Buchung der AR 813:** *Nennen Sie den Buchungssatz.*

❷ **Nettobuchung:**

2800 Bank	**17.052,00**			
5101 Erlösberichtig.	**300,00**			
4800 Umsatzsteuer	**48,00**	an	**2400 Forder. a. LL**	**17.400,00**

❸ **Umbuchung:** **5100 Umsatzerlöse für Waren** .... an **5101 Erlösberichtig.** **300,00**

S	2400 Forderungen a. LL		H
❶	17.400,00	❷	17.400,00

S	5100 Umsatzerlöse für Waren		H
❸	300,00	❶	15.000,00

S	4800 Umsatzsteuer		H
❷	48,00	❶	2.400,00

S	2800 Bank		H
❷	17.052,00		

S	5101 Erlösberichtigungen für Waren		H
❷	300,00	❸	300,00

	Umsatzerlöse	15.000,00 €
–	Kundenskonti, netto	300,00 €
	Berichtigte Erlöse	**14.700,00 €**

Bei Anwendung des Bruttobuchungsverfahrens lautet die

❷ **Buchung des Zahlungseingangs:**

2800 Bank	**17.052,00**			
5101 Erlösberichtigungen	**348,00**	an	**2400 Forderungen a. LL**	**17.400,00**

❸ **USt-Berichtigungsbuchung zum Schluss des Umsatzsteuervoranmeldungszeitraums:**

4800 Umsatzsteuer .... an **5101 Erlösberichtigungen** ... **48,00**

S	5101 Erlösberichtigungen für Waren		H
❷ 2400	348,00	❸ 4800	48,00
		❹ 5100	300,00

S	4800 Umsatzsteuer		H
❸ 5101	48,00	❶ 2400	2.400,00

Merke:
- **Gewährte Nachlässe in Form von Preisnachlässen aufgrund von Mängelrügen, Kundenboni und Kundenskonti mindern nachträglich die Umsatzerlöse und Umsatzsteuer.**
- **Kundenskonti mindern die Erlöse, Liefererskonti die Anschaffungskosten.**
- **Die Umsatzsteuer-Zahllast kann am Ende des USt-Voranmeldungszeitraumes erst nach Berücksichtigung der Steuerberichtigungen ermittelt werden:**

S	2600 Vorsteuer H
Vorsteuerbeträge aufgrund von Eingangsrechnungen	**Berichtigungen:** ▷ Rücksendungen an Lieferer, ▷ Preisnachlässe von Lieferern, ▷ Liefererboni, ▷ Liefererskonti

S	4800 Umsatzsteuer H
Berichtigungen: ▷ Rücksendungen von Kunden, ▷ Preisnachlässe an Kunden, ▷ Kundenboni, ▷ Kundenskonti	**Umsatzsteuerbeträge** aufgrund von Ausgangsrechnungen

Aufgaben

124 Die Eingangsrechnung 2853 über 3.480,00 € (Rohstoffwert 3.000,00 € + 480,00 € Umsatzsteuer) wird unter Abzug von 2 % Skonto durch Banküberweisung an den Lieferer beglichen.

Konten: 2600, 2800 (AB 85.000,00 €), 4400, 6000, 6002.

1. *Buchen Sie den Eingang der Rohstoffe aufgrund der ER 2853.*
2. *Buchen Sie beim Rechnungsausgleich den Skonto*
   a) netto und
   b) brutto.
3. *Ermitteln und buchen Sie die Steuerberichtigung beim Bruttoverfahren.*
4. *Wie lauten die entsprechenden Buchungen beim Lieferer?*

125 Der Kunde begleicht unsere Ausgangsrechnung 4459 über 17.400,00 € (Erzeugniswert 15.000,00 € + 2.400,00 € Umsatzsteuer) abzüglich 2 % Skonto durch Postbanküberweisung.

Konten: 2400, 2850, 4800, 5000, 5001.

1. *Buchen Sie den Verkauf der eigenen Erzeugnisse aufgrund der AR 4459.*
2. *Buchen Sie den Skonto beim Zahlungseingang*
   a) netto und
   b) brutto.
3. *Buchen Sie die Steuerberichtigung beim Bruttoverfahren.*
4. *Nennen Sie die entsprechenden Buchungen zu 1. und 2. auch beim Kunden.*

126

Auszug aus der vorläufigen Summenbilanz	Soll	Haben
2600 Vorsteuer	52.500,00	48.350,00
4800 Umsatzsteuer	72.150,00	83.450,00
5001 Erlösberichtigungen (einschl. Umsatzsteuer)	2.900,00	?
6002 Nachlässe (einschl. Umsatzsteuer)	?	3.712,00

1. *Ermitteln Sie am Monatsende die Steuerberichtigungen und buchen Sie.*
2. *Ermitteln Sie nach den Berichtigungsbuchungen die Umsatzsteuer-Zahllast.*

127 Gutschrift über eine Umsatzvergütung von 3 % auf den Handelswarenumsatz des 2. Halbjahres in Höhe von 350.000,00 € netto.

1. *Erstellen Sie die Gutschriftsanzeige.*
2. *Wie bucht*
   a) der Lieferer und
   b) der Kunde?
3. *Erläutern Sie die Auswirkung der Boni im Ein- und Verkaufsbereich.*

Buchen Sie die folgenden Geschäftsfälle auf den Konten 2400, 2600, 4400, 4800, 5000, 5001, 6000, 6002 und ermitteln Sie jeweils die erforderlichen Steuerberichtigungen. **128**

1. Zieleinkauf von Rohstoffen, Nettowert lt. ER 567: 5.800,00 €.
2. Rücksendung beschädigter Rohstoffe an Lieferer (ER 567): Nettowert 1.800,00 €.
3. Auf die übrigen Rohstoffe (ER 567) gewährt uns der Lieferer noch 20 % Nachlass.
4. Zielverkauf von eigenen Erzeugnissen, Nettowert lt. AR 859: 6.000,00 €.
5. Kunde sendet beschädigte Erzeugnisse (AR 859) zurück: 2.000,00 € netto.
6. Kunde (AR 859) erhält im Übrigen noch einen Preisnachlass von brutto 232,00 €.

In der Finanzbuchhaltung der Möbelfabrik Jörg Breuer e. K. haben Sie den nebenstehenden Beleg zu buchen: **129**

Möbelfabrik Jörg Breuer e. K. • Karlstraße 44 • 51379 Leverkusen

Jörg BREUER Möbelfabrik

Möbelfachgeschäft
Werner Theuer e. Kfm.
Am Gierlichshof 15
51381 Leverkusen

Konto Soll Haben Gebucht:

Ihr Zeichen, Ihre Nachricht vom ..-12-20 — Datum ..-12-28

Rechnung Nr. 1 315

Sehr geehrte Damen und Herren,

aufgrund Ihrer Beanstandung schreiben wir Ihnen gut:

10 % von 10.000,00 € Warenwert lt. o. g. Rechnung	1.000,00 €
+ 16 % Umsatzsteuer	160,00 €
	1.160,00 €

Mit freundlichen Grüßen

Möbelfabrik Jörg Breuer e. K.

i. A. Schreiner

Steuer-Nr. 065 262 4411 9

Buchen Sie den nebenstehenden Beleg in der Finanzbuchhaltung der Möbelfabrik Jörg Breuer e. K. **130**

Max **KAISER** KG
Herstellung von Spanplatten

Möbelfabrik
Jörg Breuer e. K.
Karlstraße 44
51379 Leverkusen

Konto Soll Haben Gebucht:

Ihr Zeichen, Ihre Nachricht ..-12-16 — Datum ..-12-30

Rechnung Nr. 8 765

Sehr geehrter Herr Breuer,

Eingang: ..12-31

auf die von Ihnen zu Recht beanstandete Spanplattenlieferung vom 15. Dez. .. erhalten Sie nachträglich einen

Preisnachlass von netto	600,00 €
+ 16 % Umsatzsteuer	96,00 €
	696,00 €

Wir bitten um gleich lautende Buchung.

Mit freundlichen Grüßen

Max Kaiser KG

ppa. W. Herrhausen

Steuer-Nr. 065 362 8765 3

Buchen Sie die Belege der Aufgaben 129 und 130 in den Buchhaltungen von Werner Theuer und Max Kaiser. **131**

132

Kontenplan und vorläufige Saldenbilanz	Soll	Haben
0700 TA und Maschinen	123.000,00	–
0800 Betriebs- und Geschäftsausstattung	85.000,00	–
2000 Rohstoffe	80.000,00	–
2400 Forderungen a. LL	155.426,00	–
2600 Vorsteuer	136.020,00	–
2800 Bank	158.380,00	–
3000 Eigenkapital	–	300.000,00
3001 Privat	76.000,00	–
4400 Verbindlichkeiten a. LL	–	104.410,00
4800 Umsatzsteuer	–	234.016,00
5000 Umsatzerlöse für eigene Erzeugnisse	–	1.535.000,00
5001 Erlösberichtigungen	72.400,00	–
6000 Aufwendungen für Rohstoffe	919.200,00	–
6001 Bezugskosten	18.800,00	–
6002 Nachlässe	–	31.200,00
7800 Diverse Aufwendungen	380.400,00	–
Weitere Konten: 6520, 8010 und 8020	2.204.626,00	2.204.626,00

Geschäftsfälle

1. Banküberweisungen von Kunden:		
Rechnungsbeträge	32.480,00	
– Skonti (2 %)	649,60	31.830,40
2. Gutschriftsanzeige an Kunden für Bonus:		
2,5 % von 480.000,00 € Jahres-Nettoumsatz	12.000,00	
+ Umsatzsteuer	1.920,00	13.920,00
3. Die Eingangsrechnung ER 1406, Rohstoffwert	22.500,00	
+ Umsatzsteuer	3.600,00	26.100,00
wurde versehentlich als Ausgangsrechnung gebucht. Stornieren Sie die Falschbuchung.		
4. Buchen Sie die Eingangsrechnung 1406.		
5. AR 1450–1460 für eigene Erzeugnisse, netto	78.600,00	
+ Transportkosten	3.400,00	
+ Umsatzsteuer	13.120,00	95.120,00
6. Banküberweisungen an Lieferer: Rechnungsbeträge	29.000,00	
– Skonti (2 %)	580,00	28.420,00
7. Kunde erhält Preisnachlass wegen Mängelrüge, brutto		580,00
8. Rohstofflieferer schreibt uns Bonus gut:		
3 % auf den Umsatz von 680.000,00 €	20.400,00	
+ Umsatzsteuer	3.264,00	23.664,00
9. Rücksendung beschädigter Rohstoffe an Lieferer,		
Nettowert	3.500,00	
+ Umsatzsteuer	560,00	4.060,00

Abschlussangaben

1. Schlussbestand an Rohstoffen lt. Inventur 60.000,00
2. Abschreibungen auf 0700: 14.000,00 €; auf 0800: 6.000,00 €.

Auswertung

1. *Ermitteln und beurteilen Sie die Rentabilität (Verzinsung) des Eigenkapitals in %, indem Sie den Reingewinn nach Abzug eines jährlichen Unternehmerlohnes in Höhe von 100.000,00 € zum eingesetzten Eigenkapital (300.000,00 €) in Beziehung setzen.*
2. *Wie beurteilen Sie das Verhältnis zwischen Eigenkapital und Fremdkapital?*
3. *Welche Vermögensteile sind durch eigene Mittel (Eigenkapital) gedeckt?*

133

Anfangsbestände

0700 TA u. Maschinen	400.000,00	2800 Bankguthaben	68.000,00
0800 BGA	60.000,00	2880 Kasse	3.000,00
2000 Rohstoffe	50.000,00	3000 Eigenkapital	?
2020 Hilfsstoffe	20.000,00	4250 Darlehensschulden	145.000,00
2400 Forderungen a. LL	29.000,00	4400 Verbindlichk. a. LL	55.000,00

Kontenplan

0700, 0800, 2000, 2020, 2400, 2600, 2800, 2880, 3000, 3001, 4250, 4400, 4800, 5000, 5001, 5420, 5710, 6000, 6001, 6002, 6020, 6021, 6022, 6200, 6520, 6700, 8000, 8010, 8020.

Geschäftsfälle

1.	ER 621–624 über Rohstoffe	30.000,00	
	ER 625–626 über Hilfsstoffe	10.000,00	
	+ Umsatzsteuer	6.400,00	46.400,00
2.	Barzahlung der Bezugskosten für Rohstoffe	1.200,00	
	für Hilfsstoffe	800,00	
	+ Umsatzsteuer	320,00	2.320,00
3.	Banküberweisung von Kunden, Rechnungsbetrag	5.800,00	
	– 2 % Skonto (brutto)	116,00	5.684,00
4.	Gutschrift für Rücksendung beschädigter Rohstoffe, brutto		928,00
5.	Banküberweisung an Rohstofflieferer, Rechnungsbetrag	11.600,00	
	– 2 % Skonto (brutto)	232,00	11.368,00
6.	Gutschrift des Hilfsstofflieferers wegen Mängelrüge, brutto		1.740,00
7.	Privatentnahme von Erzeugnissen	700,00	
	+ Umsatzsteuer	112,00	812,00
8.	Zinsgutschrift der Bank		600,00
9.	Banküberweisung der Löhne		6.300,00
10.	AR 728–736 über unsere Erzeugnisse	65.000,00	
	+ Umsatzsteuer	10.400,00	75.400,00
11.	Bonusgutschrift des Rohstofflieferanten, brutto		1.160,00
12.	Unsere Banküberweisung für Miete der Betriebsstätte		8.000,00
13.	Banklastschrift für Darlehenstilgung		4.000,00

Abschlussangaben

1. Abschreibungen auf 0700: 10.000,00 €; auf 0800: 5.000,00 €.
2. Schlussbestände lt. Inventur: Rohstoffe 60.000,00 €, Hilfsstoffe 8.000,00 €.

134

1. *Begründen Sie, dass bei Rücksendungen und Nachlässen jeweils die Umsatzsteuer bzw. Vorsteuer zu berichtigen ist.*
2. *Wie wirken sich Boni, Skonti und Preisnachlässe aufgrund von Mängelrügen*
   a) im Beschaffungsbereich und
   b) im Absatzbereich aus?
3. *Warum ist es sinnvoll, Nachlässe im Beschaffungs- und Absatzbereich auf entsprechenden Unterkonten zu erfassen?*
4. *Welche Nachlässe bewirken*
   a) eine Anschaffungskostenminderung und
   b) eine Gewinnminderung?
5. *Was versteht man bei der Skontibuchung unter*
   a) Nettoverfahren und
   b) Bruttoverfahren?
6. *Welchen Vorteil hat die EDV-Buchführung im Hinblick auf die Skontibuchungen?*

3 Lohn- und Gehaltsabrechnung

Löhne und Gehälter. Das Arbeitsentgelt eines Arbeiters bezeichnet man als Lohn, das des Angestellten als Gehalt. Löhne und Gehälter sind für den Arbeitnehmer **Einkommen,** für den Arbeitgeber hingegen **Aufwendungen** (= Personalkosten).

Der Arbeitgeber ist gesetzlich verpflichtet vom Bruttoverdienst der Arbeitnehmer

- die **Lohnsteuer,** den **Solidaritätszuschlag** und die **Kirchensteuer** sowie
- den **Anteil der Arbeitnehmer** an der gesetzlichen **Kranken-, Pflege-, Renten-** und **Arbeitslosenversicherung** (= 50 % + Zulagen)[1]

einzubehalten und bis zum 10. des Folgemonats an das zuständige Finanzamt[2] und **bis zum 15. des Folgemonats an die jeweilige Krankenkasse zu überweisen.** Nach Abzug der Steuern und des Arbeitnehmeranteils zur Sozialversicherung ergibt sich der **Nettoverdienst** des Arbeitnehmers. **Das Kindergeld** wird **von der Familienkasse** des jeweiligen Arbeitsamtes **ausgezahlt.** Es beträgt für das erste, zweite und dritte Kind je 154,00 € und für jedes weitere Kind je 179,00 €.[3]

Bruttogehalt/-lohn	
– **Steuern**	● Lohnsteuer (LSt) ● Solidaritätszuschlag (5,5 % der LSt)[3] ● Kirchensteuer (8 bzw. 9 % der LSt)
– **Arbeitnehmeranteil zur gesetzlichen Sozialversicherung**	● Krankenversicherung ● Pflegeversicherung ● Rentenversicherung ● Arbeitslosenversicherung
Nettogehalt/-lohn = Auszahlung	

3.1 Die Ermittlung der Steuerabzüge

Der Lohnsteuer unterliegen alle Einkünfte aus **nicht selbstständiger** Arbeit. Sie richtet sich nach der **Höhe des Arbeitslohnes,** der **Steuerklasse** und möglichen **Freibeträgen** (z.B. für Behinderte). Das Existenzminimum (der **Grundfreibetrag)** ist **lohnsteuerfrei:** 7.664,00 € für Ledige und 15.328,00 € für Verheiratete.[3]

Es gibt **sechs Lohnsteuerklassen:**

Steuerklasse	Zuordnung der Arbeitnehmer
I	Nicht verheiratete, verwitwete oder geschiedene Arbeitnehmer sowie Verheiratete, die ständig getrennt leben.
II	Arbeitnehmer der Steuerklasse I, sofern sie mindestens ein Kind haben.
III	Verheiratete, jedoch nicht ständig getrennt lebende Arbeitnehmer, deren Ehegatte keinen Arbeitslohn bezieht oder in die Steuerklasse V eingeordnet ist.
IV	Verheiratete, nicht ständig getrennt lebende Arbeitnehmer, wenn beide Arbeitslohn beziehen.
V	Verheiratete, nicht ständig getrennt lebende Ehegatten, die beide Arbeitslohn beziehen, wobei ein Ehegatte auf gemeinsamen Antrag in Steuerklasse III ist.
VI	Bezieht ein Arbeitnehmer Arbeitslohn von mehreren Arbeitgebern, wird auf der zweiten und jeder weiteren Lohnsteuerkarte die Steuerklasse VI eingetragen.

1 siehe S. 136
2 **Monatliche Zahlung** erfolgt nur bei einer **Vorjahreslohnsteuer** von **mehr als 3.000,00 €,** was in den folgenden Aufgaben unterstellt wird.
3 Stand 2005

Steuerpflichtiges und steuerfreies Arbeitsentgelt. Grundsätzlich sind alle Einnahmen, die ein Arbeitnehmer aus einem Arbeitsverhältnis erzielt, lohnsteuerpflichtig. Es gibt aber auch Arbeitsentgelte, die in bestimmten Grenzen steuerfrei sind:

Lohnsteuerpflichtiger Arbeitslohn	Lohnsteuerfreier Arbeitslohn
● Löhne und Gehälter ● Zulagen (z. B. Schmutzzulage) ● Zuschläge (z. B. für Überstunden)[2] ● Urlaubsgeld ● Weihnachtsgratifikationen u. a.	● Heiratsbeihilfen bis 315,00 €[1] ● Geburtsbeihilfen bis 315,00 €[1] je Kind u. a.

Solidaritätszuschlag. Zur Finanzierung der deutschen Einheit wird seit 1. Januar 1995 ein Solidaritätszuschlag in Höhe von zz. **5,5 %[1]** der Lohnsteuer erhoben.

Die Kirchensteuer ist **nicht** in allen Bundesländern **einheitlich** hoch. Sie beträgt
- in Baden-Württemberg und Bayern **8 %** und
- in den übrigen Bundesländern **9 % der Lohnsteuer.**

Kinderfreibetrag. Im Gegensatz zur Lohnsteuer wird **bei der Bemessung der Kirchensteuer und des Solidaritätszuschlages** die **Anzahl der Kinder berücksichtigt.** Jedes Kind wird auf der Lohnsteuerkarte mit dem Zähler 0,5 (= 242,00 € monatlicher Kinderfreibetrag einschließlich Betreuungsfreibetrag) eingetragen. Der Zähler erhöht sich auf 1,0 (= 484,00 €) bei verheirateten und nicht dauernd getrennt lebenden Arbeitnehmern.[1]

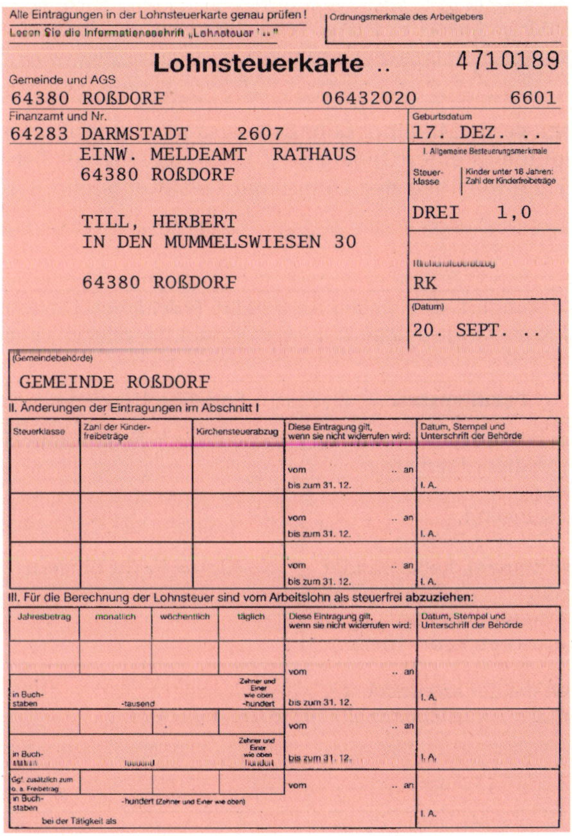
Alle Eintragungen in der Lohnsteuerkarte genau prüfen!
Lesen Sie die Informationsschrift „Lohnsteuer '..“
Ordnungsmerkmale des Arbeitgebers

Lohnsteuerkarte .. 4710189

Gemeinde und AGS
64380 ROßDORF 06432020 6601

Finanzamt und Nr.
64283 DARMSTADT 2607

Geburtsdatum
17. DEZ. ..

EINW. MELDEAMT RATHAUS
64380 ROßDORF

TILL, HERBERT
IN DEN MUMMELSWIESEN 30

64380 ROßDORF

I. Allgemeine Besteuerungsmerkmale
Steuerklasse: DREI
Kinder unter 18 Jahren: Zahl der Kinderfreibeträge: 1,0
Kirchensteuerabzug: RK
(Datum) 20. SEPT. ..

(Gemeindebehörde)
GEMEINDE ROßDORF

II. Änderungen der Eintragungen im Abschnitt I

Steuerklasse	Zahl der Kinderfreibeträge	Kirchensteuerabzug	Diese Eintragung gilt, wenn sie nicht widerrufen wird:	Datum, Stempel und Unterschrift der Behörde
			vom .. an bis zum 31. 12.	I. A.
			vom .. an bis zum 31. 12.	I. A.
			vom .. an bis zum 31. 12.	I. A.

III. Für die Berechnung der Lohnsteuer sind vom Arbeitslohn als steuerfrei **abzuziehen**:

Jahresbetrag	monatlich	wöchentlich	täglich	Diese Eintragung gilt, wenn sie nicht widerrufen wird:	Datum, Stempel und Unterschrift der Behörde
				vom .. an	
in Buchstaben	-tausend		Zehner und Einer wie oben -hundert	bis zum 31. 12.	I. A.
				vom .. an	
in Buchstaben	-tausend		Zehner und Einer wie oben -hundert	bis zum 31. 12.	I. A.
Ggf. zusätzlich zum o. a. Freibetrag				vom .. an	
in Buchstaben	-hundert (Zehner und Einer wie oben) bei der Tätigkeit als				I. A.

Lohnsteuerkarte. § 39 EStG bestimmt, dass die **Gemeinden** den steuerpflichtigen Arbeitnehmern eine nach amtlichem Muster vorgeschriebene Lohnsteuerkarte auszustellen haben, die **alle für die Lohnsteuerberechnung wichtigen Angaben** über den Steuerpflichtigen enthält. Die Lohnsteuerkarte legt der Arbeitnehmer zu Beginn eines jeden Jahres seinem Arbeitgeber vor.

Ab 2005 müssen Arbeitgeber jeweils zum Jahresschluss die mit der Steuerberechnung versehene **Lohnsteuerkarte direkt an das Finanzamt** schicken. Der Arbeitnehmer erhält lediglich eine **Bescheinigung über die abgeführten Steuern** mit einer **PIN** (= personal identification number), die er bei der nachfolgenden Einkommensteuererklärung oder Antragsveranlagung angeben muss.

1 Stand 2005
2 außer Zuschläge für Sonn- und Feiertagsarbeit

Aus Lohnsteuertabellen können für jeden steuerpflichtigen Arbeitnehmer die Lohnsteuer, der Solidaritätszuschlag und die Kirchensteuer abgelesen werden. Die **Tabellen berücksichtigen** die jeweilige **Steuerklasse,** die **Kinderfreibetragszahl und andere Freibeträge,** die in der Tabelle bereits berücksichtigt sind, wie z.B. den **Pauschbetrag für Werbungskosten** des Arbeitnehmers in Höhe von 920,00 €. Es gibt Abzugstabellen für tägliche, wöchentliche und monatliche Lohnzahlung. **Schneller und damit wirtschaftlicher** geht es mit dem **PC** und einer entsprechenden **Lohnberechnungssoftware**[1].

Beispiel: Der kaufmännische Angestellte Herbert Till (siehe Lohnsteuerkarte auf S.133) ist verheiratet und hat ein Kind. Seine Frau bezieht keinen Arbeitslohn. Beide Ehepartner gehören der katholischen Kirche an. Lohn- und Kirchensteuer sowie der Solidaritätszuschlag können aus der nachstehenden Tabelle abgelesen werden.

Tarifgehalt nach der Gehaltstafel	2.985,00 €
Steuerklasse	III
Kinderfreibetragszahl	1,0
Lohnsteuer	266,66 €
Solidaritätszuschlag	0,00 €
Kirchensteuer	13,36 €
Steuerabzüge insgesamt	**280,02 €**

In der Lohn- und Gehaltsbuchhaltung wird **für jeden Arbeitnehmer** ein besonderes **Lohnkonto** geführt, das monatlich **folgende Daten** erfasst:

Tarifgehalt bzw. Tariflohn, Zulagen, Zuschläge, Bruttoverdienst; Abzüge: Lohnsteuer, Solidaritätszuschlag, Kirchensteuer, Krankenversicherung, Pflegeversicherung, Rentenversicherung, Arbeitslosenversicherung; steuerfreie Zuwendungen, Vorschuss, Nettoauszahlung.

Die **Lohnabrechnungen der Arbeiter** werden in einer **Lohnliste** zusammengestellt, die **Gehaltsabrechnungen der Angestellten** in einer **Gehaltsliste.** Lohn- und Gehaltsliste bilden dann den **Sammelbeleg für die Buchung der Löhne und Gehälter** (siehe Beispiel auf Seite 142).

Aufgabe

135 Im Metallwerk Matthias Hein e. Kfm., Stuttgart, sind sieben Angestellte beschäftigt. Die folgende Tabelle weist für den Monat Januar das jeweilige Bruttogehalt und die persönlichen Daten der Angestellten aus:

Nr.	Name	Tarifgehalt	Familienstand	Sonstige Hinweise
1	W. Beyer	2.990,00 €	verheiratet, 1,0 Kinder-Freibetrag	St.-Klasse V für Ehefrau
2	A. Fellner	2.970,00 €	ledig	–
3	B. Hübner	2.985,00 €	geschieden, 0,5 Kinder-Freibetrag	–
4	G. Lamper	3.000,00 €	verheiratet, keine Kinder	St.-Klasse IV für Ehefrau
5	R. Schmidt	2.975,00 €	ledig	–
6	J. Steiner	2.995,00 €	verheiratet, keine Kinder	–
7	H. Winter	2.980,00 €	verwitwet, keine Kinder	–

1. *Bestimmen Sie für jeden Angestellten die Lohnsteuerklasse.*
2. *Ermitteln Sie anhand der nachstehenden Lohnsteuertabelle für jeden Angestellten*
   a) die Lohnsteuer,
   b) den Solidaritätszuschlag und
   c) die Kirchensteuer.

1 z. B. „Lexware Lohnauskunft" u. a.

Auszug aus der Lohnsteuertabelle für monatliche Lohn- und Gehaltszahlung[1]

Abzüge an Lohnsteuer, Solidaritätszuschlag (SolZ) und Kirchensteuer (8%, 9%) in den Steuerklassen

Lohn/Gehalt bis €*	I – VI		ohne Kinderfreibeträge			I, II, III, IV		mit Zahl der Kinderfreibeträge ... 0,5			1			1,5			2			2,5			3**		
		LSt	SolZ	8%	9%		LSt	SolZ	8%	9%	SolZ	8%	9%	SolZ	8%	9%	SolZ	8%	9%	SolZ	8%	9%	SolZ	8%	9%
2972,99	I,IV	552,16	30,36	44,17	49,69	I	552,16	26,06	37,90	42,64	21,93	31,90	35,88	17,98	26,15	29,42	14,20	20,66	23,24	10,60	15,42	17,35	7,18	10,44	11,75
	II	516,50	28,40	41,32	46,48	II	516,50	24,18	35,17	39,56	20,13	29,28	32,94	16,25	23,64	26,60	12,55	18,26	20,54	9,04	13,15	14,79	4,51	8,28	9,32
	III	262,33	14,42	20,98	23,60	III	262,33	8,10	16,20	18,22	—	11,56	13,—	—	7,34	8,26	—	3,62	4,07	—	0,40	0,45	—	—	—
	V	957,16	52,64	76,57	86,14	IV	552,16	28,19	41,—	46,13	26,06	37,90	42,64	23,97	34,87	39,23	21,93	31,90	35,88	19,93	28,99	32,61	17,98	26,15	29,42
	VI	989,33	54,41	79,14	89,03																				
2975,99	I,IV	553,16	30,42	44,25	49,78	I	553,16	26,11	37,98	42,72	21,98	31,97	35,96	18,02	26,22	29,49	14,24	20,72	23,31	10,64	15,48	17,42	7,22	10,50	11,81
	II	517,41	28,45	41,39	46,56	II	517,41	24,23	35,24	39,65	20,18	29,35	33,02	16,30	23,71	26,67	12,60	18,33	20,62	9,08	13,21	14,86	4,66	8,34	9,38
	III	263,16	14,47	21,05	23,68	III	263,16	8,26	16,26	18,29	—	11,62	13,07	—	7,40	8,32	—	3,68	4,14	—	0,44	0,49	—	—	—
	V	958,41	52,71	76,67	86,25	IV	553,16	28,24	41,08	46,22	26,11	37,98	42,72	24,02	34,94	39,31	21,98	31,97	35,96	19,98	29,06	32,69	18,02	26,22	29,49
	VI	990,58	54,48	79,24	89,15																				
2978,99	I,IV	554,08	30,47	44,32	49,86	I	554,08	26,16	38,06	42,81	22,03	32,04	36,05	18,07	26,28	29,57	14,29	20,78	23,38	10,68	15,54	17,48	7,26	10,56	11,88
	II	518,41	28,51	41,47	46,65	II	518,41	24,28	35,32	39,73	20,22	29,42	33,09	16,34	23,78	26,75	12,64	18,39	20,69	9,12	13,27	14,93	4,80	8,40	9,45
	III	264,—	14,52	21,12	23,76	III	264,—	8,43	16,33	18,37	—	11,68	13,14	—	7,45	8,38	—	3,72	4,18	—	0,49	0,55	—	—	—
	V	959,66	52,78	76,77	86,36	IV	554,08	28,29	41,16	46,30	26,16	38,06	42,81	24,07	35,02	39,39	22,03	32,04	36,05	20,02	29,13	32,77	18,07	26,28	29,57
	VI	991,83	54,55	79,34	89,26																				
2981,99	I,IV	555,08	30,52	44,40	49,95	I	555,08	26,21	38,13	42,89	22,08	32,12	36,13	18,12	26,36	29,65	14,33	20,85	23,45	10,73	15,61	17,56	7,30	10,62	11,95
	II	519,33	28,56	41,54	46,73	II	519,33	24,33	35,39	39,81	20,27	29,49	33,17	16,39	23,84	26,82	12,69	18,46	20,76	9,16	13,33	14,99	4,95	8,46	9,51
	III	264,83	14,56	21,18	23,83	III	264,83	8,60	16,40	18,45	—	11,74	13,21	—	7,52	8,46	—	3,77	4,24	—	0,53	0,59	—	—	—
	V	960,91	52,85	76,87	86,48	IV	555,08	28,35	41,24	46,39	26,21	38,13	42,89	24,12	35,09	39,47	22,08	32,12	36,13	20,07	29,20	32,85	18,12	26,36	29,65
	VI	993,08	54,61	79,44	89,37																				
2984,99	I,IV	556,08	30,58	44,48	50,04	I	556,08	26,26	38,20	42,98	22,12	32,18	36,20	18,16	26,42	29,72	14,38	20,92	23,53	10,77	15,67	17,63	7,34	10,68	12,01
	II	520,33	28,61	41,62	46,82	II	520,33	24,38	35,46	39,89	20,32	29,56	33,25	16,44	23,91	26,90	12,73	18,52	20,84	9,20	13,39	15,06	5,10	8,52	9,58
	III	265,83	14,62	21,26	23,92	III	265,83	8,76	16,46	18,52	—	11,81	13,28	—	7,57	8,51	—	3,82	4,30	—	0,57	0,64	—	—	—
	V	962,16	52,91	76,97	86,59	IV	556,08	28,40	41,31	46,47	26,26	38,20	42,98	24,17	35,16	39,56	22,12	32,18	36,20	20,12	29,27	32,93	18,16	26,42	29,72
	VI	994,33	54,68	79,54	89,48																				
2987,99	I,IV	557,—	30,63	44,56	50,13	I	557,—	26,31	38,28	43,06	22,17	32,26	36,29	18,21	26,49	29,80	14,42	20,98	23,60	10,81	15,73	17,69	7,38	10,74	12,08
	II	521,25	28,66	41,70	46,91	II	521,25	24,43	35,54	39,98	20,37	29,63	33,33	16,48	23,98	26,97	12,77	18,58	20,90	9,24	13,45	15,13	5,23	8,57	9,64
	III	266,66	14,66	21,33	23,99	III	266,66	8,93	16,53	18,59	—	11,88	13,36	—	7,62	8,57	—	3,88	4,36	—	0,61	0,68	—	—	—
	V	963,41	52,98	77,07	86,70	IV	557,—	28,45	41,38	46,55	26,31	38,28	43,06	24,22	35,24	39,64	22,17	32,26	36,29	20,17	29,34	33,01	18,21	26,49	29,80
	VI	995,66	54,76	79,65	89,60																				
2990,99	I,IV	558,—	30,69	44,64	50,22	I	558,—	26,37	38,36	43,15	22,22	32,33	36,37	18,26	26,56	29,88	14,47	21,05	23,68	10,86	15,80	17,77	7,42	10,80	12,15
	II	522,25	28,72	41,78	47,—	II	522,25	24,48	35,61	40,06	20,41	29,70	33,41	16,53	24,04	27,05	12,82	18,65	20,98	9,29	13,51	15,20	5,38	8,63	9,71
	III	267,50	14,71	21,40	24,07	III	267,50	9,10	16,60	18,67	—	11,94	13,43	—	7,68	8,64	—	3,92	4,41	—	0,65	0,73	—	—	—
	V	964,66	53,05	77,17	86,81	IV	558,—	28,50	41,46	46,64	26,37	38,36	43,15	24,27	35,31	39,72	22,22	32,33	36,37	20,22	29,41	33,08	18,26	26,56	29,88
	VI	996,91	54,83	79,75	89,72																				
2993,99	I,IV	559,—	30,74	44,72	50,31	I	559,—	26,42	38,43	43,23	22,27	32,40	36,45	18,31	26,63	29,96	14,52	21,12	23,76	10,90	15,86	17,84	7,46	10,86	12,21
	II	523,16	28,77	41,85	47,08	II	523,16	24,53	35,68	40,14	20,46	29,77	33,49	16,57	24,11	27,12	12,87	18,72	21,06	9,33	13,57	15,26	5,53	8,69	9,77
	III	268,33	14,75	21,46	24,14	III	268,33	9,26	16,66	18,74	—	12,01	13,51	—	7,74	8,71	—	3,97	4,46	—	0,70	0,79	—	—	—
	V	965,91	53,12	77,27	86,93	IV	559,—	28,55	41,54	46,73	26,42	38,43	43,23	24,32	35,38	39,80	22,27	32,40	36,45	20,27	29,48	33,17	18,31	26,63	29,96
	VI	998,16	54,89	79,85	89,83																				
2996,99	I,IV	559,91	30,79	44,79	50,39	I	559,91	26,47	38,50	43,31	22,32	32,47	36,53	18,35	26,70	30,03	14,56	21,18	23,82	10,94	15,92	17,91	7,50	10,92	12,28
	II	524,16	28,82	41,93	47,17	II	524,16	24,58	35,76	40,23	20,51	29,84	33,57	16,62	24,18	27,20	12,91	18,78	21,12	9,37	13,63	15,33	5,66	8,74	9,83
	III	269,33	14,81	21,54	24,23	III	269,33	9,43	16,73	18,82	—	12,08	13,59	—	7,80	8,77	—	4,02	4,52	—	0,74	0,83	—	—	—
	V	967,25	53,19	77,38	87,05	IV	559,91	28,61	41,62	46,82	26,47	38,50	43,31	24,37	35,46	39,89	22,32	32,47	36,53	20,31	29,55	33,24	18,35	26,70	30,03
	VI	999,41	54,96	79,95	89,94																				
2999,99	I,IV	560,91	30,85	44,87	50,48	I	560,91	26,52	38,58	43,40	22,37	32,54	36,61	18,40	26,76	30,11	14,60	21,24	23,90	10,99	15,98	17,98	7,54	10,98	12,35
	II	525,08	28,87	42,—	47,25	II	525,08	24,63	35,83	40,31	20,56	29,91	33,65	16,67	24,25	27,28	12,95	18,84	21,20	9,41	13,70	15,41	[illegible]	[illegible]	9,90
	III	270,16	14,85	21,61	24,31	III	270,16	9,63	16,81	18,91	—	12,13	13,64	—	7,85	8,83	—	4,08	4,59	—	0,78	0,88	—	—	—
	V	968,50	53,26	77,48	87,16	IV	560,91	28,66	41,70	46,91	26,52	38,58	43,40	24,42	35,53	39,97	22,37	32,54	36,61	20,36	29,62	33,32	18,40	26,76	30,11
	VI	1000,66	55,03	80,05	90,05																				
3002,99	I,IV	561,91	30,90	44,95	50,57	I	561,91	26,57	38,66	43,49	22,42	32,62	36,69	18,45	26,84	30,19	14,65	21,31	23,97	11,03	16,04	18,05	7,59	11,04	12,42
	II	526,08	28,93	42,08	47,34	II	526,08	24,68	35,90	40,39	20,61	29,98	33,72	16,72	24,32	27,36	12,99	18,90	21,26	9,46	13,76	15,48	5,96	8,86	9,97
	III	271,—	[illegible]	[illegible]	[illegible]	III	271,—	[illegible]	[illegible]	[illegible]	—	12,20	13,72	—	7,92	8,91	—	4,13	4,64	—	0,84	0,94	—	—	—
	V	969,75	53,33	77,58	87,27	IV	561,91	28,71	41,77	46,99	26,57	38,66	43,49	24,47	35,60	40,05	22,42	32,62	36,69	20,41	29,69	33,40	18,45	26,84	30,19
	VI	1001,91	55,10	80,15	90,17																				
3005,99	I,IV	562,83	30,95	45,02	50,65	I	562,83	26,62	38,73	43,57	22,47	32,68	36,77	18,49	26,90	30,26	14,69	21,38	24,05	11,07	16,10	18,11	7,62	11,09	12,47
	II	527,—	28,98	42,16	47,43	II	527,—	24,73	35,98	40,47	20,66	30,05	33,80	16,76	24,38	27,43	13,04	18,97	21,34	9,50	13,82	15,54	6,10	8,92	10,03
	III	271,83	14,95	21,74	24,46	III	271,83	9,96	16,94	19,06	—	12,26	13,79	—	7,97	8,96	—	4,17	4,69	—	0,88	0,99	—	—	—
	V	971,—	53,40	[illegible]	[illegible]	IV	562,83	28,76	41,84	47,07	26,62	38,73	43,57	24,53	35,68	40,14	22,47	32,68	36,77	20,46	29,76	33,48	18,49	26,90	30,26
	VI	1003,16	55,17	80,25	90,28																				

Quelle: Stollfuß Monats-Lohnsteuer-Tabelle 2005

3.2 Sozialversicherungsabzüge

Die gesetzliche Sozialversicherung besteht aus der Krankenversicherung, der Pflegeversicherung, der Rentenversicherung und der Arbeitslosenversicherung. Der **Sozialversicherungsbeitrag** für den einzelnen Arbeiter und Angestellten wird **je zur Hälfte** vom Arbeitnehmer und Arbeitgeber getragen. Der **Arbeitnehmeranteil** wird vom Bruttoverdienst **einbehalten.** Der **Arbeitgeberanteil** zum Sozialversicherungs-

1 Für das Bearbeiten der Aufgaben ist es nicht von Bedeutung, aus welchem Jahr die im Buch enthaltene Abzugstabelle stammt. **Zusatzaufgabe:** *Beschaffen Sie sich aktuelle PC-Tabellen in der Personalabteilung Ihres Ausbildungsbetriebes und lösen Sie die folgenden Aufgaben auch mithilfe dieser Tabellen.*

beitrag **ist zusätzlicher Personalaufwand,** ebenso die Beiträge zur **gesetzlichen Unfallversicherung** der Arbeitnehmer bei der Berufsgenossenschaft.

Für die Berechnung der Beiträge werden von Jahr zu Jahr bestimmte **Beitragsprozentsätze** und **Beitragsbemessungsgrenzen** (= Höchstgrenzen) festgelegt:

Versicherungszweig	Beitragssatz in %[1]	Beitragsbemessungsgrenze[1]
– **Krankenversicherung (KV)**	11 bis 16 % je nach Krankenkasse	3.525,00 € monatlich
– **Pflegeversicherung (PV)**	1,7 %	3.525,00 € monatlich
– **Rentenversicherung (RV)**	19,5 %	5.200,00 € monatlich
– **Arbeitslosenversicherung (AV)**	6,5 %	5.200,00 € monatlich

Die Beiträge zu den o. g. Sozialversicherungen werden unter Beachtung der Beitragsbemessungsgrenzen vom **Bruttoarbeitsentgelt** berechnet und vom Arbeitnehmer und Arbeitgeber mit Ausnahme der Zuschläge für Kranken- und Pflegeversicherung zu **gleichen** Teilen getragen. Jede **Lohnberechnungssoftware** enthält entsprechende **Tabellen.**

Zuschlag für Kranken- und Pflegeversicherung. Ab 1. Juli 2005 müssen gesetzlich versicherte Arbeitnehmer **zusätzlich** zum **Krankenkassenbeitrag** einen Zuschlag für **Zahnersatz** (0,4 %) und für **Krankengeld** (0,5 %) zahlen, also einen vom **Bruttoarbeitsentgelt** berechneten Beitragssatz von insgesamt **0,9 %,** an dem sich der Arbeitgeber nicht beteiligt. Außerdem müssen **kinderlose** Arbeitnehmer zwischen 23 und 64 Jahren ab 1. Januar 2005 einen um **0,25 %** erhöhten Beitrag zur **Pflegeversicherung** leisten. Der **Arbeitnehmeranteil** steigt somit von 0,85 % auf **1,1 %.**

Beispiel: Der Angestellte H. Till (s. S. 174) bezieht ein steuerpflichtiges Bruttogehalt von 2.985,00 €. Der Krankenkassenbeitrag von 14,5 % = 432,82 €, davon 50 % = 216,41 € erhöht sich um 0,9 % seines Bruttogehalts = 26,87 € auf 243,28 €.

Bruttoarbeitsentgelt	KV	PV	RV	AV	Arbeitnehmeranteil zur Sozialversicherung
2.985,00	243,28	25,37	291,04	97,01	656,70

Der Arbeitgeberanteil zur Sozialversicherung beträgt dann nur (656,70 € – 26,87 € =) **629,83 €.** Gesamter Beitrag zur Sozialversicherung des Arbeitnehmers Till: 1.286,53 €.

Das Nettogehalt errechnet sich nun wie folgt:

Bruttogehalt		**2.985,00 €**
– **Abzüge für**		
Lohn- und Kirchensteuer (kein Solidaritätszuschlag) (s. S. 134)	280,02 €	
Arbeitnehmeranteil zur Sozialversicherung (s. o.)	656,70 €	**936,72 €**
Nettogehalt (Auszahlungsbetrag)		**2.048,28 €**

1 Stand 2005. In den neuen Bundesländern ist die Bemessungsgrenze für die Renten- und Arbeitslosenversicherung zz. noch niedriger.

Merke:

- **Arbeitnehmer sind grundsätzlich mit allen Einkünften aus nicht selbstständiger Arbeit lohnsteuer- und sozialversicherungspflichtig.**
- **Die Höhe der Lohnsteuer ist abhängig von der Höhe des Arbeitslohnes, der Steuerklasse und möglichen Freibeträgen. Kirchensteuer und Solidaritätszuschlag berücksichtigen zusätzlich die Zahl der Kinder.**
- **Zur Sozialversicherung zählen die**
  - ▷ **Krankenversicherung,**
  - ▷ **Pflegeversicherung,**
  - ▷ **Rentenversicherung und**
  - ▷ **Arbeitslosenversicherung.**

  Für die Sozialversicherungen bestehen Beitragsbemessungsgrenzen (s. S. 136).
- **Mit Ausnahme der Zuschläge zur Kranken- und Pflegeversicherung (s. S. 136) tragen Arbeitnehmer und Arbeitgeber die Beiträge zur Sozialversicherung zur Hälfte. Der Arbeitgeberanteil stellt zusätzlichen Aufwand des Betriebes dar.**
- **Die einbehaltenen Steuern und Sozialabgaben sowie der Arbeitgeberanteil zur Sozialversicherung sind bis zum 10. des Folgemonats an das Finanzamt (s. S. 132) und bis zum 15. des Folgemonats an die Krankenkasse zu überweisen.**
- **Lohn- und Gehaltslisten, die die Einzelabrechnungen aller Arbeitnehmer monatlich zusammenfassen, bilden den Buchungssammelbeleg (s. S. 142).**

Aufgaben

Berechnen Sie für die in Aufgabe 135, Seite 134, genannten Angestellten W. Beyer und A. Fellner die Sozialversicherungsbeiträge unter Berücksichtigung möglicher Zuschläge und eines Krankenkassenbeitrags von 14,3 %. **136**

1. *Wie viel € Nettogehalt werden beiden Angestellten überwiesen?*
2. *Wie viel Prozent betragen jeweils die Gesamtabzüge vom Bruttogehalt?*

Der kaufmännische Angestellte R. Hemmerle ist in der Textilfabrik Brückner KG in verantwortlicher Position tätig (Gehaltsgruppe V). Sein Tarifgehalt beträgt 2.975,00 €. Er ist verheiratet und hat 1 Kind. Seine Ehefrau ist nicht erwerbstätig. Für seine mehr als 10-jährige Betriebszugehörigkeit erhält Herr Hemmerle eine monatliche Treueprämie von 30,00 €. Seine Beiträge zur Sozialversicherung sind zu berechnen, wobei ein Krankenkassenbeitrag von 13,5 % zugrunde gelegt wird. **137**

1. *Ermitteln Sie aus der Lohnabzugstabelle die von Herrn Hemmerle zu zahlende Lohn- und Kirchensteuer sowie den Solidaritätszuschlag.*
2. *Bestimmen Sie den Sozialversicherungsbeitrag für Herrn Hemmerle.*
3. *Berechnen Sie den Prozentsatz der Gesamtabzüge vom Bruttogehalt.*
4. *Stellen Sie in einer Gehaltsabrechnung das Nettogehalt fest.*

Das Unternehmen Schätzke GmbH beschäftigt den Angestellten A. Wagner im Außendienst. Herr Wagner ist 36 Jahre alt, ledig. Sein Tarifgehalt beträgt 2.735,00 €. Zusätzlich erhält er einen steuerpflichtigen Zuschuss für Kleidung von monatlich 50,00 €. Als Sachbezug sind monatlich 105,00 € für die kostenlose Unterkunft in einer Werkswohnung anzusetzen. **138**

Für die Berechnung der Sozialversicherungsbeiträge wird das steuerpflichtige Bruttogehalt zugrunde gelegt. Herr Wagner zahlt die Beiträge zur Sozialversicherung bei einem Krankenversicherungsbeitragssatz von 13,8 %.

1. *Berechnen Sie das steuerpflichtige Bruttogehalt.*
2. *Ermitteln Sie das Nettogehalt und den Auszahlungsbetrag.*

139

1. *Welche vertraglichen Grundlagen sind für die Gehaltsberechnung maßgeblich?*
2. *Was zählt im Einzelnen zum steuerpflichtigen Arbeitseinkommen?*
3. *Nennen Sie Beispiele für „Zulagen" und „Zuschläge".*
4. *Welche Merkmale liegen vor, wenn ein Arbeitnehmer nach Steuerklasse III besteuert wird?*
5. *Erläutern Sie den Begriff „Beitragsbemessungsgrenze".*

3.3 Der Einsatz von Lohnberechnungsprogrammen

Die Lohnberechnung am PC mithilfe eines geeigneten Programms ist in Personalabteilungen der Unternehmen sowie in Steuerberaterpraxen unverzichtbar. Sie ermöglicht nicht nur eine schnelle und übersichtliche Lohn- und Gehaltsabrechnung der Mitarbeiter bzw. Klientel, sondern liefert auch aussagefähige Zahlen für die Belastung des Arbeitgebers. Alle erforderlichen **Abzugstabellen für Steuern und Sozialabgaben** (Grund-, Splitting- und Gesamtabzugstabellen) sind in das Programm **integriert** und gewähren z. B. durch Vergleich der Steuerklassen oder bei geplanten Tariferhöhungen rationelle Fallentscheidungen. Die Zahlen der Lohnbuchhaltung werden gespeichert und stehen damit dem betrieblichen Rechnungswesen für unternehmerische Entscheidungen zur Verfügung.

Die vielfältigen Lohnberechnungsprogramme unterscheiden sich weniger in der Systematik ihres Aufbaues als in der Praktikabilität ihrer Einsatzmöglichkeiten. Sie sind grundsätzlich nach dem gleichen Schema aufgebaut, wobei der **Bildschirm in zwei Bereiche** aufgeteilt ist. Im **linken** Bereich befindet sich das Fenster, in dem die persönlichen **Daten zur Lohnberechnung** des Mitarbeiters eingegeben werden, während im **rechten** Fenster nach jeder Dateneingabe sofort das jeweilige **Ergebnis der Lohnberechnung,** z. B. die errechnete Lohnsteuer, ausgewiesen wird. Die Lohnberechnung führt somit in wenigen Minuten vom Ausweis des Bruttolohnes und der einzelnen Steuer- und Sozialabgaben bis zum **Nettolohnausweis.** Mit der Speicherung wird die Lohn- bzw. Gehaltsabrechnung des Mitarbeiters ausgedruckt. Mit einem Klick auf ein bestimmtes Symbol erscheint sofort die **Gesamtbelastung des Arbeitgebers.**

Bildschirm	
Dateneingabe zur Lohnberechnung	**Ausgabe der Berechnungsergebnisse**
– Name des Mitarbeiters – Monat, Jahr – Bundesland (8 %/9 % KiSt) – Bruttogehalt – weitere Zulagen, Abzüge – Steuerklasse, Kinder – LSt, SolZ, KiSt – KV, PV, RV, AV – Zusatzbeiträge zu KV/PV	– Bruttogehalt – Einmalzahlungen – Dienstwagen – Gesamt-Brutto – LSt, SolZ, KiSt – KV, PV, RV, AV – Zusatzbeiträge zu KV/PV – sonstige Zusatzbeiträge – Summe der Abzüge – **Nettoauszahlung**

3.4 Buchungen im Personalbereich

3.4.1 Buchung der Löhne und Gehälter

Bruttolöhne und **Bruttogehälter** werden monatlich erfasst im Soll der Aufwandskonten **6200 Löhne** und **6300 Gehälter.**

Die Abzüge des Arbeitnehmers, also die Lohn- und Kirchensteuer zuzüglich Solidaritätszuschlag sowie der Anteil des Arbeitnehmers an der Sozialversicherung, muss der Arbeitgeber vom Lohn bzw. Gehalt **einbehalten und bis zum 10. des Folgemonats an das Finanzamt**[1] und **bis zum 15. des Folgemonats an die gesetzliche Krankenkasse überweisen.** Bis dahin werden die **einbehaltenen Abzüge als „durchlaufende Posten"** im Haben folgender Konten erfasst:

- „Sonstige Verbindlichkeiten gegenüber Finanzbehörden" ▷ **4830 FB-Verbindlichkeiten**
- „Verbindlichkeiten gegenüber Sozialversicherungsträgern" ▷ **4840 SV-Verbindlichkeiten**

Der Arbeitgeberanteil zur Sozialversicherung wird als **zusätzlicher Aufwand** auf dem Konto **„6400 Arbeitgeberanteil zur Sozialversicherung"** erfasst und auf dem Konto **„4840 SV-Verbindlichkeiten"** gegengebucht.

Beispiel: Auszug aus der Gehaltsliste Monat Februar: Gehaltsabrechnung H. Till (S. 176)

Name	Steuer-klasse	Brutto-gehalt	Abzüge					Gesamt-abzüge	Netto-gehalt (Ausz.)
			LSt	SolZ	KiSt	Steuer-abzüge	SV		
Till, H.	III/1,0	2.985,00	266,66	0,00	13,36	280,02	656,70	936,72	2.048,28

❶ **Buchung bei Gehaltszahlung:**

		Soll	Haben
6300 Gehälter		**2.985,00**	
	an **4830 FB-Verbindlichkeiten**		**280,02**
	an **4840 SV-Verbindlichkeiten**		**656,70**
	an **2800 Bank**		**2.048,28**

❷ **Buchung des Arbeitgeberanteils zur Sozialversicherung:**

6400 AG-Anteil z. SV .. an **4840 SV-Verbindlichkeiten** **629,83**[2]

❸ **Überweisung der einbehaltenen und noch abzuführenden Beträge:**

		Soll	Haben
4830 FB-Verbindlichkeiten		**280,02**	
4840 SV-Verbindlichkeiten		**1.286,53**	
	an **2800 Bank**		**1.566,55**

S	6300 Gehälter		H
❶	2.985,00		

S	6400 Arbeitgeberant. z. Sozialvers.		H
❷	629,83		

S	4830 FB-Verbindlichkeiten		H
❸	280,02	❶	280,02

S	4840 SV-Verbindlichkeiten		H
❸	1.286,53	❶	656,70
		❷	629,83

S	2800 Bank		H
		❶	2.048,28
		❸	1.566,55

	Bruttogehalt	2.985,00
+	Arbeitgeberanteil SV	629,83
	Personalkosten	**3.614,83**

Die aufgrund von Lohn- und Gehaltspfändungen einbehaltenen Beträge werden auf der Habenseite des Kontos **„4890 Sonstige Verbindlichkeiten"** gebucht.

1 vgl. Fußnote auf S. 132
2 siehe S. 136

3.4.2 Buchung von Vorschusszahlungen an Mitarbeiter

Vorschüsse sind Darlehen, die Arbeitnehmern kurzfristig gewährt und bei späteren Lohn- und Gehaltszahlungen verrechnet werden. Sie werden gebucht auf dem Konto

2650 Forderungen an Mitarbeiter.

Beispiel: Der Angestellte H. Till erhält einen Vorschuss von 1.500,00 € bar, der bei den Gehaltszahlungen monatlich mit 300,00 € einbehalten wird.

Buchung: **2650 Forderungen an Mitarbeiter** an **2880 Kasse** **1.500,00**

Verrechnung des Vorschusses bei der nächsten Gehaltszahlung:

Rechnung:

	Bruttogehalt	2.985,00 €
–	Lohn- und Kirchensteuer (kein Solidaritätszuschlag)	280,02 €
–	Sozialversicherung	656,70 €
	Nettogehalt	2.048,28 €
–	Vorschuss	300,00 €
	Auszahlung (Bank)	**1.748,28 €**

Buchung:

6300 Gehälter	**2.985,00**	
an **2650 Forderungen an Mitarbeiter**		**300,00**
an **4830 FB-Verbindlichkeiten**		**280,02**
an **4840 SV-Verbindlichkeiten**		**656,70**
an **2800 Bank**		**1.748,28**

3.4.3 Sonstige geldliche und Sachwertbezüge

Sonstige geldliche Bezüge umfassen **einmalige** Arbeitslohnzahlungen, die **zusätzlich** zum laufenden Arbeitslohn gezahlt werden. Sie **werden auf den Lohn- oder Gehaltskonten** der Arbeitnehmer **gebucht** und unterliegen – abgesehen von bestimmten Freigrenzen – der Lohnsteuer. Zu ihnen zählen u. a.:

Weihnachtsgeld, Urlaubsgeld, 13. und 14. Monatsgehalt, Gratifikationen, Jubiläumszuwendungen, Heiratsbeihilfe, Geburtsbeihilfe, sonstige Beihilfen.

Zuwendungen des Arbeitgebers zu Firmenjubiläen, Betriebsveranstaltungen sowie zu betrieblichen Fort- und Weiterbildungsmaßnahmen liegen im eigenbetrieblichen Interesse und **gehören** deshalb in der Regel **nicht zu den sonstigen Bezügen.**

Beispiel:

❶ Der 25-jährige ledige Arbeiter Krause erhält im Juli zu seinem laufenden Lohn in Höhe von 1.760,00 € eine Erholungsbeihilfe von 200,00 €. Diese Zuwendung ist ein „sonstiger Bezug" und wird gemäß § 39 b EStG als „laufender Arbeitslohn" besteuert. Abzüge: 287,19 € LSt/SolZ/KiSt, 429,24 € SV. Der Arbeitgeberanteil zur Sozialversicherung beträgt 406,70 €.

❷ Zuschuss des Betriebes für eine Betriebsfeier: 1.500,00 € bar.

Buchungen:

❶	**6200 Löhne**	**1.960,00**	
	an **4830 FB-Verbindlichkeiten**		**287,19**
	an **4840 SV-Verbindlichkeiten**		**429,24**
	an **2800 Bank**		**1.243,57**
	6400 Arbeitgeberanteil z. Sozialversicherg.	**406,70**	
	an **4840 SV-Verbindlichkeiten**		**406,70**
❷	**6495 Sonstige soziale Aufwendungen**	**1.500,00**	
	an **2880 Kasse**		**1.500,00**

Gewährung von geldwerten Vorteilen. Wenn Arbeitnehmer zu ihrem Lohn oder Gehalt noch **Sachbezüge** erhalten, wie z. B. ständige private Nutzung von Dienstfahrzeugen, freie oder verbilligte Mahlzeiten und Wohnungen sowie kostenlose Überlassung von eigenen Erzeugnissen (Deputate), so **erhöhen** diese geldwerten Vorteile deren lohnsteuer- und sozialversicherungspflichtigen **Bruttobezüge.** Für den Arbeitgeber ist die Gewährung solcher geldwerten Vorteile grundsätzlich **umsatzsteuerpflichtig.**

Beispiel: Der Angestellte Kreiber erhält ein Bruttogehalt von 2.500,00 € und wird nach III/0 besteuert. Der Krankenkassenbeitrag beträgt 13,5 %. Herrn Kreiber steht kostenlos ein firmeneigener PKW zur privaten Nutzung zur Verfügung, dessen Listeneinkaufspreis inkl. USt 23.257,00 € beträgt. Nach Steuerrecht ist diese **Nutzung als Sachbezug** mit 1 % des auf volle 100,00 € abgerundeten Bruttolistenpreises **dem Gehalt hinzuzurechnen,** also 232,00 €. Die darin enthaltene Umsatzsteuer von 32,00 € hat der Arbeitgeber an das Finanzamt abzuführen. Der Nettobetrag von 200,00 € wird auf dem Konto „5430 Andere sonstige betriebliche Erträge" ausgewiesen.

Gehaltsabrechnung:

	Bruttogehalt	2.500,00 €
+	Sachbezug (private PKW-Nutzung)	232,00 €
	steuer- und sozialversicherungspflichtiges Gehalt	2.732,00 €
–	Lohn- und Kirchensteuer sowie SolZ	217,41 €
–	Sozialversicherung	594,21 €
–	Sachbezug	232,00 €
	Auszahlung (Bank)	**1.688,38 €**

Buchung:

6300 Gehälter	**2.732,00**	
an **4830 FB-Verbindlichkeiten**		**217,41**
an **4840 SV-Verbindlichkeiten**		**594,21**
an **5430 Andere sonstige betriebliche Erträge**		**200,00**
an **4800 Umsatzsteuer**		**32,00**
an **2800 Bank**		**1.688,38**

Merke: **Ein geldwerter Vorteil erhöht als Sachbezug das lohnsteuer- und sozialversicherungspflichtige Bruttoentgelt des Arbeitnehmers und ist grundsätzlich umsatzsteuerpflichtig.**

Verrechnung erworbener Sachgüter. Erwerben Mitarbeiter Erzeugnisse oder Waren des eigenen Betriebes zum Vorzugspreis, die **mit ihrem Nettolohn oder -gehalt verrechnet** werden, sind der Nettowert der Erzeugnisse oder Waren als Umsatzerlös und die Umsatzsteuer gesondert zu buchen.

Beispiel: Herbert Till ist Angestellter der Küchengeräte GmbH. Er erhält von seinem Arbeitgeber einen Kühlschrank zum Vorzugspreis von 250,00 € netto zuzüglich 40,00 € Umsatzsteuer, der mit seinem Gehalt verrechnet wird:

	Bruttogehalt	2.985,00 €
–	Lohn- und Kirchensteuer (kein Solidaritätszuschlag)	280,02 €
–	Arbeitnehmeranteil zur Sozialversicherung	656,70 €
	Nettogehalt	2.048,28 €
–	Erzeugniswert	250,00 €
–	Umsatzsteuer	40,00 €
	Auszahlung (Bank)	**1.758,28 €**

Buchung:

6300 Gehälter	**2.985,00**	
an **4830 FB-Verbindlichkeiten**		**280,02**
an **4840 SV-Verbindlichkeiten**		**656,70**
an **5000 Umsatzerlöse für eigene Erzeugnisse**		**250,00**
an **4800 Umsatzsteuer**		**40,00**
an **2800 Bank**		**1.758,28**

Aufgaben

140

Gehaltsliste Monat Januar

Name	Steuer-klasse	Brutto-gehalt	Abzüge					Netto-gehalt
			LSt	SolZ	Kirchen-steuer	Steuer-abzüge	Sozial-versich.	
1. Tierjung, V.	III/2,0	3.540,00	419,16	2,26	15,59	437,01	746,94	2.356,05
2. Steinbring, W.	I	2.770,00	488,16	26,84	43,93	558,93	584,47	1.626,60
3. Walter, F.	II/0,5	3.296,00	622,25	29,76	48,70	700,71	695,46	1.899,83
		9.606,00	1.529,57	58,86	108,22	**1.696,65**	**2.026,87**	**5.882,48**

Der Arbeitgeberanteil zur SV beträgt 1.933,00 €.

Buchen Sie auf den Konten 2800 (AB 35.000,00 €), 4830, 4840, 6300 und 6400

1. die Gehaltsabrechnung lt. Gehaltsliste zum 31. Januar (Banküberweisung),
2. den Arbeitgeberanteil zur Sozialversicherung,
3. die Überweisung der einbehaltenen Abzüge im Februar.

Wie hoch sind die Personalkosten des Betriebes?

---

141 *Buchen Sie auf den Konten 2650, 2800 (AB 32.000,00 €), 4830, 4840, 6200 und 6400*

1. Zahlung eines Lohnvorschusses durch Banküberweisung: 4.000,00 €,
2. Lohnabrechnung mit Verrechnung des Vorschusses in Höhe von 250,00 € monatlich:

Brutto-löhne	LSt/SolZ/KiSt	Sozial-versicherung	verrechneter Vorschuss	Auszahlung (Bank)	Arbeitgeber-anteile
7.800,00	860,00	1.120,00	250,00	5.570,00	1.070,00

3. Banküberweisung der einbehaltenen Abzüge im Folgemonat.

---

142 Zahlung der Gehälter durch Banküberweisung zum 31. Dezember.
Buchen Sie auf den Konten 2650 (AB 8.000,00 €), 2800 (AB 160.000,00 €), 4830, 4840, 6300, 6400, 8000, 8010 und 8020:

1. Gehälter lt. Gehaltsliste für den Monat Dezember:
   Bruttobeträge .... 55.800,00 €
   Lohn- und Kirchensteuer sowie Solidaritätszuschlag .... 10.050,00 €
   Sozialversicherungsbeiträge der Arbeitnehmer .... 11.765,00 €
2. Verrechnung von Vorschüssen .... 2.500,00 €
3. Arbeitgeberanteil .... 11.645,00 €
4. Die einbehaltenen Abzüge werden erst Anfang Januar an das Finanzamt und die entsprechende Krankenkasse überwiesen.

1. Nennen Sie die Buchungen bis zum Jahresabschluss.
2. Wie lauten
a) die Eröffnungsbuchung zum 1. Januar n. J. und
b) die Überweisungsbuchung?
3. Wie hoch sind die gesamten Personalkosten des Betriebes für Dezember?

---

143 Zum 31. Dezember weisen die nachstehenden Konten folgende Salden aus:

2650 Forderungen an Mitarbeiter .... 16.000,00 €
4830 Sonstige Verbindlichkeiten gegenüber Finanzbehörden .... 12.600,00 €
4840 Verbindlichkeiten gegenüber Sozialversicherungsträgern .... 14.300,00 €

Bilden Sie die Abschlussbuchungssätze.

144 Die Miete der Arbeitnehmer für Werkswohnungen wird mit den Gehältern verrechnet. Die Nettogehälter werden durch Banküberweisung ausgezahlt:

Bruttogehälter lt. Gehaltsliste	66.300,00 €
Lohn- und Kirchensteuer sowie Solidaritätszuschlag	11.300,00 €
Sozialversicherungsbeiträge der Arbeitnehmer	12.600,00 €
des Arbeitgebers	12.450,00 €
Einbehaltene Mieten für Werkswohnungen	3.600,00 €

Ermitteln Sie die Nettoauszahlung und buchen Sie auf den entsprechenden Konten die Gehaltsabrechnung, den Arbeitgeberanteil zur Sozialversicherung und die Überweisung der Abzüge und des Arbeitgeberanteils.

Konten: 2800 (50.000,00 € Bestand), 4830, 4840, 5400, 6300 und 6400.

145

Bruttogehälter lt. Gehaltsliste	28.730,00 €
Abzüge: Lohn- und Kirchensteuer sowie SolZ	4.310,00 €
Arbeitnehmeranteil zur Sozialversicherung	5.680,00 €
Verrechnung von Vorschüssen	1.800,00 €
Einbehaltene Mieten für Werkswohnungen	1.750,00 €
Einbehaltene Beträge aufgrund von Gehaltspfändungen	1.450,00 €
Banküberweisung der Nettogehälter für Dez. am 30. Dezember	?
Arbeitgeberanteil zur Sozialversicherung	5.630,00 €

1. *Erstellen Sie die Gehaltsabrechnung einschließlich Arbeitgeberanteil.*
2. *Wie hoch sind die gesamten Personalkosten?*
3. *Bilden Sie die Buchungssätze.*
4. *Buchen Sie auf den Konten 2800 (80.000,00 € Bestand), 2650 (12.000,00 € Bestand), 4830, 4840, 4890, 5400, 6300 und 6400.*
5. *Wie lautet der Abschlussbuchungssatz für die einbehaltenen Steuern und Sozialabgaben?*

146 *Bilden Sie die Buchungssätze:*

1. Banküberweisung der Beiträge zur Berufsgenossenschaft: 1.200,00 €.
2. Ein Angestellter erhält einen Vorschuss durch Banküberweisung: 2.000,00 €.
3. Eine Angestellte erhält als Geburtsbeihilfe 300,00 € (Banküberweisung).
4. Einem Arbeiter wird eine Heiratsbeihilfe überwiesen: 200,00 €.

147 Ein Angestellter eines Industriebetriebes (2.850,00 € Bruttogehalt, 345,00 € Steuerabzüge, SV-Abzüge Arbeitnehmer: 650,00 €, Arbeitgeberanteil: 644,00 €) nutzt das Dienstfahrzeug auch privat. Der Listenpreis des PKW betrug einschließlich Umsatzsteuer 23.280,00 €.

1. *Berechnen Sie den monatlichen Sachbezug bzw. geldwerten Vorteil des Angestellten.*
2. *Erstellen Sie die Gehaltsabrechnung und nennen Sie den Buchungssatz (Banküberweisung).*

148 Der Angestellte Stefan Stein der Textilwerke GmbH bezieht ein Bruttogehalt von 2.780,00 €. Seine Abzüge für Steuern betragen 220,60 € und für Sozialabgaben 586,58 € (Arbeitgeberanteil: 581,50 €). Bei der Gehaltsabrechnung ist ein Anzug mit 150,00 € netto zuzüglich 24,00 € Umsatzsteuer zu verrechnen, den Stefan Stein von seinem Betrieb erworben hat. Die Gehaltszahlung erfolgt als Banküberweisung.

1. *Erstellen Sie die Gehaltsabrechnung.*
2. *Buchen Sie auf den entsprechenden Konten.*
3. *Wie lautet die Buchung für den Arbeitgeberanteil zur Sozialversicherung?*
4. *Wie hoch sind die Personalkosten für den Angestellten Stefan Stein?*

149 Nach einer Gehaltserhöhung beträgt das Bruttogehalt des Angestellten (Aufgabe 211) nunmehr 2.980,00 €. 390,00 € Steuerabzüge, SV-Abzüge Arbeitnehmer: 675,00 €, Arbeitgeberanteil: 668,00 €. Der geldwerte monatliche Vorteil aus der privaten Nutzung des Geschäftsfahrzeuges ist zu berücksichtigen. Darüber hinaus sind noch vom Arbeitgeber erworbene Erzeugnisse im Wert von 300,00 € netto zuzüglich 48,00 € Umsatzsteuer mit dem Gehalt zu verrechnen.

1. *Erstellen Sie die Gehaltsabrechnung.*
2. *Nennen Sie den Buchungssatz (Banküberweisung).*
3. *Buchen Sie auf den Konten 2800 (AB 9.000,00 €), 4800, 4830, 4840, 5000, 5430, 6300 und 6400.*

150 *Buchen Sie für das Metallwerk Thomas Berg e. K. folgende Belege:*

Beleg 1

Durchschrift für Kontoinhaber 600 501 01
Landesgirokasse Stuttgart

Begünstigter	Finanzamt Stuttgart
Konto-Nr. des Begünstigten	644 520 80
Bankleitzahl	600 501 01
bei (Kreditinstitut)	Landesgirokasse Stuttgart
Betrag: Euro, Cent	EUR 29.337,00--------
Kunden-Referenznummer - noch Verwendungszweck, ggf. Name und Anschrift des Auftraggebers (nur für Empfänger)	Steuernummer: 065 158 4321 8 Lohnsteuer Juni ..
Kontoinhaber	Thomas Berg e. K., Metallwerk, 70565 Stuttgart
Konto-Nr. des Kontoinhabers	723 544 32
Datum, Unterschrift	..-07-09 Thomas Berg

Beleg 2

Durchschrift für Kontoinhaber 600 501 01
Landesgirokasse Stuttgart

Begünstigter	Allgemeine Ortskrankenkasse AOK, Stuttgart
Konto-Nr. des Begünstigten	243 765 67
Bankleitzahl	600 501 01
bei (Kreditinstitut)	Landesgirokasse Stuttgart
Betrag: Euro, Cent	EUR 19.600,00-------
Kunden-Referenznummer - noch Verwendungszweck, ggf. Name und Anschrift des Auftraggebers (nur für Empfänger)	Beiträge zur Sozialversicherung für Juni .. Nr.: SV 1234
Kontoinhaber	Thomas Berg e. K., Metallwerk, 70565 Stuttgart
Konto-Nr. des Kontoinhabers	723 544 32
Datum, Unterschrift	..-07-09 Thomas Berg

Lohnsteueranmeldung zu Beleg 1 (Auszug)

Lohnsteuer-Anmeldung ..06 Juni X | ..12 Dez. | .. Kalenderjahr

Metallwerk Thomas Berg e. K.
Industriestraße 22 - 28
70565 Stuttgart
Steuernummer: 065 158 4321 8

Berichtigte Anmeldung (falls ja, bitte eine „1“ eintragen) ... **10**
Zahl der beschäftigten Arbeitnehmer **86** 29

1) Negative Beträge sind rot einzutragen oder deutlich mit einem Minuszeichen zu versehen.
2) Nach Abzug der im Lohnsteuerjahresausgleich erstatteten Beträge. 3) Kann auf 10 ct zu Ihren Gunsten gerundet werden.

		€	ct
Lohnsteuer 1) 2) 3)	**42**	25.400	00
abzüglich an Arbeitnehmer ausgezahlte Bergmannsprämien	**46**	–	–
Verbleiben 1)	**48**	25.400	00
Solidaritätszuschlag 1) 2)	**49**	1.905	00
Evangelische Kirchensteuer 1) 2)	**61**	576	00
Römisch-katholische Kirchensteuer 1) 2)	**62**	1.456	00
Israelitische Kultussteuer Land 1) 2) (il)	**74**		
Altkatholische Kirchensteuer 1) 2) (ak)	**63**		
Gesamtbetrag 1)	**83**	29.337	00

151

Anfangsbestände

0500 Grundstücke	180.000,00	2800 Bankguthaben	95.000,00
0510 Betriebsgebäude	420.000,00	3000 Eigenkapital	?
0700 TA und Maschinen	160.000,00	4250 Darlehensschulden	380.000,00
0800 BGA	87.000,00	4400 Verbindlichk. a. LL	131.080,00
2000 Rohstoffe	200.000,00	4800 Umsatzsteuer	12.000,00
2400 Forderungen a. LL	87.000,00	4830 FB-Verbindlichkeiten	2.100,00
2650 Forderungen an Mitarbeiter	12.000,00	4840 SV-Verbindlichkeiten	4.820,00

Kontenplan

0500, 0510, 0700, 0800, 2000, 2400, 2600, 2650, 2800, 3000, 3001, 4250, 4400, 4800, 4830, 4840, 5000, 5420, 5710, 6000, 6200, 6300, 6400, 6420, 6520, 7510, 8000, 8010, 8020.

Geschäftsfälle

1. Angestellter erhält Gehaltsvorschuss (Banküberweisung) 2.000,00
2. Banküberweisung des Beitrags an die Berufsgenossenschaft 850,00
3. Banküberweisung der Lohn- und Kirchensteuer
   sowie Solidaritätszuschlag 2.100,00
   Sozialversicherungsbeiträge 4.820,00
   Umsatzsteuer-Zahllast .... 12.000,00 — 18.920,00
4. Privatentnahmen von eigenen Erzeugnissen, netto 800,00
   \+ Umsatzsteuer 128,00
5. Lohnzahlung durch Banküberweisung lt. Lohnliste:

Bruttolöhne	LSt/SolZ/KiSt	Sozialvers.	Nettolöhne	Arb.-geberanteil
5.400,00	760,00	1.100,00	3.540,00	1.065,00

6. Rohstoffeinkäufe auf Ziel lt. ER 01–09 .... 45.000,00
   \+ Umsatzsteuer 7.200,00
7. Zinsgutschrift der Bank 1.200,00
8. Kunde wird mit Verzugszinsen belastet 80,00
9. Banküberweisung der Gehälter lt. Gehaltsliste:

Brutto-gehälter	LSt/SolZ/KiSt	Sozial-versicherung	verrechneter Vorschuss	Netto-auszahlung	Arbeitgeber-anteil
7.800,00	1.050,00	1.600,00	500,00	4.650,00	1.550,00

10. Zielverkäufe von eigenen Erzeugnissen lt. AR 01–12 .... 128.000,00
    \+ Umsatzsteuer 20.480,00
11. Lastschrift der Bank für Darlehenszinsen 7.200,00
12. Geschäftsinhaber überweist seine Lebensversicherungsprämie
    durch Banküberweisung 1.500,00
13. Ein Lieferer belastet uns mit Verzugszinsen 40,00

Abschlussangaben

Schlussbestände lt. Inventur:

	Rohstoffe	225.000,00
	Betriebsgebäude	410.000,00
	TA und Maschinen	146.000,00
	BGA	80.000,00

Auswertung

Ermitteln Sie die Rentabilität des Eigenkapitals, indem Sie den Gewinn auf das Anfangskapital beziehen.

4 Grundlagen des Jahresabschlusses

4.1 Jahresabschlussarbeiten im Überblick

Gliederung des Jahresabschlusses. Nach den handelsrechtlichen Vorschriften ist für den Schluss des Geschäftsjahres der Jahresabschluss aufzustellen. Bei **Einzelunternehmen** (e. K., e. Kfm., e. Kffr.) und **Personengesellschaften** (OHG: Offene Handelsgesellschaft, KG: Kommanditgesellschaft) besteht der Jahresabschluss lediglich aus der **Bilanz und Gewinn- und Verlustrechnung** (§ 242 HGB). **Kapitalgesellschaften** (GmbH: Gesellschaft mit beschränkter Haftung, AG: Aktiengesellschaft, KG a. A.: Kommanditgesellschaft auf Aktien) haben den Jahresabschluss **um einen Anhang zu erweitern,** der mit der Bilanz und Gewinn- und Verlustrechnung eine **Einheit** bildet (§ 264 HGB):

- **Die Schlussbilanz** ist eine **Zeitpunktrechnung.** Sie weist die Höhe des Vermögens, des Eigen- und Fremdkapitals **zum Bilanzstichtag** (31. Dezember) aus und soll somit unter Beachtung der Grundsätze ordnungsmäßiger Buchführung ein den tatsächlichen Verhältnissen entsprechendes Bild der **Vermögens- und Finanzlage** des Unternehmens vermitteln. Die **Bilanzgliederung** sollte deshalb auch **§ 266 HGB** (siehe S. 385 und Anhang des Lehrbuches) entsprechen, die zwar nur für Kapitalgesellschaften verbindlich vorgeschrieben ist, jedoch auch von Personenunternehmen beachtet werden sollte.
- **Die Gewinn- und Verlustrechnung** ist dagegen eine **Zeitraumrechnung.** Sie weist alle **Aufwendungen und Erträge des Geschäftsjahres** aus und gewährt damit Einblick in die **Quellen des Jahreserfolges. Personenunternehmen** erstellen die GuV-Rechnung in **Kontoform. Kapitalgesellschaften** müssen die zu veröffentlichende GuV-Rechnung in **Staffelform** gemäß **§ 275 HGB** (siehe S. 388 f. und Anhang des Lehrbuches) aufstellen.
- **Der Anhang** hat die Aufgabe, bestimmte **Einzelposten der Bilanz und GuV-Rechnung** der Kapitalgesellschaft näher zu erläutern. Als **Erläuterungsbericht** nimmt er z. B. Stellung zur Methode und Höhe der Abschreibungen auf das Anlagevermögen (siehe S. 204 f.).

Aufgaben des Jahresabschlusses. Der Jahresabschluss dient vor allem der

- **Rechenschaftslegung und Information** sowie als
- **Grundlage der Gewinnverteilung** und der
- **Steuerermittlung.**

Vorarbeiten zur Aufstellung des Jahresabschlusses. Die Erstellung des Jahresabschlusses ist eine umfassende und schwierige Aufgabe. Sie bedarf einer sorgfältigen **Planung** (Sachplan, Terminplan, Arbeitsplan) und **Organisation,** denn die **Salden der Bestands- und Erfolgskonten** können **nicht ohne Prüfung und Inventur** in die Schlussbilanz und GuV-Rechnung übernommen werden. **Die wichtigsten Jahresabschlussarbeiten sind:**

- **Zeitraumrichtige Erfassung und Abgrenzung der Aufwendungen und Erträge,** damit der **Erfolg** des Geschäftsjahres **periodengerecht** ausgewiesen wird.
- **Inventur der Vermögensteile und Schulden vor Abschluss der Konten.** So sind beispielsweise noch **Abschreibungen** auf Anlagegüter und zweifelhafte Forderungen vorzunehmen und Bestandsveränderungen zu buchen. **Inventurdifferenzen** (z. B. Kassenfehlbetrag, Wertminderungen im Vorratsvermögen) müssen buchmäßig noch erfasst werden. Schulden sind mit ihrem Höchstwert (z. B. Währungsverbindlichkeiten) zu ermitteln.
- **Abschluss der Unterkonten über die entsprechenden Hauptkonten.** Bezugskosten, Nachlässe, Erlösberichtigungen, Vorsteuer/Umsatzsteuer u. a. sind entsprechend umzubuchen.
- **Ordnungsmäßige Gliederung der Bilanz und Gewinn- und Verlustrechnung.**

Merke: **Der Jahresabschluss soll Anteilseignern und Gläubigern Einblick in die Vermögens-, Finanz- und Ertragslage eines Unternehmens gewähren.**

4.2 Erfassung der Bestandsveränderungen an fertigen und unfertigen Erzeugnissen

Bisher haben wir unterstellt, dass alle in einem Geschäftsjahr hergestellten Erzeugnisse auch im gleichen Jahr verkauft wurden. Bestände an **fertigen** (absatzfähigen) sowie **unfertigen** (noch in Arbeit befindlichen) **Erzeugnissen** lagen weder zu Beginn noch am Ende des Geschäftsjahres vor. In diesem Fall lässt sich der **Erfolg des Industriebetriebes** einfach ermitteln, indem man den **Herstellungsaufwendungen** des Geschäftsjahres die **Umsatzerlöse** dieser Rechnungsperiode gegenüberstellt.

Beispiel 1: Eine Fahrradfabrik hat in ihrem 1. Geschäftsjahr 1000 Fahrräder einer bestimmten Marke hergestellt. Die Herstellungsaufwendungen betragen je Fahrrad 100,00 €. Bis zum 31. Dezember wurden alle Fahrräder zum Stückpreis von 150,00 € verkauft.

Soll	**8020 Gewinn- und Verlustkonto**		Haben
Herstellungsaufwand des GJ		**Umsatzerlöse des GJ**	
für 1000 Stück	100.000,00	für 1000 Stück	150.000,00
Gewinn	?		

Merke: **Stimmen im Geschäftsjahr (GJ) Herstellungs- und Verkaufsmenge der Erzeugnisse überein, errechnet sich der Betriebserfolg durch bloße Gegenüberstellung der Herstellungsaufwendungen und Umsatzerlöse dieses Geschäftsjahres.**

In der Regel werden jedoch in einem Industriebetrieb Produktions- und Absatzmenge eines Geschäftsjahres **nicht** übereinstimmen. Diese Unternehmen haben dann in diesem Jahr entweder mehr Erzeugnisse hergestellt als verkauft oder mehr Erzeugnisse verkauft als hergestellt. Im ersten Fall führt das zum **Jahresschluss im Lager** zu einem **Mehrbestand,** im zweiten zu einem **Minderbestand** an Erzeugnissen. Diese **Bestandsveränderungen** müssen bei der Erfolgsermittlung berücksichtigt werden.

Beispiel 2: Im 2. Geschäftsjahr stellt die Fahrradfabrik 2000 Fahrräder her, von denen bis zum 31. Dezember jedoch nur 1500 Stück verkauft wurden. 500 Fahrräder mussten daher auf Lager genommen werden. Der Schlussbestand an Fahrrädern zum 31. Dezember beträgt somit 50.000,00 € (500 Stück zu 100,00 €/Stück).

Buchung des Schlussbestandes zum 31. Dezember:

❶ **8010 Schlussbilanzkonto** an **2200 Fertige Erzeugnisse** .. **50.000,00**

Im zweiten Geschäftsjahr wurden also 500 Fahrräder **mehr hergestellt als verkauft.** Deshalb ist der **Schlussbestand** an Fahrrädern (500 Stück) **größer als** der **Anfangsbestand** (0 Stück).

Merke: **Herstellungsmenge > Absatzmenge ⟶ SB > AB = Bestandsmehrung**

Im Konto „Fertige Erzeugnisse“ ergibt sich somit **als Saldo** ein **Mehrbestand** in Höhe von 50.000,00 € (500 Fahrräder je 100,00 €). Da das GuV-Konto jedoch im Soll die Herstellungsaufwendungen für 2000 Fahrräder ausweist, im Haben aber die Erlöse für nur 1500 Fahrräder, wird der auf Lager produzierte **Mehrbestand** an Erzeugnissen zum Ausgleich **als Ertragsposten** auf die Habenseite des GuV-Kontos übertragen und damit den gesamten Herstellungsaufwendungen gegenübergestellt. Das **GuV-Konto** weist nun im Haben die **Gesamtleistung** des Industriebetriebes aus: die Umsatzerlöse als **Umsatzleistung** und die Bestandsmehrung als **Lagerleistung.**

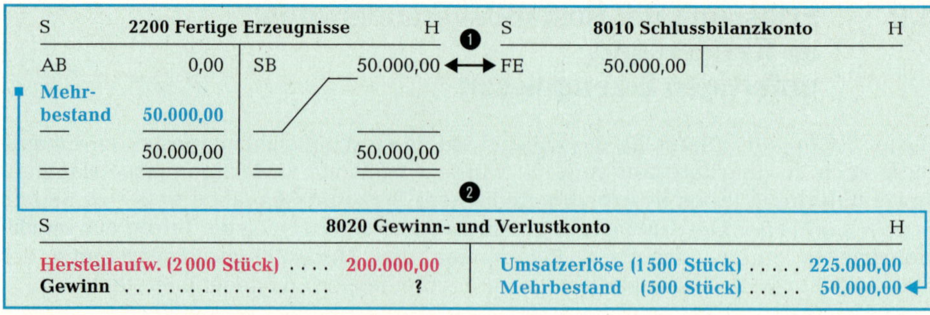

Merke: **Eine Bestandsmehrung entsteht, wenn in einem Geschäftsjahr mehr Erzeugnisse hergestellt als verkauft wurden. Der Mehrbestand wird im GuV-Konto als Ertrag den entsprechenden Herstellungsaufwendungen gegenübergestellt.**

Beispiel 3: Im 3. Geschäftsjahr stellt die Fahrradfabrik 3 000 Fahrräder her. Im gleichen Zeitraum werden jedoch 3 400 Fahrräder verkauft. 400 Fahrräder wurden somit aus dem Lagerbestand des Vorjahres (500 Stück) verkauft. Der Schlussbestand beträgt daher zum 31. Dezember 100 Stück je 100,00 €/Stück = 10.000,00 €.

Buchung: ❶ **8010 Schlussbilanzkonto** an **2200 Fertige Erzeugnisse** .. **10.000,00**

Im dritten Geschäftsjahr wurden also 400 Fahrräder mehr verkauft als hergestellt. Somit ist der Schlussbestand an Fahrrädern (100 Stück) kleiner als der Anfangsbestand (500 Stück).

Merke: **Absatzmenge > Herstellungsmenge → AB > SB = Bestandsminderung**

Im Konto „Fertige Erzeugnisse" zeigt sich **als Saldo** ein **Minderbestand** von 40.000,00 € (400 Fahrräder zu je 100,00 €). Im GuV-Konto muss nun den Umsatzerlösen der 400 Fahrräder, die aus Lagerbeständen des Vorjahres verkauft wurden, auch der **Minderbestand** im Herstellwert von 40.000,00 € **als Aufwandsposten** gegenübergestellt werden.

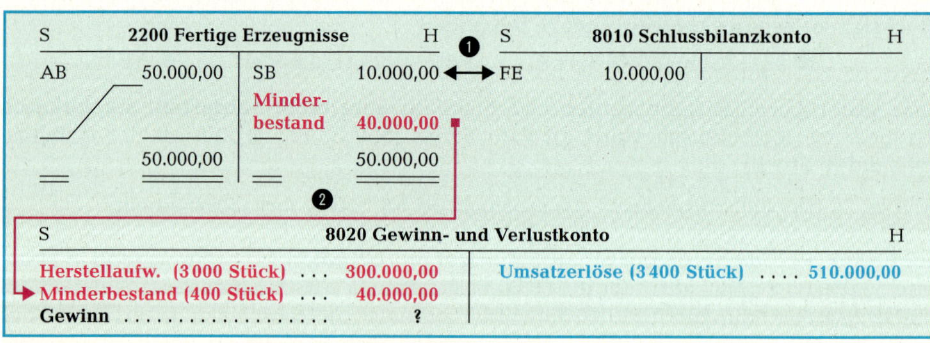

Merke: **Eine Bestandsminderung entsteht, wenn in einem Geschäftsjahr mehr Erzeugnisse verkauft als hergestellt wurden. Der Minderbestand muss dann im GuV-Konto als Aufwand den Umsatzerlösen der aus dem Vorjahresbestand verkauften Erzeugnisse gegenübergestellt werden.**

 6686148

Zum Jahresabschluss haben Industriebetriebe in der Regel sowohl Bestände an **fertigen** als auch **unfertigen** Erzeugnissen, für die **gesonderte Bestandskonten** einzurichten sind. Die **Mehr- und Minderbestände** an unfertigen und fertigen Erzeugnissen werden aus Gründen der Übersichtlichkeit nicht unmittelbar auf dem GuV-Konto gebucht, sondern zunächst **auf einem besonderen Erfolgskonto**

„5200 Bestandsveränderungen"[1]

gesammelt. Dieses **Sammelkonto** erfasst **im Soll** die **Minderbestände** und **im Haben** die **Mehrbestände** der Erzeugnisse. Nach Eintragung der Schlussbestände lt. Inventur in den Konten „2100 Unfertige Erzeugnisse" (UE) und „2200 Fertige Erzeugnisse" (FE) – Buchungssatz: Schlussbilanzkonto an UE und FE – ergeben sich folgende

Umbuchungen bei Bestandsmehrungen:

- **2100 Unfertige Erzeugnisse** .... an **5200 Bestandsveränderungen**
- **2200 Fertige Erzeugnisse** ...... an **5200 Bestandsveränderungen**

Umbuchungen bei Bestandsminderungen:

- **5200 Bestandsveränderungen** .. an **2100 Unfertige Erzeugnisse**
- **5200 Bestandsveränderungen** .. an **2200 Fertige Erzeugnisse**

Auf dem Konto „5200 Bestandsveränderungen" werden nun die **Mehr- und Minderbestände** der unfertigen und fertigen Erzeugnisse miteinander **verrechnet.** Der **Saldo** wird auf das **GuV-Konto** übertragen.

Abschlussbuchung:

- **bei Minderbestand: 8020 Gewinn- und Verlustkonto** an **5200 Bestandsveränderungen**
- **bei Mehrbestand: 5200 Bestandsveränderungen** .. an **8020 Gewinn- und Verlustkonto**

Beispiel 4: Am Schluss des 4. Geschäftsjahres beträgt der Endbestand an fertigen Fahrrädern lt. Inventur 2.000,00 €, bewertet zum Herstellwert. Der Herstellwert des Schlussbestandes an noch nicht fertiggestellten Fahrrädern beträgt lt. Inventur 48.000,00 €. Nach Buchung dieser Schlussbestände (SBK an FE und UE) ergibt sich der Abschluss der Konten: *Nennen Sie die Buchungssätze zu ❶ bis ❺.*

S — 2200 Fertige Erzeugnisse (FE) — H

S		H	
AB	10.000,00	SB ❶	2.000,00
		BV ❸	8.000,00
	10.000,00		10.000,00

S — 2100 Unfertige Erzeugnisse (UE) — H

S		H	
AB	0,00	SB ❷	48.000,00
BV ❹	48.000,00		
	48.000,00		48.000,00

S — 5200 Bestandsveränderungen (BV) — H

S		H	
Minderbestand (FE) ❸	8.000,00	Mehrbestand (UE) ❹	48.000,00
GuV ❺	40.000,00		
	48.000,00		48.000,00

S — 8020 Gewinn- und Verlustkonto — H

S		H	
Aufwendungen	700.000,00	**Umsatzerlöse**	760.000,00
Gewinn	100.000,00	**Mehrbestand (BV)** ❺	40.000,00
	800.000,00		800.000,00

Merke: **Wenn Herstellungs- und Absatzmenge in einer Rechnungsperiode nicht übereinstimmen, ergibt sich der Erfolg des Industriebetriebes erst unter Berücksichtigung der Bestandsveränderungen an unfertigen und fertigen Erzeugnissen.**

1 Nach dem Schulkontenrahmen NRW können die Bestandsveränderungen auch auf getrennten Konten gebucht werden: „5210 Bestandsveränd. an unfertigen Erzeugn." und „5220 Bestandsveränd. an fertigen Erzeugn.".

Merke: **Die Konten „2100 Unfertige Erzeugnisse" und „2200 Fertige Erzeugnisse" weisen in der Regel nur drei Posten aus:**
- **den Anfangsbestand,**
- **den Schlussbestand lt. Inventur und**
- **die Bestandsveränderung (Mehrung oder Minderung).**

Aufgaben

152 *Führen Sie folgende Konten:* 2100 Unfertige Erzeugnisse, 2200 Fertige Erzeugnisse, 5200 Bestandsveränderungen, 8020 Gewinn- und Verlustkonto, 8010 Schlussbilanzkonto.

Anfangsbestände

Unfertige Erzeugnisse .... 12.000,00 € Fertige Erzeugnisse ...... 18.000,00 €
Die Aufwendungen betragen im GuV-Konto insgesamt .... 85.000,00 €
Die Umsatzerlöse betragen im GuV-Konto insgesamt .... 120.000,00 €

Schlussbestände

Unfertige Erzeugnisse .... 16.000,00 € Fertige Erzeugnisse ...... 26.000,00 €

1. *Buchen Sie die Schlussbestände an UE und FE.*
2. *Buchen und erläutern Sie jeweils die Bestandsveränderung an UE und FE.*
3. *Ermitteln Sie buchhalterisch den Erfolg des Industriebetriebes.*
4. *Wie hoch wäre der Erfolg ohne Berücksichtigung der Bestandsveränderungen?*
5. *Wie wirken sich demnach Bestandsmehrungen auf den Erfolg aus?*

153 *Übernehmen Sie den Kontenplan der Aufgabe 152.*

Anfangsbestände

Unfertige Erzeugnisse .... 10.200,00 € Fertige Erzeugnisse ...... 22.400,00 €
Die Aufwendungen betragen insgesamt .... 62.840,00 €
Die Umsatzerlöse betragen insgesamt .... 96.920,00 €

Schlussbestände

Unfertige Erzeugnisse .... 8.000,00 € Fertige Erzeugnisse ...... 10.200,00 €

1. *Schließen Sie die Konten unter Angabe der Buchungssätze ab und ermitteln Sie den Erfolg des Industriebetriebes.*
2. *Wie wirken sich Bestandsminderungen auf den Erfolg aus?*

154 *Übernehmen Sie den Kontenplan der Aufgabe 152.*

Anfangsbestände

Unfertige Erzeugnisse .... 20.000,00 € Fertige Erzeugnisse ...... 60.000,00 €
Die Aufwendungen betragen insgesamt .... 280.000,00 €
Die Umsatzerlöse betragen insgesamt .... 330.000,00 €

Schlussbestände

Unfertige Erzeugnisse .... 5.000,00 € Fertige Erzeugnisse ...... 90.000,00 €
Schließen Sie die Konten unter Angabe der Buchungssätze ab und ermitteln Sie den Erfolg.

155
1. *Begründen Sie, warum der Minderbestand an Erzeugnissen auf der Sollseite des Gewinn- und Verlustkontos auszuweisen ist.*
2. *Warum ist entsprechend der Mehrbestand an Erzeugnissen auf der Habenseite des Gewinn- und Verlustkontos auszuweisen?*
3. *Erklären Sie:* *Erlöse + Mehrbestände > Aufwendungen = ?*
   Erlöse < Aufwendungen + Minderbestände = ?
4. *Woraus setzt sich die Gesamtleistung des Industriebetriebes zusammen?*

156

Der Summenbilanz eines Industriebetriebes entnehmen wir folgende Konten:

Konten	Soll	Haben
2000 Rohstoffe	32.200,00	–
2020 Hilfsstoffe	23.500,00	–
2100 Unfertige Erzeugnisse (Anfangsbestand)	13.100,00	–
2200 Fertige Erzeugnisse (Anfangsbestand)	22.300,00	–
2600 Vorsteuer	25.600,00	–
3000 Eigenkapital	–	255.000,00
4800 Umsatzsteuer	–	37.700,00
5000 Umsatzerlöse für eigene Erzeugnisse	–	235.800,00
5200 Bestandsveränderungen	–	–
6000 Aufwendungen für Rohstoffe	51.300,00	–
6020 Aufwendungen für Hilfsstoffe	14.100,00	–
6200 Löhne	54.600,00	–
6300 Gehälter	36.200,00	–
6520 Abschreibungen auf Sachanlagen	16.400,00	–
6700 Mietaufwendungen	28.000,00	–
6870 Werbeaufwendungen	1.600,00	–
8010 Schlussbilanzkonto	–	–
8020 Gewinn- und Verlustkonto	–	–

Abschlussangaben

Schlussbestände lt. Inventur:	Rohstoffe	33.700,00
	Hilfsstoffe	22.300,00
	Unfertige Erzeugnisse	16.000,00
	Fertige Erzeugnisse	10.400,00

1. *Eröffnen Sie die Konten.*
2. *Buchen Sie zunächst die Schlussbestände lt. Inventur und nennen Sie jeweils den entsprechenden Buchungssatz.*
3. *Nennen Sie die Buchungssätze für die erforderlichen Umbuchungen.*
4. *Führen Sie den Abschluss der Konten unter Angabe der Buchungssätze durch.*
5. *Nennen Sie die Verfahren zur Ermittlung des Werkstoffverbrauchs und deren Vor- bzw. Nachteile.*
6. *Welche grundsätzliche Wirkung hat in diesem Falle die Bestandsveränderung?*

157

Anfangsbestände

0700 Technische Anlagen und Maschinen	210.000,00
2000 Rohstoffe	53.600,00
2020 Hilfsstoffe	18.300,00
2030 Betriebsstoffe	5.100,00
2100 Unfertige Erzeugnisse	11.900,00
2200 Fertige Erzeugnisse	28.600,00
2400 Forderungen a. LL	44.400,00
2800 Bank	27.200,00
2880 Kasse	14.900,00
3000 Eigenkapital	300.000,00
4400 Verbindlichkeiten a. LL	114.000,00

Kontenplan

Bestandskonten: 0700, 2000, 2020, 2030, 2100, 2200, 2400, 2600, 2800, 2880, 3000, 4400, 4800, 4830, 4840, 8010.

Erfolgskonten: 5000, 5200, 5710, 6000, 6020, 6030, 6140, 6150, 6160, 6200, 6300, 6400, 6520, 6700, 6850, 8020

Geschäftsfälle:

1.	Kauf von Rohstoffen lt. ER 806	19.800,00	
	von Hilfsstoffen lt. ER 807	3.400,00	
	+ Umsatzsteuer	3.712,00	26.912,00
2.	Zielverkauf von eigenen Erzeugnissen lt. AR 1206, brutto		33.640,00
3.	Barabhebung von der Bank		1.900,00
4.	Lt. BA Zahlung von Löhnen durch Überweisung, brutto		6.800,00
	Steuern		580,00
	Sozialversicherung		740,00
	netto		5.480,00
	Arbeitgeberanteil zur Sozialversicherung		730,00
5.	Verkauf von eigenen Erzeugnissen auf Ziel lt. AR 1207		
	ab Werk	25.400,00	
	+ Umsatzsteuer	4.064,00	29.464,00
6.	Unsere Überweisung für Vertreterprovision lt. BA, einschließlich USt		1.102,00
7.	Kunden begleichen lt. BA Rechnung durch Überweisung		23.650,00
8.	Überweisung für Gehälter lt. BA, brutto		9.400,00
	Steuern		940,00
	Sozialversicherung		1.320,00
	netto		7.140,00
	Arbeitgeberanteil zur Sozialversicherung		1.305,00
9.	Überweisung für eine Maschinenreparatur lt. BA, einschließlich USt		2.262,00
10.	Barausgaben für Reisekosten		490,00
11.	Zielverkauf von eigenen Erzeugnissen lt. AR 1208 frei Haus, brutto		10.324,00
12.	Ausgangsfracht hierauf bar, brutto		290,00
13.	Unsere Überweisung für Lagerraummiete lt. BA		700,00
14.	Lt. BA Gutschrift der Bank für Zinsen		800,00

Abschlussangaben

1.	Abschreibung auf Technische Anlagen und Maschinen	24.400,00
2.	Inventurbestände:	
	Rohstoffe	44.800,00
	Hilfsstoffe	15.700,00
	Betriebsstoffe	3.200,00
	Unfertige Erzeugnisse	11.600,00
	Fertige Erzeugnisse	35.300,00
3.	Im Übrigen entsprechen die Buchwerte der Inventur.	

158

1. *In welchem Fall entsteht*
   a) ein Mehrbestand und
   b) ein Minderbestand an Erzeugnissen?
2. *Wie lautet der Abschlussbuchungssatz des Kontos „Bestandsveränderungen"*
   a) bei Mehrbeständen und
   b) bei Minderbeständen?
3. *Wir wirken sich a) Mehrbestände und b) Minderbestände auf den Gewinn der Abrechnungsperiode aus?*
4. *Erläutern Sie kritisch die beiden bestandsrechnerischen Verfahren zur Ermittlung des Werkstoffverbrauchs.*
5. *Welcher Sachverhalt liegt den folgenden Buchungen zugrunde?*
   a) Eigenkapitalkonto an Gewinn- und Verlustkonto 20.000,00 €
   b) Bank an Eigenkapitalkonto 60.000,00 €

4.3 Zeitliche Abgrenzung der Aufwendungen/Erträge

Notwendigkeit der periodengerechten Erfolgsermittlung. Bisher haben wir Aufwendungen und Erträge dann gebucht, wenn sie gezahlt wurden. Würde man die Dezembermiete, die erst im Januar des neuen Geschäftsjahres von uns überwiesen wird, auch erst im neuen Jahr als Aufwand buchen, würde der Erfolg sowohl des alten als auch des neuen Geschäftsjahres falsch ausgewiesen. Will man den **Jahreserfolg zeitraumrichtig ermitteln,** ist es erforderlich, **Aufwendungen und Erträge dem Geschäftsjahr zuzuordnen,** zu dem sie **wirtschaftlich** gehören, und zwar

unabhängig vom Zeitpunkt ihrer Ausgabe bzw. Einnahme.

Nur so kann ein **periodengerechter Erfolg des Geschäftsjahres** ermittelt werden.

Merke: **„Aufwendungen und Erträge des Geschäftsjahres sind unabhängig von den Zeitpunkten der entsprechenden Zahlungen im Jahresabschluss zu berücksichtigen" (§ 252 Abs. 1 Zi. 5 HGB).**

4.3.1 Sonstige Forderungen und Sonstige Verbindlichkeiten

Wenn **Aufwendungen und Erträge** des **alten** Geschäftsjahres erst im **neuen** Jahr **zu Ausgaben** bzw. **Einnahmen** führen, müssen sie **zum Jahresschluss** erfasst werden als

- **Sonstige Verbindlichkeiten (Konto 4890) bzw.**
- **Sonstige Forderungen (Konto 2690).**

Beispiel 1: Die Lagermiete für Dezember überweisen wir erst im Januar: 1.500,00 €.

Die Dezembermiete ist **Aufwand des alten Jahres,** der erst **im neuen Jahr** zu einer **Ausgabe** führt. Aus Gründen einer **periodengerechten** Erfolgsermittlung ist sie noch in der GuV-Rechnung des alten Jahres zu erfassen und zugleich als **„Sonstige Verbindlichkeit"** gegenüber dem Vermieter in der Schlussbilanz auszuweisen.

Buchungen zum 31. Dezember des alten Jahres

❶ **6700 Mietaufwendungen**	an	**4890 Sonstige Verbindlichkeiten**	**1.500,00**
❷ **8020 GuV-Konto**	an	**6700 Mietaufwendungen**	**1.500,00**
❸ **4890 Sonstige Verbindlichkeiten**	an	**8010 Schlussbilanzkonto**	**1.500,00**

S	**6700 Mietaufwendungen**		H
❶	1.500,00	❷	1.500,00

S	**4890 Sonstige Verbindlichkeiten**		H
❸	1.500,00	❶	1.500,00

S	**8020 GuV-Konto**		H
❷	1.500,00		

S	**8010 Schlussbilanzkonto**		H
		❸	1.500,00

Buchungen im neuen Jahr

Nach Eröffnung des Kontos „4890 Sonstige Verbindlichkeiten" ist die Mietausgabe zu buchen:

❶ **8000 Eröffnungsbilanzkonto**	an	**4890 Sonstige Verbindlichkeiten**	**1.500,00**
❷ **4890 Sonstige Verbindlichkeiten**	an	**2800 Bank**	**1.500,00**

S	**2800 Bank**		H
...	50.000,00	❷	1.500,00

S	**4890 Sonstige Verbindlichkeiten**		H
❷	1.500,00	❶ 8000	1.500,00

Merke: **Aufwendungen des alten Jahres, die erst im neuen Jahr zu Ausgaben führen, sind auf dem Konto „4890 Sonstige Verbindlichkeiten" zu erfassen.**

Buchung: ▷ **Aufwandskonto** an **Sonstige Verbindlichkeiten**

Beispiel 2: Unser Mieter überweist die Dezembermiete erst im Januar n. J.: 800,00 €.

Die Dezembermiete stellt einen **Ertrag des alten Geschäftsjahres** dar, der erst **im neuen Jahr** zu einer **Einnahme** führt. Der Mietertrag ist deshalb der Erfolgsrechnung des alten Jahres zuzurechnen und zugleich als **„Sonstige Forderung"** zu erfassen.

Buchungen zum 31. Dezember des alten Geschäftsjahres

❶ **2690 Sonstige Forderungen**	an	**5400 Mieterträge**	**800,00**
❷ **5400 Mieterträge**	an	**8020 GuV-Konto**	**800,00**
❸ **8010 Schlussbilanzkonto**	an	**2690 Sonstige Forderungen**	**800,00**

S	2690 Sonstige Forderungen		H
❶	800,00	❸	800,00

S	5400 Mieterträge		H
❷	800,00	❶	800,00

S	8010 Schlussbilanzkonto		H
❸	800,00		

S	8020 GuV-Konto		H
		❷	800,00

Buchung im Januar des neuen Jahres

Mieteingang: **2800 Bank** .... an **2690 Sonstige Forderungen** **800,00**

S	2690 Sonstige Forderungen		H
8000	800,00	2800	800,00

S	2800 Bank		H
2690	800,00		

Merke: **Erträge des alten Jahres, die erst im neuen Jahr zu Einnahmen führen, werden zum Jahresschluss auf dem Konto „2690 Sonstige Forderungen" gebucht.**

Buchung: ▷ **Sonstige Forderungen** an **Ertragskonto**

Beispiel 3: Wir haben einem Kunden am 1. September 01 ein Darlehen in Höhe von 10.000,00 € zu 6 % Zinsen gewährt. Die halbjährlich zu zahlenden Darlehenszinsen sind nachträglich fällig, erstmals am 1. März 02: 300,00 €.

Von der am 1. März des neuen Jahres fälligen Zinszahlung sind ertragsmäßig 200,00 € dem alten und 100,00 € dem neuen Geschäftsjahr zuzurechnen.

Buchung zum 31. Dezember: **2690 Sonstige Forderungen** an **5710 Zinserträge** **200,00**

S	2690 Sonstige Forderungen		H
5710	200,00	8010	200,00

S	5710 Zinserträge		H
8020	200,00	2690	200,00

S	8010 Schlussbilanzkonto		H
2690	200,00		

S	8020 GuV-Konto		H
		5710	200,00

Buchung im neuen Jahr: Am 1. März 02 ist der gesamte Zinsbetrag als Einnahme zu buchen:

2800 Bank	**300,00**	an	**2690 Sonstige Forderungen** (Zinsertrag des alten J.)	**200,00**
		an	**5710 Zinserträge** (Ertragsanteil des neuen Jahres)	**100,00**

S	2690 Sonstige Forderungen		H
8000	200,00	2800	200,00

S	2800 Bank		H
2690/5710	300,00		

S	5710 Zinserträge		H
		2800	100,00

Buchen Sie das 3. Beispiel aus der Sicht des Kunden.

Merke: **Aufwendungen und Erträge, die teils das alte und teils das neue Geschäftsjahr betreffen, sind den einzelnen Geschäftsjahren entsprechend zuzuordnen.**

Aufgaben

159

Bilden Sie für nachstehende Geschäftsfälle die Buchungssätze
a) beim Jahresabschluss zum 31. Dezember,
b) nach Eröffnung der Konten im neuen Jahr für den Geldeingang und Geldausgang.

1.	Die Dezembermiete für Geschäftsräume wird von uns erst im Monat Januar beglichen	2.800,00
2.	Ein Mieter in unserem Geschäftshaus zahlt die Miete für Dezember erst im Januar	1.650,00
3.	Eine Rechnung für Büromaterial steht am Jahresende noch aus	300,00
	+ Umsatzsteuer[1]	48,00
4.	Die vierteljährlichen Zinsen (November–Januar) für ein Darlehen werden von uns erst Ende Januar gezahlt	1.500,00
5.	Unser Darlehensschuldner hat die lt. Vertrag zu zahlenden Jahreszinsen (Darlehensjahr: 1. April–31. März) am 31. März des folgenden Jahres zu zahlen	2.400,00
6.	Unser Darlehensschuldner zahlt uns für das Halbjahr 1. Juli–31. Dezember die Zinsen erst im Januar	700,00
7.	Der Handelskammerbeitrag für das letzte Vierteljahr Oktober–Dezember wird erst im Monat Januar gezahlt	1.800,00
8.	Für die Lohnwoche vom 28. Dezember bis 3. Januar sind 4.500,00 € Fertigungslöhne zu zahlen (Zahltag 3. Januar). Hiervon entfallen auf die Zeit vom 28. Dezember–31. Dezember	2.500,00
	Im neuen Jahr werden durch die Bank ausgezahlt	3.800,00
9.	Die Zinsgutschrift der Bank für die Zeit vom 1. Oktober bis 31. Dezember steht noch aus und wird erst im Januar eingehen	315,00
10.	Die Provision unseres Handelsvertreters für Dezember wird erst im Januar überwiesen, netto	750,00
	+ Umsatzsteuer	120,00
	Die Provisionsabrechnung (Beleg) ist am 29. Dezember erstellt worden.[2]	

160

Bilden Sie für nachstehende Geschäftsfälle jeweils die Buchungssätze
a) zum Bilanzstichtag (31. Dezember),
b) bei Zahlungseingang bzw. Zahlungsausgang (Bank) im neuen Jahr.

1. Die Miete für eine von uns gemietete Lagerhalle beträgt monatlich 2.000,00 €. Bei Erstellung des Jahresabschlusses wird festgestellt, dass die Dezembermiete erst im Januar überwiesen wurde.
2. Die Stromabrechnung für den Monat Dezember liegt zum 31. Dezember noch nicht vor. Wir erhalten die Rechnung Mitte Januar über 8.200,00 € zuzüglich Umsatzsteuer[1].
3. Wir erhalten am 31. März die Darlehenszinsen für die Monate Oktober bis März durch Banküberweisung: 600,00 €.
4. Die Garagenmiete für die Monate November, Dezember und Januar in Höhe von 300,00 € wird von uns lt. Vertrag nachträglich am 5. Februar des nächsten Jahres gezahlt.
5. Wir überweisen jeweils zum 1. März und 1. September nachträglich für 6 Monate Hypothekenzinsen in Höhe von 2.400,00 €.
6. Für einen Wartungsvertrag, der für unsere Büromaschinen abgeschlossen worden ist, zahlen wir vierteljährlich nachträglich 400,00 € zuzüglich Umsatzsteuer. Die Rechnung für das letzte Jahresquartal liegt zum 31. Dezember noch nicht vor.

1 Die Vorsteuer darf noch nicht verrechnet werden, da zum 31. Dezember noch keine Rechnung vorliegt.
2 Der Vorsteuerabzug ist möglich, da die Leistung erbracht und die Abrechnung (Rechnung) vorliegt.

4.3.2 Aktive und Passive Rechnungsabgrenzungsposten

Auf den Konten **„4890 Sonstige Verbindlichkeiten"** und **„2690 Sonstige Forderungen"** haben wir **Aufwendungen und Erträge** des **alten** Geschäftsjahres erfasst, die erst im **neuen** Jahr zu **Ausgaben und Einnahmen** werden. Es handelt sich dabei um **echte** Verbindlichkeiten und Forderungen, die durch eine **Zahlung im neuen Jahr** beglichen werden.

Werden dagegen bereits **Zahlungen im alten Jahr für Aufwendungen und Erträge des neuen Jahres** geleistet, sind die **Aufwands- und Ertragskonten** zum Jahresabschluss mithilfe folgender Konten zu **berichtigen:**

- **2900 Aktive Rechnungsabgrenzung (ARA)**
- **4900 Passive Rechnungsabgrenzung (PRA)**

Aktive Rechnungsabgrenzung. Hierunter fallen **Aufwendungen,** die bereits im abzuschließenden Geschäftsjahr **im Voraus bezahlt und gebucht** wurden, aber entweder nur zum Teil oder auch ganz **wirtschaftlich dem neuen Geschäftsjahr zuzurechnen** sind, wie z. B. **von uns geleistete Vorauszahlungen** für Versicherungen, Zinsen, Mieten u.a. Zum Bilanzstichtag sind die betreffenden Aufwandskonten durch eine „Aktive Rechnungsabgrenzung **(ARA)**" zu berichtigen. Sie stellt praktisch eine **Leistungsforderung** dar. So begründet z. B. unsere Mietvorauszahlung einen Anspruch auf Nutzung der gemieteten Räume im neuen Jahr.

Passive Rechnungsabgrenzung. Hierunter gehören **Erträge,** die im abzuschließenden Geschäftsjahr **bereits als Einnahme gebucht** worden sind, aber mit einem Teil oder auch ganz als Ertrag dem **neuen** Geschäftsjahr zuzuordnen sind, wie z. B. **im Voraus erhaltene** Miete, Pacht, Zinsen u. a. Zum Jahresabschluss sind die betreffenden Ertragskonten durch Vornahme einer entsprechenden „Passiven Rechnungsabgrenzung **(PRA)**" zu korrigieren. Die PRA stellen **Leistungsverbindlichkeiten** dar. Eine an uns geleistete Zinsvorauszahlung begründet z. B. unsere Verpflichtung auf weitere Überlassung des gewährten Darlehens im neuen Jahr.

Transitorische Posten. Mithilfe der aktiven und passiven Rechnungsabgrenzungsposten werden die im alten Geschäftsjahr **im Voraus gezahlten Aufwendungen** und **vereinnahmten Erträge** über die Schlussbilanz in die Erfolgsrechnung des neuen Geschäftsjahres **übertragen.** Man nennt sie deshalb auch „transitorische Posten" (lat. transire = hinübergehen).

Periodengerechte Erfolgsermittlung. Die Rechnungsabgrenzungsposten dienen ebenso wie die Sonstigen Forderungen und Sonstigen Verbindlichkeiten der zeitraumrichtigen Abgrenzung der Aufwendungen und Erträge, damit das **Gesamtergebnis** einer Unternehmung **periodengerecht** zum Jahresabschluss **ermittelt** werden kann.

Merke: **Nach § 250 HGB dürfen als Rechnungsabgrenzungsposten nur ausgewiesen werden:**

- **auf der Aktivseite Ausgaben vor dem Abschluss-Stichtag, soweit sie Aufwand für eine bestimmte Zeit nach diesem Tag darstellen:**

  → Aktive Rechnungsabgrenzung (ARA)

- **auf der Passivseite Einnahmen vor dem Abschluss-Stichtag, soweit sie Ertrag für eine bestimmte Zeit nach diesem Tag darstellen:**

  → Passive Rechnungsabgrenzung (PRA)

6686156

Beispiel 1: Am 1. Dez. haben wir Lagerräume für eine Monatsmiete von 1.500,00 € gemietet. Lt. Vertrag **zahlen wir** die Miete **vierteljährlich** mit 4.500,00 € **im Voraus.**

Buchung unserer Mietvorauszahlung am 1. Dezember

6700 Mietaufwendungen .... an **2800 Bank** **4.500,00**

Der **Mietaufwand von 4.500,00 €** ist zum 31. Dezember **periodengerecht abzugrenzen:** 1.500,00 € entfallen auf Dezember des Abschlussjahres, 3.000,00 € auf Januar und Februar des Folgejahres. Das Konto „6700 Mietaufwendungen" ist daher im Haben um 3.000,00 € mithilfe des Kontos „2900 Aktive Rechnungsabgrenzung" zu berichtigen. Die Mietvorauszahlung beinhaltet die Überlassung des Lagers im neuen Jahr, also eine **Leistungsforderung,** die auf der Aktivseite der Bilanz als **„Aktive Rechnungsabgrenzung" (ARA)** auszuweisen ist.

Buchungen zum 31. Dezember des Abschlussjahres

❶ **2900 Aktive Rechnungsabgrenzung** ... an **6700 Mietaufwendungen** **3.000,00**
❷ **8020 GuV-Konto** .... an **6700 Mietaufwendungen** **1.500,00**
❸ **8010 Schlussbilanzkonto** .... an **2900 Aktive Rechnungsabgr.** **3.000,00**

S	6700 Mietaufwendungen		H
2800	4.500,00	2900	3.000,00 ❶
		8020	1.500,00 ❷

S	2900 Aktive Rechnungsabgrenzung		H
6700	3.000,00	8010	3.000,00 ❸

S	8020 GuV-Konto		H
6700	1.500,00		

S	8010 Schlussbilanzkonto		H
ARA	3.000,00		

Buchungen zum 1. Januar des Folgejahres

Nach Eröffnung ist das Konto „2900 ARA" über das betreffende Aufwandskonto aufzulösen.

❶ **2900 Aktive Rechnungsabgrenzung** ... an **8000 Eröffnungsbilanzkonto** **3.000,00**
❷ **6700 Mietaufwendungen** .... an **2900 Aktive Rechnungsabgr.** **3.000,00**

Das Konto „6700 Mietaufwendungen" weist nun die Miete für Januar und Februar des neuen Jahres periodengerecht aus. Das Konto „2900 ARA" hat seine **„transitorische"** Aufgabe erfüllt:

S	2900 Aktive Rechnungsabgrenzung		H
8000	3.000,00	6700	3.000,00

S	6700 Mietaufwendungen		H
2900	3.000,00		

Direkte Rechnungsabgrenzung. Ausgaben des laufenden Geschäftsjahres, die Aufwendungen des nächsten Jahres betreffen, können **bereits direkt bei Zahlung** entsprechend **zeitlich abgegrenzt** werden. Dadurch erübrigt sich zum Jahresabschluss eine besondere Überprüfung aller Ausgaben auf ihre periodengerechte Abgrenzung.

Buchung bei direkter Periodenabgrenzung am 1. Dezember

6700 Mietaufwendungen **1.500,00**
2900 Aktive Rechnungsabgrenzung ..... **3.000,00** an **2800 Bank** **4.500,00**

S	6700 Mietaufwendungen		H
2800	1.500,00		

S	2800 Bank		H
		6700/2900	4.500,00

S	2900 Aktive Rechnungsabgrenzung		H
2800	3.000,00		

Nennen Sie die Abschlussbuchungen.

Merke: **Das Konto „2900 Aktive Rechnungsabgrenzung" (ARA) erfasst zum Jahresabschluss alle Ausgaben des alten Geschäftsjahres, die Aufwand des nächsten Jahres sind.**

Buchung: ▷ **ARA** an **Aufwandskonto** (bei Abgrenzung zum 31. Dezember)
▷ **ARA** an **Bank (Kasse)** (bei direkter Abgrenzung)

Beispiel 2: Von unserem Mieter haben wir am 1. Dezember die **Vierteljahresmiete** (Dezember–Februar) in Höhe von insgesamt 2.400,00 € **im Voraus erhalten.**

Buchung der Mieteinnahme am 1. Dezember

2800 Bank	an	**5400 Mieterträge**	**2.400,00**

Der gesamte **Mietertrag** in Höhe von 2.400,00 € ist zum 31. Dezember **periodengerecht abzugrenzen:** 800,00 € entfallen auf das Abschlussjahr, 1.600,00 € dagegen auf das neue Geschäftsjahr. Das Konto „5400 Mieterträge" muss daher auf seiner Sollseite um 1.600,00 € durch Bildung einer „Passiven Rechnungsabgrenzung" (PRA) berichtigt werden, da für uns eine **Leistungsverbindlichkeit,** d. h. eine Verpflichtung zur Überlassung der Räume im nächsten Geschäftsjahr, besteht, die auf der Passivseite der Bilanz auszuweisen ist.

Buchungen zum 31. Dezember des Abschlussjahres

❶	**5400 Mieterträge**	an	**4900 Passive Rechnungsabgrenzung**	**1.600,00**
❷	**5400 Mieterträge**	an	**8020 GuV-Konto**	**800,00**
❸	**4900 Passive Rechnungsabgrenzung**	an	**8010 Schlussbilanzkonto**	**1.600,00**

S	**4900 Passive Rechnungsabgrenzung**		H
8010	1.600,00	5400	1.600,00

❶

S	**5400 Mieterträge**		H
4900	1.600,00	2800	2.400,00
8020	800,00		

❸

S	**8010 Schlussbilanzkonto**		H
		PRA	1.600,00

❷

S	**8020 GuV-Konto**		H
		5400	800,00

Buchungen zum 1. Januar des Folgejahres

❶	**8000 Eröffnungsbilanzkonto**	an	**4900 Passive Rechnungsabgrenzung**	**1.600,00**
❷	**4900 Passive Rechnungsabgrenzung**	an	**5400 Mieterträge**	**1.600,00**

Das Konto „4900 PRA" ist zu Beginn des neuen Jahres über das entsprechende Ertragskonto aufzulösen. Nach der **Umbuchung** des passiven Rechnungsabgrenzungspostens weist das Konto „5400 Mieterträge" nun den **periodengerechten Mietertrag** für die Monate Januar und Februar des neuen Jahres aus:

S	**5400 Mieterträge**		H
		4900	1.600,00

S	**4900 Passive Rechnungsabgrenzung**		H
5400	1.600,00	8000	1.600,00

Bei direkter Rechnungsabgrenzung ist am 1. Dezember zu buchen

2800 Bank	**2.400,00**	an	**5400 Mieterträge**	**800,00**
		an	**4900 Passive Rechnungsabgrenzung**	**1.600,00**

Buchen Sie die direkte Periodenabgrenzung auf den genannten Konten.

Merke:

- **Das Konto „4900 Passive Rechnungsabgrenzung" (PRA) erfasst zum Bilanzstichtag alle Einnahmen des alten Jahres, die wirtschaftlich Erträge des nächsten Jahres sind.**

  Buchung: ▷ **Ertragskonto** an **PRA** (bei Abgrenzung zum 31. Dezember)
  ▷ **Bank (Kasse)** an **PRA** (bei direkter Abgrenzung)

- **Die Posten der Rechnungsabgrenzung werden zu Beginn des neuen Geschäftsjahres aufgelöst, indem sie auf das entsprechende Erfolgskonto umgebucht werden:**

  ▷ **Aufwandskonto** an **ARA**
  ▷ **PRA** an **Ertragskonto**

Merke: **Die zeitliche Abgrenzung der Aufwendungen und Erträge bezweckt eine periodengerechte Ermittlung des Jahreserfolgs. Man unterscheidet vier Fälle:**

Geschäftsfall	Vorgang		Buchung zum 31. Dez.:
	im **alten** Jahr	im **neuen** Jahr	
Von uns noch zu zahlender Aufwand	**Aufwand**	Ausgabe	**Aufwandskonto an Sonst. Verbindlichk.**
Noch zu vereinnahmender Ertrag	**Ertrag**	Einnahme	**Sonstige Forderungen an Ertragskonto**
Von uns im Voraus bezahlter Aufwand	Ausgabe	**Aufwand**	**Aktive Rechnungsabgr. an Aufwandskonto**
Im Voraus vereinnahmter Ertrag	Einnahme	**Ertrag**	**Ertragskonto an Pass. Rechnungsabgr.**

Aufgaben

a) Buchen Sie die folgenden Geschäftsfälle zunächst auf Konten. **161**
b) Nehmen Sie danach die zeitliche Abgrenzung zum 31. Dezember vor.
c) Welche Buchungen ergeben sich im neuen Jahr?

1. Die Kraftfahrzeugsteuer für die Geschäftswagen wird am 1. Juli für ein Jahr im Voraus vom Bankkonto überwiesen: 600,00 €.
2. Am 1. Dezember erhalten wir die Miete für vermietete Geschäftsräume für Dezember, Januar und Februar im Voraus durch Banküberweisung: 4.500,00 €.
3. Für die EDV-Anlage besteht mit dem Lieferanten ein Wartungsvertrag. Am 1. Mai wird der Jahresbetrag lt. Rechnung ER 345 überwiesen: 1.200,00 € + 192,00 € Umsatzsteuer = 1.392,00 €.
4. Am 1. Oktober werden die Jahreszinsen für ein gewährtes Darlehen im Voraus auf das Bankkonto überwiesen: 960,00 €.
5. Die Gebäudeversicherung für Geschäftsgebäude wird am 1. November durch die Bank für ein Jahr im Voraus überwiesen: 3.600,00 €.
6. Bankgutschrift der Januarmiete für vermietete Lagerräume am 22. Dezember: 2.500,00 €.

*Nennen Sie die Buchungssätze für die Geschäftsfälle der vorhergehenden Aufgabe bei **direkter zeitlicher Abgrenzung.*** **162**

*Bilden Sie zu den nachfolgenden Geschäftsfällen die Buchungssätze **zum Bilanzstichtag:*** **163**

1. Die Dezembermiete für angemietete Garagen wird erst am 3. Januar des folgenden Geschäftsjahres durch Banküberweisung beglichen: 300,00 €.
2. Die Vierteljahreszinsen (November–Januar) für ein aufgenommenes Darlehen werden von uns vereinbarungsgemäß nachträglich Ende Januar gezahlt: 900,00 €.
3. Unser Darlehensnehmer hat die Zinsen für das erste Quartal des neuen Geschäftsjahres bereits am 15. Dezember des Abschlussjahres überwiesen: 850,00 €.
4. Wir haben am 1. Dezember für Dezember bis einschließlich Februar des nächsten Jahres eine Mietvorauszahlung von 3.600,00 € erhalten.
5. Am 1. November wurde die Kraftfahrzeugsteuer für die Geschäftswagen für ein Jahr im Voraus überwiesen: 600,00 €.
6. Der Handelskammerbeitrag für das letzte Quartal des Abschlussjahres wird erst Anfang Januar überwiesen: 2.400,00 €.
7. Die Zinsgutschrift der Bank für die Zeit vom 1. Oktober bis 31. Dezember steht zum Bilanzstichtag noch aus: 450,00 €.
8. Die Halbjahresmiete (Oktober bis März) für eine vermietete Lagerhalle erhielten wir im Voraus: 9.000,00 €.
9. Die Haftpflichtversicherung für das Betriebsgebäude wurde am 1. November für ein Jahr im Voraus bezahlt: 2.400,00 €.
10. Unserem Handelsvertreter wird die Dezemberprovision erst Anfang Januar überwiesen. Die bereits erstellte Provisionsabrechnung weist aus: 4.000,00 € Provision + 640,00 € Umsatzsteuer = 4.640,00 €.

164

Auszug aus der vorläufigen Summenbilanz zum 31. Dezember ..	Soll	Haben
2600 Vorsteuer	134.000,00	–
2690 Sonstige Forderungen	8.800,00	–
2900 Aktive Rechnungsabgrenzung	–	–
4800 Umsatzsteuer	–	124.600,00
4890 Sonstige Verbindlichkeiten	–	5.700,00
4900 Passive Rechnungsabgrenzung	–	–
5400 Mieterträge	–	22.800,00
5710 Zinserträge	–	1.600,00
6150 Vertriebsprovisionen	12.000,00	–
6700 Mietaufwendungen	26.400,00	–
6810 Zeitungen und Fachliteratur	2.100,00	–
6900 Versicherungsbeiträge	16.200,00	–
6920 Beiträge zu Wirtschaftsverbänden	12.600,00	–
7030 Kraftfahrzeugsteuer	7.600,00	–
7510 Zinsaufwendungen	14.700,00	–

Zum 31. Dezember .. (Bilanzstichtag) sind noch folgende zeitliche Abgrenzungen vorzunehmen:

1. Die Feuerversicherungsprämie (Gebäude) für das kommende Kalenderjahr wurde am 27. Dezember durch Banküberweisung beglichen: 850,00 €.
2. Die Bezugskosten für diverse Fachzeitschriften wurden am 28. Dezember mit 260,00 € netto im Voraus für das folgende Geschäftsjahr bezahlt.
3. Die Kraftfahrzeugsteuer für den LKW wurde am 1. Dezember für ein Jahr im Voraus durch Banküberweisung mit 660,00 € beglichen.
4. Der Handelskammerbeitrag für das letzte Quartal beträgt 750,00 €.
5. Vertreterprovision für Dezember über 1.700,00 € netto wird von uns erst im Januar bei Rechnungserteilung überwiesen.
6. Die Dezember-Lagermiete über 2.850,00 € überweisen wir erst Anfang Januar.
7. Unser Mieter begleicht die Miete für Büroräume in unserem Gebäude für Dezember in Höhe von 1.850,00 € erst im neuen Jahr.
8. Am 28. Dezember gingen 1.900,00 € Vierteljahresmiete in unserem Betrieb für das neue Kalenderjahr auf unserem Bankkonto ein.
9. Wir haben die fälligen Darlehenszinsen von 450,00 € für die Zeit vom 1. Oktober bis 31. Dezember am Jahresende noch nicht erhalten.
10. Hypothekenzinsen in Höhe von 12.000,00 € für das Halbjahr 1. Juli bis 31. Dezember werden von uns erst im Januar beglichen.

Bilden Sie die Buchungssätze für den Abschluss dieser Konten.

165 *Ordnen Sie in Ihrem Arbeitsheft den vier Arten der zeitlichen Abgrenzung jeweils für das alte und das neue Geschäftsjahr die folgenden Begriffe entsprechend zu:*

a) Aufwand,
b) Ertrag,
c) Ausgabe und
d) Einnahme.

Altes Jahr	Neues Jahr	Abgrenzungsposten
?	?	Sonstige Forderungen
?	?	Sonstige Verbindlichkeiten
?	?	Aktive Rechnungsabgrenzung
?	?	Passive Rechnungsabgrenzung

166

Vervollständigen Sie folgende Aussagen:

1. Sonstige Verbindlichkeiten werden für Aufwendungen des ••• Geschäftsjahres gebucht, die Ausgaben des ••• Geschäftsjahres darstellen.
2. Aktive Rechnungsabgrenzungsposten werden für Ausgaben im ••• Jahr gebildet, die Aufwand des ••• Geschäftsjahres darstellen.
3. Sonstige Forderungen werden für Erträge des ••• Jahres gebildet, die Einnahmen des ••• Jahres darstellen.
4. Passive Rechnungsabgrenzungsposten werden für Einnahmen des ••• Jahres gebildet, die Ertrag des ••• Geschäftsjahres darstellen.

167

1. *Begründen Sie die Notwendigkeit einer zeitlichen Abgrenzung der Aufwendungen und Erträge.*
2. *Nennen Sie die vier Möglichkeiten einer zeitlichen Abgrenzung.*
3. *Bei welcher Art der zeitlichen Abgrenzung liegt der Zahlungsvorgang a) im alten und b) im neuen Jahr?*
4. *Warum werden aktive und passive Rechnungsabgrenzungsposten auch als „Transitorische Posten" bezeichnet?*

168

Im Metallwerk Thomas Berg e. K. liegen Ihnen folgende Belege zur Buchung vor. Die zeitliche (periodengerechte) Abgrenzung ist mit der Buchung der Zahlung vorzunehmen.

Nennen Sie die Buchungssätze.

Beleg 1

Kontoauszug Landesgirokasse Stuttgart

Konto-Nr.	Datum	Ausz.-Nr.	Blatt	Buchungstag	PN-Nr.	Wert	Umsatz
723 544 32	..-11-01	358	1				
GUTSCHRIFT				11-01	8364	11-01	4.500,00 H

ELEKTRO-VERTRIEBS-GMBH, STUTTGART
LAGERHALLENMIETE FÜR NOV., DEZ., JAN.

METALLWERK
THOMAS BERG E. K.
INDUSTRIESTRASSE 22 - 28
70565 STUTTGART

Konto | Soll | Haben
Gebucht:

Alter Saldo H 237.650,00 EUR
Neuer Saldo H 242.150,00 EUR

Beleg 2

Durchschrift für Kontoinhaber 600 501 01
Landesgirokasse Stuttgart

Begünstigter: Finanzamt Stuttgart
Konto-Nr. des Begünstigten: 644 520 80 Bankleitzahl: 600 501 01
bei (Kreditinstitut): Landesgirokasse Stuttgart
EUR Betrag: Euro, Cent: 2.400,00---------
Kunden-Referenznummer – noch Verwendungszweck, ggf. Name und Anschrift des Auftraggebers (nur für Empfänger):
Kfz-Steuer für LKW S-UM 500/PKW S-WN 367
1. Nov. .. - 31. Okt. ..
Kontoinhaber: Metallwerk Thomas Berg e. K., 70565 Stuttgart
Konto-Nr. des Kontoinhabers: 723 544 32

..-11-01 Thomas Berg
Datum, Unterschrift

4.3.3 Rückstellungen

Aus Gründen einer **periodengerechten Erfolgsermittlung** sind **zum Bilanzstichtag** auch solche **Aufwendungen** zu **erfassen**, deren **Höhe und/oder Fälligkeit noch nicht bekannt** sind, die jedoch **wirtschaftlich dem Abschlussjahr** zugerechnet werden müssen. Für diese Aufwendungen sind die **Beträge zu schätzen** und als Verbindlichkeiten in Form von **Rückstellungen** auf der Passivseite der Bilanz auszuweisen. Die **Ungewissheit über Höhe und/oder Fälligkeit der Verbindlichkeiten unterscheidet** die **Rückstellungen von** den genau bestimmbaren **„Sonstigen Verbindlichkeiten"**.

Passivierungspflicht. Nach § 249 (1) HGB **müssen** Rückstellungen gebildet werden für

- **ungewisse Verbindlichkeiten** (z. B. zu erwartende Steuernachzahlungen, Prozesskosten, Garantieverpflichtungen, Pensionsverpflichtungen, Provisionsverbindlichkeiten, Inanspruchnahme aus Bürgschaften und dem Wechselobligo u. a.),
- **drohende Verluste aus schwebenden Geschäften** (z. B. erheblicher Preisrückgang bereits gekaufter, jedoch noch nicht gelieferter Rohstoffe),
- **unterlassene Instandhaltungsaufwendungen,** die im folgenden Geschäftsjahr **innerhalb von drei Monaten** nachgeholt werden,
- **Gewährleistungen ohne rechtliche Verpflichtungen** (Kulanzgewährleistungen).

Passivierungswahlrecht. Rückstellungen **dürfen** außerdem noch gebildet werden für

- **unterlassene Instandhaltungsaufwendungen,** die **nach drei Monaten,** aber noch innerhalb des folgenden Geschäftsjahres nachgeholt werden (§ 249 [1] Satz 3 HGB),
- **bestimmte Aufwendungen, die dem abgelaufenen Geschäftsjahr zuzuordnen sind** (§ 249 [2] HGB). Diese „Aufwandsrückstellungen" sind z. B. möglich für Großreparaturen, Werbekampagnen, Messen, Betriebsverlegungen u. a.

Bilanzausweis. Da Rückstellungen Schulden sind, zählen sie in der Bilanz auch zum **Fremdkapital.** Rückstellungen sind nach § 266 HGB in der Bilanz auszuweisen als

- **Pensionsrückstellungen,**
- **Steuerrückstellungen,**
- **Sonstige Rückstellungen.**

Bei Bildung der Rückstellung wird zunächst das betreffende **Aufwandskonto** im Soll mit dem **geschätzten** periodengerechten Betrag belastet. Die Gegenbuchung wird auf dem entsprechenden **Rückstellungskonto** im Haben vorgenommen.

Buchung: **Aufwandskonto** an **Rückstellungskonto**

Auswirkung auf den Jahreserfolg. Da Rückstellungen für **Aufwendungen** gebildet werden, **vermindert** sich der **auszuschüttende Gewinn** und damit zugleich auch die zu zahlende **Ertragsteuer,** wie z.B. die Einkommensteuer. Die Bildung von Rückstellungen hat deshalb **positive Auswirkungen auf** die flüssigen (liquiden) Mittel und somit auch auf die **Liquidität** des Unternehmens.

Auflösung von Rückstellungen. Rückstellungen sind aufzulösen, wenn sie ihren Zweck erfüllt haben. Da sie auf Schätzungen beruhen, sind drei Fälle möglich:

- Die Rückstellung **entspricht** der Zahlung.
- Die Rückstellung ist **größer** als die Zahlung. Es ergibt sich ein Ertrag, zu erfassen auf Konto **„5480 Erträge aus der Auflösung oder Herabsetzung von Rückstellungen"**[1]
- Die Rückstellung ist **kleiner** als die Zahlung. Es entsteht ein Aufwand, zu erfassen auf Konto **„6990 Periodenfremde Aufwendungen"**.

1 Im Folgenden wird die Kurzform „5480 Erträge a. d. A. o. H. v. R." verwendet.

Beispiel: Zum Bilanzstichtag wird mit einer Gewerbesteuernachzahlung für das Abschlussjahr in Höhe von 4.500,00 € gerechnet.

Buchung bei Bildung der Rückstellung zum 31. Dezember:

❶ **7000 Gewerbesteuer** .... an **3800 Steuerrückstellungen** **4.500,00**

Abschlussbuchungen:

❷ **8020 GuV-Konto** .... an **7000 Gewerbesteuer** **4.500,00**
❸ **3800 Steuerrückstellungen** .... an **8010 Schlussbilanzkonto** **4.500,00**

S	7000 Gewerbesteuer		H
❶	4.500,00	❷ GuV	4.500,00

S	3800 Steuerrückstellungen		H
❸ SBK	4.500,00	❶	4.500,00

S	8020 GuV-Konto		H
❷	4.500,00		

S	8010 Schlussbilanzkonto		H
		❸	4.500,00

Beispiel: Die Gewerbesteuer wird im Juni nächsten Jahres überwiesen (Bank):
1. 4.500,00 €, 2. 4.000,00 €, 3. 5.100,00 €.

Zu Beginn des Geschäftsjahres wird das Rückstellungskonto eröffnet:

8000 Eröffnungsbilanzkonto (EBK) ...... an **3800 Steuerrückstellungen** **4.500,00**

Buchung im Fall 1: Rückstellung = Zahlung: 4.500,00 €

3800 Steuerrückstellungen .... an **2800 Bank** **4.500,00**

S	2800 Bank		H
		3800	4.500,00

S	3800 Steuerrückstellungen		H
2800	4.500,00	EBK	4.500,00

Buchung im Fall 2: Rückstellung > Zahlung: 4.000,00 €

3800 Steuerrückstellungen ..... **4.500,00** an **2800 Bank** **4.000,00**
an **5480 Erträge a. d. A. o. H. v. R.** .. **500,00**

S	2800 Bank		H
		3800	4.000,00

S	5480 Erträge a. d. A. o. H. v. R.		H
		3800	500,00

S	3800 Steuerrückstellungen		H
2800/5480	4.500,00	EBK	4.500,00

Buchung im Fall 3: Rückstellung < Zahlung: 5.100,00 €

3800 Steuerrückstellungen **4.500,00**
6990 Periodenfremde Aufwendungen .... **600,00** an **2800 Bank** **5.100,00**

S	2800 Bank		H
		3800/6990	5.100,00

S	3800 Steuerrückstellungen		H
2800	4.500,00	EBK	4.500,00

S	6990 Periodenfremde Aufwendungen		H
2800	600,00		

Drohende Verluste aus schwebenden Geschäften. Im Allgemeinen werden **schwebende** Rechtsgeschäfte – z. B. Kaufverträge, die noch **von keinem Vertragspartner erfüllt** sind, da Lieferung und Zahlung noch ausstehen – buchhalterisch überhaupt nicht erfasst. Ist aber **bei Bilanzaufstellung erkennbar,** dass dem Betrieb aus den Verträgen **Verluste** erwachsen (drohen), muss aus Gründen kaufmännischer **Vorsicht** eine **Rückstellung** in Höhe des zu **erwartenden Verlustes** gebildet werden.

Beispiel: Am 28. November haben wir einen Kaufvertrag über die Lieferung von 500 Stück Spanplatten (furniert) zu 80,00 € netto je Stück abgeschlossen. Der Gesamtnettopreis beträgt daher 40.000,00 €. Liefertermin: 15. Februar n. J. fix.

Bis zum Bilanzstichtag ist der Wiederbeschaffungswert (Tagespreis) der Spanplatten nachhaltig auf 70,00 € netto je Stück gesunken.

Rückstellung. Da wir als Besteller an den vereinbarten Preis von 80,00 € je Spanplatte gebunden sind und im nächsten Jahr nur mit dem **niedrigeren** Wiederbeschaffungspreis von 70,00 € je Stück kalkuliert werden kann, **droht uns ein Verlust von 5.000,00 €** (500 · 10,00 €), für den eine Rückstellung gebildet werden muss. Auf diese Weise wird der **Verlust** in **dem** Jahr erfasst, in dem er **verursacht** wurde:

Buchung der Rückstellung zum 31. Dezember:

6000 Aufwendungen f. Rohstoffe .... an **3900 Sonstige Rückstellungen** .. 5.000,00

Nennen Sie jeweils die Abschluss- und Eröffnungsbuchung für das Konto 3900.

Buchung nach Rechnungseingang am 15. Februar des folgenden Jahres:

❶ **6000 Aufwend. f. Rohstoffe** ..	**40.000,00**			
2600 Vorsteuer	**6.400,00**	an	**4400 Verbindlichkeiten a. LL** ...	**46.400,00**
❷ **3900 Sonst. Rückstellungen**		an	**6000 Aufwend. f. Rohstoffe**	**5.000,00**

S	6000 Aufwendungen für Rohstoffe		H
❶	40.000,00	❷	5.000,00

S	3900 Sonstige Rückstellungen		H
❷	5.000,00	8000	5.000,00

S	2600 Vorsteuer		H
❶	6.400,00		

S	4400 Verbindlichkeiten a. LL		H
		❶	46.400,00

Nach Übertragung des Rückstellungsbetrages auf das Konto „Aufwendungen für Rohstoffe" stehen die eingekauften Spanplatten mit dem **niedrigeren Tageswert** von 35.000,00 € zu Buch. Die Buchungen ❶ und ❷ können zusammengefasst werden:

3900 Sonstige Rückstellungen	**5.000,00**			
6000 Aufwendungen f. Rohstoffe ...	**35.000,00**			
2600 Vorsteuer	**6.400,00**	an	**4400 Verbindlichk. a. LL** ..	**46.400,00**

Merke:

- **Rückstellungen sind Verbindlichkeiten für Aufwendungen, die am Bilanzstichtag ihrem Grunde nach feststehen, nicht aber in ihrer Höhe und/oder Fälligkeit. Sie dienen der periodengerechten Ermittlung des Jahreserfolgs.**
- **Rückstellungen sind nur in Höhe des Betrages anzusetzen, der nach vernünftiger kaufmännischer Beurteilung notwendig ist (§ 253 [1] HGB).**
- **Die Bildung von Rückstellungen mindert den Gewinn und damit auch die zu zahlenden Ertragsteuern (Einkommen-, Körperschaft-, Gewerbesteuer).**

  Buchung: ▷ **Aufwandskonto** an **Rückstellungen**

Aufgaben

Das Metallwerk Thomas Berg e. K. rechnet zum 31. Dezember des Abschlussjahres mit einer Gewerbesteuernachzahlung von 12.000,00 €. 169

1. *Bilden Sie den Buchungssatz zum 31. Dezember.*
2. *Wie wirkt sich die Bildung der Rückstellung auf a) den Gewinn bzw. b) den Verlust des Unternehmens aus?*
3. *Wie ist zu buchen, wenn der Industriebetrieb am 15. März des Folgejahres an das Finanzamt folgende Beträge durch die Bank überweist?*
   a) 12.000,00 €,
   b) 10.000,00 €,
   c) 15.000,00 €.

Eine erforderliche Gebäudereparatur konnte im Dezember nicht mehr durchgeführt werden. Der Kostenvoranschlag für die Instandsetzungsarbeiten, die im Laufe des Monats Januar des nächsten Jahres durchgeführt werden sollen, liegt zum 31. Dezember vor: 25.000,00 €. 170

1. *Begründen Sie die Notwendigkeit einer Buchung und nennen Sie den Buchungssatz.*
2. *Nennen Sie die Abschlussbuchungen.*
3. *Nennen Sie für das Rückstellungskonto den Eröffnungsbuchungssatz zum 1. Januar.*
4. *Wie lautet der Buchungssatz, wenn Ende Januar n. J. nach erfolgter Instandsetzung des Gebäudes die folgende Rechnung durch Banküberweisung beglichen wird?*
   a) 28.000,00 € + Umsatzsteuer,
   b) 24.000,00 € + Umsatzsteuer.

Für einen schwebenden Prozess rechnen wir zum Bilanzstichtag mit Gerichtskosten in Höhe von 12.000,00 €. Der Gebührenbescheid des Gerichts am 20. April n. J. lautet über 171

a) 12.000,00 €,
b) 15.000,00 €,
c) 10.000,00 €.

Die Zahlung erfolgt durch Postbanküberweisung.

Nennen Sie den Buchungssatz zum Bilanzstichtag und am 20. April.

Vervollständigen Sie in Ihrem Arbeitsheft folgende Sätze: 172

1. Rückstellungen sind •••, die ihrem Grunde nach •••, nicht aber nach ••• und/oder •••.
2. Der Betrag der Rückstellung muss ••• werden.
3. Rückstellungen dienen der ••• Ermittlung des Jahreserfolgs.

Die Bau-GmbH bestellt am 2. Dezember 3000 t Zement XR 304 zu 60,00 € je t + Umsatzsteuer. Lieferungstermin 15. Februar n. J. Am Bilanzstichtag (31. Dezember) beträgt der Tagespreis 55,00 € je t. 173

1. *Begründen Sie, dass es sich hierbei um ein schwebendes Geschäft handelt.*
2. *In welchem Fall sind schwebende Geschäfte im Jahresabschluss zu berücksichtigen?*
3. *Buchen Sie a) zum 31. Dezember und b) nach Rechnungseingang im Februar n. J.*

Zum Bilanzstichtag rechnen wir mit Steuerberatungskosten in Höhe von 3.200,00 € netto. Im April n. J. erhalten wir die Rechnung des Steuerberaters über a) 3.500,00 € + Umsatzsteuer und b) 2.900,00 € + Umsatzsteuer. 174

1. *Buchen Sie zum Bilanzstichtag und geben Sie die Abschlussbuchungen an.*
2. *Nennen Sie die Eröffnungsbuchung für das Rückstellungskonto.*
3. *Wie lautet jeweils die Buchung nach Rechnungseingang?*

---

1. *Was ist unter dem Begriff „Rückstellungen" zu verstehen?* 175
2. *Worin unterscheiden sich Rückstellungen und Sonstige Verbindlichkeiten?*
3. *Haben Rückstellungen und Sonstige Verbindlichkeiten einen gemeinsamen Zweck?*
4. *Für welche Sachverhalte müssen nach § 249 (1) HGB Rückstellungen gebildet werden?*
5. *Kann man durch Bildung von Rückstellungen den Gewinn beeinflussen?*
6. *Zu welchem Zeitpunkt sind Rückstellungen aufzulösen?*
7. *Wozu führt a) eine zu hohe und b) eine zu niedrige Schätzung der Rückstellung bei Zahlung?*

176

Kontenplan und vorläufige Saldenbilanz	Soll	Haben
0700 Technische Anlagen und Maschinen	1.260.000,00	–
0800 Betriebs- und Geschäftsausstattung	400.000,00	–
0890 Geringwertige Wirtschaftsgüter	8.600,00	–
2000 Rohstoffe	95.000,00	–
2400 Forderungen a. LL	190.760,00	–
2600 Vorsteuer	95.100,00	–
2800 Bank	339.200,00	–
2880 Kasse	7.400,00	–
3000 Eigenkapital	–	900.000,00
3001 Privat	88.700,00	–
3900 Sonstige Rückstellungen	–	10.000,00
4250 Darlehensschulden	–	133.600,00
4400 Verbindlichkeiten a. LL	–	170.000,00
4800 Umsatzsteuer	–	316.160,00
4890 Sonstige Verbindlichkeiten	–	110.000,00
5000 Umsatzerlöse für eigene Erzeugnisse	–	1.976.000,00
5710 Zinserträge	–	4.000,00
6000 Aufwendungen für Rohstoffe	626.000,00	–
6160 Fremdinstandsetzung	8.000,00	–
6700 Mietaufwendungen	145.300,00	–
6770 Rechts- und Beratungskosten	14.000,00	–
7510 Zinsaufwendungen	46.400,00	–
7600 Außerordentliche Aufwendungen	16.000,00	–
7800 Diverse Aufwendungen	279.300,00	–
Weitere Konten: 2900, 4900, 5420, 6520, 6960, 8010, 8020	3.619.760,00	3.619.760,00

Abschlussangaben zum Bilanzstichtag

1. Außerplanmäßige Abschreibungen:
   a) Vollabschreibung der GWG;
   b) Eine EDV-Anlage, Buchwert 8.500,00 €, hat nur noch einen Wert von 500,00 €.
2. Planmäßige Abschreibungen:
   TA und Maschinen: 20 % degressiv
   BGA: 20 % linear von 500.000,00 € Anschaffungskosten.
3. Privatentnahme von Erzeugnissen im Wert von 1.200,00 € netto.
4. Bildung einer Prozesskostenrückstellung in Höhe von 32.800,00 € und einer Rückstellung für unterlassene Instandhaltungen über 68.000,00 €.
5. Die Dezembermiete für die Lagerhalle wird von uns Anfang n. J. mit 15.000,00 € gezahlt.
6. Ein Kunde hatte uns für einen kurzfristigen Kredit die Halbjahreszinsen in Höhe von 600,00 € am 1. November im Voraus überwiesen.
7. Kassenfehlbetrag lt. Inventur 400,00 € (Ursache ungeklärt).
8. Am 1. Okt. zahlten wir 17.100,00 € Halbjahres-Darlehenszinsen im Voraus.
9. Der Tageswert des Inventurbestandes der Rohstoffe beträgt 92.000,00 €. Die durchschnittlichen Anschaffungskosten betragen 80.000,00 €.[1]

1. *Erstellen Sie den Jahresabschluss. Gliedern Sie die Bilanz nach § 266 HGB (siehe S. 384 f. und Anhang).*
2. *Ermitteln Sie in % die Rentabilität des Eigenkapitals, indem Sie vom Jahresgewinn für die Arbeitsleistung des Geschäftsinhabers zunächst einen Unternehmerlohn von 96.000,00 € abziehen und den Restgewinn zum Eigenkapital vom 1. Januar des Geschäftsjahres in Beziehung setzen (siehe auch S. 418 f.). Hat sich der Kapitaleinsatz gelohnt?*

1 **Beachten Sie:** Nach dem **Prinzip der kaufmännischen Vorsicht** sind **Vermögensgegenstände** des Umlaufvermögens in der Jahresbilanz zum **niedrigsten** Wert **(Niederstwertprinzip)** auszuweisen (siehe auch S. 365 f.).

4.4 Abschluss in der Hauptabschlussübersicht

Vor dem endgültigen Abschluss aller Konten kann man einen **Probeabschluss** in Form einer **tabellarischen**

Hauptabschlussübersicht

machen, die auch als **Betriebsübersicht** bezeichnet wird. Das geschieht, um

- **die rechnerische Richtigkeit** der im Geschäftsjahr vorgenommenen Buchungen zu **überprüfen** (Buchungsfehler),
- **eine zusammenfassende Übersicht über alle Daten** der Bestands- und Erfolgskonten als **Informations- und Entscheidungsgrundlage** für die Unternehmensleitung zu gewinnen,
- **den Jahresabschluss vorzubereiten.** Viele vorbereitende Abschlussbuchungen bedürfen grundsätzlicher Vorüberlegungen **(Bewertungsfragen)** und damit der **Entscheidung der Geschäftsleitung,** z. B. über die Höhe der Abschreibungen, die Bildung von Rückstellungen, die Bewertung von Forderungen u. a. Es ist daher sinnvoll, den Jahresabschluss zunächst **außerhalb** der Buchführung **tabellarisch** vorzunehmen.

Die Hauptabschlussübersicht des Industriebetriebes umfasst in der Regel 6 Spalten:[1]

1. Summenbilanz

Sie bildet den Ausgangspunkt und damit die **Grundlage** für die zu erstellende Hauptabschlussübersicht. Die Summenbilanz übernimmt deshalb alle im Geschäftsjahr geführten **Bestands- und Erfolgskonten** einzeln **mit den Summen ihrer Soll- und Habenseite,** die sich aus der Buchung der Anfangsbestände und aller Geschäftsfälle ergeben haben. Im Sinne der Bilanzgleichung muss die Summenbilanz im Endergebnis auf beiden Seiten die gleichen Summen aufweisen **(Probebilanz!);** sie ist damit Beleg für die **rechnerische Richtigkeit** der Buchungen. In der Summenbilanz sind bereits wichtige Umschlagszahlen auf den Sachkonten zu erkennen, z. B. Umfang der entstandenen und ausgeglichenen Forderungen und Verbindlichkeiten, die Bewegungen auf den Finanzkonten u. a. m.

2. Saldenbilanz I

Aus den Zahlen der Summenbilanz werden für die einzelnen Konten die Salden ermittelt und in die Saldenbilanz I eingetragen. Im Gegensatz zum Konto muss der Saldo in der Saldenbilanz jeweils **auf der größeren Seite** erscheinen. Sind die Salden richtig errechnet, so müssen Soll- und Habenseite auch in der Saldenbilanz summengleich sein.

3. Umbuchungen

Diese Spalte nimmt die **vorbereitenden Abschlussbuchungen** auf:

- Abschreibungen auf Anlagen und Umlaufvermögen
- Bestandsveränderungen an Roh-, Hilfs- und Betriebsstoffen u. a.
- Bestandsveränderungen an unfertigen und fertigen Erzeugnissen
- Zeitliche Abgrenzungen
- Ausgleich von Bestandsdifferenzen zwischen Buchbestand und Istbestand lt. Inventur
- Bildung von Rückstellungen
- Bewertungskorrekturen
- Abschluss der Unterkonten über die entsprechenden Hauptkonten, z. B. Privat, Bezugskosten, Erlösberichtigungen, Nachlässe
- Verrechnung der Konten „Vorsteuer“ und „Umsatzsteuer“

Die Buchungen werden in der Umbuchungsspalte nach den Regeln der Doppik durchgeführt. Es empfiehlt sich jedoch, eine gesonderte **Umbuchungsliste als Beleg** anzufertigen, die alle Angaben und Daten ausweist.

1 Der „Summenbilanz“ können noch zusätzlich die Spalten **„Eröffnungsbilanz“** und **„Umsatzbilanz“** vorgeschaltet werden, aus deren Addition sich dann die **„Summenbilanz“** ergibt.

Hauptabschlussübersicht (Betriebsübersicht)

Kto.-Nr.	Sachkonten der Chemiewerke Jörg Breuer e.K.	Summenbilanz		Saldenbilanz I		Umbuchungen		Saldenbilanz II		Schlussbilanz		Gewinn und Verlust	
		S	H	S	H	S	H	S	H	Aktiva	Passiva	Aufw.	Erträge
0700	TA u. Maschinen	250.000	–	250.000	–	–	50.000	200.000	–	200.000	–	–	–
0800	BGA	80.000	–	80.000	–	–	16.000	64.000	–	64.000	–	–	–
2000	Rohstoffe	70.000	–	70.000	–	20.000	–	90.000	–	90.000	–	–	–
2100	Unfertige Erzeugnisse	10.000	–	10.000	–	38.000	–	48.000	–	48.000	–	–	–
2200	Fertige Erzeugnisse	45.000	–	45.000	–	–	26.000	19.000	–	19.000	–	–	–
2400	Forderungen a. LL	910.000	780.000	130.000	–	–	–	130.000	–	130.000	–	–	–
2600	Vorsteuer	35.000	30.000	5.000	–	–	5.000	–	–	–	–	–	–
2800	Bank	780.000	660.000	120.000	–	–	–	120.000	–	120.000	–	–	–
2880	Kasse	60.000	40.000	20.000	–	–	2.000	18.000	–	18.000	–	–	–
2900	ARA	25.000	25.000	–	–	8.000	–	8.000	–	8.000	–	–	–
3000	Eigenkapital	–	520.000	–	520.000	36.000	–	–	484.000	–	484.000	–	–
3001	Privat	36.000	–	36.000	–	–	36.000	–	–	–	–	–	–
4400	Verbindlichkeiten a. LL	330.000	400.000	–	70.000	–	–	–	70.000	–	70.000	–	–
4800	Umsatzsteuer	80.000	95.000	–	15.000	5.000	–	–	10.000	–	10.000	–	–
5000	Umsatzerlöse	–	876.000	–	876.000	25.000	–	–	851.000	–	–	–	851.000
5001	Erlösberichtigungen	25.000	–	25.000	–	–	25.000	–	–	–	–	–	–
5200	Bestandsveränderungen	–	–	–	–	26.000	38.000	–	12.000	–	–	–	12.000
5410	Provisionserträge	–	25.000	–	25.000	–	–	–	25.000	–	–	–	25.000
6000	Aufwendg. f. Rohstoffe	280.000	–	280.000	–	5.000	20.000	265.000	–	–	–	265.000	–
6001	Bezugskosten	5.000	–	5.000	–	–	5.000	–	–	–	–	–	–
62 ..	Personalkosten	250.000	–	250.000	–	–	–	250.000	–	–	–	250.000	–
6520	AfA auf Sachanlagen	–	–	–	–	66.000	–	66.000	–	–	–	66.000	–
6570	Abschreibungen auf Umlaufvermögen	–	–	–	–	2.000	–	2.000	–	–	–	2.000	–
6700	Mietaufwendungen	180.000	–	180.000	–	–	8.000	172.000	–	–	–	172.000	–
		3.451.000	3.451.000	1.506.000	1.506.000	231.000	231.000	1.452.000	1.452.000	697.000	564.000	755.000	888.000
	Unternehmungsgewinn:										133.000	133.000	
										697.000	697.000	888.000	888.000

	Schlussbestand an Rohstoffen lt. Inventur	90.000,00 €
–	Anfangsbestand an Rohstoffen	70.000,00 €
	Mehrbestand an Rohstoffen	20.000,00 €
	Umbuchung: 2000 an 6000	**20.000,00 €**

	Eigenkapital zum 1. Jan.	**520.000,00 €**
–	**Privatentnahmen**	**36.000,00 €**
		484.000,00 €
+	**Unternehmungsgewinn**	**133.000,00 €**
	Eigenkapital zum 31. Dez.	**617.000,00 €**

4. Saldenbilanz II

Aus der Saldenbilanz I und der Umbuchungsspalte ergeben sich nunmehr die **endgültigen Salden** in der Saldenbilanz II. Aus ihr werden die **Erfolgsrechnung und die Schlussbilanz** entwickelt.

5. Schlussbilanz = Inventurbilanz

Sie übernimmt aus der Saldenbilanz II die **Salden aller Bestandskonten** und weist somit die **endgültigen** Bilanzansätze aus, die der **Inventur und Bewertung** entsprechen. **Aktiva und Passiva** sind in der Regel **nicht summengleich.** Der **Saldo bedeutet Gewinn oder Verlust,** je nachdem, welche Seite überwiegt. Dieser Saldo muss dem Saldo der Spalte 6 „Gewinn- und Verlustrechnung" entsprechen.

6. Gewinn und Verlust = Unternehmungsergebnis

Diese Spalte weist durch die Gegenüberstellung aller Aufwendungen und Erträge als Saldo **den Gewinn oder Verlust (Jahresergebnis) der Unternehmung** aus.

Abschlussbuchungen aufgrund der Hauptabschlussübersicht. Nach Erstellung der Hauptabschlussübersicht werden die **Umbuchungen auf die Sachkonten übertragen.** Sodann erfolgt der eigentliche **Jahresabschluss der Konten.**

Merke: **Die Hauptabschlussübersicht dient vor allem der Vorbereitung des buchmäßigen Jahresabschlusses. Sie gibt eine Gesamtübersicht über das abgelaufene Geschäftsjahr und ist zugleich Informations- und Entscheidungsgrundlage.**

Beispiel: **In der Umbuchungsspalte** der **nebenstehenden** Hauptabschlussübersicht wurden aufgrund der folgenden **Abschlussangaben lt. Inventur** die nachstehenden **Umbuchungen** (vorbereitenden Abschlussbuchungen) vorgenommen:

▶ Abschreibungen auf 0700: 20 % = 50.000,00 €; auf 0800: 20 % = 16.000,00 €:

Buchung: **6520 Abschreibungen auf Sachanlagen 66.000,00**
an **0700 Technische Anlagen und Maschinen 50.000,00**
an **0800 BGA 16.000,00**

▶ Mehrbestand an Rohstoffen lt. Inventur (siehe S. 168):

Buchung: **2000 Rohstoffe** .... an **6000 Aufwendungen f. Rohst. . . 20.000,00**

▶ Mehrbestand an unfertigen Erzeugnissen lt. Inventur: 38.000,00 €:

Buchung: **2100 Unfertige Erzeugnisse** .. an **5200 Bestandsveränderungen 38.000,00**

▶ Minderbestand an fertigen Erzeugnissen lt. Inventur: 26.000,00 €:

Buchung: **5200 Bestandsveränderungen** an **2200 Fertige Erzeugnisse 26.000,00**

▶ Kassenfehlbetrag lt. Inventur: 2.000,00 €:

Buchung: **6570 Abschreibungen auf UV** an **2880 Kasse 2.000,00**

▶ Konto 6700 enthält unsere Mietvorauszahlung für Januar n. J.: 8.000,00 €:

Buchung: **2900 ARA** .... an **6700 Mietaufwendungen 8.000,00**

▶ Abschluss der Unterkonten bzw. Umbuchungen:

❶ **3000 Eigenkapital** .... an **3001 Privat 36.000,00**
❷ **5000 Umsatzerlöse** .... an **5001 Erlösberichtigungen 25.000,00**
❸ **4800 Umsatzsteuer** .... an **2600 Vorsteuer 5.000,00**
❹ **6000 Aufwendungen für Rohstoffe** . an **6001 Bezugskosten 5.000,00**

4.5 Gliederung der Bilanz und GuV-Rechnung

Bilanzgliederung. Für **Einzelunternehmen** (e. K. usw.) **und Personengesellschaften** (OHG, KG) ist eine bestimmte **Gliederung der Bilanz nicht vorgeschrieben.** Im § 247 HGB wird lediglich verlangt, dass Anlage- und Umlaufvermögen, Eigenkapital und Schulden sowie Rechnungsabgrenzungsposten gesondert auszuweisen und hinreichend zu gliedern sind. In der Praxis ist es aber üblich, dass auch diese Unternehmen das für **Kapitalgesellschaften** verbindliche **Bilanzgliederungsschema des § 266 HGB** (siehe S. 385 und Anhang) anwenden, zumal auch Kontenrahmen in der Regel danach aufgebaut sind (Abschlussgliederungsprinzip).

Leerpositionen werden bei Anwendung des Bilanzgliederungsschemas des § 266 HGB **nicht ausgewiesen.**

Beispiel: Aus der Inventur ergibt sich unter Zugrundelegung des **Bilanzgliederungsschemas nach § 266 HGB (siehe S. 385 und Anhang)** folgende ordnungsmäßig gegliederte **Schlussbilanz.** Die Zahlen sind der Hauptabschlussübersicht (S. 168) entnommen.

Aktiva	**Bilanz der Chemiewerke Jörg Breuer e. K. zum 31. Dez. ..**		Passiva
A. Anlagevermögen		**A. Eigenkapital**	
I. Sachanlagen		I. Eigenkap. 1. Jan. 520.000,00	
1. TA u. Maschinen	200.000,00	– Privatentn. 36.000,00	
2. Betriebs- und Geschäftsausstattung ..	64.000,00	+ **Jahresübersch. 133.000,00**	617.000,00
B. Umlaufvermögen		**B. Schulden (Fremdkapital)**	
I. Vorräte		1. Verbindlichkeiten a. LL	70.000,00
1. Rohstoffe	90.000,00	2. Sonstige Verbindlichkeiten davon aus Steuern: 10.000,00 €	10.000,00
2. unfertige Erzeugnisse	48.000,00		
3. fertige Erzeugnisse ...	19.000,00		
II. Forderungen			
1. Forderungen a. LL	130.000,00		
III. Kassenbestand und Bankguthaben	138.000,00		
C. Rechnungsabgrenzung	8.000,00		
	697.000,00		697.000,00

Die GuV–Rechnung der **Personenunternehmen** wird **als Konto** dargestellt. Lediglich für **Kapitalgesellschaften** ist die GuV-Rechnung, die veröffentlicht werden muss, in **Staffelform nach § 275 HGB** (siehe Anhang und auf S. 389) verbindlich vorgeschrieben.

Aufw.	**Gewinn- u. Verlustrechnung der Chemiewerke Jörg Breuer e. K. zum 31. Dez. ..**		Ertr.
Werkstoffaufwand	265.000,00	Umsatzerlöse für eig. Erzeugn. .	851.000,00
Personalaufwand	250.000,00	Erhöhung des Bestandes an unfertigen und fertigen Erzeugnissen	12.000,00
Abschreibungen auf Sachanlagen	66.000,00	Sonstige betriebliche Erträge (Provisionen)	25.000,00
Abschreibungen auf Umlaufvermögen	2.000,00		
Sonstige betriebliche Aufwendungen (Miete)	172.000,00		
Jahresüberschuss	**133.000,00**		
	888.000,00		**888.000,00**

Merke: **Auch Personenunternehmen gliedern ihre Schlussbilanz nach dem Bilanzgliederungsschema des § 266 HGB. Die GuV–Rechnung wird in Kontoform ausgewiesen.**

6686170

Aufgaben

177 178

Erstellen Sie aus der Summenbilanz der Einzelunternehmungen Matthias Hein e.K. (Aufgabe 177) und Monika Schnell e. Kffr. (Aufgabe 178) jeweils eine Hauptabschlussübersicht. Erstellen Sie danach eine ordnungsmäßig gegliederte Bilanz (§ 266 HGB, S. 385 und Anhang) und GuV-Rechnung.

177 Soll	177 Haben	Konten	178 Soll	178 Haben
220.000,00	–	0700 TA u. Maschinen	230.000,00	–
15.000,00	–	0800 BGA	20.000,00	–
16.100,00	–	2000 Rohstoffe	20.700,00	–
6.700,00	–	2020 Hilfsstoffe	7.300,00	–
24.500,00	–	2100 Unfertige Erzeugnisse	18.900,00	–
26.200,00	–	2200 Fertige Erzeugnisse	16.200,00	–
656.500,00	631.900,00	2400 Forderungen a. LL	627.100,00	604.700,00
25.600,00	24.200,00	2600 Vorsteuer	26.200,00	25.100,00
782.600,00	742.400,00	2800 Bank	781.300,00	740.500,00
–	250.000,00	3000 Eigenkapital	–	245.000,00
24.500,00	–	3001 Privat	26.200,00	–
–	–	3900 Sonst. Rückstellungen	–	–
310.500,00	341.600,00	4400 Verbindlichkeiten a. LL	441.500,00	468.900,00
55.400,00	59.600,00	4800 Umsatzsteuer	57.800,00	61.200,00
–	–	4900 PRA	–	–
–	631.300,00	5000 Umsatzerlöse f. e. Erz.	–	650.800,00
–	–	5200 Bestandsveränderung.	–	–
–	7.200,00	5410 Provisionserträge	–	4.400,00
–	18.100,00	5710 Zinserträge	–	19.300,00
168.900,00	–	6000 Aufw. für Rohstoffe	171.400,00	–
1.300,00	–	6001 Bezugskosten	2.300,00	–
54.700,00	–	6020 Aufw. für Hilfsstoffe	46.200,00	–
144.100,00	–	6200 Löhne	152.400,00	–
100.500,00	–	6300 Gehälter	102.200,00	–
31.500,00	–	6400 Arbeitgeberanteil SV	29.800,00	–
–	–	6520 Abschr. a. Sachanlagen	–	–
32.900,00	–	6930 Schadensfälle	35.200,00	–
8.800,00	–	7510 Zinsaufwendungen	7.200,00	–
2.706.300,00	2.706.300,00		2.819.900,00	2.819.900,00

Abschlussangaben lt. Inventur

	177	178
1. Minderbestand an Rohstoffen lt. Inventur	6.900,00	7.000,00
Mehrbestand an Hilfsstoffen lt. Inventur	8.200,00	9.000,00
2. Mehrbestand an fertigen Erzeugnissen lt. Inventur	22.000,00	23.000,00
Minderbestand an unfertigen Erzeugnissen lt. Inventur	4.500,00	5.000,00
3. Bildung einer Rückstellung für drohenden Verlust aus einem schwebenden Geschäft (Rohstoffkauf)	2.500,00	3.000,00
4. Rohstoffverlust durch Brand (kein Versicherungsanspruch)	3.600,00	4.000,00
5. Konto 5710 enthält eine an uns gezahlte Zinsvorauszahlung	250,00	300,00

6. Planmäßige Abschreibungen: 0700: 24.000,00 (26.000,00);
   0800: 1.500,00 (2.000,00).
7. Alle übrigen Buchbestände stimmen mit der Inventur überein.

4.6 Exkurs: Jahresabschluss bei Personengesellschaften

4.6.1 Abschluss der Offenen Handelsgesellschaft (OHG)[1]

Unbeschränkte Haftung. Die Gesellschafter der OHG haften voll **in unbeschränkter Höhe,** also nicht nur mit ihren Kapitaleinlagen, sondern auch mit ihrem Privatvermögen. **Jeder Gesellschafter hat sein Eigenkapital- und Privatkonto.**

Gewinn- und Verlustverteilung. Die Verteilung des Gesamtgewinns der OHG ist entweder von den Gesellschaftern **vertraglich** geregelt (Gesellschaftsstatut) **oder** richtet sich **nach den gesetzlichen Vorschriften** (§ 121 HGB). Danach erhalten die Gesellschafter ihre Kapitaleinlagen zu **4 %** verzinst, der Rest des Gewinns wird nach Köpfen verteilt. Der **Verlust** wird von allen Gesellschaftern **zu gleichen Teilen** getragen. Für ihre **Arbeitsleistung** erhalten die geschäftsführenden Gesellschafter der OHG **vorab** entsprechende **Gewinnanteile.**

Beispiel: In einer OHG betragen die Kapitalanteile der Gesellschafter A 240.000,00 € und B 360.000,00 €. Das Privatkonto A weist 68.000,00 €, Privatkonto B 70.000,00 € Entnahmen aus. Der Gesamtgewinn von 200.000,00 € wird wie folgt verteilt:

Gesellschafter B erhält für die Geschäftsführung vorab 72.000,00 €. Die Kapitaleinlagen werden mit 8 % verzinst. Der Restgewinn wird nach Köpfen verteilt.

Gesellschafter	Kapital 1. Jan.	Arbeitsanteil	Kapitalverzinsung	Restgewinn	Gesamtgewinn	Privatentnahme	Kapital 31. Dez.
A	240.000,00	–	19.200,00	40.000,00	59.200,00	68.000,00	231.200,00
B	360.000,00	72.000,00	28.800,00	40.000,00	140.800,00	70.000,00	430.800,00
	600.000,00	**72.000,00**	**48.000,00**	**80.000,00**	**200.000,00**	**138.000,00**	**662.000,00**

Buchungen. Die **Gewinnanteile** werden den **Kapitalkonten** der Gesellschafter aufgrund der **Gewinnverteilungstabelle** (Beleg!) **gutgeschrieben.** Bei Verlust sind die Kapitalkonten entsprechend zu belasten. Die **Privatkonten** werden über die zugehörigen Kapitalkonten abgeschlossen. *Nennen Sie die Abschlussbuchungssätze* ❶, ❷ *und* ❸.

Gewinn- und Verlustkonto (❶)

S		H	
Aufwand	560.000,00	Erträge	760.000,00
Gewinnanteil **A**	**59.200,00**		
Gewinnanteil **B**	**140.800,00**		

Privat A (❷ → Kapital A)

S		H	
Entnahme	68.000,00	Kap. A	68.000,00

Kapital A

S		H	
Privat	68.000,00	AB	240.000,00
SB	231.200,00	Gewinn	**59.200,00**

Privat B (❸ → Kapital B)

S		H	
Entnahme	70.000,00	Kap. B	70.000,00

Kapital B

S		H	
Privat	70.000,00	AB	360.000,00
SB	430.800,00	Gewinn	**140.800,00**

Merke:
- **Die OHG führt für jeden Gesellschafter ein Kapital- und Privatkonto.**
- **Gewinn- und Verlustanteile werden deshalb unmittelbar auf dem Kapitalkonto des Gesellschafters gebucht.**

Aufgabe

179 Der Jahresgewinn einer OHG in Höhe von 220.000,00 € soll nach § 121 HGB auf zwei Gesellschafter mit den Kapitalanteilen A 200.000,00 € und B 300.000,00 € verteilt werden. Die Privatentnahmen von A betragen 48.000,00 € und von B 50.000,00 €.

1. *Erstellen Sie eine Gewinnverteilungstabelle mit Kapitalentwicklung und buchen Sie.*
2. *Nehmen Sie kritisch Stellung zur gesetzlichen Regelung der Gewinnverteilung.*

1 Siehe auch Band 1, BWL, Kapitel 2.5.1 (OHG).

4.6.2 Abschluss der Kommanditgesellschaft (KG)[1]

Die unterschiedliche Haftung der Gesellschafter unterscheidet die KG von der OHG:

- **Der Vollhafter (Komplementär)** haftet wie der OHG-Gesellschafter **unbeschränkt** mit seinem Betriebs- und Privatvermögen (§ 161 HGB).
- **Der Teilhafter (Kommanditist)** haftet nur **beschränkt** in Höhe der **vertraglich festgesetzten** und im **Handelsregister eingetragenen Kapitaleinlage.** Der Kommanditist verfügt deshalb über **kein Privatkonto** (§§ 161, 171 HGB).

Die Gewinn- und Verlustverteilung ist auch bei der KG entweder **vertraglich** geregelt **oder** richtet sich **nach den gesetzlichen Vorschriften** (§§ 167–169 HGB). Danach erhalten die Vollhafter wie auch die Teilhafter zunächst ihre Kapitaleinlage zu **4 %** verzinst. Der **Restgewinn** wird in einem **„angemessenen Verhältnis"** der Kapitalanteile, also unter Berücksichtigung der Einlagenhöhe, der Mitarbeit im Unternehmen und der persönlichen Haftung, verteilt. Am **Verlust** sind die Gesellschafter ebenfalls **in angemessenem Verhältnis** zu beteiligen.

Beispiel: In einer KG betragen die Kapitaleinlagen des Komplementärs A 500.000,00 € und des Kommanditisten B 200.000,00 €. Das Privatkonto A weist Entnahmen in Höhe von 80.000,00 € aus. Der Gesamtgewinn beträgt zum 31. Dez. 240.000,00 €.

Vertragliche Gewinnverteilung: Der Komplementär erhält aus dem Jahresgewinn für seine Arbeitsleistung vorab 60.000,00 €. Die Kapitaleinlagen werden mit 4 % verzinst, der Restgewinn wird im Verhältnis 3 : 1 verteilt.

Gesellschafter	Kapital 1. Jan.	Arbeitsanteil	Kapitalverzinsung	Restgewinn	Gesamtgewinn	Privatentnahme	Kapital 31. Dez.
A	500.000,00	60.000,00	20.000,00	114.000,00	194.000,00	80.000,00	614.000,00
B	200.000,00	–	8.000,00	38.000,00	46.000,00	–	200.000,00
	700.000,00	**60.000,00**	**28.000,00**	**152.000,00**	**240.000,00**	**80.000,00**	**814.000,00**

Buchungen. Die unterschiedliche Haftung der Gesellschafter der KG bedingt unterschiedliche Buchungen. Beim **Komplementär** ergeben sich die **gleichen Buchungen wie beim OHG-Gesellschafter.** Der **Gewinnanteil des Kommanditisten** darf jedoch wegen der **festen** Kapitaleinlage nicht seinem Kapitalkonto gutgeschrieben werden, sondern muss als **„Sonstige Verbindlichkeit"** auf dem Konto „4870 Verbindlichkeiten gegenüber Gesellschaftern" gebucht werden. Ein **Verlustanteil** ist als **„Sonstige Forderung"** der KG an den Kommanditisten zu buchen (2690 an 8020), damit das **Kommanditkapitalkonto** das vereinbarte Haftungskapital **unverändert** ausweist.

Buchung:	**8020 Gewinn- und Verlustkonto**	**240.000,00**	
	an **3000 Kapital Vollhafter A**		**194.000,00**
	an **4870 Verbindl. gegenüber Gesellschaftern**		**46.000,00**

Bilanz der A-KG

Aktiva		Passiva	1. Jan.	31. Dez.
Anlagevermögen		Kapital Vollhafter A	500.000,00	614.000,00
Umlaufvermögen		Kapital Teilhafter B	200.000,00	200.000,00
		Verb. gg. Gesellsch.	–	46.000,00

Merke: Gewinnanteile der Kommanditisten sind „Sonstige Verbindlichkeiten".

Aufgaben

180 Die Schulz KG besteht aus dem Vollhafter H. Schulz (400.000,00 € Kapitalanteil) und dem Teilhafter R. Schneider (200.000,00 € Kommanditkapital). Das Privatkonto Schulz weist 70.000,00 € Entnahmen zum 31. Dez. aus. Der Gesamtgewinn beträgt 180.000,00 €. Für die Geschäftsführung erhält Schulz monatlich 5.500,00 €. Jeder Gesellschafter erhält vorab 8 %. Der Restgewinn ist im Verhältnis 4 : 1 zu verteilen. *Erstellen Sie die Gewinnverteilungstabelle mit Kapitalentwicklung und buchen Sie. Beurteilen Sie auch den Erfolg der KG.*

1 Siehe auch Band 1, BWL, Kapitel 2.5.2 (KG).

181

Saldenbilanz der Marc Gruppe OHG	Soll	Haben
0700 Technische Anlagen und Maschinen	620.000,00	–
0800 Betriebs- und Geschäftsausstattung	360.000,00	–
2000 Rohstoffe	280.000,00	–
2200 Fertige Erzeugnisse	15.000,00	–
2400 Forderungen a. LL	348.480,00	–
2600 Vorsteuer	83.000,00	–
2690 Sonstige Forderungen	2.000,00	–
2800 Bank	328.000,00	–
3000 Kapital M. Gruppe	–	400.000,00
3001 Privat M. Gruppe	83.000,00	–
3010 Kapital S. Krüger	–	200.000,00
3011 Privat S. Krüger	79.000,00	–
3900 Sonstige Rückstellungen	–	15.500,00
4250 Darlehensschulden	–	444.000,00
4400 Verbindlichkeiten a. LL	–	215.000,00
4800 Umsatzsteuer	–	240.480,00
4890 Sonstige Verbindlichkeiten	–	17.500,00
5000 Umsatzerlöse für eigene Erzeugnisse	–	1.511.000,00
5001 Erlösberichtigungen	8.000,00	–
5490 Periodenfremde Erträge	–	5.000,00
5710 Zinserträge	–	6.000,00
6000 Aufwendungen für Rohstoffe	460.000,00	–
6001 Bezugskosten	10.000,00	–
6002 Nachlässe	–	6.000,00
6700 Mietaufwendungen	120.000,00	–
6930 Verluste aus Schadensfällen	19.000,00	–
7510 Zinsaufwendungen	25.000,00	–
7800 Diverse Aufwendungen	220.000,00	–
Weitere Konten: 5200, 6520, 8010, 8020.	3.060.480,00	3.060.480,00

Abschlussangaben zum 31. Dezember

1. Planmäßige Abschreibungen: TA u. Maschinen: 180.000,00 €; BGA: 80.000,00 €.
2. Eine Maschine (11.500,00 € Buchwert) erleidet Totalschaden. Schrottwert: 0,00 €.
3. Eine im Vorjahr gebildete Garantierückstellung über 5.000,00 € erübrigt sich.
4. Kunde erhält Gutschrift für Bonus, Gutschriftsanzeige: 3.000,00 € + USt.
5. Steuerberichtigungen: Liefererskonti: 450,00 €; Kundenskonti: 380,00 €.
6. Darlehenszinsen in Höhe von 12.000,00 € werden von uns halbjährlich nachträglich jeweils zum 31. März und 30. September gezahlt. Letzte Zahlung erfolgte am 30. September.
7. Brandschaden im Rohstofflager 15.000,00 € (kein Versicherungsanspruch).
8. Für einen drohenden Verlust aus einem schwebenden Geschäft (Kaufvertrag über die Lieferung von Rohstoffen) ist eine Rückstellung über 25.000,00 € zu bilden.
9. Die Dezembermiete für die Werkshalle wird von uns am 2. Jan. überwiesen: 8.000,00 €.
10. Die Zinsgutschrift der Bank über 4.500,00 € erfolgt erst am 6. Januar n. J.
11. Rohstoffschlussbestand: Anschaffungskosten: 180.000,00 €; Tageswert: 195.000,00 €. Bewertung nach dem Niederstwertprinzip (siehe Fußnote auf S. 166).
12. Inventurbestand an fertigen Erzeugnissen: 25.000,00 €.
13. Gewinnverteilung: Der Gesellschafter Gruppe erhält vorab eine Arbeitsvergütung von 120.000,00 €. Im Übrigen: 8 % Kapitalverzinsung und der Restgewinn im Verhältnis 3 : 1.

1. *Erstellen Sie für die OHG den Jahresabschluss. Gliedern Sie die Bilanz gemäß § 266 HGB (siehe S. 385 und Anhang).*
2. *Ermitteln Sie die Rendite der Kapitalanteile der Gesellschafter.*

4.7 Auswertung des Jahresabschlusses

Aus dem Jahresabschluss lassen sich wertvolle **Erkenntnisse über die Vermögens-, Finanz- und Erfolgslage** des Unternehmens gewinnen, wenn man die Abschlusszahlen entsprechend auswertet. Ein Vergleich mit den Jahresabschlüssen der Vorjahre **(Zeitvergleich)** gibt außerdem Auskunft über die betriebseigene **Entwicklung.** Wie das Unternehmen innerhalb seiner Branche zu beurteilen ist, zeigt ein Vergleich mit den Zahlen branchengleicher Unternehmen **(Betriebsvergleich).**

Die betriebswirtschaftliche Auswertung des Jahresabschlusses umfasst die

- **Aufbereitung (Analyse)** und die
- **Beurteilung (Kritik)** des Zahlenmaterials.

Allgemein spricht man auch von **„Bilanzanalyse und Bilanzkritik".**

4.7.1 Auswertung der Bilanz

4.7.1.1 Aufbereitung der Bilanz (Bilanzanalyse)

Umgliederung der Bilanzposten. Die Bilanzen müssen zunächst für eine kritische Beurteilung entsprechend aufbereitet werden. Die zahlreichen Bilanzposten sind daher nach bestimmten Gesichtspunkten umzugliedern und gruppenmäßig zusammenzufassen. Die Vermögensseite umfasst die beiden Hauptgruppen **„Anlagevermögen"** und **„Umlaufvermögen"**, die Kapitalseite **„Eigenkapital"** und **„Fremdkapital".** Das Umlaufvermögen ist nach der **Flüssigkeit** in die Gruppen „Vorräte", „Forderungen" und „Flüssige Mittel" zu gliedern. Die Positionen des Fremdkapitals sind nach der **Fälligkeit** in „Langfristiges Fremdkapital" und „Kurzfristiges Fremdkapital" zu ordnen. Aktive Rechnungsabgrenzungssammelposten werden den Forderungen, passive Rechnungsabgrenzungsposten den kurzfristigen Verbindlichkeiten zugeordnet.

Die Bilanzstruktur ist das Ergebnis der Aufbereitung der Bilanzposten. Sie lässt bereits deutlich den **Vermögens- und Kapitalaufbau** des Unternehmens erkennen:

Vermögen — **Bilanzstruktur** — **Kapital**

Vermögen	Kapital
I. Anlagevermögen	**I. Eigenkapital**
II. Umlaufvermögen 1. Vorräte 2. Forderungen 3. Flüssige Mittel	**II. Fremdkapital** 1. langfristig 2. kurzfristig
Wie ist das Kapital angelegt?	*Woher stammt das Kapital?*

Zur besseren Vergleichbarkeit und Überschaubarkeit stellt man die **Bilanzstruktur** nicht nur in absoluten Zahlen, sondern auch **in Prozentzahlen** dar, wobei die **Bilanzsumme die Basis (≙ 100 %)** bildet. Damit wird auf einen Blick erkennbar, welches Gewicht die einzelnen Hauptgruppen innerhalb des Gesamtvermögens (Aktiva) und Gesamtkapitals (Passiva) haben. Vermögens- und Kapitalaufbau werden dadurch noch anschaulicher dargestellt.

Merke: **Die aufbereiteten Bilanzen eines Unternehmens zeigen deutlich**

- **die Finanzierung** ▷ Eigenkapital : Fremdkapital
- **den Vermögensaufbau** ▷ Anlagevermögen : Umlaufvermögen
- **die Anlagendeckung** ▷ Eigenkapital : Anlagevermögen
- **die Zahlungsfähigkeit** ▷ flüssige Mittel : kurzfristige Verbindlichkeiten

Beispiel: Die Bilanzen der Maschinenfabrik Thomas Schmitz e. K. lauten für die beiden letzten Geschäftsjahre (in T€):

Aktiva	Berichtsjahr	Vorjahr	Passiva	Berichtsjahr	Vorjahr
Gebäude	800	830	Eigenkapital 1. Jan.	1.710	1.600
TA und Maschinen	1.250	549	– Entnahmen	106	120
Fuhrpark	115	85		1.604	1.480
And. Anlagen/BGA	310	360	+ Einlagen	640	–
Roh- und Hilfsstoffe	320	500		2.244	1.480
Unfert. Erzeugnisse	250	320	+ Gewinn	366	230
Fertige Erzeugnisse	410	766	Eigenkapital 31. Dez.	2.610	1.710
Forderungen a. LL .	630	280	Rückstellungen ..	200	400
Bank	260	60	Hypothekenschulden	540	331
Postbank	125	40	Darlehensschulden	620	305
Kasse	30	10	Verbindlichk. a. LL	480	769
			Sonstige Verbindl.	50	285
	4.500	3.800		4.500	3.800

Anmerkungen zur Bilanzaufbereitung: Die Rückstellungen sind je zur Hälfte als langfristig und kurzfristig zu behandeln.

Die Aufbereitung der Bilanzen wird nach folgendem Schema vorgenommen:

AKTIVA	Berichtsjahr T€	Berichtsjahr %	Vorjahr T€	Vorjahr %	Zu- oder Abnahme T€
Anlagevermögen	**2.475**	**55**	**1.824**	**48**	**+ 651**
Vorräte	980	22	1.586	42	– 606
Forderungen a. LL	630	14	280	7	+ 350
Flüssige Mittel	415	9	110	3	+ 305
Umlaufvermögen	**2.025**	**45**	**1.976**	**52**	**+ 49**
Gesamtvermögen	4.500	100	3.800	100	+ 700

PASSIVA	Berichtsjahr T€	Berichtsjahr %	Vorjahr T€	Vorjahr %	Zu- oder Abnahme T€
Eigenkapital	**2.610**	**58**	**1.710**	**45**	**+ 900**
50 % Rückstellungen	100	2	200	5	– 100
Hypothekenschulden	540	12	331	9	+ 209
Darlehensschulden	620	14	305	8	+ 315
Langfr. Fremdkapital	**1.260**	**28**	**836**	**22**	**+ 424**
50 % Rückstellungen	100	2	200	5	– 100
Verbindlichkeiten a. LL	480	11	769	21	– 289
Sonstige Verbindlichk.	50	1	285	7	– 235
Kurzfr. Fremdkapital	**630**	**14**	**1.254**	**33**	**– 624**
Gesamtkapital	4.500	100	3.800	100	+ 700

4.7.1.2 Beurteilung der Bilanz (Bilanzkritik)

Die aufbereiteten Bilanzen enthalten bereits die wichtigsten Kennzahlen und Angaben zur Beurteilung der

- **Kapitalausstattung,**
- **Anlagenfinanzierung,**
- **Zahlungsfähigkeit** und des
- **Vermögensaufbaues**

des Unternehmens. Die nun einsetzende Bilanzbeurteilung stellt zwischen den durch die Aufbereitung gewonnenen Verhältniszahlen sinnvolle **Beziehungen** her und wertet diese im Hinblick auf die **Lage und Entwicklung** des Unternehmens.

4.7.1.2.1 Beurteilung der Kapitalausstattung (Finanzierung)

Grad der Unabhängigkeit. Bei der Beurteilung der **Kapitalausstattung oder Finanzierung** geht es vor allem um die Frage, ob das Unternehmen überwiegend mit **eigenem oder fremdem Kapital** arbeitet. In der Regel kann die Finanzierung eines Unternehmens als günstig bezeichnet werden, **wenn das Eigenkapital als Haftungs- bzw. Schutzkapital** das Fremdkapital überwiegt; denn je höher der Anteil des Eigenkapitals am Gesamtkapital, umso sicherer ist die Lage des Unternehmens in Krisenzeiten und umso **unabhängiger** ist das Unternehmen **gegenüber** seinen **Gläubigern.** Der Anteil des Eigenkapitals am Gesamtkapital ist daher zugleich Ausdruck des Grades der finanziellen Unabhängigkeit des Unternehmens.

Der Grad der Verschuldung kommt durch den Anteil des Fremdkapitals am Gesamtkapital zum Ausdruck. Ein im Verhältnis zum Eigenkapital zu hohes Fremdkapital bedeutet eine erhebliche **Einengung der Selbstständigkeit des Unternehmens,** da mit jeder weiteren Kreditaufnahme stets der Nachweis der Kreditverwendung und ständige Kontrollen durch die Gläubiger verbunden sind. Ist der Anteil an kurzfristigen Schulden sehr hoch, so wird die **Liquidität (Zahlungsfähigkeit)** des Unternehmens in besonderem Maße belastet. Die **Zusammensetzung des Fremdkapitals** (lang- und kurzfristig) ist daher eine wichtige Frage bei der Beurteilung der Finanzierung eines Unternehmens.

Kennzahlen der Finanzierung (Kapitalstruktur)		B	V
❶ Grad der finanziellen Unabhängigkeit	$= \frac{\text{Eigenkapital} \cdot 100\,\%}{\text{Gesamtkapital}}$	58 %	45 %
❷ Grad der Verschuldung	$= \frac{\text{Fremdkapital} \cdot 100\,\%}{\text{Gesamtkapital}}$	42 %	55 %
❸ Anteil des langfristigen Fremdkapitals	$= \frac{\text{lgfr. Fremdkapital} \cdot 100\,\%}{\text{Gesamtkapital}}$	28 %	22 %
❹ Anteil des kurzfristigen Fremdkapitals	$= \frac{\text{kfr. Fremdkapital} \cdot 100\,\%}{\text{Gesamtkapital}}$	14 %	33 %

Die Kennzahlen zeigen deutlich, dass sich im Berichtsjahr der **Grad der finanziellen Unabhängigkeit von 45 % auf 58 %** und damit entsprechend der **Grad der Verschuldung von 55 % auf 42 %** entscheidend verbessert haben. Die beachtliche Steigerung des Eigenkapitals ist auf eine Kapitaleinlage des Unternehmers in Höhe von 640 T€ sowie auf den Jahresgewinn von 366 T€ zurückzuführen. Erfreulicherweise konnte dadurch der Anteil des Fremdkapitals und somit der Einfluss der Gläubiger erheblich vermindert werden. In diesem Zusammenhang muss auch der **Rückgang des kurzfristigen Fremdkapitals von 33 % auf 14 %** als sehr positiv im Hinblick auf die Liquidität des Unternehmens beurteilt werden. Der beachtliche Abbau der kurzfristigen Fremdmittel ist vor allem auf eine **Umschuldung** zurückzuführen, also auf eine Umwandlung kurzfristiger in langfristige Schulden. So steht einer Abnahme an kurzfristigen Fremdmitteln in Höhe von 624 T€ eine Zunahme der langfristigen Schulden in Höhe von 424 T€ gegenüber (vgl. aufbereitete Bilanzen auf Seite 176).

Zusammenfassend kann somit gesagt werden, dass die Unternehmensleitung im Berichtsjahr sinnvolle Maßnahmen durchgeführt hat, die Finanzierung des Unternehmens solide und krisenfest zu gestalten.

Merke: **Je größer das Eigenkapital im Verhältnis zum Fremdkapital ist, desto solider und krisenfester ist die Finanzierung und desto geringer ist die Abhängigkeit gegenüber Gläubigern.**

4.7.1.2.2 Beurteilung der Anlagenfinanzierung (Investierung)

Die Finanzierung (Deckung) des Anlagevermögens durch

- **Eigenkapital = Deckungsgrad I** und durch
- **langfristiges Kapital** (Eigen- und langfr. Fremdkapital) = **Deckungsgrad II**

ist zugleich ein wichtiger **Maßstab zur Beurteilung der Kapitalausstattung** des Unternehmens schlechthin. Da **Anlagegegenstände** in der Regel langfristig gebundenes Vermögen darstellen, müssen sie auch durch **entsprechend langfristiges** Kapital finanziert werden. Damit wird sichergestellt, dass im Krisenfalle keine Anlagegüter veräußert werden müssen, um den Tilgungsverpflichtungen termingerecht nachzukommen. Deshalb sollten Gegenstände des Anlagevermögens grundsätzlich **nicht kurzfristig** finanziert werden. Die Anlagenfinanzierung kann somit als sehr gut bezeichnet werden, wenn das Anlagevermögen voll durch Eigenkapital **(Deckungsgrad I)** gedeckt ist. Reicht das **Eigenkapital** jedoch nicht zur Finanzierung des Anlagevermögens aus, so darf zusätzlich nur langfristiges Fremdkapital herangezogen werden. Der **Deckungsgrad II** muss mindestens 100 % betragen, wenn eine volle Deckung durch langfristiges Kapital gegeben sein soll.

Kennzahlen der Anlagendeckung (Investierung)	Berichtsjahr	Vorjahr
Deckungsgrad I $= \dfrac{\text{Eigenkapital} \cdot 100\,\%}{\text{Anlagevermögen}}$	106 %	94 %
Deckungsgrad II $= \dfrac{\text{Langfristiges Kapital} \cdot 100\,\%}{\text{Anlagevermögen}}$	156 %	140 %

Die Anlagendeckung durch Eigenkapital (Deckungsgrad I) war bereits im Vorjahr sehr gut. Sie konnte im Berichtsjahr durch die bereits erwähnte Erhöhung des Eigenkapitals noch wesentlich verbessert werden. Nicht nur das Anlagevermögen, sondern auch Teile des Vorratsvermögens (eiserner Bestand) werden nunmehr voll durch eigene Mittel finanziert. Besonders erfreulich ist auch die Tatsache, dass die erheblichen Anschaffungen (Investitionen) im Anlagevermögen in Höhe von 651 T€ ebenfalls in vollem Umfang durch Eigenkapital finanziert wurden.

Die Anlagendeckung durch langfristiges Kapital (Deckungsgrad II) ist in den beiden Vergleichsjahren ausgezeichnet. Besonders im Berichtsjahr wird der größte Teil des Umlaufvermögens langfristig finanziert, was sich auf die Liquidität des Unternehmens zwangsläufig günstig auswirken muss.

Zusammenfassend kann gesagt werden, dass die bereits oben für das Berichtsjahr als sehr gut beurteilte Finanzierung durch die Anlagendeckung I und II voll bestätigt wird.

Merke:
- **Die Anlagendeckung ist zugleich Maßstab zur Beurteilung der Finanzierung (Kapitalausstattung) des Unternehmens.**
- **Das Anlagevermögen und der eiserne Bestand des Vorratsvermögens sollten stets durch entsprechend langfristiges Kapital finanziert sein.**

4.7.1.2.3 Beurteilung der Zahlungsfähigkeit (Liquidität)

Liquidität ist die Zahlungsfähigkeit eines Unternehmens, die sich aus dem **Verhältnis der flüssigen (liquiden) Mittel zu den fälligen kurzfristigen Verbindlichkeiten** erkennen lässt. Es muss deshalb untersucht werden, ob das Unternehmen in der Lage sein wird, die **fälligen** Verbindlichkeiten fristgerecht zu begleichen.

Aufgrund der Bilanzzahlen kann die **Liquidität** eines Unternehmens natürlich **nur überschlägig** ermittelt werden, da wichtige Angaben aus den Bilanzen nicht hervorgehen, wie **Fälligkeiten** der Verbindlichkeiten und Forderungen, **laufende Zahlungen** für Steuern, Mieten u. a. m. Dennoch lassen sich verschiedene Stufen oder Grade der Zahlungsfähigkeit aus den Abschlusszahlen errechnen, die im Vergleich der Jahre Aufschluss über die Liquidität des Unternehmens geben.

Die Kennzahlen der Liquidität berücksichtigen jeweils den Grad der Zahlungsfähigkeit. Die **Liquidität I (1. Grades)**, auch **Barliquidität** genannt, setzt die flüssigen Mittel (Kasse, Bank- und Postbankguthaben, börsenfähige Wertpapiere des Umlaufvermögens) ins Verhältnis zu den kurzfristigen Fremdmitteln. Die **Liquidität II**, auch **einzugsbedingte Liquidität** genannt, berücksichtigt zusätzlich die Forderungen. Die **umsatzbedingte Liquidität III** setzt schließlich das gesamte Umlaufvermögen zum kurzfristigen Fremdkapital in Beziehung. Nach einer **Erfahrungsregel** sollte mindestens die Liquidität II bereits eine volle Deckung der kurzfristigen Schulden bringen. Die Liquidität III müsste nach einer amerikanischen Faustregel zu einer zweifachen Deckung (200 %) führen.

Liquiditätskennzahlen	Berichtsjahr	Vorjahr
Liquidität I $= \frac{\text{flüssige Mittel} \cdot 100\,\%}{\text{kurzfristiges Fremdkapital}}$	66 %	9 %
Liquidität II $= \frac{\text{flüssige Mittel + Forderungen} \cdot 100\,\%}{\text{kurzfristiges Fremdkapital}}$	166 %	31 %
Liquidität III $= \frac{\text{Umlaufvermögen} \cdot 100\,\%}{\text{kurzfristiges Fremdkapital}}$	321 %	158 %

Die Liquiditätslage des Unternehmens hat sich im Berichtsjahr gegenüber dem Vorjahr ganz entschieden verbessert. Selbst unter Berücksichtigung der Forderungen konnte im Vorjahr keine volle Deckung der kurzfristigen Verbindlichkeiten erreicht werden. Im Berichtsjahr führte dagegen die Liquidität II bereits zu einer erheblichen Überdeckung. Die Liquidität 3. Grades zeigt im Berichtsjahr deutlich die ausgezeichnete finanzielle Lage des Unternehmens. Das Umlaufvermögen ist über dreimal so groß wie die kurzfristigen Fremdmittel. Diese äußerst positive Entwicklung der Zahlungsfähigkeit ist einerseits auf die bereits erwähnte Kapitalerhöhung sowie Umschuldung und andererseits vor allem auch auf die erhebliche Absatzsteigerung zurückzuführen. Diese von der Unternehmensleitung getroffenen Maßnahmen dienten nicht zuletzt der Stärkung der Liquidität.

Merke:

- **Je mehr die flüssigen Mittel 1., 2. und 3. Grades die fälligen kurzfristigen Verbindlichkeiten decken, desto liquider und damit sicherer ist das Unternehmen.**
- **Für die fälligen Schulden müssen stets Zahlungsmittel bereitstehen, denn Zahlungsunfähigkeit führt in der Regel zur zwangsweisen Auflösung eines Unternehmens im Rahmen eines Insolvenzverfahrens.**
- **Nach einer Erfahrungsregel gilt die Zahlungsfähigkeit eines Unternehmens als gesichert, wenn das gesamte Umlaufvermögen doppelt so groß ist wie das kurzfristige Fremdkapital.**

4.7.1.2.4 Beurteilung der Vermögensaufbaues (Vermögensstruktur)

Die Vermögensstruktur zeigt sich im **Verhältnis zwischen Anlage- und Umlaufvermögen.** Dieses Verhältnis ist weitgehend abhängig von der **Branche,** der das Unternehmen angehört, sowie vom **Ausmaß der Mechanisierung und Automatisierung.** So sind beispielsweise Unternehmen der Grundstoff- und Schwerindustrie mit einem Anlagenanteil von 60–70 % besonders anlagenintensiv, im Gegensatz zu Betrieben der Elektroindustrie mit 25–35 %.

Das Anlagevermögen verursacht erhebliche **fixe** (feste) Kosten, wie Abschreibungen, Instandhaltungen u. a., die unabhängig von der Beschäftigungs- und Absatzlage, also auch in Krisenzeiten, anfallen und ständig die Erfolgsrechnung als Aufwand belasten. Je niedriger das Anlagevermögen im Verhältnis zum Umlaufvermögen ist, desto geringer ist die Belastung mit festen Kosten und desto besser kann sich ein Unternehmen **den veränderten Marktverhältnissen anpassen.**

Das Umlaufvermögen besteht in der Regel aus Vorräten, Forderungen sowie flüssigen Mitteln. Vergleicht man diese Posten mit den **Umsatzerlösen,** lassen sich wertvolle **Erkenntnisse über die Absatzlage** des Unternehmens in den Vergleichsjahren erzielen. Ein erhöhter Bestand an Forderungen bedeutet Absatzsteigerung, wenn zugleich die Umsatzerlöse entsprechend gestiegen sind. Eine Veränderung der Vorräte und flüssigen Mittel sollte daher auch im Zusammenhang mit den Umsatzerlösen gesehen werden.

Kennzahlen der Vermögensstruktur		B	V
❶ Anteil des Anlagevermögens	$= \frac{\text{AV} \cdot 100\,\%}{\text{Gesamtvermögen}}$	55 %	48 %
❷ Anteil des Umlaufvermögens	$= \frac{\text{UV} \cdot 100\,\%}{\text{Gesamtvermögen}}$	45 %	52 %
❸ Anteil der Vorräte	$= \frac{\text{Vorräte} \cdot 100\,\%}{\text{Gesamtvermögen}}$	22 %	42 %
❹ Anteil der Forderungen	$= \frac{\text{Forderungen} \cdot 100\,\%}{\text{Gesamtvermögen}}$	14 %	7 %
❺ Anteil der flüssigen Mittel	$= \frac{\text{Flüssige Mittel} \cdot 100\,\%}{\text{Gesamtvermögen}}$	9 %	3 %

Angaben lt. GuV-Rechnung:	Berichtsjahr	Vorjahr
Umsatzerlöse	8.200 T€	5.500 T€

Die Kennzahlen der Vermögensstruktur zeigen deutlich die positive Entwicklung des Unternehmens im Vergleichszeitraum. Die Steigerung des Anlagevermögens ist auf Neuanschaffungen in Höhe von 651 T€ zurückzuführen, die zu einer Kapazitätserweiterung führten, worauf auch die gestiegenen Umsatzerlöse hinweisen. Auch der Abbau der Vorräte und die Erhöhung der Forderungen sowie der flüssigen Mittel stehen offensichtlich im Zusammenhang mit einer erheblichen Absatzsteigerung.

Merke:
- **Das Verhältnis zwischen Anlage- und Umlaufvermögen wird weitgehend von der Branche und dem Grad der Mechanisierung bestimmt.**
- **Der Anteil der Vorräte und Forderungen ist stets im Zusammenhang mit den Umsatzerlösen zu beurteilen.**

Aufgaben

182

1. *Welche Möglichkeiten hat der Unternehmer, die Finanzierung (Kapitalausstattung des Unternehmens) zu verbessern?*
2. *Ein Unternehmer hat einen sehr großen Teil des Anlagevermögens mit einem kurzfristigen Bankkredit finanziert. Wie beurteilen Sie das?*
3. *Wodurch wird die Vermögensstruktur (AV : UV) bestimmt?*
4. *Welche Gefahr liegt in einem*
   a) zu geringen und b) zu großen Anlagevermögen?
5. *Welche Gefahr liegt in einem*
   a) zu geringen und b) zu hohen Umlaufvermögen?

183

1. *Welche Möglichkeiten hat der Unternehmer, die Liquidität zu verbessern?*
2. *Der Bestand an sofort greifbaren flüssigen Mitteln ist im Verhältnis zu hoch. Was empfehlen Sie dem Unternehmen?*
3. *Vermittelt die Bilanz ein eindeutiges Bild der Zahlungsfähigkeit?*
4. *Beurteilen Sie die folgenden Bilanzstrukturen:*

Bilanz 1	
Anlagevermögen 40 %	Eigenkapital 50 %
Umlaufvermögen 60 %	Fremdkapital 50 %

Bilanz 2	
Anlagevermögen 40 %	Eigenkapital 30 %
Umlaufvermögen 60 %	langfristiges Fremdkapital 10 % kurzfristiges Fremdkapital 60 %

184

Nach der Aufbereitung zeigt die Bilanz eines Industrieunternehmens die folgende Vermögens- und Kapitalstruktur:

Vermögen	**Aufbereitete Bilanz**				**Kapital**
	T€	%		T€	%
I. Anlagevermögen	36.000	60	**I. Eigenkapital**	42.000	70
II. Umlaufvermögen			**II. Fremdkapital**		
1. *nicht* flüssig ...... (Vorräte)	11.000	40	1. *langfristig* .... (Hyp. u. Darl.)	12.000	30
2. *bedingt* flüssig .... (Forderungen)	8.500		2. *kurzfristig* .... (Liefererschulden)	6.000	
3. *sofort* flüssig ...... (Kasse, Postbank, Bank)	4.500				
	60.000	100		60.000	100

1. *Beurteilen Sie auch unter Berücksichtigung von Branchenrichtwerten ()*
   a) die Finanzierung oder Kapitalausstattung (50 : 50),
   b) den Vermögensaufbau (55 : 45),
   c) die Anlagenfinanzierung bzw. -deckung (Deckung I: 90 %; II: 120 %) sowie
   d) die Zahlungsfähigkeit (Liquidität) des Unternehmens.
2. *Inwiefern erübrigt sich im vorliegenden Fall die Ermittlung des Deckungsgrades II im Rahmen der Beurteilung der Anlagenfinanzierung?*
3. *Welchen entscheidenden Vorteil bietet die Auswertung bei einem Bilanzvergleich (Zeit- oder Betriebsvergleich)?*

185

Aktiva	Bilanz zum 31. Dezember				Passiva
	Berichtsjahr	Vorjahr		Berichtsjahr	Vorjahr
	T€	T€		T€	T€
I. Anlagevermögen			**I. Eigenkapital**	30.000	16.000
1. Gebäude	9.800	10.000			
2. TA und Maschinen .	11.200	5.000	**II. Fremdkapital**		
3. Andere Anl./BGA ..	1.600	2.000	1. Hypothekensch.	6.500	6.800
			2. Darlehenssch. . .	8.800	5.200
II. Umlaufvermögen			3. Liefererschulden	4.700	12.000
1. Vorräte	14.000	12.500			
2. Forderungen	9.000	7.500			
3. Kasse	200	100			
4. Postbank	300	400			
5. Bankguthaben	3.900	2.500			
	50.000	40.000		50.000	40.000

1. *Bereiten Sie die Bilanzen entsprechend dem Aufbereitungsschema auf Seite 176 auf und stellen Sie jeweils die Veränderungen der Vermögens- und Kapitalposten fest.*
2. *Ermitteln Sie die Kennzahlen zur Beurteilung*
   a) der Finanzierung, b) der Anlagendeckung, c) der Liquidität, d) der Vermögensstruktur.
3. *Beurteilen Sie die Entwicklung des Unternehmens in den Vergleichsjahren aufgrund der Kennzahlen und versuchen Sie die Ursachen der Veränderungen offen zu legen. Stellen Sie sich dabei stets folgende Fragen:*
   - *Wie ist die Entwicklung in absoluten und relativen Zahlen?*
   - *Worauf könnte die positive oder negative Entwicklung zurückzuführen sein?*
   - *Welche Maßnahmen zur Verbesserung der Finanzierung, Anlagendeckung, Liquidität und Vermögensstruktur würden Sie der Unternehmensleitung gegebenenfalls empfehlen?*

186

Aktiva	Bilanz zum 31. Dezember				Passiva
	Berichtsjahr	Vorjahr		Berichtsjahr	Vorjahr
	T€	T€		T€	T€
Gebäude	814	830	Eigenkapital 1. Jan. . .	1.260	1.130
TA und Maschinen	890	610	– Entnahmen	80	60
Andere Anlagen/BGA ..	216	180		1.180	1.070
Roh- und Hilfsstoffe	650	560	+ Einlagen	300	–
Unfertige Erzeugnisse ...	160	340		1.480	1.070
Fertige Erzeugnisse	390	650	+ Gewinn	320	190
Forderungen a. LL	600	310	Eigenkapital 31. Dez. .	1.800	1.260
Kasse	20	15	Rückstellungen	80	60
Bank	260	105	Hypothekenschulden	670	480
			Darlehensschulden . .	930	750
			Verbindlichkeiten a. LL	520	1.050
	4.000	3.600		4.000	3.600

Anmerkungen:
Der Jahresgewinn soll nicht entnommen werden. Die Rückstellungen sind je zur Hälfte lang- und kurzfristig. Die Umsatzerlöse betrugen im Berichtsjahr 7.800 T€, im Vorjahr 5.800 T€.

1. *Bereiten Sie die oben stehenden Bilanzen der Papierfabrik Lutz Schäfer e. K. entsprechend dem Aufbereitungsschema auf.*
2. *Ermitteln und beurteilen Sie die Kennzahlen a) der Finanzierung, b) der Anlagendeckung, c) der Vermögensstruktur und d) der Liquidität.*
3. *Worauf führen Sie die hohen Vorräte im Vorjahr zurück?*
4. *Fassen Sie in einem Kurzbericht das Ergebnis Ihrer Auswertung zusammen.*

4.7.2 Auswertung der Erfolgsrechnung

4.7.2.1 Beurteilung der Rentabilität

Die Rentabilität ist Maßstab für den Erfolg eines Unternehmens. Sie wird ermittelt, indem man den Gewinn zum **Eigenkapital** oder **Umsatz** in Beziehung setzt.

Unternehmerlohn. Bei **Einzelunternehmen und Personengesellschaften** muss der Jahresgewinn vorab noch um einen Unternehmerlohn für den **mitarbeitenden** Inhaber (Gesellschafter) gekürzt werden. Nur so ist ein **Vergleich mit einer Kapitalgesellschaft** der gleichen Branche (z. B. GmbH) möglich, in der die Gehälter der geschäftsführenden Gesellschafter Aufwand (Betriebsausgabe) darstellen und somit den Gewinn schmälern. Die Höhe des Unternehmerlohns bemisst sich nach dem Gehalt eines leitenden Angestellten in vergleichbarer Position.

Beispiel: Maschinenfabrik Th. Schmitz e. K.	Berichtsjahr	Vorjahr
Jahresgewinn (vgl. Bilanz S. 176)	366 T€	230 T€
– **Unternehmerlohn**	120 T€	120 T€
Unternehmergewinn	**246 T€**	**110 T€**

4.7.2.1.1 Eigenkapitalrentabilität

Die Rentabilität des Eigenkapitals wird ermittelt, indem man den Unternehmergewinn zum Eigenkapital ins Verhältnis setzt. Um Zufallsschwankungen auszuschalten, rechnet man beim Eigenkapital mit dem **Durchschnittswert** aus Anfangs- und Schlussbestand des Geschäftsjahres.

Beispiel: Maschinenfabrik Th. Schmitz e. K.	Berichtsjahr	Vorjahr
Eigenkapitalrentabilität = $\frac{\textbf{UG} \cdot \textbf{100 \%}}{\textbf{Eigenkapital}}$	$\frac{246 \cdot 100\ \%}{2.160} = \textbf{11,4 \%}$	$\frac{110 \cdot 100\ \%}{1.655} = \textbf{6,6 \%}$

Risikoprämie. Vergleicht man die Eigenkapitalrendite mit dem landesüblichen Zinssatz für langfristig angelegte Gelder (im Beispiel werden 5 % unterstellt), so ist der **Überschuss** ein Entgelt oder eine Prämie für das allgemeine Risiko des Unternehmers.

Beispiel: Maschinenfabrik Th. Schmitz e. K.	Berichtsjahr	Vorjahr
Eigenkapitalrentabilität	11,4 %	6,6 %
– **landesüblicher Zinssatz für langfr. Kapital** ...	5 %	5 %
Risikoprämie für Unternehmerwagnis	**6,4 %**	**1,6 %**

Beurteilung der Erfolgslage. Der Jahresgewinn der Maschinenfabrik ist von absolut 230 T€ im Vorjahr auf 366 T€ im Berichtsjahr, also um 136 T€ oder 59 % gestiegen. Diese beachtliche Gewinnsteigerung konnte sich bei der Eigenkapitalrentabilität nicht in entsprechendem Maße auswirken, da im Berichtsjahr auch das Eigenkapital durch Kapitaleinlagen erhöht wurde. Dennoch zeigt die Rentabilität des Eigenkapitals eine erfreuliche Steigerung von 6,6 % auf 11,4 %. Im Berichtsjahr wurde über die normale Verzinsung hinaus eine Risikoprämie von 6,4 % erwirtschaftet.

Merke: **Der Jahresgewinn eines Einzelunternehmers oder einer Personengesellschaft sollte in der Regel Folgendes entgelten:**

- **einen angemessenen Unternehmerlohn,**
- **eine landesübliche Verzinsung des Eigenkapitals und**
- **zusätzlich eine branchenübliche Prämie für das Unternehmerrisiko.**

4.7.2.1.2 Umsatzrentabilität

Umsatzverdienstrate. Setzt man den Unternehmergewinn zu den Umsatzerlösen in Beziehung, erhält man Auskunft darüber, wie viel Prozent der Umsatzerlöse als Gewinn dem Unternehmen zugeflossen sind. Oder anders ausgedrückt: wie viel Euro je 100,00 € Umsatz verdient wurden.

Beispiel: Maschinenfabrik Th. Schmitz e. K.	Berichtsjahr	Vorjahr
$\text{Umsatzrentabilität} = \frac{\text{Unternehmergew.} \cdot 100\,\%}{\text{Umsatzerlöse}}$	$\frac{246 \cdot 100\,\%}{8.200} = 3\,\%$	$\frac{110 \cdot 100\,\%}{5.500} = 2\,\%$

Beurteilung. Die sehr positive Entwicklung des Unternehmens zeigt sich auch deutlich in der Umsatzrendite, die im Vergleichszeitraum von 2 % auf 3 %, also um 50 %, erhöht werden konnte. Im Berichtsjahr wurden somit 3,00 € je 100,00 € Umsatz gegenüber 2,00 € im Vorjahr verdient. Das bedeutet eine erhebliche Steigerung der Ertragskraft des Unternehmens.

Aufgaben

187 Die Finanzbuchhaltung der Papierfabrik Lutz Schäfer e. K. (vgl. Aufgabe 186 auf S. 182) stellt folgende Zahlen zur Verfügung

Zahlen in T€	Berichtsjahr	Vorjahr
Eigenkapital zum 1. Januar	1.260	1.130
Eigenkapital zum 31. Dezember	1.800	1.260
Jahresgewinn	320	190
Unternehmerlohn	96	96
Umsatzerlöse	7.800	5.800

1. *Ermitteln Sie a) das durchschnittlich eingesetzte Eigenkapital und b) den Unternehmergewinn.*
2. *Berechnen Sie a) die Rentabilität des Eigenkapitals und*
   b) die Risikoprämie bei einem landesüblichen Zinssatz von 4,5 %.
3. *Berechnen Sie die Umsatzrentabilität in Prozent und je 100,00 € Umsatz.*
4. *Beurteilen Sie die Erfolgslage des Unternehmens im Vergleichszeitraum.*

188 Die Textilfabrik Karl-Heinz Schnickmann e.Kfm. weist für drei Jahre folgende Zahlen aus:

Zahlen in T€	1. Jahr	2. Jahr	3. Jahr
Eigenkapital zum 1. Januar	2.400	2.600	3.400
Eigenkapital zum 31. Dezember	2.600	3.400	4.600
Jahresgewinn	490	640	820
Unternehmerlohn	108	108	108
Umsatzerlöse	12.880	15.200	18.100

1. *Ermitteln Sie a) das Durchschnittskapital und b) den Unternehmergewinn.*
2. *Berechnen Sie a) die Eigenkapitalrendite und b) die Risikoprämie bei einer unterstellten landesüblichen Verzinsung von 5,5 %.*
3. *Wie viel € je 100,00 € Umsatz wurden jeweils verdient?*
4. *Fassen Sie die Ergebnisse der Rentabilitätsauswertung in einem Kurzbericht zusammen.*

4.7.2.1.3 Material- und Personalkennzahlen

Im Industriebetrieb stellen Werkstoff- und Personalaufwendungen zwei bedeutende Kostenblöcke dar, die einer ständigen Kontrolle unterworfen werden. In der Regel werden hierbei die betreffenden Aufwendungen in Beziehung zu den Umsatzerlösen oder zu den Gesamtkosten gesetzt. Im Zeitvergleich lassen sich dann Abweichungen feststellen und gegebenenfalls korrigieren. Folgende Kennzahlen lassen sich berechnen:

$$\textbf{Prozentanteil der Werkstoffkosten am Umsatz} = \frac{\textbf{Werkstoffkosten} \cdot 100\,\%}{\textbf{Umsatzerlöse}}$$

$$\textbf{Prozentanteil der Werkstoffkosten an den Gesamtkosten} = \frac{\textbf{Werkstoffkosten} \cdot 100\,\%}{\textbf{Gesamtkosten}}$$

$$\textbf{Prozentanteil der Personalkosten am Umsatz} = \frac{\textbf{Personalkosten} \cdot 100\,\%}{\textbf{Umsatzerlöse}}$$

$$\textbf{Prozentanteil der Personalkosten an den Gesamtkosten} = \frac{\textbf{Personalkosten} \cdot 100\,\%}{\textbf{Gesamtkosten}}$$

Beispiel: Die GuV-Rechnung der Maschinenfabrik Th. Schmitz e. K. weist für das Berichtsjahr und das Vorjahr folgende Zahlen aus:

Auszug aus der GuV-Rechnung	Berichtsjahr	Vorjahr
Werkstoffkosten (z. B. Rohstoffe)	2.624.000,00 €	1.850.000,00 €
Personalkosten	3.415.000,00 €	2.350.000,00 €
Umsatzerlöse	8.200.000,00 €	5.500.000,00 €
Gesamtkosten	7.180.000,00 €	4.890.000,00 €

Daraus ergeben sich die folgenden Kennzahlen:

Kennzahlen	Berichtsjahr	Vorjahr
Prozentanteil der Werkstoffkosten am Umsatz	32,0 %	33,6 %
Prozentanteil der Werkstoffkosten an den Gesamtkosten	36,5 %	37,8 %
Prozentanteil der Personalkosten am Umsatz	41,6 %	42,7 %
Prozentanteil der Personalkosten an den Gesamtkosten	47,6 %	48,1 %

Auswertung: Außer der sehr erfreulichen Entwicklung des Umsatzes zeigen auch alle Kennzahlen eine positive Entwicklung. Das macht sich daran fest, dass die Prozentanteile der Aufwendungen an den Kosten bzw. an den Umsatzerlösen vom Vorjahr zum Berichtsjahr durchgehend rückläufig sind. Das bedeutet aber auch, dass andere Kosten anteilig zugenommen haben. Hier müsste der Unternehmer nachforschen, um welche Kosten es sich handelt. Außerdem wäre es für ihn wichtig, die entsprechenden Branchenkennzahlen zu kennen, um die Lage seines Unternehmens angemessen interpretieren zu können.

D Beleggeschäftsgang 2 – computergestützt

189 In der **Finanzbuchhaltung** der **Büromöbelwerke Werner Peters e. K.,** Stauffenbergallee 22–30, 01099 Dresden, werden folgende **Bücher** geführt:

- **Grundbuch** (Journal) für die laufenden Buchungen, die vorbereitenden Abschlussbuchungen und die Abschlussbuchungen.
- **Hauptbuch** für die Sachkonten: Bestandskonten, Erfolgskonten, Abschlusskonten.
- **Kontokorrentbuch** für die Personenkonten: Kundenkonten, Liefererkonten.
- **Bilanzbuch** für die Aufnahme des ordnungsmäßig gegliederten Jahresabschlusses: Jahresbilanz und Gewinn- und Verlustrechnung mit Unterschrift.

Bankverbindungen: Sparkasse Dresden, Konto-Nr. 218305081, BLZ 85055142
Deutsche Bank AG Dresden, Konto-Nr. 81234, BLZ 87070000

Die Sachkonten weisen zum 27. Dezember .. folgende Salden aus:

Kontenplan und vorläufige Saldenbilanz	Soll	Haben
0700 Technische Anlagen und Maschinen	912.280,00	–
0800 Betriebs- und Geschäftsausstattung	230.000,00	–
2000 Rohstoffe	85.000,00	–
2020 Hilfsstoffe	12.000,00	–
2100 Unfertige Erzeugnisse	25.000,00	–
2200 Fertige Erzeugnisse	30.000,00	–
2400 Forderungen a. LL	116.000,00	–
2600 Vorsteuer	29.400,00	–
2650 Forderungen an Mitarbeiter	5.800,00	–
2800 Bank	221.600,00	–
2880 Kasse	18.540,00	–
2900 Aktive Rechnungsabgrenzung	–	–
3000 Eigenkapital	–	720.000,00
3001 Privat	93.400,00	–
3900 Sonstige Rückstellungen	–	45.400,00
4250 Darlehensschulden	–	283.200,00
4400 Verbindlichkeiten a. LL	–	156.368,00
4800 Umsatzsteuer	–	218.752,00
4830 FB-Verbindlichkeiten	–	–
4840 SV-Verbindlichkeiten	–	–
4890 Sonstige Verbindlichkeiten	–	45.600,00
5000 Umsatzerlöse für eigene Erzeugnisse	–	1.385.000,00
5001 Erlösberichtigungen	22.600,00	–
5200 Bestandsveränderungen	–	–
5420 Entnahme v. G. u. s. L.	–	4.800,00
6000 Aufwendungen für Rohstoffe	364.800,00	–
6001 Bezugskosten	12.400,00	–
6002 Nachlässe	–	8.700,00
6020 Aufwendungen für Hilfsstoffe	78.000,00	–
6160 Fremdinstandsetzung	16.600,00	–
6200 Löhne	152.000,00	–
6300 Gehälter	90.400,00	–
6400 Soziale Abgaben	44.600,00	–
6520 Abschreibungen auf Sachanlagen	–	–
6700 Mietaufwendungen	260.000,00	–
6750 Kosten des Geldverkehrs	300,00	–
6800 Büromaterial	5.500,00	–
6820 Portokosten	3.400,00	–
6830 Kosten der Telekommunikation	6.200,00	–
7510 Zinsaufwendungen	32.000,00	–
Abschlusskonten: 8010 SBK und 8020 GuV	2.867.820,00	2.867.820,00

Die Personenkonten weisen zum 27. Dezember .. im Einzelnen die unten stehenden **offenen Posten** (= unbezahlte Rechnungen) und **Salden** aus:

Kundenkonten (Debitoren)		Offene Posten – Kunden			
Konto	**Kunden**	**Datum**	**Rechnungs-Nr.**	**Betrag**	**Salden**
10001	Karlsmann AG Sandstraße 4–10 70199 Stuttgart	..-12-10 ..-12-16 ..-12-18	1298 1305 1313	14.500,00 812,00 7.888,00	**23.200,00**
10002	Gruppe OHG Amselweg 14 76149 Karlsruhe	..-12-21 ..-12-23	1315[1] 1317[1]	11.600,00 40.600,00	**52.200,00**
10003	Heinrichs OHG Hohe Straße 44–46 21073 Hamburg	..-12-21 ..-12-23	1316[1] 1318[1]	5.800,00 11.600,00	**17.400,00**
10004	Hilgendorf KG Kölner Straße 50–54 51379 Leverkusen	..-12-12 ..-12-21	1301 1314	2.320,00 11.600,00	**13.920,00**
10005	Busch OHG Nibelungenring 10–12 04279 Leipzig	..-12-10 ..-12-17	1299 1312	2.088,00 7.192,00	**9.280,00**
Saldensumme der Kundenkonten (Abstimmung mit Konto 2400)					**116.000,00**

1 Den Firmen Gruppe OHG und Heinrichs OHG werden 2 % Skonto gewährt.

Liefererkonten (Kreditoren)		Offene Posten – Lieferer			
Konto	**Lieferer**	**Datum**	**Rechnungs-Nr.**	**Betrag**	**Salden**
60001	Chromstahl GmbH Hüttenstraße 2–16 45143 Essen	..-12-23	4507	29.000,00	**29.000,00**
60002	Chem. Werke GmbH Grüner Weg 44–50 51375 Leverkusen	..-12-09 ..-12-21	5500 5567	20.880,00 19.720,00	**40.600,00**
60003	Schneider KG Neue Landstraße 10–16 30655 Hannover	..-12-15	8765	37.120,00	**37.120,00**
60004	Holzwerke GmbH Postfach 1215 01662 Meißen	..-12-20 ..-12-23	7654[1] 7660[1]	17.400,00 32.248,00	**49.648,00**
60005	Jutta Kolberg e. Kffr. Feldstraße 48 01109 Dresden	—	—	—	—
Saldensumme der Liefererkonten (Abstimmung mit Konto 4400)					**156.368,00**

1 Rechnungen der Holzwerke GmbH werden mit 2 % Skonto beglichen.

Beleggeschäftsfälle

Die Belege auf den folgenden Seiten stellen die Geschäftsfälle der Büromöbelwerke Werner Peters e. K. vom 27. Dezember .. bis zum 31. Dezember .. dar. Die **Werkstoffeinkäufe** werden **direkt als Aufwand** gebucht (Just-in-time-Verfahren).

Abschlussangaben

1. Abschreibungen auf
- Technische Anlagen und Maschinen .... 85.000,00 €
- Betriebs- und Geschäftsausstattung .... 35.000,00 €

2. Bestandsveränderungen lt. Inventur:
- Mehrbestand an Rohstoffen .... 25.000,00 €
- Minderbestand an Hilfsstoffen .... 2.000,00 €
- Minderbestand an unfertigen Erzeugnissen .... 5.000,00 €
- Mehrbestand an fertigen Erzeugnissen .... 25.000,00 €

3. Zeitliche Abgrenzungen:
- Die Geschäftsmiete für Januar n. J. in Höhe von 20.000,00 € wurde bereits am 23. Dezember .. von den Büromöbelwerken überwiesen.
- Die Darlehenszinsen für das zweite Halbjahr in Höhe von 12.000,00 € werden erst Anfang Januar n. J. bezahlt.
- Die Furnierpresse muss im Januar n. J. dringend überholt werden. Der Kostenvoranschlag beträgt 15.000,00 €.

4. Im Übrigen entsprechen die Buchwerte der Inventur zum 31. Dezember ..

Aufgaben

1. *Führen Sie die Vorkontierung der Belege zunächst nach folgendem Erfassungsschema durch. Das erleichtert die EDV-mäßige Eingabe der Buchungsdaten:*

Soll-konto	Beleg-nummer	Beleg-datum	Haben-konto	Betrag	Steuerart V bzw. M	%-Satz	OP-Nr.	B-Text

2. *Installieren Sie das entsprechende Finanzbuchhaltungsprogramm (z. B. KHK, IBM u. a.) auf die Festplatte.*
3. *Geben Sie die Stammdaten ein und buchen Sie die Salden der Sach- und Personenkonten über das Hilfs- bzw. Gegenkonto „8050 Saldenvorträge".*
4. *Geben Sie nun die Buchungsdaten der Aufgabe 1 in den Computer ein.*
5. *Erstellen Sie das Journal, die Bilanz und die Gewinn- und Verlustrechnung.*
6. *Ermitteln und beurteilen Sie die Rendite des Eigenkapitals, indem Sie vom Jahresgewinn für die Tätigkeit des Unternehmers Werner Peters zunächst einen Unternehmerlohn von 120.000,00 € abziehen und danach den Restgewinn zum Anfangseigenkapital ins Verhältnis setzen.*

Belegbuchung 1

EBERHARD ZACK
Bezirks-Schornsteinfegermeister
01127 Dresden
Heidestr. 84 – Telefon 051 52809

QUITTUNG
RECHNUNG

Firma/Herrn/Frau Büromöbelwerke Werner Peters e. K.

Rauchgasanalyse	35,00
Reinigung der Zentralheizung	115,00
Nettobetrag	150,00
+ 16 % Umsatzsteuer	24,00
Bruttobetrag	174,00

Konto | Soll | Haben
Gebucht:

Dresden 27. Dez. ..

~~Betrag erhalten:~~

Zack

Bezirks-Schornsteinfegermeister

KB 284

Anlage: Bescheinigung über das Messergebnis

Steuer-Nr. 065 312 2658 7

Bankkonto: Deutsche Bank, Dresden

Konto-Nr. 104 000 700, BLZ 870 700 00

Fachgerechte Reinigung spart Heizkosten.

Belegbuchung 2

Deutsche Post AG
01307 Dresden
72052590 ..-12-29

KB 285

8152
Postwertzeichen ohne Zuschlag
*380,00 EUR A

Bruttoumsatz *380,00 EUR
mehrwertsteuerbefreit A
Nettoumsatz A *380,00 EUR

Konto | Soll | Haben
Gebucht:

Vielen Dank für Ihren Besuch.
Ihre Post

Belegbuchung 3

Büromöbelwerke Werner Peters e. K.

Stauffenbergallee 22–30
01099 Dresden
Telefon 051 4401-0
Telefax 051 441012
E-Mail bueromoebelwerke@peters-wvd.de
Internet www.peters-wvd.de
USt-IdNr. DE 245 344 789
Steuer-Nr. 065 216 3368 5

Büromöbelwerke W. Peters e. K., Postfach 10 15 26, 01097 Dresden

Büroausstattungsgroßhandel
Heinrichs OHG
Hohe Straße 44 - 46
21073 Hamburg

Bitte bei Zahlung angeben:

Rechnung-Nr.:	Kunden-Nr.:	Datum
1 319	10 003	..-12-27

Rechnung

Die Lieferung erfolgte am: 21. Dez. ..

Wir danken für Ihren Auftrag und berechnen Ihnen wie folgt:

Menge	Bezeichnung	Einzelpreis	Betrag in €
30	Schreibtisch ST 4 501	375,00	11.250,00
30	Anstelltisch ST 4 502	140,00	4.200,00
20	Aktenschrank SL 4 432	225,00	4.500,00
	Warenwert		19.950,00
	Umsatzsteuer 16 %		3.192,00
	Rechnungsbetrag		23.142,00

Konto | Soll | Haben
Gebucht:

Bankverbindungen:
Sparkasse Dresden, Konto-Nr. 218 305 081, BLZ 850 551 42
Deutsche Bank AG, Dresden, Konto-Nr. 81 234, BLZ 870 700 00

Belegbuchung 4

Vereinigte Holzwerke GmbH Meißen

Holzwerke GmbH · Postfach 12 15 · 01662 Meißen

Büromöbelwerke
Werner Peters e. K.
Postfach 10 15 26
01097 Dresden

Eingang: ..-12-28

Ihre Bestellung Nr./ Tag/Zeich.	Unsere Auftrags-Nr./Zeich.	Zeit der Leistung/ Liefertag	Datum
..-12-23	RS 4 500 y	..-12-26	..-12-27

Rechnung Nr.
7 668

USt-IdNr. DE 156 387 298
Steuer-Nr. 065 213 4567 8

Wir sandten für Ihre Rechnung und auf Ihre Gefahr:

Artikel-Nr.	Gegenstand	Menge und Einheit	Preis je Einheit €	Betrag €
SP 521	Spanplatten, natur	300	40,00	12.000,00
SP 522	Spanplatten, Nussbaum	240	80,00	19.200,00
SP 528	Spanplatten, weiß	400	25,00	10.000,00
	Warenwert			41.200,00
	+ 16 % Umsatzsteuer			6.592,00
				47.792,00

Konto | Soll | Haben
Gebucht:

Zahlungsbedingungen: 10 Tage 2 % Skonto
30 Tage rein netto

Telefon 03521 54234
Telefax 03521 55238

E-Mail vertrieb@holzwerke-wvd.de
Internet www.holzwerke-wvd.de

Bankverbindung: Deutsche Bank Meißen, Konto-Nr. 100 869 752, BLZ 870 700 00

Belegbuchung 5

Kontoauszug — Sparkasse Dresden

Konto-Nr.	Datum	Ausz.-Nr.	Blatt	Buchungstag	PN-Nr.	Wert	Umsatz
218 305 081	..-12-27	69	1				
GUTSCHRIFT				12-27	3659	12-27	5.684,00 H

HEINRICHS OHG, HAMBURG
RE 1 316 VOM 21. DEZ. .. 5.800,00
- 2 % SKONTO 116,00
(KONTO 10 003)

Konto | Soll | Haben
Gebucht:

BÜROMÖBELWERKE
WERNER PETERS E. K.
STAUFFENBERGALLEE 22 - 30
01099 DRESDEN

Alter Saldo
H 221.600,00 EUR
Neuer Saldo
H 227.284,00 EUR

Belegbuchung 6

Jutta Kolberg e. Kffr.
Büroausstattung

J. Kolberg e. Kffr. · Feldstraße 48 · 01109 Dresden

Büromöbelwerke
Werner Peters e. K.
Stauffenbergallee 22 - 30
01099 Dresden

Eingang: ..-12-28

Rechnung

Liefervermerke	Liefertag	Rechnungsdatum	Rechnungsnummer	Kunden-Nr.
Ihr Auftrag v. 23. Dez. ..	..-12-27	..-12-27	5 689	12 005

Artikel	Menge	Einzelpreis €	Betrag €
EDV-Endlospapier XZ 40	60	16,00	960,00
Ordner, gelb	100	2,40	240,00

Konto | Soll | Haben
Gebucht:

Summe	1.200,00
16 % USt	192,00
Rechnungsbetrag	1.392,00

Telefon 051 14583
Telefax 051 18296
E-Mail service@buero-kolberg-wvd.de
Internet www.buero-kolberg-wvd.de
Steuer-Nr. 065 336 2278 1
USt-IdNr. DE 222 867 551

Bankverbindung:
Dresdner Bank
Konto-Nr. 215 343 571
BLZ 850 800 00

Beleg-buchung 7

Netto	€	ct
	€	ct
+ % USt		
Gesamt	€ 600	ct 00

Quittung

Nr. KB 286

Gesamtbetrag € in Worten

sechshundert — Cent wie oben

(Im Gesamtbetrag sind — % Umsatzsteuer enthalten)

von Geschäftskasse

für private Zwecke

richtig erhalten zu haben, bestätigt

Ort Dresden Datum 29. Dez. ..

Buchungsvermerke

Stempel/Unterschrift des Empfängers

Werner Peters

Konto | Soll | Haben
Gebucht:

Beleg-buchung 8

Büromöbelwerke Werner Peters e. K.

Büromöbelwerke W. Peters e. K., Postfach 10 15 26, 01097 Dresden

Büroausstattungsgroßhandel
Heinrichs OHG
Hohe Straße 44 - 46
21073 Hamburg

Stauffenbergallee 22–30
01099 Dresden
Telefon 051 4401-0
Telefax 051 441012
E-Mail bueromoebelwerke@peters-wvd.de
Internet www.peters-wvd.de
USt-IdNr. DE 245 344 789
Steuer-Nr. 065 216 3368 5

Ihre Nachricht vom	Unser Zeichen	Rechnung-Nr.:	Kunden-Nr.:	Datum
..-12-27	B/K	1 318	10 003	..-12-30

Ihre Mängelrüge

Sehr geehrte Damen und Herren,

auf die von Ihnen zu Recht beanstandete Lieferung vom 23. Dez. .. (Rechnung-Nr. 1 318) erhalten Sie nachträglich einen

Preisnachlass von netto	800,00 €
+ 16 % Umsatzsteuer	128,00 €
	928,00 €

Wir bitten um gleich lautende Buchung.

Mit freundlichen Grüßen

Büromöbelwerke
Werner Peters e. K.

ppa. W. Leghausen

Konto | Soll | Haben
Gebucht:

Belegbuchung 9

Deutsche Telekom
Ihre Rechnung

Deutsche Telekom AG, Niederlassung
01196 Dresden

134/1B1/009838/02 | 12... 0,55 EUR

Datum ..-12-22
Seite 1 von 4

Kundennummer 398 100 6725
Rechnungsnummer 913 685 3071
Buchungskonto 476 020 3775

Büromöbelwerke
Werner Peter e. K.
Stauffenbergallee 22 - 30
01099 Dresden

Haben Sie noch Fragen zu Ihrer Rechnung? Sie erreichen Ihren Kundenservice kostenfrei unter:

Telefon freecall 0800 33 01020
Telefax freecall 0800 33 01021

Ihre Rechnung für Dezember 20..

Die Leistungen im Überblick (Summen)	**Beträge (Euro)**
Monatliche Beträge	33,36
Verbindungen Deutsche Telekom	937,40
Beträge anderer Anbieter	4,24
Nettobetrag	**975,00**
Umsatzsteuer 16 %	156,00
Rechnungsbetrag	1.131,00

Der Rechnungsbetrag wird in den nächsten Tagen von Ihrem Konto 218305081, BLZ 85055142 abgebucht.

Ihre Rechnung im Detail und weitere Hinweise finden Sie auf der Rückseite und den folgenden Seiten.

Vielen Dank!

Kontoauszug zu den Belegbuchungen 9, 10 und 11

Kontoauszug — Sparkasse Dresden

Konto-Nr.	Datum	Ausz.-Nr.	Blatt	Buchungstag	PN-Nr.	Wert	Umsatz
218 305 081	..-12-30	70	1				
ABBUCHUNG TELEKOM DEZ. ..				12-30	3211	12-28	1.131,00 S
ÜBERWEISUNG				12-30	3659	12-30	20.880,00 S
CHEMISCHE WERKE, LEVERKUSEN **(Belegbuchung 10)**							
RE 5500 VOM 9. DEZ. .. (KONTO 60 002)							
ÜBERWEISUNG				12-30	3426	12-30	450,00 S
DR. MED. K. SEIBOLDT, DRESDEN **(Belegbuchung 11)**							
RE VOM 18. DEZ. ..							

Konto | Soll | Haben | Gebucht:

Konto | Soll | Haben | Gebucht:

Konto | Soll | Haben | Gebucht:

BÜROMÖBELWERKE
WERNER PETERS E. K.
STAUFFENBERGALLEE 22 30
01099 DRESDEN

Alter Saldo
H 227.284,00 EUR
Neuer Saldo
H 204.823,00 EUR

zu Belegbuchung 11

Durchschrift für Kontoinhaber 850 551 42

Sparkasse Dresden

Begünstigter
Dr. med. K. Seiboldt, 01309 Dresden

Konto-Nr. des Begünstigten
121 245 416

Bankleitzahl
870 700 00

bei (Kreditinstitut)
Deutsche Bank, Dresden

EUR Betrag: Euro, Cent
450,00--------------

Kunden-Referenznummer - noch Verwendungszweck, ggf. Name und Anschrift des Auftraggebers (nur für Empfänger)
Behandlung meiner Tochter Stefanie
Rechnung vom 18. Dez. ..

Kontoinhaber
Werner Peters, 01099 Dresden

Konto-Nr. des Kontoinhabers
218 305 081

..-12-28 Werner Peters
Datum, Unterschrift

Belegbuchung 12

Chemische Werke GmbH

Chemische Werke GmbH, Grüner Weg 44 - 50, 51375 Leverkusen

Büromöbelwerke
Werner Peters e. K.
Stauffenbergallee 22 - 30
01099 Dresden

Eingang: ..-12-28

Konto	Soll	Haben

Gebucht:

Auftrag vom	Lieferdatum	Rechnungsdatum	Rechnungsnummer	Kundennummer
..-12-20	..-12-22	..-12-27	5 582	14 009

Artikelbezeichnung	Menge	Einzelpreis €	Betrag €
Kleber KZ 4 000	40	110,00	4.400,00
Farbe FL 3 800	30	40,00	1.200,00
			5.600,00
		+ 16 % USt	896,00
		Rechnungsbetrag	6.496,00
			========

Telefon: 0214 22867-0
Telefax: 0214 22867-35
E-Mail: vertrieb@chemiwe-wvd.de
Internet: www.chemiwe-wvd.de

Bankverbindung:
Postbank Köln
Konto-Nr. 2638 45-578
BLZ 370 100 50

USt-IdNr. DE 223 459 886
Steuer-Nr. 065 321 4113 8

Belegbuchung 13

Jutta Kolberg e. Kffr.
Büroausstattung

J. Kolberg e. Kffr. · Feldstraße 48 · 01109 Dresden

Büromöbelwerke
Werner Peters e. K.
Stauffenbergallee 22 - 30
01099 Dresden

Eingang: ..-12-30

Rechnung

Liefervermerke	Liefertag	Rechnungsdatum	Rechnungsnummer	Kunden-Nr.
Ihr Auftrag v. 22. Dez. ..	..-12-28	..-12-29	6 001	12 005

Artikel	Menge	Einzelpreis €	Betrag €
Epson Tower PP 200	4	1.200,00	4.800,00
Tastatur	4	125,00	500,00
Farbmonitor C 11	4	475,00	1.900,00

Summe	7.200,00
16 % USt	1.152,00
Rechnungsbetrag	8.352,00

Konto | Soll | Haben
Gebucht:

Telefon 051 14583
Telefax 051 18296

E-Mail service@buero-kolberg-wvd.de
Internet www.buero-kolberg-wvd.de
Steuer-Nr. 065 336 2278 1
USt-IdNr. DE 222 867 551

Bankverbindung:
Dresdner Bank
Konto-Nr. 215 343 571
BLZ 850 800 00

Belegbuchung 14

Entnahmebeleg
Nr. PE 34

	€	ct
Netto	550	00
16 % USt	88	00
Gesamt	638	00

Gesamtbetrag € in Worten
sechshundertachtunddreißig — Cent wie oben

(Im Gesamtbetrag sind 16 % Umsatzsteuer enthalten)

von Büromöbelwerke Peters

für Entnahme einer Schreibtischkombination für priv. Zwecke

Konto | Soll | Haben
Gebucht:

Ort Dresden Datum 30. Dez. ..

Buchungsvermerke

Stempel/Unterschrift des Empfängers
Werner Peters

Belegbuchungen 15 und 16

Buchungsanweisung Datum: ..-12-31 Beleg-Nr.

Betreff: Gehaltsabrechnung

Gebucht: ..-12-29
Datum: Dezember

	Buchungstext	Soll Konto	Soll Betrag	Haben Konto	Haben Betrag
15	Bruttogehälter....... 20.203,00				
	Abzüge:				
	Lohn- und Kirchenst. 3.203,00				
	SV-Beiträge......... 3.338,00				
	Vorschüsse.......... 2.300,00				
	Auszahlung (Bank).... 11.362,00				
16	Arbeitgeberanteil.... 3.338,00				

Kontoauszug zu den Belegbuchungen 15–18 (siehe Fußnoten)

Kontoauszug Sparkasse Dresden

Konto-Nr.	Datum	Ausz.-Nr.	Blatt	Buchungstag	PN-Nr.	Wert	Umsatz
218 305 081	..-12-30	71	1				
GEHÄLTER DEZ.				12-30	3269	12-29	11.362,00 S
DA MIETE[1]				12-30	3315	12-30	1.200,00 S
DA DARLEHEN[2]				12-30	3269	12-30	18.500,00 S

(Buchungsstempel: Konto | Soll | Haben — Gebucht:)

BÜROMÖBELWERKE
WERNER PETERS E. K.
STAUFFENBERGALLEE 22 - 30
01099 DRESDEN

Alter Saldo H 204.823,00 EUR
Neuer Saldo H 173.761,00 EUR

1 Belegbuchung 17: DA = Dauerauftrag für die Wohnungsmiete des Geschäftsinhabers
2 Belegbuchung 18: DA = Dauerauftrag für Darlehenstilgung

Belegbuchung 19

Büromöbelwerke Werner Peters e. K.

Stauffenbergallee 22–30
01099 Dresden
Telefon 051 4401-0
Telefax 051 441012
E-Mail bueromoebelwerke@peters-wvd.de
Internet www.peters-wvd.de
USt-IdNr. DE 245 344 789
Steuer-Nr. 065 316 3368 5

Büromöbelwerke W. Peters e. K., Postfach 10 15 26, 01097 Dresden

Möbelgroßhandel
Hilgendorf KG
Kölner Str. 50 – 54
51379 Leverkusen

Bitte bei Zahlung angeben:

Rechnung-Nr.:	Kunden-Nr.:	Datum
1 320	10 004	..-12-29

Rechnung

Die Lieferung erfolgte am: 27. Dez. ..

Wir danken für Ihren Auftrag und berechnen Ihnen wie folgt:

Menge	Bezeichnung	Einzelpreis	Betrag in €
2	Chefzimmer SL 405	18.200,00	36.400,00
8	Konferenztisch KS 380	1.200,00	9.600,00
64	Stuhl St 602	112,50	7.200,00
	Warenwert		53.200,00
	Umsatzsteuer 16 %		8.512,00
	Rechnungsbetrag		61.712,00

Konto	Soll	Haben

Gebucht:

Bankverbindungen:
Sparkasse Dresden, Konto-Nr. 218 305 081, BLZ 850 551 42
Deutsche Bank AG, Dresden, Konto-Nr. 81 234, BLZ 870 700 00

Belegbuchung 20

Kontoauszug — Sparkasse Dresden

Konto-Nr.	Datum	Ausz.-Nr.	Blatt	Buchungstag	PN-Nr.	Wert	Umsatz
218 305 081	..-12-31	72	1				
GUTSCHRIFT				12-31	3315	12-31	11.368,00 H

GRUPPE OHG, KARLSRUHE
RE 1 315 VOM 21. DEZ. .. 11.600,00
– 2 % SKONTO 232,00
(KONTO 10 002)

Konto	Soll	Haben

Gebucht:

BÜROMÖBELWERKE
WERNER PETERS E. K.
STAUFFENBERGALLEE 22 – 30
01099 DRESDEN

Alter Saldo
H 173.761,00 EUR

Neuer Saldo
H 185.129,00 EUR

Belegbuchungen 21, 22 und 23

Kontoauszug

Sparkasse Dresden

Konto-Nr.	Datum	Ausz.-Nr.	Blatt	Buchungstag	PN-Nr.	Wert	Umsatz
218 305 081	..-12-31	73	1				
ÜBERWEISUNG				12-31	3269	12-31	17.052,00 S
VEREINIGTE HOLZWERKE GMBH, MEISSEN **(Belegbuchung 21)**							
RE 7 654 VOM 20. DEZ. .. 17.400,00							
- 2 % SKONTO 348,00							
(KONTO 60 004)							
EINZAHLUNG **(Belegbuchung 22)**				12-31	3311	12-31	1.500,00 H
KONTOGEBÜHREN **(Belegbuchung 23)**				12-31	3315	12-31	72,00 S

Konto | Soll | Haben
Gebucht:

Konto | Soll | Haben
Gebucht:

Konto | Soll | Haben
Gebucht:

BÜROMÖBELWERKE
WERNER PETERS E. K.
STAUFFENBERGALLEE 22 - 30
01099 DRESDEN

Alter Saldo
H 185.129,00 EUR

Neuer Saldo
H 169.505,00 EUR

zu Belegbuchung 22

Sparkasse Dresden

Empfangsbescheinigung

über Bar-Einzahlung auf eigenes Konto

Kontonummer: 218 305 081

Kontoinhaber: Büromöbelwerke Werner Peters e. K.

Betrag: Euro, Cent: 1.500,00------

..-12-31 1.500,00

Sparkasse Dresden

Für den Einzahlungstag und den Betrag ist der Maschinendruck maßgebend.

Belegbuchung 24

Buchungsanweisung	Datum: ..-12-31			Beleg-Nr.
Betreff: Abschreibungen auf Sachanlagen lt. Anlagenkartei				Gebucht: Datum:
Buchungstext	Soll		Haben	
	Konto	Betrag	Konto	Betrag
Abschreibungen auf SA				
- TA und Maschinen				
- Betriebs- und Geschäftsausstattung				

Belegbuchungen 25–33

Buchungsanweisung	Datum: ..-12-31			Beleg-Nr.
Betreff: Umbuchungen/Vorbereitende Abschlussbuchungen				Gebucht: Datum:
Buchungstext	Soll		Haben	
	Konto	Betrag	Konto	Betrag
25 2600 Vorsteuerübertragung........				
26 3001 Privatentnahmen.............				
27 5001 Erlösberichtigungen.........				
28 6001 Bezugskosten für Rohstoffe..				
29 6002 Nachlässe für Rohstoffe.....				
30 2000 Mehrbestand an Rohstoffen...				
31 2020 Minderbestand an Hilfsst....				
32 2100 Minderbestand an unf. Erz...				
33 2200 Mehrbestand an fert. Erz....				

Belegbuchungen 34–36

Buchungsanweisung	Datum: ..-12-31			Beleg-Nr.
Betreff: Zeitliche Abgrenzungen				Gebucht: Datum:
Buchungstext	Soll		Haben	
	Konto	Betrag	Konto	Betrag
34 Rückstellung für Reparatur der Furnierpresse lt. Kostenvoranschlag. 15.000,00 €				
35 Unsere Mietvorauszahlung für Januar n. J.: 20.000,00 €				
36 Fällige Darlehenszinsen werden im Januar n. J. gezahlt: 12.000,00 €				

E Anlagenwirtschaft

1 Anlagenbuchhaltung (Anlagenkartei)

Zum Anlagevermögen eines Unternehmens zählen alle Vermögensgegenstände, die nach § 247 (2) HGB dazu bestimmt sind, dem Geschäftsbetrieb **dauernd** bzw. langfristig zu dienen. Es gliedert sich nach § 266 (2) HGB in **drei Hauptgruppen**[1]**:**

Immaterielle Vermögensgegenstände	Sachanlagen	Finanzanlagen
• Konzessionen • Lizenzen • gekaufter Geschäfts- oder Firmenwert	• Grundstücke und Bauten • Technische Anlagen und Maschinen • Andere Anlagen/Betriebs- u. Geschäftsausstattung	• Beteiligungen • Wertpapiere des Anlagevermögens • sonstige Ausleihungen

Zweck der Anlagenbuchhaltung. Die **Anlagekonten des Hauptbuches** werden **als Sammelkonten geführt.** Sie enthalten z. B. die **Anlagegruppen:** Grundstücke, Gebäude, Technische Anlagen und Maschinen, Fuhrpark, Betriebs- und Geschäftsausstattung u.a. Diese **Anlagegruppen setzen sich aus zahlreichen Einzelgegenständen und -werten zusammen.** Um bei der Vielfalt der Anlagegegenstände die **Abschreibungen** im Rahmen der Inventur zum Bilanzstichtag richtig ermitteln zu können, ist eine **Anlagenbuchführung als Nebenbuchhaltung** erforderlich (siehe auch S. 12).

Anlagenkarte. Für jeden einzelnen Anlagegegenstand ist daher eine besondere Anlagenkarte zu führen, die auf der Vorderseite alle wichtigen Daten (vgl. Muster) ausweist. Die Rückseite enthält meist technische Angaben über den Anlagegegenstand.

Anlagenkartei. Alle Anlagenkarten bilden zusammen die Anlagenkartei, in der sie nach den Sachkonten der Klasse 0 entsprechend geordnet sind.

Muster einer Anlagenkarteikarte

<table>
<tr><td colspan="2">Inventar-Nr.: 418</td><td colspan="4">Bezeichnung der Anlage: Verpackungsautomat</td><td colspan="2">Baujahr: . .</td></tr>
<tr><td colspan="2">Anlagen-Kto.: 0700</td><td colspan="2">Kostenstelle: Vertrieb</td><td colspan="4">Anschaffungsdatum: . . -01-08</td></tr>
<tr><td colspan="4">Lieferant: Schneider GmbH, München</td><td colspan="4">Bestellnummer: 3 648
Garantie: 2 Jahre</td></tr>
<tr><td colspan="4">Voraussichtl. Nutzungsdauer: 10 Jahre</td><td colspan="4">Voraussichtlicher Schrottwert: –</td></tr>
<tr><td colspan="4">Anschaffungskosten: 98.000,00 €</td><td colspan="4">Versicherungswert: 100.000,00 €</td></tr>
<tr><td rowspan="2">Jahr</td><td colspan="3">Abschreibungen (degressiv)</td><td colspan="3">Reparaturen</td></tr>
<tr><td>%satz</td><td>Betrag</td><td>Buchwert</td><td>Tag</td><td>Art</td><td>€</td></tr>
<tr><td>. . -12-31</td><td>20 %</td><td>19.600,00</td><td>78.400,00</td><td></td><td></td><td></td></tr>
<tr><td></td><td></td><td></td><td></td><td></td><td></td><td></td></tr>
</table>

Merke: **Die Anlagenkartei erläutert und ergänzt als Nebenbuchhaltung die einzelnen Anlagekonten des Hauptbuches. Sie lässt sich auch mithilfe der EDV führen.**

1 Siehe auch **Bilanz gemäß § 266 HGB** auf **Seite 385** sowie **im Anhang** des Lehrbuches.

2 Anschaffung von Anlagegegenständen

Gegenstände des Anlagevermögens sind zum Zeitpunkt des Erwerbs mit ihren **Anschaffungskosten** auf dem entsprechenden Anlagekonto zu **aktivieren.** Nach § 255 (1) HGB setzen sie sich zusammen aus:

	Anschaffungspreis
+	**Anschaffungsnebenkosten**
–	**Anschaffungskostenminderungen**
	Anschaffungskosten

Der **Anschaffungspreis** ist der **Nettowert** des Anlagegutes. Die Vorsteuer zählt nicht zu den Anschaffungskosten, weil sie von der Umsatzsteuer abgesetzt wird.

Anschaffungsnebenkosten sind alle Ausgaben und Aufwendungen, die neben dem Kaufpreis des Anlagegutes **sofort oder nachträglich anfallen, um das Anlagegut zu erwerben und in einen betriebsbereiten Zustand zu versetzen,** wie z. B.

- **Kosten** der Überführung und Zulassung **beim Kauf eines Kraftfahrzeugs;** Transport-, Fundamentierungs- und Montagekosten **bei Maschinen** u. a.
- **Kosten** der Vermittlung und Beurkundung sowie die Grunderwerbsteuer als auch Vermessungskosten **beim Erwerb von Grundstücken und Gebäuden.**

Handels- und Steuerrecht schreiben die **Aktivierung der Nebenkosten** vor, um sie **über** die **Abschreibungen** als Aufwand **auf** die gesamte **Nutzungsdauer** des Anlagegutes zu **verteilen. Die Erfolgsrechnungen** der einzelnen Nutzungsjahre werden somit **gleichmäßig belastet,** Gewinnverschiebungen treten nicht ein (siehe auch S. 362).

Anschaffungskostenminderungen sind alle **Preisnachlässe,** die beim Erwerb des Anlagegutes **sofort oder nachträglich** gewährt werden, wie **Rabatte, Boni** und **Skonti.**

Beispiel: ❶ Kauf eines Verpackungsautomaten auf Ziel zum Nettopreis von 94.000,00 € zuzüglich Transport- und Montagekosten in Höhe von netto 6.000,00 €. Die Umsatzsteuer beträgt lt. Rechnungen 16.000,00 €.
❷ Rechnungsausgleich mit 2 % Skontoabzug durch Banküberweisung.

Ermittlung der Anschaffungskosten des Verpackungsautomaten:

	Anschaffungspreis	94.000,00 €
+	**Anschaffungsnebenkosten**	6.000,00 €
		100.000,00 €
–	**Anschaffungskostenminderung:** 2 % Skonto	2.000,00 €
=	**aktivierungspflichtige Anschaffungskosten**	**98.000,00 €**

❶ **Buchung bei Anschaffung des Verpackungsautomaten lt. Eingangsrechnung:**

	Soll	Haben
0700 Technische Anlagen und Maschinen	**100.000,00**	
2600 Vorsteuer	**16.000,00**	
an **4400 Verbindlichkeiten a. LL**		**116.000,00**

❷ **Buchung beim Rechnungsausgleich:**

	Soll	Haben
4400 Verbindlichkeiten a. LL	**116.000,00**	
an **0700 TA u. Maschinen** (Nettoskonto)		**2.000,00**
an **2600 Vorsteuer** (Steuerberichtigung)		**320,00**
an **2800 Bank**		**113.680,00**

Beachten Sie: Beim Erwerb von Anlagegütern ist der **Nettoskonto** auf der Habenseite des entsprechenden Anlagekontos **als Minderung der Anschaffungskosten zu buchen.**

S	0700 TA und Maschinen		H	S	4400 Verbindlichkeiten a. LL		H
❶	100.000,00	❷	2.000,00	❷	116.000,00	❶	116.000,00

S	2600 Vorsteuer		H	S	2800 Bank		H
❶	16.000,00	❷	320,00			❷	113.680,00

Bemessungsgrundlage für die Abschreibungen (**A**bsetzung **f**ür **A**bnutzung: **AfA**) bilden die aktivierungspflichtigen **Anschaffungskosten** des Anlagegutes.

Merke:
- **Anlagegüter sind bei Erwerb mit den Anschaffungskosten zu bewerten.**
- **Finanzierungskosten gehören nicht zu den Anschaffungskosten.**
- **Nachlässe mindern die Anschaffungskosten des Anlagegutes und sind deshalb unmittelbar auf dem entsprechenden Anlagekonto zu buchen.**
- **Die Anschaffungskosten bilden die Bemessungsgrundlage für die AfA.**

Aufgaben

190 Kauf einer Sortieranlage zum Nettopreis von 50.000,00 € + USt; Transportkosten 2.500,00 € + USt; Montagekosten 4.500,00 € + USt.

1. *Ermitteln Sie die Anschaffungskosten des Anlagegutes.*
2. *Buchen Sie die vorstehenden Eingangsrechnungen auf den entsprechenden Konten.*

191 Auf den Nettopreis der Sortieranlage (Aufgabe 190) erhalten wir nachträglich wegen eines versteckten Mangels einen Nachlass von 10 %.

1. *Ermitteln Sie die aktivierungspflichtigen Anschaffungskosten.*
2. *Buchen Sie den Preisnachlass.*
3. *Buchen Sie die Zahlungen (Banküberweisung).*

192 Die „Fahrzeughandelsgesellschaft mbH" stellt uns für den Kauf eines Lastwagens in Rechnung (ER 1412): Nettopreis 84.650,00 €, Spezialaufbau 9.500,00 €, Sonderlackierung mit Werbeaufschrift 3.100,00 €, Anhängerkupplung 1.400,00 €, Überführungskosten 1.200,00 €, Zulassungskosten 150,00 €, zuzüglich Umsatzsteuer vom Gesamtbetrag.

Die Kraftfahrzeugsteuer über 400,00 € und die Haftpflichtversicherung mit 1.200,00 € werden von uns durch Banküberweisung bezahlt.
Die erste Tankfüllung wird bar bezahlt: 200,00 € netto + USt.

1. *Begründen Sie, welche und warum Anschaffungsnebenkosten zu aktivieren sind.*
2. *Ermitteln Sie die Anschaffungskosten des Lastwagens.*
3. *Buchen Sie die Geschäftsfälle auf den entsprechenden Konten.*

193 Die Eingangsrechnung (ER 1412) der Aufgabe 192 wird unter Abzug von 2 % Skonto von uns durch Banküberweisung beglichen.

1. *Ermitteln Sie die Anschaffungskosten und buchen Sie den Rechnungsausgleich.*
2. *Begründen Sie die Buchungsweise der Nachlässe beim Erwerb von Anlagegütern.*

194 Beim Kauf eines Betriebsgrundstückes zum Preis von 250.000,00 € fallen weitere Kosten an: 3,5 % Grunderwerbsteuer vom Kaufpreis, Vermessungskosten 3.800,00 € + USt, Maklergebühr 10.000,00 € + USt, Notariatskosten 2.600,00 € + USt, Kosten für die Eintragung in das Grundbuch des zuständigen Amtsgerichts 450,00 €. Für ein Entwässerungsgutachten wurden in Rechnung gestellt 1.500,00 € + USt. Für den Anschluss an den städtischen Kanal schickt uns die Tiefbaufirma eine Rechnung über 8.000,00 € + USt.

Für das laufende Quartal werden für das Grundstück an die Gemeinde überwiesen: Grundsteuer 750,00 €, Kanalbenutzungsgebühren 480,00 €.

1. *Entscheiden Sie, welche Kosten aktivierungspflichtige Anschaffungsnebenkosten sind.*
2. *Ermitteln Sie die Anschaffungskosten des Grundstücks und buchen Sie entsprechend.*

3 Exkurs: Anzahlungen auf Sachanlagen und Anlagen im Bau

Anzahlungen auf Sachanlagen werden auf dem Konto

0900 Geleistete Anzahlungen auf Sachanlagen

gebucht und im Anlagevermögen der Bilanz gesondert ausgewiesen. Alle Anzahlungen sind **umsatzsteuerpflichtig.** Die Anzahlungsrechnung muss die Höhe der Anzahlung und die Umsatzsteuer ausweisen.

Beispiel: Auf eine am 10. Dezember 01 bestellte CNC-Drehmaschine, Lieferungstermin 15. März 02, Kaufpreis 450.000,00 € netto + USt, leisten wir ein Drittel Anzahlung durch Banküberweisung. Die **Anzahlungsrechnung** lautet:

150.000,00 € Anzahlung + 24.000,00 € USt = 174.000,00 €

Buchung:	**0900 Geleist. Anzahlungen auf SA**	**150.000,00**		
	2600 Vorsteuer	**24.000,00**	an **2800 Bank** ...	**174.000,00**

Nennen Sie den Buchungssatz für den Abschluss des Kontos 0900.

Anzahlungen auf im Bau befindliche Anlagen werden ebenfalls auf einem Anlagekonto erfasst:

0950 Anlagen im Bau.

Nach Fertigstellung wird die Anlage auf das betreffende Anlagekonto **umgebucht.** Erst von diesem Zeitpunkt an kann die Abschreibung für das Anlagegut berechnet werden. Im Bau befindliche Anlagen sind ebenfalls gesondert im Anlagevermögen der Bilanz auszuweisen (siehe auch S. 385 und im Anhang).

Nennen Sie den Abschlussbuchungssatz für das Konto 0950 zum 31. Dezember.

Merke: **Anzahlungen auf Sachanlagen und Anlagen im Bau sind im Anlagevermögen der Bilanz gesondert auszuweisen, weil sie noch nicht der Abschreibung unterliegen.**

Aufgaben

195 Für die im obigen Beispiel genannte CNC-Drehmaschine erhalten wir nach Lieferung der Maschine am 20. März 02 die Rechnung:

450.000,00 € netto + 72.000,00 € USt = 522.000,00 €.

Nach Verrechnung der von uns geleisteten Anzahlung in Höhe von brutto 174.000,00 € überweisen wir den Restbetrag durch die Bank.

1. *Buchen Sie die Eingangsrechnung.*
2. *Nennen Sie den Buchungssatz zur Verrechnung der Bruttoanzahlung.*
3. *Nennen Sie den Buchungssatz für die Restüberweisung.*
4. *Buchen Sie auf den Konten 0700, 0900, 2600, 2800 und 4400.*

196 Auf eine in Auftrag gegebene automatische Lackieranlage zum Preis von 400.000,00 € netto + USt wird von uns am 20. Dezember 01 eine Anzahlung von 25 % gegen Anzahlungsrechnung geleistet (Bank). Restzahlung erfolgt nach Lieferung am 22. März 02.

Buchen Sie 1. zum 20. Dezember 01, 2. zum 31. Dezember 01, 3. zum 22. März 02.

197 Ein Industriebetrieb lässt über einen Generalunternehmer ein Lagergebäude zum Festpreis von 800.000,00 € + USt erstellen. Entsprechend dem Baufortschritt werden am 2. Dezember 100.000,00 € + USt und am 27. Dezember 200.000,00 € + USt gezahlt (Bank).

1. Buchen Sie die Abschlagszahlungen. 2. Buchen Sie zum Jahresabschluss (31. Dezember).

198 Nach Fertigstellung des Gebäudes im folgenden Jahr überweisen wir den Restbetrag + USt (Aufgabe 197).

Buchen Sie 1. die Restzahlung und 2. die endgültige Aktivierung des Lagergebäudes.

4 Abschreibungen auf Sachanlagen

4.1 Planmäßige und außerplanmäßige Abschreibungen

Abschreibungen erfassen Wertminderungen der Sachanlagen, die durch

- **Nutzung,**
- **technischen Fortschritt,**
- **wirtschaftliche Überholung** und
- **außergewöhnliche Ereignisse**

verursacht werden (siehe auch S. 54 f.).

Abschreibungen sind Aufwendungen, die den **Gewinn und die gewinnabhängigen Steuern mindern,** wie z. B. die Einkommen-, Körperschaft- und Gewerbesteuer.

Bei der Abschreibung von Sachanlagen muss man zunächst unterscheiden zwischen

- **abnutzbaren** Sachanlagen (z. B. Gebäude) und
- **nicht abnutzbaren** Sachanlagen (z. B. Grundstücke).

Im ersten Fall ist die **Nutzung zeitlich begrenzt,** im zweiten nicht begrenzt. Deshalb unterscheidet man auch zwischen

- **planmäßiger** und
- **außerplanmäßiger Abschreibung.**

Planmäßige Abschreibung (AfA). Abnutzbare Sachanlagen sind nach § 253 (2) HGB planmäßig, d. h. **nach ihrer betriebsgewöhnlichen Nutzungsdauer, abzuschreiben.** Die Anschaffungs- oder Herstellungskosten werden je nach **Abschreibungsmethode**

- **linear,**
- **degressiv** oder
- **nach Leistungseinheiten**

auf die Nutzungsjahre verteilt. Die planmäßige Abschreibung, die der **steuerlichen AfA** (**A**bsetzung **f**ür **A**bnutzung) entspricht, wird gebucht auf dem Konto

6520 Abschreibungen auf Sachanlagen.

Die Anlagenkarte (vgl. S. 200) bildet den „Plan" und **weist alle wichtigen Daten des abnutzbaren Anlagegegenstandes aus:** Anschaffungskosten, Herstellungskosten (z. B. bei Gebäuden), Zeitpunkt der Anschaffung oder Herstellung, Nutzungsdauer, Abschreibungsmethode, AfA-Satz in %, Restbuchwert je Nutzungsjahr u. a. Grundlage für die Ermittlung der Nutzungsdauer sind die **AfA-Tabellen** der Finanzverwaltung (vgl. S. 210).

Beginn der planmäßigen Abschreibung. Bei abnutzbaren Sachanlagen beginnt die AfA grundsätzlich **ab dem Monat der Anschaffung oder Herstellung (= zeitanteilige AfA).** Beim Abgang von Anlagegütern wird die Abschreibung ebenfalls zeitanteilig für die vollen Monate der Nutzung vorgenommen (vgl. S. 212).

Außerplanmäßige Abschreibungen müssen **bei abnutzbaren Sachanlagen** im Falle einer **außergewöhnlichen und dauernden Wertminderung neben** der **planmäßigen Abschreibung** vorgenommen werden. Bei einem Brandschaden muss beispielsweise nach § 253 (2) HGB eine **zusätzliche** außerplanmäßige Abschreibung erfolgen. **Nicht abnutzbare Anlagegegenstände** unterliegen keiner zeitlichen Nutzungsbegrenzung und können deshalb auch **nur außerplanmäßig** abgeschrieben werden, wenn eine Wertminderung eintritt. Außerplanmäßige Abschreibungen werden ebenfalls auf dem Konto **6520** erfasst.

Merke:

- **Abnutzbare Sachanlagen werden planmäßig nach ihrer Nutzungsdauer abgeschrieben. Daneben müssen außerplanmäßige Abschreibungen für außergewöhnliche und dauernde Wertminderungen vorgenommen werden.**
- **Nicht abnutzbare Anlagen können nur außerplanmäßig abgeschrieben werden.**

4.2 Methoden der planmäßigen Abschreibung

Die Berechnung der planmäßigen Abschreibung erfolgt nach folgenden **Methoden:**

- **linear,**
- **degressiv,**
- **nach Leistungseinheiten.**

4.2.1 Lineare (gleich bleibende) Abschreibung

Die **Abschreibung** erfolgt stets in einem **gleich bleibenden Prozentsatz von den Anschaffungs- oder Herstellungskosten** des Anlagegegenstandes. Die **Anschaffungskosten** (Herstellungskosten) werden somit „planmäßig" **in gleichen Beträgen auf** die **Nutzungsjahre verteilt.** Deshalb ist der Anlagegegenstand bei linearer Abschreibung am Ende der Nutzungsdauer **voll** abgeschrieben. Bei linearer Abschreibung wird also eine gleichmäßige Nutzung und Wertminderung des Anlagegegenstandes unterstellt.

Beispiel: Betragen die Anschaffungskosten einer Maschine 50.000,00 € und die Nutzungsdauer 10 Jahre, so ist der jährliche Abschreibungsbetrag 5.000,00 € und der AfA-Satz 10 %:

$$\textbf{AfA-Betrag} = \frac{\textbf{Anschaffungskosten}}{\textbf{Nutzungsdauer}} \qquad \textbf{AfA-Satz \%} = \frac{\textbf{100 \%}}{\textbf{Nutzungsdauer}}$$

Steuerrechtlich ist die lineare Abschreibung **bei allen beweglichen und unbeweglichen abnutzbaren Anlagegegenständen erlaubt.** Daneben dürfen außerplanmäßige Abschreibungen für dauernde Wertminderungen vorgenommen werden.

4.2.2 Degressive Abschreibung (Buchwert-AfA)

Die Abschreibung wird nur im ersten Jahr von den Anschaffungskosten des Anlagegegenstandes berechnet, in den folgenden Jahren dagegen mit einem gleich bleibenden **Prozentsatz vom jeweiligen Restbuchwert** (daher: Buchwert-AfA). Da der Buchwert von Jahr zu Jahr kleiner wird, ergeben sich **fallende Abschreibungsbeträge.** Am Ende der Nutzungsdauer bleibt ein **Restwert.** Diese Buchwertabschreibung nennt man auch geometrisch-degressive Abschreibung.

Der degressive AfA-Satz muss höher sein als bei linearer Abschreibung, um nach Ablauf der Nutzungsdauer einen **möglichst niedrigen Restwert** zu erzielen. Dieser Restwert ist im letzten Nutzungsjahr mit der laufenden Jahres-AfA abzuschreiben.

Steuerrechtlich ist die degressive AfA **nur bei beweglichen** abnutzbaren Anlagegegenständen möglich. Der AfA-Satz bei degressiver Abschreibung darf das **Zweifache des linearen AfA-Satzes** betragen, wobei aber **20 % nicht überschritten** werden dürfen (§ 7 [2] EStG).

Vorteile der Buchwert-AfA. Die degressive Abschreibung führt **in den ersten Jahren** der Nutzung des Anlagegegenstandes zu **wesentlich höheren Abschreibungsbeträgen** als die lineare Abschreibung (vgl. nachfolgende Tabelle). **Außergewöhnliche Wertminderungen,** bedingt durch wirtschaftliche und technische Entwicklungen, **werden** somit **stärker berücksichtigt.** Der höhere Abschreibungsaufwand bewirkt zudem eine **stärkere Minderung des steuerpflichtigen Gewinns.** Die geringeren Steuerzahlungen **erhöhen** zugleich die **Liquidität** des Unternehmens. Die degressive Abschreibungsmethode wird daher in der Praxis bevorzugt.

Merke:
- **Lineare AfA = Abschreibung vom Anschaffungswert**
- **Degressive AfA = Abschreibung vom Buchwert (Buchwert-AfA)**

Der Wechsel von der degressiven zur linearen Rest-AfA ist steuerrechtlich **erlaubt,** jedoch **nicht umgekehrt** (§ 7 [3] EStG). Er ist aus folgenden Gründen zu **empfehlen:**

- Der Anlagegegenstand ist am Ende der Nutzungsdauer **voll** abgeschrieben **(kein Restwert).**
- Der **lineare Abschreibungsbetrag** ist vom Zeitpunkt des Wechsels an **höher** als bei degressiver Abschreibung **(Steuerspareffekt).**

Der günstigste Zeitpunkt des Wechsels ist gegeben, wenn der **AfA-Betrag bei linearer Abschreibung gleich** bzw. **größer** ist **als bei** fortgeführter **degressiver AfA.** Das ist z. B. bei Anlagegütern mit einer Nutzungsdauer von 10 Jahren im 6. oder 7. Jahr[1] der Fall. Der Restbuchwert wird **in gleichen Beträgen** auf die verbleibenden Jahre verteilt:

$$\textbf{linearer Abschreibungsbetrag} = \frac{\textbf{Restbuchwert zum Zeitpunkt des Wechsels}}{\textbf{Restnutzungsjahre}}$$

Beispiel: Anschaffungskosten einer Maschine 50.000,00 €, Nutzungsdauer nach AfA-Tabelle 10 Jahre. Das Anlagegut kann somit **linear mit 10 %, degressiv mit** dem steuerlichen Höchstsatz von **20 %** abgeschrieben werden.

Die nachstehende Übersicht macht Folgendes deutlich:

1. Die **lineare AfA** erreicht nach Ablauf der zehnjährigen Nutzungsdauer den **Nullwert.** Die **degressive** Buchwert-AfA endet dagegen mit einem **Restwert** von **5.368,71 €.**
2. Deshalb empfiehlt sich **im 6. (oder 7.) Nutzungsjahr der Übergang** von der degressiven zur linearen AfA: Linearer AfA-Betrag = bzw. > degressiver AfA-Betrag:

Degressiver AfA-Betrag = 20 % von 16.384,00 € Buchwert = **3.276,80 €**
Linearer AfA-Betrag = 16.384,00 € Buchwert : 5 (Restjahre) = **3.276,80 €**

	Lineare AfA 10 %	**Degressive AfA 20 %**	**Übergang degressiv → linear**
Anschaffungskosten AfA: 1. Jahr	50.000,00 5.000,00	50.000,00 10.000,00	**Berechnung:** $i = n - \frac{100}{p} + 1$ i = Übergangsjahr n = Nutzungsdauer p = AfA-Satz
Buchwert AfA: 2. Jahr	45.000,00 5.000,00	40.000,00 8.000,00	
Buchwert AfA: 3. Jahr	40.000,00 5.000,00	32.000,00 6.400,00	
Buchwert AfA: 4. Jahr	35.000,00 5.000,00	25.600,00 5.120,00	$i = 10 - \frac{100}{20} + 1$ i = **6** **Lineare Rest-AfA**
Buchwert AfA: 5. Jahr	30.000,00 5.000,00	20.480,00 4.096,00	
Buchwert AfA: 6. Jahr	25.000,00 5.000,00	16.384,00 **3.276,80**	16.384,00 **3.276,80**
Buchwert AfA: 7. Jahr	20.000,00 5.000,00	13.107,20 2.621,44	13.107,20 **3.276,80**
Buchwert AfA: 8. Jahr	15.000,00 5.000,00	10.485,76 2.097,15	9.830,40 **3.276,80**
Buchwert AfA: 9. Jahr	10.000,00 5.000,00	8.388,61 1.677,72	6.553,60 **3.276,80**
Buchwert AfA: 10. Jahr	5.000,00 5.000,00	6.710,89 1.342,18	3.276,80 **3.276,80**
Buchwert	0,00	5.368,71	0,00

Merke:
- **Die lineare AfA ist steuerrechtlich bei allen abnutzbaren Anlagegegenständen zulässig, die degressive AfA grundsätzlich nur bei beweglichen abnutzbaren Anlagegegenständen.**
- **Der Übergang von der degressiven zur linearen Rest-AfA ist steuerrechtlich erlaubt, nicht aber umgekehrt.**

1 Im 6. Jahr sind linearer und degressiver AfA-Betrag in diesem Fall gleich hoch, im 7. Jahr ist der lineare AfA-Betrag dann größer.

4.2.3 Abschreibung nach Leistungseinheiten (Leistungs-AfA)

Die Abschreibung kann bei **Anlagegegenständen, deren Leistung** in der Regel **erheblich schwankt** und deren Verschleiß dementsprechend wesentliche Unterschiede aufweist, auch **nach Maßgabe der Inanspruchnahme oder Leistung** (km, Stunden u. a.) vorgenommen werden. Diese **steuerrechtlich zulässige AfA-Methode** kommt der technischen Abnutzung am nächsten.

Beispiel: Betragen die Anschaffungskosten eines LKWs 80.000,00 € und die voraussichtliche Gesamtleistung 200 000 km, so ergibt sich daraus ein Abschreibungsbetrag je Leistungseinheit (km) von: 80.000 : 200 000 = 0,40 €/km.

Den Jahresabschreibungsbetrag erhält man, indem man die jährliche **Fahrtleistung, nachzuweisen durch Fahrtenbuch,** mit dem AfA-Betrag von 0,40 € je km multipliziert:

1. Jahr: 40 000 km · 0,40 € = **16.000,00 € AfA**
2. Jahr: 60 000 km · 0,40 € = **24.000,00 € AfA**
3. Jahr: 35 000 km · 0,40 € = **14.000,00 € AfA**
4. Jahr: 65 000 km · 0,40 € = **26.000,00 € AfA**

Merke: **Bei Anwendung der Leistungs-AfA ist die jährliche Leistung nachzuweisen.**

4.3 Exkurs: Geringwertige Wirtschaftsgüter (GWG)

Wahlrecht. Nach § 6 (2) EStG kann man bei **beweglichen** Anlagegegenständen mit **Anschaffungskosten bis 410,00 €** (ohne Umsatzsteuer) zwischen der

- **Vollabschreibung im Jahr der Anschaffung** und der
- **Abschreibung nach der Nutzungsdauer**

wählen. Diese **„Geringwertigen Wirtschaftsgüter" (GWG)** müssen jedoch auch **selbstständig nutzbar** und **bewertbar** sowie **abnutzbar** sein. Einbauteile oder Bestandteile eines Aggregates sind somit keine geringwertigen Wirtschaftsgüter im steuerlichen Sinne, wie z. B. die Eingabetastatur einer EDV-Anlage.

Buchhalterische Behandlung. Geringwertige Wirtschaftsgüter werden zum Zeitpunkt ihrer Anschaffung zunächst auf einem besonderen Anlagekonto

0890 Geringwertige Wirtschaftsgüter

erfasst. **Beim Jahresabschluss muss man sich dann für eine der beiden Abschreibungsmöglichkeiten entscheiden.** Das hängt natürlich in erster Linie von der Gewinnsituation **(Steuersparеffekt!)** des Unternehmens ab.

Beispiel: Kauf eines Schreibtisches gegen Bankscheck: 300,00 € + 48,00 € USt.

❶ **Buchung bei Anschaffung:**

0890 Geringw. Wirtschaftsgüter . .	**300,00**			
2600 Vorsteuer	**48,00**	an	**2800 Bank**	**348,00**

❷ **Buchung zum Jahresabschluss** (Vollabschreibung):

6520 Abschreibungen auf SA	**300,00**	an	**0890 Geringw. Wirtschaftsgüter**	**300,00**

Beachten Sie: Geringwertige Wirtschaftsgüter mit Anschaffungskosten **bis 60,00 €** (ohne Umsatzsteuer) können zum Zeitpunkt des Erwerbs **sofort als Aufwand** gebucht werden.

Merke: **Geringwertige Wirtschaftsgüter sind auf dem Sonderkonto „0890 GWG" zu erfassen. Steuerrechtlich bestehen zwei Abschreibungsmöglichkeiten (Wahlrecht).**

Merke:	**Zu den planmäßigen Abschreibungen zählen folgende Methoden:**		
	lineare Abschreibung	**degress. Abschreibung**	**Leistungsabschreibung**
	↓	↓	↓
	gleich bleibende Abschreibungsbeträge	**fallende Abschreibungsbeträge**	**schwankende Abschreibungsbeträge**

Aufgaben

199 Anschaffungskosten einer Drehmaschine 220.000,00 €. Nutzungsdauer 10 Jahre.

1. *Stellen Sie in einer tabellarischen Übersicht a) die lineare Abschreibung, b) die degressive Abschreibung mit dem steuerrechtlich zulässigen Höchstsatz vergleichend gegenüber.*
2. *Nennen Sie die Vorteile a) der linearen und b) der degressiven Abschreibung.*

200 Die Abschreibungsmethoden der Aufgabe 199 sind als Abschreibungskurven in einem Koordinatenkreuz (Abszisse: Nutzungsjahre; Ordinate: AfA-Beträge) darzustellen.

Erläutern Sie den Verlauf der Abschreibungskurven.

201 Die Anschaffungskosten eines LKWs betragen 125.000,00 €. Die Gesamtleistung wird auf 250 000 km geschätzt. Nutzungsdauer: 8 Jahre.

1. *Nennen Sie die Voraussetzung für die steuerliche Anerkennung der Abschreibung nach Leistungseinheiten (Leistungs-AfA) und ermitteln Sie die AfA für: 1. Nutzungsjahr: 48 000 km, 2. Jahr: 30 000 km, 3. Jahr: 31 000 km, 4. Jahr: 27 000 km, 5. Jahr: 32 000 km, 6. Jahr: 24 000 km, 7. Jahr: 30 000 km, 8. Jahr: 28 000 km.*
2. *Stellen Sie den Verlauf der Leistungs-AfA grafisch in einem Koordinatenkreuz dar.*
3. *Was spricht betriebswirtschaftlich für und gegen eine AfA nach Maßgabe der Leistung?*

202 Ein Magnetabscheider wurde am 2. Mai für 120.000,00 € angeschafft. Er hat eine Nutzungsdauer von 5 Jahren und wird linear abgeschrieben.

1. *Ermitteln Sie die zeitanteilige AfA.*
2. *Wie hoch sind die fortgeführten Anschaffungskosten am Ende der einzelnen Nutzungsjahre?*

203 Eine Maschine mit einer Nutzungsdauer von 5 Jahren, die linear abgeschrieben wurde, hatte zum 31. Dezember des 2. Nutzungsjahres noch einen Restbuchwert (fortgeführte Anschaffungskosten) von 60.000,00 €. Zum Jahresende wird gleichzeitig bekannt, dass in den nächsten Monaten ein verbessertes Nachfolgemodell zu einem wesentlich günstigeren Preis angeboten wird. Dadurch sinkt der Wert der Maschine auf 45.000,00 € zum 31. Dezember.

1. *Wie hoch waren die Anschaffungskosten und die bisherigen Abschreibungen?*
2. *Was empfehlen Sie dem Unternehmen?*
3. *Ermitteln Sie für die Restnutzungsdauer die AfA je Jahr.*

204 Eine Maschine mit Anschaffungskosten von 150.000,00 € und einer Nutzungsdauer von 10 Jahren soll unter Beachtung der steuerlichen Höchstgrenzen abgeschrieben werden.

1. *Welche Abschreibungsmethode empfehlen Sie dem Unternehmen? Begründen Sie.*
2. *Erstellen Sie den Abschreibungsplan für die Nutzungsdauer der Maschine.*
3. *Ist ein Wechsel von einer AfA-Methode zu einer anderen steuerrechtlich möglich?*
4. *Welche Gründe sprechen für einen Wechsel von der degressiven zur linearen AfA?*
5. *In welchem Jahr sollte Ihrer Meinung nach ein Wechsel vorgenommen werden?*
6. *Führen Sie den Wechsel in den Abschreibungsmethoden rechnerisch durch.*

205 Kauf eines Schreibtisches gegen Bankscheck am 15. Februar: 380,00 € + USt.

Buchen Sie 1. am 15. Februar und 2. zum 31. Dezember (Wahlrecht!).

206 Barkauf einer Heftmaschine am 18. Juni: 49,00 € + USt. *Buchen und begründen Sie.*

207 Kauf einer Hängeregistratur am 20. Mai: 370,00 € netto + 45,00 € Versandspesen + 66,40 € Umsatzsteuer. Der Rechnungsbetrag wird abzüglich 2 % Skonto durch die Bank überwiesen. *Ermitteln Sie 1. die Anschaffungskosten und 2. buchen Sie a) die Anschaffung, b) den Rechnungsausgleich, c) zum 31. Dezember die AfA (Wahlrecht!).*

208

Ordnen Sie die folgenden Aussagen der linearen und der degressiven AfA zu:

1. Der Höchstsatz der AfA ist 20 %.
2. Die AfA wird jedes Jahr von den Anschaffungskosten berechnet.
3. Am Ende der Nutzungsdauer ergibt sich stets ein Restwert.
4. Der Nullwert wird am Ende der Nutzungsdauer stets erreicht.
5. Die Abschreibung wird – bis auf das erste Jahr – stets vom verminderten Buchwert berechnet.
6. Der Abschreibungsbetrag ist in jedem Nutzungsjahr gleich.
7. Es handelt sich um fallende Abschreibungsbeträge.
8. Die Abschreibungsmethode berücksichtigt insbesondere die Wertminderungen, die sich in den ersten Nutzungsjahren durch den technischen Fortschritt ergeben.

209

Die Anschaffungskosten eines Lastkraftwagens des Metallwerks Thomas Berg e. K. betragen 180.000,00 €. Die Gesamtleistung wird auf 300000 km geschätzt. Die betriebsgewöhnliche Nutzungsdauer beträgt acht Jahre.

1. *Worin sehen Sie den Vorteil einer Abschreibung nach Leistungseinheiten?*
2. *Ermitteln Sie die jährlichen AfA-Beträge bei linearer Abschreibung.*
3. *Berechnen Sie die Abschreibung nach der Leistung:*
   1. Jahr: 60000 km, 2. Jahr: 45000 km, 3. Jahr: 50000 km, 4. Jahr: 35000 km, 5. Jahr: 20000 km, 6. Jahr: 45000 km, 7. Jahr: 25000 km, 8. Jahr: 20000 km.
4. *Stellen Sie im Koordinatenkreuz den Verlauf der linearen und der Leistungsabschreibung dar.*

210

Ein Grundstück wurde vor fünf Jahren für 200.000,00 € erworben. Aufgrund eines Gutachtens wurde festgestellt, dass das Grundstück mit Schadstoffen belastet ist und deshalb nur noch einen Verkehrswert von 120.000,00 € hat.

1. *Mit welchem Wert ist das Grundstück zum 31. Dezember zu bewerten?*
2. *Nennen Sie die Buchung zum 31. Dezember.*

211

Das Metallwerk Matthias Hein e. Kfm. erwirbt einen Schreibtischsessel für 390,00 € + USt.

1. *Begründen Sie, dass es sich hierbei um ein Geringwertiges Wirtschaftsgut handelt.*
2. *Nennen Sie die Buchung bei Anschaffung des Sessels.*
3. *Wovon machen Sie es abhängig, ob Sie das GWG nach der Nutzungsdauer (10 Jahre) oder im Anschaffungsjahr voll abschreiben?*
4. *Sie entscheiden sich für die Vollabschreibung. Wie lautet der Buchungssatz?*

212

Anschaffung eines Aktenschranks für 375,00 € netto + Umsatzsteuer. Der Spediteur berechnet 32,50 € + Umsatzsteuer. Die Rechnung für den Aktenschrank wird unter Abzug von 2 % Skonto durch die Bank beglichen.

1. *Ermitteln Sie die Anschaffungskosten des Anlagegutes.*
2. *Nennen Sie die Buchungen bei Anschaffung des Anlagegutes.*
3. *Begründen Sie Ihre Abschreibungsentscheidung zum 31. Dezember.*
4. *Wie lautet die Buchung zum 31. Dezember?*

213

Barkauf eines elektronischen Notizbuches für 50,00 € + Umsatzsteuer.

Begründen Sie Ihre Buchung.

214

Welche Antwort ist a) falsch oder b) richtig?

1. Ein Übergang von der linearen zur degressiven Abschreibung ist erlaubt.
2. Am Ende der Nutzungsdauer wird nur bei degressiver AfA der Nullwert erreicht.
3. Abschreibungen vermindern als Aufwand den steuerpflichtigen Gewinn.
4. Die degressive AfA ist nur bei beweglichen Anlagegütern erlaubt.
5. Skonti mindern nicht die Anschaffungskosten.
6. Die Vorsteuer zählt zu den Anschaffungskosten eines Anlagegutes.
7. Die Abschreibungen werden als Kosten in die Verkaufspreise einkalkuliert.
8. Aus Abschreibungserlösen lassen sich keine Neuinvestitionen finanzieren.
9. Eine EDV-Tastatur im Anschaffungswert von 125,00 € ist ein GWG.
10. Geringwertige Wirtschaftsgüter bis 60,00 € können sofort als Aufwand gebucht werden.

215

Auszug aus der AfA-Tabelle für nicht branchengebundene Anlagegüter		
Anlagegegenstand	**Nutzungsdauer (Jahre)**	**Lineare AfA %**
Betriebs- und Verwaltungsgebäude	25–33	4–3
Hochregallager	15	6,66
PKW	6	16,66
LKW, Sattelschlepper, Kipper	9	11,11
Be- und Verarbeitungsmaschinen	10–16	10–6,25
Büromöbel	13	7,69
Büromaschinen und Organisationsmittel	5–10	20–10
Personalcomputer	3	33,33

1. *Bei welchen Anlagegütern würden Sie eine degressive Buchwertabschreibung empfehlen?*
2. *Ermitteln Sie jeweils den steuerrechtlich höchstmöglichen degressiven AfA-Satz in %.*

216 Ein Industriebetrieb hat vor vier Jahren ein Grundstück erworben und seitdem zu Anschaffungskosten von 150.000,00 € bilanziert. Zum 31. Dezember des laufenden Jahres ist der Tageswert (Verkehrswert) des Grundstücks a) auf 180.000,00 € gestiegen, b) auf 50.000,00 € wegen Wegfalls der Verkehrsverbindung gefallen.

1. *Begründen Sie Ihre Bewertung.*
2. *Nennen Sie gegebenenfalls auch die Buchung.*

217 Eine Maschine, Anschaffungskosten 180.000,00 €, hat eine Nutzungsdauer von 10 Jahren.

1. *Erstellen Sie den tabellarischen Abschreibungsplan für die gesamte Nutzungsdauer bei höchstzulässiger degressiver Abschreibung. (Beträge sind zu runden.)*
2. *In welchem Jahr ist ein Übergang zur linearen AfA zu empfehlen?*

218 Eine Maschine, Anschaffungskosten 500.000,00 €, wurde bei einer 10-jährigen Nutzungsdauer linear abgeschrieben. Die Maschine ist zum Schluss des 8. Nutzungsjahres nicht mehr verwendbar. Sie hat nur noch einen Wert von 20.000,00 € und soll bald veräußert werden.

1. *Ermitteln Sie aufgrund der planmäßigen Abschreibungen den Buchwert zum 31. Dezember 08.*
2. *Wie hoch ist die außerplanmäßige Wertminderung zum gleichen Zeitpunkt?*
3. *Buchen Sie die planmäßige und außerplanmäßige Abschreibung zum 31. Dezember 08.*

219 Ein Industriebetrieb schließt im Geschäftsjahr .. mit einem Gesamtverlust von 80.000,00 € ab. Geringwertige Wirtschaftsgüter wurden im laufenden Geschäftsjahr für insgesamt 25.000,00 € angeschafft und über Konto „0890 GWG“ gebucht.

1. *Begründen Sie Ihre Entscheidung hinsichtlich der Bewertung der GWG zum 31. Dezember.*
2. *Erklären Sie die Voraussetzungen für die steuerrechtliche Anerkennung als GWG.*

220

1. *Nennen Sie Beispiele für a) abnutzbare und b) nicht abnutzbare Anlagegüter.*
2. *Unterscheiden Sie zwischen a) planmäßiger und b) außerplanmäßiger Abschreibung.*
3. *Nennen und unterscheiden Sie die Methoden der planmäßigen Abschreibung.*
4. *Welche Abschreibungsmethode berücksichtigt die tatsächliche Abnutzung des Anlagegutes?*
5. *Bei welchen Anlagegütern ist steuerrechtlich die degressive Abschreibung erlaubt?*
6. *Kann man durch Abschreibungen Steuern sparen? Begründen Sie.*

221

1. *Bei welchen Anlagegütern sind neben der planmäßigen Abschreibung auch außerplanmäßige Abschreibungen vorzunehmen?*
2. *Zu welchem Höchstwert sind a) abnutzbare und b) nicht abnutzbare Anlagegüter zum Jahresabschluss in das Inventar und die Schlussbilanz einzustellen?*
3. *Weshalb wird in der Praxis die degressive Buchwert-AfA bevorzugt angewandt?*
4. *Nennen Sie wesentliche Unterschiede zwischen linearer und degressiver Abschreibung.*
5. *Warum können nicht abnutzbare Anlagegüter nicht planmäßig abgeschrieben werden?*
6. *Wodurch entstehen stille Reserven im Anlagevermögen?*
7. *Kann man durch Abschreibungen Ersatzinvestitionen finanzieren? Begründen Sie.*

222

Kontenplan und vorläufige Saldenbilanz	Soll	Haben
0500 Unbebaute Grundstücke	280.000,00	–
0510 Bebaute Grundstücke/Betriebsgebäude	980.000,00	–
0700 Technische Anlagen und Maschinen	675.000,00	–
0800 Betriebs- und Geschäftsausstattung	280.000,00	–
0890 Geringwertige Wirtschaftsgüter	6.000,00	–
2000 Rohstoffe	155.600,00	–
2200 Fertige Erzeugnisse	33.325,00	–
2400 Forderungen a. LL	197.635,00	–
2600 Vorsteuer	60.675,00	–
2800 Bank	158.200,00	–
2880 Kasse	6.800,00	–
3000 Eigenkapital	–	1.300.000,00
3001 Privat	62.000,00	–
4250 Hypothekenschulden	–	568.475,00
4400 Verbindlichkeiten a. LL	–	230.200,00
4800 Umsatzsteuer	–	218.160,00
5000 Umsatzerlöse für eigene Erzeugnisse	–	1.350.000,00
5001 Erlösberichtigungen	12.000,00	–
5400 Mieterträge	–	22.600,00
5420 Entnahme v. G. u. s. L	–	25.500,00
5430 Sonstige betriebliche Erträge	–	14.800,00
6000 Aufwendungen für Rohstoffe	420.000,00	–
6001 Bezugskosten	3.000,00	–
6002 Nachlässe	–	18.500,00
6900 Versicherungsbeiträge	22.000,00	–
7510 Zinsaufwendungen	36.000,00	–
7800 Diverse Aufwendungen	360.000,00	–
Zusatzkonten: 5200, 6520, 8010 und 8020.	3.748.235,00	3.748.235,00

Abschlussangaben zum Bilanzstichtag (31. Dezember)

1. Die Anschaffung einer Heftmaschine (GWG), Anschaffungskosten 400,00 €, wurde irrtümlich über das Konto „0700 TA und Maschinen" gebucht.
2. Die Steuerberichtigungen sind noch zu ermitteln und zu buchen:
   a) Liefererskonti, brutto: 928,00 €;
   b) Kundenskonti, brutto: 1.392,00 €.
3. Die Gutschriftsanzeige unseres Lieferers für fehlerhafte Rohstoffe ist noch zu buchen: 986,00 € brutto.
4. Ein Kunde erhält noch eine Bonus-Gutschriftsanzeige über 1.740,00 € brutto.
5. Kassenüberschuss lt. Inventur 300,00 € (Ursache ungeklärt)
6. Reparaturen im Haus des Unternehmers wurden durch eigenen Betrieb durchgeführt: netto 1.500,00 €.
7. Planmäßige Abschreibungen: Gebäude: 2 % von 900.000,00 € Herstellungskosten. TA u. Maschinen: 20 % degressiv; BGA: 10 % von 320.000,00 € Anschaffungskosten.
8. Außerplanmäßige Abschreibungen:
   a) Vollabschreibung der GWG;
   b) Das mit 280.000,00 € bilanzierte unbebaute Grundstück hat lt. Gutachten nur noch einen Wert von 220.000,00 €.
9. Schlussbestände lt. Inventur:
   Rohstoffe .... 170.000,00 €
   Fertige Erzeugnisse .... 43.325,00 €
   Im Übrigen entsprechen die Buchwerte der Inventur.

Ermitteln Sie die Rentabilität des Eigenkapitals.

5 Ausscheiden von Anlagegütern

Der Abgang von Anlagegütern durch Verkauf oder Entnahme stellt einen **steuerpflichtigen Umsatz** dar. Grundlage für die Berechnung der Umsatzsteuer ist im Falle des Verkaufs der **Nettoverkaufspreis**, im Falle der Entnahme der **Teilwert (§ 6 [1] EStG)**, der dem **Tageswert** (Wiederbeschaffungswert) entspricht. Verkäufe und Entnahmen von Grundstücken und Gebäuden sind umsatzsteuerfrei, da der Erwerber hierfür bereits eine andere Verkehrsteuer, nämlich Grunderwerbsteuer (3,5 %), zu zahlen hat.

Erfolgsauswirkung. Der Buchwert des ausscheidenden Anlagegutes stimmt nur selten mit dem erzielten Nettoverkaufspreis oder mit dem Tageswert überein. In der Regel sind **Nettoverkaufspreis und Tageswert** entweder **höher oder niedriger als der Buchwert.** Im ersten Fall entsteht für das Unternehmen ein Gewinn, im zweiten Fall dagegen ein Verlust.

Ermittlung des Buchwertes. Anlagegüter scheiden in der Regel **während des Geschäftsjahres** aus. In diesem Fall ist die **Abschreibung noch zeitanteilig** vorzunehmen, und zwar **bis auf den vollen vorhergehenden Monat.** Nur so sind Buchwert und damit die Erfolgsauswirkung aus dem Anlagenabgang genau zu ermitteln.[1]

Beispiel: Eine Maschine, die zum 1. Januar eines Geschäftsjahres noch einen Buchwert von 24.000,00 € hat und jährlich mit 12.000,00 € linear abgeschrieben wird, soll am 7. August des gleichen Jahres verkauft werden.

Wie hoch ist der Buchwert der Maschine zum Zeitpunkt des Ausscheidens?

	Buchwert der Maschine zum 1. Januar	24.000,00 €
–	Abschreibung für 7 Monate (7/12 von 12.000,00 €)	7.000,00 €
	Buchwert zum 7. August	**17.000,00 €**

Buchung der zeitanteiligen Abschreibung:

6520 Abschreibungen auf Sachanlagen .... an **0700 TA und Maschinen** **7.000,00**

S	0700 TA und Maschinen		H
1. Jan.	24.000,00	6520	7.000,00
		Buchwert	17.000,00

S	6520 Abschreibungen auf Sachanlagen		H
0700	7.000,00		

Merke: **Scheidet ein Anlagegut während des Geschäftsjahres durch Verkauf oder Entnahme aus, muss es noch zeitanteilig abgeschrieben werden.**

5.1 Verkauf von Anlagegütern

Umsatzsteuer- und EDV-gerechtes Buchen ist gegeben, wenn **umsatzsteuerpflichtige Erlöse sowie die unentgeltlichen Entnahmen** kontenmäßig **gesondert erfasst** und zugleich durch die EDV-Anlage gespeichert werden. Der Verkauf eines Anlagegutes ist deshalb über das Zwischenkonto

„5440 Erlöse aus Anlagenverkäufen"

zu buchen. Da die **Erlöskonten in der EDV** meist mit der **Programmfunktion „Umsatzsteuerautomatik"** ausgestattet sind, wird die Umsatzsteuer nach Eingabe des Bruttobetrages automatisch errechnet und umgebucht sowie der Nettoerlös dem **Nettoumsatzspeicher** zugeführt. So lassen sich die **steuerpflichtigen Umsätze** schnell **überprüfen** (§ 22 UStG) und die **Umsatzsteuervoranmeldung automatisch** erstellen.

1 **Diese Regelung entspricht** auch der Gesetzgebung vom **29. Dezember 2003: § 7 EStG.**

Anlagenabgänge werden in der Praxis mit ihrem Restbuchwert über das Aufwandskonto **„6979 Anlagenabgänge"** gebucht und den **Erlösen aus Anlagenverkäufen** (Konto 5440) **im GuV-Konto „brutto" gegenübergestellt,** wodurch der **Gewinn oder Verlust aus Anlagenverkäufen** deutlich wird. Diese Buchungsmethode nennt man **„Bruttoabschluss".** Sie ermöglicht eine korrekte **USt-Verprobung** und entspricht dem Verbot, Aufwendungen und Erträge zu verrechnen.

Beispiel: Die o. g. Maschine, deren Buchwert zum Zeitpunkt des Ausscheidens aus dem Betrieb 17.000,00 € beträgt, wird gegen Bankscheck verkauft, und zwar für:

1. netto 17.000,00 € + 2.720,00 € USt = 19.720,00 € → **Nettoverkaufspreis = Buchwert**

❶ **Buchung des Erlöses:**

2800 Bank	**19.720,00**	an	**5440 Erlöse aus Anlagenverkäufen**	**7.000,00**
		an	**4800 Umsatzsteuer**	**2.720,00**

❷ **Buchung des Buchwertabganges:**

6979 Anlagenabgänge	an	**0700 TA und Maschinen**	**17.000,00**

❸ **Abschluss der Konten 5440 und 6979 über 8020 GuV-Konto:**

5440 Erlöse aus Anlagenverkäufen	an	**8020 GuV-Konto**	**17.000,00**
8020 GuV-Konto	an	**6979 Anlagenabgänge**	**17.000,00**

S — 0700 TA und Maschinen — H

S		H	
1. Jan.	24.000,00	AfA	7.000,00
		❷	17.000,00

S — 2800 Bank — H

S		H	
❶	19.720,00		

S — 6979 Anlagenabgänge — H

S		H	
❷	17.000,00	❸ GuV	17.000,00

S — 5440 Erlöse aus Anlagenverkäufen — H

S		H	
❸ GuV	17.000,00	❶	17.000,00

S — 8020 GuV-Konto — H

S		H	
❸ 6979	17.000,00	❸ 5440	17.000,00

S — 4800 Umsatzsteuer — H

S		H	
		❶	2.720,00

Erläutern Sie die Zahlen des GuV-Kontos.

2. netto 22.000,00 € + 3.520,00 € USt = 25.520,00 € → **Nettoverkaufspreis > Buchwert**

❶ **Buchung des Erlöses:**

2800 Bank	**25.520,00**	an	**5440 Erlöse aus Anlagenverkäufen**	**22.000,00**
		an	**4800 Umsatzsteuer**	**3.520,00**

❷ **Buchung des Buchwertabganges:**

6979 Anlagenabgänge	an	**0700 TA und Maschinen**	**17.000,00**

❸ **Abschluss der Konten 5440 und 6979:** *Nennen Sie die Buchungssätze*

S — 0700 TA und Maschinen — H

S		H	
1. Jan.	24.000,00	AfA	7.000,00
		❷	17.000,00

S — 2800 Bank — H

S		H	
❶	25.520,00		

S — 6979 Anlagenabgänge — H

S		H	
❷	17.000,00	❸ GuV	17.000,00

S — 5440 Erlöse aus Anlagenverkäufen — H

S		H	
❸ GuV	22.000,00	❶	22.000,00

S — 8020 GuV-Konto — H

S		H	
❸ 6979	17.000,00	❸ 5440	22.000,00

S — 4800 Umsatzsteuer — H

S		H	
		❶	3.520,00

Erläutern Sie den Gewinn bzw. Verlust aus dem Anlagenabgang.

3. netto 15.000,00 € + 2.400,00 € USt = 17.400,00 € → **Nettoverkaufspreis < Buchwert**

Buchungen: ❶ **2800 Bank** **17.400,00**
an **5440 Erlöse aus Anlagenverkäufen** **15.000,00**
an **4800 Umsatzsteuer** **2.400,00**
❷ **6979 Anlagenabgänge** **17.000,00**
an **0700 TA und Maschinen** **17.000,00**
❸ **Abschluss der Konten 5440 und 6979:** *Nennen Sie die Buchungssätze.*

S	**0700 TA und Maschinen**		H
1. Jan.	24.000,00	AfA	7.000,00
		❷	17.000,00

S	**2800 Bank**		H
❶	17.400,00		

S	**6979 Anlagenabgänge**		H
❷	17.000,00	❸ GuV	17.000,00

S	**5440 Erlöse aus Anlagenverkäufen**		H
❸ GuV	15.000,00	❶	15.000,00

S	**8020 GuV-Konto**		H
❸ 6979	17.000,00	❸ 5440	15.000,00

S	**4800 Umsatzsteuer**		H
		❶	2.400,00

Ermitteln Sie den Gewinn bzw. Verlust aus dem Anlagenabgang.

5.2 Entnahme von Anlagegütern

Unentgeltliche Entnahme. Wird ein Anlagegut in das Privatvermögen übernommen, handelt es sich um einen umsatzsteuerpflichtigen Tatbestand (siehe auch S. 73 f.). Die Entnahme ist zum **Tageswert (Teilwert)** anzusetzen und unterliegt mit diesem Wert der Umsatzsteuer. Zum Zwecke der **Umsatzsteuerverprobung** erfolgt die Buchung über Konto

5420 Entnahme v. G. u. s. L.

Beispiel: Ein betriebseigener PKW wird am 10. Jan. privat entnommen. Der Buchwert beträgt 2.000,00 €, der Tageswert 3.000,00 €. 16 % USt von 3.000,00 € = 480,00 €.

Buchungen: ❶ **3001 Privatkonto** **3.480,00**
an **5420 Entnahme v. G. u. s. L.** **3.000,00**
an **4800 Umsatzsteuer** **480,00**
❷ **6979 Anlagenabgänge** **2.000,00**
an **0840 Fuhrpark** **2.000,00**
❸ **Abschluss der Konten 5420 und 6979:** *Nennen Sie die Buchungssätze.*

S	**0840 Fuhrpark**		H
1. Jan.	2.000,00	❷	2.000,00

S	**3001 Privatkonto**		H
❶	3.480,00		

S	**6979 Anlagenabgänge**		H
❷	2.000,00	❸ GuV	2.000,00

S	**5420 Entnahme v. G. u. s. L.**		H
❸ GuV	3.000,00	❶	3.000,00

S	**8020 GuV-Konto**		H
❸ 6979	2.000,00	❸ 5420	3.000,00

S	**4800 Umsatzsteuer**		H
		❶	480,00

Erläutern Sie das Ergebnis im GuV-Konto.

Merke: **Bei Verkauf und Entnahme von Anlagegütern ist der steuerpflichtige Umsatz (Erlös, Entnahmewert) buchhalterisch gesondert zu erfassen (§ 22 [2] UStG).**

5.3 Inzahlungnahme von Anlagegütern

Bei Anschaffung eines neuen Anlagegutes wird oft ein gebrauchtes in Zahlung gegeben. Es ist buchhalterisch klarer, zunächst den **Kauf** des neuen Anlagegegenstandes **als Verbindlichkeit zu buchen.** Die Gutschrift über das in Zahlung gegebene Anlagegut wird dann über das Konto „4400 Verbindlichkeiten a.LL" gebucht. Der Saldo des Kontos „4400 Verbindlichkeiten a.LL" weist den zu zahlenden Restkaufpreis aus.

Beispiel: Kauf eines neuen Kleintransporters: 50.000,00 € + USt. Ein gebrauchter PKW, der noch mit 1,00 € zu Buch steht, wird mit 2.000,00 € netto + USt in Zahlung gegeben.

EINGANGSRECHNUNG

	Kleintransporter		50.000,00 €
+	Umsatzsteuer		8.000,00 €
			58.000,00 €
–	Gutschrift für PKW, netto	2.000,00 €	
	+ Umsatzsteuer	320,00 €	2.320,00 €
	Restbetrag		**55.680,00 €**

❶ **Buchung der Anschaffung:**[1]

0840 Fuhrpark	**50.000,00**			
2600 Vorsteuer	**8.000,00**	an	**4400 Verbindlichkeiten a.LL**	**58.000,00**

❷ **Buchung des Rechnungsausgleichs:**[1]

4400 Verbindlichk. a.LL	**58.000,00**	an	**5440 Erlöse aus Anlagenverk.**	**2.000,00**
		an	**4800 Umsatzsteuer**	**320,00**
		an	**2800 Bank**	**55.680,00**

❸ **Buchung des Buchwertabgangs:**

6979 Anlagenabgänge	**1,00**	an	**0840 Fuhrpark**	**1,00**

❹ **Abschluss der Konten 5440 und 6979:** *Nennen Sie die Buchungssätze*

S	0840 Fuhrpark		H
AB	1,00	❸	1,00
❶	50.000,00		

S	4400 Verbindlichkeiten a. LL		H
❷	58.000,00	❶	58.000,00

S	2600 Vorsteuer		H
❶	8.000,00		

S	5440 Erlöse aus Anlagenverkäufen		H
❹	2.000,00	❷	2.000,00

S	6979 Anlagenabgänge		H
❸	1,00	❹	1,00

S	4800 Umsatzsteuer		H
		❷	320,00

S	8020 GuV-Konto		H
❹	1,00	❹	2.000,00

S	2800 Bank		H
		❷	55.680,00

Merke: Gutschriften für Inzahlungnahmen über „Verbindlichkeiten a.LL" verrechnen.

Aufgaben

Ein LKW, der zum Zeitpunkt des Ausscheidens einen Buchwert von 20.000,00 € hat, wird gegen Bankscheck verkauft für 223

a) 20.000,00 € + USt, b) 25.000,00 € + USt, c) 18.000,00 € + USt.

1. *Ermitteln Sie die Erfolgsauswirkung in den Fällen a), b) und c).*
2. *Wie hoch ist der jeweils gesondert auszuweisende steuerpflichtige Umsatz?*
3. *Nennen Sie die Buchungssätze. Buchen Sie auf den Konten 0840, 2800, 4800, 5440, 6979, 8020.*
4. *Inwiefern ist es vorteilhaft, den umsatzsteuerpflichtigen Erlös gesondert zu erfassen?*

1 **Die Buchungen ❶ und ❷ lassen sich** ohne das Konto „4400 Verbindlichkeiten a. LL" **zusammenfassen.**

224 Eine Maschine, Anschaffungskosten 300.000,00 €, Nutzungsdauer 10 Jahre, wurde linear abgeschrieben. Sie wird am 8. November des 9. Nutzungsjahres gegen Bankscheck verkauft:
a) zum Buchwert + USt, b) 50 % über Buchwert + USt, c) 20 % unter Buchwert + USt.

1. *Ermitteln Sie die zeitanteilige Abschreibung und den Buchwert der Maschine zum Zeitpunkt ihres Ausscheidens aus dem Betriebsvermögen.*
2. *Buchen Sie die zeitanteilige Abschreibung.*
3. *Nennen Sie in den Fällen a), b) und c) jeweils die auszuweisenden steuerpflichtigen Erlöse.*
4. *Wie lauten die Buchungen in den Fällen a), b) und c)?*

225 Eine nicht mehr benötigte Maschine wird am 12. Oktober .. gegen Bankscheck verkauft. Nettopreis 45.000,00 € + Umsatzsteuer.

Der Buchwert der Maschine betrug am 1. Januar des gleichen Jahres 48.000,00 €. Sie wurde linear mit jährlich 10 % = 24.000,00 € abgeschrieben.

1. *Wie hoch waren die Anschaffungskosten der Maschine?*
2. *Ermitteln Sie den Buchwert der Maschine. Buchen Sie die zeitanteilige Abschreibung.*
3. *Ermitteln Sie die Erfolgsauswirkung. Nennen Sie die Buchungen nach der Bruttomethode.*

226 Die in Aufgabe 225 genannte Maschine wird zunächst auf Ziel verkauft. Der Kunde überweist allerdings noch innerhalb der Skontofrist den Rechnungsbetrag abzüglich 2 % Skonto.

Buchen Sie
1. den Zielverkauf, 2. den Rechnungsausgleich und 3. die Erfolgsauswirkung.

227 Der Geschäftsinhaber schenkt seinem Sohn einen PC, der zum Betriebsvermögen gehört und zum Zeitpunkt der Entnahme mit 1,00 € zu Buch steht. Der Tageswert beträgt 300,00 €.

1. *Begründen Sie die Umsatzsteuerpflicht.*
2. *Erstellen Sie den Entnahmebeleg.*
3. *Nennen Sie die Buchungssätze. Buchen Sie auf den Konten 0860, 3001, 4800, 5420, 6979, 8020.*

228 Ein betriebseigener PKW wird am 10. Mai zum Tageswert in das Privatvermögen übernommen. Zum 1. Januar betrug der Buchwert 24.000,00 €. Jährliche AfA: 12.000,00 €.

1. *Ermitteln Sie rechnerisch und buchmäßig den Buchwert des PKWs zum 10. Mai.*
2. *Die Entnahme erfolgt zu folgenden Tageswerten:*
   a) Buchwert = Tageswert, b) 30.000,00 €, c) 15.000,00 €. Wie lauten die Buchungen?
3. *Nennen Sie die verschiedenen Arten der umsatzsteuerpflichtigen Entnahmen.*

229 Ein Industriebetrieb kauft am 10. August vier neue Klimageräte zu netto 30.000,00 € + USt. Ein auf 1,00 € Erinnerungswert abgeschriebenes Klimagerät wird mit 400,00 € netto + USt in Zahlung gegeben. Restzahlung durch Banküberweisung.

1. *Erstellen Sie die Rechnung.*
2. *Buchen Sie die Neuanschaffung.*
3. *Buchen Sie den Rechnungsausgleich.*
4. *Nennen Sie die Buchungen für den Buchwertabgang und die Erfassung des Erfolgs.*

230 Anschaffung einer neuen EDV-Anlage: 60.000,00 € + USt. Eine gebrauchte EDV-Anlage, die noch mit 5.000,00 € zu Buch steht, wird mit 10.000,00 € netto + USt in Zahlung gegeben. Restzahlung erfolgt durch Banküberweisung.

1. *Erstellen Sie die Rechnung und erläutern Sie die Erfolgsauswirkung.*
2. *Nennen Sie die Buchungssätze und buchen Sie auf den entsprechenden Konten.*

231 Die in Aufgabe 230 genannte EDV-Anlage wird mit 3.000,00 € netto in Zahlung gegeben.
Erläutern Sie die Erfolgsauswirkung und nennen Sie die Buchungssätze.

232
1. *Begründen Sie, warum das Umsatzsteuergesetz (§ 22 Abs. 2 UStG) buchhalterisch den vollen Ausweis sowohl der steuerpflichtigen Umsätze als auch der Entnahmen verlangt.*
2. *Zu welchem Wert sind Entnahmen von betrieblichen Vermögensgegenständen anzusetzen?*
3. *Erläutern Sie am Beispiel eines Anlagenverkaufs den Begriff „Stille Reserve“.*

6 Der Anlagenspiegel (Anlagengitter) als Bestandteil des Jahresabschlusses der Kapitalgesellschaften

§ 268 Abs. 2 HGB: In der Bilanz oder im Anhang ist die Entwicklung der einzelnen Posten des Anlagevermögens ... darzustellen. Dabei sind, ausgehend von den gesamten Anschaffungs- und Herstellungskosten, die Zugänge, Abgänge, Umbuchungen und Zuschreibungen des Geschäftsjahres sowie die Abschreibungen in ihrer gesamten Höhe gesondert aufzuführen. Die Abschreibungen des Geschäftsjahres sind entweder in der Bilanz bei dem betreffenden Posten zu vermerken oder im Anhang in einer der Gliederung des Anlagevermögens entsprechenden Aufgliederung anzugeben.

Diese Vorschrift gilt nur für den **Jahresabschluss der Kapitalgesellschaften** (AG, GmbH; siehe S. 384 f.). Die geforderte „Gliederung des Anlagevermögens mit der entsprechenden Aufgliederung" erfolgt in der Regel aus Gründen der Übersicht nicht in der Bilanz, sondern in Form des **Anlagenspiegels,** auch **Anlagengitter** genannt, **im Anhang des Jahresabschlusses der Kapitalgesellschaft.**

Beispiel: Die Anlagenkartei der Metallbau GmbH weist in der Bilanzposition „Technische Anlagen und Maschinen" im Geschäftsjahr .. folgende Zahlen aus:

Anschaffungskosten aller technischen Anlagen und Maschinen zum 1. Jan.	4.000 T€
Anschaffung einer CNC-Drehbank im 1. Halbjahr ..: Anschaffungskosten	300 T€
Kumulierte (angesammelte) Abschreibungen bis zum 31. Dez. des Vorjahres	2.400 T€
Abschreibungen des Berichtsjahres zum 31. Dez.	430 T€
Buchwert zum 31. Dez. des Vorjahres	1.600 T€

Anlagenspiegel in T€ zum 31. Dezember ..

Anlageposten	Anschaffungs- bzw. Herstellungskosten AK/HK	Zugänge zu AK/HK +	Abgänge zu AK/HK –	Umbuchungen zu AK/HK +/–	Zuschreibungen +	Kumulierte Abschreibungen –	Buchwert am 31. Dez. des Berichtsjahres	Buchwert am 31. Dez. des Vorjahres	Abschreibungen des Berichtsjahres
0	1	2	3	4	5	6	7	8	9
TA u. Masch.	4.000	300	–	–	–	2.830	1.470	1.600	430

Spalten	Erläuterung der Spalten des Anlagenspiegels
1 Anschaffungs-/Herstellungskosten (AK/HK)	Hier werden die ursprünglichen (historischen) Anschaffungs- bzw. Herstellungskosten aller zum 1. Jan. vorhandenen Anlagegüter der entspr. Bilanzposition ausgewiesen.
2 Zugänge zu AK/HK	Hier werden die AK/HK der im Berichtsjahr angeschafften bzw. hergestellten Anlagegüter eingetragen. Um diesen Wert erhöhen sich im nächsten Geschäftsjahr die gesamten Anschaffungs-/Herstellungskosten der Spalte 1.
3 Abgänge zu AK/HK	Anlagenabgänge durch Verkauf, Entnahmen oder Verschrottung sind hier mit den entsprechenden Anschaffungs- bzw. Herstellungskosten anzusetzen. Um diesen Wert vermindern sich im folgenden Jahr die AK/HK der Spalte 1.
4 Umbuchungen zu AK/HK	Ein im Bau befindliches Gebäude des Kontos „Anlagen im Bau" wird z. B. nach Fertigstellung auf das Konto „Gebäude" umgebucht.
5 Zuschreibungen	Zuschreibungen erfolgen aufgrund von Wertaufholungen (§ 280 HGB), wenn z. B. eine außerplanmäßige Abschreibung korrigiert wird.
6 Kumulierte Abschreibungen	Sie bestehen aus Abschreibungen der Vorjahre zuzüglich der Abschreibungen des Berichtsjahres und abzüglich der Zuschreibungen sowie der auf Anlagenabgänge entfallenden kumulierten Abschreibungen.
7 Buchwert zum Schluss des Berichtsjahres	Anschaffungs-/Herstellungskosten (Spalte 1) ... 4.000 T€ + Zugänge ... 300 T€ – Abgänge ... – + Umbuchungen ... – + Zuschreibungen ... – – Kumulierte Abschreibungen (2.400 T€ + 430 T€) ... 2.830 T€ **= Buchwert zum 31. Dez. des Berichtsjahres ... 1.470 T€**
8 Buchwert z. Schluss des Vorjahres	Er wird als Vergleichswert dem Anlagenspiegel des Vorjahres entnommen und hier eingetragen.
9 Abschreibungen des Berichtsjahres	Sie werden der Anlagenkartei entnommen und hier rein nachrichtlich ausgewiesen, da sie in den kumulierten Abschreibungen enthalten sind.

Auswertung des Anlagenspiegels. Der Anlagenspiegel der Metallbau GmbH enthält wichtige Daten zur Beurteilung des Unternehmens. Er weist nicht nur die Investitionen des Berichtsjahres aus (300 T€), sondern auch die Jahresabschreibungen (430 T€). Die Anlageninvestitionen wurden mehr als voll durch Abschreibungen finanziert, wenn man unterstellt, dass die in die Verkaufspreise der Erzeugnisse einkalkulierten Abschreibungen über die Umsatzerlöse in das Unternehmen zurückgeflossen sind:

$$\textbf{Investitionsfinanzierung durch Abschreibungen} = \frac{\textbf{Jahresabschreibungen} \cdot 100\ \%}{\textbf{Anlageninvestitionen}} = \textbf{143,33 \%}$$

Merke:

- **Der Anlagenspiegel zeigt die Entwicklung der Bilanzposten des Anlagevermögens, und zwar von den ursprünglichen Anschaffungs-/Herstellungskosten über die Zu- und Abgänge, Zuschreibungen sowie kumulierten Abschreibungen bis zum Buchwert am Schluss des Geschäftsjahres. Kapitalgesellschaften müssen ihn in der Bilanz oder im Anhang ausweisen (§ 268 Abs. 2 HGB).**
- **Der Anlagenspiegel gewährt Einblick in die Abschreibungs- und Investitionspolitik des Unternehmens. Das Verhältnis Anschaffungs-/Herstellungskosten : Buchwert der Anlagen deutet auf Alter und technischen Standard hin.**

Aufgaben

233

1. Die o. g. Metallbau GmbH besteht im siebten Jahr. Im Gründungsjahr wurden die „TA und Maschinen" für 4.000 T€ AK/HK erworben. Die kumulierten linearen Abschreibungen betragen am Schluss des 6. Geschäftsjahres 2.400 T€.
   Wie hoch waren die jährlichen Abschreibungen?
2. Zu Beginn des 7. Geschäftsjahres wurden in der Metallbau GmbH für 300 T€ Maschinen angeschafft.
   Mit welchem Betrag werden im Anlagenspiegel des 8. Jahres die gesamten AK/HK in Spalte 1 ausgewiesen?

234 *Erstellen Sie den Anlagenspiegel der Metallbau GmbH für das 8. Jahr:*

1. Übernahme aus dem Vorjahr in Spalte 1: 4.000 T€ + ? = ?
2. Übernahme in Spalte 8: Buchwert des Vorjahres: ? T€.
3. Abschreibungen im 8. Geschäftsjahr: 410 T€.
4. Verkauf einer Maschine. Der Anschaffungswert betrug 200 T€. Der Buchwert zum Zeitpunkt des Verkaufs beträgt 60 T€. *Wie hoch sind die bis zum Verkauf entstandenen (kumulierten) Abschreibungen der Maschine?*
5. *Ermitteln Sie die kumulierten Abschreibungen zum 31. Dez. 08. Siehe dazu auch die Erläuterungen der Spalte 6 auf der vorhergehenden Seite.*
6. *Ermitteln Sie den Buchwert der „TA und Maschinen" zum 31. Dez. 08.*
7. *Um welchen Wert vermindern sich die AK/HK des folgenden 9. Jahres?*

235 Die Anlagenkartei der Textilwerke GmbH weist zu „TA und Maschinen" aus:

1. Anschaffungskosten zu Beginn des Geschäftsjahres .... 850 T€
2. Kumulierte Abschreibungen zum Schluss des Vorjahres .... 340 T€
3. Buchwert des Vorjahres .... 510 T€
4. Anschaffung einer Maschine im Geschäftsjahr, netto .... 250 T€
5. Abschreibungen (AfA) des Geschäftsjahres .... 95 T€

Erstellen Sie den Anlagenspiegel. Finanziert die AfA die Investition?

236 *Erstellen Sie für die o. g. Textilwerke den Anlagenspiegel für das Folgejahr:*

1. Eine nicht mehr benötigte Stoffzuschneidemaschine wird für netto 30 T€ verkauft. Anschaffungskosten: 200 T€. Bisherige AfA: 180 T€.
2. Die Abschreibungen des Geschäftsjahres betragen 85 T€.

F Kosten- und Leistungsrechnung (KLR) im Industriebetrieb

1 Aufgaben und Grundbegriffe der KLR

1.1 Zweikreissystem des Schulkontenrahmens

Hauptbereiche des industriellen Rechnungswesens. Finanzbuchhaltung sowie Kosten- und Leistungsrechnung sind die beiden Hauptbereiche des industriellen Rechnungswesens.

Die Finanzbuchhaltung (FB) im **Rechnungskreis I (RK I,** Kontenklassen 0 bis 8 des Schulkontenrahmens, vgl. S. 76 f.) ist die offizielle Jahresrechnung der Unternehmung. Sie ist **unternehmensbezogen** und erfasst einerseits alle Geschäftsfälle, die zu Veränderungen der Vermögens- und Schuldenposten der Unternehmung führen. Am Ende des Geschäftsjahres finden die bewerteten Vermögens- und Schuldenposten Eingang in die **Bilanz,** die somit einen Überblick über die Vermögens- und Schuldensituation ermöglicht. Zum anderen werden in der FB **alle Arten von Aufwendungen und Erträgen** einer Rechnungsperiode aufgezeichnet – ohne Rücksicht darauf, ob sie **betriebsbedingt oder betriebsfremd** sind –, sodass sie in der **Gewinn- und Verlustrechnung (GuV-Konto)** das

ausweist: **Gesamtergebnis der Unternehmung**

Erträge > Aufwendungen = Gesamtgewinn,
Erträge < Aufwendungen = Gesamtverlust.

Die Kosten- und Leistungsrechnung (KLR) im **Rechnungskreis II (RK II)** ist die innerbetriebliche Planungs- und Kontrollrechnung. Sie ist **betriebsbezogen** und befasst sich nur mit den **Aufwendungen und Erträgen, die im engen Zusammenhang mit den geplanten betrieblichen Tätigkeiten** des Industriebetriebes, also

- **Beschaffung**[1],
- **Produktion**[1] und
- **Absatz**[1]

stehen. Diese **betrieblichen Aufwendungen** – z. B. Werkstoffaufwendungen, Personalaufwendungen, Abschreibungen, Mieten u. a. – werden **Kosten,** die **betrieblichen Erträge** – z. B. Umsatzerlöse, Mehrbestand an Erzeugnissen, Eigenleistungen, unentgeltliche Entnahmen – **Leistungen** genannt. Die Gegenüberstellung der Kosten und Leistungen ergibt im RK II das Ergebnis der eigentlichen betrieblichen Tätigkeit, nämlich das

Betriebsergebnis:

Leistungen > Kosten = Betriebsgewinn,
Leistungen < Kosten = Betriebsverlust.

Wirtschaftlichkeit und Rentabilität. Das Betriebsergebnis ist zwar im Gesamtergebnis der Unternehmung enthalten, aber hinsichtlich seiner Höhe und Zusammensetzung nicht aus diesem erkennbar. Erst die Kenntnis der Kosten und Leistungen ermöglicht es dem Unternehmer, Rückschlüsse auf das Betriebsergebnis sowie auf die Wirtschaftlichkeit und Rentabilität der Beschaffungs-, Produktions- und Absatzprozesse im Unternehmen zu ziehen. Für die Steuerung des Unternehmens sind diese Kenntnisse unverzichtbar.

1 Siehe auch Band 1, BWL, Kapitel 1.2.2.

Organisation der KLR. Die Kosten- und Leistungsrechnung kann kontenmäßig in der Kontenklasse 9 des Kontenrahmens durchgeführt werden. In der Praxis wird jedoch wegen der größeren Übersichtlichkeit die **tabellarische Form** (vgl. **Ergebnistabelle,** S. 230 f., **Betriebsabrechnungsbogen,** S. 277 f.) **außerhalb des Kontenrahmens** bevorzugt.

Zweikreissystem des Schulkontenrahmens. Die nachfolgende grafische Darstellung verdeutlicht die Zuordnung der Hauptbereiche des Rechnungswesens zu den Rechnungskreisen. Die Verbindung zwischen ihnen – und damit den **Datenaustausch** unter ihnen – stellt die sog. **Abgrenzungsrechnung** sicher (vgl. S. 230 f.).

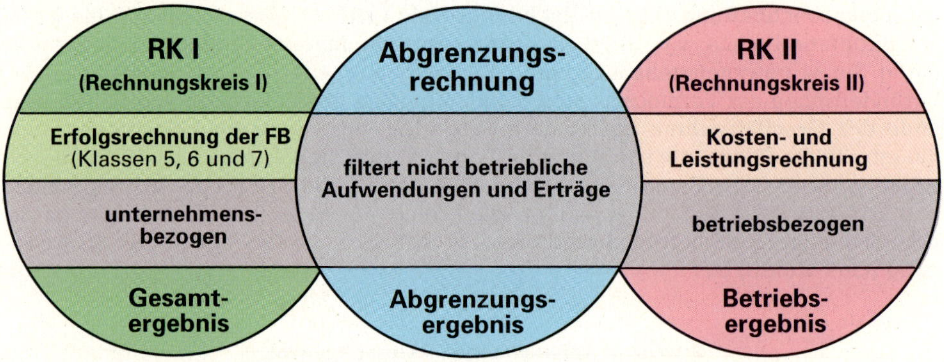

Merke:

- **Der Schulkontenrahmen ist nach dem Zweikreissystem aufgebaut. Finanzbuchhaltung sowie Kosten- und Leistungsrechnung bilden je einen eigenen und in sich geschlossenen Rechnungskreis.**
- **Die Verbindung zwischen den beiden Rechnungskreisen wird über die Abgrenzungsrechnung hergestellt. Sie übernimmt den Datenaustausch zwischen den Rechnungskreisen.**
- **Die Finanzbuchhaltung (FB) bildet in den Kontenklassen 0 bis 8 den Rechnungskreis I (RK I).**
- **Die Finanzbuchhaltung ist auf das gesamte Unternehmen bezogen und schließt die Ergebnisrechnung durch Gegenüberstellung aller Aufwendungen und Erträge im Gewinn- und Verlustkonto mit dem Gesamtergebnis der Unternehmung ab.**
- **Die Kosten- und Leistungsrechnung (KLR) bildet den Rechnungskreis II (RK II). Sie wird außerhalb des Kontenrahmens in tabellarischer Form durchgeführt.**
- **Die Kosten- und Leistungsrechnung ist auf die eigentlichen betrieblichen Tätigkeiten bezogen, erfasst alle Kosten und Leistungen einer Rechnungsperiode und ermittelt daraus das Betriebsergebnis.**
- **Die Erfassung aller Kosten und Leistungen ist die Grundlage für weiter reichende Aufgaben der KLR, so z. B. die Planung und Kontrolle der Rentabilität und der Wirtschaftlichkeit der betrieblichen Prozesse.**

1.2 Aufgaben der Kosten- und Leistungsrechnung

Die Kosten- und Leistungsrechnung verfolgt nicht nur das Ziel, die **Kosten und Leistungen einer Abrechnungsperiode** (z. B. Monat oder Geschäftsjahr) vollständig zu erfassen und daraus **das Betriebsergebnis** zu ermitteln. Sie hat darüber hinaus folgende **wichtige Aufgaben** für den Industriebetrieb zu erfüllen:

1. **Ermittlung der Selbstkosten und Leistungen einer Abrechnungsperiode.** Durch die Erfassung **aller** Kosten und Leistungen einer Abrechnungsperiode außerhalb der Finanzbuchhaltung wird die Kosten- und Leistungsrechnung zu einem hervorragenden **Instrument der kurzfristigen** (z. B. monatlichen) **betrieblichen Erfolgsermittlung.**
2. **Ermittlung der Selbstkosten der Erzeugniseinheit.** Die Kostenrechnung ermittelt die Selbstkosten der Erzeugniseinheiten und schafft damit die **Grundlage für die Berechnung der Verkaufspreise.** Die Kenntnis der Selbstkosten gestattet dem Unternehmer die Entscheidung darüber, welcher Preis für ihn wirtschaftlich noch vertretbar ist.
3. **Kontrolle der Wirtschaftlichkeit (Controlling)[1].** Es genügt aber nicht, lediglich die Selbstkosten zu ermitteln. Sie sollen vielmehr auch beeinflusst, d. h. gesenkt werden. Die Wirtschaftlichkeit der Leistungserstellung und -verwertung muss ständig gesteigert werden, wenn der Betrieb im Wettbewerb nicht unterliegen will. **Kosten und Leistungen sind daher laufend zu planen und zu überwachen.** Die Kontrolle der Wirtschaftlichkeit zählt heute zu den wichtigsten Aufgaben der Kosten- und Leistungsrechnung.
4. **Bewertung der unfertigen und fertigen Erzeugnisse in der Jahresbilanz.** Nach den handels- und steuerrechtlichen Vorschriften sind die **Schlussbestände an unfertigen und fertigen Erzeugnissen höchstens zu Herstellungskosten** in die Jahresbilanz einzusetzen. Die genauen Herstellungskosten können aber nur mithilfe einer ordnungsgemäßen Kostenrechnung ermittelt werden.
5. **Ermittlung von Deckungsbeiträgen auf der Basis der Teilkostenrechnung.** Ausgehend von erzielbaren Umsatzerlösen kann mithilfe der Teilkostenrechnung festgestellt werden, ob ein Erzeugnis einen **ausreichenden Beitrag zur Deckung der fixen Kosten und zur Erzielung von Gewinn** leistet (vgl. S. 327 f.).
6. **Grundlage für Planungen und Entscheidungen.** Die oben genannten Aufgaben der Kosten- und Leistungsrechnung dürfen nicht isoliert betrachtet werden. Sie bilden die Grundlage für Vorhaben und Entscheidungen des Unternehmers. Sofern marktorientierte Entscheidungen zu treffen sind, steht der Unternehmensleitung in der **Teilkostenrechnung** (vgl. S. 327 f.) eine geeignete Grundlage zur Verfügung.

Zur Erfüllung dieser Aufgaben

- werden mehrere **Kostenrechnungssysteme** parallel eingesetzt: die
  ▷ **Vollkostenrechnung,** ▷ **Teilkostenrechnung,** ▷ **Plankostenrechnung.**
- werden in der Vollkostenrechnung die **Kosten** nach
  ▷ **Kostenarten** erfasst (Werkstoffe, Löhne, Abschreibungen usw.),
  ▷ **Kostenstellen** aufgeteilt (Orte der Kostenverursachung),
  ▷ **Kostenträgern** zugerechnet (Erzeugnis, Serie, Auftrag).
- überwacht das **Controlling** die Leistungsprozesse durch Soll-Ist-Vergleiche.

Merke: **Die Kosten- und Leistungsrechnung verwendet unterschiedliche Kostenrechnungssysteme, die ihrer jeweiligen Zielsetzung angepasst sind.**

- **In der Vollkostenrechnung ist es zweckmäßig, drei Stufen zu unterscheiden:**
  1. **Kostenartenrechnung:** ▷ **„Welche Kosten sind entstanden?"**
  2. **Kostenstellenrechnung:** ▷ **„Wo sind die Kosten entstanden?"**
  3. **Kostenträgerrechnung:** ▷ **„Wer hat die Kosten zu tragen?"**
- **Vorstufe der KLR ist die Abgrenzungsrechnung.**

1 Siehe auch Band 1, BWL, Kapitel 1.1.1.

1.3 Ausgangssituation

Für die nachfolgenden Darstellungen wird als Ausgangssituation der vereinfachte und verkürzte Jahresabschluss einer Personengesellschaft gewählt. Diese Ausgangssituation wird im weiteren Verlauf entsprechend der jeweiligen Problemstellung ergänzt und verändert. Am Beispiel der Personengesellschaft lassen sich alle Fragen der KLR überschaubar und nachvollziehbar behandeln, ohne dass eine Übertragung der Ergebnisse auf Einzelunternehmungen und Kapitalgesellschaften erschwert würde.

Situation: Das Unternehmen Schmolmann KG[1], Leverkusen, stellt als Zulieferer für Elektronik-Unternehmen Blechgehäuse in unterschiedlichen Größen und Ausführungen her. Für das abgelaufene Geschäftsjahr hat das Unternehmen das folgende vereinfachte GuV-Konto sowie die unten stehende verkürzte Bilanz aufgestellt. Die nachfolgenden Betrachtungen beziehen sich auf diese Grundlagen.

Soll	**Gewinn- und**	**Verlustkonto**	**Haben**
6000 Aufwend. f. Rohstoffe	2.800.000	5000 Umsatzerlöse f. eig. Erz.	10.520.000
6020 Aufwend. f. Hilfsstoffe	795.000	5220 Mehrbestand an Erzeugn.	240.000
6030 Aufwend. f. Betriebsstoffe	35.000	5400 Mieterträge	140.000
6200 Löhne	2.400.000	5440 Erlöse aus Anlagenverkäufen	65.000
6300 Gehälter	500.000	5710 Zinserträge	50.000
6400 Soziale Aufwendungen	600.000		
6520 Abschr. auf Sachanlagen	650.000		
6800 Büromaterial	50.000		
6870 Werbung	205.000		
6979 Anlagenabgänge	50.000		
70.. Betriebliche Steuern	190.000		
7460 Verluste a. Wertpapierverk.	90.000		
7510 Zinsaufwendungen	540.000		
7600 Außerordentl. Aufwend.	260.000		
Jahresüberschuss	1.850.000		
	11.015.000		**11.015.000**

Aktiva	**Bilanz Schmolmann KG**	**zum 31. Dezember ..**	**Passiva**
A. Anlagevermögen[2]		**A. Eigenkapital**	9.700.000
I. Sachanlagen		Jahresüberschuss	1.850.000
1. Grundst./Geb.	5.000.000	**B. Rückstellungen**	170.000
2. TA u. Maschinen	4.500.000	**C. Verbindlichkeiten**	
3. BGA	1.500.000	1. gg. Kreditinstituten	4.500.000
B. Umlaufvermögen[2]		2. aus Lieferungen	1.780.000
I. Vorräte			
1. Roh-, Hilfs-, Betriebsstoffe	2.500.000		
2. fertige Erzeugn.	1.200.000		
II. Forderungen a. LL	1.400.000		
III. Wertpapiere	350.000		
IV. Kasse/Bankguth.	1.550.000		
	18.000.000		18.000.000
Leverkusen, 18. März ..			*Schmolmann*

Die nachfolgenden Betrachtungen beziehen sich auf diese Grundlagen; sie sind so strukturiert,

- dass wir zunächst **Grundbegriffe** der Kosten- und Leistungsrechnung (KLR) klären,
- danach aus der Gewinn- und Verlustrechnung die **Kosten** als grundlegende Kategorie der KLR mithilfe der Abgrenzungsrechnung herausarbeiten und
- darauf aufbauend bedeutsame **Kostenrechnungssysteme** darstellen.

1 Siehe auch Band 1, BWL, Kapitel 2.5.2.
2 Siehe auch Band 1, BWL, Kapitel 6.1.1.2.

1.4 Grundbegriffe der Kosten- und Leistungsrechnung

1.4.1 Einnahmen und Ausgaben

Geldvermögen. In einem Industriebetrieb stellt die Summe des jederzeit verfügbaren Geldes, d. h. die Summe aus Kassenbestand, Guthaben bei Kreditinstituten und Postbankguthaben, den **Zahlungsmittelbestand** dar. Der Zahlungsmittelbestand ist **Teil des Geldvermögens.** Das Geldvermögen wird darüber hinaus durch kurzfristige **Forderungen** und **Verbindlichkeiten** beeinflusst.

Beispiel: Aufgrund der Bilanz von Seite 222 verfügt das Unternehmen Schmolmann KG zum 31. Dezember .. über folgendes Geldvermögen:

	Zahlungsmittelbestand	1.550.000,00 €
+	kurzfristige Forderungen (einschl. Wertpapiere)	1.750.000,00 €
−	kurzfristige Verbindlichkeiten (einschl. Rückstellungen)	1.950.000,00 €
=	**Geldvermögen**	**1.350.000,00 €**

Wird dieses Geldvermögen durch **Geschäftsfälle** verändert, so sprechen wir von **Einnahmen und Ausgaben.**

Einnahmen. Alle Geschäftsfälle, die das **Geldvermögen erhöhen,** führen zu **Einnahmen.** So gehören z. B. **Bar- und Zielverkäufe von Erzeugnissen** zu einnahmewirksamen Vorgängen. Eine Kreditaufnahme bei einer Bank dagegen führt zwar zu einer Erhöhung des Zahlungsmittelbestandes, gleichzeitig erhöhen sich aber auch die Verbindlichkeiten; das Geldvermögen bleibt also gleich.

Ausgaben. Alle Geschäftsfälle, die das **Geldvermögen vermindern,** führen zu **Ausgaben.** Typische Ausgaben sind **Bar- und Zielkäufe von Roh-, Hilfs- und Betriebsstoffen,** nicht dagegen die Banküberweisung an einen Lieferer.

1.4.2 Erträge und Aufwendungen

Eigenkapital. Das Eigenkapital oder Reinvermögen eines Industriebetriebes ergibt sich vereinfacht nach folgender Rechnung:

	Anlagevermögen
+	**Vorräte**
+	**Geldvermögen**
−	**langfristige Schulden**
=	**Eigenkapital** (Reinvermögen)

Geschäftsfälle, die das **Eigenkapital ändern,** beruhen auf **Aufwendungen** oder **Erträgen.**

Aufwendungen vermindern das Eigenkapital. Folgende Geschäftsfälle führen u. a. zu Aufwendungen:

- Der Unternehmer zahlt für einen aufgenommenen Kredit Zinsen. Die **Zinszahlung** verringert das Geldvermögen und damit zugleich das Eigenkapital.
- Auf einen betrieblich genutzten PKW wird eine Abschreibung vorgenommen. Die **Abschreibung** vermindert das Anlagevermögen und damit zugleich das Eigenkapital.

Erträge erhöhen das Eigenkapital. Folgende Geschäftsfälle führen u. a. zu Erträgen:

- Ein Bankguthaben wird verzinst. Die **Zinsgutschrift der Bank** erhöht das Geldvermögen und damit zugleich das Eigenkapital.
- Ein Grundstück ist im Vorjahr aufgrund fehlender Verkehrsanbindung außerplanmäßig abgeschrieben worden. Nach einer Änderung des Flächennutzungsplanes steigt der Wert des Grundstücks im folgenden Jahr. Dies führt zu einer **Zuschreibung,** die das Anlagevermögen und damit zugleich das Eigenkapital erhöht.

1.4.3 Aufwendungen – Kosten

Aufwendungen. Zur vorläufigen Klärung der Begriffe „Aufwendungen" und „Kosten" ziehen wir das Gewinn- und Verlustkonto von Seite 222 heran. Das GuV-Konto zeigt auf der linken Seite (Soll-Seite) die gesamten Aufwendungen des Abrechnungsjahres. Im Einzelnen ist abzulesen, wie hoch die Aufwendungen durch den Einsatz von Roh-, Hilfs- und Betriebsstoffen, durch die Beanspruchung von Diensten anderer Unternehmungen und von Mitarbeitern des eigenen Unternehmens, durch die Wertminderung der Anlagen, durch gesetzlich vorgeschriebene Abgaben und durch sonstige Vorkommnisse waren. Dabei spielt es keine Rolle, ob diese Aufwendungen für betriebliche oder nicht betriebliche Zwecke entstanden sind.

Aufwendungen entstehen, wenn dem Produktionsprozess des Unternehmens „Werte" (z. B. Güter, Dienste) zugeführt und diese im Produktionsprozess verbraucht werden. Aufwendungen werden jeweils für eine Abrechnungsperiode (z. B. Jahr) erfasst.

Beispiel: Im Gewinn- und Verlustkonto der Schmolmann KG (vgl. S. 222) sind auf der Sollseite (ohne den Jahresüberschuss) Aufwendungen in Höhe von **9.165.000,00 €** verzeichnet.

Für die Zwecke der Kostenrechnung werden die Aufwendungen unterschieden nach

- **betrieblichen** (kalkulierbaren) **Aufwendungen** = **Kosten** und
- **neutralen Aufwendungen** = **Nichtkosten.**

Betriebliche Aufwendungen (= Kosten) stehen in unmittelbarem Zusammenhang mit dem eigentlichen Betriebszweck. Sie erfassen den Verzehr an Gütern, Diensten und Abgaben, der im Rahmen der **geplanten betrieblichen Leistungserstellung** (= Produktion) und **Leistungsverwertung** (= Absatz) anfällt. Diese Aufwendungen werden in der Regel als **Kosten** in die Kosten- und Leistungsrechnung übernommen.

Kosten entstehen,

- wenn ein **mengenmäßiger Verbrauch** (z. B. kg, t, m, h) oder eine **gesetzliche Abgabe** vorliegen,
- die zur **Leistungserstellung und -verwertung** getätigt werden und
- die in **Geldbeträgen** bewertet sind.

Beispiel: Von den Aufwendungen des GuV-Kontos der Schmolmann KG, Leverkusen, können die folgenden grundsätzlich als **Kosten** in die KLR übernommen werden:

6000 Aufwendungen für Rohstoffe	2.800.000,00 €
6020 Aufwendungen für Hilfsstoffe	795.000,00 €
6030 Aufwendungen für Betriebsstoffe	35.000,00 €
6200 Löhne	2.400.000,00 €
6300 Gehälter	500.000,00 €
6400 Soziale Aufwendungen	600.000,00 €
6520 Abschreibungen auf Sachanlagen	650.000,00 €
6800 Büromaterial	50.000,00 €
6870 Werbung	205.000,00 €
70.. Betriebliche Steuern	190.000,00 €
7510 Zinsaufwendungen	540.000,00 €
Gesamtkosten des Betriebes	**8.765.000,00 €**

Neutrale Aufwendungen. Außer den Kosten gibt es im Industriebetrieb in der Regel auch Aufwendungen, die in **keinem Zusammenhang mit der Beschaffung, der Produktion und dem Absatz** stehen oder dabei **unregelmäßig oder in außergewöhnlicher Höhe** anfallen. Sie werden als **neutrale Aufwendungen** bezeichnet und nicht oder nicht in der angefallenen Höhe in die Kosten- und Leistungsrechnung übernommen, da sie bei der Ermittlung des Betriebsergebnisses und der Selbstkosten der Erzeugnisse nicht berücksichtigt werden dürfen.

Neutrale Aufwendungen entstehen

- bei der **Verfolgung betriebsfremder Ziele** (z. B. Verluste aus Wertpapierverkäufen),
- durch **Anlagenabgänge** und durch **Verluste aus Schadensfällen,**
- aus **betrieblichen periodenfremden Vorgängen** (z. B. Nachzahlung von Löhnen und betrieblichen Steuern),
- als **außerordentliche Aufwendungen aufgrund ungewöhnlicher und selten vorkommender Geschäftsfälle** (z. B. Verluste aus Enteignung oder aus dem Verkauf von Betriebsteilen).

Beispiel: Unter den Aufwendungen des GuV-Kontos der Schmolmann KG, Leverkusen, gelten die folgenden als **neutrale Aufwendungen:**

6979 Anlagenabgänge	50.000,00 €
7460 Verluste aus Wertpapierverkäufen	90.000,00 €
7600 Außerordentliche Aufwendungen	260.000,00 €
Gesamte **neutrale Aufwendungen**	**400.000,00 €**

Erläuterung: Anlagenabgänge zu Buchwerten lassen sich nicht vermeiden und werden auch im Zusammenhang mit betrieblichen Vorgängen verursacht. Ihnen fehlt aber die für Leistungsprozesse typische **Planmäßigkeit,** sodass sie nicht als Kosten in die Kostenrechnung eingebracht werden dürfen. Die Verluste aus Wertpapierverkäufen haben **betriebsfremden Charakter;** sie gehören damit nicht zu den Kosten. Die außerordentlichen Aufwendungen (z. B. aus dem Verkauf eines Teilbetriebes oder aus nicht versicherten Brandschäden) gelten grundsätzlich **als nicht kalkulierbar** und werden daher von der KLR fern gehalten.

1.4.4 Erträge – Leistungen

Das GuV-Konto der Unternehmung Schmolmann KG (vgl. S. 222) zeigt auf der rechten Seite (= Habenseite) die **gesamten Erträge** des Abrechnungsjahres. Im Einzelnen ist abzulesen, wie hoch die Erträge aus dem Verkauf fertiger Erzeugnisse (= Umsatzerlöse), aus der Zunahme des Lagerbestandes (= Mehrbestand), für Mieten und Zinsen sowie aus dem Verkauf von Anlagegegenständen waren. Dabei spielt es keine Rolle, ob es sich um betriebliche oder neutrale Erträge handelt.

Erträge entstehen, wenn „Werte" (z. B. fertige Erzeugnisse, Dienste) vom Unternehmen gegen Entgelt Dritten zur Verfügung gestellt werden.

Beispiel: Im Gewinn- und Verlustkonto der Schmolmann KG sind auf der Habenseite Erträge in Höhe von insgesamt **11.015.000,00 €** verzeichnet.

Für die Zwecke der Kostenrechnung werden die Erträge unterschieden nach

- **betrieblichen Erträgen = Leistungen** und
- **neutralen Erträgen.**

Leistungen (= betriebliche Erträge) sind das **Ergebnis der geplanten betrieblichen Leistungserstellung und -verwertung.**

Zu den **Leistungen** eines Industriebetriebes zählen:

- **Absatzleistungen,** d. h. **Umsatzerlöse** aus dem Verkauf von eigenen Erzeugnissen und von Waren;
- **Lagerleistungen,** d. h. in der Abrechnungsperiode hergestellte **Mehrbestände** an Erzeugnissen, die noch nicht abgesetzt worden sind;
- **Aktivierte Eigenleistungen,** d. h. **selbst erstellte Anlagen,** die im eigenen Betrieb Verwendung finden;
- **Entnahme** von Erzeugnissen und sonstigen Leistungen für private Zwecke.

Beispiel: Unter den Erträgen des Gewinn- und Verlustkontos der Schmolmann KG sind folgende Erträge **Leistungen:**

5000 Umsatzerlöse für eigene Erzeugnisse	10.520.000,00 €
5220 Mehrbestand an Erzeugnissen	240.000,00 €
Gesamtleistung des Betriebes	**10.760.000,00 €**

Neutrale Erträge. Außer den Leistungen gibt es im Industriebetrieb auch Erträge, die in **keinem Zusammenhang mit der Beschaffung, der Produktion und dem Absatz** stehen oder dabei **unregelmäßig oder in außergewöhnlicher Höhe** anfallen. Sie werden als **neutrale Erträge** bezeichnet und **von den Leistungen abgegrenzt.** Neutrale Erträge sind in den Kontengruppen „54 Sonstige betriebliche Erträge", „55/56 Erträge aus Beteiligungen und Wertpapieren", „57 Sonstige Zinsen" und „58 Außerordentliche Erträge" enthalten.

Neutrale Erträge entstehen also

- bei der **Verfolgung betriebsfremder Ziele** (z. B. Mieterträge, Zinserträge, Erträge aus Wertpapierverkäufen),
- durch **Erträge aus dem Abgang von Vermögensgegenständen** und durch **Wertkorrekturen** (z. B. Herabsetzung von Rückstellungen, Wertberichtigungen auf Forderungen),
- aus zwar **betrieblichen, aber periodenfremden Erträgen** (z. B. Steuerrückerstattung für vergangene Geschäftsjahre),
- als **außerordentliche Erträge aufgrund ungewöhnlicher und selten vorkommender Geschäftsvorgänge** (z. B. Steuererlass, Erträge aus Gläubigerverzicht).

Beispiel: Unter den Erträgen des Gewinn- und Verlustkontos der Schmolmann KG zählen die folgenden zu den **neutralen Erträgen:**

5400 Mieterträge	140.000,00 €
5440 Erlöse aus Anlagenverkäufen	65.000,00 €
5710 Zinserträge	50.000,00 €
Gesamte neutrale Erträge	**255.000,00 €**

Erläuterung: Mieterträge und Zinserträge haben im Industriebetrieb **betriebsfremden Charakter;** sie gehören somit grundsätzlich nicht zu den Leistungen. Mieterträge entstehen im Industriebetrieb aus der entgeltlichen Überlassung von Wohn-, Lager- und/oder Produktionsräumen an Dritte. Das hat nichts mit der geplanten betrieblichen Tätigkeit zu tun. Ebenso verhält es sich mit Zinserträgen, die sich bei sehr guter Liquidität aus der vorübergehenden Geldanlage ergeben können. Erlöse aus Anlagenverkäufen entstehen aus betrieblichen Anlässen. Sie fallen immer dann an, wenn Anlagegegenstände z. B. wegen Alterung oder technischer Überholung verkauft werden. Solche Erlöse entstammen nicht der geplanten Leistungserstellung des Unternehmens. Sie werden deshalb unter den neutralen Erträgen erfasst. Ihnen stehen in der GuV immer Aufwendungen aus Anlagenabgängen (Konto 6979) gegenüber.

Merke:

- **Aufwendungen entstehen, wenn dem Unternehmen von außen „Werte" (z. B. Güter, Dienste) zugeführt und diese im Unternehmen verbraucht werden. Dies führt zur Reduzierung des Vermögens und damit auch des Eigenkapitals. Aufwendungen lassen sich in betriebliche und neutrale Aufwendungen einteilen.**
- **Erträge entstehen, wenn „Werte" (z. B. fertige Erzeugnisse, Dienste) vom Unternehmen gegen Entgelt an außenstehende Dritte (z. B. Kunden) fließen. Dies führt zu einer Erhöhung des Vermögens und damit auch des Eigenkapitals. Erträge lassen sich in betriebliche und neutrale Erträge einteilen.**
- **Betriebliche Aufwendungen werden als Kosten, betriebliche Erträge als Leistungen bezeichnet. Unter Kosten versteht man den Teil der Aufwendungen und unter Leistungen den Teil der Erträge, der im Rahmen der geplanten betrieblichen Beschaffungs-, Produktions- und Absatzprozesse anfällt.**
- **Neutrale Aufwendungen bzw. Erträge fallen im Unternehmen als betriebsfremde, periodenfremde und außerordentliche Aufwendungen bzw. Erträge an. Sie werden nicht in die Kosten- und Leistungsrechnung übernommen.**

Aufgaben

237

Im Rechnungswesen unterscheidet man zwischen Ausgaben, Aufwendungen und Kosten.

Geben Sie je ein Beispiel an für

a) Aufwendungen, die zugleich Kosten sind,
b) Ausgaben, die keine Aufwendungen sind,
c) Ausgaben, die zugleich Aufwendungen und Kosten sind.

238

Im Rechnungswesen unterscheidet man zwischen Einnahmen, Erträgen und Leistungen.

Geben Sie je ein Beispiel an für

a) Einnahmen, die zugleich Erträge sind,
b) Erträge, die nicht zugleich Leistungen sind,
c) Einnahmen, die zugleich Erträge und Leistungen sind.

239

Entscheiden Sie, ob folgende Vorgänge Einnahmen oder Ausgaben darstellen:

1. Zieleinkauf von Rohstoffen
2. Zielverkauf von fertigen Erzeugnissen
3. Bank belastet uns mit Zinsen
4. Mieter überweist die Miete für ein von uns vermietetes Gebäude
5. Lohnzahlung durch Banküberweisung

240

1. *Nennen Sie die wichtigsten Aufgaben*
   a) der Finanzbuchhaltung,
   b) der Kosten- und Leistungsrechnung.
2. Die Aufwendungen und Erträge der FB können betrieblich oder neutral sein.
   a) Nennen Sie die Unterschiede und die Auswirkungen auf die KLR.
   b) Geben Sie typische Beispiele mit den zugehörigen Konten für neutrale Aufwendungen und Erträge sowie für Kosten und Leistungen an.
3. *Wie wird*
   a) das Gesamtergebnis der Unternehmung,
   b) das eigentliche Betriebsergebnis errechnet?

Verwenden Sie zur Lösung der Aufgaben 241 und 242 das folgende Schema:

Neutrale Aufwendungen/Erträge	Betriebliche Aufwendungen/Erträge

241 Die Aufwendungen der Finanzbuchhaltung sind entweder betriebsbedingt oder neutral.

Ordnen Sie die folgenden Aufwandsarten nach betrieblichen und neutralen Aufwendungen:

a) Lohnzahlungen
b) Verlust aus Wertpapierverkäufen
c) Abschreibungen auf Sachanlagen
d) Brandschaden im Hilfsstofflager
e) Abschreibungen auf ein nicht betriebsnotwendiges Mietshaus
f) Verlust aus dem Verkauf einer nicht benötigten Maschine
g) Soziale Aufwendungen
h) Gehaltszahlungen
i) Instandsetzungsaufwendungen für Maschinen
j) Hoher Forderungsausfall durch Insolvenz eines Kunden
k) Nachzahlung von Betriebssteuern für vergangene Geschäftsjahre aufgrund einer Betriebsprüfung
l) Aufwendungen für Rohstoffe
m) Mietzahlung für gemietetes Lagergebäude
n) Überweisung der Kfz-Steuer für Betriebs-LKW
o) Zinsaufwendungen

242 Auch die Erträge des Unternehmens sind entweder betriebsbedingt oder neutral.

Ordnen Sie die folgenden Ertragsarten nach betrieblichen oder neutralen Erträgen:

a) Umsatzerlöse für eigene Erzeugnisse
b) Mieterträge
c) Ertrag aus dem Abgang eines Vermögensgegenstandes
d) Selbst erstellte Maschine für die Verwendung im eigenen Betrieb
e) Zinsgutschrift der Bank
f) Mehrbestand an fertigen Erzeugnissen zum Jahresabschluss
g) Umsatzerlöse für Handelswaren
h) Erträge aus Wertpapierverkäufen
i) Erträge aus Beteiligungen
j) Erstattung zu viel entrichteter Betriebssteuern für vergangene Geschäftsjahre durch das Finanzamt
k) Erträge aus der Herabsetzung von Rückstellungen
l) Entnahme von Erzeugnissen für private Zwecke

243

Prüfen Sie folgende Aussagen auf ihre Richtigkeit:

1. Erträge aus Vermietung und Verpachtung stellen Leistungen des Betriebes dar.
2. Umsatzerlöse für Handelswaren gehören zu den außerordentlichen Erträgen.
3. Zinserträge sind den neutralen Erträgen zuzuordnen.
4. Die Aufwendungen für Roh-, Hilfs- und Betriebsstoffe stellen Kosten dar.
5. Zinsaufwendungen sind betriebliche Aufwendungen.
6. Aufwendungen für Reparaturen gehören zu den außerordentlichen Aufwendungen.
7. Der aus einem Verkehrsunfall herrührende Schaden am betrieblich genutzten LKW muss den betrieblichen außerordentlichen Aufwendungen zugerechnet werden.
8. Steuern können sowohl neutralen als auch betrieblichen Aufwand darstellen.

244

In der Buchführung eines Industriebetriebes schließen die Erfolgskonten mit folgenden Salden ab:

Umsatzerlöse für eigene Erzeugnisse	800.000,00
Zinserträge	20.000,00
Mieterträge	45.000,00
Aufwendungen für Rohstoffe	270.000,00
Aufwendungen für Hilfsstoffe	50.000,00
Löhne	350.000,00
Gehälter	90.000,00
Soziale Aufwendungen	40.000,00
Zinsaufwendungen	10.000,00
Gewerbesteuer	25.000,00
Verluste aus dem Abgang von Vermögensgegenständen	9.000,00
Aufwendungen für Büromaterial	3.000,00

1. *Ermitteln Sie im Gewinn- und Verlustkonto das Gesamtergebnis des Unternehmens.*
2. *Errichten Sie ein „Sammelkonto" für die neutralen Aufwendungen und Erträge und ein „Sammelkonto" für die betrieblichen Aufwendungen und Erträge, ordnen Sie die obigen Aufwendungen und Erträge den jeweiligen „Konten" zu und berechnen Sie das neutrale Ergebnis und das Betriebsergebnis.*

245

Fassen Sie folgende Salden der Erfolgskonten eines Industriebetriebes auf dem Gewinn- und Verlustkonto zum Gesamtergebnis zusammen.

Umsatzerlöse für eigene Erzeugnisse	1.450.000,00
Erhöhung des Bestandes an fertigen Erzeugnissen	40.000,00
Zinserträge	3.000,00
Mieterträge	8.000,00
Aufwendungen für Roh- und Betriebsstoffe	510.000,00
Löhne	620.000,00
Gehälter	175.000,00
Soziale Aufwendungen	95.000,00
Zinsaufwendungen	12.000,00
Betriebssteuern	34.000,00
Aufwendungen für Miete	15.000,00
Verluste aus dem Abgang von Anlagegegenständen	7.000,00

Berechnen Sie in einem „Sammelkonto" für die neutralen Aufwendungen und Erträge das neutrale Ergebnis sowie in einem „Sammelkonto" für die betrieblichen Aufwendungen und Erträge das Betriebsergebnis.

2 Abgrenzungsrechnung

Situation: Unternehmer Schmolmann ist sehr daran interessiert, das Ergebnis aus den eigentlichen betrieblichen Tätigkeiten (= Betriebsgewinn oder Betriebsverlust) zu erfahren. Aus dem Gewinn- und Verlustkonto (vgl. S. 222) kennt er bisher lediglich seinen Jahresüberschuss von 1.850.000,00 €. Diese Zahl sagt noch nichts darüber aus, wie hoch das **Betriebsergebnis** gewesen ist. Dazu muss ihm die Höhe der Kosten und Leistungen bekannt sein. Um diese Aussage zu erhalten, filtert er aus allen Aufwendungen und Erträgen des GuV-Kontos die neutralen Aufwendungen und Erträge heraus und führt sie in einer besonderen Rechnung, der **Abgrenzungsrechnung,** zusammen. So bleiben die Kosten und Leistungen übrig, die er zur **Betriebsergebnisrechnung** zusammenfasst. Als Instrument für diese Rechnungen verwendet er die **Ergebnistabelle.**

2.1 Ergebnistabelle als Hilfsmittel der Abgrenzungsrechnung

Ziel der Abgrenzungsrechnung. Die Ergebnistabelle dient dazu, die neutralen Aufwendungen und Erträge von den Kosten und Leistungen abzugrenzen. Damit erfüllt sie ein wesentliches **Ziel der Abgrenzungsrechnung:** Kosten und Leistungen einer Abrechnungsperiode vollständig und nach Kosten- und Leistungsarten gegliedert zu erfassen sowie das Betriebsergebnis auszuweisen.

Die Ergebnistabelle ist folgendermaßen aufgebaut:

❶ Sie spiegelt das **Zweikreissystem** des Kontenrahmens (vgl. S. 76 f., 219) wider: In ihrem **linken Teil** mit der Überschrift **„Finanzbuchhaltung (= Rechnungskreis I)"** nimmt sie **alle Aufwands- und Ertragskonten mit ihren jeweiligen Salden** aus den Kontenklassen 5, 6 und 7 der Finanzbuchhaltung auf. Damit wird in diesem Teil der Inhalt des GuV-Kontos aus dem Rechnungskreis I (= RK I) wiedergegeben und das **Gesamtergebnis der Unternehmung ausgewiesen.**

❷ Der **rechte Teil** der Tabelle ist der **Kosten- und Leistungsrechnung (= Rechnungskreis II)** vorbehalten. Er wird unterteilt in die **Abgrenzungsrechnung** und die **Betriebsergebnisrechnung.**

❸ Die **Abgrenzungsrechnung** übernimmt aus dem linken Teil der Tabelle, dem RK I, die **neutralen Aufwendungen und Erträge.** Sie schließt mit dem **Neutralen Ergebnis** (Neutraler Gewinn oder Neutraler Verlust) ab.

❹ Die **Betriebsergebnisrechnung** übernimmt aus dem linken Teil der Tabelle **alle Kosten und Leistungen** und ermittelt daraus das **Betriebsergebnis.**

❺ Durch dieses Verfahren lassen sich in einer Tabelle das Gesamtergebnis der FB sowie das Neutrale Ergebnis und das Betriebsergebnis der KLR übersichtlich darstellen. Ebenso ist es möglich, die Ergebnisse der beiden Rechnungskreise auf ihre Richtigkeit hin abzustimmen.

<table>
<tr><th colspan="7">Ergebnistabelle</th></tr>
<tr><th colspan="3">❶ Finanzbuchhaltung
(= Rechnungskreis I)</th><th colspan="4">❷ Kosten- und Leistungsrechnung
(= Rechnungskreis II)</th></tr>
<tr><td colspan="3" rowspan="2">Gesamtergebnisrechnung der FB</td><td colspan="2">❸ Abgrenzungsrechnung</td><td colspan="2" rowspan="2">❹ Betriebsergebnisrechnung</td></tr>
<tr><td colspan="2">Unternehmensbezogene Abgrenzungen</td></tr>
<tr><td>Kontenklassen 5, 6, 7</td><td>Aufwendungen (Klassen 6, 7)</td><td>Erträge (Klasse 5)</td><td>neutrale Aufwendungen</td><td>neutrale Erträge</td><td>Kosten</td><td>Leistungen</td></tr>
<tr><td>❺ Abstimmung:</td><td colspan="2">Gesamtergebnis =</td><td colspan="2">Neutrales Ergebnis (Abgrenzungsergebnis) +</td><td colspan="2">Betriebsergebnis</td></tr>
</table>

2.2 Abgrenzung der neutralen Aufwendungen und Erträge von den Kosten und Leistungen (Unternehmensbezogene Abgrenzung)

Beispiel: Unternehmer Schmolmann erstellt aus seinem Gewinn- und Verlustkonto (vgl. Seite 222) für das abgelaufene Geschäftsjahr eine Ergebnistabelle, um das Neutrale Ergebnis und das Betriebsergebnis errechnen zu können. Hierbei untersucht er jede Position des GuV-Kontos daraufhin, ob sie dem Betriebszweck diente und somit als Leistung oder Kosten in die Betriebsergebnisrechnung hineingehört oder ob sie „neutral" ist und somit in die Abgrenzungsrechnung gehört.

Bei der Aufstellung der Ergebnistabelle berücksichtigt Herr Schmolmann folgende Vorgänge:

1. Die Mieterträge sind für ein vermietetes Lagergebäude erzielt worden.
2. Dieses Gebäude ist im Geschäftsjahr mit 40.000,00 € abgeschrieben worden. Dieser Betrag ist in den Abschreibungen auf Sachanlagen enthalten.
3. Die GuV-Position „Betriebliche Steuern" enthält auch gezahlte Grundsteuern, von denen 10.000,00 € auf das vermietete Gebäude entfallen.

Ergebnistabelle						
Finanzbuchhaltung (= RK I)			**Kosten- und Leistungsrechnung (= RK II)**			
Gesamtergebnisrechnung der FB			**Abgrenzungsrechnung – Unternehmensbezogene Abgrenzungen**		**Betriebsergebnisrechnung**	
Konto	Aufwendungen	Erträge	neutrale Aufwendungen	neutrale Erträge	Kosten	Leistungen
5000		10.520.000				10.520.000
5220		240.000				240.000
5400		140.000		140.000		
5440		65.000		65.000		
5710		50.000		50.000		
6000	2.800.000				2.800.000	
6020	795.000				795.000	
6030	35.000				35.000	
6200	2.400.000				2.400.000	
6300	500.000				500.000	
6400	600.000				600.000	
6520	650.000		40.000		610.000	
6800	50.000				50.000	
6870	205.000				205.000	
6979	50.000		50.000			
70..	190.000		10.000		180.000	
7460	90.000		90.000			
7510	540.000				540.000	
7600	260.000		260.000			
	9.165.000	11.015.000	450.000	255.000	8.715.000	10.760.000
	1.850.000			**195.000**	**2.045.000**	
	11.015.000	11.015.000	450.000	450.000	10.760.000	10.760.000
	Gesamtergebnis		**Neutrales Ergebnis**		**Betriebsergebnis**	

Abstimmung der Ergebnisse:

1. Gesamtergebnis im Rechnungskreis I		**(+) 1.850.000,00 €**
2. Neutraler Verlust	(–) 195.000,00 €	
3. Betriebsgewinn	(+) 2.045.000,00 €	
4. Gesamtergebnis im Rechnungskreis II		**(+) 1.850.000,00 €**

2.3 Erläuterungen zur Ergebnistabelle

Übertragung der Salden. Nachdem die **Salden aller Erfolgskonten** – in der Reihenfolge ihrer Kontennummern – in die linken Spalten der Ergebnistabelle (Aufwendungen und Erträge der FB = RK I) übernommen und zum **Gesamtergebnis** zusammengefasst worden sind, erfolgt die **Übertragung** dieser Salden in die Betriebsergebnisrechnung oder in die Abgrenzungsrechnung nach folgenden Überlegungen:

1. **In die Betriebsergebnisrechnung** werden die Salden aus dem RK I dann übertragen,
   - wenn es sich um **Erträge** handelt, die in voller Höhe **Leistungen** darstellen, oder
   - wenn es sich um **Aufwendungen** handelt, die in voller Höhe **Kosten** darstellen.

   So werden z.B. die Umsatzerlöse (Konto 5000) aus der Ertragsspalte im RK I in die Spalte „Leistungen" der Betriebsergebnisrechnung des RK II übertragen, ebenso der Mehrbestand an fertigen Erzeugnissen (Konto 5220). Die Salden der Konten 6000 bis 6400, 6800, 6870, 7510 werden aus der Aufwandsspalte im RK I in die Spalte „Kosten" der Betriebsergebnisrechnung übernommen.

2. **In die Abgrenzungsrechnung** werden die Salden aus dem RK I dann übertragen,
   - wenn sie in voller Höhe **neutrale Erträge oder neutrale Aufwendungen** sind.

   So gehen die Salden der Konten 5400, 5440 und 5710 in die Ertragsspalte der Abgrenzungsrechnung über und werden somit **von der Kosten- und Leistungsrechnung fern gehalten.** Entsprechend ist bei den Aufwendungen zu verfahren: Die Konten 6979, 7460 und 7600 enthalten nicht kalkulierbare (= unternehmensbezogene) Aufwendungen, die in die Aufwandsspalte der Abgrenzungsrechnung übertragen werden.

3. **Besondere Beachtung** verdienen das Konto **„6520 Abschreibungen auf Sachanlagen"** und die Kontengruppe **„70.. Betriebliche Steuern"**: Von den bilanzmäßigen Abschreibungen in Höhe von 650.000,00 € sind zunächst 40.000,00 € als neutraler Aufwand in die Abgrenzungsrechnung einzustellen. Dieser Betrag hat mit den Abschreibungen auf das **betrieblich genutzte** Anlagevermögen nichts zu tun; er wird über den **Filter „Unternehmensbezogene Abgrenzungen"** von der Kosten- und Leistungsrechnung fern gehalten. In die Spalte „Kosten" der Betriebsergebnisrechnung ist nur der Restbetrag von 610.000,00 € einzusetzen. Entsprechend ist bei der Kontengruppe 70.. zu verfahren: Hier werden 10.000,00 € Grundsteuer auf das vermietete Lagergebäude als neutraler Aufwand abgegrenzt; der Restbetrag von 180.000,00 € gilt als Kosten.

4. **Ergebnisspaltung im Rechnungskreis II.** Während das **GuV-Konto** auf Seite 222 nur das **Gesamtergebnis** der Unternehmung (= Jahresüberschuss) in Höhe von **1.850.000,00 €** ausweist, lassen sich aus der **Ergebnistabelle** auf Seite 231 zusätzlich die **Teilergebnisse**
   - **Neutrales Ergebnis (Neutraler Verlust)** .... **(–) 195.000,00 €**
   - **Betriebsergebnis (Betriebsgewinn)** .... **(+) 2.045.000,00 €**

   ablesen. Die Ergebnistabelle macht damit in der Spalte „Betriebsergebnisrechnung" eine für die Unternehmensleitung wichtige Aussage über das Ergebnis aus der betrieblichen Tätigkeit. Im obigen Beispiel stammt der **gesamte unternehmerische Erfolg aus der betrieblichen Tätigkeit.** Die sonstigen Vorgänge, die **nichts mit planvollen betrieblichen Geschäftsfällen** zu tun haben, führen zu einem **neutralen Verlust** von 195.000,00 €.

5. **Kosten und Leistungen.** Die Ergebnistabelle verdeutlicht, dass das Produktionsergebnis der Abrechnungsperiode (= Jahr) aus **Absatzleistungen** (= 10.520.000,00 €) und **Lagerleistungen** (= 240.000,00 €) besteht. Es wurde durch den Einsatz von insgesamt 8.715.000,00 € Kosten erzielt.

6. **Wirtschaftlichkeit.** Für Herrn Schmolmann ist die Wirtschaftlichkeit, d.h. der **sparsame Einsatz der Betriebsmittel und Werkstoffe,** eine wichtige Kennzahl zur Beurteilung seines betrieblichen Handelns. Er berechnet diese Zahl, indem er die **Leistungen durch die Kosten dividiert:**

   $$\textbf{Wirtschaftlichkeit} = \frac{\textbf{Leistungen}}{\textbf{Kosten}} = \frac{10.760.000{,}00\ €}{8.715.000{,}00\ €} = \textbf{1,23}$$

   Diese Zahl besagt, dass für je 1,00 € eingesetzte Kosten 1,23 € Umsatzerlöse ins Unternehmen zurückgeflossen sind.

Merke:

- **Die Abgrenzungsrechnung stellt das Bindeglied zwischen Finanzbuchhaltung (FB) und Kosten- und Leistungsrechnung (KLR) dar. Sie wird in der Form der Ergebnistabelle geführt.**
- **In der Abgrenzungsrechnung werden im Bereich der unternehmensbezogenen Abgrenzungen die neutralen Aufwendungen und Erträge aus den gesamten Aufwendungen und Erträgen der FB herausgefiltert und somit von der KLR fern gehalten.**
- **Die Ergebnistabelle zeigt im RK II die Teilergebnisse „Neutrales Ergebnis" und „Betriebsergebnis". Sie macht darüber hinaus eine Aussage über die Höhe der Kosten und Leistungen und ermöglicht so die Berechnung der Wirtschaftlichkeit.**

Aufgaben

246

Der Finanzbuchhaltung der Möbelfabrik Schneider OHG, die sich auf Regalfertigung spezialisiert hat, entnehmen wir für den Monat Juni .. folgende Aufwendungen und Erträge:

5000	Umsatzerlöse für eigene Erzeugnisse	1.280.000,00
5220	Mehrbestand an fertigen Erzeugnissen	120.000,00
5400	Mieterträge	14.000,00
5490	Periodenfremde Erträge	56.000,00
5500	Erträge aus Beteiligungen	30.000,00
5710	Zinserträge	4.000,00
60..	Aufwendungen für Roh- und Hilfsstoffe	330.000,00
6160	Fremdinstandsetzung	3.000,00
6200	Löhne	520.000,00
6300	Gehälter	130.000,00
6400	Soziale Aufwendungen	140.000,00
6520	Abschreibungen auf Sachanlagen	60.000,00
6850	Reisekosten	12.000,00
70..	Betriebliche Steuern	35.000,00
7030	Kraftfahrzeugsteuer (für Betriebsfahrzeuge)	10.000,00
7460	Verluste aus Wertpapierverkäufen	16.000,00

Aufgaben für die Erstellung der Ergebnistabelle

1. *Übernehmen Sie die Aufwendungen und Erträge der Finanzbuchhaltung in die Gesamtergebnisrechnung des Rechnungskreises I der Ergebnistabelle.*
2. *Führen Sie im Rechnungskreis II die Abgrenzungsrechnung durch, indem Sie die neutralen Aufwendungen und Erträge aus der Gesamtergebnisrechnung in die Abgrenzungsrechnung übertragen.*
3. *Die betrieblichen Aufwendungen und Erträge sind entsprechend als Kosten und Leistungen in die Betriebsergebnisrechnung einzubringen. Hierbei ist zu beachten, dass von den Abschreibungen auf Sachanlagen 5.000,00 € auf vermietete Gebäude entfallen. Im Konto „70.. Betriebliche Steuern" sind 20.000,00 € Steuernachzahlungen für zurückliegende Perioden enthalten.*
4. *Errechnen Sie*
   a) das Neutrale Ergebnis,
   b) das Betriebsergebnis,
   c) das Gesamtergebnis der Unternehmung.
5. *Stimmen Sie das Gesamtergebnis des Rechnungskreises I mit dem Gesamtergebnis des Rechnungskreises II anhand des Schemas auf S. 231 ab.*

247 In der Buchhaltung eines Industriebetriebes schließen die Erfolgskonten mit folgenden Salden ab:

5000	Umsatzerlöse für eigene Erzeugnisse	800.000,00
5400	Mieterträge	45.000,00
5710	Zinserträge	20.000,00
6000	Aufwendungen für Rohstoffe	270.000,00
6020	Aufwendungen für Hilfsstoffe	50.000,00
6200	Löhne	350.000,00
6300	Gehälter	90.000,00
6400	Soziale Aufwendungen	40.000,00
6800	Aufwendungen für Büromaterial	3.000,00
6940	Sonstige (neutrale) Aufwendungen	9.000,00
7510	Zinsaufwendungen	10.000,00
70..	Betriebliche Steuern	25.000,00

Aufgaben für die Erstellung der Ergebnistabelle

1. *Übernehmen Sie die Aufwendungen und Erträge der Finanzbuchhaltung in die Gesamtergebnisrechnung des Rechnungskreises I der Ergebnistabelle.*
2. *Führen Sie im Rechnungskreis II die Abgrenzungsrechnung durch, indem Sie die neutralen Aufwendungen und Erträge aus der Gesamtergebnisrechnung in die Abgrenzungsrechnung übertragen.*
3. *Die betrieblichen Aufwendungen und Erträge sind entsprechend als Kosten und Leistungen in die Betriebsergebnisrechnung einzubringen.*

248 In der Buchhaltung eines Industriebetriebes schließen die Erfolgskonten mit folgenden Salden ab:

5000	Umsatzerlöse für eigene Erzeugnisse	1.450.000,00
5220	Erhöhung des Bestandes an fertigen Erzeugnissen	40.000,00
5440	Erlöse aus Anlagenverkäufen	8.000,00
5710	Zinserträge	3.000,00
60..	Aufwendungen für Roh- und Betriebsstoffe	510.000,00
6200	Löhne	620.000,00
6300	Gehälter	175.000,00
6400	Soziale Aufwendungen	95.000,00
6700	Aufwendungen für Miete	15.000,00
6979	Anlagenabgänge	7.000,00
70..	Betriebliche Steuern	34.000,00
7510	Zinsaufwendungen	12.000,00

Erstellen Sie die Ergebnistabelle nach den Angaben in Aufgabe 247.

249 Auszug aus der Ergebnistabelle der Meyer GmbH für den Monat September ..:

5000	Umsatzerlöse für eigene Erzeugnisse	3.245.000,00
5400	Mieterträge	25.000,00
60..	Aufwendungen für Roh-, Hilfs- und Betriebsstoffe	1.220.000,00
62-64	Personalaufwendungen	1.550.000,00
6520	Abschreibungen auf Sachanlagevermögen	215.000,00

Stellen Sie folgenden Vorgang in der Ergebnistabelle dar:

Herr Meyer hat ein zum Betriebsvermögen gehörendes Gebäude vermietet. Dieses Gebäude schreibt er monatlich mit 4.500,00 € ab; dieser Betrag ist in den Abschreibungen auf Sachanlagevermögen enthalten. Mit eigenen Arbeitskräften und Material aus dem Lager hat er das Gebäude renovieren lassen: Lohnkosten 24.000,00 €, Materialkosten 6.200,00 €.

250

In der FB der Wilhelm KG, Kleiderfabrikation, sind für das 1. Quartal .. folgende Aufwendungen und Erträge erfasst worden:

5000	Umsatzerlöse für eigene Erzeugnisse	1.870.500,00
5100	Umsatzerlöse für Handelswaren	200.000,00
5210	Mehrbestand an unfertigen Erzeugnissen	42.000,00
5300	Aktivierte Eigenleistungen	31.500,00
5400	Mieterträge	5.200,00
5440	Erlöse aus Anlagenverkäufen	1.900,00
5500	Erträge aus Beteiligungen	8.200,00
5710	Zinserträge	4.100,00
6000	Aufwendungen für Rohstoffe	300.000,00
6060	Aufwendungen für Waren	150.000,00
6200	Löhne	798.000,00
6300	Gehälter	401.000,00
6400	Soziale Aufwendungen	185.100,00
6520	Abschreibungen auf Sachanlagen	92.500,00
6570	Abschreibungen auf Umlaufvermögen	31.200,00
6700	Aufwendungen für Mieten und Pachten	4.900,00
6870	Aufwendungen für Werbung	62.200,00
6979	Anlagenabgänge	5.600,00
70..	Betriebliche Steuern	22.400,00

1. *Erstellen Sie die Ergebnistabelle entsprechend der Aufgabenstellung in der Aufgabe 247.*
2. *Beurteilen Sie die Erfolgslage des Unternehmens.*

251

Die FB der Fabrik für Bauelemente Heinz Schnell e. K. weist für das 1. Quartal .. folgende Aufwendungen und Erträge aus:

5000	Umsatzerlöse für eigene Erzeugnisse	1.381.500,00
5220	Minderbestand an fertigen Erzeugnissen	14.200,00
5300	Aktivierte Eigenleistungen	13.700,00
5400	Mieterträge	16.300,00
5440	Erlöse aus Anlagenverkäufen	24.000,00
5500	Erträge aus Beteiligungen	30.700,00
5710	Zinserträge	7.800,00
6000	Aufwendungen für Rohstoffe	225.000,00
6150	Vertriebsprovisionen	28.500,00
6160	Fremdinstandsetzung	39.600,00
6200	Fertigungs- und Hilfslöhne	375.000,00
6300	Gehälter	410.000,00
6400	Arbeitgeberanteil zur SV	165.000,00
6420	Beiträge zur Berufsgenossenschaft	13.200,00
6440	Aufwendungen für Altersversorgung	28.400,00
6520	Abschreibungen auf Sachanlagen	12.800,00
6700	Aufwendungen für Mieten und Pachten	21.200,00
6870	Aufwendungen für Werbung	36.100,00
6979	Anlagenabgänge	12.200,00
70..	Betriebliche Steuern	8.400,00
7400	Abschreibungen auf Finanzanlagen	5.200,00
7510	Zinsaufwendungen	33.900,00

1. *Erstellen Sie die Ergebnistabelle.*
2. *Beurteilen Sie die Erfolgssituation des Unternehmens.*

2.4 Berücksichtigung kalkulatorischer Kosten in der Betriebsergebnisrechnung (Kostenrechnerische Korrekturen)

Situation 1: Bei der Aufstellung der Ergebnistabelle von Seite 231 ist Herrn Schmolmann bewusst gewesen, dass er einige der dort in der Betriebsergebnisrechnung ausgewiesenen Kosten so noch nicht in die Kostenstellen- und Kostenträgerrechnung übernehmen kann, weil sie den Anforderungen der Kostenrechnung (z. B. an eine verursachungsgerechte Ermittlung) nicht entsprechen. Auch hat er das Ziel einer vollständigen Kostenerfassung noch nicht erreicht; es fehlen noch jene Kosten, die überhaupt nicht als Aufwendungen in der FB erscheinen:

❶ So hat Herr Schmolmann die Abschreibungen in der FB mit einem Wert berechnet und gebucht, der **für die Kostenrechnung ungeeignet** ist: Bei der Berechnung der bilanzmäßigen Abschreibungen hat er sich an die handels- und steuerrechtlichen Vorschriften gehalten, also z. B. degressiv – ausgehend von den **Anschaffungskosten** – abgeschrieben.

In der KLR möchte er aus Gründen des Kostenvergleichs gleichmäßig – also linear – und von den zukünftigen (höheren) **Wiederbeschaffungskosten** abschreiben, damit er demnächst in der Lage ist, aus den über die Umsatzerlöse verdienten Abschreibungen die teureren Ersatzanlagen zu beschaffen. An die Stelle der bilanzmäßigen Abschreibungen will er also in der Betriebsergebnisrechnung **kalkulatorische Abschreibungen** als Kosten ansetzen.

❷ Die Zinsaufwendungen hat Herr Schmolmann mit 540.000,00 € als Kosten übernommen. In diesen Aufwendungen ist aber nur die Verzinsung des tatsächlichen langfristigen Fremdkapitals enthalten. Die Verzinsung des eingesetzten Eigenkapitals fehlt unter den Kosten. Ihm steht eine Verzinsung des Eigenkapitals – vergleichbar der Verzinsung einer langfristigen Geldanlage – zu. Anstelle der tatsächlichen Fremdkapitalzinsen will er also **kalkulatorische Zinsen vom gesamten betriebsnotwendigen Kapital** als Kosten ansetzen.

❸ Herr Schmolmann hat bisher nicht berücksichtigt, dass er für seine Mitarbeit im eigenen Unternehmen eine „Entlohnung" zu beanspruchen hat, die aber nicht als Lohn oder Gehalt in der FB gebucht werden kann. (Es besteht ja kein Arbeitsvertrag zwischen ihm und seinem Unternehmen.) Seine Arbeitskraft hat einen „Wert" – vergleichbar dem Gehalt eines leitenden Angestellten –, den er als **Kosten in der Betriebsergebnisrechnung** ansetzt. Dieser „Lohn" für die unternehmerische Tätigkeit heißt **Unternehmerlohn.** Herr Schmolmann kalkuliert ihn in die Verkaufspreise ein und lässt sich so diesen Lohn über die Umsatzerlöse von seinen Kunden vergüten.

❹ Um die Kalkulation der Verkaufspreise auf eine feste Grundlage zu stellen und um die Verkaufspreise über längere Zeit konstant halten zu können, will Herr Schmolmann den Rohstoffaufwand nicht wie bisher zu aktuellen Bezugspreisen, sondern zu **festen Verrechnungspreisen** bewerten.

Mit dem Ansatz **kalkulatorischer Kosten** in der Betriebsergebnisrechnung – anstelle der entstandenen Aufwendungen aus der FB – folgt Herr Schmolmann einem **wesentlichen Grundsatz der Kostenrechnung:**

In der Betriebsergebnisrechnung werden alle Kosten verursachungs- und periodengerecht in der für die Kostenrechnung geeigneten Höhe erfasst.

Situation 2: Für Herrn Schmolmann stellt sich die Frage, **wie** er die kalkulatorischen Kosten in der Betriebsergebnisrechnung erfassen kann, ohne das Gesamtergebnis zu verändern. Hierzu übernimmt er einen Vorschlag der IHK zur Organisation der Ergebnistabelle und fügt in der Abgrenzungsrechnung zwei zusätzliche Spalten mit der Überschrift **„Kostenrechnerische Korrekturen"** ein; die linke Spalte trägt die Bezeichnung **„Betriebliche Aufwendungen"**, die rechte Spalte die Bezeichnung **„Verrechnete Kosten"**. Mit diesem Vorgehen erreicht Herr Schmolmann, dass die kostenrechnerischen Korrekturen nicht mit den zuvor abgegrenzten neutralen Aufwendungen und Erträgen vermischt werden.

Die so gestaltete Ergebnistabelle weist in der Abgrenzungsrechnung **zwei Teilergebnisse** aus:

- **Ergebnis aus neutralen Aufwendungen und Erträgen,** das auch **Ergebnis aus unternehmensbezogenen Abgrenzungen** genannt wird,

  und

- **Ergebnis aus kostenrechnerischen Korrekturen.**

Beide Teilergebnisse fasst er zusammen zum

- **Neutralen Ergebnis.**

Die Ergebnistabelle der Schmolmann KG hat nunmehr folgendes Aussehen:

Ergebnistabelle								
Finanzbuchhaltung (= RK I)			**Kosten- und Leistungsrechnung (= RK II)**					
Gesamtergebnisrechnung der FB			**Abgrenzungsrechnung**				**Betriebsergebnisrechnung**	
			Unternehmensbezogene Abgrenzungen		**Kostenrechnerische Korrekturen**			
Konto	Aufwendungen	Erträge	neutrale Aufwendungen	neutrale Erträge	betriebliche Aufwendungen	verrechnete Kosten	Kosten	Leistungen
			Ergebnis aus neutralen Aufwendungen und Erträgen		Ergebnis aus kostenrechn. Korrekturen			
Gesamtergebnis			**= Neutrales Ergebnis**				**+ Betriebsergebnis**	

Merke:

- **Die Abgrenzungsrechnung wird außerhalb der Finanzbuchhaltung tabellarisch in zwei Bereichen durchgeführt:**
  - ▷ **In einem ersten Bereich – auch unternehmensbezogene Abgrenzung genannt – werden aus den gesamten Aufwendungen und Erträgen der FB die neutralen Aufwendungen und Erträge herausgefiltert und zum „Ergebnis aus neutralen Aufwendungen und Erträgen (auch „Ergebnis aus unternehmensbezogenen Abgrenzungen" genannt) zusammengeführt.**
  - ▷ **In einem zweiten Bereich – den kostenrechnerischen Korrekturen – werden die korrekturbedürftigen betrieblichen Aufwendungen der FB (z.B. bilanzmäßige Abschreibungen, Zinsaufwendungen) von der Kostenrechnung fern gehalten. Ihnen sind kalkulatorische Kosten aus der Kostenrechnung gegenüberzustellen. Aus den korrekturbedürftigen betrieblichen Aufwendungen und den verrechneten Kosten wird das „Ergebnis aus kostenrechnerischen Korrekturen" errechnet.**
- **Die beiden Teilergebnisse der Abgrenzungsrechnung werden zum „Neutralen Ergebnis" zusammengefasst.**

2.4.1 Kalkulatorische Abschreibungen

Bilanzmäßige Abschreibungen. In der Ergebnistabelle auf Seite 231 wurden die bilanzmäßigen Abschreibungen in Höhe von 610.000,00 € als Kosten angesetzt. Das ist grundsätzlich korrekt, da dieser Aufwand **betriebsbedingt** ist. Es ist allerdings zu fragen, ob dieser Aufwand dem **tatsächlichen Werteverzehr der Anlagen** entspricht und damit **verursachungsgerechte Kosten** wiedergibt. Da bilanzmäßige Abschreibungen in der Regel **nach steuerlichen Grundsätzen oder gewinnpolitischen Zweckmäßigkeiten** vorgenommen werden (z.B. degressive Abschreibung mit hohem Anfangsbetrag und fallenden Folgebeträgen), eignen sie sich **nicht** für die Kostenrechnung, in der u.a. die **gleichmäßige Belastung** jeder Abrechnungsperiode mit Kosten angestrebt wird; dies wäre nur über die **lineare Abschreibung** möglich.

Kalkulatorische Abschreibungen als Anderskosten. In der Regel sind also die bilanzmäßigen Abschreibungen für die Kostenrechnung **ungeeignet** und werden dort mit einem **anderen Betrag** eingesetzt. Folgende **Gründe** sprechen für den unterschiedlichen Wertansatz von bilanzmäßigen und kalkulatorischen Abschreibungen:

- **Bilanzmäßig** abgeschrieben werden **alle** Wirtschaftsgüter des Anlagevermögens, unabhängig davon, ob sie dem eigentlichen Betriebszweck dienen oder nicht.

  Kalkulatorisch abgeschrieben werden dagegen **nur** solche **Anlagegüter, die betriebsnotwendig sind.** Als betriebsnotwendig gelten alle Anlagen, die **laufend** dem Betriebszweck und der Leistungserstellung und -verwertung dienen.
- **Bilanzabschreibungen** werden auf der Grundlage der **Anschaffungs- oder Herstellungskosten** des Anlagegutes vorgenommen.

  Kalkulatorische Abschreibungen werden dagegen von den **gestiegenen Wiederbeschaffungskosten** des Anlagegutes berechnet, um in der Zukunft so viele Abschreibungsbeträge über die zufließenden Umsatzerlöse ansammeln zu können, dass Ersatzinvestitionen möglich sind.
- **Bilanzmäßig** kann ein Anlagegut in der Finanzbuchhaltung nur bis zum Erinnerungswert von 1,00 € abgeschrieben werden.

  Kalkulatorische Abschreibungen werden dagegen so lange fortgesetzt, wie das betreffende Anlagegut noch im Betrieb verwendet wird, also unabhängig davon, ob es bilanziell bereits abgeschrieben ist oder nicht.
- Unterschiede zwischen der bilanzmäßigen und der kalkulatorischen Abschreibung bestehen auch in der Anwendung der **Abschreibungsmethoden:**

  In der Finanzbuchhaltung wird man aus steuerlichen Gründen die Anlagegüter meist degressiv abschreiben, um in den ersten Jahren der Nutzung möglichst viel abzuschreiben und damit den steuerlichen Gewinn niedrig zu halten.

  In der Kosten- und Leistungsrechnung dagegen soll möglichst die tatsächliche Wertminderung der Anlagegüter durch die kalkulatorische Abschreibung berücksichtigt werden. Kalkulatorisch wird daher in der Regel linear abgeschrieben.

Beispiel: In der Unternehmung Schmolmann KG werden die kalkulatorischen Abschreibungen linear aufgrund folgender Zahlen berechnet:

Sachanlagen	Wiederbesch.-Kosten	Abschreibg.-Satz	Abschr.-Betrag
Gebäude	2.500.000,00 €	4 %	100.000,00 €
Maschinen	4.000.000,00 €	10 %	400.000,00 €
BGA	800.000,00 €	20 %	160.000,00 €
			660.000,00 €

Erfassung der kalkulatorischen und bilanzmäßigen Abschreibung im RK II. Die kalkulatorische Abschreibung wird mit **660.000,00 €** in die Spalte **„Kosten"** der Betriebsergebnisrechnung eingesetzt und durch die

Buchung: **„Kosten"** an **„Verrechnete Kosten"**

in der Spalte **„Verrechnete Kosten"** des Abgrenzungsbereichs „Kostenrechnerische Korrekturen" **erfolgswirksam „gegengebucht".** Aus der Aufwandsspalte des Rechnungskreises I wird die bilanzmäßige Abschreibung (650.000,00 €) – nach Abfilterung der unternehmensbezogenen Abschreibung von 40.000,00 € für das vermietete Gebäude – mit **610.000,00 €** in die Spalte „betriebliche Aufwendungen" des Abgrenzungsbereichs „Kostenrechnerische Korrekturen" übertragen. Hier stehen sich nun bilanzmäßige und kalkulatorische Abschreibung gegenüber. Beide Zahlen können zum Ergebnis aus kostenrechnerischen Korrekturen verrechnet werden. In diesem Fall ergibt sich ein **Ertrag aus kostenrechnerischen Korrekturen in Höhe von 50.000,00 €.**

Ergebnistabelle								
Finanzbuchhaltung (= RK I)			**Kosten- und Leistungsrechnung (= RK II)**					
Gesamtergebnisrechnung der FB			**Abgrenzungsrechnung**				**Betriebsergebnisrechnung**	
			Unternehmensbezogene Abgrenzungen		**Kostenrechnerische Korrekturen**			
Konto	Aufwendungen	Erträge	neutrale Aufwendungen	neutrale Erträge	betriebliche Aufwendungen	verrechnete Kosten	Kosten	Leistungen
5000		660.000[1]						660.000[1]
6520	650.000 →		40.000 →		**610.000**	**660.000** ←	660.000	
	650.000	660.000	40.000	0	610.000	660.000	660.000	660.000
	10.000			**40.000**	**50.000**			**0**
	660.000	660.000	40.000	40.000	660.000	660.000	660.000	660.000

Auf das Gesamtergebnis im RK I wirken sich die über die Umsatzerlöse „verdienten" kalkulatorischen Abschreibungen mit einem **Gewinn von 10.000,00 €** aus.

Die Abgrenzungsrechnung im RK II weist einen **Gewinn von 10.000,00 €** aus, der sich aus **40.000,00 € Verlust aus „Unternehmensbezogenen Abgrenzungen"** und **50.000,00 € Gewinn aus „Kostenrechnerischen Korrekturen"** zusammensetzt.

Das Betriebsergebnis wird durch die kalkulatorischen Abschreibungen **nicht beeinflusst,** sofern diese Abschreibungen über die Umsatzerlöse **voll** erstattet werden. Es stehen sich hier also Kosten und Leistungen in gleicher Höhe gegenüber.

Merke:

- **Kalkulatorische Abschreibungen stellen Kosten dar, die die tatsächliche Wertminderung der Anlagen erfassen und in der Selbstkosten- und Betriebsergebnisrechnung verrechnet werden. Sofern sie höher als die bilanzmäßigen Abschreibungen sind und über die Marktpreise abgegolten werden, beeinflussen sie das Gesamtergebnis positiv.**
- **Bilanzmäßige Abschreibungen stellen Aufwand in der Gesamtergebnisrechnung der FB dar und werden meist nach steuerlichen Gesichtspunkten bemessen. Sie beeinflussen die Wertansätze des Anlagevermögens in der Bilanz.**

1 über die Umsatzerlöse zurückgeflossene kalkulatorische Abschreibungen

Abschreibungskreislauf[1]**.** Ein wesentliches Unternehmensziel muss die **Erhaltung der Vermögenssubstanz** sein; insbesondere geht es hierbei um die Erhaltung der im Anlagevermögen ruhenden Leistungsfähigkeit. Dies wird durch die **Ersatzbeschaffung** (= Reinvestition) **verbrauchter Anlagen** erreicht. Die **Finanzierung** solcher Anlagen hat grundsätzlich aus „verdienten" Kosten **ohne Zuführung von Eigenkapital** zu erfolgen. Um dies zu erreichen, bedarf es des Ansatzes von Abschreibungen

- in der **Finanzbuchhaltung** als **Aufwand,** um zu verhindern, dass in der Gewinn- und Verlustrechnung **ein zu hoher Gewinn ausgewiesen** und möglicherweise **ausgeschüttet** wird (= Gefahr der Substanzausschüttung),
- in der **Kosten- und Leistungsrechnung** als **Kosten,** um den Werteverzehr der Anlagen zu erfassen und in die **Preisberechnung** einzubeziehen. In der Regel müssen dem Unternehmen im Preis für die Erzeugnisse **alle Kosten** zurückerstattet werden. In den Umsatzerlösen fließen also auch die Abschreibungsbeträge (= **Abschreibungsgegenwerte**) zurück und stehen in Form flüssiger Mittel für die Erneuerung von Anlagen zur Verfügung.

So ergibt sich – unter der Voraussetzung, dass die kalkulatorischen Abschreibungen vom Markt vergütet werden – folgender

Abschreibungskreislauf:

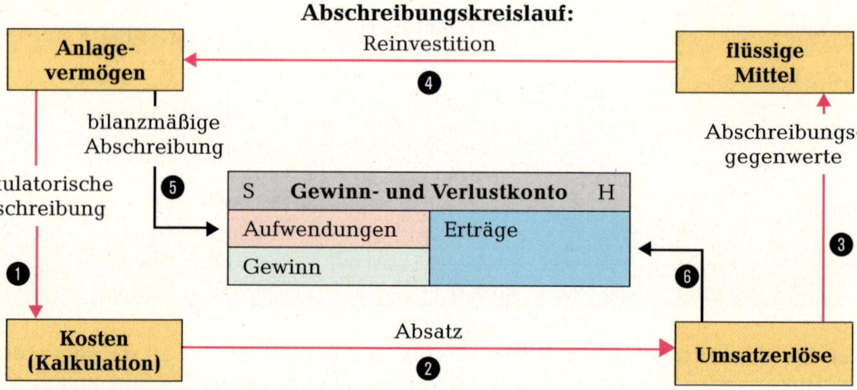

Aufgabe: *Erläutern Sie den Abschreibungskreislauf ❶ bis ❻ anhand eines Zahlenbeispiels.*

Finanzierung aus Abschreibungsgegenwerten. Die obige Darstellung macht deutlich, dass kein Unternehmen auf Abschreibungen als wesentliches Mittel der Finanzierung (= **Innenfinanzierung**) verzichten kann.

Bei der Finanzierungswirkung der Abschreibung lassen sich drei Fälle unterscheiden:

- **Bilanzmäßige Abschreibungen und kalkulatorische Abschreibungen stimmen überein.** In diesem Fall findet eine **Vermögensumschichtung** vom Anlagevermögen zum Umlaufvermögen statt. Auf Dauer wird die Substanz nur **nominell** erhalten.
- **Bilanzmäßige Abschreibungen sind höher als kalkulatorische Abschreibungen.** In diesem Fall führt der gebuchte Mehraufwand zu einer **verdeckten Finanzierung aus dem Gewinn.** Auf Dauer wird die Substanz aufgezehrt.
- **Bilanzmäßige Abschreibungen sind niedriger als kalkulatorische Abschreibungen.** In diesem Fall führt der erzielte Mehrerlös zu einer **offenen Finanzierung aus dem Gewinn.** Dem Unternehmen stehen zusätzliche Mittel zur Finanzierung zur Verfügung.

1 Siehe auch Band 1, BWL, Kapitel 6.2.2.3.

2.4.2 Kalkulatorische Zinsen

Zinsen vom betriebsnotwendigen Kapital. In der Ergebnistabelle auf Seite 231 hat Unternehmer Schmolmann die in der Finanzbuchhaltung gebuchten Fremdkapitalzinsen in Höhe von 540.000,00 € als Kosten in die Kosten- und Leistungsrechnung übernommen. Das ist grundsätzlich richtig, da die Fremdkapitalzinsen einen **betrieblichen Aufwand** darstellen. Es stellt sich aber die Frage nach der Zweckmäßigkeit dieses Kostenansatzes. Herr Schmolmann wird danach streben, dass ihm in den Umsatzerlösen auch eine angemessene **Verzinsung des eingesetzten Eigenkapitals** zufließt. Um das zu erreichen, werden in der Kostenrechnung Zinsen für das **gesamte bei der Leistungserstellung und -verwertung erforderliche Kapital** angesetzt. Dadurch werden alle Industriebetriebe in der Selbstkosten- und Betriebsergebnisrechnung gleichgestellt, unabhängig davon, in welchem Verhältnis sie mit Eigen- und Fremdkapital ausgestattet sind. Außerdem wird die Kostenrechnung von zufälligen Schwankungen befreit, die durch die Änderungen der Zinssätze für aufgenommene Kredite entstehen.

Betriebsnotwendiges Kapital. In der Kosten- und Leistungsrechnung werden somit anstelle der tatsächlich gezahlten Zinsen **kalkulatorische Zinsen** angesetzt und verrechnet. Sie werden auf der Grundlage des **betriebsnotwendigen Kapitals** ermittelt. Der kalkulatorische Zinssatz richtet sich meist nach dem im betreffenden Zeitraum üblichen Zinssatz für langfristige Darlehen.

Beispiel: Unternehmer Schmolmann ermittelt auf der Grundlage seiner Bilanz (vgl. S. 222) das folgende **betriebsnotwendige Kapital,** das er mit 9 %/Jahr kalkulatorisch verzinsen will:

	Anlagevermögen (nach kalkulatorischen Restwerten, ohne vermietete Gebäude)	7.200.000,00 €
+	Umlaufvermögen (nach kalkulatorischen Mittelwerten, ohne Wertpapiere)	5.200.000,00 €
	Betriebsnotwendiges Vermögen	12.400.000,00 €
–	Abzugskapital (Lieferantenkredite[1] ohne Skontierung, Rückstellungen)	900.000,00 €
=	**Betriebsnotwendiges Kapital**	**11.500.000,00 €**

Die **kalkulatorischen Zinsen** für das Jahr betragen dann:

11.500.000,00 € · 0,09 = ... **1.035.000,00 €**

Zum betriebsnotwendigen Anlagevermögen zählen nur solche Anlagegüter, die **dauernd** dem eigentlichen **Betriebszweck** dienen. Sie dürfen nicht mit den Bilanz- oder Buchwerten, sondern nur mit den **kalkulatorischen Restwerten** (= Anschaffungskosten – kalkulatorische Abschreibungen) angesetzt werden. **Nicht betriebsnotwendige Anlagen,** wie z. B. vermietete Gebäude, stillgelegte Anlagen u. a., bleiben **außer Ansatz.** Reserveanlagen (z. B. Reservemaschinen) gehören stets zum betriebsnotwendigen Anlagevermögen, da sie für die Aufrechterhaltung der Betriebsbereitschaft erforderlich sind.

Das betriebsnotwendige Umlaufvermögen ist nach Ausgliederung der nicht betriebsbedingten Posten (z. B. Wertpapierbestände) mit den Beträgen anzusetzen, die während des Abrechnungszeitraumes **durchschnittlich** im Umlaufvermögen gebunden sind (sog. kalkulatorische Mittelwerte).

Das Abzugskapital besteht aus Kapitalposten, die dem Unternehmen **zinslos** zur Verfügung stehen, wie z. B. Anzahlungen von Kunden, sonstige Verbindlichkeiten, Rückstellungen, Lieferantenkredite, sofern keine Skontierungsmöglichkeit hierfür besteht.

1 Siehe auch Band 1, BWL, Kapitel 6.2.1.2.

Erfassung der kalkulatorischen Zinsen in der KLR. Die kalkulatorischen Zinsen werden mit 1.035.000,00 € (vgl. Beispiel S. 241) in die Spalte **„Kosten"** der Betriebsergebnisrechnung eingesetzt und in der Spalte **„Verrechnete Kosten"** der „Kostenrechnerischen Korrekturen" **gegengebucht.** Aus dem RK I werden die dort als Aufwand gebuchten Fremdkapitalzinsen (vgl. S. 231) mit 540.000,00 € in die Spalte „betriebliche Aufwendungen lt. FB" der „Kostenrechnerischen Korrekturen" übertragen. Hier stehen sich Fremdkapitalzinsen und kalkulatorische Zinsen gegenüber und können zum **„Ergebnis aus kostenrechnerischen Korrekturen"** verrechnet werden. In diesem Fall ergibt sich ein neutraler Gewinn von 495.000,00 €. Er stimmt mit dem in der FB ausgewiesenen Gewinn bei **vollem Kostenersatz durch die Umsatzerlöse** überein.

Ergebnistabelle

Finanzbuchhaltung (= RK I)			**Kosten- und Leistungsrechnung (= RK II)**					
Gesamtergebnisrechnung der FB			**Abgrenzungsrechnung**				**Betriebsergebnisrechnung**	
			Unternehmensbezogene Abgrenzungen		**Kostenrechnerische Korrekturen**			
Konto	Aufwendungen	Erträge	neutrale Aufwendungen	neutrale Erträge	betriebliche Aufwendungen	verrechnete Kosten	Kosten	Leistungen
5000		1.035.000[1]						1.035.000[1]
7510	540.000 →				→ 540.000	1.035.000 ←	1.035.000	
	540.000	1.035.000			540.000	1.035.000	1.035.000	1.035.000
	495.000				**495.000**			**0**
	1.035.000	1.035.000			1.035.000	1.035.000	1.035.000	1.035.000

Merke:

- **Kalkulatorische Zinsen stellen Kosten für die Nutzung des betriebsnotwendigen Kapitals dar. Ihre Verrechnung ermöglicht eine gleichmäßige Belastung der Abrechnungsperioden mit Zinskosten. In den Umsatzerlösen werden die Zinsen dem Unternehmen i. d. R. vergütet.**
- **Die gezahlten Fremdkapitalzinsen stellen Aufwand in der Finanzbuchhaltung dar. In der Abgrenzungsrechnung werden sie den verrechneten kalkulatorischen Zinsen gegenübergestellt.**

Aufgabe

252 Ein Industriebetrieb verfügt über folgende betriebsnotwendige Vermögenswerte:

Anlagevermögen:	Gebäude	750.000,00 €
	Maschinelle Anlagen	220.000,00 €
	Betriebs- und Geschäftsausstattung	170.000,00 €
	Fuhrpark	260.000,00 €
Umlaufvermögen:	Vorräte	530.000,00 €
	Kundenforderungen	280.000,00 €
	Zahlungsmittel	190.000,00 €

Das Abzugskapital besteht aus Lieferantenkrediten in Höhe von 200.000,00 €. Der kalkulatorische Zinssatz wird mit 9 % angesetzt. Die tatsächlich gezahlten Fremdkapitalzinsen betragen im Geschäftsjahr 135.000,00 €.

1. *Ermitteln Sie das betriebsnotwendige Kapital sowie die jährlichen und monatlichen kalkulatorischen Zinsen.*
2. *Erstellen Sie die Ergebnistabelle.*

1 über die Umsatzerlöse erstattete kalkulatorische Zinsen

2.4.3 Kalkulatorischer Unternehmerlohn

Kalkulatorischer Unternehmerlohn als Kostenbestandteil in der Betriebsergebnisrechnung. In **Kapitalgesellschaften** beziehen die Vorstandsmitglieder (AG) und die Geschäftsführer (GmbH) **Gehälter,** die als **Aufwand in der FB** gebucht werden und als **Kosten in die KLR** dieser Unternehmungsformen eingehen. In **Einzelunternehmungen und Personengesellschaften** (e. K., OHG, KG) dagegen erhalten die mitarbeitenden Inhaber oder Gesellschafter keine Gehälter. Ihre Arbeitsleistung wird durch den Unternehmungsgewinn abgegolten. Ein angemessener Gewinn kann aber nur dann erzielt werden, wenn zuvor **für die Arbeitskraft des Unternehmers ein entsprechender Betrag als Kosten (= Unternehmerlohn) angesetzt** und **in die Preise für die Erzeugnisse einkalkuliert** wird. Nur dann können in den Umsatzerlösen die entsprechenden Finanzmittel in das Unternehmen zurückfließen.

Kostenvergleich. Durch die Einrechnung des Unternehmerlohnes in die Kosten wird erreicht, dass Kapitalgesellschaften sowie Personengesellschaften/Einzelunternehmungen in der Selbstkosten- und Betriebsergebnisrechnung **gleichgestellt** sind.

Die Höhe des kalkulatorischen Unternehmerlohns richtet sich nach dem Gehalt eines leitenden Angestellten in **vergleichbarer** Position.

Zusatzkosten. Der kalkulatorische Unternehmerlohn wird als Kostenbestandteil in die Kosten- und Leistungsrechnung eingebracht; er darf aber nicht – wie z.B. die Gehälter leitender Angestellter – in der Finanzbuchhaltung gebucht werden, da er nicht zu Aufwendungen und Ausgaben führt. Kosten mit dieser Eigenschaft heißen Zusatzkosten (vgl. S. 249).

Beispiel: In der Schmolmann KG wird die Mitarbeit der Eigentümer mit einem Betrag von jährlich 300.000,00 € als Kosten in der KLR angesetzt.

Nachfolgend zeigen wir, wie dieser Betrag in die Ergebnistabelle einzubringen ist. Zur Vereinfachung der Darstellung sind nur Unternehmerlohn (300.000,00 €) und Umsatzerlöse (10.520.000,00 €) berücksichtigt.

Ergebnistabelle								
Finanzbuchhaltung (= RK I)			**Kosten- und Leistungsrechnung (= RK II)**					
Gesamtergebnisrechnung der FB			**Abgrenzungsrechnung**				**Betriebsergebnisrechnung**	
			Unternehmensbezogene Abgrenzungen		**Kostenrechnerische Korrekturen**			
Konto	Aufwendungen	Erträge	neutrale Aufwendungen	neutrale Erträge	betriebliche Aufwendungen	verrechnete Kosten	Kosten	Leistungen
5000		10.520.000	→	→	→	→	→	10.520.000
U.-Lohn	–					300.000 ←	300.000	
		10.520.000			0	**300.000**	300.000	10.520.000
							10.220.000	
							10.520.000	10.520.000

Darstellung des kalkulatorischen Unternehmerlohns in der Ergebnistabelle. Der kalkulatorische Unternehmerlohn (300.000,00 €) wird zunächst in die Spalte **„Kosten" der Betriebsergebnisrechnung** eingesetzt. Er bildet (zusammen mit den übrigen Kosten) die Grundlage der Preiskalkulation. Im Normalfall wird er also in den Umsatzerlösen enthalten sein und in den Finanzmitteln dem Unternehmen zufließen.

Anschließend ist der Unternehmerlohn als **Ertrag** in die Spalte **„Verrechnete Kosten"** des Abgrenzungsbereichs „Kostenrechnerische Korrekturen" einzusetzen. Diese Verrechnung des kalkulatorischen Unternehmerlohns in der Ergebnistabelle entspricht damit der

Buchung: „Kosten" an **„Verrechnete Kosten"**.

Durch dieses Vorgehen ist eine **Abstimmung der Teilergebnisse im RK II mit dem Gesamtergebnis im RK I** möglich.

Ergebnisauswirkungen. Der Unternehmer entscheidet, ob und in welcher Höhe er den kalkulatorischen Unternehmerlohn als Zusatzkosten ausweist und in die Kalkulation einbringt. Weist er den Unternehmerlohn in dieser Höhe aus (300.000,00 €) und der Markt erstattet ihm in den Umsatzerlösen diese Zusatzkosten, so wirken sie sich in der Betriebsergebnisrechnung nicht auf das Betriebsergebnis aus.

Im **Ergebnis aus kostenrechnerischen Korrekturen** bewirkt der Unternehmerlohn dagegen durch seine Buchung in der Spalte „Verrechnete Kosten" eine **Ertragserhöhung.**

Auf das **Gesamtergebnis** im RK I wirkt der in den Erlösen enthaltene Unternehmerlohn **Gewinn erhöhend,** da ihm hier kein entsprechender Aufwand gegenübersteht.

Merke:

- **Bei Einzelunternehmungen und Personengesellschaften wird für die mitarbeitenden Inhaber ein angemessener Unternehmerlohn in die Selbstkosten- und Betriebsergebnisrechnung einbezogen.**
- **Hinsichtlich der Personalkosten sind diese Unternehmungsformen damit den Kapitalgesellschaften gleichgestellt.**
- **Der kalkulatorische Unternehmerlohn stellt einen echten Kostenbestandteil in der KLR dar, dem kein Aufwand und keine Ausgabe in der FB gegenüberstehen.**
- **Er wird in die Spalte „Kosten" der Betriebsergebnisrechnung der Ergebnistabelle eingesetzt und in der Spalte „Verrechnete Kosten" als kostenrechnerische Korrektur (= Ertrag) „gegengebucht".**
- **Bei vollem Kostenersatz über die Umsatzerlöse hat der kalkulatorische Unternehmerlohn keinen Einfluss auf die Höhe des Betriebsergebnisses.**
- **Gesamtergebnis und Abgrenzungsergebnis werden durch ihn Gewinn erhöhend beeinflusst.**

Aufgaben

253 In der Ergebnistabelle der Unternehmung Schmolmann KG auf Seite 231 ist der Unternehmerlohn nicht berücksichtigt worden.

Wie würden sich die Teilergebnisse ändern, wenn ein Unternehmerlohn von 300.000,00 € eingesetzt wird und sich die Umsatzerlöse nicht verändern sollen?

254 Die Unternehmung Schmolmann KG rechnet damit, dass der angesetzte Unternehmerlohn (300.000,00 €) nur zu 70 % über die Umsatzerlöse in das Unternehmen zurückfließen wird.

Welche Auswirkungen ergeben sich hieraus auf das Betriebsergebnis, das Ergebnis aus kostenrechnerischen Korrekturen und das Gesamtergebnis?

255 *Welche Auswirkungen auf das Gesamtergebnis, das Ergebnis aus kostenrechnerischen Korrekturen und das Betriebsergebnis hätte es, wenn der Unternehmerlohn zwar als Kosten angesetzt, aber vom Markt überhaupt nicht vergütet würde?*

2.4.4 Kalkulatorische Wagnisse

Arten. Jede unternehmerische und betriebliche Tätigkeit ist mit Wagnissen oder Risiken verbunden und kann daher zu Verlusten führen. Diese Wagnisverluste lassen sich in ihrer Höhe und in ihrem zeitlichen Eintreten nicht vorhersehen. Man unterscheidet zwischen dem **allgemeinen Unternehmerwagnis** und den **Einzelwagnissen.**

Das allgemeine Unternehmerwagnis betrifft Verluste, die das Unternehmen als Ganzes gefährden. Dazu zählen Wagnisverluste, die sich insbesondere aus der gesamtwirtschaftlichen Entwicklung ergeben, wie z. B. **Beschäftigungsrückgang, plötzliche Nachfrageverschiebung, technischer Fortschritt.** Das allgemeine Unternehmerrisiko ist **kein Kostenbestandteil.** Es wird im **Betriebsgewinn abgegolten.**

Einzelwagnisse stehen dagegen im unmittelbaren Zusammenhang mit der Beschaffung, der Produktion und dem Absatz der Erzeugnisse. Da sie voraussehbar und aufgrund von **Erfahrungswerten** berechenbar sind, haben sie grundsätzlich **Kostencharakter.**

Zu den Einzelwagnissen zählen:

- **Anlagewagnis:** Verluste an Anlagegütern durch besondere Schadensfälle (Brand), Gefahr des vorzeitigen Ausfalls von Anlagen, z. B. durch technischen Fortschritt.
- **Beständewagnis:** Verluste an Vorräten durch Schwund, Verderb, Diebstahl, Veralten oder Preissenkungen.
- **Gewährleistungswagnis:** Garantieleistungen, z. B. kostenlose Ersatzlieferung, Preisnachlass wegen Mängelrüge.
- **Vertriebswagnis:** Ausfälle und Währungsverluste bei Kundenforderungen.
- **Fertigungswagnis:** Mehrkosten aufgrund von Material-, Arbeits- und Konstruktionsfehlern, Ausschuss, Nacharbeit. Das Fertigungswagnis wird häufig auch Mehrkostenwagnis genannt.
- **Entwicklungswagnis:** Verluste, die sich aus fehlgeschlagenen Entwicklungsarbeiten im Rahmen des Fertigungsprogramms ergeben.

Eingetretene Wagnisverluste. Die tatsächlichen Wagnisverluste fallen **zeitlich unregelmäßig** und in **unterschiedlicher Höhe** an und sind damit für die Kostenrechnung ungeeignet. Sie werden **als Aufwand** in der Gesamtergebnisrechnung der Finanzbuchhaltung erfasst (z. B. Konto „6930 Verluste aus Schadensfällen").

Kalkulatorische Wagnisse. Anstelle der tatsächlich eingetretenen Wagnisverluste werden in der Kosten- und Leistungsrechnung kalkulatorische Wagniszuschläge für die betreffenden **Einzelrisiken** ermittelt und verrechnet. Die Verrechnung von konstanten kalkulatorischen Wagniszuschlägen führt zu einer **gleichmäßigen und anteiligen Belastung der Abrechnungsperioden** mit Wagnisverlusten und eliminiert somit die Zufallseinflüsse aus der Selbstkosten- und Betriebsergebnisrechnung.

Fremdversicherungen. Soweit die Einzelwagnisse bereits durch den Abschluss von entsprechenden Versicherungen gedeckt sind, dürfen **keine** kalkulatorischen Wagniszuschläge verrechnet werden. In diesem Fall sind die **Versicherungsprämien** als **Kosten** zu berücksichtigen.

Merke:

- **Die Verrechnung von konstanten kalkulatorischen Wagniszuschlägen trägt dazu bei, dass die Selbstkosten- und Betriebsergebnisrechnungen von Zufallsschwankungen befreit werden.**
- **Das allgemeine Unternehmerwagnis darf kalkulatorisch nicht erfasst werden.**
- **Die durch Fremdversicherungen abgedeckten Einzelwagnisse gehen als Grundkosten in die Kosten- und Leistungsrechnung ein.**

Berechnungsgrundlagen für Wagnisse. Je nach Wagnisart ist die Berechnungsgrundlage unterschiedlich:

Wagnis	Berechnungsgrundlage
● Anlagewagnis →	● Anschaffungskosten
● Beständewagnis →	● Bezugspreise der Werkstoffe
● Gewährleistungswagnis →	● Umsatz zu Selbstkosten
● Vertriebswagnis →	● Umsatz zu Selbstkosten
● Fertigungswagnis →	● Herstellkosten
● Entwicklungswagnis →	● Entwicklungskosten

Die Höhe der kalkulatorischen Wagniszuschläge richtet sich nach entsprechenden Erfahrungswerten. Aus den betreffenden Wagnisverlusten der letzten 5 Jahre wird ein **Durchschnittswert in Prozent** ermittelt.

Beispiel: Im Unternehmen Schmolmann KG betrug der Verlust an Vorräten durch Schwund, Verderb u. a. in den letzten 5 Jahren durchschnittlich 87.500,00 €. Für den gleichen Zeitraum wurden durchschnittliche Bezugspreise von 3.500.000,00 € ermittelt.

$$\textbf{Kalkulatorischer Beständewagniszuschlag} = \frac{\textbf{Verlust} \cdot \textbf{100 \%}}{\textbf{Bezugspreise}}$$

$$= \frac{87.500,00 \cdot 100\ \%}{3.500.000,00} = \textbf{2,5 \%}$$

Das bedeutet, dass auf die gekauften Vorräte 2,5 % Wagniskosten zu verrechnen sind.

Beispiel: Die Bezugspreise im Monat März betrugen 300.000,00 €. Der kalkulatorische Wagniszuschlag ist auf 2,5 % festgesetzt.

Kalkulatorischer Wagniszuschlag = 300.000,00 € · 0,025 = **7.500,00 €**

Dieser Betrag wird in der Ergebnistabelle für den Monat März unter der Spalte „Kosten" der Betriebsergebnisrechnung erfasst und in der Spalte „Kostenrechnerische Korrekturen" der Abgrenzungsrechnung gegengebucht. Hier stehen ihm die tatsächlichen Wagnisverluste aus der FB gegenüber (z. B. Konten 6000, 6020, 6030, 6040, 6570, 6930, 6950).

Aufgaben

256 *Wie hoch sind:*

a) das jährliche Wagnis in Prozent,

b) der Wagniszuschlag für das 6. Geschäftsjahr aufgrund der eingetretenen Wagnisse der letzten 5 Jahre?

	eingetretene Risiken	Umsatz zu Selbstkosten
1. Jahr	15.000,00	1.200.000,00
2. Jahr	28.000,00	1.400.000,00
3. Jahr	27.000,00	1.500.000,00
4. Jahr	17.500,00	1.250.000,00
5. Jahr	37.400,00	1.700.000,00

257
1. *Aus welchen Gründen werden kalkulatorische Wagnisse verrechnet?*
2. *Stellen kalkulatorische Wagniskosten Anders- oder Zusatzkosten dar?*
3. *Unterscheiden Sie zwischen Unternehmerrisiko und Einzelwagnis.*

2.4.5 Kalkulatorische Miete

Mietwert für die betriebseigenen Gebäude. Anstelle der tatsächlich anfallenden Gebäude- und Grundstücksaufwendungen (Abschreibungen auf Gebäude, Hypothekenzinsen, Grundsteuern) könnte eine kalkulatorische Miete für die eigengenutzten betriebsnotwendigen Räume ermittelt und in der Betriebsergebnisrechnung erfasst werden. In diesem Fall müssten jedoch alle tatsächlich entstandenen Gebäudeaufwendungen dem verrechneten kalkulatorischen Mietwert gegenübergestellt werden. Da wesentliche Teile der Gebäude- und Grundstücksaufwendungen durch die kalkulatorischen Abschreibungen und die kalkulatorischen Zinsen in der Kosten- und Leistungsrechnung bereits berücksichtigt werden, **entfällt** in den meisten Industriebetrieben **die Verrechnung einer besonderen kalkulatorischen Miete** für die betriebseigenen Gebäude.

Mietwert privat genutzter Räume im Geschäftsgebäude. Sofern der Geschäftsinhaber Räume des betriebseigenen Gebäudes **für private Zwecke** (z. B. als Wohnung) nutzt, darf der Mietwert in der Kostenrechnung nur in **Höhe der betrieblichen Nutzung** angesetzt werden. Der Mietwert der privat genutzten Räume ist zu buchen:

3001 Privat an **5400 Mieterträge.**

Die kalkulatorische Miete sollte als fester Kostenbestandteil verrechnet werden, wenn ein Einzelunternehmer oder Personengesellschafter dem Betrieb unentgeltlich Räume zur Verfügung stellt, die zu seinem Privatvermögen gehören. In diesem Fall setzt das Unternehmen die ortsübliche Miete als kalkulatorischen Mietwert an.

Die kalkulatorische Miete stellt **Zusatzkosten** dar, die in der gleichen Weise verrechnet werden wie der kalkulatorische Unternehmerlohn.

Merke:
- **Für die Nutzung der betriebseigenen Gebäude wird in der Regel kein kalkulatorischer Mietwert verrechnet.**
- **Der Mietwert für betrieblich genutzte Privaträume ist als Kostenbestandteil zu verrechnen.**

Aufgaben

258 Auf einen LKW mit Anschaffungskosten von 120.000,00 € werden aus steuerlichen Gründen 20 % bilanzmäßig abgeschrieben. Die verbrauchsbedingte kalkulatorische Abschreibung beträgt 15 % von den Wiederbeschaffungskosten in Höhe von 140.000,00 €.

Stellen Sie den Vorgang in einer Ergebnistabelle dar.

259 Die in der Finanzbuchhaltung für das Jahr .. erfassten Fremdkapitalzinsen betragen 72.000,00 €. Die kalkulatorischen Zinsen werden in der Kosten- und Leistungsrechnung mit 90.000,00 € verrechnet.

1. *Um wie viel € übersteigen die monatlichen Zusatzkosten, die durch die Verrechnung der kalkulatorischen Zinsen entstehen, die monatlichen Fremdkapitalzinsen?*
2. *Welche Zinsen beeinflussen in welcher Höhe*
   a) das Gesamtergebnis der Unternehmung,
   b) das Betriebsergebnis,
   c) das Neutrale Ergebnis?

260 *Erläutern Sie in einer Niederschrift, warum kalkulatorische Kosten Einfluss auf das Gesamtergebnis der Unternehmung ausüben.*

261 *Aus welchen Gründen ist es notwendig, für die Abschreibungen auf Sachanlagen in der FB und in der KLR unterschiedliche Wertansätze zu wählen?*

2.4.6 Kostenrechnerische Korrekturen durch Verrechnungspreise

Werkstoffkosten. Der Verbrauch an Roh-, Hilfs- und Betriebsstoffen muss in der KLR zunächst mengenmäßig festgestellt und anschließend bewertet werden. Die Werkstoffkosten sind somit das Produkt aus Verbrauchsmenge und Wert je Mengeneinheit.

Bewertung der Verbrauchsmenge. Der mengenmäßige Verbrauch an Werkstoffen wird entweder aufgrund von Materialentnahmescheinen oder durch Inventur ermittelt. Die Bewertung der so festgestellten Verbrauchsmengen kann in der KLR entweder zu **Anschaffungskosten oder zu Verrechnungspreisen** erfolgen.

Bewertung zu Anschaffungskosten. Die Bewertung zu Anschaffungskosten hat den Vorteil, dass die **tatsächlichen Werkstoffkosten** in die Kostenrechnung eingehen. Nachteilig ist aber, dass die Anschaffungspreise der Werkstoffe im Zeitablauf starken Schwankungen am Markt unterliegen können. Dadurch werden die Werkstoffkosten für gleiche Verbrauchsmengen in den einzelnen Abrechnungsperioden unterschiedlich hoch angesetzt, sodass Kostenvergleiche nicht ohne weiteres durchführbar sind.

Bewertung zu Verrechnungspreisen. In der Kostenrechnung wird der Werkstoffverbrauch meist mit **gleich bleibenden Verrechnungspreisen** bewertet. Verrechnungspreise sind in der Regel **Durchschnittspreise,** die aus den Anschaffungskosten der vergangenen Rechnungsperioden ermittelt werden. Sie müssen in gewissen Zeitabständen überprüft und gegebenenfalls der neuen Marktlage angepasst werden.

Kostenrechnerische Korrektur. Die Verrechnung des Werkstoffverbrauchs in der KLR zu konstanten Verrechnungspreisen gleicht der Verrechnung kalkulatorischer Kosten. Im Rahmen der Abgrenzungsrechnung „Kostenrechnerische Korrekturen" werden den in der FB gebuchten Werkstoffaufwendungen (bewertet zu Anschaffungskosten) die in der KLR angesetzten Werkstoffkosten zum Verrechnungspreis gegenübergestellt. Aus dem Unterschied beider Beträge ergibt sich entweder ein Aufwand (–) oder Ertrag (+) aus kostenrechnerischen Korrekturen.

Beispiel: In der KLR bewertet die Schmolmann KG den Werkstoffeinsatz (Bleche) zum Verrechnungspreis von durchschnittlich 210,00 € je 100 kg.
Im Jahr 01 betrug der Verbrauch 1400 t. Die Anschaffungskosten machten durchschnittlich 200,00 € je 100 kg aus.

Bewertung zu Anschaffungskosten in der FB: 200,00 € · 14000 = 2.800.000,00 €
Bewertung zum Verrechnungspreis in der KLR: 210,00 € · 14000 = 2.940.000,00 €[1]

Ergebnistabelle								
Finanzbuchhaltung (= RK I)			Kosten- und Leistungsrechnung (= RK II)					
Gesamtergebnisrechnung der FB			Abgrenzungsrechnung				Betriebsergebnisrechnung	
			Unternehmensbezogene Abgrenzungen		Kostenrechnerische Korrekturen			
Konto	Aufwendungen	Erträge	neutrale Aufwendungen	neutrale Erträge	betriebliche Aufwendungen	verrechnete Kosten	Kosten	Leistungen
5000		2.940.000[2]	→	→	→	→	→	2.940.000[2]
6000	**2.800.000** →	→	→	→	2.800.000	2.940.000	**2.940.000**[1]	
	2.800.000	**2.940.000**			**2.800.000**	**2.940.000**	**2.940.000**	**2.940.000**
	140.000				**140.000**			
	2.940.000	2.940.000			2.940.000	2.940.000		

1 **Diese Kosten werden im Folgenden zur Ausschaltung von Preisschwankungen in der KLR verwendet.**
2 über die Umsatzerlöse zurückgeflossene Werkstoffkosten

2.4.7 Zusammenfassung der kalkulatorischen Kosten

- **Aufgabe der kalkulatorischen Kosten.** Die kalkulatorischen Kosten sorgen dafür, dass nur der Werteverzehr in die Kosten- und Leistungsrechnung eingebracht wird, der durch die Umsatzprozesse **tatsächlich** entstanden ist, auch wenn er in der Ergebnisrechnung der Finanzbuchhaltung **nicht oder in anderer Höhe angefallen ist.** Dadurch wird die Kosten- und Leistungsrechnung **genauer, von Schwankungen** einzelner Aufwendungen (z.B. degressive Abschreibung) **befreit** und ein **Kostenvergleich** mit einzelnen Perioden oder branchengleichen Betrieben **ist möglich.**
- **Arten der kalkulatorischen Kosten.** Die meisten Aufwendungen der Finanzbuchhaltung können unverändert als Kosten übernommen werden. In diesen Fällen spricht man von **aufwandsgleichen Kosten** oder **Grundkosten.**

  Anderskosten. Einige Aufwendungen der Finanzbuchhaltung stellen zwar betrieblichen Aufwand dar, **eignen sich aber in ihrer Höhe nicht für die Kostenrechnung.** Sie werden deshalb mit einem **anderen Wert in der KLR** angesetzt, als sie in der FB gebucht wurden. Kosten dieser Art heißen **Anderskosten;** sie sind **aufwandsungleiche Kosten.** Dazu rechnen z.B. **kalkulatorische Abschreibungen, kalkulatorische Zinsen** auf das Fremdkapital und **kalkulatorische Wagnisse.**

  Zusatzkosten. Einigen Kosten der KLR liegt gar kein Aufwand in der FB zugrunde. Es handelt sich um **aufwandslose Kosten (= Zusatzkosten).** Sie dürfen in der FB nicht erfasst werden, da mit ihnen **keine Geldausgaben** verbunden sind. Zusatzkosten stellen jedoch echten betriebsbedingten Werteverzehr dar und müssen deshalb in der KLR **zusätzlich** berücksichtigt werden. Zu ihnen zählen der **kalkulatorische Unternehmerlohn** bei Einzelunternehmungen und Personengesellschaften und die **kalkulatorischen Zinsen** auf das betriebsnotwendige **Eigenkapital.**
- Durch das Einbringen der kalkulatorischen Kosten in die Betriebsergebnisrechnung bezweckt der Unternehmer die **vollständige Erfassung der Kosten,** um das Betriebsergebnis berechnen zu können, das ihm den „wahren" Erfolg seiner betrieblichen Tätigkeit mitteilt.
- Die mit den Umsatzerlösen in das Unternehmen zurückfließenden kalkulatorischen Kosten stehen als flüssige Finanzierungsmittel zur Verfügung. Sie werden durch die in der FB gebuchten Aufwendungen vor der Ausschüttung bewahrt.

Das folgende **Schaubild** verdeutlicht den Zusammenhang zwischen den Aufwendungen der Finanzbuchhaltung und den Kosten der Kosten- und Leistungsrechnung.

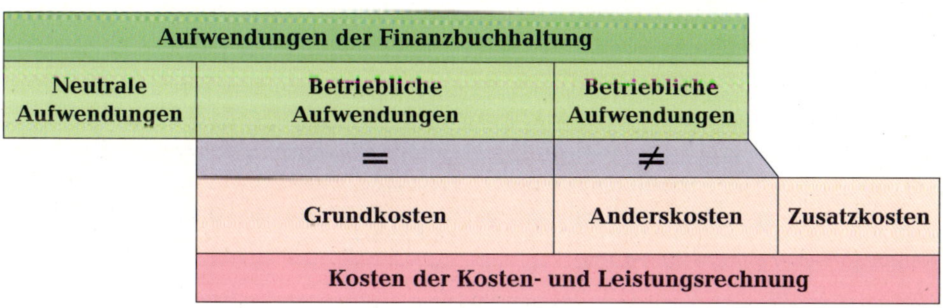

Aufgaben

262 Die Anschaffungskosten einer Maschine betragen 40.000,00 €, ihre Wiederbeschaffungskosten 48.000,00 €, betriebsgewöhnliche Nutzungsdauer 10 Jahre.

Berechnen Sie die Abschreibungsbeträge des ersten Nutzungsjahres für die bilanzmäßige Abschreibung nach der degressiven, für die kalkulatorische Abschreibung nach der linearen Abschreibungsmethode.

263 Die in der FB für das Jahr .. erfassten Fremdkapitalzinsen betragen aufgrund einer Zinserhöhung 112.000,00 €. Die kalkulatorischen Zinsen werden in der Kosten- und Leistungsrechnung mit 90.000,00 € verrechnet und über die Umsatzerlöse voll erstattet.

1. *Um wie viel € unterschreiten die monatlichen Zusatzkosten, die durch die Verrechnung der kalkulatorischen Zinsen entstehen, die monatlichen Fremdkapitalzinsen?*
2. *Welche Zinsen beeinflussen in welcher Höhe*
   a) das Gesamtergebnis der Unternehmung,
   b) das Betriebsergebnis,
   c) das Neutrale Ergebnis?

264 Ein Unternehmen hat aufgrund der angespannten Wirtschaftslage im abgelaufenen Jahr seine Erzeugnisse unter Selbstkosten verkauft. Folgende Angaben aus der Finanzbuchhaltung und der Kosten- und Leistungsrechnung liegen vor:

Umsatzerlöse	949.800,00 €
Kosten (ohne Abschreibungen und Zinsen)	864.700,00 €
Bilanzmäßige Abschreibungen	27.600,00 €
Gezahlte Fremdkapitalzinsen	32.700,00 €
Kalkulatorische Abschreibungen	75.000,00 €
Kalkulatorische Zinsen	46.800,00 €

1. *Erstellen Sie die Ergebnistabelle.*
2. *Begründen Sie, warum trotz eines Betriebsverlustes ein Unternehmungsgewinn entsteht.*

265 *Die Ergebnistabelle zu Aufgabe 246, S. 233, ist um folgende kostenrechnerische Korrekturen zu ergänzen. Erläutern Sie die Auswirkungen auf Betriebsergebnis und Neutrales Ergebnis.*

Kalkulatorische Abschreibungen auf das Sachanlagevermögen	45.000,00 €
Kalkulatorischer Unternehmerlohn	8.000,00 €

266 *Ergänzen Sie die Ergebnistabelle von Aufgabe 250, S. 235, um folgende kostenrechnerische Korrekturen und erläutern Sie die Auswirkungen auf Betriebsergebnis und Neutrales Ergebnis.*

Rohstoffverbrauch zu Verrechnungspreisen	312.000,00 €
Kalkulatorische Abschreibungen auf Maschinen	96.000,00 €
Kalkulatorischer Unternehmerlohn	18.000,00 €

267 *Ergänzen Sie die Ergebnistabelle von Aufgabe 251, S. 235, um folgende kostenrechnerische Korrekturen und erläutern Sie die Auswirkungen auf Betriebsergebnis und Neutrales Ergebnis.*

Rohstoffverbrauch zu Verrechnungspreisen	212.000,00 €
Kalkulatorische Abschreibungen auf Maschinen	36.000,00 €
Kalkulatorische Zinsen vom betriebsnotwendigen Kapital	44.000,00 €
Kalkulatorischer Unternehmerlohn	15.000,00 €

268

1. *Klären Sie folgenden vermeintlichen Widerspruch auf:*
   „Der erzielte Gewinn soll Arbeitsentgelt, Kapitalverzinsung und Risikoprämie für den Unternehmer enthalten. Andererseits verrechnet der Unternehmer auch noch Kosten für kalkulatorische Zinsen und kalkulatorischen Unternehmerlohn."
2. *Erläutern Sie, was unter nomineller und substanzieller Kapitalerhaltung zu verstehen ist.*

269

Ermitteln Sie die kalkulatorischen Wagniszuschläge für die laufende Abrechnungsperiode:

a) Beständewagnis:	2 % vom Rohstoffverbrauch 800.000,00 €
b) Entwicklungswagnis:	3 % von 300.000,00 € Entwicklungskosten
c) Gewährleistungswagnis:	3 % der Umsatzerlöse von 4.200.000,00 €
d) Fertigungswagnis:	1 % der Herstellkosten in Höhe von 3.100.000,00 €

270

Der kalkulatorische Unternehmerlohn wird in einem Industriebetrieb (Einzelunternehmung) mit monatlich 12.000,00 € angesetzt und verrechnet. Kostenersatz über die Umsatzerlöse findet statt.

1. *Zeigen Sie in der Ergebnistabelle die Auswirkungen auf*
   a) das Gesamtergebnis der Unternehmung,
   b) das Betriebsergebnis,
   c) das Neutrale Ergebnis.
2. *Erläutern Sie in einer kurzen Niederschrift, dass der kalkulatorische Unternehmerlohn Zusatzkosten darstellt und damit Einfluss auf das Gesamtergebnis der Unternehmung nimmt.*

271

Die Finanzbuchhaltung der Betonwarenfabrik Klaus Barth e. K., Stuttgart, hat für den Monat September folgende Aufwendungen und Erträge erfasst:

5000	Umsatzerlöse für eigene Erzeugnisse	1.885.000,00
5100	Umsatzerlöse für Handelswaren	40.000,00
5220	Mehrbestand an fertigen Erzeugnissen	12.000,00
5300	Aktivierte Eigenleistungen	8.000,00
5440	Erlöse aus Anlagenverkäufen	4.000,00
5500	Erträge aus Beteiligungen	6.000,00
60..	Aufwendungen für Roh-, Hilfs- und Betriebsstoffe	650.000.00
6100	Aufwendungen für bezogene Leistungen	25.000,00
6200	Löhne	720.000,00
6300	Gehälter	120.000,00
6400	Soziale Aufwendungen	160.000,00
6520	Abschreibungen auf Sachanlagen	180.000,00
6930	Schadensfälle	7.000,00
6979	Anlagenabgänge	3.000,00
7510	Zinsaufwendungen	25.000,00

Angaben aus der KLR

1.	Die kalkulatorischen Abschreibungen betragen monatlich	140.000,00
2.	Die kalkulatorischen Zinsen sind noch für den Monat September zu ermitteln und zu verrechnen: Betriebsnotwendiges Kapital	6.000.000,00
	Kalkulatorischer Zinssatz (jährlich)	8 %
3.	Der kalkulatorische Unternehmerlohn beträgt monatlich	6.000,00
4.	Kalkulatorische Wagniskosten je Monat	12.000,00
5.	Kalkulatorischer Mietwert für betrieblich genutzte Privaträume	2.000,00

Ermitteln Sie mithilfe der Ergebnistabelle die einzelnen Ergebnisse in den Rechnungskreisen I und II und stimmen Sie diese ab.

2.5 Erstellung und Auswertung der endgültigen Ergebnistabelle

Beispiel: Um die Kosten und Leistungen vollständig und periodengerecht zu erfassen, erstellt die Schmolmann KG auf der Basis der vorläufigen Ergebnistabelle von Seite 231 unter Einbeziehung der kalkulatorischen Kosten und des Verrechnungspreises für Rohstoffe (vgl. S. 238 bis 248) folgende endgültige Ergebnistabelle.

Ergebnistabelle								
Finanzbuchhaltung (= RK I)			**Kosten- und Leistungsrechnung (= RK II)**					
Gesamtergebnisrechnung der FB			**Abgrenzungsrechnung**				**Betriebsergebnisrechnung**	
			Unternehmensbezogene Abgrenzungen		**Kostenrechnerische Korrekturen**			
Konto	Aufwendungen	Erträge	neutrale Aufwendungen	neutrale Erträge	betriebliche Aufwendungen	verrechnete Kosten	Kosten	Leistungen
5000		10.520.000						10.520.000
5220		240.000						240.000
5400		140.000		140.000				
5440		65.000		65.000				
5710		50.000		50.000				
6000	2.800.000				2.800.000	2.940.000	2.940.000	
6020	795.000						795.000	
6030	35.000						35.000	
6200	2.400.000						2.400.000	
6300	500.000						500.000	
6400	600.000						600.000	
6520	650.000		40.000		610.000	660.000	660.000	
6800	50.000						50.000	
6870	205.000						205.000	
6979	50.000		50.000					
70..	190.000		10.000				180.000	
7460	90.000		90.000					
7510	540.000				540.000	1.035.000	1.035.000	
7600	260.000		260.000					
U.-Lohn						300.000	300.000	
	9.165.000	11.015.000	450.000	255.000	3.950.000	4.935.000	9.700.000	10.760.000
	1.850.000			**195.000**	**985.000**		**1.060.000**	
	11.015.000	11.015.000	450.000	450.000	4.935.000	4.935.000	10.760.000	10.760.000
			Ergebnis aus unternehmensbez. Abgrenz.		Ergebnis aus kostenrechn. Korrekturen			
Gesamtergebnis		**=**	**Neutrales Ergebnis**				**+ Betriebsergebnis**	

Abstimmung der Ergebnisse:

1. Gesamtergebnis im Rechnungskreis I		**(+) 1.850.000,00 €**
2. Verlust aus unternehmensbez. Abgrenzungen	(–) 195.000,00 €	
3. Gewinn aus kostenrechnerischen Korrekturen ...	(+) 985.000,00 €	
4. Betriebsgewinn	(+) 1.060.000,00 €	
5. Gesamtergebnis im Rechnungskreis II		**(+) 1.850.000,00 €**

2.5.1 Gesamtergebnis, Neutrales Ergebnis und Betriebsergebnis

Gesamtergebnis, Neutrales Ergebnis, Betriebsergebnis. Die **Teilergebnisse im RK II** (= Neutrales Ergebnis, Betriebsergebnis) zeigen die **Zusammensetzung des im RK I ausgewiesenen Gesamtergebnisses** in Höhe von 1.850.000,00 €: Dem **Verlust** aus unternehmensbezogenen Abgrenzungen (195.000,00 €) steht ein **Gewinn** aus kostenrechnerischen Korrekturen (985.000,00 €) gegenüber. Der **Neutrale Gewinn** beträgt somit 790.000,00 € und hat einen Anteil von 42,7 % am Gesamtgewinn. Der überwiegende Teil des Gesamtgewinnes (1.060.000,00 € **Betriebsgewinn**) ist aus der geplanten betrieblichen Tätigkeit erzielt worden.

Das Ergebnis aus kostenrechnerischen Korrekturen besagt, dass die Schmolmann KG **hohe kalkulatorische Wertansätze** zugrunde gelegt hat, die sich im Ergebnis aus kostenrechnerischen Korrekturen als **Ertrag** niederschlagen und hier zu einem entsprechend **hohen Überschuss über die Aufwendungen** der FB führen. Dieser Überschuss wird auch – so zeigt es das Gesamtergebnis – **voll als Gewinn verwirklicht.**

Das Betriebsergebnis erreicht eine **angemessene Höhe.** Das Unternehmen Schmolmann KG hat es geschafft, über die Umsatzerlöse **alle Kosten** – einschließlich der **gesamten kalkulatorischen Kosten** – zu „verdienen" und noch einen Überschuss von 1.060.000,00 € zu erwirtschaften. Da der Unternehmerlohn und die Verzinsung des Eigenkapitals in den Kosten bereits berücksichtigt wurden, kann dieser Überschuss zur **Abdeckung des allgemeinen Unternehmerrisikos** und zur **Finanzierung zukünftiger Investitionen** verwendet werden. Zudem zeigt dieser „Restgewinn", dass es dem Unternehmen bei seiner Kostensituation gelungen ist, **erfolgreich auf dem Markt** zu bestehen.

Ein negatives Betriebsergebnis (= Betriebsverlust) würde unter diesen Bedingungen lediglich besagen, dass vorrangig die kalkulatorischen Kosten nicht mehr in voller Höhe erwirtschaftet werden können; das Gesamtergebnis würde im obigen Beispiel niedriger ausfallen als das Neutrale Ergebnis.

2.5.2 Ermittlung des Durchschnittspreises und der Stückkosten mithilfe der Divisionskalkulation[1]

Im Einproduktunternehmen lassen sich Stückpreis und Stückkosten mithilfe der **Divisionskalkulation** ermitteln, indem man die Erlöse durch die Absatzmenge bzw. die Kosten durch die Produktionsmenge dividiert.

Stückkosten. Die in der Ergebnistabelle ausgewiesenen **Gesamtkosten** der Abrechnungsperiode gestatten die Berechnung der **durchschnittlichen Stückkosten** auf der Grundlage der **Produktionsmenge** des Geschäftsjahres.

Beispiel: Im zurückliegenden Geschäftsjahr 01 wurden im Unternehmen Schmolmann KG insgesamt 200 000 Gehäuse der gleichen Art produziert.

$$\textbf{durchschnittliche Stückkosten} = \frac{\textbf{Gesamtkosten}}{\textbf{Produktionsmenge}} = \frac{\textbf{9.700.000,00 €}}{\textbf{200 000 Stück}} = \textbf{48,50 €/Stück}$$

Stückpreis. Der **durchschnittlich** erzielte Stückpreis wird aus den Nettoumsatzerlösen und der Absatzmenge berechnet. Aufgrund des in der Ergebnistabelle ausgewiesenen Mehrbestandes an fertigen Erzeugnissen ist die **Absatzmenge geringer als die Produktionsmenge.** Sie ist zunächst zu bestimmen; erst danach kann der Stückpreis berechnet werden:

1 Siehe auch S. 325 f.

1. Berechnung der Absatzmenge

	Produktionsmenge	200 000 Stück
–	Lagerbestand (vgl. S. 260/284)	6 034 Stück
=	**Absatzmenge**	**193 966 Stück**

2. Berechnung des Stückpreises

$$\textbf{durchschnittlicher Stückpreis} = \frac{\textbf{Nettoumsatzerlöse}}{\textbf{Absatzmenge}} = \frac{\textbf{10.520.000,00 €}}{\textbf{193 966 Stück}} = \textbf{54,24 €/St.}$$

Merke:

- $$\textbf{Selbstkosten je Stück} = \frac{\textbf{Gesamtkosten der Abrechnungsperiode}}{\textbf{Produktionsmenge der gleichen Periode}}$$
- $$\textbf{Preis je Stück} = \frac{\textbf{Nettoumsatzerlöse der Rechnungsperiode}}{\textbf{Absatzmenge der gleichen Periode}}$$

Stückgewinn. Der Stückgewinn lässt sich berechnen:

Differenz aus Stückpreis – Stückkosten:
54,24 €/Stück – 48,50 €/Stück = **5,74 €/Stück.**

2.5.3 Rentabilität und Wirtschaftlichkeit[1]

Der ausgewiesene **Gesamtgewinn** kann zur Bestimmung der **Rentabilität**[1], d. h. zur Bestimmung der Ertragskraft des Unternehmens (= Eigenkapitalrentabilität, Umsatzrentabilität), und zur Berechnung der **Wirtschaftlichkeit**[1] herangezogen werden.

Beispiel: Für die Mitarbeit im Unternehmen setzen die Gesellschafter einen Unternehmerlohn von jährlich 300.000,00 € an. Das durchschnittlich über das Jahr im Unternehmen gebundene Eigenkapital soll 10.500.000,00 € betragen.

Wie hoch ist die Verzinsung des eingesetzten Eigenkapitals?

	Gesamtgewinn	1.850.000,00 €
–	Unternehmerlohn	300.000,00 €
	Restgewinn (zur Verzinsung des Eigenkapitals)	1.550.000,00 €

$$\textbf{Eigenkapitalrentabilität} = \frac{\textbf{Restgewinn} \cdot \textbf{100 \%}}{\textbf{Eigenkapital}} = \frac{\textbf{1.550.000} \cdot \textbf{100 \%}}{\textbf{10.500.000}} = \textbf{14,8 \%}$$

Im Vergleich zu einer langfristigen Geldanlage (ca. 4 % – 6 %) ist die errechnete Verzinsung des Eigenkapitals sehr gut.

Beispiel: Anhand der Kennzahl der Wirtschaftlichkeit soll festgestellt werden, ob das Unternehmen Schmolmann KG **mit den eingesetzten Mitteln sparsam umgegangen** ist, ob also der **Ertrag** (= Leistungen) **in einem günstigen Verhältnis zum Aufwand** (= Kosten) steht.

$$\textbf{Wirtschaftlichkeit} = \frac{\textbf{Leistungen}}{\textbf{Kosten}} = \frac{10.760.000{,}00\ €}{9.700.000{,}00\ €} = \textbf{1,11}$$

Die Wirtschaftlichkeitszahl 1,11 besagt, dass das Unternehmen für je 1,00 € Kosten Leistungen von 1,11 € geschaffen hat. Ob dies ein angemessenes Verhältnis ist, kann nur im Vergleich mehrerer Jahre oder im Vergleich mit ähnlich produzierenden Unternehmen festgestellt werden.

1 Siehe auch Band 1, BWL, Kapitel 1.1.1, Band 2, RW, Kapitel G, 3.3.2.

Aufgaben

272

Die Gewinn- und Verlustrechnung eines Industrieunternehmens weist folgende Beträge aus:

5000	Umsatzerlöse für eigene Erzeugnisse	883.000,00
5220	Mehrbestand an fertigen Erzeugnissen	32.100,00
5300	Aktivierte Eigenleistungen	37.600,00
5400	Mieterträge	15.100,00
5440	Erlöse aus Anlagenverkäufen	27.300,00
5490	Periodenfremde Erträge	21.400,00
5500	Erträge aus Beteiligungen	39.800,00
5710	Zinserträge	14.130,00
60..	Aufwendungen für Roh-, Hilfs- und Betriebsstoffe	143.100,00
6160	Fremdinstandsetzung	21.200,00
6200	Löhne	211.200,00
6300	Gehälter	114.300,00
6400	Soziale Aufwendungen	51.600,00
6520	Abschreibungen auf Sachanlagen	91.500,00
6900	Versicherungsbeiträge	7.200,00
6930	Verluste aus Schadensfällen	2.750,00
6950	Abschreibungen auf Forderungen	18.600,00
6979	Anlagenabgänge	8.900,00
70..	Betriebssteuern	24.100,00
7510	Zinsaufwendungen	1.890,00

Für die Aufstellung der Ergebnistabelle sind folgende Angaben zu berücksichtigen:

1. In den Abschreibungen auf Sachanlagen sind 10.000,00 € Abschreibungen auf ein vermietetes Gebäude enthalten.
2. In den Betriebssteuern ist die Grundsteuer auf das vermietete Gebäude mit 1.500,00 € enthalten.
3. Der Werkstoffverbrauch wird wegen der schwankenden Anschaffungskosten zu festen Verrechnungspreisen angesetzt. Der so bewertete Verbrauch von Roh-, Hilfs- und Betriebsstoffen beträgt ... 130.000,00
4. Der kalkulatorische Unternehmerlohn beträgt ... 65.000,00
5. Die kalkulatorischen Zinsen für das betriebsnotwendige Kapital betragen ... 19.700,00
6. Für Garantieverpflichtungen werden als kalkulatorische Wagniszuschläge in Ansatz gebracht ... 15.600,00
7. Die kalkulatorischen Abschreibungen auf Sachanlagen betragen ... 75.600,00
8. Die kalkulatorischen Abschreibungen auf Forderungen betragen ... 6.000,00

a) Ermitteln Sie in der Ergebnistabelle das Gesamtergebnis der Unternehmung, das Neutrale Ergebnis und das Betriebsergebnis und erläutern Sie die Teilergebnisse.

b) Werten Sie die Ergebnistabelle mithilfe folgender Angaben aus: Produktionsmenge 12 500 Stück, durchschnittlich eingesetztes Eigenkapital 2.100.000,00 €

273

Die Finanzbuchhaltung eines Industrieunternehmens schließt mit folgenden Aufwendungen und Erträgen ab:

5000	Umsatzerlöse für eigene Erzeugnisse	1.150.000,00
5100	Umsatzerlöse für Handelswaren	220.000,00
5400	Mieterträge	7.100,00
5440	Erlöse aus Anlagenverkäufen	53.000,00
5710	Zinserträge	5.100,00
60..	Aufwendungen für Roh-, Hilfs- und Betriebsstoffe	195.000,00
6060	Aufwendungen für Handelswaren	170.000,00

6200	Löhne	235.000,00
6300	Gehälter	195.000,00
6400	Soziale Aufwendungen	98.000,00
6520	Abschreibungen auf Sachanlagen	193.000,00
6700	Miet- und Pachtaufwendungen	5.600,00
6950	Abschreibungen auf Forderungen	85.000,00
6979	Anlagenabgänge	31.000,00
7510	Zinsaufwendungen	34.900,00

Die Ergebnistabelle ist aufgrund folgender Angaben aufzustellen:

1. In den Löhnen sind Lohnnachzahlungen für zurückliegende Perioden in Höhe von 20.000,00 € enthalten.
2. Die Abschreibungen auf Anlagen enthalten 10.000,00 € Abschreibungen auf ein vermietetes Gebäude.
3. Die kalkulatorischen Abschreibungen auf Sachanlagen betragen 160.000,00
4. Der kalkulatorische Unternehmerlohn beträgt 36.000,00
5. Als kalkulatorische Zinsen sind zu verrechnen 70.000,00
6. Die kalkulatorischen Abschreibungen auf Forderungen betragen 25.000,00

a) Führen Sie die Gesamtergebnisrechnung, die Abgrenzungsrechnung und die Betriebsergebnisrechnung in der Ergebnistabelle durch und erläutern Sie die Teilergebnisse.

b) Werten Sie die Ergebnistabelle aus: Produktions-(=Absatz-)menge 15 000 Stück, durchschnittlich gebundenes Eigenkapital 1.950.000,00 €.

---

274 Die Gewinn- und Verlustrechnung eines Industrieunternehmens enthält für den Abrechnungsmonat Oktober folgende Aufwendungen und Erträge:

5000	Umsatzerlöse für eigene Erzeugnisse	731.000,00
5220	Mehrbestand an fertigen Erzeugnissen	34.100,00
5300	Aktivierte Eigenleistungen (zu Herstellkosten)	37.500,00
5420	Entnahme von Erzeugnissen	2.400,00
5440	Erlöse aus Anlagenverkäufen	24.600,00
5500	Erträge aus Beteiligungen	6.800,00
5710	Zinserträge	3.300,00
60..	Aufwendungen für Roh-, Hilfs- und Betriebsstoffe	189.600,00
6160	Fremdinstandsetzung	2.150,00
6200	Löhne	142.500,00
6300	Gehälter	163.600,00
6400	Soziale Aufwendungen	28.100,00
6520	Abschreibungen auf Sachanlagen	63.000,00
6700	Miet- und Pachtaufwendungen	11.700,00
6800	Büromaterial	5.300,00
6920	Beiträge	1.100,00
6950	Abschreibungen auf Forderungen (pauschal)	51.000,00
6979	Anlagenabgänge	17.100,00
70..	Betriebliche Steuern	23.900,00
7510	Zinsaufwendungen	2.200,00

Die Ergebnistabelle ist unter Beachtung folgender Vorgänge aufzustellen:

1. Unter den Gehältern sind Nachzahlungen für vergangene Perioden in Höhe von 30.000,00 € enthalten.
2. Die kalkulatorischen Abschreibungen auf Sachanlagen betragen 52.000,00
3. Der kalkulatorische Unternehmerlohn beträgt 26.200,00
4. Die kalkulatorischen Zinsen für das betriebsnotwendige Kapital betragen .. 32.600,00

a) Erstellen Sie die Ergebnistabelle und erläutern Sie die Teilergebnisse.

b) Werten Sie die Ergebnistabelle aus: Produktionsmenge 21500 Stück, durchschnittlich gebundenes Eigenkapital 11.500.000,00 €.

275

Die Möbelfabrik Hansen OHG stellt in einem Zweigbetrieb ausschließlich Computertische für ein Versandhaus her. Für diesen Zweigbetrieb wird die Betriebsabrechnung getrennt durchgeführt. Zum Ende des Geschäftsjahres .. liegen folgende Aufwendungen und Erträge vor:

5000	Umsatzerlöse für eigene Erzeugnisse	1.024.000,00
5220	Mehrbestand an fertigen Erzeugnissen	96.000,00
5400	Mieterträge	20.000,00
5420	Entnahme von Gegenständen und sonstigen Leistungen	45.000,00
5490	Periodenfremde Erträge	24.000,00
6000	Aufwendungen für Rohstoffe	224.000,00
6020	Aufwendungen für Hilfsstoffe	25.000,00
6030	Aufwendungen für Betriebsstoffe	8.000,00
6160	Fremdinstandsetzung	14.000,00
6200	Löhne	305.000,00
6300	Gehälter	206.000,00
6400	Soziale Aufwendungen	112.000,00
6520	Abschreibungen auf Sachanlagen	48.000,00
6600	Sonstige Personalaufwendungen	9.000,00
6850	Reisekosten	10.000,00
6930	Verluste aus Schadensfällen	5.000,00
70..	Betriebliche Steuern	36.000,00
7510	Zinsaufwendungen	7.000,00

Für die Aufstellung der Ergebnistabelle sind folgende Angaben zu berücksichtigen:

1. Unter der Position „Gebäude" in der Bilanz befindet sich ein vermietetes (zum Betriebsvermögen gehörendes) Wohnhaus. Die Aufwendungen und Erträge hierfür wurden über die Finanzbuchhaltung abgewickelt und sind daher in der GuV-Rechnung enthalten. Im Einzelnen handelt es sich um folgende Posten:

Abschreibungen	9.000,00
Grundsteuer	4.000,00
Hausmeisterlohn	28.000,00
Arbeitgeberanteil zur Sozialversicherung	6.000,00
Malerarbeiten (vgl. Fremdinstandsetzung)	4.000,00

2. In der Position „Sonstige Personalaufwendungen" sind Nachzahlungen für das vergangene Geschäftsjahr enthalten 3.000,00
3. Die kalkulatorischen Zinsen sind aufgrund folgender Angaben zu berechnen:

Anlagevermögen (nach kalkulatorischen Restwerten) insgesamt	504.000,00
Kalkulatorischer Restwert des vermieteten Wohnhauses	80.000,00
Umlaufvermögen (zu Mittelwerten)	248.000,00
In den Verbindlichkeiten a. LL sind zinslose Kredite enthalten	32.000,00

   Der Zinssatz für das betriebsnotwendige Kapital beträgt 7,5 %.
4. Den kalkulatorischen Abschreibungen sind folgende Angaben zugrunde zu legen: Nutzungsdauer: Gebäude 25 Jahre, übriges Anlagevermögen 10 Jahre, Wiederbeschaffungskosten:

Gebäude	400.000,00
Maschinen	280.000,00
Andere Sachanlagen	40.000,00

5. Der kalkulatorische Unternehmerlohn wird angesetzt mit 72.000,00

a) Erstellen Sie die Ergebnistabelle und erläutern Sie die Teilergebnisse.

b) Werten Sie die Ergebnistabelle aus. Legen Sie hierfür folgende Angaben zugrunde: Durchschnittlich gebundenes Eigenkapital 520.000,00 €. Im abgelaufenen Geschäftsjahr wurden 4 600 Computertische hergestellt.

3 Kostenartenrechnung (KAR)

3.1 Aufgaben der Kostenartenrechnung

Situation: Im Unternehmen Schmolmann KG sind Kosten und Leistungen für das Geschäftsjahr 01 in der Ergebnistabelle ermittelt worden (vgl. S. 252). Für Herrn Schmolmann stellt sich nun das Problem, die Kosten und Leistungen passend auf die jeweils in der KLR angestrebten Ziele hin zu gliedern und zusammenzufassen. Folgende **Ziele der Kostenartenrechnung** und **Möglichkeiten der Kostengliederung** kommen hierbei in Betracht:

Ziele der KAR	Kriterium der Kostengliederung	Unterteilung der Kosten	Beispiele
Verbrauch an Produktionsfaktoren planen und kontrollieren	**Gliederung nach der Verbrauchsart**	**Werkstoffkosten**	Verbrauch von Roh-, Hilfs- und Betriebsstoffen, an Fremdbauteilen und Handelswaren
		Betriebsmittelkosten	Wertminderungen an Betriebsmitteln
		Personalkosten	Löhne, Gehälter, Lohnnebenkosten
		Dienstleistungskosten	Versicherungsprämien, Frachtkosten, Fremdinstandsetzung, Vertriebsprovisionen, Rechts- und Beratungskosten
		Zwangsabgaben	Steuern, Gebühren, Zölle
		Umweltkosten	Kosten der Abwasserreinigung und Abfallentsorgung
Kalkulationen erstellen	**Zurechnung der Kosten zu Kostenträgern** (Auftrag, Serie, Leistungseinheit, vgl. S. 259)	**Einzelkosten** (= direkte Zurechenbarkeit auf Kostenträger)	Rohstoffverbrauch, zeitunabhängige Fertigungslöhne, Verpackungs- und Frachtkosten
		Sondereinzelkosten der Fertigung	Modellkosten, Spezialwerkzeuge, Lizenzgebühren
		Sondereinzelkosten des Vertriebs	Spezialverpackung, Vertriebsprovisionen
		Gemeinkosten (= keine direkte Zurechenbarkeit auf Kostenträger)	Zeitlöhne, Gehälter, Soziale Aufwend., Abschreibungen, Mieten, Betriebliche Steuern u. a.
Marktorientierte Entscheidungen treffen	**Verhalten der Kosten bei Beschäftigungsänderungen**	**Variable Kosten** (= reagieren auf Beschäftigungsänderungen)	Rohstoffverbrauch, Akkordlöhne
		Fixe Kosten (= reagieren nicht auf Beschäftigungsänderungen)	Gehälter, zeitabhängige Löhne, Abschreibungen, Versicherungsprämien, Mieten
		Mischkosten (= enthalten zugleich variable und fixe Kostenbestandteile)	Telefonkosten, Kosten der Geräte- und Maschinenwartung

6686258

3.2 Zurechnung der Kosten auf die Kostenträger

Ermittlung der Selbstkosten. Nach der Erfassung aller Kosten in der Ergebnistabelle (vgl. S. 252) besteht eine **wesentliche Aufgabe der Vollkostenrechnung** darin, **alle Kosten verursachungsgerecht auf die Leistungseinheiten zu verteilen;** auf diese Weise werden die **Selbstkosten der Leistungseinheit** ermittelt.

Kostenträger. Die Leistungseinheiten im Industriebetrieb sind in der Regel die **fertigen und unfertigen Erzeugnisse,** aber auch ein **einzelner Auftrag** oder eine **Serie** kann Leistungseinheit sein. In der KLR heißen diese Leistungseinheiten **„Kostenträger“:** Ihnen werden alle Kosten „aufgebürdet“, die sie verursacht haben, sodass

- für die Kostenträger **kostendeckende Preise kalkuliert** werden (Selbstkosten) und
- durch den Verkauf der Kostenträger **alle Kosten** in Form von Umsatzerlösen wieder **in das Unternehmen zurückfließen.**

Die Kostenträger werden in Abhängigkeit vom Fertigungsverfahren[1] festgelegt:

Fertigungsverfahren	Kostenträger	Beispiele
Einzelfertigung (= Fertigung **eines** Erzeugnisses in **einer** Einheit)	ein einzelnes Erzeugnis	Großmaschinen, Brücken, Gebäude, Schiffe
Serienfertigung (= Fertigung **unterschiedlicher** Erzeugnisse in **mehreren** Einheiten)	begrenzte Menge der Serie	Elektrogeräte, Möbel, Fahrzeuge, Gehäuse
Sortenfertigung (= Fertigung **sehr ähnlicher** Erzeugnisse in **mehreren** Einheiten)	begrenzte Menge der Sorte	Bleche, Ziegel, Bier, Bekleidung, Werkzeuge
Massenfertigung (= Fertigung **eines** Erzeugnisses **in hoher Stückzahl**)	Menge des im Zeitabschnitt hergestellten Produktes	Elektrizität, Papier, Stahl

Die Zurechnung der Kosten zu den Kostenträgern erfolgt in Abhängigkeit von den Fertigungsverfahren nach entsprechenden **Kalkulationsmethoden:**

- **Bei Einzelfertigung** stellt die Zurechnung kein Problem dar: Alle Kosten – mit Ausnahme der Verwaltungskosten – lassen sich eindeutig einem Erzeugnis (= Projekt) zuordnen.
- **Bei der Serienfertigung** werden auf den gleichen Produktionsanlagen – teils parallel – unterschiedliche Produkte hergestellt, die jeweils **unterschiedliche Kosten** verursachen und die Produktionsstufen in **unterschiedlichem Umfang** beanspruchen. Nur ein Teil der Kosten (= **Einzelkosten**) lässt sich **direkt einem bestimmten Kostenträger zuordnen,** während bei den sog. **Gemeinkosten** nur die **indirekte Zuordnung über die Kostenstellen** möglich ist. Hierfür ist die **Zuschlagskalkulation** das geeignete Kalkulationsverfahren (vgl. S. 314 f.).
- **Bei der Sortenfertigung** werden Produkte aus dem gleichen Ausgangsmaterial, aber in unterschiedlicher Form und Größe hergestellt. Das hierbei vorherrschende Verfahren zur Ermittlung der Selbstkosten ist die **Äquivalenzziffernkalkulation** (vgl. S. 323).
- **Bei der Massenfertigung** wird die **Summe der Kosten einer Abrechnungsperiode durch die Stückzahl der hergestellten Erzeugnisse dieses Zeitabschnitts dividiert,** um die Selbstkosten der Leistungseinheit zu erhalten **(Divisionskalkulation,** vgl. S. 325).

1 Siehe auch Band 1, BWL, Kapitel 5.3.

3.3 Abhängigkeit der Kosten von der Beschäftigung

Beschäftigung[1]**.** Unter Beschäftigung verstehen wir das **Leistungsvermögen** – ausgedrückt in den Produktionszahlen – **je Zeiteinheit** (z. B. Monat oder Jahr), das ein jedes Unternehmen aufgrund seines **Betriebsmittelbestandes** hat (= **Kapazität**). Jede Produktionsanlage besitzt eine **technische Kapazität,** auf die sie **konstruktionsmäßig** ausgelegt ist, und eine **wirtschaftliche Kapazität,** die die **kostengünstigste Auslastung** angibt. In der Regel wird das Unternehmen die wirtschaftliche Kapazität anstreben und nicht die technische Kapazität.

Als Beschäftigungsgrad (= Kapazitätsausnutzungsgrad) wird das Verhältnis aus **tatsächlicher Ausnutzung** der Kapazität und der **technischen Kapazität** bezeichnet:

$$\textbf{Beschäftigungsgrad} = \frac{\text{tatsächliche Produktion}}{\text{technische Maximalproduktion}}$$

Situation: Das Metallwerk Schmolmann KG rechnet aufgrund der guten Auftragslage im nächsten Jahr mit einer Zunahme der Absatzmenge. Im abgelaufenen Geschäftsjahr wurden insgesamt **200 000 Gehäuse** unterschiedlicher Größe und Form hergestellt. 193 966 Gehäuse wurden abgesetzt. Hierbei konnten die Arbeitskräfte und die technischen Anlagen zu **80 %** ausgelastet werden. Eine größere Produktionsmenge ist also ohne zusätzliche Investitionen und Neueinstellung von Arbeitskräften produzierbar.

Die Schmolmann KG plant die Produktion im nächsten Jahr auf insgesamt **225 000 Gehäuse** zu erhöhen.

Ist diese Produktion im Rahmen der bestehenden technischen Anlagen zu realisieren? Wie hoch werden die Kosten dieser Produktion sein?

Die technische Maximalkapazität beträgt im obigen Beispiel bei einer **tatsächlichen Produktion von 200 000 Gehäusen** und einem **Beschäftigungsgrad von 80 %:**

200 000 Gehäuse : 0,8 = 250 000 Gehäuse maximale Produktion/Jahr

Die geplante Produktion von 225 000 Gehäusen lässt sich also mit den vorhandenen Arbeitskräften und technischen Anlagen durchführen; diese Produktion würde den Beschäftigungsgrad wie folgt erhöhen:

$$\textbf{Beschäftigungsgrad}\text{ für 225 000 Gehäuse} = \frac{\text{225 000 Gehäuse}}{\text{250 000 Gehäuse}} = \textbf{90 \%}$$

Kostenplanung auf der Grundlage von Durchschnittskosten. Die Frage nach den Kosten der erhöhten Produktion im nächsten Geschäftsjahr lässt sich **vereinfacht auf der Grundlage der Durchschnittskosten** beantworten:

❶ Die Produktion von 200 000 Gehäusen verursachte Kosten von insgesamt 9.700.000,00 € (vgl. Ergebnistabelle S. 252); das sind pro Gehäuse:

$$\textbf{Stückkosten} = \frac{9.700.000{,}00\ €}{\text{200 000 Gehäuse}} = \textbf{48,50 €.}$$

❷ Die Kosten der geplanten Produktion von 225 000 Gehäusen betragen ca.:
Kosten für 225 000 Gehäuse = 48,50 €/Stück · 225 000 = **10.912.500,00 €.**

Verhalten der Kosten bei Beschäftigungsänderung. Die obige Rechnung führt zu einem **nur näherungsweise richtigen Ergebnis:** Zwar werden die Kosten im kommenden Jahr wegen der steigenden Beschäftigung höher ausfallen müssen als im abgelaufenen Jahr; es ist aber zu prüfen, **ob sich alle Kosten bei dieser Beschäftigungsänderung proportional** – also z. B. im gleichen Verhältnis wie die Beschäftigung – **verändern,** wie es in der obigen Rechnung unterstellt worden ist.

1 Siehe auch Band 1, BWL, Kapitel 1.2.1.2.

Verhalten der fixen Kosten. Am Beispiel der **kalkulatorischen Abschreibung** kann leicht eingesehen werden, dass sich diese Kostenart bei Änderung der Beschäftigung **nicht** verändert: In der Schmolmann KG wird sich im kommenden Jahr trotz der Produktionserhöhung der Bestand an technischen Anlagen nicht verändern, **sodass kein Anlass besteht die kalkulatorischen Abschreibungen zu erhöhen.** Ebenso wenig werden sich die übrigen kalkulatorischen Kosten verändern. Kosten, die von **Beschäftigungsänderungen unbeeinflusst** bleiben, heißen **fixe Kosten** (= K_f).

Verhalten der variablen Kosten. Andere Kostenarten **verändern sich bei Beschäftigungsänderungen entweder proportional oder sogar progressiv.** Typische Beispiele hierfür sind die Roh- und Hilfsstoffe: Der Materialeinsatz kann als **proportional zur Produktionsmenge** angesehen werden. Kosten, die sich bei Änderung des Beschäftigungsgrades ebenfalls ändern, heißen **variable Kosten** (= K_v).

Verhalten der Mischkosten. Eine Reihe von Kostenarten **enthält sowohl fixe als auch variable Kostenanteile.** Dies ist z.B. der Fall, wenn – wie beim Energieverbrauch – zusätzlich zu einer festen Grundgebühr verbrauchsabhängige Kosten anfallen. Kosten dieser Art heißen Mischkosten; sie sind in fixe und variable Kosten aufzuteilen.

Kostenfunktionen. Die Gesamtkosten einer bestimmten Produktionsmenge (= Beschäftigung) setzen sich in der Regel aus **variablen und fixen Kosten** zusammen. Wird die Beschäftigung verändert, so verändern sich auch die Kosten. Welches **Ausmaß** diese Kostenänderung annimmt, hängt davon ab, wie hoch der **Anteil der variablen und der fixen Kosten an den Gesamtkosten** ist (vgl. S. 268). Diese **Abhängigkeit der Kosten von der Beschäftigung** lässt sich in Form der **linearen Kostenfunktion** wie folgt beschreiben:

$$K(x) = K_v + K_f$$

K(x) bezeichnet die Gesamtkosten in Abhängigkeit von der Produktionsmenge x, K_v bezeichnet den Anteil der variablen Kosten, K_f bezeichnet den Anteil der fixen Kosten. Mithilfe dieser Rechenvorschrift lassen sich die Kosten für **unterschiedliche Produktionsmengen** bestimmen.

Beispiel: Unternehmer Schmolmann ermittelt die Kosten der Gehäuseproduktion in Abhängigkeit von der Beschäftigung nach folgender Gleichung. Er unterstellt dabei fixe Kosten in Höhe von 4.000.000,00 €.

$$K(x) = 30 \cdot x + 4.000.000$$

Wie hoch sind die Kosten für die Produktionsmenge von 225 000 Gehäusen?

Durch die Funktionsvorschrift wird die Kostensituation wie folgt beschrieben: Für die Produktion sind **4.000.000,00 € fixe Kosten** aufzuwenden, die unabhängig von der Beschäftigung als Kosten der Betriebsbereitschaft anfallen. Zusätzlich entstehen **variable Kosten in Höhe von 30,00 € für jedes produzierte Gehäuse.**

$$K(225000) = 30 \cdot 225000 + 4.000.000 = \mathbf{10.750.000{,}00\ €}$$ [1]

Aufgabe

Bei der Fertigung eines Drehteils fallen monatlich 220.000,00 € fixe Kosten an. Zusätzlich entstehen proportionale Kosten von 3,20 € je Stück. 276

1. *Geben Sie die Kostenfunktion an.*
2. *Berechnen Sie die Selbstkosten für eine Produktion von 50 000 Stück monatlich.*
3. Der Unternehmer möchte erreichen, dass die Durchschnittskosten auf 7,00 € je Stück gesenkt werden. Die technische Kapazität der Drehmaschine beträgt 70 000 Stück/Monat. *Wie viel Stück müssten monatlich gefertigt werden?*

1 Eine genauere Analyse folgt auf Seite 268.

3.3.1 Abhängigkeit der variablen Kosten von der Beschäftigung

Auf Veränderungen der Marktlage muss ein Unternehmen – auch über die Preisfestsetzung – **flexibel reagieren** können. Das ist nur möglich, wenn darüber Kenntnis besteht, **welche Kosten** sich der veränderten Beschäftigung **anpassen** lassen und welche Kosten **konstant** bleiben.

Variable Kosten als proportionale Kosten

Beispiel: Für die Herstellung eines Gehäuses wird u. a. eine Platine im Wert von 10,00 € verwendet. Bei unterschiedlichen Produktionsmengen ergeben sich folgende **Materialkosten:**

Produktionsmenge in Stück	Proportionale Kosten in €	
	insgesamt	je Stück
0	0	0
1 000	10.000,00	10,00
2 000	20.000,00	10,00
3 000	30.000,00	10,00
4 000	40.000,00	10,00
5 000	50.000,00	10,00
6 000	60.000,00	10,00
.	.	.
.	.	.
.	.	.

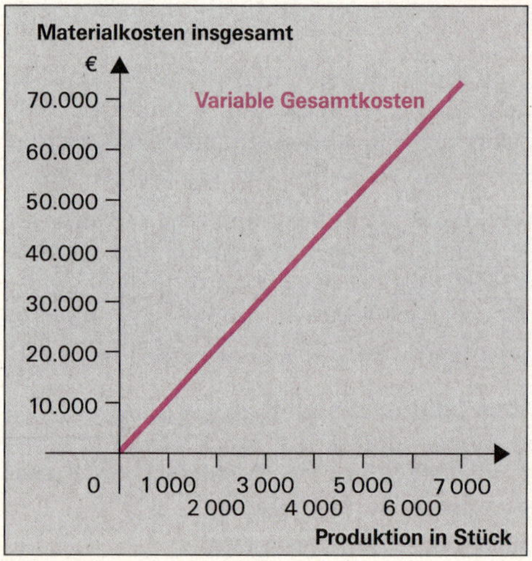

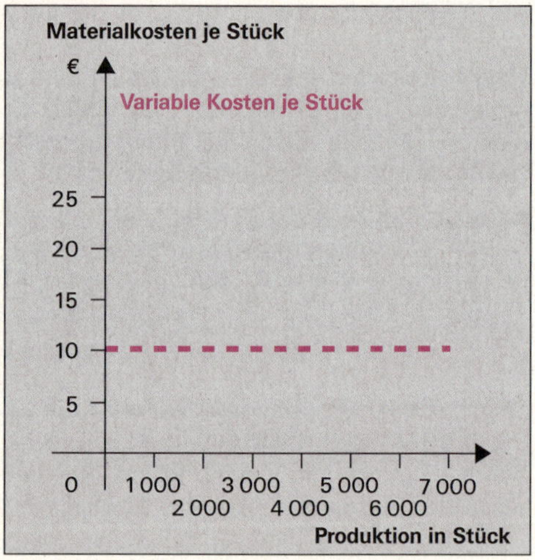

Neben dem Fertigungsmaterial sind auch die **Hilfsstoffe** und z. T. die **Fertigungslöhne** proportionale Kosten.

Merke:
- **Die gesamten Materialkosten nehmen mit steigender Produktionsmenge proportional, also im gleichen Verhältnis, zu. Sie verringern sich im gleichen Verhältnis, wie die Produktion zurückgeht.**
- **Die auf ein Stück umgerechneten Materialkosten bleiben bei schwankender Beschäftigung konstant.**
- **Einzelkosten sind variable Kosten.**

Variable Kosten als progressive Kosten

Ein progressiver Kostenverlauf liegt dann vor, wenn die prozentuale Kostenänderung größer ist als die prozentuale Änderung der Beschäftigung, z. B. bewirkt eine 5%ige Beschäftigungszunahme eine 10%ige Kostenzunahme. Solche Situationen können eintreten, wenn Maschinen im Bereich ihrer Maximalkapazität genutzt werden, was zu erhöhten Reparaturkosten und zu vermehrtem Ausschuss führt, oder wenn bei den Fertigungslöhnen Überstunden- und Feiertagszuschläge gezahlt werden.

Beispiel: Auf einer Stanze werden Gehäuseaussparungen gestanzt. Bei einer wirtschaftlichen Kapazität von 75 % beträgt der Ausschuss 2 %. Um 1 000 Gehäuse herzustellen, sind also 1 020 Rohlinge einzusetzen. Bei einem Einkaufspreis von 10,00 € je Rohling beträgt der Materialeinsatz 10.200,00 €. Würde man den Beschäftigungsgrad steigern, so würde der Materialeinsatz nach folgender Tabelle überproportional zunehmen:

Beschäftigungsgrad in %	Ausschuss in %	Materialeinsatz		
		in Stück	in € ges.	in €/Stück
75	2,0	1 020	10.200,00	10,20
80	3,8	1 040	10.400,00	10,40
85	6,5	1 070	10.700,00	10,70
90	9,9	1 110	11.100,00	11,10
95	13,8	1 160	11.600,00	11,60
100	18,0	1 220	12.200,00	12,20

In der folgenden Grafik ist die Abhängigkeit des Materialeinsatzes vom Beschäftigungsgrad dargestellt.

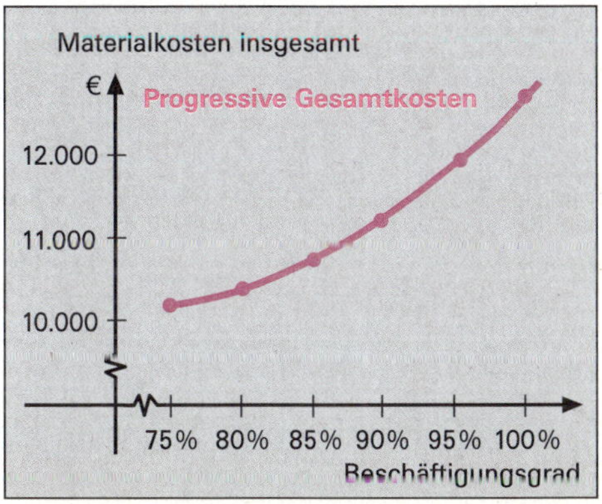

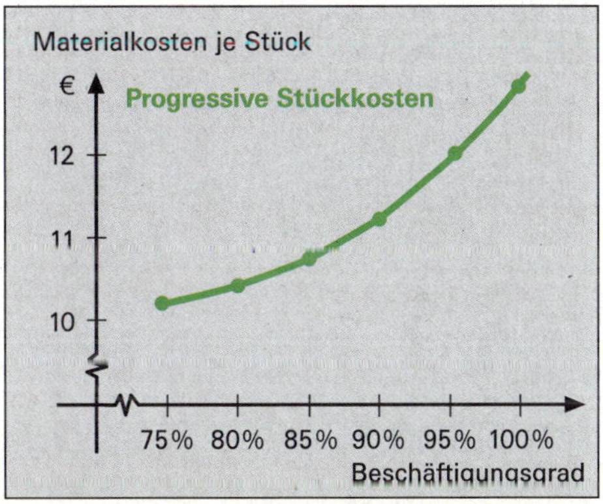

Merke:
- **Die Materialkosten nehmen mit steigendem Beschäftigungsgrad überproportional zu. Sie verringern sich entsprechend überproportional bei rückläufiger Produktion.**
- **Die auf ein fehlerfreies Stück umgerechneten Materialkosten verhalten sich bei schwankender Beschäftigung progressiv.**

Aufgabe

277 Es gibt auch Vorgänge, die zu degressiven Kosten führen: Mit steigenden Bestellmengen für Rohstoffe (= steigende Beschäftigung) nehmen die Mengenrabatte zu, also die Bezugspreise ab.

Verdeutlichen Sie sich den Zusammenhang zwischen Bestellmengen und Bezugspreisen an einem selbst gewählten Beispiel.

3.3.2 Abhängigkeit der fixen Kosten von der Beschäftigung

Kosten der Betriebsbereitschaft. Alle Kosten, die von Abrechnungsperiode zu Abrechnungsperiode in annähernd gleicher Höhe **unabhängig von der Produktionsmenge** anfallen, heißen **fixe Kosten** oder **Kosten der Betriebsbereitschaft.**

Beispiel: Das Blech für ein Gehäuse wird auf einer Stanze ausgestanzt. Die monatlichen Abschreibungen dieser Maschine betragen 3.000,00 €. Dieser Betrag soll gleichmäßig auf die in einem Monat hergestellte Stückzahl verteilt werden.

Produktionsmenge in Stück	Fixe Kosten in €	
	insgesamt	je Stück
0	3.000,00	0
1 000	3.000,00	3,00
2 000	3.000,00	1,50
3 000	3.000,00	1,00
4 000	3.000,00	0,75
5 000	3.000,00	0,60
6 000	3.000,00	0,50
.	.	.
.	.	.
.	.	.

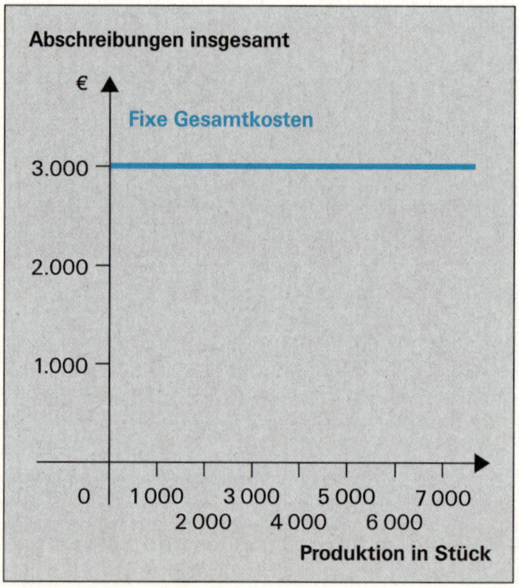

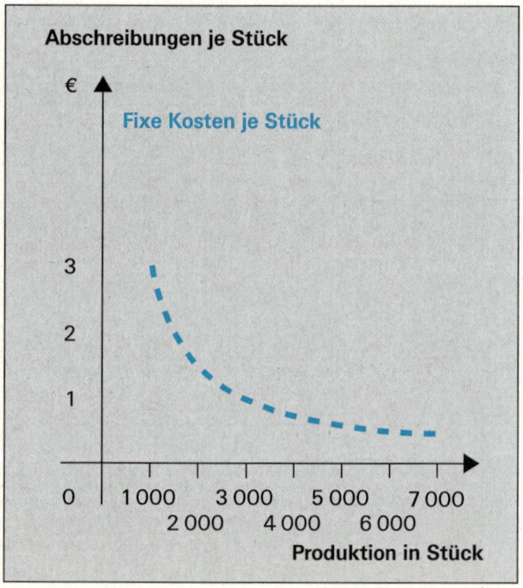

Außer Abschreibungen gelten z. B. Gehälter, Steuern, Beiträge, Miete als fixe Kosten.

Merke:
- **Die Abschreibungen verändern sich mit steigender oder sinkender Produktion nicht. Sie treten in jeder Abrechnungsperiode unverändert auf.**
- **Die auf ein Stück umgerechneten Abschreibungen verringern sich mit steigender Produktion und erhöhen sich bei rückläufiger Produktion.**
- **Gemeinkosten sind überwiegend fixe Kosten.**

3.3.3 Abhängigkeit der Mischkosten von der Beschäftigung

Beispiel: Die für die Bearbeitung des Rohmaterials eingesetzte Stanze hat eine Maschinenleistung von 24 kW. Der Strompreis beträgt 0,15 € je kWh zuzüglich einer monatlichen Grundgebühr von 150,00 €. Bei unterschiedlichen Laufzeiten (= Beschäftigung) je Monat ergeben sich folgende Kosten:

Laufstunden je Monat	Fixe Kosten in €		Variable Kosten in €		Mischkosten in €	
	gesamt	je Std.	gesamt	je Std.	gesamt	je Std.
100	150,00	1,50	360,00	3,60	510,00	5,10
110	150,00	1,36	396,00	3,60	546,00	4,96
120	150,00	1,25	432,00	3,60	582,00	4,85
130	150,00	1,15	468,00	3,60	618,00	4,75
140	150,00	1,07	504,00	3,60	654,00	4,67
150	150,00	1,00	540,00	3,60	690,00	4,60
160	150,00	0,94	576,00	3,60	726,00	4,54
170	150,00	0,88	612,00	3,60	762,00	4,48
.	.	.	.	.	.	.
.	.	.	.	.	.	.
.	.	.	.	.	.	.

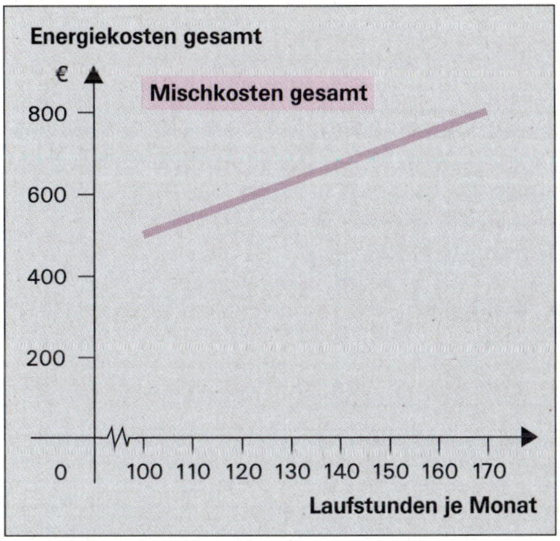

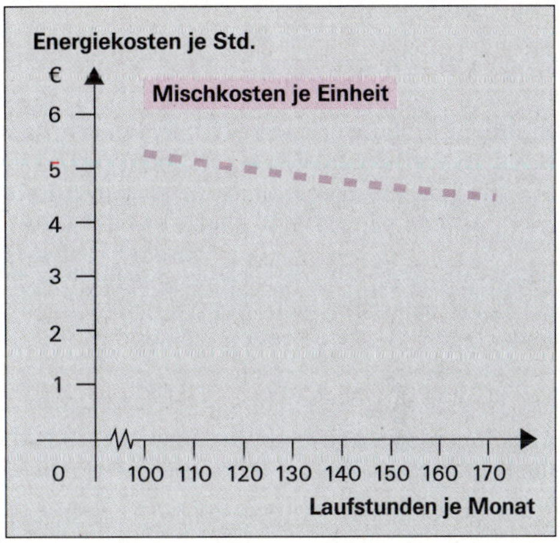

Die für die Maschine aufzuwendenden **Energiekosten** enthalten sowohl **fixe** als auch **variable** Kostenanteile: Die Grundgebühr fällt in jedem Monat in gleicher Höhe an; sie stellt den Fixkostenanteil dar. Der Stromverbrauch der Maschine variiert mit der Laufzeit, die verbrauchsbedingten Stromkosten sind also variabel.

Merke:
- **Die Energiekosten nehmen mit steigender Produktion insgesamt proportional zu. Sie zeigen ein Verhalten wie die proportionalen Gesamtkosten (vgl. S. 262).**
- **Die auf eine Einheit (Stunde) umgerechneten Energiekosten verringern sich mit steigender Produktion (Stromverbrauch). Sie zeigen ein Verhalten wie die fixen Kosten je Stück.**
- **Ein Teil der Kostenarten enthält zugleich fixe und variable Kostenanteile.**

Aufgaben

278 1. *Unterscheiden Sie variable und fixe Kosten voneinander.*

2. *Warum ist es richtig, das Gehalt eines Meisters im Produktionsbetrieb als fixe Kosten zu betrachten?*

3. *Ordnen Sie folgende Kostenarten den variablen und/oder fixen Kosten zu:*
Kalkulatorische Abschreibungen, Gewerbesteuer, soziale Aufwendungen, Energiekosten, Entwicklungskosten, Transportkosten, Werbekosten, Sondereinzelkosten des Vertriebs.

4. *Begründen Sie, warum Lohnkosten nicht eindeutig zu den variablen Kosten zu rechnen sind.*

5. *Wie verhalten sich die Durchschnittskosten* $k = \frac{K(x)}{x}$ *der Kostenfunktion* $K(x) = 40 \cdot x + 50.000$ *bei Beschäftigungszunahme von 1 000 Stück auf 1 500 Stück?*

---

279 Das Fertigungsmaterial soll in der Kostenrechnung zum festen Verrechnungspreis angesetzt werden. *Der Verrechnungspreis ist als gewogener Durchschnittspreis aus folgenden Lieferungen des vergangenen Quartals zu bestimmen:*

Lieferdatum	Liefermenge in kg	Bezugspreis je kg
..-01-15	12500	80,00 €
..-01-23	8500	76,00 €
..-02-18	10000	82,00 €
..-03-05	7000	85,00 €

---

280 In einem Möbelwerk werden Tischplatten hergestellt. Zur Fertigung einer Tischplatte benötigt man 1 m^2 Spanplatten zum Bezugspreis von 75,00 €. In drei aufeinander folgenden Monaten werden unterschiedlich viele Platten hergestellt:

Monat	Beschäftigung in Stück
März	4000
April	5200
Mai	4800

Bestimmen Sie die Kosten des eingesetzten Fertigungsmaterials und stellen Sie die Abhängigkeit der Materialkosten von der Stückzahl grafisch dar.

---

281 1. *Aus welchem Grund können die fixen Kosten nicht direkt auf das einzelne Erzeugnis umgerechnet werden?*

2. *Warum gehören die Sondereinzelkosten nicht eindeutig zu den variablen Kosten?*

3. *Erklären Sie das unterschiedliche Verhalten der Mischkosten bei Beschäftigungsänderungen: Die gesamten Mischkosten verhalten sich variabel, während sich die auf eine Einheit umgerechneten Mischkosten wie fixe Stückkosten verhalten.*

4. *Ein Betrieb mit hohem Anteil der variablen Kosten an den Gesamtkosten kann sich einer veränderten Beschäftigung leicht anpassen. Begründen Sie diese Aussage.*

5. *Warum wird ein Industriebetrieb mit hohem Anteil der fixen Kosten an den Gesamtkosten darauf achten, dass stets mit guter Auslastung der Anlagen gearbeitet wird?*

6. *Aus welchem Grund wird ein moderner Industriebetrieb einen relativ hohen Anteil fixer Kosten an den Gesamtkosten haben?*

7. *Begründen Sie, warum Wartungskosten, Energiekosten, Telefongebühren typische Mischkosten sind.*

Die Abschreibungen betragen in einem Industriebetrieb monatlich 36.000,00 €. Die Verteilung auf die Kostenträger soll so vorgenommen werden, dass auf jedes produzierte Stück der gleiche Kostenanteil entfällt: **282**

Monat	Beschäftigung in Stück
August	32000
September	30000
Oktober	38000

Bestimmen Sie den auf ein Stück entfallenden Abschreibungsbetrag und stellen Sie die Abhängigkeit der Abschreibung von der Beschäftigung grafisch dar.

Ein Büromaschinenhersteller rechnet bei der Produktion des Druckers Typ „Profiprinter" mit fixen Kosten in Höhe von 120.000,00 € je Abrechnungsperiode. Die proportionalen Kosten belaufen sich auf 220,00 € je Drucker. **283**

1. *Errechnen Sie die Gesamt- und Stückkosten für die Produktionsmengen 500, 800, 1000, 1200 und 1500.*
2. *Stellen Sie die Ergebnisse tabellarisch nach folgendem Muster dar.*
3. *Stellen Sie die Ergebnisse grafisch dar.*

Produktionsmenge	Fixe Kosten in €		Proport. Kosten in €		Gesamtkosten	Stückkosten
	gesamt	je Stück	gesamt	je Stück		

In einem Industriebetrieb mit Serienproduktion wird für eine bestimmte Serie mit fixen Kosten in Höhe von 42.000,00 € und mit proportionalen Kosten nach folgender Tabelle gerechnet: **284**

Beschäftigung in Stück	Proportionale Kosten in €
10000	55.000,00
12000	62.400,00
14000	70.000,00
16000	80.000,00
18000	95.400,00
20000	116.000,00

1. *Errechnen Sie die Gesamt- und Stückkosten für die einzelnen Produktionsmengen.*
2. *Stellen Sie die Gesamt- und Stückkosten jeweils in einem grafischen Bild dar und schildern Sie in einer kurzen Niederschrift den Verlauf beider Kurven.*

Ein Unternehmer kalkuliert mit variablen Kosten je Stück von 35,00 € und fixen Kosten von insgesamt 65.000,00 €/Periode. **285**

Wie viel Stück muss er in einer Periode mindestens produzieren, um bei einem Verkaufspreis von 61,00 €/Stück keinen Verlust zu erleiden?

3.3.4 Kostenplanung bei linearem Kostenverlauf

Situation: Zur Beantwortung der Frage nach den geplanten Kosten für die erhöhte Produktionsmenge (vgl. Beispiel S. 260) erstellt Unternehmer Schmolmann aufgrund einer Kostenanalyse aus den Zahlen der Ergebnistabelle von Seite 252 folgende Übersicht über die variablen und fixen Kosten. Die Aufteilung der Mischkosten erfolgt aufgrund von Schätzungen. Alle variablen Kosten sollen **proportionale Kosten** sein. Die fixen Kosten verändern sich bis zur Erreichung der Maximalkapazität nicht.

Kostenart	Kostenbetrag	Mischkosten variabel/fix	Variable Kosten	Fixe Kosten
Rohstoffaufw.	2.940.000,00		2.940.000,00	
Hilfsstoffaufw.	795.000,00		795.000,00	
Betr.-Stoffaufw.	35.000,00		35.000,00	
Löhne	2.400.000,00	60 %/40 %	1.440.000,00	960000,00
Gehälter	500.000,00			500.000,00
Arbeitgeberanteil	600.000,00	30 %/70 %	180.000,00	420.000,00
Abschreibungen	660.000,00			660.000,00
Büromaterial	50.000,00	40 %/60 %	20.000,00	30.000,00
Werbung	205.000,00	40 %/60 %	82.000,00	123.000,00
Betr. Steuern	180.000,00	60 %/40 %	108.000,00	72.000,00
Kalk. Zinsen	1.035.000,00			1.035.000,00
Unternehmerlohn	300.000,00			300.000,00
insgesamt	**9.700.000,00**	—	**5.600.000,00**	**4.100.000,00**

Variable Stückkosten. Bei einer Produktion von 200000 Gehäusen entstehen 5.600.000,00 € variable Kosten. Auf 1 Stück umgerechnet sind das

$$\frac{5.600.000{,}00\ €}{200\,000\ \text{Stück}} = \textbf{28,00 €}\ \text{variable Kosten je Gehäuse}$$

Die Gesamtkosten für die geplante Produktion von 225000 Stück belaufen sich dann auf:

	Variable Kosten **(K_v)** 225000 Stück · 28,00 €/Stück	6.300.000,00 €
+	Fixe Kosten **(K_f)**	4.100.000,00 €
=	**Gesamtkosten (K_g)** der geplanten Produktion	**10.400.000,00 €**

Kostenfunktion. Die Lösung ist einfacher mithilfe der Kostenfunktion $\mathbf{K(x) = K_v + K_f}$ (vgl. S. 261) zu finden, wobei an die Stelle von x beliebige Mengen gesetzt werden können. Für das obige Beispiel ergibt sich die folgende Kostenfunktion:

$$\mathbf{K(x) = 28 \cdot x + 4.100.000}$$

Hieraus lassen sich die Kosten für die Produktion von **225000 Gehäusen** berechnen:

$$\mathbf{K}\ (225000) = 28 \cdot 225000 + 4.100.000 = \mathbf{10.400.000}$$

Gegenüber der Kostenprognose von Seite 261 (= 10.750.000,00 €) ergibt sich ein um **350.000,00 € deutlich geringerer Kostenbetrag,** der auf die unzuverlässige Schätzung von variablen und fixen Kosten zurückzuführen ist.

Merke:

- **Eine genaue Kostenplanung in Abhängigkeit von der Beschäftigung setzt die Aufteilung der einzelnen Kostenarten in ihre variablen und fixen Kostenanteile voraus.**
- **Diese Aufteilung ermöglicht die Aufstellung von Kostenfunktionen zur schnellen Berechnung von Gesamtkosten für alternative Produktionsmengen.**

Beispiel: Um die Aussagefähigkeit der Rechnung zu erhöhen, sollen die Kostenfunktion K(x) und die Umsatzfunktion E(x) grafisch dargestellt werden.

Die Kostenfunktion lautet **K(x) = 28 · x + 4.100.000** (vgl. S. 268). Für die Aufstellung der Umsatzfunktion verwendet die Schmolmann KG den **Durchschnittspreis,** der sich aus den Umsatzerlösen (= 10.520.000,00 €) und der Absatzmenge (= 193966 Stück) ergibt. Der Durchschnittspreis beträgt hiernach ca. 54,25 €; also lautet die Umsatzfunktion **E(x) = 54,25 · x.**

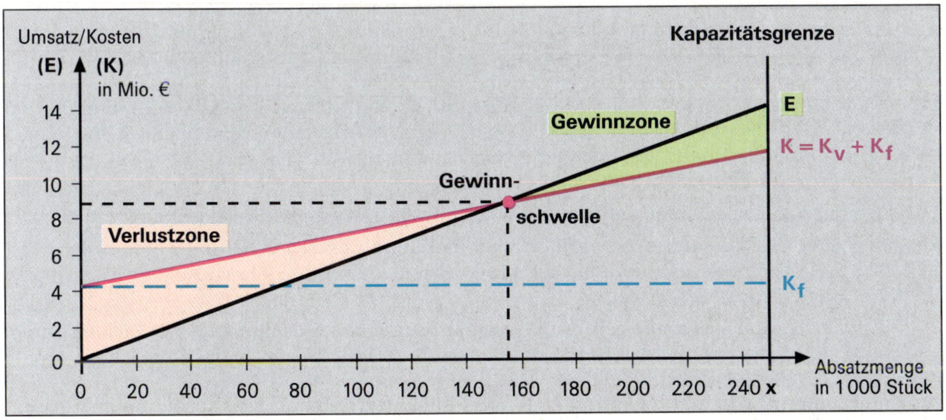

Erläuterung zur Grafik:

Verlauf der Kostenfunktion. Für den Fall, dass **kein Absatz** erzielt wird, fallen dennoch die fixen Kosten in Höhe von 4.100.000,00 € an (diese Kosten verändern sich über den gesamten Absatzbereich nicht). Die Kostenfunktion beginnt also an der Stelle x = 0 mit dem Wert 4.100.000. Für jedes abgesetzte Gehäuse beträgt der **Kostenzuwachs 28,00 €** variable Kosten (= Steigung der Kostenfunktion). Die Kostenfunktion verläuft also linear bis zur Kapazitätsgrenze (= 250000 Gehäuse) mit der Steigung 28.

Verlauf der Umsatzfunktion. Der Durchschnittspreis von 54,25 € je Gehäuse wird als konstant über den gesamten Absatzbereich angenommen. Die Umsatzfunktion beginnt also bei einer Absatzmenge von x = 0 mit E = 0. Jedes verkaufte Gehäuse bringt einen **Erlöszuwachs von 54,25 €** (= Steigung der Umsatzfunktion). Die Umsatzfunktion verläuft also linear vom Ursprung bis zur Kapazitätsgrenze mit der Steigung 54,25.

Gewinnschwelle (= Break-even-Point). Der Schnittpunkt von Kosten- und Umsatzfunktion markiert diejenige Absatzmenge (ca. 156190 Stück), bei der **Kosten und Umsatz gleich hoch** sind; bei dieser Absatzmenge wird also **kein Gewinn** erzielt.

Verlustzone. Ist die Absatzmenge geringer als 156190 Stück, so decken die Umsatzerlöse nicht die Kosten; es entstehen Verluste.

Gewinnzone. Steigt die Absatzmenge über 156190 Stück, so werden mehr Umsatzerlöse erzielt als Kosten entstehen; das Unternehmen arbeitet mit Gewinn.

Kapazitätsgrenze. Mit zunehmender Absatzmenge verbessert sich das Betriebsergebnis bis zum Auftreten sog. sprungfixer Kosten. Das wird aus dem sich vergrößernden Abstand zwischen Umsatz- und Kostenfunktion deutlich. An der **Kapazitätsgrenze** ist der Abstand zwischen Umsatz- und Kostenfunktion – und damit der **Betriebsgewinn – am größten.**

Merke:

- **Die Gewinnschwelle wird bei derjenigen Absatzmenge erreicht, bei der Umsatzerlöse = Gesamtkosten sind: E (x) = K (x).**
- **Die Verlustzone liegt im Bereich Umsatzerlöse < Gesamtkosten.**
- **Die Gewinnzone liegt im Bereich Umsatzerlöse > Gesamtkosten.**
- **Der Betriebsgewinn ist bei linearem Verlauf der Kosten- und Umsatzfunktion an der Kapazitätsgrenze am größten.**

Aufgaben

286 Für die Ersatzinvestition einer Maschine liegen zwei Angebote vor. Die angebotenen Maschinen weisen unterschiedliche Kapazitäten und Kostenverläufe auf:

	Variable Kosten/Stück	Fixe Kosten/Monat	Maximalkapazität
Maschine I	41,00 €	4.400,00 €	200 Stück
Maschine II	54,00 €	2.450,00 €	250 Stück

1. *Ab welcher Monatsproduktion wird sich der Unternehmer für die Maschine I entscheiden?*
2. *Wie viel Prozent beträgt der Beschäftigungsgrad beider Maschinen bei dieser Menge?*

287 Eine Maschinenanlage mit einer Maximalkapazität von jährlich 50000 Mengeneinheiten verursacht fixe Kosten in Höhe von 400.000,00 €/Jahr. Die variablen Kosten belaufen sich auf 40,00 € je Mengeneinheit. Das auf der Maschinenanlage hergestellte Gut kann zu einem Stückpreis von 55,00 € verkauft werden.

Für das nächste Jahr rechnet der Unternehmer mit einer Auslastung der Anlage von 80 %.

Er kann einen zusätzlichen Auftrag über 5000 Mengeneinheiten erhalten, wenn er bereit ist den Preis auf 45,00 € je Mengeneinheit zu reduzieren. Durch den Zusatzauftrag würden sich die fixen Kosten nicht verändern.

1. *Berechnen Sie die Gesamtkosten, die Umsatzerlöse und den Gewinn ohne den Zusatzauftrag.*
2. *Weisen Sie nach, dass es für den Unternehmer günstiger ist, den Zusatzauftrag anzunehmen.*

288 Aufgrund einer Marktanalyse ergibt sich, dass ein Unternehmer den Absatz eines Elektrogerätes deutlich erhöhen kann, wenn er den Preis geringfügig senkt. Den größeren Absatz kann er aber nur realisieren, wenn er eine Kapazitätserweiterung vornimmt. Dafür hat er zwei Alternativen:

Modernisierung und Erweiterung der bisherigen Werkstattfertigung oder Umstellung der Produktion auf die Fließfertigung. Die Entscheidung soll aufgrund folgender Daten getroffen werden:

	Variable Kosten	Fixe Kosten
Werkstattfertigung	540,00 € je Stück	4.000,00 €/Monat
Fließfertigung	480,00 € je Stück	16.000,00 €/Monat

Ab welcher Menge lohnt sich die Umstellung auf die Fließfertigung?

289 Die Unternehmung Bottmer KG hat sich auf die Herstellung von Gartenmöbeln spezialisiert. Sie stellt in einer räumlich abgesonderten Werkstatt Gartenstühle des Typs „Markant" aus Stahlrohr her. Folgende Angaben liegen aus der Betriebsbuchhaltung und aus der Fertigungsplanung vor:

a) Für Roh-, Hilfs- und Betriebsstoffe sind aufgrund der Konstruktionszeichnung und der Stückliste für je 1 Stuhl aufzuwenden:
3,20 m Rechteckrohr, 40 x 20 mm, Verrechnungspreis 1,50 € je m,
3,70 m Rundrohr, 20 mm Durchmesser, Verrechnungspreis 1,20 € je m.
Sitzfläche und Rückenlehne werden als Kunststoff-Fertigteile bezogen; Sitzfläche und Lehne kosten komplett für einen Stuhl im Einkauf 5,20 €.
Lack: 0,050 kg Grundierung für einen Stuhl zum Kilopreis von 3,00 €,
0,050 kg Weißlack für einen Stuhl zum Kilopreis von 4,00 €.

b) Aufgrund des Arbeitsplanes liegen die Arbeitsgänge mit den jeweiligen Arbeitszeiten zur Herstellung eines Stuhles fest:

I Trennen nach Schablone	2,0 Min.	V Entfetten	0,5 Min.
II Biegen nach Schablone	1,5 Min.	VI Lackieren	2,0 Min.
III Entgraten	0,5 Min.	VII Montieren	0,5 Min.
IV Hartlöten	4,0 Min.	VIII Verpacken	1,0 Min.

Die Arbeitsstunde – mit Nebenkosten – wird mit 40,00 € kalkuliert.

c) Zusätzlich zum Materialeinsatz und den Lohnkosten sollen folgende Kosten in der Kalkulation berücksichtigt werden:

Abschreibung auf Gebäude und Maschinen (bezogen auf die Werkstatt) je Monat	3.000,00 €,
Zinsen für das durchschnittlich eingesetzte Kapital je Monat	1.000,00 €,
anteilige Kosten für Verwaltung und Vertrieb je Monat	500,00 €.

In der Werkstatt können monatlich maximal 2500 Stühle hergestellt werden.

1. *Bestimmen Sie die Kostenfunktion für diese Produktion.*
2. *Stellen Sie die Funktion bis zur Maximalkapazität grafisch dar.*
3. *Berechnen Sie die Gesamt- und Durchschnittskosten bei einem Beschäftigungsgrad von 80 %.*

In der Kostenrechnungsabteilung einer Unternehmung werden die im Monat November angefallenen Produktionszahlen für elektronische Bohrmaschinen zusammengestellt: **290**

Fertigungsmaterial (Rohstoffaufwendungen)	120.000,00 €
Fertigungslöhne	280.000,00 €
Gehälter für Meister und Vorarbeiter	90.000,00 €
Soziale Aufwendungen	112.000,00 €
Energiekosten	25.000,00 €
Wartungskosten	8.000,00 €
Kalkulatorische Zinsen	12.000,00 €
Kalkulatorische Abschreibungen	55.000,00 €

1. *Entscheiden Sie, welche Kosten eindeutig variabel oder fix sind und bei welchen Kosten keine eindeutige Zuordnung getroffen werden kann.*
2. *Für die Kosten, die Sie nicht eindeutig zuordnen können, soll gelten, dass sie zu 40 % fix und zu 60 % variabel sind. Stellen Sie unter dieser Bedingung fest, wie hoch die gesamten variablen und fixen Kosten der Produktion sind.*
3. *Die Monatsproduktion betrug 4 060 Stück, das entsprach einem Beschäftigungsgrad von 75 %.*

   Wie hoch sind die Durchschnittskosten?

   Wie lautet die Kostenfunktion?
4. *Für den kommenden Monat rechnet das Unternehmen mit einem Rückgang der Beschäftigung auf 60 %.*

   Wie hoch sind dann die Durchschnittskosten?

   Welche Schlussfolgerungen ziehen Sie aus dieser Situation hinsichtlich der Preisgestaltung?

In einem Zweigwerk produziert die Möbelbau AG Küchentische in Massenproduktion. Bei der Entscheidung über eine Reinvestition verbrauchter Anlagen stehen zwei neue Anlagen zur Wahl: **291**

	Anlage A	Anlage B
fixe Kosten/Monat	24.000,00 €	82.000,00 €
variable Kosten je Stück	185,00 €	160,00 €

1. *Stellen Sie die Kostenfunktionen auf.*
2. *Bestimmen Sie die Produktionsbereiche, in denen die Maschinenanlage A bzw. die Anlage B kostengünstiger arbeitet.*
3. *Die Geschäftsleitung rechnet für das Jahr der Ersatzinvestition mit einem Absatz von 2200 Stück und in den darauf folgenden Jahren mit Absatzsteigerungen um jeweils 10 %.*

   Für welche der Maschinenanlagen sollte sich die Geschäftsleitung entscheiden?

---

292 Das mittelständische Industrieunternehmen Bergmeister GmbH produziert in einem angemieteten Gebäude elektronische Steuerungen für Industrieanlagen. Im vergangenen Monat wurden an einen Kunden 120 Steuerungen ausgeliefert. Die Abteilung war damit zu 70 % ausgelastet. Die Kostenrechnungsabteilung stellt die dabei angefallenen Kosten zusammen:

Rohstoffaufwendungen	130.000,00 €
Hilfsstoffaufwendungen	26.500,00 €
Betriebsstoffaufwendungen	4.500,00 €
Zeitlöhne	84.000,00 €
Gehälter für Angestellte und Meister	56.000,00 €
Soziale Aufwendungen	38.000,00 €
Mieten	25.000,00 €
Energiekosten	6.300,00 €
Aufwendungen für Kommunikation	2.700,00 €
Kalkulatorische Abschreibungen	12.400,00 €
Kalkulatorische Zinsen	6.700,00 €

1. *Entscheiden Sie, welche Kosten eindeutig variabel oder fix sind und bei welchen Kosten keine eindeutige Zuordnung getroffen werden kann.*
2. Für die Kosten, die Sie nicht eindeutig zuordnen können, soll gelten, dass sie zu 60 % fix und zu 40 % variabel sind.
   Stellen Sie unter dieser Bedingung fest, wie hoch die gesamten variablen und fixen Kosten der Produktion sind.
3. *Berechnen Sie die Durchschnittskosten.*
4. Für den kommenden Monat rechnet das Unternehmen mit einer Zunahme der Beschäftigung auf 85 %.
   Wie hoch sind dann die Durchschnittskosten? Welche Schlussfolgerung ziehen Sie aus dieser Situation – im Vergleich zu 3. – hinsichtlich der Preisgestaltung?

293 Aufgrund einer Kostenanalyse hat ein Unternehmer für die Produktion eines Erzeugnisses folgende Kostensituation ermittelt:

Die fixen Kosten betragen je Abrechnungsperiode 10.000,00 €.

Die variablen Kosten entwickeln sich bei Beschäftigungsänderungen wie folgt:

Beschäftigung in Stück	500	600	700	800
Variable Kosten in €	15.000,00	18.000,00	21.000,00	24.000,00

1. *Erläutern Sie die Kostenentwicklung in Abhängigkeit von der Beschäftigung.*
2. Der Unternehmer kann das Erzeugnis zu einem Preis von 40,00 € je Stück absetzen.
   Welche Produktionsmenge muss er wählen, um Gewinn zu erzielen?

294 Für den Monat Juli ermittelt ein Unternehmer, der Zubehörteile für den Fahrzeugbau herstellt, für die Produktion eines bestimmten Kühlergrilltyps folgende Zahlen:

produzierte und verkaufte Menge	110 000 Stück
fixe Kosten gesamt	1.538.500,00 €
proportionale Kosten gesamt	1.650.000,00 €
Umsatzerlöse	3.520.000,00 €

1. *Geben Sie die Kostenfunktion an.*
2. *Geben Sie die Erlösfunktion $E = p \cdot x$ für den Fall konstanter Preise an.*
3. *Mit welchem Beschäftigungsgrad arbeitete der Betrieb im Monat Juli, wenn die technische Kapazität je Monat 135 000 Stück beträgt?*
4. *Bei welcher monatlichen Produktion decken die Erlöse gerade alle Kosten?*
5. *Der Unternehmer könnte bei einer Preissenkung um 1,00 € je Stück die Kapazität auf 130 000 Stück monatlich ausdehnen. Lohnt sich – gemessen am Gewinn – diese Maßnahme?*

4 Vollkostenrechnung im Mehrproduktunternehmen

4.1 Fragestellungen und Zusammenhänge

Situation: Unternehmer Schmolmann hat die Kosten des vergangenen Geschäftsjahres vollständig erfasst und nach unterschiedlichen Gesichtspunkten gegliedert (vgl. S. 258 f.). Die Einteilung nach **Einzel- und Gemeinkosten** wird ihm bei der Klärung folgender Fragen hilfreich sein:

❶ **In welchen Abteilungen des Unternehmens** (vgl. S. 274 f.) **sind Kosten entstanden? Und wie hoch sind diese Kosten?**

Sind ihm die Kosten in jeder Abteilung für einen bestimmten Zeitabschnitt (z. B. Monat) bekannt, so ist es ihm möglich, den **Kostenverbrauch** in den Abteilungen zu **kontrollieren** sowie **Zuschlagsgrundlagen für seine Kalkulation** zu erhalten.

Das Problem der Zurechnung der Kosten zu den Abteilungen löst er über die **Kostenstellenrechnung,** die sich des **Betriebsabrechnungsbogens** als Hilfsmittel bedient (vgl. Kapitel 4.2.2).

❷ Im vergangenen Geschäftsjahr wurden im Unternehmen Schmolmann **drei Gehäusetypen G I, G II und G III** gefertigt, die sich in ihren Abmessungen und in ihren vormontierten Ausstattungen (Platinensockel, Schalter, Stecker) unterscheiden. Die Einzelkosten „Fertigungsmaterial" und „Fertigungslöhne" sowie die Umsatzerlöse für jeden dieser drei Gehäusetypen kann Herr Schmolmann aus den Aufzeichnungen der Finanzbuchhaltung (Konto „6000 Fertigungsmaterial", Konto „6200 Löhne" und Konto „5000 Umsatzerlöse für eigene Erzeugnisse") entnehmen. Er weiß aber noch nicht:

Wie hoch sind die auf jeden Gehäusetyp entfallenden anteiligen Gemeinkosten?

Mit der Klärung dieser Frage ist es ihm möglich, die **Selbstkosten** und den **Betriebserfolg für jeden Gehäusetyp** zu errechnen.

Dieses Problem löst er über die **Kostenträgerrechnung,** die sich des **Kostenträgerblattes** (BAB II) als Hilfsmittel bedient (vgl. Kapitel 4.5).

Übersicht über den Zusammenhang zwischen Kostenarten, Kostenstellen und Kostenträgern

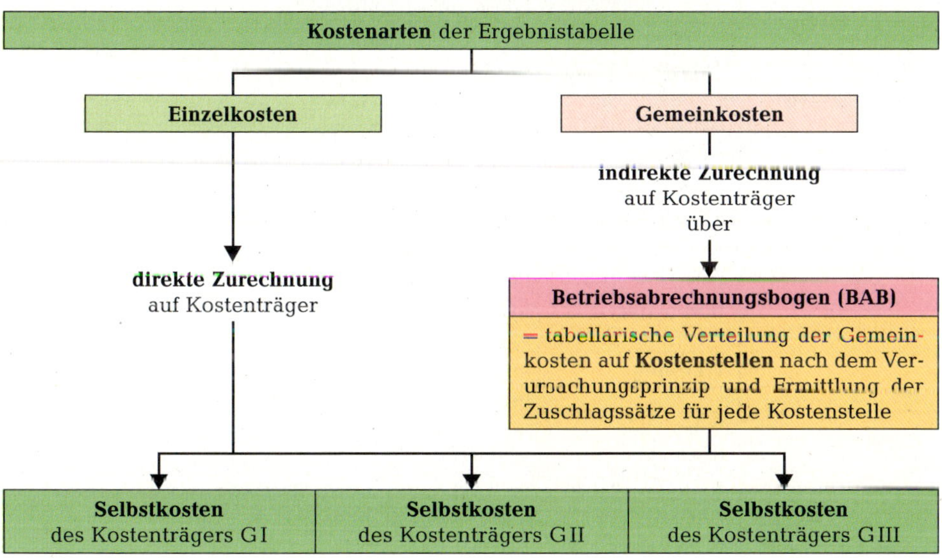

4.2 Kostenstellenrechnung in Betrieben mit Serienfertigung

Die Kostenstellenrechnung bildet nach der Kostenartenrechnung **die zweite Stufe** der KLR im Mehrproduktunternehmen mit **Serienfertigung**[1]**.** Sie ist erforderlich, um die Gemeinkosten nach einem in der Praxis gebräuchlichen Verfahren anteilig den Kostenträgern (vgl. S. 259) zurechnen zu können. Dies geschieht auf dem Umweg über die **Kostenstellen** (vgl. S. 273, 275 f.).

Die Kostenstellenrechnung ist im Einzelnen auf folgende **Aufgaben** ausgerichtet:

- **Verteilung der Gemeinkosten auf die Kostenstellen des Betriebes.** Alle Kostenarten werden aus der Ergebnistabelle in die Kostenstellenrechnung übernommen. Die **Gemeinkosten** werden nach Belegen oder Verteilungsschlüsseln anteilig und verursachungsgerecht den Abteilungen im Unternehmen zugewiesen, in denen sie entstanden sind (= Kostenstellen). Dies geschieht tabellarisch im **Betriebsabrechnungsbogen (BAB,** vgl. S. 277 f.).
- **Errechnung von Zuschlagsprozentsätzen** für jede Hauptkostenstelle (vgl. S. 280 f.). Aus den in den Kostenstellen ermittelten Gemeinkosten und aus geeigneten Zuschlagsgrundlagen (z. B. Einzelkosten) werden für jede Hauptkostenstelle Zuschlagsprozentsätze berechnet, die für die **anteilige Zuweisung der Gemeinkosten auf die Kostenträger** erforderlich sind.
- **Kontrolle der Kosten in den Kostenstellen.** Die Kostenstellenrechnung ermöglicht im **Zeitvergleich** oder im **Vergleich mit „normierten" Kosten** (vgl. S. 305 f.) eine Kontrolle des Kostenverbrauchs in den Kostenstellen.

Beispiel: Im Unternehmen Schmolmann KG gilt folgende Aufteilung der Kostenarten in Einzel- und Gemeinkosten:

Zurechnung auf Kostenträger	Kostenarten	Zurechnungsgrundlagen (Belege)
Einzelkosten	Fertigungsmaterial	direkte Zurechnung aufgrund der Aufzeichnungen in der FB, aufgrund von Materialentnahmescheinen, Stücklisten und Konstruktionsunterlagen
	Fertigungslöhne	direkte Zurechnung aufgrund von Auftragszetteln, Laufzetteln, Lohnlisten
	Sondereinzelkosten	direkte Zurechnung aufgrund von Rechnungen und Auftragszetteln
Gemeinkosten	Hilfs- und Betriebsstoffe	indirekte Zurechnung aufgrund von Materialentnahmescheinen
	Gehälter, Hilfslöhne	indirekte Zurechnung aufgrund von Lohn- und Gehaltslisten
	Soziale Abgaben	indirekte Zurechnung aufgrund von Lohn- und Gehaltslisten
	Abschreibungen	indirekte Zurechnung aufgrund der Anlagenkartei
	Büromaterial	indirekte Zurechnung aufgrund von Rechnungen und Verteilungsschlüsseln
	Werbung	indirekte Zurechnung aufgrund von Rechnungen und Verteilungsschlüsseln
	Betriebliche Steuern	indirekte Zurechnung aufgrund von Verteilungsschlüsseln
	Kalkulatorische Kosten	indirekte Verteilung aufgrund von Anlagewerten, Beschäftigtenzahlen.

1 Siehe auch Band 1, BWL, Kapitel 5.3.3.

4.2.1 Gliederung des Unternehmens in Kostenstellen

Kostenbereiche nach Funktionen. Die Gliederung des Gesamtbetriebes in **vier Kostenbereiche,** die sich aus den **Funktionen des Betriebes** ableiten, ist die Grundlage für die Einrichtung von Kostenstellen.

Kostenbereiche nach Funktionen:

I. Materialbereich
II. Fertigungsbereich
III. Verwaltungsbereich
IV. Vertriebsbereich

Kostenstellen nach Tätigkeiten. Für kleine Industriebetriebe genügt die Bildung **einer Kostenstelle für jeden Kostenbereich.** Im Allgemeinen wird jeder Kostenbereich in mehrere Kostenstellen (z. B. Abteilungen) aufgeteilt, die ihrerseits das Merkmal **einheitlicher Tätigkeit** aufweisen. Die Zahl der zu bildenden Kostenstellen je Kostenbereich hängt von der Art und Größe des Betriebes und dem angestrebten Genauigkeitsgrad der Kostenrechnung ab.

Kostenbereiche nach Funktionen	Kostenstellen nach Tätigkeiten
I. **Material**bereich:	Werkstoffeinkauf, -prüfung, -verwaltung
II. **Fertigungs**bereich:	Fertigungsabteilungen, z. B. Mechanische Bearbeitung, Montage, Technische Betriebsleitung usw.
III. **Verwaltungs**bereich:	Kfm. Leitung, Finanzabteilung, Buchhaltung usw.
IV. **Vertriebs**bereich:	Werbung, Verkauf, Fertiglager, Versand usw.

Kostenstellen nach Verantwortung. Damit die Kostenstellenrechnung ihrer **Kontrollaufgabe** gerecht werden kann, ist es erforderlich, dass sich die nach einheitlichen Tätigkeitsmerkmalen gebildeten Kostenstellen **mit den Verantwortungsbereichen decken.** Praxisgerecht ist die Zusammenfassung mehrerer Kostenstellen zu einem **Verantwortungsbereich:** Der Meister ist verantwortlich für den Kostenverbrauch in seiner Fertigungsabteilung; der Betriebsleiter ist verantwortlich für den Kostenverbrauch des Fertigungsbetriebs, der mehrere Abteilungen umfasst.

Kostenstellen. Alle **Tätigkeits- und Verantwortungsbereiche** in einem Industriebetrieb, die eine **organisatorische Einheit** bilden und die in den Prozess der Leistungserstellung oder Leistungsverwertung eingegliedert sind, eignen sich als Kostenstellen. Je nach der Genauigkeit, mit der die Kostenstruktur eines Unternehmens aufgedeckt werden soll, sind die Tätigkeitsbereiche mehr oder weniger weit aufzugliedern. Die feinste Gliederung liegt dann vor, wenn die Arbeits- oder Maschinenplätze selbst die Kostenstellen bilden. In der Regel wird ein Industrieunternehmen mit der **Gliederung nach Abteilungen** auskommen.

Erweiterung der Kostenbereiche. Die **verfeinerte** Kostenstellenrechnung unterteilt den **Fertigungsbereich** in

- **Fertigungshauptstellen,** in denen **unmittelbar am Erzeugnis** gearbeitet wird (z. B. Stanzen/Schneiden, Pressen/Biegen, Bohren/Entgraten, Lackieren/Montieren), und
- **Fertigungshilfsstellen,** die **nicht direkt** an der Herstellung beteiligt sind, sondern der Aufrechterhaltung der Produktion dienen (z. B. technische Betriebsleitung, Arbeitsvorbereitung, Konstruktionsbüro, Reparaturabteilung).

Ein **Allgemeiner Bereich** kann den Kostenbereichen **vorgeschaltet** werden. In diesem Bereich werden die Kosten gesammelt, die sich keiner der vier genannten Funktionen (Material, Fertigung, Verwaltung, Vertrieb) ausschließlich zuordnen lassen (z. B. **Energieversorgung, Sozialeinrichtungen, Fuhrpark, Werkschutz, Werkfeuerwehr).**

Kostenbereiche					
Allgemeiner Bereich	**Materialbereich**	**Fertigungsbereich**		**Verwaltungsbereich**	**Vertriebsbereich**
Allgemeine Kostenstellen	Materialstellen	Fertigungs- hilfsstellen	hauptstellen	Verwaltungsstellen	Vertriebsstellen

Nach der Zugehörigkeit der Gemeinkosten zu den einzelnen Kostenbereichen unterscheidet man:

- **Materialgemeinkosten (MGK).** Das sind Gemeinkosten, die im Zusammenhang mit der Annahme, Lagerung, Ausgabe und Versicherung der Werkstoffe entstehen.
- **Fertigungsgemeinkosten (FGK).** Dazu zählen alle Gemeinkosten, die im Produktionsprozess anfallen, wie Hilfslöhne, Gehälter für Meister und technische Angestellte, Verbrauch von Strom, Gas, Wasser in der Herstellung, Hilfs- und Betriebsstoffverbrauch, soweit er die Fertigung betrifft, Abschreibungen auf Maschinen und maschinelle Anlagen usw.
- **Verwaltungsgemeinkosten (VwGK).** Hierzu rechnen die Kosten für die Leitung und Verwaltung des Unternehmens, z. B. Gehälter für die Geschäftsleitung und die Angestellten der Verwaltungsabteilungen, Büromaterial, Abschreibungen auf die Geschäftsausstattung.
- **Vertriebsgemeinkosten (VtGK).** Darunter fallen alle Gemeinkosten, die mit dem Absatz der Erzeugnisse zusammenhängen, z. B. die Kosten für die Lagerung der fertigen Erzeugnisse, für das Verkaufsbüro, die Werbung, die Verpackung und den Versand, soweit Letztere nicht für das verkaufte Erzeugnis einzeln feststellbar sind (Sondereinzelkosten des Vertriebs!).

Merke:

- **Für jeden Kostenbereich ist mindestens eine Kostenstelle zu bilden.**
- **Kostenstellen sind die Stellen im Unternehmen, an denen die Gemeinkosten entstehen. Betriebsabteilungen bilden in der Regel Kostenstellen.**
- **Kostenstellen schaffen klare Verantwortungsbereiche zur Kontrolle der Wirtschaftlichkeit.**

Aufgabe

295

1. *Was sind Kostenstellen?*
2. *Welche Aufgaben hat die Kostenstellenrechnung?*
3. *Unterscheiden Sie zwischen Kostenbereichen und Kostenstellen.*
4. *Weshalb ist die Einrichtung einer Allgemeinen Kostenstelle erforderlich?*
5. *Warum ist die Einrichtung von Fertigungshaupt- und Fertigungshilfsstellen zweckmäßig?*
6. *Nennen Sie Beispiele für Allgemeine Kostenstellen.*
7. *Begründen Sie, dass Industriebetriebe mit Serienfertigung auf die Einrichtung von Kostenbereichen und Kostenstellen nicht verzichten können.*

4.2.2 Betriebsabrechnungsbogen (BAB) als Hilfsmittel der Kostenstellenrechnung

4.2.2.1 Aufbau des Betriebsabrechnungsbogens

Beispiel: Im Unternehmen Schmolmann KG wird zur Verteilung der Gemeinkosten auf die Kostenstellen der folgende vereinfachte Betriebsabrechnungsbogen verwendet:

Betriebsabrechnungsbogen der Schmolmann KG, Leverkusen						
Gemein-kosten-arten	**Zahlen der Betriebs-ergebnis-rechnung**	**Verteilungs-grundlagen**	**Kostenbereiche**			
			I Material	**II Fertigung**	**III Verwaltung**	**IV Vertrieb**
Summe der Gemein-kosten						

Erläuterungen zum Betriebsabrechnungsbogen:

Der Betriebsabrechnungsbogen ist als **Tabelle** aufgebaut.

In die ersten beiden Spalten werden alle **Kostenarten** mit ihren **Bezeichnungen** und ihren **€-Beträgen** aus der Betriebsergebnisrechnung (vgl. S. 252) übernommen.

In der dritten Spalte wird vermerkt, wie die **Verteilung der Gemeinkosten** auf die nachfolgend aufgeführten Kostenstellen vorzunehmen ist. Diese Verteilung kann

- auf der Grundlage von **Belegen** erfolgen (z. B. Verteilung von Zeitlöhnen nach Lohnlisten). In diesem Fall kann die Kostenstelle direkt mit den von ihr verursachten Gemeinkosten belastet werden. Wir sprechen dann auch von den **Kostenstellen-Einzelkosten.**
- auf der Grundlage von **Bezugsgrößen** vorgenommen werden (z. B. Verteilung der Mietkosten nach den Raumgrößen der einzelnen Abteilungen in m²). In diesem Fall ist eine direkte Verteilung nicht möglich, weil mehrere Kostenstellen von der Kostenart gleichzeitig betroffen sind. Wir sprechen dann von **Kostenstellen-Gemeinkosten.**
- auf der Grundlage von **Erfahrungswerten** erfolgen (z. B. Verteilung des kalkulatorischen Unternehmerlohns nach einem Verteilungsschlüssel).

In den nachfolgenden Spalten sind die **Kostenstellen** aufgeführt, die das Unternehmen eingerichtet hat. Im folgenden Beispiel sind zunächst nur die **vier Kostenbereiche** genannt. In den sich anschließenden Kapiteln werden wir den BAB schrittweise erweitern.

In der letzten **Zeile** des Betriebsabrechnungsbogens wird die Summe der Gemeinkosten für jede Kostenstelle gebildet. Diese Zahlen geben an, wie viel Euro Gemeinkosten jede Kostenstelle verursacht hat. Sie bilden im Vergleich mehrerer Monate oder Jahre die Grundlage einer Kostenkontrolle.

4.2.2.2 Verteilung der Gemeinkosten auf die Kostenstellen im Betriebsabrechnungsbogen

Situation: Das Unternehmen Schmolmann KG stellt Blechgehäuse in unterschiedlichen Größen und Ausstattungen her. Im abgelaufenen Geschäftsjahr wurden insgesamt 200 000 Gehäuse in drei Typen (G I, G II, G III) gefertigt. Die Produktionsanlagen werden von den Gehäusetypen unterschiedlich stark beansprucht; ebenso sind Material- und Lohnaufwand für die einzelnen Typen unterschiedlich hoch. Diese Unterschiede müssen in den Selbstkosten berücksichtigt werden. Um dies zu erreichen, stellt Herr Schmolmann den Betriebsabrechnungsbogen auf, in dem die **Gemeinkosten** auf vier Kostenbereiche verteilt sind, und ermittelt die **Gemeinkostenzuschlagssätze** für die nachfolgende **Selbstkostenkalkulation.**

Betriebsabrechnungsbogen
der Schmolmann KG, Leverkusen

Gemein-kosten-arten	Zahlen der Betriebs-ergebnis-rechnung	Verteilungs-grundlagen	Kostenbereiche			
			I Material	II Fertigung	III Verwaltung	IV Vertrieb
Hilfsstoffaufw.	795.000,00	Entnahmesch.	–	710.000,00	–	85.000,00
Betr.-Stoffaufw.	35.000,00	Entnahmesch.	–	30.000,00	3.000,00	2.000,00
Gehälter	500.000,00	Gehaltsliste	60.000,00	100.000,00	290.000,00	50.000,00
AG-Anteil/SV	600.000,00	Gehaltsliste	10.000,00	450.000,00	130.000,00	10.000,00
Kalk. Abschr.	660.000,00	Anlagenkartei	40.000,00	510.000,00	70.000,00	40.000,00
Bürokosten	50.000,00	Rechnungen	–	20.000,00	30.000,00	–
Werbung	205.000,00	Rechnungen	–	30.000,00	122.000,00	53.000,00
Betr. Steuern	180.000,00	Anlagewerte	20.000,00	40.000,00	90.000,00	30.000,00
Kalk. Zinsen	1.035.000,00	Vermögensw.	149.300,00	650.000,00	110.000,00	125.700,00
Kalk. U.-Lohn	300.000,00	Schätzung	–	100.000,00	200.000,00	–
Summe der Gemeinkosten	**4.360.000,00**	**aufgeteilt:**	**279.300,00 MGK**	**2.640.000,00 FGK**	**1.045.000,00 VwGK**	**395.700,00 VtGK**

Die Verteilung der Gemeinkosten auf die Kostenstellen (hier gleich Kostenbereiche) erfolgt nach den vorgegebenen Verteilungsgrundlagen. **Hilfsstoffaufwendungen, Betriebsstoffaufwendungen, Gehälter, Soziale Abgaben** und **Werbungskosten** können aufgrund der vorliegenden Belege **direkt** den verursachenden Kostenstellen zugerechnet werden. Die übrigen Gemeinkosten werden indirekt verteilt:

Die kalkulatorischen Abschreibungen werden nach den **Wiederbeschaffungskosten (WK)** der in den Kostenstellen investierten Anlagen verteilt. Die WK sollen insgesamt 7.300.000,00 € betragen. Hiervon entfallen auf die einzelnen Kostenstellen:

Materialstelle	Fertigungsstelle	Verwaltg.-Stelle	Vertriebsstelle	WK gesamt
442.500,00 €	5.641.000,00 €	774.000,00 €	442.500,00 €	7.300.000,00 €

Insgesamt sind 660.000,00 € kalkulatorische Abschreibungen auf insgesamt 7.300.000,00 € WK zu verteilen. Auf die Kostenstelle „Material" mit 442.500,00 € WK entfallen dann

7.300.000,00 € ~ 660.000,00 € 442.500,00 € ~ x €	$x\ € = \dfrac{660.000,00\ € \cdot 442.500,00\ €}{7.300.000,00\ €} \approx$ **40.000,00 €**

Die Kostenstelle „Material" hat also 40.000,00 € kalkulatorische Abschreibungen zu übernehmen. Nach der gleichen Rechnung lassen sich die Anteile der übrigen Kostenstellen an den kalkulatorischen Abschreibungen berechnen.

Für die Verteilung der **Bürokosten** hat Herr Schmolmann einen internen Verteilungsschlüssel (= Verhältniszahlen) von 0 : 2 : 3 : 0 festgelegt. Die Bürokosten von insgesamt 50.000,00 € sind also auf insgesamt 5 „Anteile" zu verteilen. Die Kostenstelle „Fertigung" hat hiervon 2 „Anteile" zu übernehmen, also

$$\frac{50.000{,}00\ € \cdot 2}{5} = \mathbf{20.000{,}00\ €} \text{ anteilige Bürokosten}$$

Entsprechend hoch ist der Anteil der Kostenstelle „Verwaltung":

$$\frac{50.000{,}00\ € \cdot 3}{5} = \mathbf{30.000{,}00\ €} \text{ anteilige Bürokosten}$$

Die Verteilung der **Betrieblichen Steuern** nimmt Herr Schmolmann nach einem intern ermittelten Verteilungsschlüssel vor:

Materialstelle	Fertigungsstelle	Verwaltungsstelle	Vertriebsstelle
2	4	9	3

Die Betrieblichen Steuern von 180.000,00 € verteilen sich auf 18 Anteile. Die Kostenstelle „Material" hat hiervon anteilige Steuern für 2 Anteile zu übernehmen:

18 Anteile ~ 180.000,00 €
2 Anteile ~ x €

$$x\ € = \frac{180.000{,}00\ € \cdot 2}{18} = \mathbf{20.000{,}00\ €}$$

Nach dieser Rechnung lassen sich die Anteile der übrigen Kostenstellen berechnen.

Die **kalkulatorischen Zinsen** werden nach dem betriebsnotwendigen Kapital (vgl. S. 241 f.) auf die Kostenstellen verteilt. Herr Schmolmann hat für die einzelnen Kostenstellen das folgende betriebsnotwendige Kapital ermittelt:

Materialstelle	Fertigungsstelle	Verwaltg.-Stelle	Vertriebsstelle	Kapital insges.
1.658.900,00 €	7.222.200,00 €	1.222.200,00 €	1.396.700,00 €	11.500.000,00 €

Die kalkulatorischen Zinsen von insgesamt 1.035.000,00 € sind auf insgesamt 11.500.000,00 € betriebsnotwendiges Kapital zu verteilen. Auf die Kostenstelle „Material" entfallen hiervon:

11.500.000,00 € ~ 1.035.000,00 €
1.658.900,00 € ~ x €

$$x\ € = \frac{1.035.000{,}00\ € \cdot 1.658.900{,}00\ €}{11.500.000{,}00\ €} \approx \mathbf{149.300{,}00\ €}$$

Die Anteile der übrigen Kostenstellen lassen sich entsprechend berechnen.

Den **kalkulatorischen Unternehmerlohn** verteilt Herr Schmolmann nach Schätzung im Verhältnis 1 : 2 auf die beiden Kostenstellen „Fertigung" und „Verwaltung".

Kostenstellen-Gemeinkosten. In der letzten **Zeile** des Betriebsabrechnungsbogens werden die durch die Kostenstellen insgesamt verursachten Gemeinkosten ausgewiesen: 279.300,00 € Materialgemeinkosten **(MGK)**, 2.640.000,00 € Fertigungsgemeinkosten **(FGK)**, 1.045.000,00 € Verwaltungsgemeinkosten **(VwGK)** und 395.700,00 € Vertriebsgemeinkosten **(VtGK).** Unterstellen wir annähernd gleiche Beschäftigung und unveränderte Verteilungsgrundlagen, so kann über diese Summen im **Zeitvergleich** der **Kostenverbrauch** in jeder Kostenstelle **kontrolliert** werden. Bei Abweichungen ist nach den Ursachen zu forschen (vgl. nähere Ausführungen auf Seite 305 f.).

4.2.2.3 Berechnung der Zuschlagssätze (Istzuschläge) im Betriebsabrechnungsbogen

Situation: Mit den im BAB ermittelten Kostenstellen-Gemeinkosten verfolgt Herr Schmolmann nicht nur die Absicht, den Kostenverbrauch in den Kostenstellen zu kontrollieren. Letztlich will er erreichen diese Gemeinkosten den verschiedenen Erzeugnissen, die die Kostenstellen beansprucht haben, anteilig zuzurechnen. Um dieses Ziel zu erreichen, wählt er folgendes Vorgehen:

❶ Er legt für die Gemeinkosten in jeder Kostenstelle eine geeignete **Zuschlagsgrundlage** fest, wobei er darauf achtet, dass zwischen der Zuschlagsgrundlage und den zu verrechnenden Stellen-Gemeinkosten eine **Abhängigkeit** besteht. Folgende Zuschlagsgrundlagen sind in der Praxis üblich:

Kostenstellen-Gemeinkosten	Zuschlagsgrundlage
Materialgemeinkosten (MGK)	Fertigungsmaterial
Fertigungsgemeinkosten (FGK)	Fertigungslöhne
Verwaltungsgemeinkosten (VwGK)	Herstellkosten des Umsatzes
Vertriebsgemeinkosten (VtGK)	Herstellkosten des Umsatzes

❷ Aus den Kostenstellen-Gemeinkosten und der Zuschlagsgrundlage berechnet Herr Schmolmann den Kostenstellen-Zuschlagssatz.

❸ Zuschlagsgrundlagen und -sätze trägt Herr Schmolmann in den BAB ein.

Betriebsabrechnungsbogen
der Schmolmann KG, Leverkusen

Gemeinkostenarten	Zahlen der BER	Verteilungsgrundlagen	Hauptkostenstellen I Material	II Fertigung	III Verwaltung	IV Vertrieb
Hilfsstoffaufw.	795.000,00	Entnahmesch.	–	710.000,00	–	85.000,00
Betr.-Stoffaufw.	35.000,00	Entnahmesch.	–	30.000,00	3.000,00	2.000,00
Gehälter	500.000,00	Gehaltsliste	60.000,00	100.000,00	290.000,00	50.000,00
AG-Anteil/SV	600.000,00	Gehaltsliste	10.000,00	450.000,00	130.000,00	10.000,00
Kalk. Abschr.	660.000,00	Anlagenkartei	40.000,00	510.000,00	70.000,00	40.000,00
Bürokosten	50.000,00	Rechnungen	–	20.000,00	30.000,00	–
Werbung	205.000,00	Rechnungen	–	30.000,00	122.000,00	53.000,00
Betr. Steuern	180.000,00	Anlagewerte	20.000,00	40.000,00	90.000,00	30.000,00
Kalk. Zinsen	1.035.000,00	Vermögensw.	149.300,00	650.000,00	110.000,00	125.700,00
Kalk. U.-Lohn	300.000,00	Schätzung	–	100.000,00	200.000,00	–
Summe der Gemeinkosten	**4.360.000,00**	**aufgeteilt:**	**279.300,00 MGK**	**2.640.000,00 FGK**	**1.045.000,00 VwGK**	**395.700,00 VtGK**
		Zuschlagsgrundlagen	Fertigungsmaterial **(FM)** **2.940.000,00**	Fertigungslöhne **(FL)** **2.400.000,00**	Herstellkosten des Umsatzes **(HK)** **8.019.300,00**[1]	
		Zuschlagssätze	**9,5 %**	**110 %**	**13 %**	**4,93 %**

Kostenstelle „Material". Für die Materialgemeinkosten (MGK) bieten sich die **Einzelkosten** „Aufwendungen für Rohstoffe" (= **Fertigungsmaterial,** Kto. 6000) als geeignete Zuschlagsgrundlage an, wobei unterstellt wird, dass die Höhe der Materialgemeinkosten von den in der Abrechnungsperiode verbrauchten Rohstoffen abhängig ist.

1 Berechnung siehe Seite 282

Berechnung des MGK-Zuschlagssatzes

$$\textbf{MGK-Zuschlagssatz} = \frac{\textbf{Materialgemeinkosten}}{\textbf{Fertigungsmaterial}} = \frac{279.300{,}00\ € \cdot 100\ \%}{2.940.000{,}00\ €} = \textbf{9,5 \%}$$

Dieser Zuschlagssatz sagt aus, dass auf den gesamten Materialeinsatz ein **anteiliger Zuschlag für Materialgemeinkosten** von 9,5 % eingerechnet werden muss, um die gesamten Materialkosten zu erhalten:

Fertigungsmaterial (vgl. S. 252)	2.940.000,00 €
+ 9,5 % Materialgemeinkosten	279.300,00 €
Materialkosten der Periode	**3.219.300,00 €**

Kostenstelle „Fertigung". Für die Fertigungsgemeinkosten (FGK) bieten sich die **Einzelkosten Fertigungslöhne** (Konto 6200) als geeignete Zuschlagsgrundlage an, wobei unterstellt wird, dass die Höhe der Fertigungsgemeinkosten von den in der Abrechnungsperiode gezahlten Fertigungslöhnen abhängig ist.

Berechnung des FGK-Zuschlagssatzes

$$\textbf{FGK-Zuschlagssatz} = \frac{\textbf{Fertigungsgemeinkosten}}{\textbf{Fertigungslöhne}} = \frac{2.640.000{,}00\ € \cdot 100\ \%}{2.400.000{,}00\ €} = \textbf{110 \%}$$

Dieser Zuschlagssatz sagt aus, dass auf die gesamten Fertigungslöhne ein **anteiliger Zuschlag für Fertigungsgemeinkosten** von 110 % eingerechnet werden muss, um die gesamten Fertigungskosten zu erhalten:

Fertigungslöhne (vgl. S. 252)	2.400.000,00 €
+ 110 % Fertigungsgemeinkosten	2.640.000,00 €
Fertigungskosten der Periode	**5.040.000,00 €**

Berechnung der Zuschlagssätze für Verwaltungs- und Vertriebs-Gemeinkosten

Kostenstellen „Verwaltung" und „Vertrieb". Verwaltungs- und Vertriebsgemeinkosten sind in ihrer Höhe weder vom Fertigungsmaterial noch von den Fertigungslöhnen abhängig. Man kann aber davon ausgehen, dass die in einer Abrechnungsperiode angefallenen **Herstellkosten** eine geeignete Zuschlagsgrundlage ergeben, auf die sich die Verwaltungs- und Vertriebsgemeinkosten beziehen lassen. Bei dieser Überlegung lässt man sich weniger von der sachlichen Logik als vielmehr von der zugrunde liegenden **Zuschlagskalkulation** leiten, die in ihrem **Aufbau der Gliederung des Betriebsabrechnungsbogens** entspricht (s. S. 282).

Berechnung der Herstellkosten im Schema der Zuschlagskalkulation. Die Materialkosten und die Fertigungskosten sind im Rahmen der eigentlichen Herstellung der Erzeugnisse angefallen. Fasst man sie zusammen, erhält man die im Abrechnungszeitraum entstandenen **Herstellkosten der produzierten Erzeugnisse,** die auch als

Herstellkosten der Erzeugung

bezeichnet werden. Die Vertriebsgemeinkosten werden nicht durch die Herstellung der Erzeugnisse, sondern durch deren Absatz verursacht. Sie stehen daher auch nicht in Abhängigkeit zu den Herstellkosten der Erzeugung, sondern in Abhängigkeit zu den auf die abgesetzte Menge umgerechneten **Herstellkosten der Erzeugung,** den sog.

Herstellkosten des Umsatzes.

Die Herstellkosten des Umsatzes unterscheiden sich durch die **Bestandsveränderungen** an fertigen und unfertigen Erzeugnissen von den Herstellkosten der Erzeugung.

Beim Ermitteln der Herstellkosten des Umsatzes sind drei Fälle zu unterscheiden:

- **Die Endbestände an unfertigen und fertigen Erzeugnissen stimmen mit den Anfangsbeständen überein,** d. h., es wurden **alle im Abrechnungszeitraum hergestellten Erzeugnisse verkauft.** Die Herstellkosten der Erzeugung entsprechen daher denen des Umsatzes.
- **Die Endbestände an unfertigen und fertigen Erzeugnissen sind größer als die Anfangsbestände.** Es wurden also im Abrechnungszeitraum **mehr Erzeugnisse hergestellt als verkauft.** Die Herstellkosten des Umsatzes sind somit **niedriger** als die der Erzeugung. Der **Mehrbestand** muss daher von den Herstellkosten der Erzeugung **abgezogen** werden, um die Herstellkosten des Umsatzes zu erhalten.
- **Die Endbestände an unfertigen und fertigen Erzeugnissen sind kleiner als die Anfangsbestände.** Im Abrechnungszeitraum wurden **mehr Erzeugnisse verkauft als hergestellt.** Die Herstellkosten des Umsatzes sind **höher** als die der Erzeugung. Der **Minderbestand** muss den Herstellkosten der Erzeugung **zugerechnet** werden, um die Herstellkosten des Umsatzes zu ermitteln.

Berechnung der Herstellkosten (vgl. BAB S. 280):

Fertigungsmaterial	2.940.000,00 €	
+ Materialgemeinkosten	279.300,00 €	
= **Materialkosten**		**3.219.300,00 €**
Fertigungslöhne	2.400.000,00 €	
+ Fertigungsgemeinkosten	2.640.000,00 €	
= **Fertigungskosten**		**5.040.000,00 €**
Herstellkosten der Erzeugung		**8.259.300,00 €**
– **Mehrbestand** an FE (S. 252)		**240.000,00 €**[1]
= **Herstellkosten des Umsatzes**		**8.019.300,00 €**

Herstellkosten des Umsatzes als gemeinsame Zuschlagsgrundlage für Verwaltungs- und Vertriebsgemeinkosten. Die Herstellkosten des Umsatzes in Höhe von 8.019.300,00 € werden als gemeinsame Zuschlagsgrundlage für die Verwaltungs- und Vertriebsgemeinkosten verwendet und in den BAB übernommen:

$$\textbf{VwGK-Zuschlagssatz} = \frac{\textbf{Verwaltungsgemeinkosten}}{\textbf{Herstellkosten d. Umsatzes}} = \frac{1.045.000\ € \cdot 100\ \%}{8.019.300{,}00\ €} = \mathbf{13{,}03\ \% \approx 13\ \%}$$

$$\textbf{VtGK-Zuschlagssatz} = \frac{\textbf{Vertriebsgemeinkosten}}{\textbf{Herstellkosten d. Umsatzes}} = \frac{395.700\ € \cdot 100\ \%}{8.019.300{,}00\ €} = \mathbf{4{,}93\ \%}$$

Einheitlicher Zuschlagssatz. Da die Verwaltungs- und die Vertriebsgemeinkosten von derselben Zuschlagsgrundlage berechnet werden, ist es zur Rechenvereinfachung möglich, beide Einzelzuschläge zu einem einheitlichen Zuschlagssatz zusammenzufassen. Im obigen Beispiel beträgt der einheitliche Zuschlagssatz **17,96 % ≈ 18 %.**

Istzuschlagssätze. Die zuvor errechneten Zuschlagssätze ergeben sich aus den tatsächlich angefallenen Einzelkosten und den im BAB errechneten Kostenstellen-Gemeinkosten. Es sind sog. **Istzuschlagssätze.** Sie können erst nach Ablauf einer Abrechnungsperiode aufgrund der in der KLR ausgewiesenen Einzel- und Gemeinkosten ermittelt werden. Istzuschlagssätze werden daher in der Regel nur für **Nachkalkulationen,** d. h. für Selbstkostenberechnungen nach Herstellung der Erzeugnisse, verwendet.

1 Berechnung siehe S. 284.

4.2.2.4 Berechnung der Selbstkosten des Umsatzes

Selbstkosten des Umsatzes. Die Kostenrechnung hat auch die Aufgabe, die gesamten **Selbstkosten einer Abrechnungsperiode** auszuweisen. Die Selbstkosten ergeben sich, wenn man in die Herstellkosten des Umsatzes die **Verwaltungs- und Vertriebsgemeinkosten** laut BAB **einrechnet.**

Beispiel: Aus den Zahlen des BAB von Seite 280 lassen sich die **Selbstkosten der verkauften Erzeugnisse,** die auch **Selbstkosten des Umsatzes** genannt werden, für das abgelaufene Geschäftsjahr wie folgt berechnen (= **Gesamtkostenrechnung**).

Pos.	Kalkulationsschema		
1.	Fertigungsmaterial (FM)	2.940.000,00 €	
2.	+ Materialgemeinkosten lt. BAB (9,5 %)	279.300,00 €	
3.	**= Materialkosten (MK) (1 + 2)**		**3.219.300,00 €**
4.	Fertigungslöhne (FL)	2.400.000,00 €	
5.	+ Fertigungsgemeinkosten lt. BAB (110 %)	2.640.000,00 €	
6.	**= Fertigungskosten (FK) (4 + 5)**		**5.040.000,00 €**
7.	**= Herstellkosten d. Erzeugung (HK d. E.) (3 + 6)**		**8.259.300,00 €**
8.	− Mehrbestand an fertigen Erzeugnissen		240.000,00 €
9.	**= Herstellkosten des Umsatzes (HK d. U.)**		**8.019.300,00 €**
10.	+ Verwaltungsgemeinkosten lt. BAB (13 %)		1.045.000,00 €
11.	+ Vertriebsgemeinkosten lt. BAB (4,93 %)		395.700,00 €
12.	**= Selbstkosten des Umsatzes (SK)**		**9.460.000,00 €**

Die Selbstkosten der Erzeugung, also die bei der **Produktion** insgesamt angefallenen Selbstkosten, betragen 9.700.000,00 € (vgl. Ergebnistabelle Seite 252) und sind damit um 240.000,00 € Mehrbestand höher als die Selbstkosten des Umsatzes.

Merke:

- **Die tabellarische Kostenstellenrechnung heißt Betriebsabrechnungsbogen (BAB). Der BAB wird monatlich oder jährlich aufgestellt. Er ist senkrecht nach Gemeinkostenarten und waagerecht nach Kostenstellen gegliedert.**
- **Der einfache BAB ist nach den Kostenbereichen „Material", „Fertigung", „Verwaltung" und „Vertrieb" gegliedert.**
- **Der BAB hat folgende Aufgaben:**
  - ▷ **Übernahme der Gemeinkosten aus der Betriebsergebnisrechnung der Ergebnistabelle und Verteilung dieser Gemeinkosten aufgrund von Belegen oder nach Schlüsseln auf die Kostenstellen, in denen sie entstanden sind,**
  - ▷ **Errechnung von Zuschlagssätzen für die Kostenträgerstück- und Kostenträgerzeitrechnung. Hierbei erhält jede Kostenstelle ihre besondere Zuschlagsgrundlage, auf die die Gemeinkosten dieser Stelle bezogen werden.**
  - ▷ **Überwachung der Gemeinkosten an den Stellen ihrer Entstehung (Kostenkontrolle und Kontrolle der Wirtschaftlichkeit).**
- **Die Herstellkosten der Erzeugung und die Herstellkosten des Umsatzes unterscheiden sich durch den Mehr- oder Minderbestand an fertigen und unfertigen Erzeugnissen voneinander:**

  Herstellkosten der Erzeugung
  + Bestandsminderungen an fertigen und unfertigen Erzeugnissen
  − Bestandsmehrungen an fertigen und unfertigen Erzeugnissen
  = Herstellkosten des Umsatzes

4.2.2.5 Bewertung der Bestandsveränderungen bei fertigen und unfertigen Erzeugnissen

Bewertung des Mehrbestandes an fertigen (und unfertigen) **Erzeugnissen.** In der Berechnung der Herstellkosten des Umsatzes (vgl. S. 282) ist der Mehrbestand mit 240.000,00 € angesetzt worden (vgl. auch Ergebnistabelle S. 252). Dieser Betrag kommt aufgrund der nachfolgend gezeigten Bewertung zustande.

Beispiel: Im Unternehmen Schmolmann KG wurden im abgelaufenen Geschäftsjahr insgesamt 200000 Gehäuse produziert; hiervon konnten 193966 Gehäuse abgesetzt werden (vgl. S. 260). Der Mehrbestand beläuft sich also auf 6034 Gehäuse. Diese Gehäuse wurden auf der Grundlage des Kalkulationsschemas auf S. 282, der Zahlen aus dem Betriebsabrechnungsbogen von S. 280 sowie der steuerlichen Vorschriften zur Berechnung der Herstellungskosten (vgl. Seite 360) bewertet. Die in der Berechnung mit * gekennzeichneten Beträge stellen angenommene Werte dar.

Bewertung des Mehrbestandes von 6034 Gehäusen nach steuerrechtlichen Vorschriften				
Fertigungsmaterial	zu **Ist**kosten (vgl. S. 252)		2.800.000	
+ Materialgemeinkosten	vgl. BAB Seite 280	279.300		
	– kalkulatorische Abschreibung	40.000*		
	+ anteilige bilanzm. Abschreibg.	35.000*		
	– kalkulatorische Zinsen	149.300*	125.000	
Materialkosten				**2.925.000**
Fertigungslöhne	zu **Ist**kosten (vgl. S. 252)		2.400.000	
+ Fertigungsgemeinkosten	vgl. BAB Seite 280	2.640.000		
	– kalkulatorische Abschreibung	510.000*		
	+ anteilige bilanzm. Abschreibg.	520.000*		
	– kalkulatorische Zinsen	650.000*		
	– kalkulatorischer Untern.-Lohn	100.000*	1.900.000	
Fertigungskosten				**4.300.000**
+ Verw.-Gemeinkosten	vgl. BAB Seite 280	1.045.000		
	– kalkulatorische Abschreibung	70.000*		
	+ anteilige bilanzm. Abschreibg.	65.000*		
	– kalkulatorische Zinsen	110.000*		
	– kalkulatorischer Untern.-Lohn	200.000*		**730.000**
Wertansatz nach Steuerrecht für 200000 Gehäuse				**7.955.000**
Wertansatz für 1 Gehäuse				**39,775**
Wertansatz für 6034 Gehäuse				**240.000**

Erläuterungen: In die obige Berechnung hat der Unternehmer neben den Material- und Fertigungskosten auch anteilige Verwaltungsgemeinkosten einbezogen und damit die nach handelsrechtlichen und steuerrechtlichen Vorschriften **höchstmöglichen Herstellungskosten** gewählt. Die Vertriebsgemeinkosten hat er unberücksichtigt gelassen; ebenso hat er die anteiligen kalkulatorischen Kosten herausgerechnet. Anstelle der kalkulatorischen Abschreibungen hat er die anteiligen bilanzmäßigen Abschreibungen verwendet.

Aufgaben

296

Betriebsabrechnungsbogen

Kostenarten	Kosten insgesamt	I Material	II Fertigung	III Verwaltung	IV Vertrieb
insgesamt	276.000,00	24.500,00	168.000,00	51.000,00	32.500,00

Einzelkosten
Fertigungsmaterial .... 440.000,00 €
Fertigungslöhne .... 123.000,00 €

Bestandsveränderungen
Mehrbestand an unfertigen Erzeugnissen .... 40.000,00 €
Minderbestand an fertigen Erzeugnissen .... 15.000,00 €

1. *Ermitteln Sie die Herstellkosten des Umsatzes.*
2. *Berechnen Sie die Istzuschlagssätze.*
3. *Führen Sie eine Gesamtkalkulation durch.*

297

Die Betriebsergebnisrechnung eines Industriebetriebes weist für den Monat April folgende Kosten aus:

Fertigungsmaterial	49.600,00
Hilfsstoffe	11.500,00
Betriebsstoffe	2.600,00
Fertigungslöhne	61.000,00
Hilfslöhne	18.000,00
Gehälter	32.800,00
Soziale Aufwendungen	19.500,00
Abschreibungen	8.600,00
Betriebssteuern	4.400,00
Sonstige betriebliche Aufwendungen	10.700,00

Stellen Sie den Betriebsabrechnungsbogen nach folgendem Verteilungsschlüssel auf:

Kostenart	I Material	II Fertigung	III Verwaltung	IV Vertrieb
Hilfsstoffe	200,00	10.700,00	–	600,00
Betriebsstoffe	240,00	1.820,00	360,00	180,00
Hilfslöhne	1.390,00	15.730,00	280,00	600,00
Gehälter	1.600,00	5.400,00	15.300,00	10.500,00
Soz. Aufwendungen	650,00	10.550,00	5.940,00	2.360,00
Abschreibungen **nach Anlagewerten**	*4.000.000,00*	*6.000.000,00*	*2.000.000,00*	*1.000.000,00*
Betriebssteuern	–	3 :	1	–
Sonst. Aufwendungen	1.260,00	2.240,00	5.300,00	1.900,00

1. *Berechnen Sie die Herstellkosten des Umsatzes (Minderbestand an unfertigen Erzeugnissen 4.500,00 €, Mehrbestand an fertigen Erzeugnissen 6.200,00 €).*
2. *Berechnen Sie mithilfe des BAB die vier Gemeinkostenzuschlagssätze.*
3. *Ermitteln Sie die Selbstkosten des Umsatzes für den Abrechnungszeitraum.*
4. *Wie hoch ist das Betriebsergebnis für den Abrechnungszeitraum, wenn die Umsatzerlöse 250.000,00 € betragen?*
5. *Ermitteln Sie die Selbstkosten für je einen Kostenträger A und B. Die Einzelkosten betragen für Kostenträger A: Fertigungsmaterial 100,00 €, Fertigungslöhne 50,00 €; für Kostenträger B: Fertigungsmaterial 300,00 €, Fertigungslöhne 120,00 €.*

298 In die Kostenstellenrechnung eines Industriebetriebes gehen für den Monat Dezember folgende Zahlen aus der Betriebsergebnisrechnung (BER) ein:

Kostenarten	**Zahlen der BER**	**I Material**	**II Fertigung**	**III Verwaltung**	**IV Vertrieb**
Hilfsstoffaufw.	162.500,00	3.500,00	145.200,00	4.500,00	9.300,00
Betr.-Stoffaufw.	17.650,00	2.800,00	9.000,00	4.200,00	1.650,00
Hilfslöhne	152.800,00	13.400,00	121.400,00	8.200,00	9.800,00
Gehälter	199.400,00	18.500,00	33.400,00	108.900,00	38.600,00
Soz. Aufwend.	153.500,00	9.800,00	89.700,00	32.600,00	21.400,00
Kalk. Abschr.			(vgl. unten!)		
Kalk. Zinsen			(vgl. unten!)		
Betriebssteuern	90.500,00	–	71.600,00	18.900,00	–
Miete	120.000,00		(vgl. unten!)		
Büro/Werbung	70.800,00	6.800,00	23.400,00	31.500,00	9.100,00
Versicherungen	31.200,00		(vgl. unten!)		
Kalk. Abschr.	Verteilung nach Verhältniszahlen	1	6	2	1
Kalk. Zinsen	Verteilung nach Verhältniszahlen	1,5	5	2	1,5
Miete	Verteilung nach **Fläche**	200 m²	600 m²	120 m²	80 m²
Versicherungen	Verteilg. **nach Anlagewert** je Kostenbereich	*200.000,00*	*1.200.000,00*	*400.000,00*	*200.000,00*

Kalkulatorische Abschreibungen **je Jahr:**

auf 0510 1,5 % von Anschaffungskosten	2.400.000,00
auf 0700 15 % von Wiederbeschaffungskosten	1.000.000,00
auf 0800 10 % von Wiederbeschaffungskosten	540.000,00

Kalkulatorische Zinsen **je Jahr:**

6 % vom betriebsnotwendigen Kapital	4.500.000,00
Minderbestand an unfertigen Erzeugnissen	25.660,00
Mehrbestand an fertigen Erzeugnissen	31.405,00
Fertigungsmaterial	513.500,00
Fertigungslöhne	413.380,00

1. *Vervollständigen Sie den Betriebsabrechnungsbogen.*
2. *Berechnen Sie die Herstellkosten des Umsatzes und die Selbstkosten des Abrechnungszeitraumes.*
3. *Ermitteln Sie die vier Gemeinkostenzuschlagssätze.*

299
1. *Welche Aufgaben erfüllt der Betriebsabrechnungsbogen?*
2. *Wozu dient die Errechnung von Ist-Zuschlagssätzen?*
3. *Nach welchem Gesichtspunkt werden die Zuschlagsgrundlagen für die Stellengemeinkosten ausgewählt?*
4. *Wodurch unterscheiden sich die Herstellkosten der Erzeugung von den Herstellkosten des Umsatzes?*
5. *Begründen Sie, dass eine Bestandsmehrung von den Herstellkosten der Erzeugung abzuziehen, eine Bestandsminderung zu den Herstellkosten hinzuzuzählen ist.*
6. *Welche Aufgabe erfüllt die Gesamtkostenrechnung, die für eine zurückliegende Abrechnungsperiode aufgestellt wird?*

4.3 Erweiterter und mehrstufiger Betriebsabrechnungsbogen

Situation: In der Schmolmann KG ist man mit der Aussagefähigkeit des Betriebsabrechnungsbogens in der einfachen Form nicht zufrieden (vgl. S. 280). Zum einen weist der BAB nur einen Kostenbereich „Fertigung" aus, sodass der Gemeinkostenverbrauch einzelner Fertigungsabteilungen nicht erkennbar ist und gezielte **Kostenkontrollen** nicht möglich sind. Herr Schmolmann will daher die in seinem Unternehmen bestehenden Fertigungsabteilungen als **Fertigungshauptstellen (FHS,** vgl. S. 275) in den BAB einführen **(erweiterter BAB):**

FHS I:	**Stanzen/Pressen**	**FHS III:**	**Lackieren**
FHS II:	**Bohren/Entgraten**	**FHS IV:**	**Montieren/Verpacken**

Zum anderen will Herr Schmolmann die Abteilung **„Arbeitsvorbereitung"** als gesonderte **Fertigungshilfsstelle (HIKS,** vgl. S. 275) im BAB führen, da diese Abteilung die Fertigungsplanung und Fertigungssteuerung für alle Fertigungshauptstellen leistet.

Zusätzlich plant er den **„Fuhrpark"** zu einer selbstständigen Kostenstelle im BAB zu machen. Da diese Abteilung für alle anderen Abteilungen im Unternehmen Dienste erbringt, wird sie im BAB als **Allgemeine Kostenstelle (AKS,** vgl. S. 276) geführt **(mehrstufiger BAB).**

Der so von Herrn Schmolmann gestaltete (erweiterte und mehrstufige) BAB hat das nachfolgende Aussehen. In diesem BAB wurden alle Gemeinkosten nach den vorliegenden Belegen und Schlüsseln bereits auf die Kostenstellen verteilt.

Erweiterter und mehrstufiger Betriebsabrechnungsbogen mit Istgemeinkosten und Istzuschlägen

Gemeinkostenarten	Zahlen der BER	❸ AKS: Fuhrpark	Mat.-Stelle	❷ HIKS: Arbeitsvorbereitung	❶ Fertigungshauptstellen I Stanzen Pressen	II Bohren Entgraten	III Lackieren	IV Montieren	Verwaltungsstelle	Vertriebsstelle
Hilfsstoffe	795.000	40.000	—	20.000	210.000	150.000	160.000	130.000	—	85.000
Betriebsstoffe	35.000	15.000	—	—	5.000	4.000	4.000	3.000	2.000	2.000
Gehälter	500.000	25.000	50.000	10.000	20.000	20.000	20.000	20.000	270.000	65.000
AG-Anteil	600.000	30.000	10.000	15.000	135.000	95.000	105.000	85.000	115.000	10.000
Abschreibungen	660.000	50.000	35.000	20.000	150.000	100.000	110.000	95.000	65.000	35.000
Bürokosten	50.000	2.000	4.000	1.000	3.000	2.000	2.000	2.000	30.000	4.000
Werbung	205.000	5.000	—	10.000	7.000	4.000	4.000	5.000	140.000	30.000
Steuern	180.000	10.000	20.000	—	10.000	10.000	10.000	10.000	93.000	17.000
Zinsen	1.035.000	53.000	146.000	14.000	190.000	135.000	150.000	120.000	105.000	122000
Untern.-lohn	300.000	10.000	5.000	10.000	30.000	20.000	15.000	20.000	180.000	10.000
Summe	4.360.000	**240.000**	270.000	**100.000**	760.000	540.000	580.000	490.000	1.000.000	300.000
❹ **Umlage:** Fuhrpark		→	40.000	—	40.000	20.000	20.000	—	60.000	60.000
Zwischensumme			310.000	**100.000**	800.000	560.000	600.000	490.000	1.060.000	440.000
❺ **Umlage:** Arbeitsvorbereitung			—	→	30.000	30.000	20.000	20.000	—	
Stellengemeinkosten			**310.000**	—	**830.000**	**590.000**	**620.000**	**510.000**	**1.060.000**	**440.000**
Zuschlagsgrundlagen: **Fertigungsmaterial** **Fertigungslöhne** **Herstellkosten des Umsatzes**			**2.940.000**		**735.000**	**525.000**	**630.000**	**510.000**	**7.960.000**	
IST-Zuschlagssätze			**10,5 %**		**112,9 %**	**112,4 %**	**98,4 %**	**100 %**	**13,3 %**	**5,5 %**

Erläuterungen zum obigen Betriebsabrechnungsbogen:

❶ **Fertigungshauptstellen.** Im obigen BAB ist der Fertigungsbereich gegenüber dem BAB von Seite 280 nach den typischen Arbeitsvorgängen im Unternehmen Schmolmann KG in vier eigenständige Fertigungshauptstellen unterteilt worden. Dadurch hat Herr Schmolmann eine ausreichend tiefe Gliederung des Fertigungsprozesses erreicht, sodass aussagefähige **Kostenkontrollen im Zeitvergleich** möglich werden.

In Betrieben mit einem nach Abteilungen gegliederten Fertigungsprozess wird zweckmäßigerweise für jede Fertigungsabteilung eine besondere Kostenstelle im BAB eingerichtet, die sog. Fertigungshauptstelle. Jede Fertigungshauptstelle gilt als **selbstständige Kostenstelle mit eigener Zuschlagsgrundlage** und **eigenem Gemeinkostenzuschlagssatz (= erweiterter BAB).**

❷ **Fertigungshilfsstelle (= HIKS).** Im vorstehenden BAB ist die Arbeitsvorbereitung als Fertigungshilfsstelle eingerichtet. Das ist zweckmäßig, weil diese Stelle Aufgaben für alle Fertigungsabteilungen übernimmt. Die in ihr gesammelten Gemeinkosten lassen sich also nicht direkt einer der Fertigungshauptstellen zuweisen.
Fertigungshilfsstellen sind den Fertigungshauptstellen vorgeordnet. Zu den Abteilungen, die Hilfsdienste für die Fertigung leisten, gehören z. B. die technische Betriebsleitung, die Arbeitsvorbereitung, das Konstruktionsbüro, die Reparaturwerkstatt, die Lehrwerkstatt. Die Fertigungshilfsstellen geben die bei ihnen erfassten Gemeinkosten nach einem intern ermittelten Verteilungsschlüssel an die Fertigungshauptstellen ab.

❸ **Allgemeine Kostenstelle (= AKS).** Im vorstehenden BAB ist die Abteilung Fuhrpark als Allgemeine Kostenstelle eingerichtet. Dadurch kann Herr Schmolmann die durch diese Abteilung verursachten Kosten korrekt erfassen und entlastet zunächst die anderen Kostenstellen von abteilungsfremden Kosten.
Allgemeine Kostenstellen sind vorgeordnete Kostenstellen. Sie erfassen die Gemeinkosten, die das **Unternehmen insgesamt** betreffen, d. h., diese Kostenstellen leisten für alle nachgeordneten Abteilungen des Unternehmens Dienste. Die in ihnen erfassten Gemeinkosten sind also nach einem intern zu ermittelnden Verteilungsschlüssel auf alle Kostenstellen umzulegen, für die die Allgemeinen Kostenstellen Dienste erbracht haben (= betriebsinterne Kostenverrechnung). Für folgende Betriebsabteilungen können Allgemeine Kostenstellen im BAB eingerichtet werden: Sozialeinrichtungen, Werkschutz, Fuhrpark, Energieversorgung u. a.

Betriebsinterne Kostenverrechnung. Mit der Erfassung von Gemeinkosten in den Allgemeinen Kostenstellen und den Hilfskostenstellen erreicht Herr Schmolmann vorrangig eine Kontrolle der Kosten. **Für Kalkulationszwecke legen diese Kostenstellen ihre Gemeinkosten auf die nachgeordneten Kostenstellen um,** die von den Allgemeinen Kostenstellen und den Hilfskostenstellen Dienste empfangen haben **(= mehrstufiger BAB).** Diese Umlage geschieht nach dem Umfang der beanspruchten Dienste; sie wird im BAB nach einem verursachungsgerechten Schlüssel vorgenommen und geschieht in der **Reihenfolge:**

❹ **Zunächst legen die Allgemeinen Kostenstellen ihre Gemeinkosten auf die nachgeordneten Kostenstellen um.**

❺ **Danach legen die Fertigungshilfsstellen ihre Gemeinkosten auf die Fertigungshauptstellen um.**

Beispiel: Im vorstehenden BAB wurden die Gemeinkosten der Allgemeinen Kostenstelle **„Fuhrpark"** nach dem Verteilungsschlüssel **2 : 0 : 2 : 1 : 1 : 0 : 3 : 3** auf **alle** nachgeordneten **Kostenstellen** verteilt. **Danach** erfolgte die Verteilung der Gemeinkosten der Hilfskostenstelle **„Arbeitsvorbereitung"** auf die vier nachgeordneten **Fertigungshauptstellen** nach dem Schlüssel **3 : 3 : 2 : 2.**

Kontrollieren Sie die Verteilung im BAB (vgl. S. 287).

Istzuschlagssätze im erweiterten BAB. Nachdem die interne Kostenverrechnung abgeschlossen ist, zeigt der BAB die **Stellengemeinkosten** für die Materialstelle, die vier Fertigungshauptstellen sowie für die Verwaltungsstelle und die Vertriebsstelle. Zur Berechnung der Istzuschlagssätze stehen diesen Stellengemeinkosten folgende **Zuschlagsgrundlagen** zur Verfügung:

Materialstelle:	**Fertigungsmaterial** gemäß Betriebsergebnisrechnung
FHS „Stanzen/Pressen“:	**Fertigungslöhne** gemäß Lohnzettel
FHS „Bohren/Entgraten“:	**Fertigungslöhne** gemäß Lohnzettel
FHS „Lackieren“:	**Fertigungslöhne** gemäß Lohnzettel
FHS „Montieren/Verpacken“:	**Fertigungslöhne** gemäß Lohnzettel
Verwaltungsstelle:	**Herstellkosten des Umsatzes** gemäß Kalkulation
Vertriebsstelle:	**Herstellkosten des Umsatzes** gemäß Kalkulation

Berechnung der Herstellkosten des Umsatzes – als Zuschlagsgrundlage für die Verwaltungs- und Vertriebsgemeinkosten – und der **Selbstkosten des Umsatzes** aus den Zahlen des erweiterten BAB (vgl. S. 287). Das nachfolgende Beispiel zeigt, wie das Kalkulationsschema der **veränderten Struktur des Betriebsabrechnungsbogens angepasst** wird.

Kalkulationsschema		
Fertigungsmaterial + Materialgemeinkosten	2.940.000,00 € 310.000,00 €	
= **Materialkosten**		**3.250.000,00 €**
Fertigungslöhne FHS I + Fertigungsgemeinkosten FHS I	735.000,00 € 830.000,00 €	
= **Fertigungskosten FHS I**		**1.565.000,00 €**
Fertigungslöhne FHS II + Fertigungsgemeinkosten FHS II	525.000,00 € 590.000,00 €	
= **Fertigungskosten FHS II**		**1.115.000,00 €**
Fertigungslöhne FHS III + Fertigungsgemeinkosten FHS III	630.000,00 € 620.000,00 €	
= **Fertigungskosten FHS III**		**1.250.000,00 €**
Fertigungslöhne FHS IV + Fertigungsgemeinkosten FHS IV	510.000,00 € 510.000,00 €	
= **Fertigungskosten FHS IV**		**1.020.000,00 €**
Herstellkosten der Erzeugung – **Mehrbestand** an FE		**8.200.000,00 €** **240.000,00 €**
= **Herstellkosten des Umsatzes**		**7.960.000,00 €**
+ Verwaltungsgemeinkosten + Vertriebsgemeinkosten		1.060.000,00 € 440.000,00 €
= **Selbstkosten des Umsatzes**		**9.460.000,00 €**

Auswertung: Im Vergleich zum BAB von Seite 280 zeigen die Istzuschlagssätze im vorstehenden BAB zum Teil erhebliche Abweichungen. Materialstelle und Vertriebsstelle haben mit 10,5 % bzw. 5,5 % erhöhte Zuschlagssätze, die Verwaltungsstelle hat mit 13,3 % gegenüber 13 % einen nur geringfügig abweichenden Zuschlagssatz. Hier haben die Umlagen der Gemeinkosten aus der Allgemeinen Kostenstelle und der Fertigungshilfsstelle zu erhöhten Stellengemeinkosten geführt. Besonders auffällig sind die Abweichungen im Fertigungsbereich: Gegenüber einem Gesamtzuschlagssatz von 110 % zeigen die Fertigungshauptstellen Zuschlagssätze zwischen 98,4 % und 112,9 %. Hier zeigt sich die **unterschiedliche Kostenstruktur** zwischen Einzelkosten (= Fertigungslöhnen) und Stellengemeinkosten in den Fertigungshauptstellen. Beispielsweise lässt sich der Zuschlagssatz von 98,4 % in der FHS „Lackieren“ so interpretieren, dass in dieser Abteilung der Anteil der Fertigungslöhne im Verhältnis zu den Gemeinkosten sehr hoch ist; d. h., diese Abteilung ist wesentlich **lohnintensiver** als z. B. die FHS „Stanzen/Pressen“ mit einem Zuschlagssatz von 112,9 %. Diese Unterschiede werden in den nachfolgenden Kalkulationen berücksichtigt (vgl. Kapitel „4.6 Kostenträgerstückrechnung“, S. 314 f.).

Aufgaben

300 Die Kostenstellenrechnung eines Industriebetriebes enthält nach der Verteilung der Gemeinkosten folgende Zahlen:

Gemein-kosten-arten	Material-stelle	Fertigungshauptstellen				Ver-waltungs-stelle	Vertriebs-stelle
		Dreherei	Bohrerei	Fräserei	Montage		
insgesamt	5.200,00	57.600,00	27.500,00	22.500,00	31.500,00	79.200,00	25.200,00
Zuschlags-grund-lagen	65.000,00	48.000,00	25.000,00	18.000,00	35.000,00	**Herstellkosten des Umsatzes**	

1. *Errechnen Sie die Zuschlagssätze für jede Kostenstelle.*
2. *Ermitteln Sie die Selbstkosten des Abrechnungsmonats, wenn ein Minderbestand in Höhe von 24.700,00 € zu berücksichtigen ist.*

301 *Vervollständigen Sie den BAB unter Anwendung der vorgegebenen Schlüsselzahlen:*

Gemeinkosten-arten	Zahlen der BER	Material-stelle	Fertigungshauptst.		Ver-waltungs-stelle	Vertriebs-stelle
			I	II		
Hilfsstoffe	12.150,00	750,00	5.000,00	6.000,00	150,00	250,00
Hilfslöhne	70.400,00	1.500,00	32.900,00	34.500,00	1.000,00	500,00
Gehälter	180.700,00	4.700,00	38.000,00	25.000,00	92.000,00	21.000,00
Soziale Aufwend.	80.000,00					
nach Löhnen, Gehält.		*18.094,50*	*126.661,50*	*108.567,00*	*162.850,50*	*36.189,00*
Abschreibungen	78.000,00	2.000,00	33.500,00	28.000,00	8.000,00	6.500,00
Steuern	110.000,00	2 :	3 :	2 :	3 :	1
Übrige Kosten	24.000,00	1 :	2 :	2 :	3 :	2
Fertigungsmaterial:		290.800,00			**Herstellkosten des Umsatzes**	
Fertigungslöhne:			114.825,00	86.437,50		

1. *Errechnen Sie die Istzuschlagssätze.*
2. *Bestimmen Sie die Selbstkosten des Abrechnungsmonats (Mehrbestand: 30.912,50 €).*

302
1. *Aus welchem Grund ist die Aufteilung des Fertigungsbereichs in Fertigungshauptstellen zweckmäßig?*
2. *Gegen welche Grundsätze darf bei der Einrichtung der Fertigungshauptstellen nicht verstoßen werden?*
3. *Berechnen Sie die Selbstkosten des Abrechnungsmonats.*

Fertigungsmaterial	124.000,00 €
Fertigungslöhne I	86.500,00 €
Fertigungslöhne II	67.300,00 €
Fertigungslöhne III	78.400,00 €
Materialgemeinkostenzuschlag	12 %
Fertigungsgemeinkostenzuschlag I	110 %
Fertigungsgemeinkostenzuschlag II	140 %
Fertigungsgemeinkostenzuschlag III	90 %
Minderbestand an unfertigen Erzeugnissen	48.000,00 €
Mehrbestand an fertigen Erzeugnissen	83.500,00 €
Verwaltungsgemeinkostenzuschlag	24 %
Vertriebsgemeinkostenzuschlag	8 %

303

Zur Aufstellung eines BAB werden folgende Zahlen der Betriebsergebnisrechnung der Ergebnistabelle entnommen:

Gemeinkostenarten	€	Verteilungsgrundlagen
1. Hilfsstoffaufwand	32.000,00	Rechnungen (direkt)
2. Hilfslöhne	157.000,00	Lohnlisten (direkt)
3. Soziale Aufwendungen	130.000,00	Lohn- und Gehaltslisten (direkt)
4. Instandsetzung	88.000,00	Kostenstellen (Schlüsselzahlen)
5. Reisekosten	45.000,00	Schätzung (Schlüsselzahlen)
6. Büromaterial	110.000,00	Rechnungen (direkt)
7. Gehälter	561.000,00	Gehaltslisten (direkt)
8. Betriebssteuern	36.000,00	Beschäftigtenzahl (s. u.)
9. Abschreibungen	151.500,00	Anlagenkartei (**Aufteilung nach Anlagewerten, s. u.**)

Der Betrieb hat nachstehende Kostenstellen eingerichtet:

Allgemeine Kostenstellen:	I	Wasserversorgung
	II	Kraftzentrale
Hauptkostenstelle:	III	Materialstelle
Hilfskostenstelle:	IV	Fertigungshilfsstelle
Hauptkostenstellen:	V	Fertigungshauptstelle A
	VI	Fertigungshauptstelle B
	VII	Fertigungshauptstelle C
	VIII	Verwaltungsstelle
	IX	Vertriebsstelle

1. *Stellen Sie einen BAB für die neun Kostenstellen nach folgenden Angaben auf:*

Gem.-kosten-art	Kostenstellen								
	I	II	III	IV	V	VI	VII	VIII	IX
1.	4.000	5.000	4.000	2.000	5.000	6.000	3.000	1.000	2.000
2.	18.500	16.600	5.800	6.400	38.100	30.600	33.000	–	8.000
3.	7.300	5.200	11.200	7.500	10.900	18.200	21.400	23.700	24.600
4.	1 :	2 :	1 :	5 :	2 :	3 :	4 :	1 :	1
5.	3 :	2 :	1 :	2 :	1 :	2 :	2 :	1 :	1
6.	2.400	2.200	15.900	2.100	3.100	3.200	4.100	43.600	33.400
7.	34.100	24.900	54.800	34.800	52.200	76.100	89.900	93.200	101.000
8.	5 :	5 :	10 :	20 :	20 :	20 :	35 :	25 :	10
9.	*238.500*	*58.500*	*46.500*	*33.000*	*511.500*	*654.000*	*499.500*	*198.000*	*33.000*

2. *Legen Sie die Gemeinkosten der Allgemeinen Kostenstelle „Wasserversorgung" auf die anderen Kostenstellen in folgendem Verhältnis um:*
   3 : 2 : 3 : 4 : 2 : 2 : 2 : 2
   Anschließend verteilen Sie die Gemeinkosten der Allgemeinen Kostenstelle „Kraftzentrale" auf die restlichen Kostenstellen im Verhältnis:
   1 : 2 : 3 : 3 : 3 : 2 : 1
3. *Die Gemeinkosten der Fertigungshilfsstelle sind auf die drei Fertigungshauptstellen im Verhältnis* 1 : 1 : 2 *zu verteilen.*
4. *Errechnen Sie die Zuschlagssätze für die Gemeinkosten.*
   Fertigungsmaterial .... 300.000,00 €
   Fertigungslöhne A .... 150.000,00 €
   Fertigungslöhne B .... 180000,00 €
   Fertigungslöhne C .... 200.000,00 €
   Bestandsveränderungen sind nicht zu berücksichtigen.

304 Die Kostenartenrechnung für den Monat Juli weist folgende Kosten aus:

	Kostenarten	**€**
variable Kosten	1. Fertigungsmaterial	630.000,00
	2. Fertigungslöhne	480.000,00
teilfixe Kosten	3. Gemeinkostenmaterial	70.000,00
	4. Hilfslöhne	120.000,00
	5. Soziale Aufwendungen	175.000,00
	6. Strom, Gas, Wasser	30.000,00
	7. Reparaturen	80.000,00
	8. Bürokosten	60.000,00
	9. Werbung	40.000,00
fixe Kosten	10. Gehälter	180.000,00
	11. Gewerbesteuer	10.000,00
	12. Versicherungen	5.000,00
	13. Kalkulatorische Abschreibungen	95.000,00
	14. Kalkulatorische Zinsen	45.000,00
	15. Kalkulatorischer Unternehmerlohn	15.000,00

Im BAB werden folgende Kostenstellen geführt:

Allg. Kostenstellen: I Grundstücke/Gebäude
II Fuhrpark
Hauptkostenstelle: III Materialstelle
Hilfskostenstellen: IV Arbeitsvorbereitung
V Entwicklung

Hauptkostenstellen:
VI Schweißerei
VII Dreherei
VIII Montage
IX Verwaltungsstelle
X Vertriebsstelle

1. *Erstellen Sie den BAB und ermitteln Sie die Zuschlagssätze:*

Kostenart	**Kostenstellen**									
	I	II	III	IV	V	VI	VII	VIII	IX	X
1.			630.000							
2.						220.000	160.000	100.000		
3.	–	5.000	–	–	5.000	25.000	25.000	10.000	–	–
4.	–	20.000	10.000	5.000	5.000	35.000	20.000	15.000	–	10.000
5.	5.000	15.000	10.000	10.000	20.000	40.000	20.000	10.000	40.000	5.000
6.	5.000	2.000	1.000	1.000	2.000	10.000	5.000	2.000	1.000	1.000
7.	10.000	8.000	–	–	–	32.000	25.000	3.000	–	2.000
8.	–	–	4.000	9.000	3.000	–	–	–	44.000	–
9.	–	–	–	–	–	–	–	–	–	40.000
10.	–	5.000	15.000	25.000	15.000	13.000	15.000	10.000	60.000	22.000
11.	–	–	–	–	–	–	–	–	10.000	–
12.	3 :	–	1 :	–	–	1 :	–	–	–	–
13.	3 :	1 :	1 :	–	–	5 :	4 :	2 :	2 :	1
14.	2 :	–	1 :	–	1 :	2 :	1 :	1 :	1	–
15.	–	–	–	–	–	–	–	–	4 :	1

Umlage Grundstücke/Gebäude: 1 : 1 : 0 : 0 : 2 : 1 : 1 : 1 : 1
Umlage Fuhrpark: 2 : 0 : 0 : 0 : 0 : 0 : 4 : 5
Umlage Arbeitsvorbereitung: 0 : 2 : 2 : 1 : 0 : 0
Umlage Entwicklung: 4 : 4 : 3 : 0 : 0
Bestandsveränderungen sind nicht zu berücksichtigen.

2. *Bei einer Monatsproduktion von 18 000 Stück konnte das Produkt zu einem Preis von 120,00 € je Stück verkauft werden.*
Prüfen Sie, ob Gewinn erzielt wurde und wie hoch ggf. der Gewinn war.
3. *Auf wie viel Euro je Stück könnte der Unternehmer zur Absatzstabilisierung vorübergehend den Preis senken, wenn er*
a) auf den Gewinn verzichtet (volle Kostendeckung),
b) auf den Ersatz von 40 % der fixen Kosten verzichtet?

305

Zur Aufstellung eines BAB werden folgende Kosten der Ergebnistabelle des Monats September entnommen:

	Gemeinkostenarten	€	Verteilungsgrundlagen
1.	Hilfsstoffaufwand	43.000,00	Rechnungen (direkt)
2.	Hilfslöhne	184.000,00	Lohnlisten (direkt)
3.	Soziale Aufwendungen	210.000,00	Lohn- und Gehaltslisten (direkt)
4.	Instandsetzung	87.500,00	Rechnungen (direkt)
5.	Werbung	52.000,00	Rechnungen (Schlüsselzahlen)
6.	Büromaterial	94.000,00	Rechnungen (direkt)
7.	Gehälter	518.000,00	Gehaltslisten (direkt)
8.	Betriebssteuern	48.000,00	Beschäftigtenzahl (s.u.)
9.	Mieten	28.000,00	Raumgröße in m² (s.u.)
10.	Kalk. Abschreibungen	165.000,00	**Anlagenwerte** (s.u.)
11.	Kalk. Zinsen	116.000,00	Investitionen

Nachstehende Kostenstellen werden geführt:

Allgemeine Kostenstellen: I Energie
II Fuhrpark

Hauptkostenstelle: III Materialstelle

Hilfskostenstelle: IV Fertigungshilfsstelle Werkzeugbau

Hauptkostenstellen: V Fertigungshauptstelle Dreherei
VI Fertigungshauptstelle Fräserei
VII Verwaltungsstelle
VIII Vertriebsstelle

1. *Ergänzen Sie den BAB nach folgenden Angaben:*

G.-K.-Art	BER	I	II	III	IV	V	VI	VII	VIII
1.	43.000	6.000	4.000	5.000	3.000	12.000	10.000	2.000	1.000
2.	184.000	35.000	28.000	19.000	13.000	45.000	38.000	—	6.000
3.	210.000	32.000	17.000	25.000	8.000	36.000	31.000	46.000	15.000
4.	87.500	14.000	14.000	7.000	14.000	17.500	14.000	3.500	3.500
5.	52.000	1 :	1 :	2 :	—	1 :	1 :	3 :	4
6.	94.000	9.000	8.000	7.000	5.000	12.000	11.000	24.000	18.000
7.	518.000	68.000	37.000	42.000	18.000	84.000	76.000	154.000	39.000
8.	48.000	8	8	16	16	16	16	32	16
9.	28.000	140	280	140	140	420	420	280	140
10.	165.000	*300.000*	*200.000*	*100.000*	*100.000*	*300.000*	*300.000*	*100.000*	*100.000*
11.	116.000	34.000	12.000	2.000	6.000	27.000	26.000	6.000	3.000

2. Umlage „Energie": 1 : 1 : 3 : 6 : 5 : 3 : 1
   Umlage „Fuhrpark": 4 : 2 : 3 : 2 : 5 : 6

   Die Gemeinkosten der Fertigungshilfsstelle sind im Verhältnis 3 : 2 auf die Fertigungshauptstellen Dreherei und Fräserei zu verteilen.

3. *Errechnen Sie die Zuschlagssätze für die Stellengemeinkosten:*

   Fertigungsmaterial .... 1.100.000,00 €
   Fertigungslöhne Dreherei .... 420.000,00 €
   Fertigungslöhne Fräserei .... 320.500,00 €

   Bei der Berechnung der Herstellkosten des Umsatzes sind Mehrbestände an fertigen und unfertigen Erzeugnissen von 156.000,00 € zu berücksichtigen.

4. *Bestimmen Sie die Selbstkosten der Abrechnungsperiode.*

4.4 Maschinenstundensatzrechnung

4.4.1 Grundlagen der Maschinenstundensatzrechnung

Situation: Für das Geschäftsjahr 02 plant die Schmolmann KG die veraltete Lackier- und Trockeneinrichtung durch eine automatische Lackier- und Trockenanlage zu ersetzen. Diese **kapitalintensive Anlage** soll als **selbstständige Fertigungshauptstelle,** als sog. **Maschinenplatz,** eingerichtet werden.

Gründe für die Einrichtung des Maschinenplatzes als Kostenstelle. Von den Fertigungsgemeinkosten werden nur wenige **direkt von den Fertigungslöhnen beeinflusst.** Die meisten Fertigungsgemeinkosten weisen **eine geringe oder gar keine Abhängigkeit** von den Fertigungslöhnen auf. Sie werden vielmehr **durch den Einsatz von Maschinen verursacht** (z.B. Platzkosten, Abschreibungen, kalkulatorische Zinsen, Reparaturen) und **von der Maschinenlaufzeit beeinflusst** (z.B. Betriebsstoff- und Energiekosten). Allgemein gilt, dass

- mit fortschreitender Mechanisierung und Automatisierung der Fertigungsprozesse die **Fertigungsgemeinkosten zunehmen,**
- der **Anteil der Fertigungslöhne** an den Fertigungskosten **ständig zurückgeht.** So ist es zu erklären, dass Industriebetriebe teilweise mit 300 % oder 400 % Zuschlag für die Fertigungsgemeinkosten auf die Fertigungslöhne rechnen müssen.
- die **Fertigungsgemeinkosten in Abhängigkeit zum Maschineneinsatz** geraten.

Merke:
- **Die Fertigungsgemeinkosten werden in zunehmendem Maße durch den Maschineneinsatz verursacht.**
- **Je weniger die Fertigungslöhne Ursache für die Fertigungsgemeinkosten sind, umso ungeeigneter und ungenauer sind sie als Zuschlagsgrundlage für den Fertigungsgemeinkostenzuschlag.**

Maschinenplatz als Fertigungshauptstelle. In der Kostenrechnung geht man dazu über, den Standort einer **kostenintensiven** Maschine als **Fertigungshauptstelle** und die für diesen Maschinenplatz in einer Abrechnungsperiode anfallenden Fertigungsgemeinkosten genau zu erfassen.

Aufteilung der Fertigungsgemeinkosten. Da nicht alle für den Maschinenplatz ermittelten Gemeinkosten durch den Maschineneinsatz verursacht werden, ist es zweckmäßig, die **Fertigungsgemeinkosten aufzuteilen:**

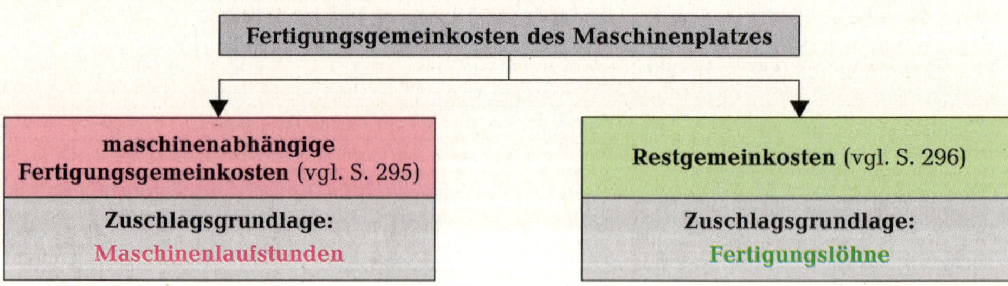

Merke:
- **Die Fertigungsgemeinkosten, die durch den Maschineneinsatz verursacht werden und von der Maschinenlaufzeit abhängen, heißen maschinenabhängige Fertigungsgemeinkosten; sie werden den Maschinenlaufstunden zugerechnet.**
- **Die nicht maschinenabhängigen Fertigungsgemeinkosten heißen Restgemeinkosten; sie werden den Fertigungslöhnen zugerechnet.**

4.4.2 Maschinenabhängige Fertigungsgemeinkosten

Beispiel: In der Schmolmann KG wird ein Teil der **jährlichen** maschinenabhängigen Fertigungsgemeinkosten für die FHS „Lackierautomat" nach folgenden Angaben ermittelt. Die restlichen Gemeinkosten werden im Beispiel vorgegeben.

1. **Betriebsstoffe:** Maschinenleistung 40 kW, Arbeitspreis 0,12 €/kWh, Grundgebühr 80,00 €/Monat. Sonstige Betriebsstoffkosten je Monat 750,00 €. Davon sind 250,00 € fix.
2. **Abschreibung:** Anschaffungskosten (AK) 1.200.000,00 €; Wiederbeschaffungskosten 1.350.000,00 €; Nutzungsdauer 10 Jahre; lineare Abschreibung.
3. **Platzkosten:** Standfläche der Anlage 80 m^2; kalkulatorische Gebäudeabschreibung 75,00 €/m^2 monatlich; Reparatur- und Wartungskosten jährlich 15.000,00 €; Werkzeugkosten jährlich 5.400,00 €.
4. **Zinsen:** 12 % jährliche kalkulatorische Verzinsung der AK. Um zu jährlich gleich hohen Zinskosten zu gelangen, werden die **halben AK** zugrunde gelegt.
5. **Maschinenlaufstunden:** In einer 40-stündigen Arbeitswoche läuft die Anlage durchschnittlich 37,5 Stunden; 2,5 Stunden sind erforderlich, um die Anlage umzurüsten und zu reinigen. 48 Wochen im Jahr wird die Anlage genutzt: 37,5 Std./Woche · 48 Wochen = **1 800 Laufstunden** pro Jahr.

Erfassung der maschinenabhängigen Fertigungsgemeinkosten, soweit sie direkt in der Kostenstelle „Lackierautomat" anfallen (**ohne Kostenumlage,** vgl. BAB S. 297):

maschinenabhängige Fertigungsgemeinkosten	Gemeinkosten insgesamt	variable[1] Gemeinkosten	fixe[1] Gemeinkosten
Hilfsstoffe	140.000,00 €	140.000,00 €	—
Betriebsstoffe	18.600,00 €	14.640,00 €	3.960,00 €
Gehälter	—	—	—
Arbeitgeberanteil/SV	26.000,00 €	12.360,00 €	13.640,00 €
Kalkulatorische Abschreibungen:			
Lackierautomat	135.000,00 €	—	135.000,00 €
Platzkosten:			
Gebäudeabschreibung	72.000,00 €	—	72.000,00 €
Reparaturen/Wartung	15.000,00 €	—	15.000,00 €
Werkzeuge	5.400,00 €	—	5.400,00 €
Bürokosten	3.000,00 €	2.000,00 €	1.000,00 €
Werbung	2.000,00 €	1.000,00 €	1.000,00 €
Betriebliche Steuern	8.000,00 €	1.000,00 €	7.000,00 €
Kalkulatorische Zinsen:			
Lackierautomat	72.000,00 €	—	72.000,00 €
sonstiges Kapital	86.000,00 €	—	86.000,00 €
Unternehmerlohn	11.000,00 €	—	11.000,00 €
Fertigungsgemeinkosten insges.	**594.000,00 €**	**171.000,00 €**	**423.000,00 €**

Bei der Erfassung der maschinenabhängigen Fertigungsgemeinkosten achtet der Unternehmer darauf, dass er sie nach variablen und fixen Gemeinkosten einteilt, weil er dann den Maschinenstundensatz flexibel an veränderte Beschäftigungen (= Laufstunden) anpassen kann (vgl. S. 298).

Merke: **Die am Maschinenplatz anfallenden Fertigungsgemeinkosten werden so genau und vollständig wie möglich erfasst. Die Unterteilung in fixe und variable Fertigungsgemeinkosten ist zweckmäßig, um den Maschinenstundensatz an veränderte Beschäftigungsgrade anpassen zu können.**

1 Vgl. hierzu auch Seite 260 f.

4.4.3 Restgemeinkosten

Beispiel: In der Fertigungshauptstelle „Lackierautomat“ werden **zusätzlich** zu den maschinenabhängigen Fertigungsgemeinkosten folgende **lohnabhängige Fertigungsgemeinkosten** (= Restgemeinkosten) ermittelt (ohne Kostenumlage, vgl. BAB, S. 297):

Gehälter	28.000,00 €
Arbeitgeberanteil/SV	49.000,00 €
Kalkulatorische Abschreibungen	15.000,00 €
Bürokosten	5.000,00 €
Werbung	5.000,00 €
Betriebliche Steuern	2.000,00 €
Unternehmerlohn (anteilig)	4.000,00 €
Restgemeinkosten insgesamt	**108.000,00 €**

Die **Fertigungslöhne** der Kostenstelle „Lackierautomat“ betragen **448.000,00 €;** sie bilden die **Zuschlagsgrundlage für den Restgemeinkostenzuschlagssatz.**

Zuschlagssatz für Restgemeinkosten =

$$\frac{\textbf{Restgemeinkosten + Umlage}^{1}}{\textbf{Kostenstellenlöhne}} = \frac{108.000{,}00\ € + 4.000{,}00\ €}{448.000{,}00\ €} = \textbf{25 \%}$$

4.4.4 Berechnung des Maschinenstundensatzes im BAB

Beispiel: Der **nebenstehende BAB** zeigt, wie der **Maschinenplatz** „Lackierautomat“ in die **Betriebsabrechnung** einbezogen wird, wie hoch der **Maschinenstundensatz** ist und welche **Veränderungen sich in der Kostenstruktur** ergeben.

Der Maschinenplatz wird als **Fertigungshauptstelle** im BAB, unterteilt in „Maschinenabhängige Fertigungsgemeinkosten“ sowie „Restgemeinkosten“, geführt. **Er ersetzt die bisherige Fertigungshauptstelle „III Lackieren“** (vgl. BAB S. 287).

Die Fertigungskosten des Maschinenplatzes (mit Kostenumlage, vgl. BAB S. 297) setzen sich aus maschinenabhängigen FGK und lohnabhängigen Fertigungskosten zusammen:

	Maschinenabhängige FGK, **variabel** (vgl. S. 295)	171.000,00 €	
+	Maschinenabhängige FGK, **fix** (vgl. BAB S. 297)	459.000,00 €	**630.000,00 €**
	Fertigungslöhne (FL) d. Masch.-Pl. (vgl. obiges Beispiel)	448.000,00 €	
+	Restgemeinkosten (= **25 %** d. FL, vgl. BAB S. 297)	112.000,00 €	**560.000,00 €**
	Fertigungskosten des Maschinenplatzes		**1.190.000,00 €**

Maschinenstundensatz. Bei einer Beschäftigung von **1800 Maschinenstunden im Jahr** beträgt der **Maschinenstundensatz,** d.h. der Geldbetrag, mit dem der **einstündige Betrieb** des Lackierautomaten in der Kalkulation berücksichtigt werden muss:

$$\textbf{Maschinenstundensatz} = \frac{\textbf{maschinenabhängige FGK}}{\textbf{Maschinenstunden}} = \frac{630.000{,}00\ €}{1800\ \text{Stunden}} = \textbf{350,00 €/Std.}$$

Lohnabhängige Fertigungskosten. Zusätzlich zu den maschinenabhängigen FGK sind in der Kalkulation die **lohnabhängigen Fertigungskosten** zu berücksichtigen.

Auswertung des BAB: Die Investition bedingt einen **höheren Einsatz** an Betriebsstoffen, Abschreibungen und Zinsen; sie verursacht **geringere** Hilfsstoffaufwendungen und Arbeitgeberanteile zur Sozialversicherung.

Bei den **Einzelkosten** fällt die deutliche **Verminderung der Fertigungslöhne** in der Kostenstelle „Lackierautomat“ von 620.000,00 € auf 448.000,00 € auf. Dies ist auf die Reduzierung der Arbeitsplätze zurückzuführen. Insgesamt haben sich die Fertigungskosten in der Fertigungshauptstelle III **um 60.000,00 € verringert.**

1 vgl. BAB Seite 297

Mehrstufiger Betriebsabrechnungsbogen mit Maschinenplatz als Kostenstelle												
					Fertigungshauptstellen							
							III Lackierautomat					
							masch.-abh. FGK		Restgemeinkosten			
Gemeinkostenarten	Zahlen der BER	AKS: Fuhrpark	Materialstelle	Arbeitsvorbereitung	I	II	variabel	fix		IV	Verwaltungsstelle	Vertriebsstelle
H.-Stoffe	775.000	40.000	—	20.000	210.000	150.000	140.000	—	—	130.000	—	85.000
B.-Stoffe	49.600	15.000	—	—	5.000	4.000	14.640	3.960	—	3.000	2.000	2.000
Gehälter	508.000	25.000	50.000	10.000	20.000	20.000	—	—	28.000	20.000	270.000	65.000
AG-Ant.	570.000	30.000	10.000	15.000	135.000	95.000	12.360	13.640	49.000	85.000	115.000	10.000
Abschr.	700.000	50.000	35.000	20.000	150.000	100.000	—	135.000	15.000	95.000	65.000	35.000
Platzk.	92.400	—	—	—	—	—	—	92.400	—	—	—	—
Bürok.	56.000	2.000	4.000	1.000	3.000	2.000	2.000	1.000	5.000	2.000	30.000	4.000
Werbung	208.000	5.000	—	10.000	7.000	4.000	1.000	1.000	5.000	5.000	140.000	30.000
Steuern	180.000	10.000	20.000	—	10.000	10.000	1.000	7.000	2.000	10.000	93.000	17.000
Zins./A.	72.000	—	—	—	—	—	—	72.000	—	—	—	—
So. Zins.	971.000	53.000	146.000	14.000	190.000	135.000	—	86.000	—	120.000	105.000	122.000
U.-Lohn	300.000	10.000	5.000	10.000	30.000	20.000	—	11.000	4.000	20.000	180.000	10.000
Summe	4.482.000	240.000	270.000	100.000	760.000	540.000	**171.000**	**423.000**	**108.000**	490.000	1.000.000	380.000
1. Umlage: Fuhrpark		→	40.000	—	40.000	20.000	—	20.000	—	—	60.000	60.000
Zwischensumme			310.000	100.000	800.000	560.000	171.000	443.000	108.000	490.000	1.060.000	440.000
2. Umlage: Arb.-Vorber.			—	→	30.000	30.000	—	16.000	4.000	20.000	—	—
Stellengemeinkosten			**310.000**	**—**	**830.000**	**590.000**	**171.000**	**459.000**	**112.000**	**510.000**	**1.060.000**	**440.000**
Zuschlagsgrundlagen			**2.940.000 FM**		**735.000 FL**	**525.000 FL**	**1 800 Maschinenstunden**		**448.000 FL**	**510.000 FL**	**7.900.000 Herstellkosten des Umsatzes**	
IST-Zuschlagssätze			**10,5 %**		**112,9 %**	**112,4 %**	**350,00 € Maschinenstundensatz**		**25 %**	**100 %**	**13,4 %**	**5,6 %**

Berechnung der Herstellkosten des Umsatzes als Zuschlagsgrundlage für die Verwaltungs- und Vertriebsgemeinkosten:

Kalkulationsschema		
Fertigungsmaterial	2.940.000,00 €	
+ Materialgemeinkosten (MGK)	310.000,00 €	
= **Materialkosten**		3.250.000,00 €
Fertigungslöhne FHS I	735.000,00 €	
+ Fertigungsgemeinkosten (FGK) I	830.000,00 €	
= **Fertigungskosten I**		1.565.000,00 €
Fertigungslöhne FHS II	525.000,00 €	
+ Fertigungsgemeinkosten (FGK) II	590.000,00 €	
= **Fertigungskosten II**		1.115.000,00 €
Maschinenabhängige FGK	**630.000,00 €**	
+ **Fertigungslöhne des Maschinenplatzes**	**448.000,00 €**	
+ **Restgemeinkosten**	**112.000,00 €**	
= **Fertigungskosten III (Maschinenplatz)**		**1.190.000,00 €**
Fertigungslöhne FHS IV	510.000,00 €	
+ Fertigungsgemeinkosten (FGK) IV	510.000,00 €	
= **Fertigungskosten IV**		1.020.000,00 €
Herstellkosten der produzierten Menge (HK der Erzeugung)		8.140.000,00 €
– Mehrbestand an fertigen Erzeugnissen		240.000,00 €
= **Herstellkosten der abgesetzten Menge** (HK des Umsatzes)		**7.900.000,00 €**

4.4.5 Abhängigkeit des Maschinenstundensatzes von der Maschinenlaufzeit

Maschinenstunden bei Normalbeschäftigung[1]**.** Der Maschineneinsatz wird in einem Industriebetrieb so **geplant,** dass die Zahl der Ruhestunden **möglichst gering** ist. Von den **maximal** zur Verfügung stehenden Arbeitsstunden sind die Zeiten abzuziehen, in denen die Maschine **betriebsbedingt stillsteht.** Solche Ausfallzeiten können **maschinenbedingt** (Wartungs-, Reparaturzeiten), **auftragsbedingt** (Umrüst-, Einrichtzeiten) oder **personalbedingt** sein (Betriebsurlaub, Krankheit). Im obigen Beispiel wurden für betriebsbedingte Ausfallzeiten 2,5 Stunden pro Woche angesetzt; die Normalbeschäftigung beträgt damit 37,5 Stunden (von maximal 40 Stunden) ≙ 93,75 %.

Abweichungen von der Normalbeschäftigung treten bei besonders günstiger oder ungünstiger wirtschaftlicher Lage auf. Die geplante Laufzeit wird dann über- oder unterschritten.

- Sie wird **überschritten** (z.B. durch Überstunden oder die Einrichtung einer zweiten Schicht), wenn die Auftragseingänge steigen.
- Sie wird **unterschritten** (z.B. durch Kurzarbeit), wenn in einer wirtschaftlichen Krise die Auftragseingänge rückläufig sind.

Weichen die **tatsächlichen** von den **geplanten** Maschinenlaufstunden ab, so hat das bei **vollem Kostenersatz** Auswirkungen auf die Höhe des Maschinenstundensatzes.

Folgende Fälle ergeben sich:

1. Fall: Geplante Maschinenlaufzeit 1800 Stunden/Jahr:

	Variable Maschinenkosten je Maschinenstunde (vgl. S. 295)	95,00 €
+	Fixe Maschinenkosten je Maschinenstunde (459.000 : 1800 =)	255,00 €
=	**Maschinenstundensatz** (bei Normalbeschäftigung)	**350,00 €**

2. Fall: Tatsächliche Maschinenlaufzeit 3600 Stunden/Jahr (zweite Schicht):

	Variable Maschinenkosten je Maschinenstunde (s. oben)	95,00 €
+	Fixe Maschinenkosten je Maschinenstunde (459.000 : 3600 =)	127,50 €
=	**Maschinenstundensatz** (bei Überbeschäftigung)	**222,50 €**

Das Sinken des Maschinenstundensatzes von 350,00 €/Std. auf 222,50 €/Std. ist darauf zurückzuführen, dass sich die fixen Maschinenkosten auf eine höhere Laufzeit verteilen.

3. Fall: Tatsächliche Maschinenlaufzeit 1200 Stunden/Jahr (Kurzarbeit):

	Variable Maschinenkosten je Maschinenstunde (s. oben)	95,00 €
+	Fixe Maschinenkosten je Maschinenstunde (459.000 : 1200 =)	382,50 €
=	**Maschinenstundensatz** (bei Unterbeschäftigung)	**477,50 €**

Das Steigen des Maschinenstundensatzes von 350,00 €/Std. auf 477,50 €/Std. ist darauf zurückzuführen, dass sich die fixen Maschinenkosten auf eine niedrigere Laufzeit verteilen.

Merke:

- **Eine Erhöhung der Maschinenlaufzeit gegenüber der Normalbeschäftigung verringert den Maschinenstundensatz bei vollem Kostenersatz.**
- **Eine Verringerung der Maschinenstundenzahl gegenüber der Normalbeschäftigung erhöht den Maschinenstundensatz entsprechend.**
- **In Zeiten wirtschaftlicher Rezession ist zu prüfen, ob der Maschinenstundensatz unter Verzicht auf teilweisen Ersatz der fixen Kosten gesenkt werden soll.**

1 Siehe auch Band 1, BWL, Kapitel 1.2.1.2.

Aufgaben

Die Fertigungshauptstelle „Drehautomat" wird neu eingerichtet: **306**

Anschaffungskosten der Maschine 320.000,00 €, Wiederbeschaffungskosten 344.000,00 €; betriebsgewöhnliche Nutzungsdauer 12 Jahre.

Kalkulatorische Zinsen 8 % von den halben Anschaffungskosten.

Für Instandsetzung und Wartung werden jährlich 12.000,00 € veranschlagt.

Die Platzkosten betragen 120,00 € je m^2 bei einer beanspruchten Fläche von 15 m^2.

Energiekosten: 50,00 € Grundgebühr je Monat; Maschinenleistung 50 kW zu je 0,16 €/kWh;

Werkzeugkosten monatlich 600,00 €.

Die Kosten für Instandhaltung und Wartung sind zu 30 % variabel; als variabel gelten auch die Kosten für den Stromverbrauch. Alle anderen Platzkosten sind fix.

1. *Berechnen Sie die monatlichen fixen und variablen Maschinenkosten.*
2. *Berechnen Sie den Maschinenstundensatz bei einer Beschäftigung von 150 Stunden/Monat.*
3. Die wirtschaftliche Rezession zwingt zu einer Verkürzung der Beschäftigung um 30 %. *Mit welchem Maschinenstundensatz muss nun* ***bei vollem Ersatz der fixen Kosten*** *kalkuliert werden?*
4. Gerade in der Rezessionsphase soll mit dem geplanten Maschinenstundensatz kalkuliert werden. *Wie viel € fixe Kosten können dann nicht mehr ersetzt werden?*
5. *Wie hoch wäre der Maschinenstundensatz beim Zweischichtbetrieb mit 280 Stunden/Monat?*

In einem Industriebetrieb werden die Fertigungshauptstellen neu organisiert: **307**

Es soll zusätzlich eine Kostenstelle für eine automatische Bandschneidemaschine eingerichtet werden. Die monatlichen Maschinenplatzkosten sind aus folgenden Angaben zu berechnen:

Anschaffungskosten der Maschinenanlage 520.000,00 €; Wiederbeschaffungskosten 710.000,00 €; betriebsgewöhnliche Nutzungsdauer 10 Jahre.

Die jährliche Nutzungszeit wird mit 1920 Maschinenstunden angesetzt.

Die kalkulatorische Abschreibung ist linear von den Wiederbeschaffungskosten zu bestimmen.

Für die kalkulatorischen Zinsen sind 9 % von den halben Anschaffungskosten zugrunde zu legen.

Für Instandsetzung und Reparatur sind lt. Belegen 62.400,00 € im Jahr zu veranschlagen.

Der Platzbedarf der Maschine beträgt 30 m^2, der Raumkostensatz 102,00 € je m^2 im Jahr.

Die Leistung der Maschine beträgt 40 kW bei einem Strompreis von 0,125 € je kWh, an Grundgebühr fallen monatlich 80,00 € an.

Lohnabhängige Gemeinkosten der Kostenstelle im Abrechnungsmonat:

Hilfslöhne	18.000,00 €
Soziale Aufwendungen	8.000,00 €
Allgemeine Betriebskosten	14.000,00 €

Die Fertigungslöhne der Kostenstelle werden mit 30.000,00 € ermittelt.

1. *Berechnen Sie die monatlichen Maschinenplatzkosten und den Maschinenstundensatz.*
2. Die Kosten für Instandhaltung und Reparatur gelten zu 40 % als variabel; die Kosten des Stromverbrauchs sind in voller Höhe variabel. Alle anderen Platzkosten sind fix. Um in Zeiten wirtschaftlicher Rezession durch Zusatzaufträge die geplante Maschinenlaufzeit halten zu können, soll der Maschinenstundensatz unter Verzicht auf 40 % der fixen Kosten gesenkt werden. *Berechnen Sie den Maschinenstundensatz.*

308 Der Betriebsabrechnungsbogen eines anlageintensiven Industriebetriebes weist nach der Verteilung der Gemeinkosten auf die Kostenstellen folgende Stellengemeinkosten aus:

Betriebsabrechnungsbogen					
Materialstelle	**Fertigungshauptstellen**			**Verwaltungsstelle**	**Vertriebsstelle**
	Maschine I	Maschine II	Übrige Fertig.-Stellen		
320.000,00	120.000,00	145.000,00	96.000,00	265.000,00	110.000,00

1. *Berechnen Sie die Gemeinkostenzuschlagssätze und die Maschinenstundensätze nach folgenden Angaben:*
   Materialstelle hat als Zuschlagsgrundlage:
   800.000,00 € Fertigungsmaterial,
   FHS Maschine I hat als Zuschlagsgrundlage: 1 500 Maschinenstunden,
   FHS Maschine II hat als Zuschlagsgrundlage: 1 650 Maschinenstunden,
   übrige Fertigungsstellen haben als Zuschlagsgrundlage:
   120.000,00 € Fertigungslöhne.
   Die Verwaltungs- und Vertriebsgemeinkosten werden auf die Herstellkosten des Umsatzes bezogen. Hierbei ist ein Mehrbestand von 24.000,00 € zu berücksichtigen.
2. *Berechnen Sie die Selbstkosten der Abrechnungsperiode.*
3. Der Beschäftigungsrückgang zwingt zu einer Verkürzung der Maschinenlaufzeit auf 1 200 Std. (Maschine I) und 1 500 Std. (Maschine II). *Erläutern Sie die Auswirkungen auf die Maschinenstundensätze.*

309 *Vervollständigen Sie den Betriebsabrechnungsbogen.*

Kostenart	**Zahlen der BER**	**Materialstelle**	**Abrichtanlage: Maschinenabhängige Fertigungsgemeinkosten**		**Abrichtanlage: Restgemeinkosten**	**Übrige Fertig.-Stellen**	**Verw.-Stelle**	**Vertr.-Stelle**
			fix	**variabel**				
Allg. Betriebskosten	8.000,00	1 :			3 :	4		
Energie	3.000,00	300,00	80,00	600,00		1.400,00	500,00	120,00
Betr.-Stoffkosten	6.000,00			1.000,00		5.000,00		
Gehälter	20.000,00	2.000,00	2.500,00			4.500,00	11.000,00	
Hilfslöhne	35.000,00	3.000,00			7.000,00	21.500,00		3.500,00
Soz. Aufwend.	19.000,00	1.200,00			3.000,00	9.400,00	4.000,00	1.400,00
Kalk. Zinsen	5.000,00	500,00	800,00			2.600,00	600,00	500,00
Abschreibg. auf Anlagen	9.000,00	200,00	2.500,00			5.500,00	500,00	300,00
Abschreibg. auf Gebäude	18.000,00	1.800,00	3.500,00			9.000,00	2.200,00	1.500,00
Reparaturkosten	6.500,00		770,00	1.200,00		4.200,00		330,00
Sonstige Kosten	7.000,00	2 :				8 :	3 :	1
Fertigungslöhne					10.400,00	47.400,00		
Fertigungsmaterial		88.000,00						
Maschinenlaufstunden			250					

1. *Berechnen Sie die Zuschlagssätze und den Maschinenstundensatz.*
2. *Ermitteln Sie die Selbstkosten der Abrechnungsperiode.*
3. *Mit welchem Maschinenstundensatz muss bei vollem Kostenersatz in Zukunft kalkuliert werden, wenn mit einem Beschäftigungsrückgang um 20 % gerechnet wird?*
4. *Wie viel Euro fixe Kosten könnten nicht ersetzt werden, wenn trotz Beschäftigungsrückgang mit dem ursprünglichen Maschinenstundensatz kalkuliert wird?*

310 In einem Industriebetrieb bilden drei Stanzen eine Fertigungshauptstelle. Für jede Stanze wird der Maschinenstundensatz nach folgenden Angaben gesondert berechnet:

	Stanze I	Stanze II	Stanze III
Anschaffungskosten	84.000,00 €	150.000,00 €	240.000,00 €
Betriebsübliche Nutzungsdauer	15 Jahre	14 Jahre	14 Jahre
Lineare Abschreibung von den Wiederbeschaffungskosten	105.000,00 €	175.000,00 €	280.000,00 €
Kalk. Zinsen auf halbe Anschaffungskosten	9 %	9 %	9 %
Maschinenleistung	10 kW	20 kW	40 kW
Strompreis je kWh	0,18 €	0,18 €	0,18 €
Grundgebühr monatlich	60,00 €	80,00 €	100,00 €
Kosten für Instandsetzung und Wartung pro Jahr	4.000,00 €	8.000,00 €	10.000,00 €
Stand- und Arbeitsfläche	20 m^2	25 m^2	30 m^2
Platzkosten je m^2	40,00 €	40,00 €	40,00 €
durchschnittl. Werkzeugkosten je Monat	150,00 €	200,00 €	400,00 €
Betriebsstoffkosten je Monat	40,00 €	50,00 €	70,00 €

Die maschinenunabhängigen Fertigungskosten werden für den Monat Oktober für die gesamte Kostenstelle in folgender Höhe ermittelt:

Fertigungslöhne	7.500,00 €
Hilfslöhne	8.000,00 €
Soziale Aufwendungen	3.500,00 €
Allgemeine Betriebskosten	2.000,00 €

1. *Berechnen Sie die Maschinenstundensätze für jede Stanze bei geplanten Beschäftigungen je Monat von:*

	Stanze I	Stanze II	Stanze III
Laufstunden	150 Stunden	120 Stunden	100 Stunden

2. *Ermitteln Sie den Restgemeinkostenzuschlagssatz.*

311 In einem Industriebetrieb bildet die Reparaturwerkstatt mit 1 Bohrmaschine, 1 Drehmaschine und 1 Fräsmaschine eine besondere Kostenstelle. Für jede Maschine wurde ein eigener Maschinenstundensatz errechnet, und zwar für

Bohrmaschine	45,00 €
Drehmaschine	68,00 €
Fräsmaschine	52,00 €

Zusätzlich fallen in dieser Kostenstelle maschinenunabhängige Fertigungsgemeinkosten für Reinigung, Montage und Kontrolle an:

Hilfslöhne	4.000,00 €
Gehälter	5.400,00 €
Soziale Aufwendungen	3.000,00 €
Allgemeine Betriebskosten	2.000,00 €

Die Fertigungslöhne betragen in der Abrechnungsperiode 12.000,00 €.

Berechnen Sie den Restgemeinkostenzuschlagssatz und die Periodenkosten für 150 Stunden.

312 In einer Weberei werden für den Monat September folgende Kosten ermittelt:

	Kostenarten	**€**
variable Kosten	1. Fertigungsmaterial 2. Fertigungslöhne	400.000,00 200.000,00
teilfixe Kosten	3. Hilfsstoffaufwand 4. Hilfslöhne 5. Soziale Aufwendungen 6. Energieaufwand 7. Reparaturen	40.000,00 100.000,00 120.000,00 50.000,00 30.000,00
fixe Kosten	8. Gehälter 9. Kalkulatorischer Unternehmerlohn 10. Kalkulatorische Abschreibungen 11. Kalkulatorische Zinsen	160.000,00 20.000,00 100.000,00 60.000,00

Im BAB werden folgende **Kostenstellen** geführt:

I. Materiallager
II. Fertigungshauptstelle Webautomat
III. Fertigungshauptstelle Färberei
IV. Fertigungshauptstelle Veredlung
V. Verwaltung
VI. Vertrieb

Der Betriebsabrechnungsbogen ist nach folgenden Angaben zu erstellen:

Kostenart	**Kostenstellen**							
	Material	**Webautomat** Masch.-Gemeinkost. fix	**Webautomat** Masch.-Gemeinkost. variabel	**Webautomat** Restgem.-Kosten	**Färberei**	**Veredlung**	**Verwaltung**	**Vertrieb**
1.	400.000							
2.				60.000	100.000	40.000		
3.	–	–	–	20.000	15.000	5.000	–	–
4.	15.000	–	–	25.000	40.000	20.000	–	–
5.	5.000	–	–	30.000	20.000	10.000	40.000	15.000
6.	–	5.000	25.000	–	10.000	5.000	5.000	–
7.	–	5.000	15.000	–	5.000	5.000	–	–
8.	10.000	10.000	–	–	–	–	100.000	40.000
9.	–	–	–	–	–	–	20.000	–
10.	2 :	6 :	–	–	4 :	3 :	3 :	2
11.	–	3 :	–	–	1 :	1 :	1	–

Zuschlagsgrundlagen

1. Für Materialstelle → Fertigungsmaterial
   Für Hauptstelle Webautomat:
2. Maschinengemeinkosten → 480 Masch.-Stunden (3-Schicht-Betrieb)
3. Restgemeinkosten → Fertigungslöhne der Kostenstelle II
4. Für Hauptstelle Färberei → Fertigungslöhne der Kostenstelle III
5. Für Hauptstelle Veredlung → Fertigungslöhne der Kostenstelle IV
6. Für Verw.- und Vertriebsstelle → Herstellkosten des Umsatzes.

Bei der Berechnung der Herstellkosten des Umsatzes ist ein Mehrbestand von 25.000,00 € zu berücksichtigen. *Berechnen Sie die Zuschlagssätze und die Herstellkosten des Umsatzes.*

313 In der Fertigungshauptstelle „Drehautomat" (vgl. Aufgabe 306) werden zusätzlich folgende lohnabhängige Gemeinkosten ermittelt: Hilfslöhne 4.500,00 €, Lohnnebenkosten 6.300,00 €, Allgemeine Betriebskosten 3.450,00 €.

Die Fertigungslöhne betragen im Abrechnungsmonat 12.800,00 €.

1. *Bestimmen Sie den Restgemeinkostenzuschlagssatz.*
2. *Ermitteln Sie die gesamten Fertigungskosten der Kostenstelle.*
3. *Für einen Auftrag werden 3 ½ Maschinenstunden (vgl. Aufgabe 306, 2.) und 195,00 € Fertigungslöhne kalkuliert. Berechnen Sie die Maschinenkosten.*

4.5 Kostenträgerzeitrechnung bei Serienfertigung

4.5.1 Kostenträgerblatt (BAB II) mit Istkosten als Hilfsmittel der Kostenträgerzeitrechnung

Situation: Aus den bisher aufgestellten Betriebsabrechnungsbögen hat Herr Schmolmann eine vorläufige Kostenkontrolle ableiten und kostenstellenbezogene **Istzuschlagssätze** berechnen können. Diese Istzuschlagssätze

- verwendet er in der **Nachkalkulation** (vgl. Kapitel 4.6.4),
- benutzt er für eine nach Kostenträgern **unterteilte Berechnung der Herstellkosten, der Selbstkosten und des Betriebsergebnisses,** die sog. **Kostenträgerzeitrechnung.** Auf der Basis der Vollkosten zeigt ihm diese Rechnung, wie viel Euro Kosten die Kostenträger verursacht und mit wie viel Euro sie zum Betriebserfolg beigetragen haben.

Für die Durchführung der Rechnung benötigt Herr Schmolmann folgende produktbezogene Angaben, die ihm aus der Finanzbuchhaltung sowie aus dem Produktions- und Vertriebsbereich vorliegen. Grundlage für die nachstehende Kostenträgerzeitrechnung ist der **erweiterte Betriebsabrechnungsbogen von Seite 287.**

	gesamt	Gehäuse G I	Gehäuse G II	Gehäuse G III
Fertigungsmaterial	2.940.000,00	1.225.000,00	750.000,00	965.000,00
Fertigungslöhne FHS I	735.000,00	321.500,00	191.400,00	222.100,00
Fertigungslöhne FHS II	525.000,00	229.700,00	136.700,00	158.600,00
Fertigungslöhne FHS III	630.000,00	275.600,00	164.100,00	190.300,00
Fertigungslöhne FHS IV	510.000,00	223.200,00	132.800,00	154.000,00
Mehrbestand an FE	240.000,00	84.785,00	18.150,00	137.065,00
Umsatzerlöse	10.520.000,00	4.696.820,00	2.384.460,00	3.438.720,00
Produktionsmenge	200 000 Stück	87 500 Stück	62 500 Stück	50 000 Stück
Absatzmenge	193 966 Stück	85 395 Stück	62 000 Stück	46 571 Stück

Kostenträgerblatt (BAB II) auf Istkostenbasis

Kalkulationsschema	Istkosten insgesamt	Kostenträger		
		Gehäuse G I	Gehäuse G II	Gehäuse G III
Fertigungsmaterial	2.940.000,00	1.225.000,00	750.000,00	965.000,00
+ 10,5 % Materialgemeinkosten	310.000,00	129.170,00	79.080,00	101.750,00
Materialkosten	**3.250.000,00**	**1.354.170,00**	**829.080,00**	**1.066.750,00**
Fertigungslöhne FHS I	735.000,00	321.500,00	191.400,00	222.100,00
+ 112,9 % Fertigungsgemeinkosten	830.000,00	363.050,00	216.150,00	250.800,00
Fertigungskosten FHS I	**1.565.000,00**	**684.550,00**	**407.550,00**	**472.900,00**
Fertigungslöhne FHS II	525.000,00	229.700,00	136.700,00	158.600,00
+ 112,4 % Fertigungsgemeinkosten	590.000,00	258.140,00	153.620,00	178.240,00
Fertigungskosten FHS II	**1.115.000,00**	**487.840,00**	**290.320,00**	**336.840,00**
Fertigungslöhne FHS III	630.000,00	275.600,00	164.100,00	190.300,00
+ 98,4 % Fertigungsgemeinkosten	620.000,00	271.225,00	161.500,00	187.275,00
Fertigungskosten FHS III	**1.250.000,00**	**546.825,00**	**325.600,00**	**377.575,00**
Fertigungslöhne FHS IV	510.000,00	223.200,00	132.800,00	154.000,00
+ 100 % Fertigungsgemeinkosten	510.000,00	223.200,00	132.800,00	154.000,00
Fertigungskosten FHS IV	**1.020.000,00**	**446.400,00**	**265.600,00**	**308.000,00**
Herstellkosten der Erzeugung	**8.200.000,00**	**3.519.785,00**	**2.118.150,00**	**2.562.065,00**
– Mehrbestand an fertigen Erzeugn.	240.000,00	84.785,00	18.150,00	137.065,00
Herstellkosten des Umsatzes	**7.960.000,00**	**3.435.000,00**	**2.100.000,00**	**2.425.000,00**
+ 13,3 % Verwaltungsgemeinkosten	1.060.000,00	457.425,00	279.650,00	322.925,00
+ 5,5 % Vertriebsgemeinkosten	440.000,00	189.875,00	116.080,00	134.045,00
Selbstkosten des Umsatzes	**9.460.000,00**	**4.082.300,00**	**2.495.730,00**	**2.881.970,00**
Umsatzerlöse	**10.520.000,00**	**4.696.820,00**	**2.384.460,00**	**3.438.720,00**
Betriebsergebnis	**1.060.000,00**	**614.520,00**	**– 111.270,00**	**556.750,00**

Erläuterungen zum Kostenträgerblatt:

Kostenträgerzeitrechnung. Die vorstehende nach Kostenträgern durchgeführte Herstellkosten-, Selbstkosten- und Ergebnisrechnung ist für das Unternehmen wichtig, um die **Ertragskraft** der Erzeugnisse – gemessen am Betriebserfolg und an der Wirtschaftlichkeit – beurteilen zu können. Sie heißt Kostenträger**zeit**rechnung, da sie sich auf einen bestimmten Zeitraum (z. B. Monat oder Jahr) bezieht.

Kostenträgerblatt. Hilfsmittel der Kostenträgerzeitrechnung ist das Kostenträgerblatt, das senkrecht nach dem Schema der **Zuschlagskalkulation** (vgl. S. 314) aufgebaut und waagerecht nach den Kostenträgern gegliedert ist.

Erfassung der Einzelkosten je Kostenträger. Die Einzelkosten **Fertigungsmaterial** und **Fertigungslöhne** lassen sich anhand von Belegen für jeden Gehäusetyp genau erfassen. So wird der Verbrauch an Roh- und Hilfsstoffen aufgrund von Materialentnahmescheinen ermittelt und mit einem für die Kostenrechnung geeigneten Verrechnungspreis bewertet (vgl. S. 248). Die Fertigungslöhne lassen sich aufgrund von Auftrags- und Laufzetteln für jeden Gehäusetyp und jede Fertigungshauptstelle genau berechnen.

Anteilige Zurechnung der Gemeinkosten. Mithilfe der im BAB ausgewiesenen Istzuschlagssätze und der nach Gehäusetypen ermittelten Einzelkosten lassen sich die Stellengemeinkosten anteilig auf die Gehäusetypen verteilen. Auf diese Weise ist es möglich, für jeden Kostenträger die Selbstkosten des Umsatzes zu berechnen.

Selbstkosten. Im Ergebnis zeigt die Kostenträgerzeitrechnung, wie hoch die Selbstkosten – bezogen auf die verkauften Mengen – für jeden Gehäusetyp sind. Im Beispiel ist der Mehrbestand an fertigen Erzeugnissen überwiegend beim Gehäusetyp G III angefallen. Dieser Gehäusetyp ist mit 46571 verkauften Einheiten der verkaufsschwächste Gehäusetyp.

Ergebnisrechnung. Das Kostenträgerblatt lässt sich durch die Aufnahme der Nettoumsatzerlöse aus der FB zu einer Ergebnisrechnung ausbauen. In der FB werden die Nettoumsatzerlöse für jeden Kostenträger ausgewiesen; sie können in das Kostenträgerblatt übernommen werden. Bildet man die Differenz zwischen den Selbstkosten des Umsatzes und den Nettoumsatzerlösen, erhält man das Betriebsergebnis insgesamt und für jeden Kostenträger. Damit ist das Kostenträgerblatt auch ein **Instrument zur kurzfristigen Erfolgsrechnung.** Im Beispiel zeigen sich deutliche Unterschiede im Erfolg. Gehäuse G I und G III erzielen hohe Gewinne, bei Gehäuse G II ist ein Verlust von 111.270,00 € eingetreten.

Die Ertragskraft der Gehäusetypen ergibt folgendes Bild:

	Gehäuse G I	**Gehäuse G II**	**Gehäuse G III**
Betriebserfolg in %	$\frac{614.520,00}{4.082.300,00}$ = **15,1 % Gewinn**	$\frac{-111.270,00}{2.495.730,00}$ = **4,46 % Verlust**	$\frac{556.750,00}{2.881.970,00}$ = **19,3 % Gewinn**
Wirtschaftlichkeit	$\frac{4.696.820,00}{4.082.300,00}$ = **1,15**	$\frac{2.384.460,00}{2.495.730,00}$ = **0,96**	$\frac{3.438.720,00}{2.881.970,00}$ = **1,19**

Wie sich Unternehmer Schmolmann angesichts der Verlustsituation bei Gehäuse G II entscheidet, hängt zum einen von der genauen Kostenanalyse ab (vgl. Deckungsbeitragsrechnung, S. 327 f.). Zum anderen wird die Entscheidung vom Unternehmensziel beeinflusst. Sofern es sich bei Gehäuse G II um ein neu aufgenommenes Produkt handelt, das in der Anlaufphase erhöhte Kosten verursacht hat und von dem sich Herr Schmolmann in der Zukunft höhere Absatzzahlen verspricht, wird er den derzeitigen Verlust hinnehmen.

4.5.2 Kostenstellenrechnung und Kostenträgerzeitrechnung auf Normalkostenbasis

Situation: Bisher hat Herr Schmolmann die Kostenstellenrechnung und die Kostenträgerzeitrechnung auf der Basis der **Istkosten** (= nachträglich feststellbare tatsächliche Kosten) durchgeführt. Dieses Vorgehen ist zur Ermittlung der tatsächlich angefallenen Kosten je Kostenstelle unbedingt erforderlich. Andererseits haben die Istkosten – und damit die von ihnen abhängigen Istkostenzuschlagssätze – die Eigenschaft, dass sie von Monat zu Monat schwanken. Diese **Schwankungen** sind zurückzuführen auf:

- **Preisabweichungen.** So führen z. B. Preiserhöhungen bei Hilfs- und Betriebsstoffen oder Gehaltserhöhungen zu einer höheren Belastung der Kostenstellen mit Gemeinkosten und damit zu höheren Zuschlagssätzen. Ebenso wäre es denkbar, dass preisgünstigere Werkstoffe ein Sinken der Stellengemeinkosten und der Zuschlagssätze bewirken.
- **Beschäftigungsabweichungen.** So kann z. B. eine Produktionserhöhung zu **überhöhten** Stellengemeinkosten im Fertigungsbereich (Reparaturaufwand, Lohnzuschläge für Sonderschichten) und damit zu höheren Zuschlagssätzen beitragen. Ein Rückgang der Beschäftigung ist dagegen nicht unbedingt mit einem Sinken der Zuschlagssätze verbunden, da in diesem Fall zwar die variablen Einzelkosten (Werkstoffe, Akkordlöhne) sinken werden, nicht aber die fixen Gemeinkosten.
- **Verbrauchsabweichungen.** Es kann auch vorkommen, dass die geplanten Fertigungszeiten und Werkstoffvorgaben über- oder unterschritten werden. Das führt zu steigenden oder fallenden Kosten und damit ebenfalls zu schwankenden Zuschlagssätzen. Während die Betriebsleiter Preis- und Beschäftigungsschwankungen nicht zu verantworten haben, sind sie bei Verbrauchsabweichungen gehalten nach den Ursachen zu forschen.

Dadurch, dass Istkosten erst nach Abschluss des Produktionsprozesses vorliegen und dass sie Schwankungen unterworfen sind, eignen sie sich für eine **planvolle, vorausschauende Kostenrechnung** nicht. So kann Herr Schmolmann auf der Basis der Istkostenrechnung

- **keine zuverlässigen Kostenkontrollen** durchführen, da eine **feste Grundlage** für Vergleiche fehlt,
- **keine verbindlich festzulegenden Angebotspreise** kalkulieren, da keine für die Zukunft **konstant bleibenden Zuschlagssätze** zur Verfügung stehen.

Um also eine **zukunfts- und kontrollorientierte,** über einen längeren Zeitraum **konstante Kalkulation** aufstellen zu können, bildet Herr Schmolmann aus den Istzuschlagssätzen vergangener Betriebsabrechnungsbögen – unter Berücksichtigung der Kostenentwicklung – **Durchschnitts-Prozentsätze** (arithmetische Mittelwerte), die sog. **Normalzuschlagssätze.**

Beispiel: Im BAB auf Seite 287 wurde der Istzuschlagssatz für die Materialgemeinkosten mit 10,5 % errechnet. In den zurückliegenden Monaten sollen die Gemeinkostenzuschläge in der Materialstelle 11,2 %, 10,9 %, 11,0 %, 10,7 %, 10,6 % und 10,5 % betragen haben. Herr Schmolmann legt aufgrund dieser Zahlen und der abzusehenden Kostenentwicklung für die Materialstelle folgenden **Normalzuschlagssatz** fest:

$$\frac{11{,}2\,\% + 10{,}9\,\% + 11{,}0\,\% + 10{,}7\,\% + 10{,}6\,\% + 10{,}5\,\%}{6} = \frac{64{,}9\,\%}{6} = 10{,}81\,\% \approx \mathbf{10{,}8\,\%}$$

Entsprechend verfährt Herr Schmolmann in den übrigen Kostenstellen und ermittelt aufgrund der Istzuschlagssätze aus den Betriebsabrechnungsbögen der Vergangenheit folgende **Normalzuschlagssätze.**

Materialgemeinkosten	**10,8 %**
Fertigungsgemeinkosten FHS I	**113,0 %**
Fertigungsgemeinkosten FHS II	**112,0 %**
Fertigungsgemeinkosten FHS III	**98,0 %**
Fertigungsgemeinkosten FHS IV	**100,0 %**
Verwaltungsgemeinkosten	**13,5 %**
Vertriebsgemeinkosten	**5,5 %**

Mithilfe dieser **Normalzuschlagssätze** kann Herr Schmolmann

- schon **im Voraus** – noch bevor alle tatsächlichen Zahlen einer abgeschlossenen Rechnungsperiode vorliegen – eine **Kostenträgerzeitrechnung** aufstellen, um den **Betriebserfolg** abzuschätzen,
- einen Abgleich mit den „Normal"zahlen vornehmen, sobald ihm die Istzahlen aus dem BAB vorliegen. Hierdurch kann er **Abweichungen** aufspüren und ggf. die Normalzuschlagssätze für die Zukunft korrigieren. Diesen Abgleich führt er im BAB in Form von **Kostenüberdeckungen** und **Kostenunterdeckungen** durch (vgl. S. 307).

Auch bei den **Einzelkostenarten** „Fertigungsmaterial" und „Fertigungslöhne" wird Herr Schmolmann auftretende Schwankungen ausschalten, indem er

- das **Material zu festen Verrechnungspreisen** bewertet (vgl. S. 248),
- die **Löhne mit festen Lohnsätzen** kalkuliert.

Beispiel: Der Rohstoffverbrauch (= Stahlblech einheitlicher Stärke) wird in der Kostenrechnung der Schmolmann KG zum festen Verrechnungspreis von 210,00 € je 100 kg angesetzt (vgl. S. 248). Dieser Verrechnungspreis wurde aus den Anschaffungskosten (AK) mehrerer Lieferungen als gewogener Durchschnitt berechnet:

	1. Lieferung	**2. Lieferung**	**3. Lieferung**	**4. Lieferung**	**5. Lieferung**
AK/100 kg	210,50 €	208,40 €	210,20 €	210,80 €	210,20 €
Menge in t	40	50	60	50	40

$$\frac{2.105 \cdot 40 + 2.084 \cdot 50 + 2.102 \cdot 60 + 2.108 \cdot 50 + 2.102 \cdot 40}{240} = \textbf{2.100,00 €/t} \text{ oder } = \textbf{210,00 €/100 kg}$$

Herr Schmolmann setzt den Verrechnungspreis auf **210,00 €/100 kg** fest.

Merke:

- **Die Istkostenrechnung ist die Grundlage für Nachkalkulationen zum Abgleich mit den in der Vorkalkulation verwendeten Normalkosten.**
- **Die Istkostenrechnung eignet sich nicht für Kostenkontrollen und Angebotskalkulationen, weil sie mit Vergangenheitswerten und mit schwankenden Zuschlagssätzen arbeitet.**
- **Zur Kostenkontrolle und zur Angebotskalkulation wird die Kostenrechnung auf Normalkosten umgestellt. Normalkosten sind Durchschnittskosten, die aus den Istkosten oder den Istkostenzuschlagssätzen der Vergangenheit als arithmetische Mittelwerte berechnet werden.**
- **Die Normalkostenrechnung erlaubt die Ausschaltung von Preis- und Lohnschwankungen. Sie deckt Verbrauchsabweichungen auf, die von den Betriebsleitern zu verantworten sind.**
- **Mithilfe der Normalkosten-Zuschlagssätze kann die Kostenträgerzeitrechnung bereits vor der Aufstellung des Betriebsabrechnungsbogens auf der Grundlage der Einzelkosten aufgestellt werden. Sie zeigt dem Unternehmer damit kurzfristig den Periodenerfolg.**

4.5.3 Kostenüberdeckung und Kostenunterdeckung im BAB

Situation: Für den Unternehmer Schmolmann ist es wichtig festzustellen, ob die durch die Produktion **tatsächlich entstandenen Kosten** den in die Preise **eingerechneten** (vorkalkulierten) **Normalkosten** entsprechen. Insgesamt dürfen die Iststellengemeinkosten im BAB **nicht höher** ausfallen als die aus den **Zuschlagsgrundlagen** und den **Normalzuschlagssätzen** errechneten Normalgemeinkosten, weil dann die über die Umsatzerlöse erstatteten Normalgemeinkosten nicht mehr die tatsächlichen Kosten decken, was zu Gewinneinbußen oder sogar zu Verlusten führt. Um dies zu prüfen, ergänzt Herr Schmolmann den BAB (vgl. S. 287) um die Normalgemeinkosten und errechnet die Kostenüberdeckung oder Kostenunterdeckung.

Erweiterter und mehrstufiger Betriebsabrechnungsbogen mit Ist- und Normalgemeinkosten

Gemeinkostenarten	Zahlen der BER	AKS: Fuhrpark	Mat.-Stelle	HIKS: Arbeitsvorbereitung	Fertigungshauptstellen I Stanzen/Pressen	II Bohren/Entgraten	III Lackieren	IV Mont./Verpack.	Verwaltungsstelle	Vertriebsstelle
Hilfsstoffe	795.000	40.000	–	20.000	210.000	150.000	160.000	130.000	–	85.000
Betriebsstoffe	35.000	15.000	–	–	5.000	4.000	4.000	3.000	2.000	2.000
Gehälter	500.000	25.000	50.000	10.000	20.000	20.000	20.000	20.000	270.000	65.000
AG-Anteil	600.000	30.000	10.000	15.000	135.000	95.000	105.000	85.000	115.000	10.000
Abschreibungen	660.000	50.000	35.000	20.000	150.000	100.000	110.000	95.000	65.000	35.000
Bürokosten	50.000	2.000	4.000	1.000	3.000	2.000	2.000	2.000	30.000	4.000
Werbung	205.000	5.000	–	10.000	7.000	4.000	4.000	5.000	140.000	30.000
Steuern	180.000	10.000	20.000	–	10.000	10.000	10.000	10.000	93.000	17.000
Zinsen	1.035.000	53.000	146.000	14.000	190.000	135.000	150.000	120.000	105.000	122.000
Untern.-lohn	300.000	10.000	5.000	10.000	30.000	20.000	15.000	20.000	180.000	10.000
Summe	4.360.000	**240.000**	270.000	**100.000**	760.000	540.000	580.000	490.000	1.000.000	380.000
1. Umlage: Fuhrpark		→	40.000	–	40.000	20.000	20.000	–	60.000	60.000
Zwischensumme			310.000	**100.000**	800.000	560.000	600.000	490.000	1.060.000	440.000
2. Umlage: Arbeitsvorbereitung			–	→	30.000	30.000	20.000	20.000	–	–
Stellengemeinkosten			**310.000**	**–**	**830.000**	**590.000**	**620.000**	**510.000**	**1.060.000**	**440.000**
Zuschlagsgrundlagen			**FM 2.940.000**	**–**	**FL 735.000**	**FL 525.000**	**FL 630.000**	**FL 510.000**	**HK des Umsatzes 7.960.000**	
Istzuschlagssätze			**10,5 %**		**112,9 %**	**112,4 %**	**98,4 %**	**100 %**	**13,3 %**	**5,5 %**
Normalzuschlagssätze (S. 306)			**10,8 %**		**113 %**	**112 %**	**98 %**	**100 %**	**13,5 %**	**5,5 %**
Zuschlagsgrundlagen			**FM 2.940.000**	**–**	**FL 735.000**	**FL 525.000**	**FL 630.000**	**FL 510.000**	**HK des Umsatzes (Normal) 7.963.470**	
Normalgemeinkosten			**317.520**	**–**	**830.550**	**588.000**	**617.400**	**510.000**	**1.075.068**	**437.990**
Kostenüberdeckung (+)			**7.520**		**550**	**–**	**–**	**–**	**15.068**	**–**
Kostenunterdeckung (–)			**–**		**–**	**2.000**	**2.600**	**–**	**–**	**2.010**
Kostenüberdeckung insgesamt					**16.528**					

Aufgabe: *Kontrollieren Sie die Berechnung der Normalherstellkosten des Umsatzes.*

Bei einer Kostenüberdeckung liegen die verrechneten Normalgemeinkosten **über** den Istgemeinkosten. Im obigen BAB ist das in den Kostenstellen Materialstelle, FHS I und Verwaltungsstelle der Fall. Auffallend ist die hohe Überdeckung im Verwaltungsbereich. Hier könnte evtl. der Normalzuschlagssatz gesenkt werden.

Bei einer Kostenunterdeckung werden die tatsächlich angefallenen Istkosten **nicht** durch die vorkalkulierten Normalgemeinkosten gedeckt. Im obigen BAB ist das in den Kostenstellen FHS II, FHS III und Vertriebsstelle der Fall. Entscheidend ist, dass **insgesamt** eine Kostenüberdeckung erreicht wird.

- ▶ **Kostenüberdeckung = Normalstellengemeinkosten > Iststellengemeinkosten**
- ▶ **Kostenunterdeckung = Normalstellengemeinkosten < Iststellengemeinkosten**

4.5.4 Kostenträgerblatt (BAB II) auf Normalkostenbasis

Situation: Bisher hat Herr Schmolmann die **Selbstkosten** und das **Betriebsergebnis für jeden Kostenträger** auf der Grundlage der Istkosten ermittelt (vgl. Kostenträgerzeitrechnung, S. 303). Diese Rechnung konnte er erst vornehmen, nachdem ihm alle Zahlen aus dem BAB vorlagen. Mithilfe der festgelegten Normalzuschlagssätze (vgl. S. 306) und der angefallenen Einzelkosten für die abgelaufene Rechnungsperiode (Fertigungsmaterial, Fertigungslöhne) ist er nunmehr in der Lage, die Selbstkosten auf Normalkostenbasis sehr viel früher zu ermitteln. Außerdem kann er die Selbstkostenrechnung durch Übernahme der Umsatzerlöse aus der FB und der Kostenüberdeckung/Kostenunterdeckung aus dem BAB zu einer **Ergebnisrechnung** ausbauen.

Kostenträgerblatt (BAB II) auf Normalkostenbasis				
Kalkulationsschema	**Normalkosten insgesamt**	**Kostenträger**		
		Gehäuse G I	**Gehäuse G II**	**Gehäuse G III**
Fertigungsmaterial + 10,8 % Materialgemeinkosten	2.940.000,00 317.520,00	1.225.000,00 132.300,00	750.000,00 81.000,00	965.000,00 104.220,00
Materialkosten	**3.257.520,00**	**1.357.300,00**	**831.000,00**	**1.069.220,00**
Fertigungslöhne FHS I + 113 % Fertigungsgemeinkosten	735.000,00 830.550,00	321.500,00 363.295,00	191.400,00 216.282,00	222.100,00 250.973,00
Fertigungskosten FHS I	**1.565.550,00**	**684.795,00**	**407.682,00**	**473.073,00**
Fertigungslöhne FHS II + 112 % Fertigungsgemeinkosten	525.000,00 588.000,00	229.700,00 257.264,00	136.700,00 153.104,00	158.600,00 177.632,00
Fertigungskosten FHS II	**1.113.000,00**	**486.964,00**	**289.804,00**	**336.232,00**
Fertigungslöhne FHS III + 98 % Fertigungsgemeinkosten	630.000,00 617.400,00	275.600,00 270.088,00	164.100,00 160.818,00	190.300,00 186.494,00
Fertigungskosten FHS III	**1.247.400,00**	**545.688,00**	**324.918,00**	**376.794,00**
Fertigungslöhne FHS IV + 100 % Fertigungsgemeinkosten	510.000,00 510.000,00	223.200,00 223.200,00	132.800,00 132.800,00	154.000,00 154.000,00
Fertigungskosten FHS IV	**1.020.000,00**	**446.400,00**	**265.600,00**	**308.000,00**
Herstellkosten der Erzeugung – Mehrbestand an fertigen Erzeugn.	**8.203.470,00** 240.000,00	**3.521.147,00** 84.785,00	**2.119.004,00** 18.150,00	**2.563.319,00** 137.065,00
Herstellkosten des Umsatzes + 13,5 % Verwaltungsgemeinkosten + 5,5 % Vertriebsgemeinkosten	**7.963.470,00** 1.075.068,00 437.990,00	**3.436.362,00** 463.909,00 189.000,00	**2.100.854,00** 283.615,00 115.547,00	**2.426.254,00** 327.544,00 133.443,00
Selbstkosten des Umsatzes	**9.476.528,00**	**4.089.271,00**	**2.500.016,00**	**2.887.241,00**
Nettoumsatzerlöse	**10.520.000,00**	**4.696.820,00**	**2.384.460,00**	**3.438.720,00**
Umsatzergebnis	**1.043.472,00**	**607.549,00**	**– 115.556,00**	**551.479,00**
+ Kostenüberdeckung (lt. BAB S. 307)	**16.528,00**	–	– –	–
Betriebsergebnis	**1.060.000,00**			

Auswertung des Kostenträgerblattes:

Selbstkosten. Gegenüber dem Kostenträgerblatt auf Istkostenbasis (vgl. S. 303) sind die Selbstkosten auf Normalkostenbasis durchgehend bei allen Kostenträgern **höher.** Das weist darauf hin, dass in den Normalzuschlagssätzen insgesamt Reserven enthalten sind. Verglichen mit dem aktuellen BAB sind sie so hoch angesetzt, dass die Gefahr der Kostenunterdeckung nicht gegeben ist.

Umsatzergebnis. Als Umsatzergebnis bezeichnet man die Differenz aus **Nettoumsatzerlösen** (kalkuliert zu Normalkosten) **minus Normalselbstkosten.** Es besagt, wie hoch die Überschüsse oder Fehlbeträge auf der Grundlage geplanter Normalkosten sind, die die einzelnen Kostenträger erwirtschaftet haben. Damit ist das Kostenträgerblatt ein geeignetes **Instrument zur kurzfristigen und vorläufigen Erfolgsrechnung.**

6686308

Die **Umsatzergebnisse** zeigen im obigen Beispiel deutliche Unterschiede innerhalb der Gehäusetypen. Gehäusetyp G I weist einen Überschuss von 607.549,00 €, Gehäusetyp G III einen Überschuss von 551.479,00 € aus, während bei Gehäusetyp G II ein Fehlbetrag von 115.556,00 € eingetreten ist. In **Umsatzergebnisraten** ausgedrückt ergibt sich folgendes Bild:

	Gehäuse G I	Gehäuse G II	Gehäuse G III
Umsatzergebnisrate	Umsatzgewinnrate	Umsatzverlustrate	Umsatzgewinnrate
$= \frac{\text{Umsatzergebnis}}{\text{Umsatzerlöse}}$	(+) 12,94 %	(–) 4,85 %	(+) 16,04 %

Betriebsergebnis. Im Kostenträgerblatt lässt sich das Betriebsergebnis dadurch errechnen, dass man das Umsatzergebnis um die Kostenüberdeckung oder Kostenunterdeckung aus dem BAB berichtigt; dabei ist eine Kostenüberdeckung dem Umsatzergebnis hinzuzurechnen, eine Kostenunterdeckung zu subtrahieren:

- **Umsatzergebnis + Kostenüberdeckung lt. BAB = Betriebsergebnis,**
- **Umsatzergebnis – Kostenunterdeckung lt. BAB = Betriebsergebnis.**

Im Beispiel führt die Kostenüberdeckung von 16.528,00 € zu einer Erhöhung des Betriebsergebnisses auf **1.060.000,00 €.** Das Betriebsergebnis im Kostenträgerblatt stimmt mit dem Betriebsergebnis aus der Ergebnistabelle von Seite 252 überein.

Bestandsveränderungen im Kostenträgerblatt. Im obigen Beispiel haben wir Mehrbestände an fertigen Erzeugnissen bei den einzelnen Gehäusetypen in Höhe von insgesamt 240.000,00 € unterstellt. Dieser Betrag kommt durch eine Bewertung der nicht verkauften zusätzlichen Produktion zustande. In diesem Wertansatz sind die Einzelkosten „Fertigungsmaterial" und „Fertigungslöhne" sowie anteilige Gemeinkosten – ohne kalkulatorische Kosten – enthalten (vgl. Kap. 4.2.2.5). Auffallend ist, dass der Mehrbestand bei Gehäusetyp G II sehr niedrig ausfällt, was darauf schließen lässt, dass die produzierten Gehäuse fast ganz in den Verkauf gegangen sind. Zugleich erwirtschaftet dieser Gehäusetyp einen erheblichen Verlust. Ganz anders stellt sich die Situation bei Gehäusetyp G III dar: hoher Mehrbestand, zugleich hoher Gewinn.

Wir haben in diesem Beispiel keine Bestandsveränderungen bei unfertigen Erzeugnissen berücksichtigt, obwohl solche Bestandsveränderungen in der Praxis regelmäßig vorkommen: Entweder wird zum Bewertungsstichtag (Monats- oder Jahresende) nicht die Gesamtheit der in die Produktion eingegangenen Werkstoffe, Löhne und Gemeinkosten auch als fertige Erzeugnisse an das Endlager ausgeliefert, dann steckt ein „Rest" noch in der Produktion (Mehrbestand), oder es werden Gehäuse mit höheren Selbstkosten ausgeliefert als in die Produktion eingegangen sind, dann ist der Produktionsbestand abgebaut worden (= Minderbestand). Diese Bestandsveränderungen lassen sich mithilfe der Normalzuschlagssätze im Kostenträgerblatt errechnen.

Merke: **Mithilfe des Kostenträgerblattes können ermittelt werden:**

- **der Anteil der verschiedenen Kostenträger an den gesamten Normalkosten der Abrechnungsperiode (= Kostenträger-Selbstkosten),**
- **der Anteil jedes einzelnen Kostenträgers am Umsatzergebnis,**
- **die Umsatzergebnisraten der Kostenträger und**
- **– unter Berücksichtigung der Kostenüberdeckung oder Kostenunterdeckung – das monatliche Betriebsergebnis (= kurzfristige Erfolgsrechnung).**

Aufgaben

314 Ein Industriebetrieb führt in seinem BAB für den Monat Januar folgende Gemeinkostenarten:

Kostenart	Zahlen der BER
Gemeinkostenmaterial	30.000,00 €
Aufwand für Energie	38.700,00 €
Gehälter	96.800,00 €
Soziale Aufwendungen	18.900,00 €
Steuern, Gebühren, Beiträge, Versicherungen	56.000,00 €
Verschiedene Kosten	98.000,00 €
Kalkulatorische Abschreibungen	(vgl. unten)
Kalkulatorische Zinsen	(vgl. unten)

Die **Einzelkosten** betragen: 6000 Fertigungsmaterial .... 290.000,00 €
6200 Fertigungslöhne .... 219.400,00 €

Im BAB werden die **Kostenstellen** I Material, II Fertigung, III Verwaltung und IV Vertrieb geführt.

Der BAB ist nach folgenden Angaben aufzustellen:

1. Aufteilung des Gemeinkostenmaterials lt. Entnahmescheine auf Kostenstelle I 300,00 €, II 27.000,00 €, III 2.000,00 €, IV 700,00 €.
2. Für die Kostenstellen wurde folgender Stromverbrauch festgestellt: I 10000 kWh, II 47400 kWh, III 15000 kWh, IV 5000 kWh.
3. Aufteilung der Gehälter: I 14.800,00 €, II 28.500,00 €, III 31.900,00 €, IV 21.600,00 €.
4. Die Sozialen Abgaben verteilen sich im Verhältnis 2 : 9 : 3 : 1.
5. Steuern, Gebühren, Beiträge, Versicherungen sind wie folgt zu verteilen: 1 : 15 : 6 : 3.
6. Die verschiedenen Kosten sind im Verhältnis 5 : 25 : 12 : 8 aufzuteilen.
7. Kalkulatorische Abschreibungen (jährlich):
   auf 0500: 25.000,00 €,
   auf 0700: 60.000,00 €,
   auf 0840: 40.000,00 €,
   auf 0860: 25.000,00 €.
   Die kalkulatorischen Abschreibungen sind im Verhältnis 2 : 10 : 2 : 1 aufzuteilen.
8. Kalkulatorische Zinsen (jährlich):
   7 % vom betriebsnotwendigen Kapital 3.000.000,00 €.
   Die kalkulatorischen Zinsen sind im Verhältnis 2 : 8 : 3 : 1 den Kostenstellen zuzurechnen.

Der Betrieb hat in den vorhergehenden Abrechnungsperioden mit folgenden Normalzuschlagssätzen kalkuliert:
I 9 %, II 110 %, III 15 %, IV 10 %.

1. *Stellen Sie den BAB für den Monat Januar auf.*
2. *Ermitteln Sie die Istzuschlagssätze.*
3. *Führen Sie die Kostenrechnung mit Normalzuschlagssätzen durch.*
4. *Tragen Sie die verrechneten Normalgemeinkosten in den BAB ein und errechnen Sie die Kostenüber- oder -unterdeckungen in den einzelnen Kostenbereichen und insgesamt.*

315 *Erstellen Sie auf der Grundlage der Aufgabe 304, S. 292, das Kostenträgerblatt mit Normalkosten. Folgende Normalzuschlagssätze sind zu berücksichtigen:*

Kostenstellen III 10 %, VI 110 %, VII 115 %, VIII 95 %, IX 11 %, X 6 %.

Errechnen Sie die Kostenüber-/-unterdeckung und beurteilen Sie die Situation.

Die Ergebnistabelle eines Industriebetriebes weist Ende Juli folgende Zahlen aus: 316

Kosten und Leistungen		€
Fertigungsmaterial		400.000,00
Fertigungslöhne		280.000,00
Verschiedene Gemeinkosten		720.000,00
Unfertige Erzeugnisse:	Anfangsbestand	80.000,00
	Endbestand	90.000,00
Fertige Erzeugnisse:	Anfangsbestand	65.000,00
	Endbestand	45.000,00
Nettoumsatzerlöse		1.540.000,00

Der BAB zeigt folgende Gemeinkostenverteilung:

	Material	Fertigung	Verwaltung	Vertrieb
Gemeinkosten	42.000,00	448.000,00	161.000,00	69.000,00
Normalzuschlagssätze	10 %	150 %	20 %	5 %

1. *Stellen Sie das Kostenträgerblatt auf. (Eine Aufteilung der Kosten auf mehrere Kostenträger ist nicht erforderlich.)*
2. *Berechnen Sie die Kostenüber- oder -unterdeckung und das Betriebsergebnis des Monats.*

Aus der Ergebnistabelle erhalten wir folgende Zahlen und Angaben: 317

Kosten und Leistungen	insgesamt	Anteile der Erzeugnisse	
		A	B
Fertigungsmaterial	85.000,00	52.000,00	33.000,00
Fertigungslöhne	46.000,00	34.000,00	12.000,00
Verschiedene Gemeinkosten	127.910,00	–	–
Unfertige Erzeugnisse:			
Anfangsbestand	10.000,00	6.000,00	4.000,00
Endbestand	14.000,00	9.000,00	5.000,00
Fertige Erzeugnisse:			
Anfangsbestand	16.000,00	10.000,00	6.000,00
Endbestand	22.000,00	15.000,00	7.000,00
Nettoumsatzerlöse	289.600,00	188.400,00	101.200,00

Nach dem BAB entfallen auf die Kostenbereiche folgende Istgemeinkosten:

I Material	9.640,00 €
II Fertigung	88.450,00 €
III Verwaltung	21.340,00 €
IV Vertrieb	8.480,00 €

Im vergangenen Abrechnungszeitraum wurde mit folgenden Normalsätzen kalkuliert:

Materialgemeinkosten	11 %
Fertigungsgemeinkosten	200 %
Verwaltungsgemeinkosten	10 %
Vertriebsgemeinkosten	6 %

1. *Erstellen Sie das Kostenträgerblatt nach dem Muster auf Seite 308.*
2. *Stellen Sie fest, in welcher Höhe die Kostenträger A und B am Umsatzergebnis beteiligt sind.*
3. *Errechnen Sie die Kostenüber- bzw. -unterdeckungen.*
4. *Ermitteln Sie die Umsatzergebnisse und die Umsatzergebnisraten für die Erzeugnisse A und B.*
5. *Ermitteln Sie das Betriebsergebnis und nehmen Sie Stellung zum Ausmaß der Abweichung zwischen Umsatzergebnis und Betriebsergebnis.*

318 Die Ergebnistabelle eines Betriebes liefert folgende Zahlen und Angaben:

Bezeichnung	insgesamt	Anteile der Erzeugnisse		
		A	B	C
Fertigungsmaterial	146.000,00	58.000,00	37.000,00	51.000,00
Fertigungslöhne	88.000,00	34.000,00	18.000,00	36.000,00
Versch. Gemeinkosten	221.060,00	–	–	–
Unfertige Erzeugnisse:				
Anfangsbestand	12.000,00	5.000,00	4.000,00	3.000,00
Endbestand	5.000,00	2.000,00	1.000,00	2.000,00
Fertige Erzeugnisse:				
Anfangsbestand	18.000,00	9.000,00	2.000,00	7.000,00
Endbestand	25.000,00	11.000,00	6.000,00	8.000,00
Nettoumsatzerlöse	434.800,00	198.600,00	144.500,00	91.700,00

Die Istgemeinkosten je Kostenbereich betragen lt. BAB:

Materialgemeinkosten .... 15.200,00 Verwaltungsgemeinkosten 52.890,00
Fertigungsgemeinkosten .... 128.500,00 Vertriebsgemeinkosten 24.470,00

Der Betrieb hat mit folgenden Normalzuschlägen gerechnet:

Materialgemeinkosten .... 10 % Verwaltungsgemeinkosten .... 15 %
Fertigungsgemeinkosten .... 150 % Vertriebsgemeinkosten .... 5 %

1. *Stellen Sie das Kostenträgerblatt auf und erläutern Sie das Umsatzergebnis.*
2. *Berechnen Sie das Betriebsergebnis.*

319 **Abgrenzungsrechnung mit BAB und Kostenträgerblatt**

Die Ergebnistabelle der Körner KG weist folgende Aufwendungen und Erträge aus:

5000	Umsatzerlöse für eigene Erzeugnisse	880.000,00
5220	Erhöhung des Bestandes an fertigen Erzeugnissen	40.000,00
5400	Mieterträge	5.000,00
5440	Erlöse aus Anlagenverkäufen	20.000,00
5490	Periodenfremde Erträge	50.000,00
5500	Erträge aus Beteiligungen	20.000,00
5710	Zinserträge	15.000,00
6000	Aufwendungen für Rohstoffe	120.000,00
6020	Aufwendungen für Hilfsstoffe	25.000,00
6200	Löhne	220.000,00
6300	Gehälter	115.000,00
6400	Soziale Aufwendungen	52.000,00
6520	Abschreibungen auf Sachanlagen	80.000,00
6700	Mieten/Pachten	20.000,00
68..	Aufwendungen für Kommunikation	22.000,00
6900	Versicherungsbeiträge	3.000,00
6930	Verluste aus Schadensfällen	8.000,00
6979	Anlagenabgänge	10.000,00
70..	Betriebliche Steuern	25.000,00
7510	Zinsaufwendungen	2.000,00
	Der Rohstoffverbrauch wird zu Verrechnungspreisen angesetzt	130.000,00

Der kalkulatorische Unternehmerlohn beträgt 12.000,00 €. Die kalkulatorischen Zinsen für das betriebsnotwendige Kapital machen 20.000,00 € aus. Für Garantieverpflichtungen werden als kalkulatorische Wagnisse 15.000,00 € in Ansatz gebracht. Die kalkulatorischen Abschreibungen auf Sachanlagen betragen 75.000,00 €. Unter den Abschreibungen befinden sich 5.000,00 € Abschreibungen auf ein vermietetes Lagergebäude.

Erstellen Sie die Ergebnistabelle.

6686312

Grundlagen zur Aufstellung des BAB:

Kostenart	I Material	II FHS A	III FHS B	IV Verwaltung	V Vertrieb
Fertigungsmaterial	130.000,00	–	–	–	–
Fertigungslöhne	–	120.000,00	100.000,00	–	–
Hilfsstoffe	3.000,00	11.000,00	9.000,00	–	2.000,00
Gehälter	5.000,00	8.000,00	7.000,00	85.000,00	10.000,00
Soziale Aufwendungen	2.000,00	14.000,00	11.000,00	22.000,00	3.000,00
Abschreibungen	5.000,00	30.000,00	25.000,00	10.000,00	5.000,00
Mieten/Pachten:					
Raumgröße	100 m²	350 m²	250 m²	200 m²	100 m²
Kommunikationsaufw.	1.000,00	3.000,00	2.000,00	12.000,00	4.000,00
Versicherungen:					
Vers.-Werte	*1.000.000,00*	*1.750.000,00*	*1.250.000,00*	*2.000.000,00*	–
Kalkulat. Wagnisse	2 :	2 :	2 :	1 :	3
Betriebssteuern	2 :	7 :	5 :	8 :	3
Kalkulat. Zinsen	2.000,00	7.000,00	8.000,00	2.000,00	1.000,00
Unternehmerlohn	1 :	1 :	1 :	2 :	1

1. *Erstellen Sie nach obigen Angaben den BAB.*
2. *Errechnen Sie die Istzuschlagssätze.*

Der Betrieb hat im gleichen Monat mit folgenden Normalzuschlagssätzen kalkuliert:

Materialgemeinkosten .... 15 %
Fertigungsgemeinkosten FHS A .... 80 %
Fertigungsgemeinkosten FHS B .... 75 %
Verwaltungsgemeinkosten .... 25 %
Vertriebsgemeinkosten .... 6 %

1. *Führen Sie die Kostenrechnung mit Normalzuschlägen durch.*
2. *Tragen Sie die verrechneten Normalgemeinkosten in den BAB ein und ermitteln Sie die Kostenüber- bzw. -unterdeckungen in den einzelnen Kostenbereichen und insgesamt.*

Aufstellung des Kostenträgerblattes nach folgenden Angaben:

Bezeichnung	insgesamt	Anteile der Erzeugnisse	
		X	Y
Fertigungsmaterial	130.000,00	80.000,00	50.000,00
Fertigungslöhne FHS A	120.000,00	70.000,00	50.000,00
Fertigungslöhne FHS B	100.000,00	60.000,00	40.000,00
Gemeinkosten	lt. BAB		
Unfertige Erzeugnisse:			
Anfangsbestand	120.000,00	80.000,00	40.000,00
Endbestand	150.000,00	100.000,00	50.000,00
Fertige Erzeugnisse:			
Anfangsbestand	160.000,00	100.000,00	60.000,00
Endbestand	170.000,00	120.000,00	50.000,00
Umsatzerlöse	880.000,00	550.000,00	330.000,00

1. *Stellen Sie fest, in welcher Höhe die Erzeugnisgruppen X und Y am Umsatzergebnis beteiligt und wie hoch die Umsatzergebnisraten sind.*
2. *Ermitteln Sie im Kostenträgerblatt das Betriebsergebnis und stimmen Sie es mit dem in der Ergebnistabelle ausgewiesenen Betriebsergebnis ab.*
3. *Ermitteln Sie den Prozentanteil der Kostenträger X und Y am Umsatzergebnis.*
4. *Bestimmen Sie die Wirtschaftlichkeitskoeffizienten der einzelnen Kostenträger nach der Formel von Seite 304.*
5. *Bewerten Sie die Ergebnisse dieser Kostenrechnung.*

4.6 Kostenträgerstückrechnung in Betrieben mit Serienfertigung

Aufgaben. Mithilfe der Kostenträgerstückrechnung, auch **Kalkulation** genannt, werden vor allem die **Selbstkosten** für einzelne Kostenträger (Erzeugnis, Serie oder Auftrag) berechnet. Im Einzelnen bedient sich der Unternehmer dieser Rechnung, um

- **Angebotspreise** für seine Erzeugnisse zu **berechnen.** In diesem Fall spricht man von **Vorkalkulation.**
- zu prüfen, ob ein zu Normalkosten kalkulierter Auftrag im Rahmen dieser Kosten verwirklicht werden konnte. In diesem Fall spricht man von **Nachkalkulation.**
- die **Annahme von Aufträgen** zu vorgegebenen Marktpreisen **entscheiden** zu können. In der Regel wird ein Auftrag nur angenommen, wenn der Preis wenigstens die variablen Kosten deckt (vgl. Kapitel **„Deckungsbeitragsrechnung“**).
- die **liquiditätsorientierte Preisuntergrenze** bestimmen zu können. Bei angespannter Absatzlage ist für den Unternehmer die Kenntnis der Liquiditätspreisuntergrenze wichtig. Hierbei werden die Kosten im Hinblick auf ihre **Ausgabenwirksamkeit** in **stark und schwach ersatzbedürftig** unterteilt. Stark ersatzbedürftige Kosten (z. B. Gehälter, Löhne, Mieten, Steuern) führen kurzfristig zu Geldausgaben und müssen über die Umsatzerlöse „verdient“ werden.

Arten. Produktionsprogramm und Fertigungsverfahren bestimmen das zweckmäßigste Kalkulationsverfahren. In der Praxis gebräuchlich sind **Zuschlagskalkulation, Divisionskalkulation** (vgl. S. 325) und **Äquivalenzziffernkalkulation** (vgl. S. 323).

4.6.1 Zuschlagskalkulation

Die Zuschlagskalkulation stellt in Betrieben mit **Serienfertigung** das geeignete Kalkulationsverfahren dar. Sie geht von den **Einzelkosten** des Kostenträgers (= **Fertigungsmaterial** und **Fertigungslöhne**) aus (vgl. S. 316) und führt durch **schrittweise Einrechnung** der anteiligen Gemeinkosten über **Gemeinkostenzuschlagssätze** (z. B. Normalzuschlagssätze, Istzuschlagssätze) zu den **Selbstkosten.** In stark mechanisierten Betrieben wird sie durch die Maschinenstundensatzrechnung ergänzt.

Schema der Zuschlagskalkulation. Die Selbstkostenkalkulation für den einzelnen Kostenträger entspricht in ihrem Aufbau dem aus der **Kostenträgerzeitrechnung bekannten Schema:**

Kalkulationsschema		
1.		Fertigungsmaterial lt. Stückliste
2.	+	... % Materialgemeinkosten
3.	=	**Materialkosten (1. + 2.)**
4.		Fertigungslöhne FHS I lt. Arbeitsplan
5.	+	... % Fertigungsgemeinkosten
6.	=	**Fertigungskosten FHS I (4. + 5.)**
7.		Fertigungslöhne FHS II lt. Arbeitsplan
8.	+	... % Fertigungsgemeinkosten
9.	=	**Fertigungskosten FHS II (7. + 8.)**
10.	=	**Herstellkosten (3. + 6. + 9.)**
11.	+	... % Verwaltungsgemeinkosten
12.	+	... % Vertriebsgemeinkosten
13.	=	**Selbstkosten des Kostenträgers (10. + 11. + 12.)**

Merke: Die Zuschlagskalkulation passt sich in ihrem Aufbau der Hauptkostenstellengliederung des Betriebsabrechnungsbogens an.

4.6.2 Ermittlung der Einzelkosten aus Stückliste und Arbeitsplan

Materialstückliste[1]**.** Die Stückliste wird aufgrund der Konstruktionszeichnung zusammengestellt. Sie enthält das für 1 Stück aufzuwendende Fertigungsmaterial.

Beispiel: Die – mit €-Beträgen bewertete – Stückliste für ein Gehäuse Typ G I hat folgendes Aussehen:

Gehäuseunterteil:	Stahlblech 450 x 350 x 0,5 mm	
Gehäuseoberteil:	Stahlblech 600 x 300 x 0,5 mm	
Frontabdeckung:	Stahlblech 450 x 150 x 0,5 mm	
Rohgewicht insgesamt 5,0 kg zu 210,00 €/100 kg (vgl. S. 248)		10,50 €
Lack (0,1 kg Grundierung, 0,1 kg Decklack); 10,00 €/kg		2,00 €
4 rutschfeste Gummifüße		1,00 €
Kleinmaterial (Blechschrauben, Aufkleber)		0,50 €
Werkstoffe insgesamt		14,00 €

Der Arbeitsplan[2] (auch Laufkarte genannt) stellt sicher, dass die geplante Arbeitsfolge eingehalten wird. Er macht Angaben über den Arbeitsvorgang, den Arbeitsplatz und die Kostenstelle sowie die Arbeitszeit. Verkürzt sieht er folgendermaßen aus:

Beispiel: Die Produktion eines Gehäuses Typ G I ist an folgenden Durchlauf gebunden. Die Arbeitsstunde wird – einschließlich der gesetzlichen Lohnnebenkosten – mit unterschiedlichen Sätzen (siehe unten) berechnet. Es handelt sich durchweg um angelernte Tätigkeiten.

FHS (vgl. BAB S. 287)	Arbeitsfolgen in den einzelnen Fertigungshauptstellen	Bearbeitungszeit in Minuten je Gehäuse		Lohnkosten
I	**Gehäuse aus Blechplatten stanzen:**			
	Material zuführen, Teile ausstanzen und weiterleiten	1,2		
	Rüstzeiten (zum Wechseln der Stanzwerkzeuge)	0,1		
	Gehäuseteile in Form pressen:			
	Material zuführen, Teile pressen und weiterleiten	2,5		
	Rüstzeiten (zum Wechseln der Presswerkzeuge)	0,2	**4,0**	
	Lohnkost. bei 55,50 €/Std. Lohnsatz = $^{4}/_{60} \cdot$ 55,50 € =			**3,70 €**
II	Montagelöcher in Rückwand u. Seitenwände bohren	1,5		
	Schnittkanten entgraten und abrunden	1,5	**3,0**	
	Lohnkost. bei 52,00 €/Std. Lohnsatz = $^{3}/_{60} \cdot$ 52,00 € =			**2,60 €**
III	Teile in Tauchbad entfetten	0,2		
	Teile in Tauchbad grundieren	0,3		
	Teile lackieren und trocknen	3,0	**3,5**	
	Lohnkost. bei 54,85 €/Std. Lohnsatz = $^{3,5}/_{60} \cdot$ 54,85 € =			**3,20 €**
IV	Frontabdeckung und Füße montieren	2,0		
	Vormontierte Teile und Kleinmaterial verpacken	1,0	**3,0**	
	Lohnkost. bei 50,00 €/Std. Lohnsatz = $^{3}/_{60} \cdot$ 50,00 € =			**2,50 €**
	Lohnkosten je Gehäuse			**12,00 €**

Merke:
- **Die Einzelkosten für Werkstoffe und Lohn werden mithilfe der betriebsintern erstellten Kalkulationsunterlagen (Stückliste und Arbeitsplan) gewonnen.**
- **Das eingesetzte Material wird hierbei mit einem Verrechnungspreis bewertet.**
- **Die Lohnkosten ergeben sich aus den für die Arbeitsgänge ermittelten Arbeitszeiten und den für die Kostenstellen geltenden Lohnsätzen.**

1 Siehe auch Band 1, BWL, Kapitel 5.2.1. 2 Siehe auch Band 1, BWL, Kapitel 5.4.1.

4.6.3 Zuschlagskalkulation als Angebotskalkulation

Selbstkostenkalkulation. Die **Angebots- oder Vorkalkulation** soll bereits bei Abschluss eines Kaufvertrages eine **verbindliche Aussage über den Verkaufspreis** machen. Sie liegt also **zeitlich vor dem Produktionsprozess** und basiert auf **Normalkosten.** In einem ersten Schritt ermittelt sie die **Selbstkosten für den einzelnen Kostenträger.**

Situation: In der Schmolmann KG wird der Selbstkostenpreis für ein Blechgehäuse des Typs G I nach folgenden Angaben kalkuliert (vgl. auch die Angaben von Seite 315, angenommene Herstellungsmenge 87 500 Gehäuse; BAB Seite 287):

Fertigungsmaterial (Werkstoffe) lt. Stückliste, s. Seite 315	14,00 €
Fertigungslöhne der Fertigungshauptstelle I (lt. Arbeitsplan)	3,70 €
Fertigungslöhne der Fertigungshauptstelle II (lt. Arbeitsplan)	2,60 €
Fertigungslöhne der Fertigungshauptstelle III (lt. Arbeitsplan)	3,20 €
Fertigungslöhne der Fertigungshauptstelle IV (lt. Arbeitsplan)	2,50 €
Lohnkosten je Gehäuse, s. Seite 315	12,00 €

Die **Normalzuschlagssätze** sind im Kalkulationsschema eingetragen.

Kalkulationsschema		
Fertigungsmaterial	14,00 €	
+ 10,8 % Materialgemeinkosten	1,51 €	
= **Materialkosten**		**15,51 €**
Fertigungslöhne FHS I	3,70 €	
+ 113 % Fertigungsgemeinkosten	4,18 €	
= **Fertigungskosten FHS I**		**7,88 €**
Fertigungslöhne FHS II	2,60 €	
+ 112 % Fertigungsgemeinkosten	2,91 €	
= **Fertigungskosten FHS II**		**5,51 €**
Fertigungslöhne FHS III	3,20 €	
+ 98 % Fertigungsgemeinkosten	3,14 €	
= **Fertigungskosten FHS III**		**6,34 €**
Fertigungslöhne FHS IV	2,50 €	
+ 100 % Fertigungsgemeinkosten	2,50 €	
= **Fertigungskosten FHS IV**		**5,00 €**
= **Herstellkosten**		**40,24 €**
+ 13,5 % Verwaltungsgemeinkosten		5,43 €
+ 5,5 % Vertriebsgemeinkosten		2,21 €
= **Selbstkosten für 1 Gehäuse, Typ G I**		**47,88 €**

Angebotskalkulation. Die Selbstkostenkalkulation wird durch **Einrechnung des Gewinns** sowie von **Skonto** (ggf. Provision) **und Rabatt** zur **Angebotskalkulation** erweitert.

Gewinn. Der **Betriebsgewinn** muss so hoch ausfallen, dass er – nach Erstattung **aller Kosten** über die Umsatzerlöse – das **allgemeine Unternehmerrisiko abdeckt** und **Finanzmittel für zukünftige Neuinvestitionen** (vgl. S. 253) bereitstellt.

Gewinnzuschlagssatz. Einen angemessenen Gewinn erzielt man in der Kalkulation dadurch, dass man **den Selbstkosten einen Zuschlag** (in %) **für den Gewinn zurechnet.**

Beispiel: Aus dem **Kostenträgerblatt** der Schmolmann KG (vgl. S. 308) lassen sich folgende Zahlen für die **Berechnung des durchschnittlichen Gewinnzuschlagssatzes** entnehmen:

Umsatzergebnis (zu Normalkosten) .... 1.043.472,00 €,
Selbstkosten des Umsatzes (zu Normalkosten) .... 9.476.528,00 €.

$$\textbf{Gewinnzuschlagssatz} = \frac{\textbf{Umsatzergebnis} \cdot \textbf{100 \%}}{\textbf{Selbstkosten d. Ums.}} = \frac{1.043.472\ € \cdot 100\ \%}{9.476.528\ €} = \textbf{11,01 \%} \approx \textbf{11 \%}$$

Angebotspreis. Nach Einrechnung der Zuschläge für Skonto (evtl. Provision) und Rabatt in den Barverkaufspreis ergibt sich der Angebotspreis des Kostenträgers.

Sondereinzelkosten des Vertriebs. Sofern beim Verkauf Nebenkosten entstehen, die sich **unmittelbar dem Kostenträger** zurechnen lassen (z.B. Transport- und Verpackungskosten, Provision), werden diese Nebenkosten in den Barverkaufspreis eingerechnet. In manchen Fällen sind die Nebenkosten zunächst aufgrund bestimmter Prozentsätze zu berechnen (z.B. Transportversicherung, Vertriebsprovision). Hierbei ist zu beachten, dass die Zuschlagsgrundlage (≙ 100 %) für diese Nebenkosten der **Zielverkaufspreis** ist, nicht der Barverkaufspreis.

Kundenskonto und Kundenrabatt sind im Angebotspreis enthalten. Sie kommen dem Kunden entweder für Zahlung innerhalb bestimmter Fristen (Kundenskonto) oder für die Abnahme bestimmter Mengen (Mengenrabatt) zugute. Kundenskonto wird in den Barverkaufspreis, Kundenrabatt in den Zielverkaufspreis eingerechnet. Hierbei ist zu beachten, dass die Zuschlagsgrundlage (≙ 100 %) für Kundenskonto der Zielverkaufspreis, für Kundenrabatt der Angebotspreis ist. Kundenrabatte werden bereits bei der Rechnungserstellung in Abzug gebracht.

Beispiel: In der Schmolmann KG wird der Angebotspreis für ein Blechgehäuse Typ G I – ausgehend von den Selbstkosten – aufgrund folgender Angaben kalkuliert:

Gewinnzuschlag	11 %,	Vertriebsprovision	3 %,
Kundenskonto	2 %,	Kundenrabatt	12 %.

	Selbstkosten für 1 Gehäuse (vgl. S. 316)	**47,88 €**		
+	11 % Gewinn	5,27 €		
=	**Barverkaufspreis**	**53,15 €**	≙ **95 %**	
+	2 % Kundenskonto	1,12 €	≙ 2 %	
+	3 % Vertriebsprovision	1,68 €	≙ 3 %	
=	**Zielverkaufspreis** (= Rechnungspreis)	**55,95 €**	≙ **100 %** ↓	≙ **88 %**
+	12 % Kundenrabatt	7,63 €		≙ 12 %
=	**Angebotspreis** (= Listenpreis)	**63,58 €**		≙ **100 %** ↓

Herr Schmolmann setzt den Angebotspreis für ein Gehäuse G I auf **63,60 €** fest.

Berechnung der Verkaufszuschläge:

$$\textbf{Kundenskonto} = \frac{53{,}15\ € \cdot 2\ \%}{95\ \%} = \textbf{1,12 €}$$

$$\textbf{Vertriebsprovision} = \frac{53{,}15\ € \cdot 3\ \%}{95\ \%} = \textbf{1,68 €}$$

$$\textbf{Kundenrabatt} = \frac{55{,}95\ € \cdot 12\ \%}{88\ \%} = \textbf{7,63 €}$$

Merke:
- **Im kalkulatorischen Gewinn werden das allgemeine Unternehmerrisiko abgedeckt und Finanzmittel für zukünftige Neuinvestitionen bereitgestellt.**
- **Zuschlagsgrundlage für den Gewinn sind die Selbstkosten.**
- **Die Summe aus Selbstkosten und Gewinn ergibt den Barverkaufspreis.**
- **Der Barverkaufspreis wird um Zuschläge für Skonto, Provision und Rabatt (i. H.) erhöht, um den Angebotspreis zu erhalten.**

Aufgaben

320 Der BAB einer Möbelfabrik enthält für den Monat Mai folgende Angaben:

Materialgemeinkosten		36.850,00 €
Fertigungsgemeinkosten		716.880,00 €
Verwaltungsgemeinkosten		281.573,00 €
Vertriebsgemeinkosten		140.786,50 €
An Einzelkosten fallen an:	Fertigungsmaterial	670.000,00 €
	Fertigungslöhne	477.920,00 €

1. *Berechnen Sie die Istzuschlagssätze (ohne Bestandsveränderungen).*
2. Das Unternehmen kalkuliert mit folgenden Normalzuschlagssätzen:
   Material 6 %, Fertigung 160 %, Verwaltung 15 %, Vertrieb 6 %.
   Errechnen Sie die Selbstkosten eines Auftrags, für den folgende Einzelkosten veranschlagt werden:

Fertigungsmaterial	650,00 €
Fertigungslöhne 42 Stunden zu je	21,00 €

321 Eine Schlösserfabrik will 50 000 Vorhängeschlösser eines bestimmten Typs in Fertigung geben. Es werden folgende Kosten geplant:

Fertigungsmaterial	32.000,00 €
Fertigungslöhne in Fertigungshauptstelle I	8.000,00 €
Fertigungslöhne in Fertigungshauptstelle II	5.800,00 €
Fertigungslöhne in Fertigungshauptstelle III	4.400,00 €

Die Normalzuschlagssätze betragen:
Material 5 %, Fertigung I 180 %, Fertigung II 200 %, Fertigung III 160 %,
Verwaltung 15 %, Vertrieb 8 %, Gewinnzuschlag 18 %.

Berechnen Sie die geplanten Selbstkosten insgesamt und je Stück sowie den Barverkaufspreis für ein Schloss.

322 Eine Werkzeugfabrik kalkuliert mit folgenden Normalzuschlagssätzen:
Material 12 %, Fertigung I 160 %, Fertigung II 200 %, Verwaltung 10 %,
Vertrieb 8 %.

Für einen Auftrag über 500 Feilen wird mit einem Materialverbrauch von 750,00 € und einem Lohnaufwand von
7 Stunden zu je 42,50 € in Fertigungshauptstelle I und
9 Stunden zu je 40,50 € in Fertigungshauptstelle II
gerechnet.

Gewinnzuschlag 15 %, Skonto 3 %, Vertriebsprovision 4 %.

Erstellen Sie die Vorkalkulation für eine Feile.

323 *Für eine Werkzeugmaschine sind die Selbstkosten nach folgenden Angaben zu kalkulieren:*

Fertigungsmaterial	12.500,00 €
Fertigungslöhne Dreherei	2.950,00 €
Fertigungslöhne Fräserei	1.410,00 €

Normalzuschlagssätze:

Material	15 %
Fertigungshauptstelle Dreherei	115 %
Fertigungshauptstelle Fräserei	120 %
Verwaltung	15 %
Vertrieb	5 %

Das Erzeugnis wird unter Einrechnung von 3 % Kundenskonto und 8 % Kundenrabatt zum Preis von 38.660,00 € angeboten.

Wie hoch ist der erzielbare Gewinn in € und Prozent?

---

324 Die Kostenrechnungsabteilung eines Industriebetriebes kalkuliert den Listenpreis für ein Gerät, das neu in das Produktionsprogramm aufgenommen werden soll, aufgrund folgender Unterlagen:

Fertigungsmaterial lt. Stückliste:

Gehäuse	je Stück	4,00 €
Armatur	je Stück	12,00 €

Fertigungslöhne lt. Zeitvorgabe:

I. Schneiden	je 100 Stück	450	Minuten
II. Schweißen	je Stück	3	Minuten
III. Lackieren	je 100 Stück	270	Minuten
IV. Montieren	je Stück	2	Minuten

Die Arbeitsstunde wird einheitlich mit 30,00 € verrechnet.

Die Normalzuschlagssätze betragen:
Material 5 %, Fertigung I 100 %, Fertigung II 140 %, Fertigung III 90 %, Fertigung IV 110 %, Verwaltung 20 %, Vertrieb 6 %.

Folgende Verkaufszuschläge sind zu berücksichtigen:
Gewinn 15 %, Skonto (i. H.) 2 %, Rabatt (i. H.) 10 %.

1. *Wie viel € beträgt der Listenpreis je Gerät?*
2. Das entsprechende Gerät wird von Konkurrenzunternehmen zum Barverkaufspreis von 43,00 € auf dem Markt angeboten.
   Lohnt sich die Produktion? Wie hoch wäre der tatsächliche Stückgewinn?

---

325 *Erstellen Sie die Vorkalkulation für einen Reparaturauftrag unter Berücksichtigung folgender Angaben:*

Reparaturmaterial: 15,00 €,
Materialgemeinkostenzuschlag: 8 %,
Fertigungslöhne: 1,5 Stunden zu je 31,50 €,
Maschineneinsatz: Bohren 0,25 Std., Drehen 0,75 Std., Fräsen 0,50 Std.

Der Maschineneinsatz wird mit 45,40 € je Stunde kalkuliert.

Verwaltungs- und Vertriebsgemeinkostenzuschlag: 20 %.

Gewinnzuschlag: 15 %.

4.6.4 Zuschlagskalkulation als Nachkalkulation

Aufgabe. Die Nachkalkulation zeigt, ob der zu **Normalkosten kalkulierte** und angenommene Auftrag im Rahmen dieser Kosten verwirklicht werden konnte. Sie wird **nach Beendigung der Produktion** als Zuschlagskalkulation aufgrund der **tatsächlich entstandenen Einzelkosten** und der **Istzuschläge aus dem BAB** durchgeführt. Aus der Gegenüberstellung mit der Vorkalkulation werden Abweichungen ersichtlich.

Beispiel: Auf der Grundlage der Istzuschlagssätze (BAB, S. 287) und der Ist-Einzelkosten für Material und Löhne (vgl. S. 316) entsteht die folgende Nachkalkulation.

Fertigungsmaterial (Ist = Normal)	14,00 €	Fertigungslöhne, FHS III ...	3,15 €
Fertigungslöhne, FHS I	3,67 €	Fertigungslöhne, FHS IV ...	2,55 €
Fertigungslöhne, FHS II	2,63 €		

Kalkulationsschema	Vorkalkulation		Nachkalkulation	
Fertigungsmaterial		14,00 €		14,00 €
+ Materialgemeinkosten	10,8 %	1,51 €	10,5 %	1,47 €
Materialkosten		**15,51 €**		**15,47 €**
Fertigungslöhne FHS I		3,70 €		3,67 €
+ Fertigungsgemeinkosten	113,0 %	4,18 €	112,9 %	4,14 €
Fertigungskosten FHS I		**7,88 €**		**7,81 €**
Fertigungslöhne FHS II		2,60 €		2,63 €
+ Fertigungsgemeinkosten	112,0 %	2,91 €	112,4 %	2,96 €
Fertigungskosten FHS II		**5,51 €**		**5,59 €**
Fertigungslöhne FHS III		3,20 €		3,15 €
+ Fertigungsgemeinkosten	98,0 %	3,14 €	98,4 %	3,10 €
Fertigungskosten FHS III		**6,34 €**		**6,25 €**
Fertigungslöhne FHS IV		2,50 €		2,55 €
+ Fertigungsgemeinkosten	100,0 %	2,50 €	100,0 %	2,55 €
Fertigungskosten FHS IV		**5,00 €**		**5,10 €**
Herstellkosten		40,24 €		40,22 €
+ Verwaltungsgemeinkosten	13,5 %	5,44 €	13,3 %	5,35 €
+ Vertriebsgemeinkosten	5,5 %	2,21 €	5,5 %	2,21 €
Selbstkosten für 1 Gehäuse		**47,88 €**		**47,78 €**
+ Gewinn	11,0 %	5,27 €	11,24 %	5,37 €
Barverkaufspreis		**53,15 €** →		**53,15 €**
+ Kundenskonto	2,0 %	1,12 €		
+ Vertriebsprovision	3,0 %	1,68 €		
Zielverkaufspreis		**55,95 €**		
+ Kundenrabatt	12,0 %	7,63 €		
Angebotspreis		**63,58 €**		

Auswertung der Nachkalkulation: Im obigen Beispiel **fallen** die tatsächlichen Selbstkosten um 0,10 € je Gehäuse **niedriger aus** als die vorkalkulierten Normalselbstkosten. Da der Angebotspreis verbindlich vorgegeben war, führt diese **Kostenüberdeckung** zu einem entsprechend **höheren Gewinn** um 0,10 € je Gehäuse. Eine genaue Analyse zeigt, dass die **Istgemeinkostenzuschläge** in der Fertigungshauptstelle II und in der Fertigungshauptstelle III **über den Normalzuschlagssätzen** liegen und hier somit Kostenunterdeckungen anzeigen. In der Materialstelle, in der Fertigungshauptstelle I und in der Verwaltungsstelle liegen die **Istgemeinkostenzuschläge unter den Normalzuschlägen;** sie zeigen hier **Kostenüberdeckungen** an.

Beschäftigungsabweichung (vgl. S. 305). Die eigentliche Abweichung (= Kostenüberdeckung) entsteht im **Verwaltungsbereich.** Hierbei handelt es sich offenbar um eine **Beschäftigungsabweichung.** Es ist zu erwarten, dass bei einer **Beschäftigungserhöhung** die **Ist-Zuschlagssätze** in diesem Bereich weiter **zurückgehen** werden, weil die Verwaltungsgemeinkosten **überwiegend fixe Kosten** sind, die sich bei der Beschäftigungserhöhung nicht verändern und zu sinkenden Zuschlagssätzen führen. Eine umgekehrte Entwicklung wäre bei einem Beschäftigungsrückgang zu erwarten.

Preis- und Verbrauchsabweichungen (vgl. S. 305). Gehen wir davon aus, dass keine Preisabweichungen vorliegen, da verstärkt mit kalkulatorischen Kosten und Verrechnungspreisen gearbeitet wird, dann sind **Verbrauchsabweichungen bei den Einzelkosten** mit die Ursache für die Kostenüberdeckung in der Nachkalkulation. Im Einzelnen ist festzustellen:

- Beim **Fertigungsmaterial** ergibt sich **keine Abweichung** zwischen Vor- und Nachkalkulation.
- Bei den **Fertigungslöhnen** sind sowohl **Über- als auch Unterdeckungen** in den einzelnen Fertigungshauptstellen feststellbar. Hier muss der Betriebsleiter nach den Ursachen forschen.

Merke:

- **Die Nachkalkulation ist eine Kontrollrechnung, die den Normalkosten der Vorkalkulation die tatsächlichen Kosten (Istkosten) gegenüberstellt.**
- **Die Nachkalkulation misst im Vergleich mit den Normalkosten der Vorkalkulation den tatsächlichen Erfolg eines Kostenträgers.**
- **Die Abweichungen zwischen Ist- und Normalkosten bedürfen einer Analyse:**
  - ▷ **Beschäftigungs- und Preisabweichungen lassen sich leicht ausschalten.**
  - ▷ **Verbrauchsabweichungen hat der Betriebsleiter zu verantworten.**

Aufgaben

326

Zur Aufgabe 322, S. 318, ist eine Nachkalkulation aufzustellen.

Nach Durchführung der Produktion steht fest, dass der Materialverbrauch eingehalten wurde, der Lohnaufwand betrug jedoch
in Fertigungshauptstelle I: 7,5 Stunden zu je 43,50 €,
in Fertigungshauptstelle II: 10 Stunden zu je 38,40 €.
Der BAB des Abrechnungsmonats weist folgende Ist-Zuschlagssätze aus:
Material 10 %; Fertigung I 150 %; Fertigung II 180 %; Verwaltung 12,5 %; Vertrieb 10 %.

1. *Welche Kostenarten und -stellen sind zu überprüfen?*
2. *Wie erklären Sie den erheblichen Unterschied zwischen normierter und verbrauchter Arbeitszeit in der Fertigungshauptstelle II?*

327

1. *Worin unterscheiden sich Vor- und Nachkalkulation?*
2. *Wie werden Normalzuschlagssätze errechnet?*
3. Die Zuschlagssätze für die Fertigungsgemeinkosten liegen in zwei aufeinander folgenden Betriebsabrechnungsbögen über dem Normalzuschlagssatz.
   Worauf kann das zurückzuführen sein? Was müsste ggf. veranlasst werden?

328 *Erstellen Sie die Vor- und Nachkalkulationen für folgenden Auftrag:*

	Vorkalkulation	Nachkalkulation
Fertigungsmaterial	520,00 €	535,00 €
Materialgemeinkostenzuschlag	5 %	5,5 %
Maschinenkosten: Laufzeit	20 Stunden	19,5 Stunden
Stundensatz	24,75 €	25,20 €
Fertigungslöhne: Fertigungsstunden	22 Stunden	22 Stunden
Stundensatz	23,00 €	22,60 €
Verwaltungsgemeinkostenzuschlag	12,5 %	12,7 %
Vertriebsgemeinkostenzuschlag	8,0 %	7,6 %
Gewinnzuschlag	12,0 %	
Kundenskonto	3,0 %	
Kundenrabatt	6,0 %	

1. *Errechnen Sie den tatsächlichen Gewinn.*
2. *Begründen Sie die Abweichungen.*

329 *Kalkulieren Sie auf der Grundlage der Aufgabe 310, S. 301, die Herstellkosten (gesamt und je Stück) für folgende Aufträge:*

Auftrag A: Stanzen von 5 000 Behälterböden auf Stanze II.
Stahlblech: 1.100,00 €,
Materialgemeinkostenzuschlag: 4 %,
Fertigungslöhne: 70 Stunden zu je 24,50 €,
Maschinenstunden: 70 Stunden,
Sondereinzelkosten der Fertigung: 500,00 €.

Auftrag B: Stanzen von 8 000 Ventildeckeln auf Stanze I.
Stahlblech: 800,00 €,
Materialgemeinkostenzuschlag: 4 %,
Fertigungslöhne: 40 Stunden zu je 24,50 €,
Maschinenstunden: 40 Stunden,
Sondereinzelkosten der Fertigung: 200,00 €.

Auftrag C: Stanzen von 4 000 Mantelblechen auf Stanze III.
Stahlblech: 3.200,00 €,
Materialgemeinkostenzuschlag: 4 %,
Fertigungslöhne: 100 Stunden zu je 24,50 €,
Maschinenstunden: 100 Stunden,
Sondereinzelkosten der Fertigung: 400,00 €.

Nach Abschluss der Produktion zeigen sich folgende Abweichungen:

Auftrag A: Stahlblech: 10%ige Erhöhung der Anschaffungskosten.
Fertigungslöhne: 73 Stunden zu je 24,50 €,
Maschinenstundensatz: 5%ige Verringerung gegenüber der Norm.

Auftrag B: Stahlblech: 70,00 € Mehrverbrauch,
Fertigungslöhne: 40 Stunden zu je 25,10 €,
Maschinenstundensatz: 3%ige Erhöhung gegenüber der Norm.

Auftrag C: Materialgemeinkostenzuschlag: 4,3 %,
Sondereinzelkosten der Fertigung: 10%ige Verringerung gegenüber der Norm.

Stellen Sie die Nachkalkulationen auf.

6686322

4.7 Vollkostenrechnung in Betrieben mit Sortenfertigung (Äquivalenzziffernkalkulation)

Situation 1: Das Unternehmen Schmolmann KG möchte einen **schnellen Überblick** (ohne BAB und Kostenträgerblatt) über die **Selbstkosten jedes Gehäusetyps** mithilfe der **Äquivalenzziffernkalkulation** gewinnen.

Voraussetzungen für die Anwendung der Äquivalenzziffernrechnung:

- Die **Erzeugnisse** müssen **artgleich** sein (= Sorten; vgl. S. 259), z. B. Ziegel, Biersorten, Bausteine, Zigaretten usw.
- Die **Erzeugnisse** müssen **in einem festen Kostenverhältnis** zueinander stehen.

Es kann unterstellt werden, dass diese Bedingungen für die im Unternehmen Schmolmann KG produzierten Gehäusetypen im Wesentlichen erfüllt sind.

Äquivalenzziffern. Unterschiede in den Selbstkosten je Erzeugniseinheit können nur dadurch verursacht werden, dass die einzelnen Erzeugnisgruppen die Produktionsstätten verschieden stark beanspruchen. Das **Kostenverhältnis,** das die unterschiedlich starke Beanspruchung angibt, wird durch Beobachtung und Messung festgestellt. Hierbei setzt man das **Haupterzeugnis gleich 1** und bringt die anderen Erzeugnisgruppen durch einen die Kostenverursachung ausdrückenden Zuschlag oder Abschlag in Beziehung zu 1. Die sich ergebenden Zahlen heißen **Äquivalenzziffern.**

Situation 2: Aufgrund der Arbeitspläne verschafft man sich in der Schmolmann KG einen Überblick darüber, in welchem Ausmaß die verschiedenen Gehäusetypen die Betriebsabteilungen belasten: Gehäusetyp G I wird in durchschnittlich 26,7 Minuten gefertigt, Gehäusetyp G II in 24 Minuten, Gehäusetyp G III in 35 Minuten. Zusätzlich wird das Verhältnis, in dem Material- und Lohneinsatz je Stück zueinander stehen, berücksichtigt, wobei aufgrund der **größten Produktionsmenge** das Gehäuse **Typ G I als Hauptsorte mit der Ziffer 1** festgesetzt wird. Hieraus ermittelt man die **Äquivalenzziffern** der Gehäusetypen G I, G II, G III mit **1 : 0,9 : 1,3.**

Aus dem Kostenträgerblatt von Seite 303 lassen sich die Selbstkosten des Umsatzes mit 9 460 000,00 € ablesen. Die Absatzmengen (vgl. S. 303) betrugen für Typ G I 85395 Stück, für Typ G II 62000 Stück und für Typ G III 46571 Stück.

Typ	Absatzmengen	Äquivalenzziffern	Umrechnungszahlen	Selbstkosten je Gehäuse	Selbstkosten je Typ (gerundet)
G I	85395 ·	1,0 =	85395	**46,89 €**	**4.004.400,00 €**
G II	62000 ·	0,9 =	55800	**42,20 €**	**2.616.610,00 €**
G III	46571 ·	1,3 =	60542	**60,96 €**	**2.838.990,00 €**
			201737		**9.460.000,00 €**
Berechnung der Selbstkosten je Gehäuse:		**9.460.000 € :**	**201737**	**= 46,8927 €**	**≈ 46,89 €**
		0,9 ·	46,8927 €	**= 42,2034 €**	**≈ 42,20 €**
		1,3 ·	46,8927 €	**= 60,9606 €**	**≈ 60,96 €**
Berechnung der Selbstkosten je Typ:		85395 Stück ·		46,8927	**= 4.004.400,00 €**
		62000 Stück ·		42,2034	**= 2.616.610,00 €**
		46571 Stück ·		60,9606	**= 2.838.990,00 €**

Aufgabe: *Vergleichen Sie diese Ergebnisse mit denen im Kostenträgerblatt von Seite 303.*

Merke: **Die Äquivalenzziffernkalkulation ist bei Sortenfertigung anwendbar. Sie vereinfacht die verursachungsgerechte Zuordnung der Kosten zu den Kostenträgern.**

Aufgaben

330 Die Novalux GmbH kalkuliert die Selbstkosten ihrer Glühbirnen nach folgenden Angaben: Die Einzelkosten (Fertigungsmaterial, Fertigungslöhne) werden für jede Sorte getrennt erfasst, die Gemeinkosten in einer Summe.

Sorte	Produktions-menge	Fertigungs-material	Fertigungs-löhne	Äquivalenz-ziffern	Gemein-kosten
40 W	6000000	900.000,00 €	750.000,00 €	0,8	5.148.000,00 €
60 W	8000000	1.100.000,00 €	1.300.000,00 €	1,0	
100 W	2000000	350.000,00 €	400.000,00 €	1,4	

1. *Berechnen Sie die Stückkosten jeder Sorte.*
2. *Berechnen Sie die Selbstkosten jeder Sorte.*

331 Eine Ziegelei stellt vier Sorten Ziegel her.

Sorte	Äquivalenzziffern	Produktionsmenge	Gesamtkosten
I	0,75	400000 Stück	669.600,00 €
II	1,00	800000 Stück	
III	1,20	300000 Stück	
IV	1,60	250000 Stück	

1. *Berechnen Sie die Stückkosten jeder Sorte.*
2. *Berechnen Sie die Selbstkosten jeder Sorte.*

332 Die Merkheimer OHG hat sich auf die Herstellung von hochwertigen Aktentaschen aus Leder spezialisiert. Sie stellt zurzeit drei Typen (A, B, C) von Aktentaschen her, die sich vor allem in der Größe und in der Innenausstattung voneinander unterscheiden. Eine durchgeführte Kostenanalyse hat ergeben, dass die Tasche Typ A als Hauptsorte einzustufen ist und dass zwischen den Sorten A, B und C ein Kostenverhältnis von 1 : 0,9 : 1,25 besteht.

Für den abgelaufenen Monat liegen folgende Zahlen vor:

Sorte	Produktionsmenge	gesamte Selbstkosten
A	4000 Stück	1.976.250,00 €
B	2500 Stück	
C	1200 Stück	

1. *Berechnen Sie aufgrund der Angaben die Selbstkosten je Stück und je Sorte.*
2. *Zu welchem Fehler könnte dieses Kalkulationsverfahren im Laufe der Zeit führen?*

333 Die Pons GmbH stellt in einem Zweigwerk auf einer abgesonderten Fertigungsanlage Türbeschläge her. Für den Monat September liegen folgende Zahlen vor:

Typ	Produktionsmenge	Äquivalenzziffern	ges. Selbstkosten	Umsatzerlöse
I	15000 Stück	0,9	1.581.602,00 €	270.000,00 €
II	20000 Stück	1,0		400.000,00 €
III	12500 Stück	0,8		312.500,00 €
IV	8500 Stück	1,4		340.000,00 €
V	10000 Stück	1,2		300.000,00 €

1. *Bestimmen Sie die Selbstkosten je Stück und je Sorte.*
2. *Berechnen Sie den Gewinn je Stück, je Sorte und insgesamt.*
3. *Welche Schlussfolgerungen könnten aus der Gewinnsituation gezogen werden?*

4.8 Vollkostenrechnung in Betrieben mit Massenfertigung (Divisionskalkulation)

Massenfertigung. Die Divisionskalkulation findet Anwendung in Unternehmungen, die ein **einheitliches** Produkt herstellen (Massenfertigung, vgl. S. 259). In diesen Unternehmungen gibt es kein verzweigtes Produktionsprogramm mit unterschiedlicher Belastung der Kostenstellen durch die Kostenträger. Somit entfällt bei Anwendung der Divisionskalkulation die Aufteilung der Kosten in Einzel- und Gemeinkosten und die umständliche Aufschlüsselung der Gemeinkosten auf die Kostenstellen.

Einfache Divisionskalkulation. Die einfache Divisionskalkulation ist anwendbar, wenn ein Unternehmen nur eine Erzeugnisart herstellt (z.B. Elektrizitätswerk, Ziegelei, Brauerei usw.). Die Selbstkosten für den einzelnen Kostenträger ergeben sich aus der Division der Gesamtkosten einer Abrechnungsperiode durch die Produktionsmenge der gleichen Periode.

$$\textbf{Selbstkosten des Kostenträgers} = \frac{\textbf{Gesamtkosten der Periode}}{\textbf{Produktionsmenge der Periode}}$$

Situation: Es soll angenommen werden, dass die Schmolmann KG **nur einen Gehäusetyp fertigt.** Im abgelaufenen Geschäftsjahr wurden 200 000 Gehäuse produziert, dabei entstanden Kosten in Höhe von 9.700.000,00 € (s. Ergebnistabelle S. 252). Das Unternehmen kalkuliert mit einem Gewinnzuschlag von 11 % (s. S. 317).

	Selbstkosten je Gehäuse = $\frac{9.700.000{,}00\ €}{200\,000\ \text{Stück}}$ = ...	**48,50 €**
+	**11 % Gewinn**	**5,34 €**
	Barverkaufspreis	**53,84 €**

Für die Angebotskalkulation werden bei diesem Verfahren **normierte Selbstkosten** verwendet, die man als **arithmetisches Mittel** aus den Stückselbstkosten vergangener Abrechnungsperioden berechnet.

Mehrfache Divisionskalkulation. Nicht immer wird ein Unternehmen alle in einer Abrechnungsperiode hergestellten Erzeugnisse auch in der gleichen Periode absetzen können. Am Ende der Abrechnungsperiode befindet sich ein Teil der Produktion vorübergehend im Lager. Unter dieser Bedingung führt die einfache Divisionskalkulation zu **nicht verursachungsgerechten Selbstkosten,** da sie auch die noch nicht verkauften Erzeugnisse mit anteiligen Vertriebskosten belastet. Um zu genauen Ergebnissen zu gelangen, teilt man zunächst die Gesamtkosten in **Herstellkosten und Vertriebskosten** auf. Die Herstellkosten werden dann auf die hergestellte Menge umgelegt, die Vertriebskosten nur auf die abgesetzte Menge. Die Selbstkosten je Kostenträger ergeben sich aus der Summe von Herstellkosten je Kostenträger und Vertriebskosten je Kostenträger.

$$\textbf{Selbstkosten je Kostenträger} = \frac{\textbf{Herstellkosten}}{\textbf{Produktionsmenge}} + \frac{\textbf{Vertriebskosten}}{\textbf{Absatzmenge}}$$

Zuordnung der Verwaltungsgemeinkosten. Verwaltungsgemeinkosten können in der mehrfachen Divisionskalkulation entweder den **Herstellkosten,** den **Vertriebskosten oder anteilig beiden Kostenbereichen** zugeordnet werden. Je nachdem, für welche Lösung man sich entscheidet, werden die Selbstkosten **unterschiedlich hoch** ausfallen.

Aufgaben

334 1. *Unter welchen Produktionsbedingungen ist die einfache Divisionskalkulation anwendbar?*
2. *Worin unterscheidet sich die einfache Divisionskalkulation von der mehrfachen Divisionskalkulation?*
3. *Wie werden die Verwaltungskosten in der mehrfachen Divisionskalkulation behandelt?*

335 In einem Betrieb mit Massenfertigung entstanden im Monat März folgende Kosten:

Rohstoffverbrauch	380.000,00 €
Hilfsstoffverbrauch	165.000,00 €
Fertigungslöhne	357.000,00 €
Fertigungsgemeinkosten	734.000,00 €
Verwaltungskosten	422.000,00 €
Vertriebskosten	186.000,00 €

1. *Wie hoch sind die Selbstkosten für eine Produktionseinheit bei einer Produktion von 336 000 Stück?*
2. *Errechnen Sie die Selbstkosten unter der Bedingung, dass ein Lagerbestand von 36 000 Stück verbleibt und die Verwaltungskosten im Verhältnis 3 : 1 den Herstell- und Vertriebskosten zugewiesen werden.*
3. *Wie hoch wären die Selbstkosten für den Fall, dass sich ein Minderbestand von 24 000 Stück ergibt und die Verwaltungskosten im Verhältnis 3 : 1 den Herstell- und Vertriebskosten zugewiesen werden?*
4. *Wie hoch sind die Selbstkosten, wenn man dazu übergeht, die Verwaltungskosten in voller Höhe dem Vertriebsbereich zuzuordnen?*
   a) Es soll ein Mehrbestand von 36000 Stück vorliegen.
   b) Es soll sich ein Minderbestand von 24000 Stück ergeben.

336 Eine Kiesgrube arbeitet monatlich mit folgenden Kosten:

Betriebsstoffkosten	8.420,00 €	Abschreibungen	12.600,00 €
Energiekosten	4.300,00 €	Verwaltungskosten	10.400,00 €
Lohnkosten	48.500,00 €	Vertriebskosten	9.800,00 €

Es wird eine Menge von 200 t Kies ständig im Vorratsbehälter gelagert, sodass die Fördermenge nicht der Absatzmenge entspricht. Die Förderung betrug 3800 t, die Absatzmenge 3600 t.

Wie hoch sind die Selbstkosten für 1 t, wenn die Verwaltungskosten
a) voll den Herstellkosten zugerechnet werden,
b) je zur Hälfte den Herstell- und Vertriebskosten zugerechnet werden?

337 Ein Kunststeinwerk ermittelt die monatlichen Kosten mit:

Material	55.500,00 €
Löhne	96.800,00 €
Fertigungsgemeinkosten	140.200,00 €
Verwaltungskosten	81.600,00 €
Vertriebskosten	36.000,00 €

1. *Errechnen Sie die Selbstkosten und den Nettoverkaufspreis für 1000 Steine (Herstellmenge 800 000 Stück, Gewinnzuschlag 15 % auf die Selbstkosten).*
2. *Wie hoch sind die Selbstkosten und der Nettoverkaufspreis für 1000 Steine, wenn 20 % der Produktion nicht im gleichen Monat abgesetzt werden konnten? Die Verwaltungskosten gelten in voller Höhe als Vertriebskosten.*

5 Deckungsbeitragsrechnung als Teilkostenrechnung

5.1 Vergleich zwischen Vollkosten- und Teilkostenrechnung

Die Vollkostenrechnung erfasst **alle** Kostenarten **periodengerecht** und **weist sie den einzelnen Kostenträgern** zu. Ihre Aufgabe erfüllt sie gut, wenn auf dem Markt die mithilfe der Zuschlagskalkulation errechneten Preise akzeptiert werden.

Nachteile der Vollkostenrechnung. Die Vollkostenrechnung kann **nicht** angewandt werden, wenn unternehmerische Entscheidungen **zur Verbesserung der Beschäftigung oder des Betriebserfolgs** zu treffen sind. Im Einzelnen weist sie folgende **Nachteile** auf:

- **Die Abhängigkeit der Gemeinkosten von der Beschäftigung** wird nicht untersucht: Zum Teil verhalten sich die Gemeinkosten bei Beschäftigungsänderungen fix, zum Teil variabel. Die Verteilung der fixen Kosten auf die Kostenstellen führt bei Beschäftigungsänderungen zu **nicht verursachungsgerechten** Kostenbelastungen (= Proportionalisierung der fixen Kosten über Gemeinkostenzuschlagssätze).
- **Bei der Berechnung von Zuschlagssätzen** für die Material-, Fertigungs-, Verwaltungs- und Vertriebsgemeinkosten wird unterstellt, dass zwischen den Gemeinkosten und der gewählten Zuschlagsgrundlage **eine Abhängigkeit besteht.** Das trifft aber nur bedingt zu, so hängt z. B. die Höhe der Fertigungsgemeinkosten nicht von der Höhe der Fertigungslöhne ab.

Teilkostenrechnung. Hier setzen nun die zur **Teilkostenrechnung** führenden Überlegungen an. Den Verantwortlichen in einer Unternehmung geht es doch letztlich darum, sich den Bedingungen des Marktes hinsichtlich **Preis, Absatzmenge, Sortiment** anzupassen. Dabei ist zugleich auf die Erhaltung der Arbeitsplätze und die Erzielung von Gewinn zu achten. So hat die Unternehmensleitung in Zeiten des konjunkturellen Rückganges mit fallenden Marktpreisen zu entscheiden, ob auch noch zu einem nicht mehr kostendeckenden Preis produziert werden soll. Eine solche Entscheidung lässt sich zuverlässig nur treffen, wenn man in der Kostenrechnung umdenkt:

Nicht entscheidend:	Entscheidend:
Die Kosten sind Grundlage der Kalkulation und **bestimmen den Preis** des Erzeugnisses.	**Der Marktpreis** des Erzeugnisses ist Grundlage der Kalkulation und **legt den Gewinn nach Abzug der Kosten offen.**

Das unterschiedliche Verhalten der Kosten bei Produktionsschwankungen wird in der Teilkostenrechnung dadurch berücksichtigt, dass von den Umsatzerlösen der einzelnen Erzeugnisgruppen zunächst **nur die auf sie entfallenden variablen Kosten** (vgl. Kapitel 3.3.1) abgezogen werden. Die den Erzeugnisgruppen nicht genau zurechenbaren Gemeinkosten (= fixe Kosten, vgl. Kapitel 3.3.2) erfasst man gesondert in einem Block.

Merke:

- **Für kurzfristig zu treffende marktorientierte Entscheidungen liefert die Vollkostenrechnung keine geeigneten Unterlagen.**
- **Langfristig ist die Vollkostenrechnung die erforderliche Grundlage für die Kostenkontrolle und Betriebsergebnisrechnung.**
- **Der Einsatz der Teilkostenrechnung im Rechnungswesen eines Industriebetriebes setzt voraus, dass alle Kostenarten auf ihre Abhängigkeit von der Produktion untersucht und danach in variable oder fixe Kosten aufgeteilt werden.**

5.2 Grundzüge der Deckungsbeitragsrechnung

Maßgeblichkeit der variablen Kosten für den Betriebserfolg. Der Betriebserfolg wird entscheidend von den variablen Kosten (vgl. Kap. 3.3.1) beeinflusst, da sie auf die Kostenhöhe proportional zur Beschäftigung einwirken. Die **fixen Kosten** sind in der Regel unvermeidbar. Sie fallen also auch dann an, wenn die Beschäftigung Schwankungen unterworfen ist oder der Betrieb gar nicht mehr produziert.

Deckungsbeitrag. Um festzustellen, in welchem Umfang ein Kostenträger am Betriebserfolg beteiligt ist, werden von den Umsatzerlösen dieses Kostenträgers dessen variable Kosten subtrahiert. Die Differenz stellt den **Bruttoerfolg** dar und wird **Deckungsbeitrag** genannt.

	Umsatzerlöse
–	**variable Kosten**
	Bruttoerfolg = Deckungsbeitrag (DB)

5.2.1 Deckungsbeitragsrechnung als Stückrechnung

Situation: Im Unternehmen Schmolmann KG wird das Ergebnis des Geschäftsjahres auf der Grundlage der Deckungsbeitragsrechnung analysiert. Hierfür verwendet Herr Schmolmann die Zahlen der Ergebnistabelle von Seite 252. Zusätzlich liegt ihm die Aufteilung der Produktionskosten in variable und fixe Kosten vor (vgl. Kapitel 3.3.4). Um die variablen und fixen Kosten der **verkauften** Erzeugnisse zu erhalten, zieht Herr Schmolmann von den Produktionskosten die Kosten des Mehrbestandes (240.000,00 €) ab. Folgende Kostenaufstellung fertigt er an:

	gesamt	variable Kosten	fixe Kosten
FM (200 000 Stück) FL (200 000 Stück) Gemeinkosten	2.940.000,00 € 2.400.000,00 € 4.360.000,00 €	2.940.000,00 € 1.440.000,00 € 1.220.000,00 €	– 960.000,00 € 3.140.000,00 €
Zwischensumme – Kosten des Mehrbestand. (6 034 St.)	9.700.000,00 € 240.000,00 €	5.600.000,00 € 140.000,00 €	4.100.000,00 € 100.000,00 €
Kosten d. verkauften Erzeugnisse (193 966 Gehäuse)	**9.460.000,00 €**	**5.460.000,00 €**	**4.000.000,00 €**

❶ **Deckungsbeitrag je Stück (= db)**

Umsatzerlös je Stück (= Preis, **p**)	10.520.000,00 : 193 966 = 54,24 €
– Variable Stückkosten (= $\mathbf{k_v}$)	5.460.000,00 : 193 966 = 28,15 €
Stückdeckungsbeitrag (= db)	5.060.000,00 : 193 966 = **26,09 €**

Der Deckungsbeitrag je Stück (= db) in Höhe von 26,09 € trägt zur Deckung der ohnehin anfallenden fixen Kosten bei oder führt zu Betriebsgewinnen, sobald die fixen Kosten gedeckt sind. Allgemein gilt: **Ein positiver Stückdeckungsbeitrag verbessert die Erfolgssituation.**

❷ **Bestimmung der Gewinnschwellenmenge (Break-even-Point)**

Die Gewinnschwellenmenge kennzeichnet die Produktionsmenge, bei der die **Summe der Stückdeckungsbeiträge** (= **DB**) gerade zur Deckung der fixen Kosten (= $\mathbf{K_f}$) ausreicht, d. h., der **Betriebsgewinn** beträgt bei dieser Menge **0 €.** Übersteigt die Produktionsmenge diese **kritische Menge,** so ergibt sich ein Gewinn, im umgekehrten Fall ein Verlust; allgemein gilt also die funktionale Beziehung (vgl. Grafik S. 329):

Betriebsgewinn = Stückdeckungsbeitrag · Menge – fixe Kosten

$$G(x) = db \cdot x - K_f$$

Beispiel: Die Gewinnschwellenmenge ist bei einem Stückdeckungsbeitrag von 26,09 € und fixen Kosten von 4.000.000,00 € zu bestimmen. Für G = 0 folgt

$$\mathbf{db \cdot x = K_f}$$

$$\mathbf{x = \frac{K_f}{db}}$$

$$26{,}09\ € \cdot x = 4.000.000{,}00\ €$$

$$x = \frac{4.000.000{,}00}{26{,}09} \approx \mathbf{153\,315\ Stück}$$

Allgemein gilt: **Gewinnschwellenmenge = K_f : db**

Grafisch liegt die **Gewinnschwellenmenge** im **Schnittpunkt** der Gewinnfunktion G(x) = 26,09 · x – 4.000.000 mit der X-Achse.

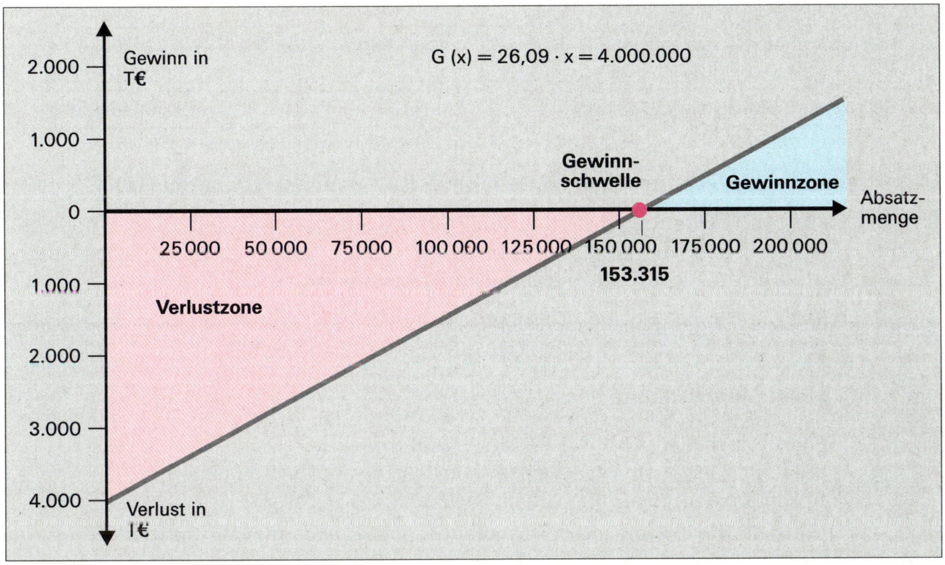

❸ Auswirkung von Preisänderungen

Preiserhöhungen bewirken bei unveränderter Kostenlage eine **Erhöhung des Stückdeckungsbeitrags.** Dadurch wird die Deckung der fixen Kosten bereits bei einer **geringeren Ausbringungsmenge** erreicht.

Der Verkaufspreis der Geräte wird von 54,24 € auf 55,65 €, also um 1,41 € je Gehäuse, erhöht. Der Stückdeckungsbeitrag beträgt nunmehr 27,50 €. Die Gewinnschwellenmenge wird erreicht bei

$$\mathbf{\frac{fixe\ Kosten}{db} = \frac{4.000.000{,}00\ €}{27{,}50\ €} = 145\,455\ Stück\ Gewinnschwellenmenge}$$

In der grafischen Darstellung würde sich die Preiserhöhung durch einen **stärkeren Anstieg** der Gewinnfunktion bemerkbar machen. Das bewirkt bei unverändertem Kostenverlauf eine Verringerung der Gewinnschwellenmenge.

Merke: **Durch eine Preiserhöhung (-senkung) wird die Gewinnschwellenmenge bei unveränderten Kosten verringert (erhöht).**

5.2.2 Deckungsbeitragsrechnung als Periodenrechnung im Einproduktunternehmen

Um den Betriebserfolg im Einproduktunternehmen zu ermitteln, werden die **fixen Kosten** einer Periode **in einer Summe** vom gesamten Deckungsbeitrag subtrahiert.

Situation: Die Schmolmann KG analysiert das Ergebnis des Geschäftsjahres 01 auf der Grundlage der Deckungsbeitragsrechnung. Hierfür verwendet sie die Zahlen der Ergebnistabelle (S. 252) sowie die Ausführungen zu Kapitel 3.3.4 einschließlich der **grafischen Darstellung** des Kosten- und Umsatzverlaufs.

❶ Deckungsbeitrag und Betriebsergebnis der Abrechnungsperiode

Umsatzerlöse der Periode (= **E**) – variable Kosten des **Absatzes** (= $\mathbf{K_v}$)	193966 St. · 54,24 € ~ 10.520.000,00 € 193966 St. · 28,15 € = 5.460.000,00 €
Deckungsbeitrag der Periode (= DB) – fixe Kosten der Periode (= $\mathbf{K_f}$)	193966 St. · 26,09 € ~ **5.060.000,00 €** 4.000.000,00 €
= **Betriebsgewinn (umsatzbezogen)**	**1.060.000,00 €**

❷ Bestimmung der Gewinnschwellenmenge (Break-even-Point), vgl. S. 328

Als Gewinnschwellenmenge wird auch die Produktionsmenge bezeichnet, bei der die Umsatzerlöse der Periode (= **E**) gleich den Kosten dieser Periode (= **K**) sind. Das Unternehmen erzielt in dieser Situation **keinen Betriebsgewinn.**

Beispiel: Aus der obigen Berechnung des Betriebsgewinnes ergibt sich jeweils die **Erlös- und Kostenfunktion in Abhängigkeit von der Absatzmenge „x“:**

Für die **Erlösfunktion** gilt: $\mathbf{E(x)} = \frac{10.520.000{,}00\ €}{193966\ \text{Stück}} \cdot x = \mathbf{54{,}24 \cdot x}$

Für die variablen Kosten gilt: $K_v = 28{,}15 \cdot x$,

die fixen Kosten sind mit 4.000.000,00 € anzusetzen. Also lautet die

Gesamtkostenfunktion: $\mathbf{K_g(x) = 28{,}15 \cdot x + 4.000.000}$

Unter der Bedingung, dass **Umsatzerlöse und Kosten gleich** sein sollen, folgt

$$54{,}24 \cdot x = 28{,}15 \cdot x + 4.000.000$$
$$26{,}09 \cdot x = 4.000.000$$
$$x \approx \mathbf{153315}$$

Die **Gewinnschwellenmenge** wird also bei einer Produktionsmenge von 153315 Gehäusen erreicht.

Grafisch liegt die **Gewinnschwellenmenge** im **Schnittpunkt** von Erlös- und Gesamtkostengerade. Bei dieser Menge sind **Erlöse und Gesamtkosten gleich hoch** (vgl. S. 331):

Erlöse = Kosten.

Gewinnzone. Produziert das Unternehmen mehr als 153315 Gehäuse, so arbeitet es mit Gewinn:

Erlöse > Kosten.

Verlustzone. Produziert das Unternehmen weniger als 153315 Gehäuse, so gerät es in die Verlustzone:

Erlöse < Kosten.

Aus der grafischen Darstellung (vgl. S. 331) geht anschaulich hervor, dass bei dem derzeitigen Absatz von 193966 Gehäusen die Gewinnschwelle überschritten wurde. Eine Ausweitung der Produktion und des Absatzes vergrößert den Gewinn.

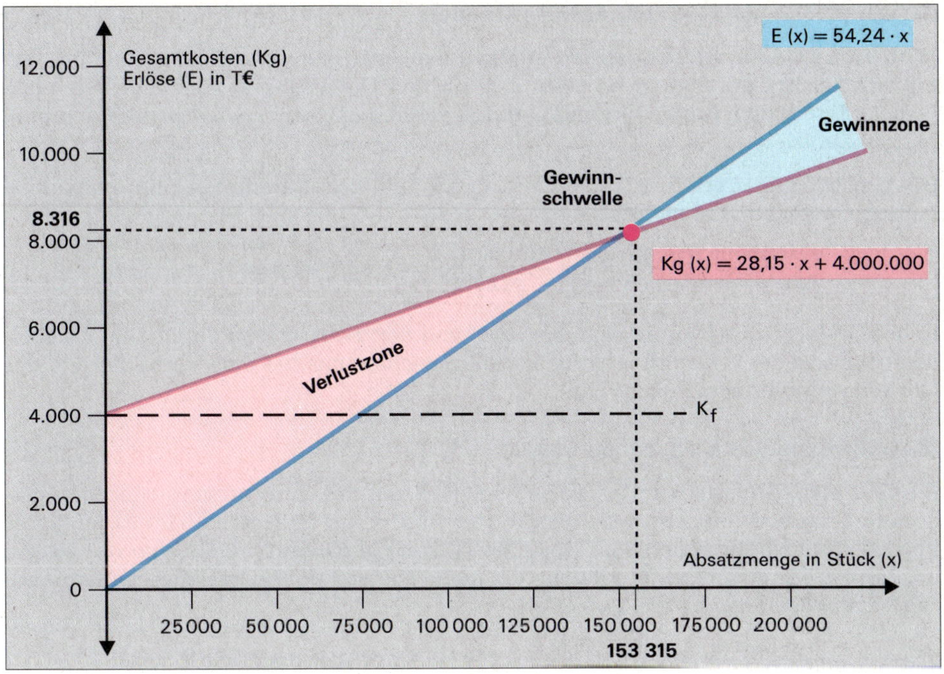

Erläuterung zur Grafik:

Die variablen Kosten der Abrechnungsperiode (K_v) werden durch Multiplikation der variablen Stückkosten (k_v) mit der Produktionsmenge (x) errechnet. Da für jedes zusätzlich hergestellte Gehäuse der Kostenzuwachs im Beispiel 28,15 € beträgt, ergibt sich die Abhängigkeit der variablen Gesamtkosten von der Produktionsmenge nach der Funktionsgleichung:

$$\mathbf{K_v = k_v \cdot x = 28{,}15\ x}$$

Die Gesamtkosten der Abrechnungsperiode (K_g) ergeben sich aus der Summe von variablen Kosten und fixen Kosten.

Gesamtkosten	=	variable Kosten	+	fixe Kosten
K_g	=	K_v	+	K_f

Unabhängig von der Produktionsmenge werden im Beispiel die variablen Kosten um jeweils 4.000.000,00 € fixe Kosten erhöht. In der Grafik verlaufen die fixen Kosten im Abstand 4.000.000 vom Ursprung parallel zur X-Achse. Die Gesamtkosten setzen im Abstand 4.000.000 an und steigen mit dem Ausmaß der variablen Stückkosten (= 28,15) linear an.

$$\mathbf{K_g\,(x) = 28{,}15\ x + 4.000.000}$$

Die Erlösgerade (E) verdeutlicht die bei einer bestimmten Produktionsmenge erzielbaren Nettoumsatzerlöse. Sie sagt aus, dass für jedes produzierte Stück 54,24 € Erlöse entstehen. Bei einem Absatz von 10000 Stück sind das 542.400,00 €, bei einem Absatz von 20000 Stück entsprechend 1.084.800,00 € Erlöse usw., also

$$\mathbf{E = 54{,}24\ x}$$

Der Graph dieser Funktion verläuft linear – vom Ursprung des Koordinatennetzes ausgehend – mit dem Anstieg m = 54,24.

❸ Auswirkung von Erweiterungsinvestitionen

Wird eine Erweiterungsinvestition geplant, die zusätzliche fixe Kosten in Höhe von z.B. 312.600,00 € verursacht, so stellt sich für den Unternehmer die Frage, wie viele Gehäuse **zusätzlich produziert und verkauft** werden müssen, um das bisherige Ergebnis zu halten.

Die zusätzlichen fixen Kosten müssen durch die erwirtschafteten Stückdeckungsbeiträge gedeckt werden; also:

$$\frac{\textbf{zusätzliche fixe Kosten}}{\textbf{Stückdeckungsbeitrag}} = \frac{\textbf{312.600,00 €}}{\textbf{26,09 €}} = \textbf{11 982 Gehäuse}$$

In der Grafik (S. 331) würde sich die Erhöhung der fixen Kosten durch eine Parallelverschiebung der Gesamtkosten bemerkbar machen; das hat eine Vergrößerung der Gewinnschwellenmenge zur Folge.

❹ Auswirkung von Kostenänderungen

Erhöhen sich die variablen Kosten je Stück (z. B. durch Lohnerhöhung oder Preissteigerung beim Fertigungsmaterial) von bisher 28,15 € auf 29,20 €, so wird dadurch der **Stückdeckungsbeitrag** um diese Kostensteigerung **verringert**; er fällt also von 26,09 € auf 25,04 €. Die unverändert gebliebenen fixen Kosten können nur über eine größere Ausbringungsmenge gedeckt werden:

$$\frac{\textbf{fixe Kosten}}{\textbf{db}} = \frac{\textbf{4.000.000,00 €}}{\textbf{25,04 €}} = \textbf{159 745 Stück Gewinnschwellenmenge}$$

Die **Verringerung** des Stückdeckungsbeitrags um ca. 4 % hat eine **Erhöhung** der Gewinnschwellenmenge um 4,2 % zur Folge. In der Grafik würde sich die Erhöhung der variablen Stückkosten durch einen stärkeren Anstieg der Gesamtkosten bemerkbar machen; das bedingt eine Vergrößerung der Gewinnschwellenmenge.

Merke:

- **Gewinnschwellenmenge = K_f : db**
- **Deckungsbeitrag > fixe Kosten ⟷ Betriebsgewinn**
- **Deckungsbeitrag < fixe Kosten ⟷ Betriebsverlust**
- **Durch Erhöhung der fixen Kosten wird die Gewinnschwellenmenge vergrößert.**
- **Die Erhöhung der variablen Stückkosten hat eine Verringerung des Stückdeckungsbeitrags zur Folge. Die Deckung der fixen Kosten ist dann über eine Erhöhung der Gewinnschwellenmenge möglich.**
- **Eine Senkung der variablen Stückkosten hat die entgegengesetzte Wirkung auf den Stückdeckungsbeitrag und die Gewinnschwellenmenge.**

Aufgaben

338 *Beurteilen Sie die Erfolgssituation eines Industriebetriebes, dessen Teilkostenrechnung für ein bestimmtes Produkt folgende Ergebnisse ausweist:*

1. Stückdeckungsbeitrag (= db) = 0,
2. Nettoverkaufspreis < variable Stückkosten,
3. Nettoverkaufspreis > variable Stückkosten,
4. Nettoverkaufspreis = variable Stückkosten.

Die Baustoff-GmbH stellt in einem Zweigwerk Wandfliesen in 4 unterschiedlichen Qualitäten A, B, C und D her. Aufgrund der starken Konkurrenz auf dem Baustoffmarkt will die Baustoff-GmbH durch eine aktive Preispolitik ihren Marktanteil verteidigen. Die hierzu erforderlichen Daten sollen mithilfe der Deckungsbeitragsrechnung ermittelt werden. 339

Für den Monat April lagen folgende Angaben vor:

	Fliese A	Fliese B	Fliese C	Fliese D	insgesamt
Verkaufspreis je Stück	2,20 €	2,45 €	3,10 €	3,80 €	
variable Stückkosten	1,50 €	1,90 €	2,65 €	3,20 €	
fixe Kosten insgesamt					286.000,00 €
Absatzmengen in Stück	80000	110000	145000	65000	

1. *Berechnen Sie das Betriebsergebnis des Monats April für die abgesetzten Mengen.*
2. *Bestimmen Sie die Stückdeckungsbeiträge und geben Sie aufgrund dieser Zahlen eine Rangfolge der „erfolgreichen" und der „weniger erfolgreichen" Fliesensorten an.*
3. *Ermitteln Sie die (kurzfristige) Preisuntergrenze (vgl. S. 340) für jede Fliesensorte.*
4. Zur Verbesserung der Erfolgssituation und zum Abbau freier Kapazitäten plant die Unternehmensleitung zusätzlich eine Bodenfliese mit monatlich 40000 Stück zu produzieren. Diese Fliese würde zusätzlich 26.000,00 € fixe Kosten und 2,05 € variable Stückkosten verursachen. Sie ließe sich zu einem Preis von 2,65 € je Stück absetzen. *Lohnt sich für das Unternehmen die Erweiterung der Produktion?*

In einem Zweigwerk der ELMO-AG werden elektrische Heizlüfter in 4 unterschiedlichen Ausführungen (HL I, HL II, HL III, HL IV) gefertigt. 340

Für den zurückliegenden Monat wurden folgende Daten ermittelt:

	HL I	HL II	HL III	HL IV	insgesamt
Verkaufspreis	45,00 €	36,00 €	54,00 €	62,00 €	
variable Stückkosten	24,75 €	21,00 €	30,50 €	35,10 €	
fixe Kosten insgesamt					82.500,00 €
Absatzmenge in Stück	3200	850	1450	1200	

1. *Berechnen Sie den Betriebserfolg für den betreffenden Monat.*
2. *Bestimmen Sie die Stückdeckungsbeiträge je Kostenträger sowie die Preisuntergrenzen (vgl. S. 340).*
3. Zur Verbesserung der schlechten Absatzsituation bei dem Kostenträger HL II plant die Unternehmensleitung eine Preissenkung um 35 %.
   a) *Leistet dieser Kostenträger dann noch einen Beitrag zur Deckung der fixen Kosten?*
   b) Durch diese Maßnahme steigt der Absatz im kommenden Monat um 40 % (die Absatzsituation soll bei den anderen Kostenträgern als konstant angenommen werden). *Wie wirkt sich diese Steigerung auf den Betriebserfolg aus?*

Die Bauelemente-AG stellt in einem Zweigwerk genormte Fenster aus Aluminium mit Doppelverglasung her. Der Wettbewerb zwingt zur Festsetzung des Verkaufspreises auf 750,00 € je Fenster. Die technische Kapazität beträgt 300 Fenster je Monat; sie ist zurzeit zu 70 % ausgelastet. Das Unternehmen ermittelt die variablen Stückkosten mit 400,00 € je Fenster und die fixen Kosten mit 80.000,00 € je Monat. 341

Werten Sie diese Situation hinsichtlich des Stückdeckungsbeitrags, der Preisuntergrenze (vgl. S. 340) und des Betriebserfolgs aus.

342 *Machen Sie sich die Auswirkungen von Kostensenkungen im Bereich der fixen und variablen Kosten sowie die Auswirkungen von Preissenkungen auf die Gewinnschwellenmenge an selbst gewählten Beispielen deutlich.*

343 Bei einer Produktion von 3000 Stück, Gesamtkosten in Höhe von 75.000,00 €, darunter fixe Kosten in Höhe von 30.000,00 €, ergab sich in einem Unternehmen ein Verlust von 12.000,00 €.

Ermitteln Sie rechnerisch und grafisch die Gewinnschwelle.

344 Aus den Zahlen der Kostenrechnung ergibt sich, dass für die Produktion des Tischrechners „Minitron" fixe Kosten in Höhe von 400.000,00 € je Rechnungsperiode anfallen und die variablen Kosten nach folgender Abhängigkeit von der Beschäftigung verlaufen.

Beschäftigung in Stück	Variable Kosten in €
5000	125.000,00
6000	150.000,00
7000	175.000,00
8000	200.000,00
9000	225.000,00
10000	250.000,00

1. *Errechnen Sie die Gesamt- und Stückkosten für die einzelnen Produktionsmengen.*
2. *Bestimmen Sie den Deckungsbeitrag und den Betriebserfolg für die unterschiedlichen Produktionsmengen bei einem Nettoverkaufspreis von 80,00 € je Stück.*
3. *Berechnen Sie die Gewinnschwellenmenge.*
4. *Stellen Sie die Gesamtkosten und die Umsatzerlöse in einem grafischen Bild dar.*
5. *Welche Auswirkung hat eine Preissenkung um 5,00 € je Stück auf die Gewinnschwellenmenge?*

345 Die Kosten- und Leistungsrechnung eines Industrieunternehmens weist folgende Zahlen aus:

Rechnungsperiode	Produktion in Stück	Gesamtkosten	variable Kosten je Stück	Nettoverkaufspreis
Oktober	20000	700.000,00 €	25,00 €	40,00 €
November	24000	800.000,00 €	25,00 €	40,00 €

1. *Berechnen Sie die variablen Gesamtkosten, die fixen Gesamtkosten und die fixen Stückkosten für die Monate Oktober und November.*
2. *Ermitteln Sie den Betriebserfolg für die Monate Oktober und November unter der Voraussetzung, dass die gesamte Produktion abgesetzt werden konnte.*
3. *Bestimmen Sie rechnerisch und grafisch die Gewinnschwelle.*
4. *Welche Auswirkung auf die Gewinnschwellenmenge hat eine Erhöhung der variablen Stückkosten auf 30,00 €?*
5. *Eine geplante Erweiterungsinvestition verursacht zusätzliche fixe Kosten in Höhe von 40.000,00 €.*

   Wie viele Erzeugnisse müssen zusätzlich produziert und abgesetzt werden, um bei 25,00 € variablen Stückkosten das Betriebsergebnis des Monats November zu halten?

Eine Möbelfabrik stellt in einem Zweigwerk Bürostühle her. Im zurückliegenden Geschäftsjahr wurden 6500 Stühle produziert und zum Stückpreis von 450,00 € verkauft. Die fixen Kosten beliefen sich auf 550.000,00 €, der Betriebsgewinn auf 425.000,00 € in der Periode. **346**

1. *Berechnen Sie die variablen Kosten insgesamt und je Stuhl.*
2. *Bei welcher Menge wird die Gewinnschwelle erreicht?*
3. Um sich gegen Konkurrenzprodukte behaupten zu können, soll der Verkaufspreis um 10 % gesenkt werden. Das Unternehmen rechnet aufgrund dieser Maßnahme mit einer Zunahme der Absatzmenge auf 7000 Stühle.
   Welche Auswirkungen ergeben sich hieraus auf den Betriebsgewinn?

Das Unternehmen „Wohnideal KG" stellt in einer Niederlassung Holzregale her. Die Kapazität beträgt 1200 Regale je Monat. Die fixen Kosten belaufen sich auf monatlich 64.000,00 €, die variablen Kosten wurden mit 110,00 € je Stück ermittelt. Zurzeit wird für jedes Regal ein Nettoverkaufspreis von 180,00 € erzielt. **347**

1. *Bei welcher Monatsproduktion erreicht das Unternehmen die Gewinnschwelle?*
2. *Welchem Beschäftigungsgrad entspricht die Gewinnschwellenmenge?*
3. Das Unternehmen arbeitet zurzeit mit einem Beschäftigungsgrad von 85 %.
   Wie hoch ist das Betriebsergebnis bei dieser Produktionsmenge?

Für das abgelaufene Geschäftsjahr hat ein Kunststoffverarbeitungsbetrieb für sein Produkt „Abfallsortierer" folgende Zahlen ermittelt: **348**

Produktions-(= Absatz-)Menge	120000	Stück
Variable Gesamtkosten (K_v)	900.000,00 €	
Fixe Gesamtkosten (K_f)	340.000,00 €	
Nettoverkaufspreis	12,00 €	

1. Langfristig rechnet der Unternehmer mit einem Absatzrückgang um 25 %. Die Produktion soll unter dieser Bedingung nur aufrecht erhalten werden, wenn der Stückgewinn mindestens 0,70 € beträgt.
   Untersuchen Sie die Situation daraufhin, ob die Bedingung eingehalten werden kann.
2. *Bis zu welcher Menge ließen sich Produktion und Absatz zurückführen, um gerade noch volle Kostendeckung zu erreichen?*
3. Aufgrund einer Marktuntersuchung erwägt der Unternehmer die Produktion rationeller zu gestalten, um die Monatsproduktion erhöhen und zugleich den Verkaufspreis senken zu können. Bei einem Preis von 9,50 € je Abfallsortierer könnte er den Absatz auf 160000 Stück steigern. Die hierzu erforderliche Umstellung der Produktion würde die variablen Stückkosten auf 7,20 € verändern und die fixen Kosten um 25.000,00 €/Monat erhöhen.
   Würden Sie dem Unternehmer zu einer entsprechenden Produktionsänderung raten?

Begründen Sie, warum ein Industriebetrieb mit überwiegend variablen Kosten bei der kurzfristigen Preisgestaltung wenig Spielraum hat. **349**

Wie beurteilen Sie die Situation eines Betriebes, dessen Kostenrechnung folgende Ergebnisse ausweist: **350**

1. Deckungsbeitrag > Fixe Kosten
2. 0 < Deckungsbeitrag < Fixe Kosten
3. Deckungsbeitrag < 0?

5.2.3 Deckungsbeitragsrechnung als Periodenrechnung im Mehrproduktunternehmen

Situation: Aus den Zahlen von Seite 303 soll im Unternehmen Schmolmann KG entschieden werden, ob der Gehäusetyp G II wegen des Verlustes **von 111.270,00 €** im Produktionsprogramm bleibt oder (zur Gewinnsteigerung) herauszunehmen ist.

Kostenträgerblatt (BAB II) auf Istkostenbasis				
Kalkulationsschema	**Istkosten insgesamt**	**Kostenträger**		
		Gehäuse G I	**Gehäuse G II**	**Gehäuse G III**
Fertigungsmaterial + 10,5 % Materialgemeinkosten	2.940.000,00 310.000,00	1.225.000,00 129.170,00	750.000,00 79.080,00	965.000,00 101.750,00
Materialkosten	**3.250.000,00**	**1.354.170,00**	**829.080,00**	**1.066.750,00**
Fertigungslöhne FHS I + 112,9 % Fertigungsgemeinkosten	735.000,00 830.000,00	321.500,00 363.050,00	191.400,00 216.150,00	222.100,00 250.800,00
Fertigungskosten FHS I	**1.565.000,00**	**684.550,00**	**407.550,00**	**472.900,00**
Fertigungslöhne FHS II + 112,4 % Fertigungsgemeinkosten	525.000,00 590.000,00	229.700,00 258.140,00	136.700,00 153.620,00	158.600,00 178.240,00
Fertigungskosten FHS II	**1.115.000,00**	**487.840,00**	**290.320,00**	**336.840,00**
Fertigungslöhne FHS III + 98,4 % Fertigungsgemeinkosten	630.000,00 620.000,00	275.600,00 271.225,00	164.100,00 161.500,00	190.300,00 187.275,00
Fertigungskosten FHS III	**1.250.000,00**	**546.825,00**	**325.600,00**	**377.575,00**
Fertigungslöhne FHS IV + 100 % Fertigungsgemeinkosten	510.000,00 510.000,00	223.200,00 223.200,00	132.800,00 132.800,00	154.000,00 154.000,00
Fertigungskosten FHS IV	**1.020.000,00**	**446.400,00**	**265.600,00**	**308.000,00**
Herstellkosten der Erzeugung – Mehrbestand an fertigen Erzeugn.	**8.200.000,00** 240.000,00	**3.519.785,00** 84.785,00	**2.118.150,00** 18.150,00	**2.562.065,00** 137.065,00
Herstellkosten des Umsatzes + 13,3 % Verwaltungsgemeinkosten + 5,5 % Vertriebsgemeinkosten	**7.960.000,00** 1.060.000,00 440.000,00	**3.435.000,00** 457.425,00 189.875,00	**2.100.000,00** 279.650,00 116.080,00	**2.425.000,00** 322.925,00 134.045,00
Selbstkosten des Umsatzes	**9.460.000,00**	**4.082.300,00**	**2.495.730,00**	**2.881.970,00**
Umsatzerlöse	**10.520.000,00**	**4.696.820,00**	**2.384.460,00**	**3.438.720,00**
Betriebsergebnis	**1.060.000,00**	**614.520,00**	**– 111.270,00**	**556.750,00**

❶ Produktionsentscheidung auf der Basis der Vollkostenrechnung

Die Produktion des Gehäuses Typ G II wird eingestellt. Hierdurch würden sich die Kosten um 2.495.730,00 €, die Umsatzerlöse nur um 2.384.460,00 € verringern, sodass sich der Betriebsgewinn um 111.270,00 € erhöhen würde.

Die aufgrund der **Vollkostenrechnung** getroffene Maßnahme wäre **nur dann richtig, wenn alle Kosten variabel sind.** Die Einstellung der Produktion verringert dann tatsächlich die Selbstkosten um 2.495.730,00 €. Da die Vollkostenrechnung aber **keine Aussage über das Verhalten der Kosten bei Beschäftigungsänderungen** macht (vgl. Abschnitt 3.3), **lässt sie eine Entscheidung im obigen Sinn gar nicht zu.**

❷ Produktionsentscheidung auf der Basis der Deckungsbeitragsrechnung

In der Deckungsbeitragsrechnung werden die Kosten **sorgfältig in variable und fixe Kosten** unterteilt (vgl. Abschnitte 3.3.1 und 3.3.2). Erst auf dieser Grundlage ist eine Produktionsentscheidung möglich.

Situation: Variable und fixe Kosten sollen sich für **alle** Gehäusetypen so zueinander verhalten, wie es in der Rechnung auf Seite 328 dargestellt ist. Danach fallen für den Absatz von insgesamt 193966 Gehäusen 5.460.000,00 € variable Kosten und 4.000.000,00 € fixe Kosten an; **57,717 % der Gesamtkosten sind also variabel, 42,283 % sind fix.**

Die **Selbstkosten des Gehäuses G II** wären danach **aufzuteilen** in

variable Selbstkosten = 57,717 % von 2.495.730,00 € ≈ **1.440.460,00 €** und
fixe Selbstkosten = 42,283 % von 2.495.730,00 € ≈ **1.055.270,00 €.**

Durch Produktionseinstellung könnten also **nur die variablen Kosten abgebaut** werden, die **fixen Kosten bleiben** in voller Höhe **bestehen.**

Situation: Mithilfe der einstufigen Deckungsbeitragsrechnung berechnet Herr Schmolmann den Betriebserfolg für die beiden Fälle **„a) Das Gehäuse G II scheidet aus der Produktion aus“** und **„b) Das Gehäuse G II scheidet nicht aus der Produktion aus“.** Es soll gelten, dass sich die Selbstkosten des Umsatzes von 9.460.000,00 € in 5.460.000,00 € (= 57,717 %) **variable Kosten** und 4.000.000,00 € (= 42,283 %) **fixe Kosten** aufteilen lassen.

a) Das Gehäuse G II scheidet aus der Produktion aus:

Ergebnisrechnung	Kostenträger insg.	Geh. Typ G I	Geh. Typ G II	Geh. Typ G III
Umsatzerlöse	8.135.540 €	4.696.820 €	–	3.438.720 €
– variable Kosten	4.019.540 €	2.356.180 €	–	1.663.360 €
= Deckungsbeitrag	4.116.000 €	2.340.640 €	–	1.775.360 €
– fixe Kosten	4.000.000 €	–	–	–
= Betriebsgewinn	+ 116.000 €			

Die Selbstkosten der Abrechnungsperiode können nur um die variablen Kosten des Gehäuses G II (= 1.440.460,00 €) verringert werden. Die fixen Kosten bleiben beim Ausscheiden des Gehäuses G II **in voller Höhe** bestehen und müssen nunmehr allein von den Deckungsbeiträgen der Gehäuse G I und G III getragen werden. Die verbliebenen Deckungsbeiträge reichen noch zur Erzielung eines Betriebsgewinnes aus, der jedoch deutlich niedriger ausfällt als in der ursprünglichen Situation (vgl. S. 336). Durch die Herausnahme des Gehäuses G II verschlechtert sich also die betriebliche Erfolgslage.

b) Das Gehäuse G II scheidet nicht aus der Produktion aus:

Ergebnisrechnung	Kostenträger insg.	Geh. Typ G I	Geh. Typ G II	Geh. Typ G III
Umsatzerlöse	10.520.000 €	4.696.820 €	2.384.460 €	3.438.720 €
– variable Kosten	5.460.000 €	2.356.180 €	1.440.460 €	1.663.360 €
= Deckungsbeitrag	5.060.000 €	2.340.640 €	944.000 €	1.775.360 €
– fixe Kosten	4.000.000 €	–	–	–
= Betriebsgewinn	1.060.000 €			

Die Umsatzerlöse von Gehäuse G II liegen um 944.000,00 € **über dessen variablen Kosten.** Dieser **Mehrbetrag** kann für die **Deckung der fixen Gesamtkosten** mit herangezogen werden. Es entsteht dadurch ein **Betriebsgewinn** in der ausgewiesenen Höhe von 1.060.000,00 €.

❸ Produktionsentscheidung bei mehrstufiger Deckungsbeitragsrechnung

Deckungsbeitrag I (= DB I). Das Beispiel verdeutlicht, dass die Produktionsentscheidung im Mehrproduktunternehmen von den Deckungsbeiträgen der einzelnen Kostenträger abhängt. Diese Deckungsbeiträge ergeben sich als **Differenz aus den Umsatzerlösen minus den variablen Kosten,** sie heißen **Deckungsbeitrag I.**

Erzeugnisfixe Kosten. Die fixen Kosten wurden im Beispiel keiner näheren Betrachtung unterzogen, sondern **als Block von der Summe der Deckungsbeiträge subtrahiert.** In der Praxis wird jedoch **ein Teil der fixen Kosten den einzelnen Kostenträgern direkt zurechenbar** sein; es handelt sich hierbei um die sog. **erzeugnisfixen Kosten.**
Beispiele: Kosten der Produktionsanlagen, die nur für bestimmte Erzeugnisse genutzt werden, Patente, Forschungs- und Entwicklungskosten, Werkzeugkosten.

Deckungsbeitrag II (= DB II). Subtrahiert man von den Deckungsbeiträgen I der einzelnen Kostenträger deren erzeugnisfixe Kosten, erhält man den **Deckungsbeitrag II.** Er zeigt den Beitrag der Kostenträger zur Deckung der Restfixkosten an, die **nicht kostenträgerbezogen** sind.

Erzeugnisgruppenfixe Kosten. Sofern fixe Kosten **nicht einem bestimmten Kostenträger,** sondern nur **mehreren Kostenträgern gemeinsam** zugerechnet werden können (z.B. Erzeugnisgruppe), spricht man von **erzeugnisgruppenfixen Kosten.**

Deckungsbeitrag III (= DB III). Subtrahiert man von den **gruppenweise** zusammengefassten DB II die erzeugnisgruppenfixen Kosten, so erhält man den DB III. Er gibt die Fixkostendeckung durch die Erzeugnisgruppen an.

Unternehmensfixe Kosten bilden den restlichen Fixkostenblock, **der für das Unternehmen insgesamt** angefallen ist und nicht mehr verursachungsgerecht einem Kostenträger oder einer Kostenträgergruppe zugerechnet werden kann. **Beispiele:** Kosten der kaufmännischen und betrieblichen Verwaltung und der Unternehmensleitung. Unternehmensfixe Kosten werden von der Summe der Deckungsbeiträge III subtrahiert; die Differenz stellt das **Betriebsergebnis der Rechnungsperiode** dar.

Beispiel: Die fixen Kosten in Höhe von 4.000.000,00 € sollen wie folgt aufteilbar sein:

	Geh. Typ G I	Geh. Typ G II	Geh. Typ G III
Erzeugnisfixe Kosten	756.790,00 €	637.590,00 €	796.790,00 €
Erzeugnisgruppenfixe Kosten	598.850,00 €		–
Unternehmensfixe Kosten	1.209.980,00 €		

Deckungsbeitragsrechnung mit stufenweiser Fixkostendeckung

Ergebnisrechnung	Gehäuse Typ G I	Gehäuse Typ G II	Gehäuse Typ G III	Kostenträger insgesamt
Umsatzerlöse – variable Kosten	4.696.820 € 2.356.180 €	2.384.460 € 1.440.460 €	3.438.720 € 1.663.360 €	10.520.000 € 5.460.000 €
= Deckungsbeitrag I – erzeugnisfixe Kosten	2.340.640 € 756.790 €	944.000 € 637.590 €	1.775.360 € 796.790 €	5.060.000 € 2.191.170 €
= Deckungsbeitrag II – erzeugnisgruppenfixe K.	1.583.850 € 598.850 €	306.410 € 	978.570 € –	2.868.830 € 598.850 €
= Deckungsbeitrag III – unternehmensfixe Kosten	– –		– –	2.269.980 € 1.209.980 €
= Betriebsgewinn				**1.060.000 €**

Auswertung: Es stellt sich die Frage, **ob das Gehäuse Typ G II zugunsten einer höheren Produktion der Gehäuse Typ G I und Typ G III aus der Produktion ausscheiden soll. Dafür spricht der geringe DB II.** Zudem wären **erzeugnisfixe Kosten** von 637.590,00 € **abbaufähig.** Der geringe DB II sagt aber nichts darüber aus, **wie viel Deckungsbeitrag das einzelne Gehäuse** erbringt. Erst diese Aussage ist für die Entscheidung maßgeblich:

DB je Stück	Gehäuse Typ G I	Gehäuse Typ G II	Gehäuse Typ G III
$\frac{\text{DB II}}{\text{Absatzmenge}} = \text{db}$	$\frac{1.583.850\ €}{85\,395\ \text{St.}} = \mathbf{18{,}55\ €}$	$\frac{306.410\ €}{62\,000\ \text{St.}} = \mathbf{4{,}94\ €}$	$\frac{978.570\ €}{46\,571\ \text{St.}} = \mathbf{21{,}01\ €}$

Nach dieser Rechnung hat das **Gehäuse G III Vorrang** vor den Gehäusen G I und G II. Gehäuse G II wird nur noch zur **Abrundung des Produktionsprogramms** weiterproduziert oder es befindet sich gerade in einer Anlauf- und Aufbauphase und verbleibt aus diesem Grund im Sortiment.

Merke:
- **Solange ein Kostenträger einen positiven Deckungsbeitrag erzielt, ist es unwirtschaftlich, diesen Kostenträger aus der Produktion herauszunehmen.**
- **Die Deckungsbeiträge II und III sind für Produktionsentscheidungen von großer Bedeutung, da sie Einblick in die abbaufähigen fixen Kosten geben.**

Aufgaben

Die Kostenrechnung liefert für den Monat November folgende Zahlen: 351

	Erzeugnis A	**Erzeugnis B**
Produktions- und Absatzmenge	600 Stück	1 000 Stück
Preis je Stück	520,00 €	390,00 €
Variable Kosten je Stück	240,00 €	160,00 €
Erzeugnisfixe Kosten	80.000,00 €	120.000,00 €
Unternehmensfixe Kosten	130.000,00 €	

Bestimmen Sie die Deckungsbeiträge I und II sowie das Betriebsergebnis.

Aus dem Vormonat stehen folgende Zahlen zur Verfügung: 352

	Erzeugnis A	**Erzeugnis B**	**Erzeugnis C**
Produktions- und Absatzmenge	4 000 Stück	2 400 Stück	8 000 Stück
Preis je Stück	105,00 €	80,00 €	45,00 €
Variable Kosten je Stück	53,00 €	61,00 €	24,00 €
Erzeugnisfixe Kosten	54.000,00 €	48.000,00 €	80.000,00 €
Erzeugnisgruppenfixe Kosten	41.000,00 € (A und B)		
Unternehmensfixe Kosten	115.500,00 €		

1. *Bestimmen Sie die Deckungsbeiträge I, II und III sowie das Betriebsergebnis.*
2. *Machen Sie Vorschläge zur Verbesserung des Betriebsergebnisses.*

In einem Industriebetrieb werden vier Erzeugnisse A, B, C, D in zwei Produktionsstufen I und II hergestellt. Die Erzeugnisarten A und B durchlaufen beide Produktionsstufen, die Erzeugnisarten C und D durchlaufen nur die erste Produktionsstufe. 353

Die fixen Kosten betragen insgesamt 1.000.000,00 € je Rechnungsperiode und lassen sich wie folgt aufteilen:

	Erzeugnisarten			
	A	**B**	**C**	**D**
Erzeugnisfixe Kosten der Stufe I	125.000,00 €	140.000,00 €	80.000,00 €	105.000,00 €
Erzeugnisgruppenfixe Kosten der Stufe I	160.000,00 € (A und B)		40.000,00 € (C und D)	

Die fixen Kosten der Produktionsstufe II belaufen sich auf 130.000,00 € und gelten als erzeugnisgruppenfixe Kosten.

Die unternehmensfixen Kosten betragen 220.000,00 €.

Für die Betriebsergebnisrechnung liegen die folgenden Angaben vor:

	A	**B**	**C**	**D**
Verkaufspreis je Stück	150,00 €	220,00 €	180,00 €	200,00 €
Produktions- und Absatzmenge in Stück	4 000	3 500	3 200	3 000
Variable Kosten je Stück	80,00 €	140,00 €	110,00 €	120,00 €

1. *Berechnen Sie die Deckungsbeiträge I, II und III sowie den Betriebserfolg.*
2. *Welche Maßnahmen verbessern das Betriebsergebnis?*

5.3 Bestimmung der Preisuntergrenze

Die Preisuntergrenze gibt den Verkaufspreis an, den das Unternehmen für sein Erzeugnis fordern muss, um **kurzfristig** oder **langfristig** zu bestehen.

In wirtschaftlich schlechten Zeiten, die durch Absatzeinbußen gekennzeichnet sind, wird die Unternehmensleitung gezwungen sein die Verkaufspreise zu senken, um den Absatzrückgang aufzuhalten. Man muss dann aber wissen, **in welchem Ausmaß** die Preissenkung vorgenommen werden kann, **ohne Verluste** zu erleiden.

Die langfristige Preisuntergrenze legt den Preis fest, der zu **kostendeckenden Erlösen** führt. Die Produktion kann in dieser Situation über längere Zeit fortgesetzt werden, da Ersatzinvestitionen durchführbar sind. Zur Erhaltung der Arbeitsplätze und zur Stabilisierung des Absatzes wird die Unternehmensleitung diese Preisuntergrenze anstreben.

Situation: Es soll angenommen werden, dass der Absatz des Gehäuses Typ G II, von dem in der abgelaufenen Periode 62 000 Stück verkauft wurden, rückläufig ist. Bei den Gehäusen G I und G III sind keine Absatzeinbußen zu verzeichnen.
Um den Absatz bei Gehäuse Typ G II auf dem bisherigen Stand zu halten, soll **der Preis so weit gesenkt werden,** dass **der DB II dieses Gehäuses auf 0,00 € fällt;** die Umsatzerlöse sollen also die variablen Kosten und die erzeugnisfixen Kosten gerade noch decken.

Der DB II kann demnach **um 306.410,00 € niedriger** ausfallen (vgl. S. 338). Dies wird durch **Verminderung der Umsatzerlöse um den Betrag von 306.410,00 €** erreicht:

	Früherer Nettoverkaufspreis v. Gehäuse G II	= (2.384.460 € : 62 000 St.) =	**38,46 €**
–	**Preissenkung** bei Gehäuse G II	= (306.410 € : 62 000 St.) =	**4,94 €**
=	**Neuer Nettoverkaufspreis** von Gehäuse G II	≈	**33,52 €**

Ergebnisrechnung	Gehäuse Typ G I	Gehäuse Typ G II	Gehäuse Typ G III	Kostenträger insgesamt
Umsatzerlöse	4.696.820 €	2.078.050 €	3.438.720 €	10.213.590 €
– variable Kosten	2.356.180 €	1.440.460 €	1.663.360 €	5.460.000 €
= Deckungsbeitrag I	2.340.640 €	637.590 €	1.775.360 €	4.753.590 €
– erzeugnisfixe Kosten	756.790 €	637.590 €	796.790 €	2.191.170 €
= Deckungsbeitrag II	1.583.850 €	**0 €**	978.570 €	2.562.420 €
– erzeugnisgruppenfixe K.	598.850 €		–	598.850 €
= Deckungsbeitrag III	985.000 €		978.570 €	1.963.570 €
– unternehmensfixe Kosten	–		–	1.209.980 €
= Betriebsgewinn				**753.590 €**

Im obigen Beispiel wurde der Preis für das Gehäuse Typ G II auf die **langfristige Preisuntergrenze** festgesetzt. Über die Umsatzerlöse fließen dem Unternehmen genau so viele Finanzmittel zu, dass die **variablen Kosten und die direkt zurechenbaren fixen Kosten** gedeckt werden. Der Kostenträger ist nicht mehr an der Deckung der erzeugnisgruppenfixen und der unternehmensfixen Kosten beteiligt. Die Deckung dieser Kosten wird von den übrigen Kostenträgern voll übernommen.

Die kurzfristige Preisuntergrenze (= **absolute Preisuntergrenze**) legt den Preis fest, der genau **die variablen Kosten** des Kostenträgers **deckt.** Der Verkaufspreis ist in diesem Fall also **gleich den variablen Stückkosten.** In Höhe der **gesamten fixen Kosten** (= Kosten der Betriebsbereitschaft) ergibt sich dann ein **Betriebsverlust.**

Beispiel: Die kurzfristigen Preisuntergrenzen für die Kostenträger lauten:

Kurzfristige Preisuntergrenze	Geh. Typ G I	Geh. Typ G II	Geh. Typ G III
Variable Kosten	2.356.180 €	1.440.460 €	1.663.360 €
Absatz (Stück)	85 395 Stück	62 000 Stück	46 571 Stück
	= 27,59 €	**= 23,23 €**	**= 35,72 €**

Liquiditätsorientierte Preisuntergrenze. Die Ausrichtung der Verkaufspreise nach der kurzfristigen Preisuntergrenze kann ein Unternehmen in **Liquiditätsschwierigkeiten** bringen. Da in der kurzfristigen Preisuntergrenze nur die variablen Kosten erfasst werden, bleiben die **fixen Kosten, die kurzfristig zu Ausgaben führen,** unberücksichtigt; das sind insbesondere Mietaufwendungen, betriebliche Steuern, Gehälter, Zeitlöhne, Soziale Abgaben, Versicherungsbeiträge. Die liquiditätsorientierte Preisuntergrenze wird nach folgender Rechnung festgelegt:

$$\frac{\textbf{Variable Kosten + ausgabewirksame fixe Kosten}}{\textbf{Absatzmenge}}$$

Merke:
- **Reichen die Umsatzerlöse insgesamt aus, um alle anfallenden Kosten zu decken, so hat der Verkaufspreis die langfristige Preisuntergrenze erreicht.**
- **Die kurzfristige oder absolute Preisuntergrenze ist erreicht, wenn der Nettoverkaufspreis gerade die variablen Stückkosten des Erzeugnisses deckt. Auf den Ersatz der ohnehin anfallenden fixen Kosten wird vorübergehend verzichtet.**

Aufgaben

354

1. *Definieren Sie die Begriffe kurzfristige, langfristige und liquiditätsorientierte Preisuntergrenze.*
2. *Begründen Sie, warum ein Industriebetrieb langfristig nicht existieren kann, wenn die Umsatzerlöse gerade die gesamten Kosten decken, er aber kurzfristig durchaus die liquiditätsorientierte Preisuntergrenze anstreben kann.*

355

In einem Industriebetrieb wird ein Erzeugnis zu variablen Stückkosten in Höhe von 45,00 € und fixen Kosten je Abrechnungsperiode in Höhe von 120.000,00 € produziert. Die monatliche Produktionsmenge beträgt 5 000 Stück.

Geben Sie die langfristige und kurzfristige Preisuntergrenze an.

356

Ein Mehrproduktunternehmen fertigt drei Erzeugnisse. Die BER liefert folgende Unterlagen:

	Erzeugnis I	Erzeugnis II	Erzeugnis III
Verkaufspreis	62,50 €	36,00 €	40,00 €
Variable Stückkosten	40,00 €	20,00 €	25,00 €
Erzeugnisfixe Kosten	50.000,00 €	80.000,00 €	110.000,00 €
Unternehmensfixe Kosten		220.000,00 €	
Produktions- und Absatzmenge	8 000 Stück	10 000 Stück	20 000 Stück

1. *Bestimmen Sie die Deckungsbeiträge I und II sowie das Betriebsergebnis.*
2. Beim Produkt II liegen Absatzschwierigkeiten vor. Der Preis dieses Erzeugnisses soll so weit gesenkt werden, dass dessen Erlöse gerade noch die variablen Kosten und die erzeugnisfixen Kosten decken. *Zu welchem Preis muss das Erzeugnis angeboten werden?*
3. Der Unternehmer strebt die langfristige Preisuntergrenze an, um den Absatz des Erzeugnisses II halten zu können. *Bei welchem Preis wird die langfristige Preisuntergrenze erreicht, wenn Preise und Kosten der übrigen Erzeugnisse unverändert bleiben?*

5.4 Annahme von Zusatzaufträgen

Zusatzaufträge. Alle Aufträge, die zu Preisen unterhalb der derzeitigen Verkaufspreise angenommen werden, heißen Zusatzaufträge. Durch Zusatzaufträge sollen

- die zurzeit nicht ausgelasteten **Produktionsanlagen optimal genutzt** und
- das **Betriebsergebnis verbessert** werden.

Auf dem Markt lässt sich diese Strategie nur durchsetzen, wenn sich die Abnehmer untereinander nicht kennen. Das ist auf den Gütermärkten in der Regel der Fall.

Situation: Im Unternehmen Schmolmann KG liegt für das abgelaufene Geschäftsjahr folgende Produktions- und Absatzsituation vor (vgl. auch S. 303/338/341):

	Gehäuse G I	Gehäuse G II	Gehäuse G III	insgesamt
Verkaufspreis	55,00 €	38,46 €	73,84 €	
Variable Stückkosten	27,59 €	23,23 €	35,72 €	
Erzeugnisfixe Kosten	756.790,00 €	637.590,00 €	796.790,00 €	
Erz.-gruppenfixe K.	598.850,00 €		–	
Untern.-fixe Kosten				1.209.980,00 €
Absatzmenge	85 395 Stück	62 000 Stück	46 571 Stück	
Kapazität	105 000 Stück	80 000 Stück	65 000 Stück	

Im kommenden Geschäftsjahr rechnet Herr Schmolmann mit einer **unveränderten Produktions- und Absatzsituation.** Es besteht allerdings die Möglichkeit, einen **Zusatzauftrag** von einem bisher nicht belieferten Kunden über **10 000 Gehäuse Typ G II** zu erhalten, wenn ein Verkaufspreis von **30,00 € je Gehäuse** akzeptiert wird.

Welche Erfolgssituation ergibt sich für das Unternehmen Schmolmann KG ❶ *ohne Berücksichtigung des Zusatzauftrags und* ❷ *einschließlich des Zusatzauftrags?*

Die Annahme des Zusatzauftrags empfiehlt sich unbedingt: Der Zusatzauftrag erbringt einen **positiven Stückdeckungsbeitrag** von **30,00 € – 23,23 € = (+) 6,77 €.** Jedes zusätzlich produzierte und verkaufte Gehäuse hilft also bei der Deckung der fixen Kosten bzw. erhöht den Betriebsgewinn um 6,77 €.

❶ Ergebnisrechnung ohne Berücksichtigung des Zusatzauftrags (vgl. S. 338)

Ergebnisrechnung	Gehäuse Typ G I	Gehäuse Typ G II	Gehäuse Typ G III	Kostenträger insgesamt
Umsatzerlöse	4.696.820 €	2.384.460 €	3.438.720 €	10.520.000 €
– variable Kosten	2.356.180 €	1.440.460 €	1.663.360 €	5.460.000 €
= Deckungsbeitrag I	2.340.640 €	944.000 €	1.775.360 €	5.060.000 €
– erzeugnisfixe Kosten	756.790 €	637.590 €	796.790 €	2.191.170 €
= Deckungsbeitrag II	1.583.850 €	306.410 €	978.570 €	2.868.830 €
– erzeugnisgruppenfixe K.	598.850 €		–	598.850 €
= Deckungsbeitrag III	–		–	2.269.980 €
– unternehmensfixe Kosten	–		–	1.209.980 €
= Betriebsgewinn				**1.060.000 €**

Merke:
- **Die Annahme eines Zusatzauftrags empfiehlt sich immer dann, wenn sein Preis über den variablen Stückkosten liegt.**
- **Zur Arbeitsplatzerhaltung ist ein Zusatzauftrag immer zu befürworten.**

6686342

❷ Ergebnisrechnung einschließlich des Zusatzauftrags

Ergebnisrechnung	Gehäuse Typ G I	Gehäuse Typ G II	Gehäuse Typ G III	Kostenträger insgesamt
Umsatzerlöse aus laufender Produktion	4.696.820 €	2.384.460 €	3.438.720 €	10.520.000 €
+ **Umsatzerlöse** aus dem Zusatzauftrag	–	300.000 €	–	300.000 €
= **Umsatzerlöse** insgesamt	4.696.820 €	2.684.460 €	3.438.720 €	10.820.000 €
– **variable Kosten** der laufenden Produktion	2.356.180 €	1.440.460 €	1.663.360 €	5.460.000 €
– **variable Kosten** des Zusatzauftrags	–	232.300 €	–	232.300 €
= **Deckungsbeitrag I**	2.340.640 €	1.011.700 €	1.775.360 €	5.127.700 €
– **erzeugnisfixe Kosten**	756.790 €	637.590 €	796.790 €	2.191.170 €
= **Deckungsbeitrag II**	1.583.850 €	374.110 €	978.570 €	2.936.530 €
– **erzeugnisgruppenfixe K.**	598.850 €		–	598.850 €
= **Deckungsbeitrag III**	1.359.110 €		978.570 €	2.337.680 €
– **unternehmensfixe Kosten**	–		—	1.209.980 €
= **Betriebsgewinn**				**1.127.700 €**

Auswertung: Da die bisherige Produktion bereits einen Betriebsgewinn erbracht hat, **wird durch den Zusatzauftrag der Betriebsgewinn um 10000 Stück · 6,77 € = 67.700,00 € erhöht.** Auch für den Fall eines vorher schon bestehenden **Betriebsverlustes** würde sich die Annahme dieses Zusatzauftrages lohnen, da der zusätzlich erzielbare Gewinn **zur Verringerung des Betriebsverlustes** beiträgt.

Aufgaben

Ein Unternehmen, das Spritzgussteile herstellt, ist auf eine Kapazität von 10000 Stück je Monat ausgelegt. Die Kostenrechnung schloss im Monat Juni mit folgenden Zahlen ab: 357

Produktion	variable Gesamtkosten	fixe Gesamtkosten
8400 Stück	126.000,00 €	84.000,00 €

Es wird damit gerechnet, dass in Zukunft eine Produktion von 7500 Stück zum Preis von 30,00 € je Stück abgesetzt werden kann.

1. *Errechnen Sie den Betriebserfolg bei der erwarteten Absatzlage.*
2. *Lohnt sich die Hereinnahme eines Zusatzauftrags über 1500 Stück, der zum Preis von 22,00 € je Stück abgerechnet werden muss?*
3. *Zu welchem kostendeckenden Preis könnten 7500 Stück angeboten werden?*
4. *Wie hoch ist die absolute Preisuntergrenze?*

Ein Uhrenhersteller produziert 2 Funkuhren, Typ A u. Typ B, unter folgenden Bedingungen: 358

Typ	Monatliche Produktion	Kapazitätsgrenze	Variable Stückkosten	Erzeugnisfixe Kosten	Untern.-fixe Kosten	Verkaufspreis
A	6000	8000	35,00 €	50.000,00 €	210.000,00 €	75,00 €
B	4000	5000	56,00 €	80.000,00 €		120,00 €

1. *Errechnen Sie den Deckungsbeitrag I und II sowie den Betriebsgewinn.*
2. *Bestimmen Sie, ob sich die Annahme eines Zusatzauftrags über 500 Uhren vom Typ A zum Preis von 40,00 € je Uhr lohnt.*
3. Um Absatzeinbußen bei der Uhr von Typ B zu vermeiden, will der Unternehmer den Betriebsgewinn vorübergehend auf 50.000,00 € senken. *Ermitteln Sie den Verkaufspreis, zu dem eine Uhr unter dieser Bedingung angeboten werden kann.*

5.5 Optimales Produktionsprogramm[1]

Zweck. Unter optimalem Produktionsprogramm versteht man die **Ausrichtung der Produktion** in einem Mehrproduktunternehmen **auf die rentabelsten Erzeugnisgruppen,** wobei sich die **Rangfolge,** in der die Erzeugnisse hergestellt werden, nach der Höhe der von ihnen erwirtschafteten **Deckungsbeiträge** richtet.

❶ Produktionsprogramm nach absoluten Deckungsbeiträgen

Unter der Voraussetzung ausreichender Produktionskapazität hängt die Produktionsrangfolge **von der Höhe der Deckungsbeiträge je Stück ab.**

Situation 1: Es wird angenommen, dass das Unternehmen Schmolmann KG **vier** Gehäusetypen (G I, G II, G III, G IV) zu folgenden Bedingungen produziert (vgl. S. 342):

Gehäusetyp	Nettoverkaufspreis	Variable Stückkosten	Deckungsbeitrag je Stück
G I	55,00 €	27,59 €	**27,41 €**
G II	38,46 €	23,23 €	**15,23 €**
G III	73,84 €	35,72 €	**38,12 €**
G IV	44,50 €	27,80 €	**16,70 €**

Die Rangfolge, in der die einzelnen Gehäusetypen bei der Produktionsentscheidung berücksichtigt werden, lautet demnach:

G III – G I – G IV – G II

❷ Produktionsprogramm nach relativen Deckungsbeiträgen

In der Praxis wird es in jedem Industriebetrieb **Engpässe** geben, die die Produktionsmenge in einer bestimmten Abteilung beschränken. Die Produktionsrangfolge wird dann von den **Produktionsbedingungen dieses Engpasses** bestimmt.

Situation 2: Die vier Gehäusetypen G I, G II, G III und G IV durchlaufen die **gleiche Montageabteilung.** Diese Abteilung bildet mit **16 000 Stunden/Monat** den betrieblichen Engpass. Für die Montage der Gehäusetypen werden folgende Zeiten je Gehäuse aufgewendet:

	Typ G I	Typ G II	Typ G III	Typ G IV
Montagezeit in Minuten	5	3	6	4

Relativer Deckungsbeitrag. Im betrieblichen Engpass wird die Produktion vorrangig auf jene Produkte gelegt, die die höchsten Ertragszuwächse erbringen. Als Maßzahl für den Ertragszuwachs gelten die **Stückdeckungsbeiträge je Produktionsminute,** die auch relative Deckungsbeiträge genannt werden.

Beispiel: Das Gehäuse G I hat einen **Deckungsbeitrag** von (55,00 € Verkaufspreis – 27,59 € variable Stückkosten =) **27,41 € je Stück** erzielt. Es erfordert eine **Montagezeit** von **5 Minuten je Stück.** Auf eine Minute umgerechnet ergibt das einen relativen Deckungsbeitrag von:

$$\textbf{Relativer Deckungsbeitrag} = \frac{\textbf{27,41 €}\ \text{Stückdeckungsbeitrag}}{\textbf{5 Minuten}\ \text{Montagezeit}} = \textbf{5,482 €/min.}$$

Merke:
- **Sofern die absetzbaren Mengen auch hergestellt werden können, richtet sich die Rangfolge, in der die Erzeugnisgruppen produziert werden, nach der Höhe der von ihnen erzielten Deckungsbeiträge je Stück.**
- **Der auf 1 Minute umgerechnete Stückdeckungsbeitrag heißt relativer Deckungsbeitrag.**

1 Siehe auch Band 1, BWL, Kapitel 5.1.3.

In der folgenden Aufstellung sind für alle Gehäusetypen die relativen Deckungsbeiträge aufgeführt:

Gehäusetyp	Stückdeckungs-beitrag (db)	Montagezeit in Minuten	relativer Deckungs-beitrag (€/min.)
G I	27,41 €	5	**5,482 €/min.**
G II	15,23 €	3	**5,077 €/min.**
G III	38,12 €	6	**6,353 €/min.**
G IV	16,70 €	4	**4,175 €/min.**

Die Produktionsentscheidung richtet sich nunmehr nach der **Höhe der relativen Deckungsbeiträge.** Die vier Gehäusetypen werden in der Rangfolge

G III – G I – G II – G IV

produziert. Von der **Kapazität des Engpasses** und der **Absatzsituation** hängt es ab, ob **alle Gehäusetypen in den absetzbaren Mengen auch hergestellt werden.** Unter der Annahme bestimmter **monatlicher Absatzmengen** (vgl. nachfolgendes Beispiel und S. 304) wird folgende **Produktionsentscheidung** getroffen:

Rang	Gehäuse-typ	absetzbare Menge	Montagezeit je Stück	Montagezeit insgesamt in Minuten	Montagezeit in Stunden
I	G III	**46 571 Stück** ·	6 Minuten =	279 426 Min. →	**4 657,10 Std.**
II	G I	**85 395 Stück** ·	5 Minuten =	426 975 Min. →	**7 116,25 Std.**
III	G II	**62 000 Stück** ·	3 Minuten =	186 000 Min. →	**3 100,00 Std.**
					14 873,35 Std.
IV	G IV	**16 900 Stück** ←	4 Minuten ←	67 599 Min. ←	**1 126,65 Std.**
					16 000,00 Std.

Auswertung und Erläuterung: Die auf den Rängen I bis III stehenden Gehäusetypen G III, G I und G II können im Umfang ihrer absetzbaren Mengen produziert werden. Im betrieblichen Engpass „Montage" werden hierfür insgesamt 14 873,35 Arbeitsstunden verbraucht. Für das im letzten Rang stehende Gehäuse G IV verbleiben noch 1 126,65 Montagestunden; diese Zeit entspricht 67 599 Montageminuten. Bei einer Montagezeit von 4 Minuten je Stück können somit innerhalb der verbleibenden Arbeitszeit (67 599 Minuten : 4 Minuten =) 16 900 Gehäuse G IV hergestellt werden.

Merke: **Sofern ein betrieblicher Engpass vorliegt, richtet sich die Produktionsrangfolge der Kostenträger nach der Höhe der relativen Deckungsbeiträge.**

Aufgaben

Errechnen Sie zu obigem Beispiel den gesamten Deckungsbeitrag und das Betriebsergebnis, wenn die fixen Kosten 4.000.000,00 € (vgl. S. 328) betragen. 359

In einem Industrieunternehmen werden fünf unterschiedliche Erzeugnisse unter folgenden Bedingungen hergestellt: 360

Erzeugnis-gruppe	Nettoumsatzerlöse je Stück	variable Stückkosten	fixe Gesamtkosten
A	3,50 €	1,90 €	
B	2,80 €	1,10 €	
C	5,20 €	3,10 €	52.200,00 €
D	7,40 €	3,80 €	
E	4,10 €	2,20 €	

In der gemeinsamen Engpassstufe können monatlich maximal 6400 Fertigungsstunden geleistet werden.

Der Zeitbedarf in dieser Stufe beträgt je Stück:

A	B	C	D	E
10 Min.	5 Min.	12 Min.	15 Min.	10 Min.

Die absetzbare Stückzahl beträgt:

A	B	C	D	E
9000	12000	8000	8000	15000

Ermitteln Sie das optimale Produktionsprogramm und berechnen Sie das Betriebsergebnis.

---

361 *Wie lautet die Lösung zu Aufgabe 359, wenn in der Engpassstufe nicht mit der maximalen Leistung von 6400 Fertigungsstunden gearbeitet wird, sondern mit optimaler Leistung, die 90 % der maximalen Leistung beträgt?*

---

362 Ein Industrieunternehmen produziert drei verschiedenartige Erzeugnisse A, B und C unter folgenden Bedingungen:

Erzeugnisgruppe	variable Stückkosten	Nettoumsatzerlöse je Stück	fixe Gesamtkosten
A	124,00 €	165,00 €	125.000,00 €
B	86,00 €	121,00 €	
C	105,00 €	128,00 €	

1. *Wie hoch ist das Betriebsergebnis, wenn von jedem Produkt monatlich 2000 Stück absetzbar sind und keine betrieblichen Engpässe vorliegen?*
2. *Ermitteln Sie das optimale Produktionsprogramm und das Betriebsergebnis, wenn auf einer gemeinsamen Fertigungsstufe ein Engpass mit monatlich 6440 Fertigungsstunden vorliegt und die Fertigungszeiten in dieser Stufe bei Produkt A 1,5 Stunden, bei B 1,0 Stunde und bei C 1,2 Stunden betragen. Es sollen wiederum von jedem Produkt 2000 Stück absetzbar sein.*

---

363 Die Montageabteilung eines Industriebetriebes soll die Fertigung eines neuen Gerätes Typ G übernehmen, obwohl sie bereits an der Kapazitätsgrenze arbeitet. Bisher werden in dieser Abteilung drei Geräte montiert:

Gerät	Fertigungszeit Min./Stück	Deckungsbeitrag
Typ C	12 Min./Stück	25,00 €
Typ D	15 Min./Stück	31,00 €
Typ E	10 Min./Stück	19,00 €

Das Gerät Typ G benötigt eine Montagezeit von 7,5 Minuten je Stück, es kann zu einem Nettoverkaufspreis von 41,00 € abgesetzt werden und verursacht variable Stückkosten von 26,00 €.

Lohnt es sich, vorübergehend die Fertigung eines Gerätes zugunsten des neuen Gerätes einzuschränken? Welches Gerät wird ggf. mit geringeren Stückzahlen produziert?

364
1. *Erklären Sie die Begriffe „absoluter Deckungsbeitrag“ und „relativer Deckungsbeitrag“.*
2. *Wovon hängt die Produktionsentscheidung beim Kalkulieren mit relativen Deckungsbeiträgen ab?*

Ein Unternehmen stellt u. a. Graugussteile her. Die Kapazität ist auf 10 000 Stück je Monat ausgelegt. 365

Für den Monat März lieferte die Kostenrechnung folgende Zahlen:

Produktion	variable Gesamtkosten	fixe Gesamtkosten	Umsatzerlöse
8 500 Stück	244.800,00 €	180.200,00 €	510.000,00 €

1. Die Absatzentwicklung der letzten Monate lässt für den kommenden Monat einen Rückgang des Absatzes auf 7 500 Stück befürchten.
   a) *Zu welchem Preis müsste die Produktion bei unveränderten fixen Kosten abgesetzt werden? (unveränderter Gewinnzuschlag: 20 %)*
   b) *Welche Preisfestsetzungen könnte die Unternehmensleitung kurzfristig beschließen, wenn sich der unter a) errechnete Preis nicht auf dem Markt durchsetzen lässt?*
2. Besondere absatzpolitische Maßnahmen haben die unter 1. befürchtete Entwicklung nicht eintreten lassen. Die Unternehmensleitung rechnet nun für den Folgemonat mit Aufträgen über 8 000 Stück, die zum gleichen Preis abgesetzt werden können. Zusätzlich kann die Unternehmung einen Auftrag über 1 000 Stück erhalten, wenn ein Stückpreis von 30,00 € akzeptiert wird.
   a) *Untersuchen Sie, ob sich die Annahme des Zusatzauftrags lohnt.*
   b) *Welche Auswirkung auf das Betriebsergebnis ergäbe sich, wenn der Auftrag angenommen wird?*
3. Langfristig rechnet die Unternehmensleitung mit einem Rückgang des Absatzes auf 5 000 Stück. Unter dieser Annahme wird geplant die Produktion der Graugussteile aus dem Produktionsprogramm zu streichen. Hierdurch könnten die Fixkosten um 40.000,00 € abgebaut werden.

   Lohnt sich die Herausnahme des Produktes aus dem Produktionsprogramm?
4. Wegen der schlechten Absatzlage bei Graugussteilen stellt das Unternehmen die Produktion auf Kunststoff-Spritzgussteile um. Drei Erzeugnisse werden unter folgenden Bedingungen produziert und angeboten:

Erzeugnis	variable Stückkosten	Nettoverkaufspreis	fixe Gesamtkosten (Monat)
A	2,40 €	2,70 €	90.000,00 €
B	1,60 €	1,85 €	
C	2,00 €	2,40 €	

   a) *Bestimmen Sie das Betriebsergebnis, wenn von A 150 000 Stück, von B 200 000 Stück und von C 120 000 Stück monatlich absetzbar sind und kein betrieblicher Engpass vorliegt.*
   b) Die Produkte werden in Serie auf getrennten Gussanlagen gefertigt, sie durchlaufen gemeinsam eine Kontroll-, Prüf- und Verpackungsabteilung, die mit 12 400 Stunden je Monat belastet werden kann. Für das Produkt A werden 2,4 Min./Stück, für B 1,5 Min./Stück und für C 1,8 Min./Stück verbraucht. *Bestimmen Sie unter den genannten Bedingungen das optimale Produktionsprogramm.*

Ein Betrieb hatte in der vergangenen Abrechnungsperiode 2 000 Stück eines Erzeugnisses hergestellt. Die Gesamtkosten beliefen sich auf 124.000,00 €. In der laufenden Abrechnungsperiode werden 2 250 Stück zu Gesamtkosten von 135.250,00 € produziert. 366

1. *Berechnen Sie bei proportionalem Verlauf der variablen Kosten die Fixkosten.*
2. *Mit welchen Gesamtkosten ist bei einer Produktion von 2 400 Stück zu rechnen? Stellen Sie den Kostenverlauf grafisch dar.*

5.6 Eigenfertigung oder Fremdbezug

Die Frage, ob ein Produkt **selbst hergestellt** oder **von Zulieferern bezogen** werden soll, stellt sich aus **vielfältigen Gründen,** z. B.

- **Kosten** der Eigenfertigung oder des Fremdbezugs,
- **Beschäftigungsgrad** der eigenen Anlagen,
- **Qualität** der eigenen oder fremdbezogenen Erzeugnisse,
- **technisches Wissen** und technisches **Können,**
- **Abhängigkeit** von Zulieferern.

In den folgenden Ausführungen wird von der Annahme ausgegangen, dass nur die Aspekte „Kosten" und „Beschäftigungsgrad" entscheidungsrelevant sind. Damit lassen sich die Überlegungen auf **zwei grundsätzliche Situationen** reduzieren:

❶ Das Unternehmen verfügt über freie Kapazitäten an Betriebsmitteln und Arbeitskräften und plant bisher fremdbezogene Erzeugnisse selbst herzustellen (vgl. **Situation 1**).

❷ Das Unternehmen möchte Kapazitäten für andere Erzeugnisse frei machen und plant selbst hergestellte Erzeugnisse in Zukunft von Zulieferern zu beziehen (vgl. **Situation 2**).

Situation 1: Das Unternehmen Schmolmann KG kann von einem Zulieferer Blechgehäuse zu folgenden Bedingungen beziehen: Listeneinkaufspreis 45,00 € je Stück mit 10 % Rabatt. Zahlungsbedingungen: 10 Tage mit 2 % Skonto oder 30 Tage ohne Abzug. Die Bezugskosten werden mit 1 % des Bareinkaufspreises pauschal verrechnet.

Eigenfertigung: Rohstoffaufwendungen 5,50 €/Stück. Löhne für Stanzen, Pressen, Bohren, Lackieren und Montieren 18,00 €/Stück (die Facharbeiter sind bei **vollem Lohnausgleich** unterbeschäftigt).

An Gemeinkosten werden verrechnet:
Material 8 % (die Materialgemeinkosten sind **zu 25 % variabel),**
Fertigung 180 % (die Fertigungsgemeinkosten sind **zu 40 % variabel).**

Kalkulation des Fremdbezugs	
Listeneinkaufspreis	45,00 €
– 10 % Rabatt	4,50 €
Rechnungspreis	40,50 €
– 2 % Skonto	0,81 €
Bareinkaufspreis	39,69 €
+ 1 % Bezugskosten	0,40 €
Bezugspreis je Stück	**40,09 €**

Kalkulation der Eigenfertigung auf der Grundlage variabler Kosten	
Rohstoffaufwand	5,50 €
+ 2 % var. MGK (25 % v. 8 %)	0,11 €
+ 72 % var. FGK (v. 18,00 €)	12,96 €
variable Herstellkosten	**18,57 €**

Kalkulation der Eigenfertigung auf Vollkostenbasis	
Rohstoffaufwand	5,50 €
+ 8 % Materialgemeinkosten	0,44 €
+ Fertigungslöhne	18,00 €
+ 180 % Fertigungsgemeink.	32,40 €
Herstellkosten je Stück	**56,34 €**

Auf der Grundlage der **obigen** Vollkostenrechnung würde die Entscheidung **zugunsten des Fremdbezugs** ausfallen. Das ist **falsch,** weil in der Vollkostenkalkulation auch fixe Kosten angesetzt wurden, die durch die bisherige Beschäftigung bereits in voller Höhe erfasst waren. **Fixe Kosten bleiben unberücksichtigt.** Auch **Fertigungslöhne werden nicht eingerechnet;** sie sind in den bisherigen Fertigungskosten enthalten (vgl. Situation 1, voller Lohnausgleich).

Merke: **Bei der Berechnung der Herstellkosten für die Eigenfertigung werden nur die zusätzlich anfallenden variablen (proportionalen) Kosten berücksichtigt. Die fixen Kosten bleiben außer Ansatz.**

Situation 2: Das Unternehmen Schmolmann KG stellt Stahlblech**gehäuse** Typ G I selbst her, während es die Gehäuse**deckel** Typ G I von einem Zulieferer zum Bezugspreis von 6,50 €/Stück bezieht. Die Geschäftsleitung plant die Deckel Typ G I auf vorhandenen Stanzen und Pressen selbst herzustellen. Diese Maschinen sind derzeit mit der Produktion von Deckeln Typ G II ausgelastet. Die Deckel Typ G II haben einen (angenommenen) Verkaufspreis von 6,50 € je Stück.

Die **Fertigungsplanung** liefert folgende Zahlen:

Maschinenstundensätze:	Stanze (proportional)	25,00 €
	Presse (proportional)	31,00 €
einheitlicher **Lohnstundensatz** (proportional)		30,00 €
Fertigungsgemeinkostenzuschlag (proportional)		14 %
Deckel G I:	Rohstoffaufwand je Stück	1,40 €
	Materialgemeinkosten (proportional)	3,5 %
	Bearbeitungszeit **je Stück und Maschine**	1,2 Minuten
Deckel G II:	Rohstoffaufwand je Stück	1,73 €
	Materialgemeinkosten (proportional)	3,5 %
	Bearbeitungszeit **je Stück und Maschine**	1,5 Minuten

Opportunitätskosten. In diesem Fall konkurrieren Deckel Typ G I und Deckel Typ G II in der Produktion miteinander. Auf die Höhe der fixen Kosten hat dies keinen Einfluss; sie bleiben unberücksichtigt. Werden Deckel Typ G I produziert, so entstehen zunächst die variablen (= proportionalen) Kosten dieser Produktion. **Zusätzlich** sind die durch diese Produktion **verdrängten „Vorteile der Deckelproduktion Typ G II"** (= Opportunitätskosten = **relativer Deckungsbeitrag)** einzurechnen.

Kosten der Eigenfertigung von Deckeln Typ G I:

1. Variable Kosten:	**Deckel Typ G I**	**Deckel Typ G II**
Rohstoffaufwand je Stück	1,40 €	1,73 €
+ 3,5 % Materialgemeinkosten	0,05 €	0,06 €
+ proportionale Maschinenkosten: Stanze	0,50 €	0,63 €
Presse	0,62 €	0,78 €
+ Fertigungslöhne je Stück	0,60 €	0,75 €
+ 14 % proportionale Fertigungsgemeinkosten	0,08 €	0,11 €
variable Herstellkosten je Stück	**3,25 €**	**4,06 €**
2. Opportunitätskosten:		
Verkaufspreis (fiktiv)		6,50 €
– variable Stückkosten		4,06 €
Deckungsbeitrag je Stück		**2,44 €**
Deckungsbeitrag je Minute (2,44 : 1,5 Min.)		**1,63 €**
Opportunitätskosten (1,63 · 1,2 Min.)	**1,96 €**	
3. Gesamtkosten je Stück	**5,21 €**	
4. Ergebnis der Entscheidung:		
Bezugspreis je Stück bei Fremdbezug	6,50 €	
– Kosten der Eigenfertigung je Stück	5,21 €	
Vorteil der Eigenfertigung je Stück	**1,29 €**	

Merke: **Wenn Produktionsalternativen bei ausgelasteter Kapazität zu entscheiden sind, müssen neben den variablen Kosten der jeweiligen Produktion auch die entgangenen Deckungsbeiträge der jeweils anderen Produktion (= Opportunitätskosten) berücksichtigt werden. Die fixen Kosten bleiben außer Ansatz.**

Aufgaben

367 Ein Maschinenbauunternehmen hat bisher Messingventile, die in eigene Erzeugnisse eingebaut werden, zu folgenden Bedingungen fremdbezogen: Listeneinkaufspreis je Stück 52,00 €; bei Abnahme von mehr als 5000 Stück werden 15 % Mengenrabatt gewährt. Zahlungsbedingungen: bei Zahlung innerhalb von 10 Tagen 2 % Skonto, innerhalb von 30 Tagen ohne Abzug. Die Bezugskosten (Fracht, Verpackung) werden mit 0,70 € je Stück kalkuliert.

Das Unternehmen hat freie Kapazitäten zur Verfügung, die es ihm gestatten, die Ventile unter folgenden Bedingungen selbst zu fertigen:

Rohstoffaufwand je Stück 9,50 €; Löhne für Schneiden, Drehen, Fräsen, Bohren und Gewindeschneiden je Stück 35,50 € (die Arbeiter sind bei vollem Lohnausgleich unterbeschäftigt). An Gemeinkosten werden verrechnet: 12 % Materialgemeinkosten, davon gelten 30 % als variabel; 220 % Fertigungsgemeinkosten, davon gelten 45 % als variabel.

Entscheiden Sie, ob die Eigenfertigung günstiger ist als der Fremdbezug.

368 Ein Unternehmen, das Elektrogeräte herstellt, bezieht die Gehäuse für das Gerät „Maximus II" zum Bezugspreis von 64,50 € je Stück. Die technischen Einrichtungen des Unternehmens gestatten es, dieses Gehäuse selbst zu fertigen. Die Eigenfertigung würde folgende Kosten verursachen: Fertigungsmaterial je Gehäuse 17,20 €. Die Fertigungslöhne werden mit einem Stundensatz von 31,00 € verrechnet; die Fertigungszeit für ein Stück beträgt 24 Minuten. Da der Betrieb Kurzarbeit eingeführt hat, fallen bei Erhöhung des Beschäftigungsgrades die Fertigungslöhne als variable Kosten an. Die Materialgemeinkosten sind mit einem proportionalen Anteil von 4 %, die Fertigungsgemeinkosten mit einem proportionalen Anteil von 80 % zu berücksichtigen.

Lohnt sich die Eigenfertigung?

369 Ein Maschinenbauunternehmen bezieht einen stufenlosen elektronischen Regler von einem Zulieferer zum Bezugspreis von 102,50 € je Stück. Die Geschäftsleitung plant diesen Regler selbst herzustellen. Wegen der ausgelasteten Kapazität müsste aber die Produktion einer Schaltung eingestellt und diese Schaltung fremdbezogen werden. Die Schaltung hat einen (fiktiven) Verkaufspreis von 60,80 €.

Die Fertigungsplanung liefert folgende Zahlen:

Fertigungslöhne:	einheitlicher Lohnstundensatz (proportional)	27,50 €
	proportionale Fertigungsgemeinkosten	60 %
Regler:	Rohstoffaufwand	32,00 €
	proportionale Materialgemeinkosten	4 %
	Fertigungszeit je Regler	30 Minuten
Schaltung:	Rohstoffaufwand	18,00 €
	proportionale Materialgemeinkosten	4 %
	Fertigungszeit je Schaltung	20 Minuten

1. *Entscheiden Sie, ob die Reglerproduktion zugunsten der Schalterproduktion aufgenommen werden soll.*
2. *Wie wäre zu entscheiden, wenn der fiktive Verkaufspreis für einen Schalter 70,00 € beträgt? Argumentieren Sie in diesem Fall nicht nur unter Kostengesichtspunkten.*

370
1. *Welche Gesichtspunkte sind bei der Entscheidung „Eigenfertigung oder Fremdbezug" zu berücksichtigen?*
2. *Erläutern Sie den Begriff „Opportunitätskosten".*

Die Bauelemente-AG stellt in einem Zweigwerk genormte Fenster aus Aluminium mit Doppelverglasung für Großbauten her. Der harte Wettbewerb zwingt die Unternehmung den Marktpreis von derzeit 450,00 € je Fenster als gegeben anzusehen. Die Monatskapazität des Unternehmens beträgt 300 Fenster; diese Kapazität ist zurzeit zu 70 % ausgelastet. Das Unternehmen ermittelt die variablen Stückkosten mit 200,00 € je Fenster und die fixen Kosten mit 60.000,00 € je Monat. 371

1. *Werten Sie diese Situation aufgrund folgender Fragen aus:*
   a) *Wie hoch ist der monatliche Betriebserfolg?*
   Unter den fixen Kosten befinden sich 20.000,00 € ausgabewirksame fixe Kosten.
   b) *Besteht für das Unternehmen die Gefahr der Illiquidität?*
   c) *Wie hoch müsste der Absatz sein, damit das Unternehmen in die Gewinnzone gelangt?*
2. Durch verstärkte Marketingbemühungen gelingt es der Bauelemente-AG, ein großes Bauunternehmen als zusätzlichen Dauerkunden zu gewinnen, der eine monatliche Abnahme von 150 Fenstern unter der Bedingung garantiert, dass der Verkaufspreis 360,00 € je Fenster beträgt. Falls die Bauelemente-AG auf diese Bedingung eingeht, sind Neuinvestitionen erforderlich, die zusätzliche fixe Kosten von 12.000,00 € verursachen.
   Zeigen Sie, ob sich die Annahme dieses Zusatzauftrages lohnt.

Die Berger Lederwaren-GmbH stellt zurzeit Damen-Lederjacken „Elegance" und Damen-Ledermäntel „Exquisite" her. Für die zurückliegende Rechnungsperiode wurden folgende Daten ermittelt: 372

	„Elegance"	**„Exquisite"**	**insgesamt**
Verkaufspreis je Stück	900,00 €	1.500,00 €	
variable Stückkosten	650,00 €	950,00 €	
fixe Kosten insgesamt			520.000,00 €
Produktionsmenge	2500 Stück	1000 Stück	
Nähzeit je Stück	45 Minuten	75 Minuten	

Die gesamte Produktion konnte abgesetzt werden.

Die Kapazität des Unternehmens ist zurzeit nicht ausgelastet. In der Engpassabteilung „Näherei" stehen insgesamt 4600 Arbeitsstunden zur Verfügung. Die freie Kapazität könnte für die Produktion einer Leder-Herrenjacke „Markant" genutzt werden. Für dieses Produkt liegen folgende Plandaten vor:

Verkaufspreis .... 700,00 € Absatzmenge .... 2000 Stück
Variable Stückkosten .... 525,00 € Nähzeit je Stück .... 60 Minuten

Für die Unternehmensleitung ergeben sich hieraus folgende Alternativen:

a) Verzicht auf die Produktion der Herrenjacken, da die Kapazität nicht für die möglichen Absatzmengen aller 3 Produkte ausreicht.
b) Aufnahme der Produktion auch für Herrenjacken unter Ausrichtung des Produktionsprogrammes nach den relativen Deckungsbeiträgen unter maximaler Ausnutzung der Kapazität in der Abteilung „Näherei".
c) Aufnahme der Produktion für Herrenjacken unter Erweiterung der Kapazität in der Näherei auf 5400 Stunden. Durch diese Kapazitätserweiterung könnten alle Produkte mit ihren Absatzmengen produziert werden, sie hätte aber die Erhöhung der fixen Kosten um 180.000,00 € zur Folge.

1. *Bestimmen Sie für jede Alternative das Betriebsergebnis.*
2. *Erläutern Sie, welche Alternative unter kurzfristigen und langfristigen Gewinnerwartungen vorzuziehen ist.*

6 Zusammenfassende Aufgabe zur Kosten- und Leistungsrechnung

373 **Die Möbelfabrik Schneider OHG,** Karlsruhe, unterhält seit Beginn des Jahres 01 in Pforzheim ein Zweigwerk, in dem ausschließlich Schreibtische für ein großes Versandhaus hergestellt werden. Dieses Zweigwerk führt eine eigene Betriebsabrechnung. Zum Ende des Geschäftsjahres 01 lagen folgende Angaben vor:

Im Geschäftsjahr hatte die Schneider OHG im Zweigwerk durchschnittlich **520.000,00 € Eigenkapital** gebunden.

Die **Jahresproduktion** betrug im Geschäftsjahr insgesamt 12 150 Schreibtische, das entsprach einem durchschnittlichen Beschäftigungsgrad von 82,5 %. Von den produzierten Schreibtischen konnten 10 700 Stück zu einem durchschnittlichen Preis von 120,00 €/Stück abgesetzt werden. 1450 Schreibtische verblieben zu einem Wertansatz (= Herstellungskosten) von 80,00 €/Stück auf Lager.

Folgende Erträge und Aufwendungen wurden während der Abrechnungsperiode erfasst:

5000	Umsatzerlöse für eigene Erzeugnisse	?
5220	Mehrbestand an fertigen Erzeugnissen	?
5400	Mieterträge	24.000,00
5440	Erlöse aus Anlagenverkäufen	26.000,00
5490	Periodenfremde Erträge	60.000,00
6000	Aufwendungen für Rohstoffe	280.000,00
6020	Aufwendungen für Hilfsstoffe	30.000,00
6030	Aufwendungen für Betriebsstoffe	10.000,00
6160	Fremdinstandsetzung	17.000,00
6200	Löhne	380.000,00
6300	Gehälter	260.000,00
6400	Soziale Aufwendungen	140.000,00
6520	Abschreibungen auf Sachanlagen	60.000,00
66..	Sonstige Personalaufwendungen	10.000,00
6850	Reisekosten	12.000,00
6979	Anlagenabgänge	16.000,00
70..	Betriebliche Steuern	45.000,00
7510	Zinsaufwendungen	10.000,00

Zur vollständigen Erfassung der Kosten sind folgende Angaben zu berücksichtigen:

1. Unter der Position „Gebäude“ in der Bilanz befindet sich ein vermietetes (zum Betriebsvermögen gehörendes) Wohnhaus. Die Aufwendungen und Erträge hierfür wurden über die FB abgewickelt und sind daher in der GuV-Rechnung enthalten. Im Einzelnen handelt es sich um folgende Posten:

Abschreibungen	10.000,00
Grundsteuer	5.000,00
Hausmeisterlohn	35.000,00
Arbeitgeberanteil zur Sozialversicherung	8.000,00
Malerarbeiten (vgl. Fremdinstandsetzung)	5.000,00

2. In der Position „Sonstige Personalaufwendungen“ sind Nachzahlungen für das vergangene Geschäftsjahr enthalten 4.000,00

3. Die kalkulatorischen Zinsen sind aufgrund folgender Angaben zu berechnen:

Anlagevermögen (nach kalkulatorischen Restwerten) insgesamt	630.000,00
Kalkulatorischer Restwert des vermieteten Wohnhauses	100.000,00
Umlaufvermögen (zu Mittelwerten)	310.000,00
In den Verbindlichkeiten a. LL sind zinslose Kredite enthalten	40.000,00

Der Zinssatz für das betriebsnotwendige Kapital beträgt 7,5 %.

4. Den kalkulatorischen Abschreibungen sind folgende Angaben zugrunde zu legen:
   Nutzungsdauer: Gebäude 25 Jahre, übriges Anlagevermögen 10 Jahre,
   Wiederbeschaffungskosten: Gebäude 500.000,00
   Maschinen 350.000,00
   Andere Sachanlagen 50.000,00
5. Der kalkulatorische Unternehmerlohn wird angesetzt mit 90.000,00

Eine im laufenden Geschäftsjahr durchgeführte Kostenanalyse ergab folgende Abhängigkeit der Kosten von der Beschäftigung:

Kostenart	Abhängigkeit von der Beschäftigung
Aufwendungen für Rohstoffe	variabel
Aufwendungen für Hilfsstoffe	variabel
Aufwendungen für Betriebsstoffe	variabel
Fremdinstandsetzung	60 % variabel/40 % fix
Löhne	60 % variabel/40 % fix
Gehälter	10 % variabel/90 % fix
Soziale Aufwendungen	30 % variabel/70 % fix
Kalkulatorische Abschreibungen	fix
Sonstige Personalaufwendungen	80 % variabel/20 % fix
Reisekosten	70 % variabel/30 % fix
Betriebliche Steuern	60 % variabel/40 % fix
Kalkulatorische Zinsen	fix
Kalkulatorischer Unternehmerlohn	fix

1. *Die obigen Daten sind aufzubereiten, auszuwerten und zu analysieren. Folgende Fragen sollen hierfür Anhaltspunkte geben:*
   a) *Welche Kosten sind in welcher Höhe angefallen?*
   b) *Wie hoch war der Betriebsgewinn am Ende der Abrechnungsperiode?*
   c) *Hat sich für die Schneider OHG die Produktion im Zweigwerk Pforzheim – gemessen an der Rentabilität und der Wirtschaftlichkeit – gelohnt?*
   d) *Inwieweit ist im Zweigwerk die Gewinnschwelle bereits erreicht oder überschritten worden?*
   e) *Welchen Preisspielraum hätte das Unternehmen bei der derzeitigen Absatzlage aufgrund der Kosten- und Umsatzfunktion?*
   f) *Das Unternehmen plant nach der guten Absatzlage des abgelaufenen Jahres die Produktion auf durchschnittlich 90 % der Kapazitätsgrenze zu steigern. Welche Auswirkung hätte diese Maßnahme auf die Durchschnittskosten, auf die Gesamtkosten bei unveränderter Abhängigkeit der Kosten von der Beschäftigung und auf den Gewinn bei unverändertem Durchschnittspreis?*
   g) *Unterstützen Sie Ihre Analysen so weit wie möglich durch grafische Darstellungen.*

Im Zweigwerk der Schneider OHG werden die **Kostenarten für die Betriebsabrechnung** in Einzel- und Gemeinkosten eingeteilt: Das Fertigungsmaterial und die Fertigungslöhne gelten hierbei als Einzelkosten, alle übrigen Kostenarten als Gemeinkosten. Um die verursachungsgerechte Verteilung der Kosten zu den Kostenstellen zu erreichen, führt der Kostenrechner eine Betriebsabrechnung mit folgenden **Kostenstellen** durch:

Allg. Kostenstelle:	Fuhrpark
Hauptkostenstelle:	Materiallager
Fertigungshilfsstelle:	Arbeitsvorbereitung/Planung
Fertigungshauptstelle I:	Zurichten/Sägen
Fertigungshauptstelle II:	Bohren/Fräsen/Schleifen
Fertigungshauptstelle III:	Montieren/Lackieren/Verpacken
Hauptkostenstelle:	Verwaltung
Hauptkostenstelle:	Vertrieb

Die für die einzelnen **Kostenarten** angefallenen Kosten werden vom Kostenrechner nach folgenden Schlüsseln **auf die Kostenstellen verteilt:**

6020	Belege	FHS I: 10.000,00 €; FHS II: 15.000,00 €; FHS III: 5.000,00 €
6030	Belege	Allg. KSt: 4.000,00 €; FHS I–III: je 2.000,00 €
6160	Belege	Allg. KSt: 5.800,00 €; FHS I: 4.000,00 €; Vertrieb: 2.200,00 €
6300	Gehaltsliste	Allg. KSt: 16.000,00 €; Mat.-St.: 16.500,00 €; F.-Hilfs-St.: 16.000,00 €; FHS I–III: je 32.500,00 €; Verw.-St.: 99.000,00 €; Vertr.-St.: 15.000,00 €
6400	Vert.-Schlüssel	3 : 2 : 2 : 6 : 6 : 5 : 4 : 2
6520	Anlagewerte	Allg. KSt: 180.000,00 €; Mat.-St.: 220.000,00 €; FHS I: 360.000,00 €; FHS II: 320.000,00 €; FHS III: 280.000,00 €; Verw.-St.: 100.000,00 €; Vertr.-St.: 40.000,00 €
66..	Vert.-Schlüssel	0 : 0 : 0 : 1 : 1 : 0 : 4 : 0
6850	Belege	F.-Hilfs-St.: 1.200,00 €; FHS III: 1.300,00 €; Verw.-St.: 6.900,00 €; Vertr.-St.: 2.600,00 €
70..	Vert.-Schlüssel	1 : 2 : 0 : 1 : 1 : 1 : 4 : 0
7510	Betriebsnotw. Kapital	Allg. KSt: 120.000,00 €; Mat.-St.: 340.000,00 €; F.-Hilfs-St.: 40.000,00 €; FHS I: 240.000,00 €; FHS II: 220.000,00 €; FHS III: 240.000,00 €; Verw.-St.: 260.000,00 €; Vertr.-St.: 40.000,00 €
Untern.-Lohn	Vert.-Schlüssel	1 : 1 : 0 : 3 : 3 : 2 : 6 : 2

Die Allgemeine Kostenstelle gibt ihre Stellengemeinkosten nach dem Schlüssel 2 : 1 : 2 : 2 : 3 : 7 : 3 an die übrigen Kostenstellen ab.

Die Stellengemeinkosten der Fertigungshilfsstelle werden im Verhältnis 3 : 2 : 1 auf die Fertigungshauptstellen umgelegt.

Bei der **Berechnung der Zuschlagssätze für die Hauptkostenstellen** ist zu berücksichtigen, dass das Fertigungsmaterial die Zuschlagsgrundlage für die Materialgemeinkosten darstellt. Die Fertigungslöhne gelten als Zuschlagsgrundlage für die Fertigungshauptstellen. Für die einzelnen Fertigungshauptstellen wurden folgende Lohnanteile ermittelt:

Fertigungshauptstelle I:	143.750,00 €
Fertigungshauptstelle II:	115.000,00 €
Fertigungshauptstelle III:	86.250,00 €

Als Grundlage für die Kalkulation verwendete der Kostenrechner folgende aus einer vorläufigen Kostenanalyse entstandene **Normalzuschlagssätze:**

Normalzuschlagssatz für die Materialgemeinkosten	25 %
Normalzuschlagssatz für die Fertigungsgemeinkosten der FHS I	100 %
Normalzuschlagssatz für die Fertigungsgemeinkosten der FHS II	115 %
Normalzuschlagssatz für die Fertigungsgemeinkosten der FHS III	125 %
Normalzuschlagssatz für die Verwaltungsgemeinkosten	20 %
Normalzuschlagssatz für die Vertriebsgemeinkosten	6 %

2. *Erstellen Sie die Betriebsabrechnung im Betriebsabrechnungsbogen einschließlich des Ausweises von Kostenüberdeckungen und Kostenunterdeckungen. Werten Sie die Brauchbarkeit der Normalzuschlagssätze für zukünftige Kalkulationen.*

Für eine differenzierte **Kostenträgerrechnung auf Ist- und Normalkostenbasis** berücksichtigt der Kostenrechner, dass im Zweigwerk Pforzheim drei Grundtypen von Schreibtischen gefertigt werden. Für diese drei Grundtypen liegen folgende Zahlen vor:

Grundtyp / Daten	„Standard"	„Jugend"	„Luxus"
gefertigte Stückzahl	7 250 Stück	3 650 Stück	1 250 Stück
abgesetzte Stückzahl	6 500 Stück	3 250 Stück	950 Stück
die nicht verkauften Schreibtische werden zu Herstellkosten bewertet	70,00 €/Stück	38,75 €/Stück	160,00 €/Stück
Fertigungsmaterial nach Grundtypen	155.000,00 €	70.000,00 €	55.000,00 €
Fertigungslöhne nach Grundtypen:			
FHS I	80.000,00 €	30.750,00 €	33.000,00 €
FHS II	65.000,00 €	25.000,00 €	25.000,00 €
FHS III	45.250,00 €	20.000,00 €	21.000,00 €
tatsächlich erzielte Umsatzerlöse	767.000,00 €	296.400,00 €	220.600,00 €

3. *Überprüfen Sie anhand der obigen Zahlen die Erfolgssituation der einzelnen Grundtypen.*

Der Kostenrechner kalkulierte die Verkaufspreise auf der Grundlage der obigen Einzelkosten, der vorläufigen Normalzuschlagssätze und eines Gewinnzuschlags von 6 %.

4. *Prüfen Sie, inwieweit die kalkulierten Preise im Vergleich zu den tatsächlich erzielten Umsatzerlösen eingehalten werden konnten, bei welchen Grundtypen es Abweichungen gab und wie diese Abweichungen zu deuten sind.*

Der Kostenrechner ergänzt die obige Vollkostenrechnung um die einstufige Deckungsbeitragsrechnung auf der **Istkostenbasis.** Er übernimmt die in der Kostenanalyse ausgewiesene Abhängigkeit der Kosten von der Beschäftigung für alle drei Grundtypen.

5. Folgende Fragen leiten ihn bei der Aufstellung der Deckungsbeitragsrechnung:
   a) *Wie hoch fallen die Deckungsbeiträge insgesamt und je Stück für die drei Grundtypen aus?*
   b) *Was bedeutet das insbesondere für den Grundtyp „Luxus" im Vergleich zur Erfolgssituation in der Vollkostenrechnung?*
   c) *Welche Preisspielräume – insbesondere im Hinblick auf die kurz- und langfristigen Preisuntergrenzen – kann der Unternehmer nutzen?*
   d) *Welche Rangfolge in der Produktion müsste der Unternehmer festlegen, wenn er plant die Produktion der drei Grundtypen auf 90 % der Kapazitätsgrenze auszudehnen, in der Fertigungshauptstelle „Montieren/Lackieren/Verpacken" aber ein betrieblicher Engpass mit 28 800 Stunden/Jahr vorliegt und die Grundtypen diese Abteilung mit folgenden Fertigungszeiten belasten?*
   Grundtyp „Standard" benötigt in FHS III insgesamt 144 Minuten Fertigungszeit/Stück.
   Grundtyp „Jugend" benötigt in FHS III insgesamt 120 Minuten Fertigungszeit/Stück.
   Grundtyp „Luxus" benötigt in FHS III insgesamt 180 Minuten Fertigungszeit/Stück.
   e) *Mit welcher Erfolgssituation kann der Unternehmer rechnen, falls es ihm gelingt, die geplante Produktionserweiterung durchzuführen?*

G Jahresabschluss einer Kapitalgesellschaft und seine Analyse unter Finanzierungsaspekten[1]

1 Vorarbeiten zum Jahresabschluss

Aufgaben. Der Jahresabschluss soll Unternehmenseigner, Behörden, Gläubiger u. a. über die **tatsächliche Vermögens-, Finanz- und Ertragslage** informieren. Er ist auch Grundlage der **Gewinnverwendung** und **Steuerermittlung** und ist durch Dokumentation und Aufbewahrung ein wichtiges **Beweismittel** bei möglichen Interessenkonflikten.

Gliederung. Jeweils zum Schluss eines jeden Geschäftsjahres ist der Jahresabschluss zu erstellen. Er besteht

- bei Einzelunternehmen (e. K., e. Kfm., e. Kffr.) und Personengesellschaften (OHG, KG) aus der Jahresbilanz und der Gewinn- und Verlustrechnung (s. § 242, Abs. 3 HGB),
- bei Kapitalgesellschaften (GmbH, AG) aus der Jahresbilanz, der Gewinn- und Verlustrechnung sowie dem Anhang (= Erläuterungsbericht) und dem Lagebericht (s. § 264 HGB).

Vorarbeiten. Der eigentliche Jahresabschluss kann erst aufgestellt werden, wenn bestimmte Vorbereitungen getroffen worden sind; dazu gehören:

- **Zeitliche Abgrenzung** der Aufwendungen und Erträge,
- Aufstellung des **Inventars** aufgrund der körperlichen und buchmäßigen **Inventur.**

Zeitliche Abgrenzung. Die zeitlichen Abgrenzungen der Aufwendungen und Erträge mit den Unterkapiteln

- Sonstige Forderungen
- Sonstige Verbindlichkeiten
- Aktive Rechnungsabgrenzungen
- Passive Rechnungsabgrenzungen
- Rückstellungen

haben wir ausführlich im Kapitel C, 4.3 auf den Seiten 153 bis 166 dargestellt. Sie gehören inhaltlich mit in die Betrachtung der Vorbereitung des Jahresabschlusses.

Inventur. Die Inventur der Vermögensteile und Schulden ist die wichtigste Voraussetzung für die ordnungsmäßige Erstellung des Jahresabschlusses. Sie muss durch Sach-, Arbeits- und Terminpläne so organisiert werden, dass der Abschluss innerhalb der ersten drei Monate des Folgejahres erstellt werden kann (vgl. S. 12 bis 19).

Inventurdifferenzen. Die Inventur dient vor allem dem Abgleich von **Sollbeständen** der Finanzbuchhaltung mit den **Istbeständen** der Inventur, um Inventurdifferenzen in den Bestandskonten und deren Ursachen festzustellen. Ursachen für Inventurdifferenzen können sein:

- **Buchungsfehler** (falsche Konten und Beträge, ausgelassene Buchungen, Doppelbuchungen);
- **nicht erfasste Mengenänderungen** in den Werkstoff- und Erzeugnisbeständen durch Schwund, Verderb, Diebstahl, nicht gebuchte Belege;
- **nicht erfasste Wertminderungen,** z. B. nicht erfasste Abschreibungen auf Anlagen (s. S. 204 f.) und Forderungen, Nichtbeachtung des Niederst- bzw. Höchstwertprinzips.

1 Siehe auch Band 1, BWL, Kapitel 2.5.5 und Kapitel 6.

Berichtigung der Inventurdifferenzen. Inventurdifferenzen, die sich in den Bestandskonten nach Buchung des Inventurschlussbestandes ergeben, **bedingen entsprechende Berichtigungsbuchungen. Buchungsfehler** werden u. a. durch Rückbuchung (Stornierung), Neu- oder Nachbuchung korrigiert. **Mengen- und Wertminderungen** sind auf den betreffenden Aufwands- und Bestandskonten zu erfassen. So sind Werkstoffminderungen im jeweiligen Werkstoffaufwands- und Werkstoffbestandskonto zu buchen. Nach den Berichtigungsbuchungen entsprechen die Bestandskonten der Inventur.

Beispiel: Das Kassenkonto der Maschinenbau GmbH weist zum 31. Dez. im Soll eine Summe von 35.850,00 € und im Haben 24.400,00 € aus. Der Sollbestand beträgt somit 11.450,00 €. Lt. Kassenprotokoll ergab die körperliche Inventur des Kassenbestandes einen Istbestand von **1.** 11.360,00 € und **2.** 11.537,00 €.

1. Nach Buchung des Inventurbestandes von 11.360,00 € **(Fall 1)** ergibt sich im Kassenkonto ein **Fehlbetrag von 90,00 €,** der auf einen nicht aufgedeckten Diebstahl zurückzuführen ist.

Buchung des Inventurbestandes:

8010 Schlussbilanzkonto an **2880 Kasse** **11.360,00**

Berichtigungsbuchung:

6960 Verluste aus dem Abgang von Vermögensgegenst. **90,00**
an **2880 Kasse** **90,00**

2. Nach Buchung des Inventurbestandes von 11.537,00 € **(Fall 2)** ergibt sich im Kassenkonto ein **Überschuss von 87,00 €,** der

a) nicht geklärt werden konnte;
b) daraus resultiert, dass der Barverkauf eines Ersatzteils nicht gebucht wurde: 75,00 € netto + 12,00 € USt = 87,00 €.

Buchung des Inventurbestandes:

8010 Schlussbilanzkonto an **2880 Kasse** **11.537,00**

Berichtigungsbuchungen:

a) 2880 Kasse **87,00**
an **5430 Sonstige Erträge** **87,00**

b) 2880 Kasse **87,00**
an **5000 Umsatzerlöse für eigene Erzeugnisse** **75,00**
an **4800 Umsatzsteuer** **12,00**

Richten Sie für obige Beispiele die Konten ein und buchen Sie darauf.

Aufgabe

374

1. Das Konto 2000 Rohstoffe weist zum 31. Dez. im Soll 400.000,00 € und im Haben 350.000,00 € aus. Im Konto 6000 wurden nach dem Just-in-time-Verfahren Rohstoffzugänge von 2.420.000,00 € gebucht. Die Inventur ergab einen Istbestand von 35.000,00 €. *Richten Sie die Konten 2000, 6000 und 8010 ein.*

   Die Abweichung ist auf eine Abwertung von Blechtafeln zurückzuführen, deren Wert dauerhaft gesunken ist. *Buchen Sie auf Konten.*
2. *Nennen Sie die entsprechenden Berichtungsbuchungen:*
   a) Ein Drucker im Anschaffungswert von 440,00 € netto wurde irrtümlich auf dem Konto 0890 GWG gebucht.
   b) Unsere Mieteinnahme wurde versehentlich als Aufwand auf dem Konto 6700 Mieten gebucht: 2.300,00 €.
3. *Nennen Sie mögliche Ursachen für a) Kassen- und b) Lagerbestandsdifferenzen.*

2 Bewertung der Vermögensteile und Schulden

2.1 Maßgeblichkeit der handelsrechtlichen Bewertung

Auswirkung der Bewertung. Zum Jahresabschluss sind alle Vermögensteile und Schulden zu bewerten. Die **Bewertung,** d. h. die **Bestimmung des Wertansatzes** für den einzelnen Vermögens- und Schuldposten, kann sich in entscheidendem Maße auf den **Jahresgewinn (Jahresverlust)** auswirken. Ein **Mehr oder Weniger im Wertansatz** hat ein **gleiches Mehr oder Weniger an Gewinn (Verlust)** zur Folge.

Beispiel: Der zu Beginn des Geschäftsjahres erworbene **Verpackungsautomat (Anschaffungskosten 300.000,00 €,** Nutzungsdauer **10 Jahre)** kann sowohl **a) linear mit 10 %** oder auch **b) degressiv mit 20 %** abgeschrieben werden. Ohne Berücksichtigung der Fälle a) und b) beträgt der **Gewinn** des Unternehmens **200.000,00 €.**
Bestimmen Sie *in den Fällen a) und b) jeweils den* ***Wertansatz*** *für die Schlussbilanz und erläutern Sie die* ***Auswirkung auf*** *den genannten* ***Gewinn.***

Bewertungsvorschriften. Falsche Bewertungen (z. B. überhöhte, zu niedrige oder unterlassene Abschreibungen und Rückstellungen) führen zu einer falschen Darstellung der Vermögens-, Schulden- und Erfolgslage des Unternehmens, vor der insbesondere die **Gläubiger** des Unternehmens **geschützt** werden müssen. Der Gesetzgeber hat deshalb **Bewertungsvorschriften** erlassen, **die willkürliche Über- und Unterbewertungen** der Vermögensteile und Schulden **unterbinden.** Es gibt **handels- und steuerrechtliche Bewertungsvorschriften.** Sie haben **verschiedene Zielsetzungen.**

- **Die handelsrechtliche Bewertung** richtet sich nach dem **Handelsgesetzbuch (§§ 252–256 HGB).** Die Bewertungsvorschriften gelten für **alle** Unternehmen, gleich welcher Rechtsform. Sie dienen der **Kapitalerhaltung** und damit auch dem **Schutz der Gläubiger.** Vermögen, Schulden und Erfolg des Unternehmens sind deshalb zum Jahresabschluss **vorsichtig** zu ermitteln. Das **Prinzip der Vorsicht ist oberster Bewertungsgrundsatz.**
- **Die steuerrechtliche Bewertung** richtet sich nach **§§ 5–7 Einkommensteuergesetz.** Sie soll die **Ermittlung des Gewinns nach einheitlichen Grundsätzen** sicherstellen und damit eine **„gerechte" Besteuerung** ermöglichen. So weisen z. B. die amtlichen **AfA-Tabellen** einheitlich die Nutzungsdauer der verschiedenen Anlagegüter aus.

Grundsatz der Maßgeblichkeit. Die nach den **handelsrechtlichen** Bewertungsvorschriften aufgestellte Bilanz heißt **„Handelsbilanz".** Die in der Handelsbilanz ausgewiesenen Werte für die Vermögensteile und Schulden sind zugleich **verbindlich für** die dem Finanzamt einzureichende **„Steuerbilanz", sofern die steuerlichen Vorschriften keine andere Bewertung zwingend vorschreiben.** Man spricht deshalb auch vom **„Grundsatz der Maßgeblichkeit der Handelsbilanz für die Steuerbilanz".**

Beispiele:

❶ Die o. g. Maschine wurde in der Handelsbilanz linear mit 30.000,00 € abgeschrieben. Somit beträgt der Wertansatz 270.000,00 €. Da das Steuerrecht keine andere Abschreibung vorschreibt, ist der Wertansatz der Handelsbilanz in die Steuerbilanz zu übernehmen **(Maßgeblichkeitsgrundsatz).**

❷ In der Handelsbilanz wurde die Maschine linear abgeschrieben. Um den steuerlichen Gewinn zu mindern, wurde in der Steuerbilanz degressiv mit 60.000,00 € abgeschrieben. Der Wertansatz in der Steuerbilanz muss korrigiert werden, da ein **Verstoß gegen den Maßgeblichkeitsgrundsatz** vorliegt.

Die Handelsbilanz ist grundsätzlich für den zu versteuernden Gewinn maßgebend. Dieser **Grundsatz der Maßgeblichkeit** der handelsrechtlichen Bewertungsvorschriften für die Steuerbilanz ergibt sich aus § 5 (1) Einkommensteuergesetz.

§ 5 (1) EStG: Gewinn bei Vollkaufleuten und bei bestimmten anderen Gewerbetreibenden:
„Bei Gewerbetreibenden, die aufgrund gesetzlicher Vorschriften verpflichtet sind Bücher zu führen und regelmäßig Abschlüsse zu machen oder die ohne eine solche Verpflichtung Bücher führen und regelmäßig Abschlüsse machen, ist für den Schluss des Wirtschaftsjahres das Betriebsvermögen anzusetzen, das nach den handelsrechtlichen Grundsätzen ordnungsmäßiger Buchführung auszuweisen ist."

Die Steuerbilanz darf von der Handelsbilanz nur insoweit **abweichen,** als das Steuerrecht **ausdrücklich** einen **anderen Wertansatz** (z. B. eine längere Nutzungsdauer für die AfA eines Anlagegutes) vorschreibt. Kann das Unternehmen nach dem Steuerrecht verschiedene Wertansätze wählen (z. B. lineare oder degressive AfA), so ist es an den Wertansatz der Handelsbilanz auch für die Steuerbilanz gebunden.

Getrennte Bilanzen. Unternehmen, die ihren **Jahresabschluss veröffentlichen** müssen, wie z. B. **alle Kapitalgesellschaften,** haben sowohl eine **Handelsbilanz** als auch eine davon **getrennte** – durch Hinzurechnungen und Kürzungen aus der Handelsbilanz **abgeleitete – Steuerbilanz** zu erstellen.

Einheitsbilanz. Unternehmen, die nicht der Publizitätspflicht unterliegen, wie grundsätzlich alle **Einzelunternehmen und Personengesellschaften,** stellen in der Regel nur **eine** Bilanz auf, die **zugleich Handels- und Steuerbilanz** ist. Das bedeutet, dass bereits bei den Jahresabschlussarbeiten die steuerrechtlichen Bewertungsmöglichkeiten berücksichtigt werden.

Merke:
- **Bewertung (Bilanzierung) bedeutet Bestimmung des Wertansatzes für die einzelnen Vermögensteile und Schulden in der Jahresschlussbilanz.**
- **Die Bewertung beeinflusst das im Jahresabschluss auszuweisende Vermögen, die Schulden und den Jahreserfolg.**
- **Handels- und steuerrechtliche Bewertungsvorschriften haben unterschiedliche Zielsetzungen.**
- **Es gilt der „Grundsatz der Maßgeblichkeit der Handelsbilanz für die Steuerbilanz", solange das Steuerrecht keine andere Bewertung vorschreibt.**

Aufgaben

375

Die Metall-AG hat zu Beginn des Geschäftsjahres 01 eine CNC-Drehmaschine erworben: Anschaffungskosten 400.000,00 €, Nutzungsdauer 10 Jahre. Wegen des technischen Fortschritts wird die Maschine degressiv mit 40 % in der Handels- und Steuerbilanz abgeschrieben.

1. *Begründen Sie, inwieweit es sich in der vorliegenden Bewertungsentscheidung für die Steuerbilanz um eine Durchbrechung des Maßgeblichkeitsprinzips handelt.*
2. *Ermitteln Sie den Wertansatz zum 31. Dez. 01 für die a) Handelsbilanz und b) Steuerbilanz.*

376

Die Chemiewerke GmbH hat im Geschäftsjahr 01 geringwertige Wirtschaftsgüter für insgesamt 35.000,00 € erworben, die im zu veröffentlichenden handelsrechtlichen Jahresabschluss aktiviert und nach der Nutzungsdauer abgeschrieben werden. Um den steuerpflichtigen Gewinn zu mindern, wurden die geringwertigen Wirtschaftsgüter in der beim Finanzamt eingereichten Steuerbilanz voll abgeschrieben.

1. *Welches Bilanzierungswahlrecht besteht steuerlich bei geringwertigen Wirtschaftsgütern?*
2. *Nehmen Sie kritisch Stellung zu der vorliegenden Bewertung in beiden Bilanzen.*
3. *Erläutern Sie die unterschiedliche Zielsetzung der handels- und steuerrechtlichen Bewertung.*
4. *Begründen Sie, inwiefern durch eine vorsichtige Bewertung in der Handelsbilanz dem Gläubigerschutz Rechnung getragen wird.*
5. *Nennen Sie mögliche Abweichungen zwischen Handels- und Steuerbilanz.*
6. *Welche Vor- und Nachteile hat jeweils eine a) niedrige und b) hohe Abschreibung?*

2.2 Allgemeine Bewertungsgrundsätze nach § 252 HGB

Die allgemeinen Bewertungsgrundsätze (Prinzipien) sind **für alle Kaufleute verbindlich in § 252 Abs. 1 HGB geregelt:**

1. Grundsatz der Bilanzidentität (Bilanzgleichheit)

Der Grundsatz der Bilanzidentität verlangt, dass die Positionen der **Schlussbilanz** eines Geschäftsjahres **wertmäßig** mit den Positionen der **Eröffnungsbilanz** des folgenden Geschäftsjahres völlig **übereinstimmen,** also **identisch** sein müssen. Die **Schlussbilanz** ist **gleichzeitig** die **Eröffnungsbilanz des Folgejahres.**

Der Grundsatz der Bilanzidentität soll verhindern, dass beim Übergang auf das neue Geschäftsjahr nachträglich Wertveränderungen vorgenommen werden.

2. Grundsatz der Unternehmensfortführung (Going-concern-Prinzip)

Bei der Bewertung ist grundsätzlich **von der Fortführung der Unternehmenstätigkeit auszugehen.** Die einzelnen Vermögensgegenstände dürfen **nicht mit ihren Liquidationswerten** (Einzelveräußerungspreis im Falle einer freiwilligen Auflösung des Unternehmens) in die Jahresbilanz eingesetzt werden, sondern nur zu dem Wert, der sich aus der angenommenen Unternehmensfortführung ergibt. Das sind z. B. bei abnutzbaren Anlagegütern die Anschaffungskosten abzüglich Abschreibungen.

Eine **Abweichung vom „Going-concern-Prinzip"** ist nur im Falle einer **Liquidation (freiwillige** Auflösung) oder einer **zwangsweisen** Auflösung im Rahmen eines Insolvenzverfahrens eines Unternehmens möglich.

3. Grundsatz der Einzelbewertung

Grundsätzlich sind alle **Vermögensgegenstände und Schulden einzeln** zu **bewerten.** Allerdings sind **Bewertungsvereinfachungsverfahren** aus Gründen der Wirtschaftlichkeit gesetzlich zugelassen, wie z. B. eine **Gruppen- oder Sammelbewertung** der Werkstoffbestände nach Durchschnittswerten (§ 240 [4] HGB) u. a.

4. Grundsatz der Stichtagsbezogenheit (Stichtagsprinzip)

Die **Bewertung** der einzelnen Vermögensgegenstände und Schulden hat sich **nach den Verhältnissen am Abschluss-Stichtag** zu richten. Dabei sind alle **Sachverhalte,** die am Bilanzstichtag (31. Dezember 01) **objektiv** bestanden, zu berücksichtigen, auch wenn sie nach diesem Zeitpunkt, jedoch noch **vor dem Tag der Bilanzaufstellung** (28. Januar 02), **bekannt werden** (sog. **wertaufhellende Tatsachen).**

Beispiel: Am 31. Dezember 01 besteht eine Forderung gegenüber einem Kunden in Höhe von 11.600,00 €. Am 12. Januar 02, also noch vor Bilanzaufstellung (28. Januar 02), erfahren wir, dass der Kunde bereits am 27. Dezember 01 nach Abschluss eines Insolvenzverfahrens völlig zahlungsunfähig war.

Die erlangte bessere Erkenntnis über den Wert der Forderung zum Bilanzstichtag muss bei der Bewertung berücksichtigt werden. Die Forderung ist zum 31. Dezember 01 abzuschreiben, da sie objektiv uneinbringlich war.

Vorgänge, die sich **nach** dem Bilanzstichtag ereignen und Tatsachen geschaffen haben, die am Bilanzstichtag objektiv noch nicht gegeben waren, **dürfen bei der Bewertung** zu diesem Zeitpunkt **nicht berücksichtigt werden.**

Beispiel: Am 31. Dezember 01 besteht gegenüber einem Kunden eine Forderung über 17.400,00 €. Wertmindernde Tatsachen waren zu diesem Zeitpunkt nicht gegeben. Am 15. Januar 02, also noch vor Bilanzaufstellung (28. Januar 02), brennt das Warenlager des Kunden ab. Mangels ausreichender Versicherungsleistung kommt es zu einem Insolvenzverfahren und damit zum Totalausfall der Forderung. Die durch Brand eingetretene Zahlungsunfähigkeit des Kunden ist ein **Vorgang im neuen Geschäftsjahr.** Eine Abschreibung der Forderung darf deshalb zum 31. Dezember 01 nicht vorgenommen werden.

6686360

5. Grundsatz der Vorsicht (Vorsichtsprinzip)

Der Kaufmann muss **vorsichtig** bewerten, indem er **alle vorhersehbaren Risiken und Verluste,** die bis zum Abschluss-Stichtag entstanden sind oder drohen, berücksichtigt. Das bedeutet, dass er die **Vermögensgegenstände** eher zu niedrig als zu hoch **(Niederstwertprinzip)** und die **Schulden** eher zu hoch als zu niedrig **(Höchstwertprinzip)** ansetzt.

Gewinne dürfen nur dann ausgewiesen werden, wenn sie **durch Umsatz tatsächlich entstanden,** also **realisiert** sind **(Realisationsprinzip).**

Das Vorsichtsprinzip soll **überhöhte Gewinnausschüttungen verhindern** und trägt deshalb zur **Erhaltung des Eigenkapitals** und damit der **Haftungssubstanz** gegenüber den Gläubigern (Gläubigerschutz) bei.

6. Grundsatz der Periodenabgrenzung

Nach dem Grundsatz der Periodenabgrenzung sind Aufwendungen und Erträge **dem Geschäftsjahr** zuzuweisen, in dem sie **wirtschaftlich verursacht** wurden, ohne Rücksicht auf den Zeitpunkt der Ausgabe und Einnahme.

Die **zeitliche Abgrenzung der Aufwendungen und Erträge** in der Form der „Aktiven und Passiven Rechnungsabgrenzung" sowie „Sonstigen Forderungen und Sonstigen Verbindlichkeiten" sowie „Rückstellungen" **soll** eine **periodengerechte Erfolgsermittlung ermöglichen** (s. Seite 153 f.).

7. Grundsatz der Bewertungsstetigkeit

Der Grundsatz der Bewertungsstetigkeit besagt, dass die einmal gewählten **Bewertungs- und Abschreibungsmethoden** grundsätzlich **beizubehalten** sind.

Die Bewertungsstetigkeit, auch **materielle Bilanzkontinuität** genannt, soll insbesondere einen willkürlichen Wechsel der Bewertungs- und Abschreibungsmethoden für dasselbe oder gleichwertige Wirtschaftsgüter verhindern, damit die **Vergleichbarkeit der Jahresabschlüsse** sichergestellt ist.

Zu berücksichtigen ist aber auch die **formale Bilanzkontinuität,** also eine **einheitliche Bezeichnung und Gliederung der Posten des Jahresabschlusses** in der **Bilanz** (§ 266 HGB) und **Gewinn- und Verlustrechnung** (§ 275 HGB).

Merke:

1. **Die allgemeinen Bewertungsgrundsätze nach § 252 Abs. 1 HGB gelten für alle Kaufleute und Unternehmensformen:**
   - **Einzelunternehmen (e. K., e. Kffr., e. Kfm.),**
   - **Personengesellschaften (OHG, KG),**
   - **Kapitalgesellschaften (GmbH, AG) und**
   - **Genossenschaften (eG).**
2. **Von den allgemeinen Bewertungsgrundsätzen darf nur in begründeten Ausnahmefällen abgewichen werden (§ 252 Abs. 2 HGB).**

Aufgabe

377

1. *Welche Bedeutung hat das Stichtagsprinzip für die Bewertung der Vermögensgegenstände und Schulden?*
2. *Welchen Einfluss haben „werterhellende Tatsachen" auf die Bewertung?*
3. *Unterscheiden Sie zwischen dem Grundsatz der Bilanzidentität und Bilanzkontinuität.*
4. *Zum 31. Dezember 01 wurde für Prozesskosten eines schwebenden Prozesses eine Rückstellung in Höhe von 12.000,00 € gebildet. Noch vor Bilanzaufstellung am 10. März 02 geht der Prozess wider Erwarten zu unseren Gunsten aus. Beurteilen Sie den Tatbestand.*
5. *Am 31. Dezember 01 musste eine Forderung wegen Uneinbringlichkeit abgeschrieben werden. Vor Bilanzaufstellung am 25. Februar 02 wird der Schuldner durch eine Erbschaft wieder zahlungsfähig. Wie ist die Forderung zum Bilanzstichtag zu bewerten?*

2.3 Wertmaßstäbe

Für die Bewertung sind insbesondere folgende Wertmaßstäbe von Bedeutung:

- **Anschaffungskosten**
- **Herstellungskosten**
- **Fortgeführte AK/HK**
- **Tageswert**

Anschaffungskosten sind nach § 255 (1) HGB „die Aufwendungen, die geleistet werden, um einen Vermögensgegenstand zu erwerben und in einen **betriebsbereiten Zustand** zu versetzen, soweit sie **einzeln** zugeordnet werden können“:

Anschaffungspreis	↔ Netto-Kaufpreis
+ **Nebenkosten**	↔ Bezugskosten, Zölle, Fundament, Montage, Zulassung, Grunderwerbsteuer, Notar, Makler
+ **nachträgliche Anschaffungskosten**	↔ Erschließung, Straßenbau, Umbau, Ausbau, Zubehörteile für Anlagen u. a.
− **Anschaffungskostenminderungen**	↔ Rabatte, Skonti, Gutschriften, Zuschüsse u. a.
= **Anschaffungskosten (AK)**	↔ **Aktivierung:** handels- und steuerrechtlich
Zinsen zur Anschaffungsfinanzierung **sind keine Anschaffungsnebenkosten!**	

Herstellungskosten für im eigenen Betrieb erstellte Vermögensgegenstände (z. B. Erzeugnisse, selbst erstellte Anlagen, werterhöhende Großreparaturen) umfassen nach § 255 (2), (3) HGB **mindestens** die **Einzelkosten** der Herstellung. **Gemeinkosten** (keine Vertriebsgemeinkosten!) **dürfen** in die Herstellungskosten (siehe KLR) einbezogen werden. Den Unterschied zwischen handels- und steuerrechtlichen Herstellungskosten (Abschnitt 33 EStR) zeigt die folgende Gegenüberstellung:

	Handelsrechtliche HK		Steuerrechtliche HK
Pflicht	Fertigungsmaterial (FM)	Pflicht	Fertigungsmaterial (FM)
Pflicht	+ Fertigungslöhne (FL)	Pflicht	+ Fertigungslöhne (FL)
Pflicht	+ Sondereinzelkosten der Fertigung	Pflicht	+ Sondereinzelkosten der Fertigung
Pflicht	= **Mindest-Herstellungskosten**	Pflicht	+ Materialgemeinkosten (MGK)
Wahlrecht	+ Materialgemeinkosten (MGK)	Pflicht	+ Fertigungsgemeinkosten (FGK)
Wahlrecht	+ Fertigungsgemeinkosten (FGK)	Pflicht	= **Mindest-Herstellungskosten**
Wahlrecht	+ Verwaltungsgemeinkosten (VwGK)	Wahlrecht	+ Verwaltungsgemeinkosten (VwGK)
Wahlrecht	= **Höchste Herstellungskosten**	Wahlrecht	= **Höchste Herstellungskosten**

Fortgeführte Anschaffungs-/Herstellungskosten ergeben sich als Wertansatz für alle **abnutzbaren Anlagegüter** unter Berücksichtigung der Abschreibungen:

Anschaffungskosten/Herstellungskosten
− **planmäßige Abschreibungen**
= **fortgeführte Anschaffungskosten/Herstellungskosten**

Tageswert, auch Zeitwert oder Wiederbeschaffungswert genannt, ist der (all-)gemeine Wert, der sich aus dem **Börsen- oder Marktpreis** ergibt. Falls ein Börsen- oder Marktpreis nicht festzustellen ist, gilt ein **geschätzter Wert.** Der Tageswert ist also lediglich als **Vergleichswert** anzuwenden bzw. anzusetzen.

Teilwert ist ein steuerlicher Wertbegriff, der sich kaum berechnen lässt:

„Teilwert ist der Betrag, den ein Erwerber des ganzen Betriebes im Rahmen des Gesamtkaufpreises für das einzelne Wirtschaftsgut ansetzen würde; dabei ist davon auszugehen, dass er den Betrieb fortführt“ (§ 6 [1] Ziffer 1 EStG).

Dem Teilwert entsprechen **hilfsweise** die o. g. Wertmaßstäbe.

Merke: Die Anschaffungs-/Herstellungskosten dürfen nie überschritten werden.

Aufgaben

Ein Industriebetrieb hat am 12. Januar 01 eine automatische Verpackungsanlage erworben. Der Listenpreis beträgt 350.000,00 €. Die Lieferfirma gewährt hierauf einen Sonderrabatt von 10 %. **378**

Außerdem wurden von der Lieferfirma in Rechnung gestellt: Transportkosten 3.000,00 €, Fundamentierungskosten 5.500,00 €, Montagekosten 1.500,00 €, zuzüglich Umsatzsteuer.

Der Rechnungsbetrag wurde mit 2 % Skonto durch Banküberweisung beglichen.

Zur Teilfinanzierung der Anlage wurde ein Darlehen aufgenommen: 150.000,00 €. Zinsen für das laufende Geschäftsjahr wurden mit 13.500,00 € unserem Bankkonto belastet.

1. *Erstellen Sie die Rechnung der Lieferfirma.*
2. *Buchen Sie den Eingang der Rechnung.*
3. *Ermitteln Sie die Anschaffungskosten der Verpackungsanlage.*
4. *Nennen Sie den Buchungssatz für den Rechnungsausgleich.*
5. *Die Verpackungsanlage hat eine Nutzungsdauer von 10 Jahren. Ermitteln Sie den Abschreibungsbetrag a) bei linearer und b) bei höchstmöglicher degressiver Abschreibung.*
6. *Ermitteln Sie für die Verpackungsanlage den Wertansatz in der Jahresbilanz zum 31. Dezember 01 in den Fällen 5. a) und 5. b).*
7. *Welche Auswirkung hat jeweils die Bewertung in den Fällen 5. a) und 5. b) auf den Gewinn des Unternehmens?*
8. *Für welchen Wertansatz würden Sie sich entscheiden, wenn das Unternehmen a) mit Verlust und b) mit Gewinn abschließt? Begründen Sie.*

Die Kosten- und Leistungsrechnung stellt für die Bewertung des Schlussbestandes an Fertigen Erzeugnissen folgende Zahlen zur Verfügung: **379**

Fertigungsmaterial	50.000,00 €
Fertigungslöhne	200.000,00 €
Sondereinzelkosten der Fertigung (Lizenzgebühren)	15.000,00 €
Materialgemeinkosten	10.000,00 €
Fertigungsgemeinkosten	80.000,00 €
Verwaltungsgemeinkosten	30.000,00 €
Vertriebsgemeinkosten	25.000,00 €

1. *Ermitteln Sie den Wertansatz für den Inventurbestand der Erzeugnisse zum 31. Dezember 01*
   a) bei handels- und steuerrechtlich zulässiger höchstmöglicher Bewertung,
   b) bei handelsrechtlich zulässiger niedrigster Bewertung,
   c) bei steuerlich möglicher niedrigster Bewertung.
2. *Erläutern Sie jeweils die Gewinnauswirkung in den Fällen 1. a), b) und c).*

Die Metall GmbH hat eine CNC-Maschine, Anschaffungskosten 300.000,00 €, in ihrer Handelsbilanz linear mit 10 % abgeschrieben. In der dem Finanzamt eingereichten Steuerbilanz wurde die Maschine mit 20 % degressiv abgeschrieben. **380**

1. *Ermitteln Sie jeweils den Wertansatz für die Handels- und Steuerbilanz.*
2. *Begründen Sie, warum das Finanzamt den niedrigeren Wertansatz in der Steuerbilanz nicht anerkennt, obwohl er steuerrechtlich zulässig ist.*

Ein Industriebetrieb hat am 28. Dezember 01 Rohstoffe im Wert von 150.000,00 € zuzüglich USt erworben. Der Rechnungsbetrag wurde nach dem Bilanzstichtag (31. Dezember 01) am 10. Januar 02 unter Abzug von 2 % Skonto überwiesen. **381**

Ermitteln und begründen Sie den Wertansatz für die Rohstoffe in der Jahresbilanz zum 31. Dezember 01.

Ein Industriebetrieb hat zum 31. Dezember 01 für einen noch schwebenden Prozess eine Rückstellung in Höhe von 15.000,00 € gebildet. Noch vor Bilanzaufstellung am 15. März des Folgejahres kommt der Prozess zum Abschluss. Der Prozessgegner hat alle Kosten zu tragen. **382**

Begründen Sie, warum in der Jahresbilanz zum 31. Dezember 01 keine Rückstellung gebildet werden darf.

383 Die Kosten- und Leistungsrechnung der Furnierwerke GmbH liefert für die Bewertung einer selbst erstellten maschinellen Anlage die folgenden Daten für entstandene Einzelkosten:

Fertigungsmaterial lt. Materialentnahmescheine	85.000,00 €
Fertigungslöhne lt. Lohnzettel	125.000,00 €
TÜV-Abnahmegebühr	5.800,00 €

Die Zuschlagssätze für die entstandenen Gemeinkosten betragen:

Materialgemeinkosten	20 %
Fertigungsgemeinkosten	200 %
Verwaltungsgemeinkosten	10 %

1. *Ermitteln Sie die Bewertungsobergrenze der Herstellungskosten nach § 255 HGB.*
2. *Berechnen Sie die Bewertungsuntergrenze der Herstellungskosten nach Steuerrecht.*
3. *Wie lautet die Buchung zur Aktivierung der selbst erstellten Anlage?*
4. *Mit welchen Herstellungskosten würden Sie die Anlage in der Handelsbilanz ansetzen, und zwar*
   a) bei hohem Gewinn und
   b) bei hohem Verlust?
   Begründen Sie jeweils Ihre Bewertungsentscheidung.
5. *Die Unternehmensleitung hat sich für die niedrigsten Herstellungskosten entschieden. Welche Konsequenz hat das für die zu erstellende Steuerbilanz?*

---

384 Kauf eines bebauten Grundstücks für 800.000,00 € zu Beginn des Geschäftsjahres. Der Grundstücksanteil beträgt 200.000,00 €.

Die Grunderwerbsteuer beträgt 3,5 %. Im Übrigen fallen noch folgende Kosten an:

Maklergebühr 24.000,00 € + USt; Notariatskosten 5.000,00 € + USt und Grundbuchkosten in Höhe von 3.000,00 €.

Zur Finanzierung wurde eine Hypothek von 500.000,00 € aufgenommen. Der Restbetrag wurde durch Banküberweisung beglichen.

1. *Ermitteln Sie jeweils die Anschaffungskosten*
   a) des Grundstücks und
   b) des Gebäudes.
2. *Wie lauten die Buchungen?*
3. *Das Geschäftsgebäude hat eine Nutzungsdauer von 40 Jahren. Ermitteln und buchen Sie die AfA zum 31. Dezember.*

---

385 Kauf einer CNC-Fräsmaschine ab Werk. Auf den Listenpreis von 400.000,00 € erhält das Unternehmen einen Sonderrabatt von 5 %. Die Transport- und Verpackungskosten werden mit 4.500,00 € berechnet. Nutzungsdauer 10 Jahre.

Die Fundamentierungs- und Montagekosten in Höhe von 5.500,00 € + USt werden ebenfalls von der Lieferfirma in Rechnung gestellt.

14 Tage nach Eingang und Buchung der Rechnung wird der Rechnungsbetrag abzüglich 2 % Skonto an die Lieferfirma überwiesen.

1. *Erstellen Sie die Rechnung der Lieferfirma.*
2. *Buchen Sie den Eingang der Rechnung.*
3. *Berechnen Sie die Anschaffungskosten der Maschine.*
4. *Buchen Sie den Rechnungsausgleich durch Banküberweisung.*
5. *Wie hoch ist die lineare AfA zum 31. Dezember 01, wenn die Fräsmaschine am 1. April 01 angeschafft wurde?*

2.4 Besondere Bewertungsprinzipien[1]

Das Prinzip der Vorsicht ist der **wichtigste** handelsrechtliche Bewertungsgrundsatz, der insbesondere der **Kapitalerhaltung** des Unternehmens und damit dem **Gläubigerschutz** dient. Vorsichtige Bewertung bedeutet, dass bei Vermögensteilen stets der niedrigere und bei Schulden stets der höhere Wert anzusetzen ist, wenn zum Bilanzstichtag mehrere Wertansätze zur Verfügung stehen. Darüber hinaus sollen alle **vorhersehbaren Risiken und Verluste** erfasst werden.

Konkrete Anwendung des Vorsichtsprinzips. Das Prinzip der Vorsicht (§ 252 [1] Ziffer 4 HGB) findet seine konkrete Anwendung in den folgenden Bewertungsprinzipien:

- **Anschaffungswertprinzip,**
- **Niederstwertprinzip** und
- **Höchstwertprinzip.**

Anschaffungswertprinzip: Die Anschaffungskosten dürfen nicht überschritten werden!

Bei der Bewertung der Vermögensgegenstände zum Bilanzstichtag dürfen nach § 253 (1) HGB die **Anschaffungs- oder Herstellungskosten** nicht überschritten werden. Durch diese **Bewertungsobergrenze** wird sichergestellt, dass **nur die** am Abschluss-Stichtag **durch Verkauf oder Zahlung realisierten (entstandenen) Gewinne ausgewiesen** werden.

Beispiel: Der Wert eines zu 250.000,00 € erworbenen Grundstücks ist inzwischen auf 300.000,00 € gestiegen.

Solange das Grundstück nicht zu dem höheren Wert verkauft ist, spricht man von einer **stillen Reserve** oder einem nicht realisierten Gewinn. **Aus Gründen kaufmännischer Vorsicht sind nicht realisierte Gewinne noch keine Gewinne** und dürfen deshalb auch **nicht ausgewiesen** (und somit auch nicht ausgeschüttet) werden. Das Grundstück darf höchstens mit 250.000,00 € Anschaffungskosten in die Bilanz eingesetzt werden.

Niederstwertprinzip für Gegenstände des Anlage- und Umlaufvermögens

Am Bilanzstichtag ist von zwei möglichen Wertansätzen – **Tageswert** (Börsen- oder Marktpreis) und **Anschaffungskosten** – grundsätzlich der **niedrigere** anzusetzen (§ 253 [2, 3] HGB).

Beispiel: Der Wert eines mit 220.000,00 € aktivierten Baugrundstücks ist aufgrund einer amtlich verordneten Baubeschränkung auf 100.000,00 € gesunken.

Auch wenn das Grundstück noch nicht zu dem niedrigeren Wert verkauft ist, muss der Wert wegen der **dauerhaften** Wertminderung (§ 253 [2] HGB) um 120.000,00 € auf 100.000,00 € herabgesetzt werden. Das Niederstwertprinzip führt somit zum **Ausweis eines noch nicht realisierten Verlustes.** Denn: Nicht realisierte Verluste sind **aus Gründen kaufmännischer Vorsicht** Verluste und müssen deshalb **wie Verluste behandelt werden.**

Das Niederstwertprinzip unterscheidet zwei Formen:

Strenges Niederstwertprinzip. Von **zwei** möglichen Wertansätzen eines Vermögensgegenstandes **muss** stets der **niedrigste** Wert angesetzt werden. Dieses Prinzip gilt **uneingeschränkt** für das **Umlaufvermögen,** also auch bei einer nur **vorübergehenden** Wertminderung (§ 253 Abs. 3 HGB). Für alle **Gegenstände des Anlagevermögens** gilt es **nur** im Falle einer **dauernden** Wertminderung (§ 253 Abs. 2 Satz 3 HGB).

Gemildertes Niederstwertprinzip. Bei **Einzelunternehmen und Personengesellschaften darf** bei allen **Anlagegegenständen** der **niedrigere** Wert auch bei einer **vorübergehenden** Wertminderung angesetzt werden (§ 253 Abs. 2 Satz 3 HGB). Dieses **Wahlrecht** gilt bei **Kapitalgesellschaften** nur für das **Finanzanlagevermögen** (§ 279 Abs. 1 Satz 2 HGB).

1 § 252 HGB enthält die **allgemeinen** Bewertungsgrundsätze (siehe S. 360/361 und Anhang des Lehrbuches).

Höchstwertprinzip für die Bewertung der Schulden

Schulden sind zu ihrem **Höchstwert** zu passivieren. Am Abschluss-Stichtag muss von zwei möglichen Werten jeweils der **höchste** in die Bilanz eingesetzt werden (§ 253 [1] HGB).

Beispiel: Import von Handelswaren am 20. Dezember, Zahlungsziel 4 Wochen, Rechnungsbetrag 10.000,00 US-$, Kurs am 20. Dezember 1,0645 US-$/1 €. Zum Bilanzstichtag am 31. Dezember beträgt der Kurs 1,0550 US-§/1 €.

Buchung zum 20. Dez.:	**6060 Aufwend. f. Waren**	an	**4400 Verbindlichk. a. LL**	**9.394,08**
Buchung zum 31. Dez.:	**6060 Aufwend. f. Waren**	an	**4400 Verbindlichk. a. LL**	**84,59**

Das **Höchstwertprinzip** führt somit wie das Niederstwertprinzip zum **Ausweis eines nicht realisierten Verlustes.** Eine Kursänderung auf beispielsweise 1,0735 € darf in keinem Fall berücksichtigt werden, da dann wegen fehlender Zahlung ein nicht realisierter Gewinn von 78,76 € ausgewiesen würde.

Imparitätsprinzip. Anschaffungs-, Niederst- und Höchstwertprinzip bewirken, dass zwar nicht realisierte Verluste ausgewiesen werden, nicht aber nicht realisierte Gewinne. Dieses **Prinzip der ungleichen Behandlung von nicht realisierten Gewinnen und Verlusten** bezeichnet man als **Imparitätsprinzip (Ungleichheitsprinzip).** Es ist **Ausdruck kaufmännischer Vorsicht** als dem obersten Bewertungsgrundsatz.

Merke:

- **Das Imparitätsprinzip ist Ausdruck kaufmännischer Vorsicht:**
  - ▷ **Nicht realisierte Gewinne dürfen nicht ausgewiesen werden!**
  - ▷ **Nicht realisierte Verluste müssen ausgewiesen werden!**
- **Das Imparitäts- bzw. Vorsichtsprinzip findet seine konkrete Anwendung im Anschaffungs-, Niederst- und Höchstwertprinzip.**

Wertbeibehaltungsrecht/Wertaufholungsgebot. In den **Handelsbilanzen der Einzelunternehmen und Personengesellschaften** dürfen bei Gegenständen des Anlage- und Umlaufvermögens **niedrigere Bewertungsansätze beibehalten** werden, auch wenn die Gründe dafür nicht mehr bestehen (§ 253 Abs. 5 HGB). In diesen Fällen besteht jedoch für **Steuerbilanzen aller Unternehmen** ein **strenges Wertaufholungsgebot,** und zwar für alle Wirtschaftsjahre, die nach dem 31. Dezember 1998 schließen. Gemäß § 280 Abs. 2 HGB gilt das zugleich auch verbindlich für die **Handelsbilanzen aller Kapitalgesellschaften.**

Nach § 6 Abs. 1 EStG 1998 dürfen generell Abschreibungen auf Gegenstände des Anlage- und Umlaufvermögens nur erfolgen, wenn von einer **voraussichtlich dauernden Wertminderung** ausgegangen werden kann. Wenn sich aber in einem späteren Geschäftsjahr herausstellt, dass diese Wertminderung nicht mehr besteht, ist eine **Zuschreibung** (Wertaufholung) vorzunehmen, und zwar höchstens bis zu den um die normale Abschreibung verminderten Anschaffungs- oder Herstellungskosten.

Beispiel: Die Maschinenbau GmbH kauft am 3. Januar 01 X-Aktien zu 20.000,00 €. Zum 31. Dezember 01 haben die X-Aktien gemäß strengem Niederstwertprinzip nur noch einen Bilanzwert von 15.000,00 €. Bis zum 31. Dezember 02 steigen die Aktien auf einen Wert von 23.000,00 €. In der Steuer- und Handelsbilanz der Metallwerke GmbH zum 31. Dezember 02 muss nun eine **Wertaufholung bzw. Zuschreibung** bis zu den ehemaligen Anschaffungskosten von 20.000,00 € erfolgen, wodurch eine **stille Reserve von 5.000,00 € ertragswirksam aufgelöst wird:**

Buchung: **2700 Wertpapiere d. Umlaufverm.** an **5430 Sonst. betriebliche Erträge** **5.000,00**

Merke: **Für Steuerbilanzen aller Unternehmensformen sowie Handelsbilanzen aller Kapitalgesellschaften besteht seit 1999 ein striktes Wertaufholungsgebot für Gegenstände des Anlage- und Umlaufvermögens.**

2.5 Bewertung des Anlagevermögens

Im Hinblick auf die Bewertung des Anlagevermögens unterscheidet man zwischen

- **abnutzbaren Gegenständen des Anlagevermögens** und
- **nicht abnutzbaren Gegenständen des Anlagevermögens.**

2.5.1 Bewertung der abnutzbaren Anlagegegenstände[1]

Planmäßige Abschreibung. Abnutzbare Anlagegegenstände (z.B. Gebäude u.a.) sind in ihrer Nutzung zeitlich begrenzt. Sie sind deshalb nach § 253 (2) HGB planmäßig abzuschreiben, d.h. entweder linear bzw. degressiv nach ihrer Nutzungsdauer oder nach der beanspruchten Leistung (z.B. km). Zum Bilanzstichtag sind sie grundsätzlich mit den **fortgeführten** Anschaffungs- bzw. Herstellungskosten anzusetzen.

Beispiel: Anschaffung einer CNC-Drehmaschine am 10. Januar 01. Die Anschaffungskosten betragen 400.000,00 €. Die Nutzungsdauer wird mit 10 Jahren angesetzt. Die Maschine soll linear mit 40.000,00 € jährlich planmäßig abgeschrieben werden.

	Anschaffungskosten	400.000,00 €
–	planmäßige Abschreibung	40.000,00 €
=	**fortgeführte Anschaffungskosten zum 31. Dez. 01**	**360.000,00 €**

Wie hoch sind die fortgeführten Anschaffungskosten bei degressiver Abschreibung?

Außerplanmäßige Abschreibung. Außerordentliche und dauerhafte Wertminderungen (z.B. durch Schadensfall oder technischen Fortschritt) **bedingen** eine außerplanmäßige Abschreibung des abnutzbaren Anlagegutes auf den niedrigeren Tageswert. Nach § 253 (2) HGB besteht **Abschreibungspflicht** (strenges NWP). Vorübergehende Wertminderungen **dürfen** berücksichtigt werden (gemildertes NWP: s. S. 365 unten).

Beispiel: Die fortgeführten Anschaffungskosten der o.g. Maschine betragen am Ende des 6. Nutzungsjahres 160.000,00 €. Durch Produktionsumstellung kann diese Maschine nicht mehr genutzt werden. Der Tageswert beträgt 60.000,00 €.

	fortgeführte Anschaffungskosten zum 31. Dez. 06	160.000,00 €
–	Tageswert zum 31. Dezember 06	60.000,00 €
=	**außerplanmäßige Abschreibung**	**100.000,00 €**

Nennen Sie den Buchungssatz für die planmäßige und außerplanmäßige Abschreibung.

2.5.2 Bewertung der nicht abnutzbaren Anlagegegenstände[1]

Anschaffungskosten. Nicht abnutzbare Anlagegegenstände (z. B. Grundstücke, Finanzanlagen, wie Wertpapiere, die als Daueranlage angeschafft wurden u.a.) sind zum Abschluss-Stichtag **höchstens** mit den **Anschaffungskosten** anzusetzen.

Niedrigerer Tageswert. Bei einer **dauerhaften Wertminderung muss** nach § 253 (2) HGB eine **außerplanmäßige Abschreibung** auf den niedrigeren Tageswert erfolgen (strenges Niederstwertprinzip). Siehe auch gemildertes NWP auf S. 365 unten.

Beispiel: Die Maschinenbau GmbH hat im Geschäftsjahr 01 ein Aktienpaket zum Kurswert von 250.000,00 € erworben. Die Aktien, die noch mit ihren Anschaffungskosten bilanziert sind, haben am 31. Dez. 02 nur noch einen Kurswert von 200.000,00 €.

	Anschaffungskosten der Aktien	250.000,00 €
	Tageswert zum 31. Dezember 02	200.000,00 €
=	**außerplanmäßige Abschreibung**	**50.000,00 €**

Buchung: **7400 Abschreibungen a. Finanzanlagen** an **1500 Wertpapiere d. AV** **50.000,00**

1 siehe auch S. 204 f.

Wertaufholung. Sollte in Zukunft, z.B. im Geschäftsjahr 04, der Kurswert auf 260.000,00 € steigen, muss in der **Handelsbilanz der o. g. Kapitalgesellschaft** eine **Zuschreibung** (Wertaufholung) **höchstens bis zu den Anschaffungskosten,** also in Höhe von 50.000,00 €, erfolgen.[1]

Nennen Sie den Buchungssatz (siehe S. 366).

Merke:

- **Nur abnutzbare Anlagegüter unterliegen einer planmäßigen Abschreibung. Die fortgeführten Anschaffungskosten/Herstellungskosten bilden den Wertansatz.**
- **Die Anschaffungskosten stellen in der Regel den Wertansatz eines nicht abnutzbaren Anlagegutes dar.**
- **Alle Anlagegüter müssen bei einer voraussichtlich dauernden Wertminderung außerplanmäßig auf den niedrigeren Tageswert abgeschrieben werden.**
- **Anlagegüter dürfen nach § 253 (2) HGB auch bei einer nur vorübergehenden Wertminderung auf den niedrigeren Tageswert abgeschrieben werden (gemildertes Niederstwertprinzip). Dieses Abschreibungswahlrecht gilt bei Kapitalgesellschaften nach § 279 (1) HGB nur für das Finanzanlagevermögen.**

Aufgaben

386 Die Textilwerke GmbH hat im Geschäftsjahr 01 ein Aktienpaket zur langfristigen Anlage zum Kurswert von 150.000,00 € erworben.

a) Am 31. Dezember 01 beträgt der Kurswert 120.000,00 €.
b) Am 31. Dezember 02 ist der Kurswert wiederum auf 140.000,00 € gestiegen.
c) Am 31. Dezember 03 beträgt der Kurswert 200.000,00 €.

Ermitteln und begründen Sie die Wertansätze in den Fällen a), b) und c).

387 Im Geschäftsjahr 01 hat die Textilwerke GmbH zur Erweiterung ein Baugrundstück zum Kaufpreis von 600.000,00 € erworben. Grunderwerbsteuer 3,5 %; Notariatskosten 5.000,00 € + USt; Maklergebühr 18.000,00 € + USt; Kanalanschlussgebühr 12.000,00 €; Grundbuchkosten 2.800,00 €. Alle Zahlungen erfolgen durch Banküberweisungen.

Im Laufe des folgenden Geschäftsjahres ergibt ein Gutachten, dass das Grundstück wegen eines sumpfigen Unterbodens nur unter beträchtlichem Aufwand bebaut werden kann. Die Wertminderung des Grundstücks beträgt lt. Gutachten 80.000,00 €.

1. *Ermitteln Sie die Anschaffungskosten des Grundstücks.*
2. *Nennen Sie die Buchungen zur Bilanzierung des Grundstücks.*
3. *Begründen Sie Ihre Bewertungsentscheidung zum 31. Dez. 02 und nennen Sie die Buchung.*

388 Die Textilwerke GmbH hat im Januar des Geschäftsjahres 01 eine neue EDV-Anlage für 200.000,00 € angeschafft. Lineare Abschreibung bei einer Nutzungsdauer von 5 Jahren.

Zum Schluss des 3. Geschäftsjahres ist die EDV-Anlage als wirtschaftlich und technisch überholt anzusehen, da die Lieferfirma ein verbessertes Nachfolgemodell zu einem erheblich günstigeren Preis anbietet. Der Tageswert der EDV-Anlage beträgt nur noch 20.000,00 €.

Ermitteln und begründen Sie jeweils den Wertansatz zum
a) 31. Dezember 01, b) 31. Dezember 02 und c) 31. Dezember 03.

389 Die Textilwerke GmbH hat am 1. Juli 01 einen computergesteuerten Stoffschneideautomaten in Betrieb genommen. Die Anschaffungskosten betrugen 350.000,00 €.

1. *Ermitteln Sie die Wertansätze der neuen Anlage für die ersten drei Geschäftsjahre a) bei linearer und b) bei degressiver Abschreibung. Die Nutzungsdauer beträgt 10 Jahre.*
2. *Welche Vorteile hat die degressive Abschreibungsmethode?*
3. *Ist ein Wechsel von der degressiven zur linearen Abschreibung möglich? Begründen Sie.*

1 Siehe auch **„Wertbeibehaltungsrecht/Wertaufholungsgebot“** auf S. 366.

2.6 Bewertung des Umlaufvermögens

Zum Umlaufvermögen zählen nach § 266 HGB (siehe Bilanzgliederung im Anhang und auf S. 384 des Lehrbuches) die folgenden Vermögensgruppen:

I. Vorräte
II. Forderungen und sonstige Vermögensgegenstände
III. Wertpapiere
IV. Scheck-, Kassenbestand, Bank- und Postbankguthaben

Strenges Niederstwertprinzip. Für die Bewertung der Wirtschaftsgüter des Umlaufvermögens gilt das strenge Niederstwertprinzip. Sie dürfen **höchstens** mit ihren **Anschaffungskosten (AK) oder Herstellungskosten (HK)** angesetzt werden. Liegt jedoch der Wert am Bilanzstichtag darunter, **muss** dieser **niedrigere Tageswert (TW)** nach § 253 (3) HGB in das Inventar und die Schlussbilanz eingesetzt werden.

Zusätzliche Abschreibungen dürfen handelsrechtlich noch außerdem vorgenommen werden, wenn eine **weitere Wertminderung in nächster Zukunft** zu erwarten ist (§ 253 [3] HGB).

Wertaufholungsgebot. Eine Wertaufholung bis zu den Anschaffungs- bzw. Herstellungskosten ist **steuerrechtlich** für alle Wirtschaftsjahre vorgeschrieben, die nach dem 31. Dezember 1998 schließen. Das gilt gemäß § 280 Abs. 2 HGB dann auch **verbindlich für die Handelsbilanz einer Kapitalgesellschaft.** Dagegen besteht für die Handelsbilanz einer **Einzelunternehmung oder Personengesellschaft** nach § 253 Abs. 5 HGB ein **Wertbeibehaltungsrecht.**

Merke:

- **Strenges Niederstwertprinzip bedeutet, dass von zwei am Bilanzstichtag möglichen Wertansätzen, dem Tageswert (TW) und den Anschaffungskosten (AK) oder Herstellungskosten (HK), stets der niedrigere Wert in das Inventar und die Schlussbilanz einzusetzen ist:**

  ▷ AK/HK > TW → Bewertung zum TW
  ▷ AK/HK < TW → Bewertung zu AK/HK

- **Die Anschaffungs- oder Herstellungskosten bilden stets die absolute Wertobergrenze.**
- **Für die Handelsbilanz einer Kapitalgesellschaft ist das steuerrechtliche Wertaufholungsgebot maßgebend.**

2.6.1 Bewertung der Vorräte

Zum Vorratsvermögen eines Industriebetriebes, das im Umlaufvermögen an erster Stelle auszuweisen ist, zählen **folgende Bestände:**

1. Roh-, Hilfs- und Betriebsstoffe
2. Unfertige Erzeugnisse
3. Fertige Erzeugnisse
4. Handelswaren

Inventur. Zum Bilanzstichtag sind die Gegenstände des Vorratsvermögens **körperlich** (mengenmäßig) zu **erfassen und** zu **bewerten.** Anstelle dieser **Stichtagsinventur** kann die Bestandsaufnahme auch in Form einer **permanenten oder verlegten Inventur** (siehe auch S. 13 f.) durchgeführt werden.

Ausgangswert für die Bewertung bilden

- bei **Werkstoffen, Fremdbauteilen** und **Handelswaren** die ..... → **Anschaffungskosten**
- bei **unfertigen** und **fertigen Erzeugnissen** die .... → **Herstellungskosten**

Sammel- bzw. Gruppenbewertung. Wie für alle Vermögensteile und Schulden gilt auch für die **Bewertung der Vorräte** an Werkstoffen, Fremdbauteilen, eigenen Erzeugnissen und Handelswaren der **Grundsatz der Einzelbewertung,** d. h., **bei jedem Einzelposten** sind jeweils die ursprünglichen **Anschaffungskosten** (Herstellungskosten) **mit dem Tageswert am Bilanzstichtag zu vergleichen,** wobei der **niedrigere** von beiden Werten anzusetzen ist. Diese Einzelbewertung ist jedoch kaum möglich, wenn sich der zu bewertende Inventurbestand aus **verschiedenen Lieferungen und Preisen** zusammensetzt. Deshalb erlaubt der Gesetzgeber bei **gleichartigen** Vorräten eine **Sammel-** bzw. **Gruppenbewertung** in Form einer

- **Durchschnittsbewertung (§ 240 Abs. 4 HGB)** oder
- **Verbrauchsfolgebewertung (§ 256 HGB).**

2.6.1.1 Durchschnittsbewertung nach § 240 (4) HGB

Jährliche Durchschnittswertermittlung. Hierbei werden die **durchschnittlichen Anschaffungskosten** (Herstellungskosten) aus Anfangsbestand und Zugängen sowie Stückzahl ermittelt und mit dem **Tageswert am Bilanzstichtag** verglichen:

Beispiel: E-Schalter	Menge	Anschaffungskosten je Einheit	Gesamtwert
1. Jan. Anfangsbestand	1 000	5,00 €	5.000,00 €
10. Jan. Zugang	2000	6,00 €	12.000,00 €
15. Juli Zugang	4000	6,50 €	26.000,00 €
20. Dez. Zugang	600	7,00 €	4.200,00 €
	7600		**47.200,00 €**

Bewertung: Die **durchschnittlichen Anschaffungskosten** betragen **6,21 €** (47.200 : 7600). Bei einem **Tageswert** zum 31. Dezember von **7,20 €** und einem Schlussbestand von 2000 Einheiten ergibt sich nach dem **strengen Niederstwertprinzip** folgender **Bilanzansatz:**

Inventurmenge	·	Wert je Einheit	=	Bilanzansatz
2000	·	6,21	=	**12.420,00 €**

Nennen Sie den Buchungssatz. Wie lauten Bilanzansatz und Buchung bei einem Tageswert (31. Dezember) von 5,80 €/Stück?

Die permanente Durchschnittswertermittlung ist im Ergebnis **genauer.** Hierbei ermittelt man die durchschnittlichen Anschaffungskosten **laufend** (permanent) **nach jedem Lagerzugang und -abgang** anhand der Lagerkartei. Die Abgänge werden jeweils zum neuesten Durchschnittswert abgesetzt. Nach der letzten Lagerbestandsveränderung erhält man zum Bilanzstichtag die **durchschnittlichen Anschaffungskosten des Endbestandes,** die mit dem **Tageswert** zum 31. Dezember (Niederstwertprinzip!) verglichen werden.

	Anfangsbestand	1. Januar	1 000 Einheiten zu 5,00 €	=	5.000,00 €
+	Zugang	10. Januar	2000 Einheiten zu 6,00 €	=	12.000,00 €
=	Bestand	11. Januar	3000 Einheiten zu 5,67 €	=	17.000,00 €
–	Abgang	13. Juni	1 800 Einheiten zu 5,67 €	=	10.206,00 €
=	Bestand	14. Juni	1 200 Einheiten zu 5,66 €	=	6.794,00 €
+	Zugang	15. Juli	4000 Einheiten zu 6,50 €	=	26.000,00 €
=	Bestand	16. Juli	5200 Einheiten zu 6,31 €	=	32.794,00 €
–	Abgang	17. September	3800 Einheiten zu 6,31 €	=	23.978,00 €
=	Bestand	18. September	1 400 Einheiten zu 6,30 €	=	8.816,00 €
+	Zugang	20. Dezember	600 Einheiten zu 7,00 €	=	4.200,00 €
	Schlussbestand	31. Dezember	**2000** Einheiten zu **6,51 €**	=	**13.016,00 €**

2.6.1.2 Verbrauchsfolgebewertung nach § 256 HGB

Die Bewertung **gleichartiger** Vorratsbestände kann zum Bilanzstichtag auch auf der Grundlage einer bestimmten **Verbrauchsfolge** vorgenommen werden. Man unterscheidet im Wesentlichen zwischen **Fifo- und Lifo-Methode.**

Die **Fifo-Methode** unterstellt, dass die **zuerst beschafften** (hergestellten) Güter auch **zuerst verbraucht** (verkauft) werden (**f**irst **in** – **f**irst **o**ut), sodass der **Endbestand** stets **aus den letzten Zugängen** stammt und deshalb auch jeweils zu deren Anschaffungs-/ Herstellungskosten bzw. niedrigerem Tageswert bewertet wird.

Beispiel: E-Schalter		Menge	Anschaffungskosten je Einheit
Anfangsbestand	1. Jan.	1000	5,00 €
Zugang	10. Jan.	2000	6,00 €
Zugang	15. Juli	4000	6,50 €
Zugang	20. Dez.	600	7,00 €

Für den **Inventurbestand** von 2000 Schaltern ergibt sich folgender **Fifo-Wertansatz:**

600 Einheiten zu 7,00 €	=	4.200,00 €
1400 Einheiten zu 6,50 €	=	9.100,00 €
2000 Einheiten **Endbestand**	=	**13.300,00 € Bilanzansatz nach fifo**

Wegen des strengen Niederstwertprinzips ist der Fifo-Wertansatz mit dem **Tageswert am Bilanzstichtag** zu vergleichen. Bei einem **Tageswert von 7,20 €/Stück** muss der Fifo-Wertansatz von 13.300,00 € bilanziert werden. Beträgt der Tageswert am Bilanzstichtag **6,40 €/Stück,** müsste **der Endbestand zum niedrigeren Tageswert von 12.800,00 €** bewertet werden.

Die **Lifo-Methode** geht von der Annahme aus, dass die **zuletzt erworbenen** (hergestellten) Güter **als erste verbraucht** (verkauft) werden (**l**ast **in** – **f**irst **o**ut). Somit setzt sich der **Endbestand aus dem Anfangsbestand und den ersten Zugängen** zusammen und ist zu deren AK oder HK bzw. zum niedrigeren Tageswert anzusetzen.

Für den o. g. **Inventurbestand** von 2000 Schaltern ergibt sich folgender **Lifo-Wertansatz:**

1000 Einheiten zu 5,00 €	=	5.000,00 €
1000 Einheiten zu 6,00 €	=	6.000,00 €
2000 Einheiten **Endbestand**	=	**11.000,00 € Bilanzansatz nach lifo**

Wie lautet der endgültige Bilanzansatz bei einem Tageswert von a) 7,00 €/Stück und b) 5,00 €/Stück?

Bei steigenden Preisen führt die **Lifo-Methode** zu einer niedrigen Bewertung des Endbestandes, wobei der Werkstoffverbrauch zu hohen Preisen in die Kostenrechnung eingeht. **Bei fallenden Preisen** ist das Lifo-Verfahren **nicht anwendbar.**

Handelsrechtlich kann die Bewertung **gleichartiger** Vorratsbestände sowohl nach den **Durchschnittsmethoden** als auch nach der **Verbrauchsfolge** vorgenommen werden, sofern das **strenge Niederstwertprinzip** beachtet wird. **Steuerrechtlich** sind Durchschnitts- und Lifo-Methode zulässig. Wegen der einfachen Durchführung wird **in der Praxis überwiegend das Durchschnittsverfahren** angewandt.

Merke:
- **Die Sammelbewertungsverfahren vereinfachen die Bewertung gleichartiger Güter, die zu unterschiedlichen Preisen und Zeitpunkten angeschafft wurden.**
- **Die Ergebnisse müssen jedoch mit dem Tageswert am Bilanzstichtag verglichen werden. Von beiden Werten ist dann der niedrigere anzusetzen (strenges Niederstwertprinzip).**

Aufgaben

390 Die Maschinenfabrik Badicke KG, Leverkusen, hat am Abschluss-Stichtag lt. Inventur noch 280 t Stahl F 404 auf Lager.
Die Anschaffungskosten betrugen 350,00 € je t.

a) Zum Bilanzstichtag beträgt der Tageswert 380,00 € je t.
b) Zum Bilanzstichtag beträgt der Tageswert 270,00 € je t.

1. *Begründen Sie Ihre Bewertungsentscheidung und ermitteln Sie den Bilanzansatz für die Fertigteile. Wie lautet die Buchung?*
2. *Erklären Sie die Auswirkung auf den Erfolg.*

391 Der Lagerbestand einer bestimmten Handelsware beträgt in einem Industriebetrieb lt. Inventur 300 Stück, die für 40,00 € je Stück angeschafft wurden. Zum Bilanzstichtag beträgt der Wiederbeschaffungswert 50,00 € je Stück. Der Buchhalter bewertet diesen Bestand mit $300 \cdot 50 = 15.000{,}00$ € Bilanzansatz.

1. *Nehmen Sie zu dieser Bewertungsentscheidung des Buchhalters Stellung und erklären Sie die Auswirkung auf die Erfolgsrechnung.*
2. *Ermitteln Sie gegebenenfalls den neuen Bilanzansatz, begründen und buchen Sie.*

392 Ein Industrieunternehmen, das sich mit der Fertigung von Haushaltsmaschinen befasst, hat zum Bilanzstichtag lt. Inventur noch einen Bestand von 2500 Elektromotoren auf Lager. Diese Elektromotoren, die in Küchenmaschinen eingebaut werden, wurden während des Geschäftsjahres erworben, jedoch nicht nach Lieferungen getrennt gelagert.

Zum Bilanzstichtag ist somit nicht feststellbar, aus welchen Lieferungen die Elektromotoren stammen und zu welchen Preisen sie angeschafft wurden.

1. *Unterscheiden Sie zwischen Einzel- und Sammelbewertung.*
2. *Begründen Sie, warum im vorliegenden Fall eine Sammelbewertung rechtlich möglich ist.*
3. *Schlagen Sie ein sowohl handels- als auch steuerrechtlich zulässiges Sammelbewertungsverfahren vor.*

393 Der Leiter des Rechnungswesens (Aufgabe 392) stellt Ihnen folgende Unterlagen für eine Sammelbewertung der Elektromotoren zum Bilanzstichtag zur Verfügung:

Anfangsbestand zum	1. Januar	2000 Stück zu je 45,00 € Anschaffungskosten
Zugänge	10. Februar	3000 Stück zu je 50,00 € Anschaffungskosten
	10. August	2000 Stück zu je 55,00 € Anschaffungskosten
	10. Oktober	1500 Stück zu je 58,00 € Anschaffungskosten

1. *Ermitteln Sie zum Bilanzstichtag die durchschnittlichen jährlichen Anschaffungskosten je Stück (gewogener Durchschnittspreis).*
2. *Errechnen Sie den zulässigen Bilanzansatz für den Schlussbestand von 2500 Stück,*
   a) *wenn die durchschnittlichen Anschaffungskosten dem Tageswert am Bilanzstichtag (31. Dezember) entsprechen,*
   b) *wenn der Tageswert 70,00 € je Stück beträgt,*
   c) *wenn der Tageswert zum Abschluss-Stichtag bei 50,00 € liegt.*

394 *Führen Sie nun aufgrund der Angaben in den Aufgaben 392 und 393 eine permanente Durchschnittsrechnung durch.*
Folgende Abgänge liegen vor:
20. Jan.: 1000 Stück   15. Juli: 500 Stück   10. Sept.: 3500 Stück   15. Dez.: 1000 Stück

395 *Wie ist aufgrund der Angaben der Aufgaben 392 und 393 zu bewerten*
a) nach dem Fifo-Verfahren und
b) nach der Lifo-Methode?

396
1. *Inwiefern ist das Niederstwertprinzip Ausdruck kaufmännischer Vorsicht?*
2. *Welchen Vorteil hat der jeweils niedrigstmögliche Wertansatz?*
3. *Begründen Sie, weshalb die Anschaffungs- bzw. Herstellungskosten eines Wirtschaftsgutes stets die Bewertungsobergrenze (Höchstwert!) bilden.*
4. *Unterscheiden Sie zwischen a) Stichtagsinventur, b) permanenter Inventur und c) verlegter (vor- bzw. nachverlegter) Inventur. Vgl. auch S. 13.*

2.6.2 Bewertung der Forderungen aufgrund von Lieferungen und Leistungen

Zum Bilanzstichtag sind alle **„Forderungen aus Lieferungen und Leistungen"** im Hinblick auf ihre **Bonität** (Güte) **einzeln** zu **überprüfen.** Im Rahmen dieser **Bewertung** gemäß § 253 Abs. 3 HGB unterscheidet man **drei Gruppen** von Forderungen, und zwar

▶ **einwandfreie,** ▶ **zweifelhafte** und ▶ **uneinbringliche Forderungen.**

Einwandfrei sind Forderungen, wenn mit ihrem **Zahlungseingang in voller Höhe zu rechnen** ist. Sie sind deshalb in der Bilanz mit ihrem **Nennwert** anzusetzen.

Zweifelhaft sind Forderungen, deren **Zahlungseingang unsicher** ist, also ein teilweiser oder vollständiger Zahlungsausfall zu erwarten ist. Ein solches **spezielles Ausfallrisiko** besteht, wenn ein Kunde trotz Mahnung nicht gezahlt hat oder über sein Vermögen ein Insolvenzverfahren beantragt oder bereits eröffnet worden ist. Diese **zweifelhaften Forderungen,** die auch als **„Dubiose"** bezeichnet werden, sind in der Bilanz mit ihrem **wahrscheinlichen Wert** anzusetzen, wobei der zu erwartende Forderungsausfall aufgrund einer Schätzung oder Mitteilung des Insolvenzverwalters ermittelt und abgeschrieben wird. Die **Abschreibung** darf nur **vom Nettowert der Forderung** erfolgen. Die **Umsatzsteuer** wird **grundsätzlich erst dann berichtigt, wenn der Ausfall der Forderung tatsächlich feststeht,** wie beispielsweise nach entsprechender Entscheidung des Insolvenzverwalters.

Uneinbringlich ist eine Forderung, wenn sie verjährt ist oder das beantragte Insolvenzverfahren mangels Masse nicht eröffnet wurde. **Uneinbringliche Forderungen** sind **voll abzuschreiben,** wobei die **Umsatzsteuer sofort zu berichtigen** ist.

Beispiel 1: Zum 31. Dezember 01 wurde in der Maschinenbau GmbH der Forderungsbestand in Höhe von 116.000,00 € überprüft. Dabei wurde festgestellt, dass beim Kunden Axel Dorf e. K. der Antrag auf Eröffnung eines Insolvenzverfahrens gestellt wurde. Vor Aufstellung der Bilanz wurde das Insolvenzverfahren mangels Masse, also wegen fehlender Deckung der Verfahrenskosten, nicht eröffnet. Die Forderung beträgt 2.320,00 € (2.000,00 € netto + 320,00 € Umsatzsteuer).

Der Grundsatz der Bilanzklarheit verlangt, dass zweifelhafte Forderungen grundsätzlich von den einwandfreien (vollwertigen) Forderungen **buchhalterisch zu trennen** sind. Das geschieht durch **Umbuchung** auf das Konto

2470 Zweifelhafte Forderungen.

Buchung: ❶ **2470 Zweifelhafte Forderungen** an **2400 Forderungen a. LL** **2.320,00**

Werden zweifelhafte Forderungen teilweise oder vollständig **uneinbringlich,** wird der **Nettobetrag** des entsprechenden Forderungsausfalls **direkt abgeschrieben:**

6950 Abschreibungen auf Forderungen.[1]

Gleichzeitig ist die **Umsatzsteuer** im Soll des Kontos „4800 USt" zu **berichtigen,** da durch den Forderungsausfall eine Rückforderung an das Finanzamt entsteht.[1]

Buchung: ❷ **6950 Abschreibungen auf Forderungen**[1] **2.000,00**
4800 Umsatzsteuer **320,00**
an **2470 Zweifelhafte Forderungen** **2.320,00**

S	2470 Zweifelhafte Forderungen		H
❶	2.320,00	❷	2.320,00

S	6950 Abschreibungen auf Forderungen		H
❷	2.000,00		

S	2400 Forderungen a. LL		H
...	116.000,00	❶	2.320,00

S	4800 Umsatzsteuer		H
❷	320,00		

1 In der **EDV-Fibu** ist das **Konto 6950** stets ein **automatisches Konto.** Nach **Eingabe des Bruttobetrages** wird die anteilige **Umsatzsteuer automatisch** herausgerechnet und gebucht **(Umsatzsteuerverprobung!).**

Beispiel2: In der Maschinenbau GmbH beträgt der Forderungsbestand zum 31. Dezember 01 243.600,00 €. Die Inventur der Einzelforderungen ergab, dass über das Vermögen des Kunden Volker Badicke e. K., an den noch eine bereits überfällige Forderung in Höhe von 17.400,00 € (15.000,00 € netto + 2.400,00 € USt) besteht, ein Insolvenzverfahren eröffnet worden ist. Auf Anfrage teilt der Insolvenzverwalter mit, dass voraussichtlich nur mit einer Erstattungsquote von 20 % zu rechnen sei.

Buchungen:	❶ **2470 Zweifelhafte Ford.**	an	**2400 Ford. a. LL**	**17.400,00**
	❷ **6950 Abschreibungen a. Ford.** .	an	**2470 Zweifelhafte Ford.**	**12.000,00**

Nach den Abschlussbuchungen weist das **SBK als Abschlusskonto aller Bestandskonten** jeweils den **Bestand der einwandfreien und zweifelhaften Forderungen** aus.

S	**2400 Forderungen a. LL**		H
...	243.600,00	❶ 2470	17.400,00
		SBK	226.200,00

S	**2470 Zweifelhafte Forderungen**		H
❶ 2400	17.400,00	❷ 6950	12.000,00
		SBK	5.400,00

S	**6950 Abschreibungen a. F.**		H
❷ 2470	12.000,00	GuV	12.000,00

S	**8020 Gewinn- und Verlustkonto**		H
6950	12.000,00		

S	**8010 Schlussbilanzkonto**	H
2400 Forderungen a. LL	226.200,00	
2470 Zweifelhafte Forderungen ..	5.400,00	

In der zu veröffentlichenden **Bilanz einer Kapitalgesellschaft** (s. S. 384 f.) dürfen gemäß § 266 HGB **keine zweifelhaften Forderungen gesondert** ausgewiesen werden. Diese sind vorab, also außerhalb der Buchführung, den Forderungen wieder hinzuzurechnen:

Aktiva	**Bilanz der Maschinenbau GmbH**	Passiva
Forderungen a. LL	**231.600,00**	

Merke:

- **Forderungen sind zum Bilanzstichtag einzeln zu bewerten. Man unterscheidet zwischen einwandfreien, zweifelhaften und uneinbringlichen Forderungen.**
- **In der Bilanz werden einwandfreie Forderungen mit ihrem Nennwert und zweifelhafte Forderungen mit ihrem wahrscheinlichen Wert ausgewiesen. Uneinbringliche Forderungen sind abzuschreiben, wobei die Umsatzsteuerschuld sofort zu berichtigen ist.**
- **Die Abschreibungen auf zweifelhafte Forderungen werden vom Nennwert berechnet. Die Umsatzsteuer wird grundsätzlich erst bei tatsächlichem Forderungsausfall berücksichtigt.**

Aufgaben

397 Zum 31. Dez. beträgt der Forderungsbestand der Exakta GmbH 243.600,00 €. Die Einzelbewertung der Forderungen ergab, dass über das Vermögen der Kundin Delta GmbH das Insolvenzverfahren eröffnet worden ist. Auf Anfrage teilt der Insolvenzverwalter mit, dass mit einer Erstattungsquote von 40 % zu rechnen ist. Die Forderung der Exakta GmbH beträgt 25.520,00 €.

1. *Wie lauten die Buchungen zum Bilanzstichtag?*
2. *Erstellen Sie das Schlussbilanzkonto und die Schlussbilanz der Exakta GmbH.*

398 Der Kunde Ralf Schütz e. K. hat zum 10. Dez. das Insolvenzverfahren beantragt. Unsere Forderung beträgt 1.160,00 €. Das Verfahren kommt am 20. Dez. zum Abschluss (Erstattungsquote 50 %, Bankgutschrift zum 30. Dez.). *Wie lauten die Buchungen 1. zum 10. und 2. zum 30. Dez.?*

399 Im vergangenen Geschäftsjahr wurde eine uneinbringlich gewordene Forderung von 3.480,00 € in voller Höhe abgeschrieben. Unerwartet erhalten wir am 15. Mai des laufenden Geschäftsjahres 1.740,00 € auf unser Bankkonto überwiesen.
Begründen Sie die umsatzsteuerliche Auswirkung und nennen Sie den Buchungssatz.

2.7 Bewertung der Schulden

Höchstwertprinzip. Verbindlichkeiten sind zum **Bilanzstichtag** gemäß § 253 [1] HGB zu ihrem **Höchstwert,** d.h. mit ihrem

höheren Rückzahlungsbetrag

in die Bilanz einzusetzen, sofern überhaupt eine Wahlmöglichkeit zwischen einem niedrigeren und höheren Wert besteht. Das ist z. B. der Fall bei

▶ **Währungsverbindlichkeiten** und ▶ **Hypotheken.**

Bei Währungsverbindlichkeiten (Valutaverbindlichkeiten) ist zunächst der **Tageskurs am Bilanzstichtag** festzustellen. Ist dieser gesunken, so darf nicht der niedrigere Kurs eingesetzt werden (nicht realisierter Gewinn!). Ist der Kurs dagegen gestiegen, so muss aus Gründen kaufmännischer Vorsicht die Verbindlichkeit **zum höheren Wert** in der Bilanz ausgewiesen werden (Höchstwertprinzip!).

Beispiel: Die Maschinenbau GmbH hat am 18. Dezember aus den USA Rohstoffe mit einem Zahlungsziel von 4 Wochen importiert. Die Rechnung lautet über 5.000,00 US-$. Zum 18. Dezember betrug der Wechselkurs 1,0565 US-$/1 €[1]. Der Rechnungsbetrag der **Eingangsrechnung** von 4.732,61 € (5.000,00 : 1,0565) wurde **gebucht:**

6000 Aufwend. f. Rohstoffe ... an **4400 Verbindlichkeiten a. LL** **4.732,61**

Bei der Bewertung der Währungsverbindlichkeit sind **drei** Fälle möglich:

▶ **Am Bilanzstichtag entspricht der Tageskurs dem Anschaffungskurs von 1,0565 US-$/1 €.**

Die Auslandsschuld ist zum **Anschaffungskurs** zu passivieren:

Bilanzansatz = 5.000,00 US-$: 1,0565 = **4.732,61 €**

▶ **Am Bilanzstichtag beträgt der Kurs 1,0470 US-$/1 €** (d. h., der Dollarkurs ist gestiegen und der Eurokurs ist gesunken).

Nach dem strengen Höchstwertprinzip müssen Verbindlichkeiten zum Abschluss-Stichtag mit ihrem **höheren** Rückzahlungsbetrag bewertet und in die Schlussbilanz eingesetzt werden:

Bilanzansatz = 5.000,00 US-$: 1,0470 = **4.775,55 €**

Damit wird bereits zum Bilanzstichtag ein **Verlust von 42,94 €** ausgewiesen.

Buchung: **6000 Aufwendungen für Rohstoffe** an **4400 Verbindlichkeiten a. LL** **42,94**

Nach dieser Buchung erscheint die **Währungsverbindlichkeit** mit ihrem **höheren Tageswert von 4.775,55 € in der Bilanz.**

▶ **Am Bilanzstichtag beträgt der Kurs 1,0730 US-$/1 €** (d. h., der Dollarkurs ist gesunken und der Eurokurs ist gestiegen).

Die Währungsverbindlichkeit darf nun nicht mit dem niedrigeren Wert von 4.659,83 € (5.000,00 US-$: 1,0730) angesetzt werden, da sonst ein Gewinn von 72,78 € ausgewiesen würde, der durch Bezahlung der Rechnung noch nicht entstanden (realisiert) ist. **Nicht realisierte Gewinne dürfen nicht ausgewiesen werden!** Aus **Gründen der Vorsicht** muss die Verbindlichkeit zum **höheren** ursprünglichen **Anschaffungswert von 4.732,61 € passiviert** werden.

Merke:
- **Zum Bilanzstichtag sind Verbindlichkeiten zum höheren Rückzahlungsbetrag in die Bilanz einzusetzen (Höchstwertprinzip):**
  Tageskurs zum 31. Dez. > Anschaffungskurs ➔ Ansatz zum Tageskurs
  Tageskurs zum 31. Dez. < Anschaffungskurs ➔ Ansatz zum Anschaffungskurs
- **Das Höchstwertprinzip ist Ausdruck kaufmännischer Vorsicht.**

1 Währungskurse unterliegen ständigen und oft erheblichen Schwankungen. Entnehmen Sie aktuelle Kurse dem Wirtschaftsteil der Tageszeitungen, dem Internet oder erkundigen Sie sich bei Ihrer Bank danach.

Bei Hypothekenschulden ist der Rückzahlungsbetrag (= 100 %) meist höher als der vereinnahmte Betrag. Der **Unterschiedsbetrag,** das so genannte **Abgeld,** auch **Damnum** oder **Disagio** genannt, **darf** nach § 250 (3) HGB unter die Rechnungsabgrenzungsposten der Aktivseite **(ARA)** aufgenommen werden (Aktivierungs**recht**). Das Disagio ist dann durch **planmäßige Abschreibungen** auf die gesamte Laufzeit der Hypothek zu verteilen. **Steuerrechtlich** muss das Disagio aus Gründen einer periodengerechten Ermittlung des steuerpflichtigen Gewinns aktiviert und gleichmäßig abgeschrieben werden (Aktivierungs**pflicht**).

Beispiel: Zur Finanzierung einer Produktionshalle hat die Maschinenbau GmbH bei der Bank eine Hypothek von 500.000,00 € aufgenommen, die zu 96 % = 480.000,00 € ausgezahlt wurde. Das Disagio von 20.000,00 € ist als Zinsaufwand auf die zehnjährige Laufzeit der Hypothek planmäßig zu verteilen (abzuschreiben), also jährlich 2.000,00 €.

❶ **Buchung bei Aufnahme der Hypothek:**

2800 Bank	**480.000,00**			
2900 ARA	**20.000,00**	an	**4250 Hypothekenschulden**	**500.000,00**

❷ **Buchung zum 31. Dezember:**

7590 Sonstige zinsähnliche Aufwendungen	an	**2900 ARA**	**2.000,00**

Anleihen (Industrieobligationen) werden von bedeutenden Industrieunternehmen meist in Form von Teilschuldverschreibungen ausgegeben. Um einen Kaufanreiz zu schaffen, erfolgt die **Ausgabe oft unter pari** (Nennwert = 100 %), also mit einem **Disagio.** Zuweilen verpflichten sich die Industriebetriebe diese Anleihen nach Ablauf einer bestimmten Zeit mit einem **höheren** Wert **(über pari),** also mit einem **Aufgeld oder Agio,** zurückzuzahlen. Der **Unterschiedsbetrag** zwischen dem höheren Rückzahlungswert und dem niedrigeren Ausgabebetrag der Anleihe **(Disagio + Rückzahlungsagio)** ist dann **aktiv abzugrenzen (ARA) und** ebenfalls **planmäßig abzuschreiben.**

Beispiel: Ein Industriebetrieb gibt zur Finanzierung notwendiger Erweiterungsinvestitionen eine **Anleihe** mit einem Nennwert von 10 Millionen € aus. **Ausgabekurs 96 %** = 9.600.000,00 €; **Rückzahlungskurs 102 %** = 10.200.000,00 €. **Rückzahlung nach 10 Jahren.**

❶ **Buchung bei Ausgabe der Anleihe:**

2800 Bank	**9.600.000,00**			
2900 ARA	**600.000,00**	an	**4100 Anleiheschulden**	**10.200.000,00**

❷ **Buchung zum 31. Dezember:**

Planmäßige Abschreibung des Disagios und Rückzahlungsagios:
600.000 : 10 = 60.000,00 € jährlich.

7590 Sonstige zinsähnliche Aufwendungen	an	**2900 ARA**	**60.000,00**

Merke: **Bei Hypotheken- und Anleiheschulden werden Abgeld (Damnum bzw. Disagio) und Aufgeld (Rückzahlungsagio) unter der ARA gesondert erfasst und durch planmäßige Abschreibungen (Konto 7590) auf die entsprechende Laufzeit verteilt.**

Die übrigen Verbindlichkeiten, wie

- **Verbindlichkeiten a. LL,**
- **sonstige Verbindlichkeiten,**
- **Schuldwechsel,**
- **Bankschulden u. a.,**

werden in der Schlussbilanz mit ihrem **Nennwert (Nominalwert)** angesetzt.

Aufgaben

400 Die Elektrowerke GmbH bezieht aus den USA Elektrokabel. Rechnungseingang am 18. Dezember über 15.000,00 US-$ zum Tageskurs von 1,0580 US-$/1 €. Zahlungsziel vier Wochen.

1. *Wie lautet die Buchung bei Rechnungseingang?*
2. *Wie ist die Auslandsverbindlichkeit zum 31. Dezember zu bewerten, wenn der Kurs a) 1,0580, b) 1,0450, c) 1,0760 beträgt? Begründen Sie Ihre Bewertung.*

401 Die Metallbau GmbH importiert Fertigteile aus der Schweiz zum Rechnungsbetrag von 25.000,00 sfrs. Zahlungsziel vier Wochen. Rechnungseingang 22. Dezember. Kurs 1,6250 sfr/1 €.

1. *Buchen Sie den Rechnungseingang am 22. Dezember.*
2. *Bewerten Sie die Fertigteile zum 31. Dezember zum Kurs von a) 1,7550; b) 1,5450.*

402 Ein Industriebetrieb hat am 2. Januar eine Hypothek in Höhe von 300.000,00 € aufgenommen. Laufzeit 10 Jahre. Dem Bankkonto wurde der Auszahlungsbetrag von 282.000,00 € gutgeschrieben. 8 % Zinsen, jeweils zum 30. Juni und 31. Dezember, zuzüglich Tilgung.

1. *Buchen Sie bei Aufnahme der Hypothek.*
2. *Buchen Sie die halbjährlichen Zahlungen für Zinsen und Tilgung.*
3. *Buchen Sie zum 31. Dezember.*

403 Im Konto „4400 Verbindlichkeiten a. LL" ist eine Rohstoffverbindlichkeit von 20.000,00 US-$ zum Kurs von 1,0495 US-$/1 € enthalten. Am Bilanzstichtag beträgt der Kurs a) 1,0425; b) 1,0650.

1. *Ermitteln und begründen Sie den Bilanzansatz zum 31. Dezember.*
2. *Wie lautet die Buchung?*

404 Wir haben am 10. Januar eine Hypothek von 900.000,00 € zu 98 % für einen Neubau aufgenommen. Laufzeit der Hypothek 20 Jahre.

1. *Buchen Sie a) bei Aufnahme der Hypothek und b) zum 31. Dezember.*
2. *Begründen Sie, weshalb steuerlich das Disagio gleichmäßig auf die Laufzeit verteilt wird.*

405 Ein Industriebetrieb gibt zu Beginn des Geschäftsjahres eine Anleihe im Nennwert von 20 Millionen € aus. Ausgabekurs 97 %, Rückzahlungskurs 101 %; Rückzahlung nach 10 Jahren.

1. *Ermitteln Sie das Disagio und das Rückzahlungsagio.*
2. *Zu welchem Betrag muss die Anleiheschuld passiviert werden?*
3. *Buchen Sie a) bei Ausgabe der Anleihe und b) zum 31. Dezember.*

406 Eine Dachreparatur konnte im Dezember nicht mehr durchgeführt werden und musste deshalb bis Mitte Januar aufgeschoben werden. Kostenvoranschlag: 5.800,00 € netto.

1. *Buchen Sie zum 31. Dezember.*
2. *Wie ist zu buchen, wenn im neuen Jahr nach Durchführung der Reparatur folgende Rechnungen durch Bank beglichen werden:*
   a) 5.800,00 € + USt; b) 6.400,00 € + USt; c) 5.400,00 € + USt?

407 Bildung einer Rückstellung für die Gewerbesteuer über 18.600,00 €. Banküberweisung der Gewerbesteuer im März n. J.: a) 18.600,00 €; b) 17.200,00 €; c) 19.000,00 €.
Buchen Sie die Bildung und Auflösung der Gewerbesteuerrückstellung.

408 *Nennen Sie die Buchung:* a) Am Jahresende werden der Pensionsrückstellung für unsere Belegschaftsmitglieder 150.000,00 € zugeführt. b) Pensionsrückstellungen in Höhe von 17.600,00 € werden wegen Kündigung von Belegschaftsmitgliedern aufgelöst.

409 Wir bestellen am 2. Dezember 6000 kg Rohstoffe zu 30,00 €/kg. Liefertermin: 10. Februar n. J. Der Wiederbeschaffungswert am 31. Dezember beträgt 20,00 €.

1. *Erklären Sie, inwiefern es sich hierbei um ein „schwebendes" Geschäft handelt.*
2. *In welchem Fall müssen schwebende Geschäfte bilanzmäßig berücksichtigt werden?*
3. *Buchen Sie a) zum 31. Dezember und b) nach Erhalt der Rohstoffe im neuen Jahr.*

410

1. *Nennen Sie Verbindlichkeiten, die zum Nennwert zu passivieren sind.*
2. *Bei welchen Schulden ergibt sich oft ein Bilanzansatz zum höheren Rückzahlungswert?*
3. *Welcher Zusammenhang besteht zwischen Höchstwert- und Niederstwertprinzip?*

2.8 Diverse Aufgaben zur Bewertung der Wirtschaftsgüter

411 Zum 31. Dezember 01 beträgt der Forderungsbestand der Metallwerke GmbH 406.000,00 €. Darin ist eine Forderung an die Illiquid GmbH in Höhe von 34.800,00 € enthalten, über deren Vermögen am 28. Dezember das Insolvenzverfahren eröffnet worden ist. Vor Bilanzaufstellung am 12. Februar 02 teilt der Insolvenzverwalter mit, dass mit einem Verlust von 80 % zu rechnen sei.

1. *Führen Sie die Bewertung der Forderungen durch und buchen Sie zum 31. Dezember 01.*
2. *Erstellen Sie das Schlussbilanzkonto und die Bilanz gemäß § 266 HGB.*

412 Auf eine im Geschäftsjahr 01 voll abgeschriebene Forderung gehen am 5. Januar 02, also noch vor der Aufstellung der Bilanz zum 31. Dezember 01, unerwartet 5.800,00 € ein.

Wie bewerten Sie diesen Fall im Jahresabschluss zum 31. Dezember 01? Nennen Sie gegebenenfalls die Buchung.

413 Die Textil GmbH exportiert am 15. November 01 Waren in die USA. Abrechnung erfolgt auf Dollarbasis. Dem Kunden werden 200.000,00 US-$ in Rechnung gestellt, zahlbar am 15. Januar 02. Am Tag der Rechnungsstellung beträgt der Kurs 1,0650 US-$/1 €.

1. *Wie hoch sind die Anschaffungskosten der Forderung? Buchen Sie.*
2. *Mit welchem Wert muss die Forderung zum 31. Dezember 01 angesetzt werden, wenn der Kurs a) 1,0595 und b) 1,0750 beträgt? Begründen Sie Ihre Bewertung und nennen Sie, sofern erforderlich, die entsprechende Buchung zum 31. Dezember.*

414 Kauf eines Betriebsgrundstücks für 300.000,00 €. Die Grunderwerbsteuer beträgt 3,5 %. Der Makler stellt 9.000,00 € + USt in Rechnung. Für ein Entwässerungsgutachten für das Grundstück wurden 2.000,00 € + USt gezahlt. Der Anschluss des Grundstücks an den Kanal verursachte Kosten in Höhe von 3.000,00 € + USt. Der Notar berechnet 1.500,00 € + USt. Die Grundbuchkosten belaufen sich auf 450,00 €. Alle Zahlungen erfolgen durch Banküberweisung.

Zur Finanzierung des Grundstücks musste bei der Sparkasse eine Hypothek über 200.000,00 € bei 100%iger Auszahlung und 10 % Zinsen aufgenommen werden. Die Zinsen sind halbjährlich im Voraus zu zahlen.

1. *Ermitteln Sie die Anschaffungskosten des Grundstücks.*
2. *Begründen Sie, welche Kosten im vorliegenden Fall nicht zu den Anschaffungskosten gehören.*
3. *Buchen Sie die Anschaffung des Grundstücks aufgrund der vorliegenden Rechnungen.*
4. *Nennen Sie den Buchungssatz zur Aufnahme der Hypothek.*
5. *Buchen Sie die Hypothekenzinsen bei Zahlung am 1. Okt. Wie ist zum 31. Dez. zu buchen?*

415 Das in Aufgabe 414 genannte Grundstück hat zum Abschluss-Stichtag des folgenden Geschäftsjahres einen Verkehrswert von 380.000,00 €.

1. *Nennen Sie den Wertansatz zum 31. Dezember.*
2. *Begründen Sie Ihre Bewertungsentscheidung unter Berücksichtigung der Ihnen bekannten Bewertungsprinzipien.*

416 Es wird unterstellt, dass das in Aufgabe 414 genannte Grundstück nach fünf Jahren wegen Wegfalls der Hauptverkehrsanbindung nur noch einen Wert von 220.000,00 € hat.

1. *Nennen Sie den Wertansatz für die Jahresbilanz.*
2. *Begründen Sie ausführlich Ihre Bewertung.*
3. *Nennen Sie den Buchungssatz.*
4. *Erläutern Sie die Auswirkung auf den Jahreserfolg.*

417 In der Elektronik GmbH beträgt der Inventurbestand 5800 Einbauchips. Eine Einzelbewertung war nicht möglich *(Nennen Sie Gründe.)*. Die Anschaffungskosten wurden aufgrund einer Durchschnittsrechnung ermittelt und betragen 156,00 € je Stück.

Der Tageswert zum 31. Dezember 01 beträgt a) 150,00 € und b) 162,00 €.

Begründen Sie den Wertansatz zum 31. Dezember 01.

418 Ein Textilverarbeitungsbetrieb hat einen Posten Stoffe am 4. Dezember für 15.000,00 € netto ab Werk gekauft. An den Spediteur wurden für Transport und Versicherung 680,00 € netto gezahlt. Bei Bezahlung der Ware wurden 2 % Skonto abgezogen.

1. *Ermitteln Sie die Anschaffungskosten.*
2. *Wie ist die Ware zum 31. Dezember zu bewerten, wenn am Bilanzstichtag der Wiederbeschaffungswert*
   a) 15.800,00 € und
   b) 14.000,00 € beträgt?
3. *Begründen Sie jeweils Ihre Bewertungsentscheidung zu 2. a) und 2. b) und nennen Sie die Auswirkung auf den Jahreserfolg.*

---

419 Im Konto „4400 Verbindlichkeiten a. LL" ist eine Rohstoffverbindlichkeit von 20.000,00 US-$ zum Anschaffungskurs von 1,0550 US-$/1 € enthalten. Am Bilanzstichtag beträgt der Kurs
a) 1,0725 und b) 1,0495.

1. *Ermitteln Sie den Bilanzansatz zu a) und b).*
2. *Begründen Sie Ihre Bewertungsentscheidung auch im Hinblick auf den Jahreserfolg.*
3. *Wie lautet die Buchung zum 31. Dezember?*

---

420 Ein Industriebetrieb hat zur kurzfristigen Anlage 50 Aktien zum Stückkurs von 150,00 € erworben. Die Bank berechnet insgesamt für Nebenkosten (Maklergebühr, Bankprovision) 1,06 % vom Kurswert.

Zum 31. Dezember des Anschaffungsjahres beträgt der Stückkurs
a) 160,00 € und
b) 120,00 €.

1. *Ermitteln Sie die Anschaffungskosten.*
2. *Begründen Sie den Wertansatz zum 31. Dezember des Anschaffungsjahres zu a) und b).*
3. *Welche Wertansätze sind möglich, wenn der Kurs zum Bilanzstichtag des folgenden Jahres a) 140,00 € und b) 170,00 € beträgt?*
4. *Begründen Sie buchhalterisch, dass durch Wertaufholungen stille Reserven aufgelöst werden.*

---

421 Die Textilwerke GmbH hat in der Handelsbilanz zum 31. Dezember eine im Vorjahr zu 100.000,00 € Anschaffungskosten erworbene Maschine mit 10 % linear abgeschrieben.

In der dem Finanzamt eingereichten Steuerbilanz wurde die gleiche Maschine mit dem steuerlichen Höchstsatz degressiv abgeschrieben.

1. *Nennen Sie den Wertansatz für die Handels- und Steuerbilanz.*
2. *Begründen Sie, warum das Finanzamt den niedrigeren Wertansatz in der Steuerbilanz nicht anerkennt, obwohl er steuerlich zulässig ist.*

---

422 Die Elektrowerke Horst Schneider e. K. haben zum 31. Dezember noch 80 Elektromotoren zum durchschnittlichen Anschaffungswert von 190,00 € auf Lager.

Die Wiederbeschaffungskosten betragen am Bilanzstichtag a) 210,00 € und b) 160,00 €.

Begründen Sie den Wertansatz a) und b) und erläutern Sie die Erfolgsauswirkung.

---

423 Ein Industriebetrieb hat am 15. Januar eine Förderanlage erworben. Der Listenpreis beträgt 80.000,00 € netto. Die Lieferfirma gewährt hierauf 10 % Rabatt.

In Rechnung gestellt werden ferner: Transportkosten 2.000,00 €, Fundamentierungskosten 2.500,00 €, Montagekosten 3.500,00 €, zuzüglich Umsatzsteuer.

Der Rechnungsbetrag wurde mit 2 % Skonto durch Banküberweisung beglichen.

Zur Finanzierung der Anlage wurde ein Darlehen von 60.000,00 € aufgenommen. Die Zinsen für das laufende Geschäftsjahr wurden mit 5.600,00 € im Voraus überwiesen.

1. *Ermitteln Sie die Anschaffungskosten der Förderanlage.*
2. *a) Erstellen Sie die Rechnung der Lieferfirma. b) Buchen Sie den Eingang der Rechnung.*
3. *Nennen Sie die Buchung für den Rechnungsausgleich.*
4. *Die Förderanlage hat eine Nutzungsdauer von 10 Jahren. Ermitteln Sie a) den niedrigsten und b) den höchstmöglichen Abschreibungsbetrag zum 31. Dezember.*
5. *Nennen Sie den Wertansatz für die Fälle 4. a) und 4. b).*
6. *Für welchen Wertansatz würden Sie sich entscheiden, wenn das Unternehmen a) mit Verlust und b) mit hohem Gewinn abschließt? Begründen Sie.*

424 Der Wert einer Maschine mit Anschaffungskosten von 200.000,00 €, die linear über 10 Jahre abgeschrieben wird, sinkt im Jahr 04 infolge des technischen Fortschritts zusätzlich um 20 % der Anschaffungskosten.

1. *Begründen Sie Ihre Bewertungsentscheidung.*
2. *Ermitteln Sie die fortgeführten Anschaffungskosten zum 31. Dezember 04.*
3. *Nennen Sie den Buchungssatz zum 31. Dezember.*
4. *Ermitteln Sie die Abschreibung für die Restnutzungsdauer.*

425 Eine GmbH hat in ihrer dem Handelsregister eingereichten Handelsbilanz die im Abschlussjahr mit Anschaffungskosten von 40.000,00 € erworbenen geringwertigen Wirtschaftsgüter aktiviert und mit 20 % linear abgeschrieben. In der dem Finanzamt eingereichten Steuerbilanz wurde von der Möglichkeit der Vollabschreibung der geringwertigen Wirtschaftsgüter Gebrauch gemacht.

1. *Welche Überlegungen standen im Vordergrund?*
2. *Begründen Sie die Entscheidung der Finanzverwaltung im vorliegenden Fall.*

426 Die fortgeführten Anschaffungskosten einer Maschine betragen zum 31. Dezember .. 24.000,00 €. Der Wert (Teilwert) der Maschine ist infolge Preissteigerung auf 30.000,00 € gestiegen. Der Buchhalter möchte daher eine Zuschreibung in Höhe von 6.000,00 € vornehmen, die zu einem Wertansatz von 30.000,00 € führt.

Beraten Sie den Buchhalter und begründen Sie Ihre Auffassung.

427 Rohstoffe wurden am 20. Dezember .. zu 5.000,00 € netto zuzüglich Bezugskosten 300,00 € netto angeschafft. Beim Rechnungsausgleich wurden 2 % Skonto abgezogen. Die Rohstoffe sind am 31. Dezember noch am Lager.

1. *Ermitteln Sie die Anschaffungskosten.*
2. *Wie sind die Rohstoffe zum 31. Dezember zu bewerten, wenn der Tageswert*
   a) 6.000,00 € und b) 4.600,00 € beträgt?
   Begründen Sie Ihre Entscheidung.

428 Die in Aufgabe 427 genannten Rohstoffe wurden in der Bilanz zum 31. Dezember .. nach dem strengen Niederstwertprinzip mit 4.600,00 € bewertet. Es wird unterstellt, dass die Rohstoffe auch noch zum 31. Dezember des folgenden Jahres vorhanden sind und der Tageswert nunmehr 5.100,00 € beträgt.

1. *Nennen Sie die möglichen Wertansätze zum 31. Dezember des letzten Jahres, wenn der Steuerpflichtige*
   a) niedrigste und
   b) höchste Bewertung wünscht.
2. *Erklären Sie an diesem Beispiel das Recht auf Wertbeibehaltung und das Gebot zur Wertaufholung.*
3. *Erläutern Sie die Auswirkungen auf den Gewinn.*

429 Ein Industriebetrieb hat ein Grundstück erworben. Anschaffungskosten 150.000,00 €. Am Bilanzstichtag beträgt der Tageswert (Teilwert)
a) 180.000,00 € und
b) 100.000,00 €.
Im Fall b) handelt es sich um eine Wertminderung, die auf ein Bauverbot für das Grundstück zurückzuführen ist.

1. *Ermitteln und begründen Sie für die beiden Fälle den jeweiligen Wertansatz.*
2. *Welche Möglichkeiten der Bilanzierung des Grundstücks bestehen, wenn nach vier Jahren das Bauverbot aufgehoben wird?*

430 Im Geschäftsjahr .. wurde eine Beteiligung an einer Aktiengesellschaft für 10 Millionen € erworben. Zum 31. Dezember des gleichen Jahres ist der Wert geringfügig auf 9,7 Millionen € gesunken. Die Unternehmensleitung erwartet für das nächste Jahr wieder eine Wertsteigerung.

1. *Welche Möglichkeiten der Bewertung bestehen nach § 253 (2) HGB?*
2. *Begründen Sie Ihre Bewertungsentscheidung für die Beteiligung, wenn das Unternehmen*
   a) mit Gewinn und b) mit Verlust abschließt.

Ermitteln Sie die Herstellungskosten für den Bestand an fertigen Erzeugnissen zum 31. Dez. .. 431
1. *bei handels- und steuerrechtlich zulässiger höchster Bewertung,*
2. *bei a) handels- und b) steuerrechtlich zulässiger niedrigster Bewertung.*

Fertigungsmaterial	10.000,00 €
Materialgemeinkosten	2.000,00 €
Fertigungslöhne	15.000,00 €
Fertigungsgemeinkosten	45.000,00 €
Sondereinzelkosten der Fertigung	2.000,00 €
Verwaltungsgemeinkosten	8.000,00 €
Vertriebsgemeinkosten	6.000,00 €

In der Maschinenbau GmbH wird ein Fließband für die eigene Fertigung erstellt. Die technische Abnahme erfolgt durch den TÜV, der 4.000,00 € netto in Rechnung stellt. Das Fließband wird am 18. Oktober in Betrieb genommen. Nutzungsdauer 10 Jahre. Die Kalkulation stellt folgende Zahlen zur Verfügung: 432

Fertigungsmaterial	60.000,00 €
Materialgemeinkosten	7.200,00 €
Fertigungslöhne	80.000,00 €
Fertigungsgemeinkosten	160.000,00 €
Verwaltungsgemeinkosten	5.000,00 €

1. *Ermitteln Sie unter Berücksichtigung aller Angaben die handelsrechtlichen Herstellungskosten a) bei niedrigster und b) bei höchster Bewertung.*
2. *Berechnen Sie die steuerlichen HK a) bei niedrigster und b) bei höchster Bewertung.*
3. *Das Unternehmen entscheidet sich für den niedrigsten Wertansatz in der Handelsbilanz. Erläutern Sie die Konsequenzen für die Steuerbilanz und begründen Sie diese.*
4. *Wie lautet die Buchung zur Aktivierung der selbst erstellten Anlage?*
5. *Welche Auswirkung hat die Aktivierung von Eigenleistungen auf den Gewinn?*
6. *Der Buchhalter möchte in der Handelsbilanz linear abschreiben, in der Steuerbilanz jedoch die höchstmögliche Abschreibung vornehmen. Beraten Sie den Buchhalter.*
7. *Ermitteln Sie a) den Abschreibungsbetrag bei linearer Abschreibung zum 31. Dezember 01 und b) die fortgeführten Herstellungskosten für die Handelsbilanz.*
8. *Am Ende des 4. Nutzungsjahres wird das Fließband wegen Produktionsumstellung nicht mehr benötigt. Zum 31. Dezember 04 ist deshalb eine zusätzliche Wertminderung von 40 % der Herstellungskosten zu berücksichtigen. Ermitteln Sie den Wertansatz zum 31. Dezember 04.*

Ein Industriebetrieb hat am 15. November d. J. 300 t Rohstoffe T 401 zu 700,00 €/t zur Lieferung am 28. Februar n. J. fix bestellt. Zum 31. Dezember d. J. ist der Preis auf 550,00 €/t nachhaltig gefallen. 433

1. *Begründen Sie Ihren Vorschlag an den Buchhalter für den Jahresabschluss zum 31. Dezember d. J.*
2. *Wie lautet gegebenenfalls die erforderliche Buchung zum 31. Dezember d. J.?*
3. *Wie buchen Sie nach Eingang der Rohstoffe am 28. Februar n. J.?*
4. *Wie würden Sie den Fall behandeln, wenn der Preis am 31. Dezember d. J. 1.000,00 €/t beträgt?*

1. *Nennen Sie die Zielsetzung a) der Handelsbilanz und b) der Steuerbilanz.* 434
2. *Was beinhaltet der „Grundsatz der Maßgeblichkeit der Handelsbilanz für die Steuerbilanz“?*
3. *Welche Unternehmen stellen sowohl eine Handels- als auch eine Steuerbilanz auf?*
4. *Erläutern Sie den Zusammenhang zwischen dem Prinzip der Vorsicht und dem Anschaffungswert-, Niederstwert-, Höchstwert- und Imparitätsprinzip.*
5. *Unterscheiden Sie zwischen strengem und gemildertem Niederstwertprinzip.*
6. *Nennen Sie Ausnahmen des Grundsatzes der Einzelbewertung.*
7. *Nennen Sie mögliche Abweichungen in der Handels- und Steuerbilanz.*

435 *Vervollständigen Sie folgende Aussagen:*

1. Nicht durch Umsatz realisierte Gewinne entstehen, wenn der ••• am Bilanzstichtag ••• ist als die Anschaffungskosten.
2. Nicht durch Umsatz realisierte Verluste ergeben sich, wenn der Tageswert am Bilanzstichtag ••• ist als die •••.
3. Die handelsrechtlichen Bewertungsprinzipien sorgen dafür, dass keine nicht realisierten ••• ausgewiesen werden, wohl aber nicht realisierte •••.
4. Wenn keine nicht realisierten Gewinne gebucht werden dürfen, können sie auch nicht an die Unternehmenseigner ••• werden. Dadurch bleibt das Eigenkapital zum Schutz der ••• •••.
5. Die handelsrechtlichen Bewertungsvorschriften bezwecken also eine ••• Bewertung der Vermögens- und Schuldposten. Man spricht deshalb auch vom Prinzip der •••.
6. Die handelsrechtliche Bewertung ist ••• für die steuerliche Gewinnermittlung, es sei denn, dass steuerliche Vorschriften etwas anderes •••.
7. Die steuerlichen Bewertungsvorschriften sollen aus Gründen der Steuer••• eine ••• Gewinnermittlung sicherstellen.
8. Die ungleiche Behandlung von nicht realisierten Gewinnen und Verlusten wird auch als •••prinzip bezeichnet.

436 Kauf eines Geschäfts-PKWs am 1. Oktober. Die Lieferfirma stellt in Rechnung:
Listenpreis 60.000,00 €, 5 % Sonderrabatt auf den Listenpreis, Sonderzubehör 800,00 €, Überführungskosten 500,00 €, Nummernschilder 50,00 €, Zulassungskosten 60,00 €, + Umsatzsteuer. Außerdem werden gezahlt: Kfz-Steuer für ein Jahr 440,00 €,
Kfz-Versicherung für sechs Monate 660,00 €.
Alle Zahlungen erfolgen durch Banküberweisung.

1. *Ermitteln Sie die Anschaffungskosten.*
2. *Erstellen Sie die Rechnung der Lieferfirma.*
3. *Buchen Sie aufgrund der Eingangsrechnung.*
4. *Buchen Sie den Rechnungsausgleich und die Überweisung der Kfz-Steuer und der Kfz-Versicherung zum 1. Oktober.*
5. *Die Nutzungsdauer des PKWs beträgt fünf Jahre. Wie hoch ist der AfA-Betrag zum 31. Dezember?*
6. *Ermitteln Sie den Wertansatz zum 31. Dezember. Wie bezeichnet man den Wert, der sich bei abnutzbaren Anlagegütern nach Vornahme der Abschreibungen ergibt?*
7. *Wie lauten die Buchungen zum Jahresabschluss*
   a) für die planmäßige Abschreibung und
   b) für die zeitliche Abgrenzung der Kfz-Steuer und Kfz-Versicherung?

437 *Nennen Sie die Buchungssätze zu folgenden Geschäftsfällen:*

1. Über das Vermögen unseres Kunden Dreilich wird das Insolvenzverfahren eröffnet. Unsere Forderung beträgt einschließlich Umsatzsteuer 32.944,00 €.
2. Die Erstattungsquote im Fall 1 beträgt nach Abschluss des Insolvenzverfahrens 20 %. Die Zahlung erfolgt durch Banküberweisung.
3. Auf eine im Vorjahr voll abgeschriebene Forderung gehen wider Erwarten 672,80 € ein.
4. Bei den Jahresabschlussarbeiten wird festgestellt, dass die Forderung an den Kunden Rainer Dirksen in Höhe von 11.600,00 € brutto voraussichtlich zu 50 % als verloren anzusehen ist.
5. Eine zweifelhafte Forderung in Höhe von 17.400,00 € ist uneinbringlich.

438

1. *Die Forderungen lassen sich in drei Gruppen einteilen. Nennen Sie diese.*
2. *Begründen Sie die Notwendigkeit einer buchhalterischen Trennung der zweifelhaften von den einwandfreien Forderungen.*
3. *Warum darf bei einem geschätzten Forderungsausfall zum 31. Dezember noch nicht die Umsatzsteuer berichtigt werden? Begründen Sie.*
4. *Wann gilt eine Forderung als uneinbringlich?*
5. *Was versteht man unter einem „speziellen Ausfall- bzw. Kreditrisiko"?*
6. *Was versteht man unter der Einzelbewertung der Forderungen aus Lieferungen und Leistungen zum Jahresschluss?*

3 Bestandteile des Jahresabschlusses einer Kapitalgesellschaft

3.1 Publizitäts- und Prüfungspflicht

Der Jahresabschluss der Kapitalgesellschaften (GmbH, AG, KGaA) besteht aus **drei Teilen,** die nach § 264 HGB eine **Einheit** bilden (→ Faltblatt im Anhang):

- **Bilanz** (§ 266 HGB)
- **Gewinn- u. Verlustrechnung** (§ 275 HGB)
- **Anhang** (§ 284 HGB)

Der Anhang ist gleichwertiger **Bestandteil des Jahresabschlusses** und soll die **Bilanz und die Gewinn- und Verlustrechnung** in den einzelnen Positionen **näher erläutern.** Die **Bewertungs- und Abschreibungsmethoden** sind dabei ebenso darzustellen wie die **Beteiligungen** an anderen Unternehmen, die **Verbindlichkeiten** mit einer **Restlaufzeit von über fünf Jahren,** die Bezüge der Geschäftsführer und Mitglieder des Vorstandes sowie des Aufsichtsrates, die **Zahl der Arbeitnehmer** u. a. m.

Lagebericht. Außer dem Jahresabschluss ist auch noch ein Lagebericht gemäß § 289 HGB zu erstellen. Der Lagebericht ist **kein Bestandteil** des Jahresabschlusses. Er soll lediglich zusätzliche **Informationen über den Geschäftsverlauf** im Abschlussjahr und die wirtschaftliche und finanzielle Lage der Gesellschaft am Bilanzstichtag darstellen, wie z. B. **Höhe des Absatzes** im Inland und Ausland, **Personalentwicklung, Liquiditätslage** u. a. Außerdem muss die **voraussichtliche Entwicklung** des Unternehmens erörtert werden.

Kapitalgesellschaften sind grundsätzlich **verpflichtet,** den **Jahresabschluss und** den **Lagebericht** zu **veröffentlichen** und vorher durch **unabhängige** Abschlussprüfer **prüfen** zu lassen. Zum **Schutz** kleiner und mittelständischer Unternehmen **vor Konkurrenzeinblick** richten sich jedoch **Art und Umfang der Veröffentlichung** sowie die **Prüfungspflicht** nach der **Größe** der Kapitalgesellschaft. **Für die Zuordnung** der Unternehmen zu einer Größenklasse **müssen zwei der drei Größenmerkmale** an zwei aufeinander folgenden Bilanzstichtagen **zutreffen** (vgl. § 267 HGB):[1]

Merkmale	Kleine Gesellschaften	Mittelgroße Gesellschaften	Große Gesellschaften
❶ Bilanzsumme	bis 4.015.000,00 €	bis 16.060.000,00 €	über 16.060.000,00 €
❷ Umsatz	bis 8.030.000,00 €	bis 32.120.000,00 €	über 32.120.000,00 €
❸ Beschäftigte	bis 50	bis 250	über 250

Veröffentlichung und Prüfung des Jahresabschlusses und des Lageberichts ergeben sich aus der nachfolgenden Tabelle. Sie zeigt, was und an welcher Stelle (**HR:** Einreichung beim Handelsregister; **BA:** Vollständige **Veröffentlichung** im Bundesanzeiger) offen zu legen ist und ob eine **Prüfungspflicht** besteht.

Kapitalgesellschaften	Offenlegung (§ 325 HGB)					Prüfung (§ 316HGB)
	Jahresabschluss			Lagebericht	Publizität	
	Bilanz	GuV	Anhang			
kleine	x	–	x		HR[2]	–
mittelgroße	x	x	x	x	HR[2]	x
große	x	x	x	x	HR + BA	x

1 AG mit **börsengängigen** Aktien gilt stets als **große** Kapitalgesellschaft (§ 267 [3] HGB).
2 Im Bundesanzeiger wird lediglich auf die erfolgte Einreichung beim HR hingewiesen.

3.2 Gliederung der Bilanz nach § 266 HGB

Kapitalgesellschaften haben die Jahresbilanz, die veröffentlicht wird, nach § 266 HGB zu gliedern. Zum Schutz kleiner und mittelgroßer Unternehmen richtet sich jedoch der **Umfang der Gliederung nach der Größe** der Kapitalgesellschaft.

- **Große Kapitalgesellschaften** müssen ihre Bilanzen unter Berücksichtigung des in § 266 Abs. 2 und 3 HGB ausgewiesenen **vollständigen Gliederungsschemas** aufstellen und veröffentlichen (siehe nebenstehende Seite und im Anhang: Rückseite des Kontenrahmens). Die Bilanz wird in Einzelpositionen detailliert dargestellt und ermöglicht somit einen **tiefen Einblick in die Vermögens- und Finanzlage** des Unternehmens.
- **Kleine Kapitalgesellschaften** brauchen nur eine **verkürzte Bilanz** (siehe unten) zu veröffentlichen, in der die **mit Buchstaben und römischen Zahlen** bezeichneten Posten des vollständigen Gliederungsschemas aufgeführt sind (§ 266 [1] HGB). Durch Straffung der Bilanzpositionen sind diese Bilanzen für Außenstehende nur **von geringem Aussagewert.**
- **Mittelgroße Kapitalgesellschaften** müssen ihre Bilanzen zwar **nach dem vollständigen Gliederungsschema erstellen,** brauchen sie aber nur in der für kleine Kapitalgesellschaften vorgeschriebenen **Kurzform** zu **veröffentlichen.** Sie müssen dann allerdings wahlweise **in der Bilanz oder im Anhang** bestimmte **Posten zusätzlich gesondert angeben,** wie z. B. Gebäude, Technische Anlagen und Maschinen, Beteiligungen, Verbindlichkeiten gegenüber Kreditinstituten u. a. m. (§ 327 HGB).

Aktiva	**Bilanzschema kleiner Kapitalgesellschaften** — **Passiva**
A. Anlagevermögen	**A. Eigenkapital**
I. Immaterielle Vermögensgegenstände	I. Gezeichnetes Kapital
II. Sachanlagen	II. Kapitalrücklage
III. Finanzanlagen	III. Gewinnrücklagen
B. Umlaufvermögen	IV. Gewinn-/Verlustvortrag
I. Vorräte	V. Jahresüberschuss/Jahresfehlbetrag
II. Forderungen und sonstige Vermögensgegenstände	**B. Rückstellungen**
III. Wertpapiere	**C. Verbindlichkeiten**
IV. Flüssige Mittel	**D. Rechnungsabgrenzungsposten**
C. Rechnungsabgrenzungsposten	

Zur Erhöhung der Bilanzklarheit ist bei Bilanzen, die **veröffentlicht** werden, **zusätzlich** noch Folgendes zu beachten:

- **Zu jedem Bilanzposten** ist der entsprechende **Vorjahresbetrag** anzugeben.
- **In der Bilanz oder im Anhang** ist die Entwicklung des Anlagevermögens durch einen **Anlagenspiegel** darzustellen (siehe Seite 217 f.).
- **In der Bilanz** muss der **Betrag der Forderungen** mit einer **Restlaufzeit von über einem Jahr** sowie der **Verbindlichkeiten** mit einer **Restlaufzeit von unter einem Jahr** angegeben werden. Das verschafft Außenstehenden mehr **Einblick in die Liquiditätslage** des Unternehmens.
- **Unter** der Bilanz oder im Anhang sind **Eventualverbindlichkeiten** aus weitergegebenen Wechseln sowie aus Bürgschaftsverpflichtungen und aus Gewährleistungsverträgen anzugeben. Sie dürfen **in einem Betrag** angegeben werden (§ 251 HGB)[1].

Merke: **Art und Umfang der Veröffentlichung, Prüfungspflicht sowie Gliederung der Bilanz richten sich nach der Größe der Kapitalgesellschaft.**

1 Auch Bilanzen **nicht** offenlegungspflichtiger Unternehmen müssen diesen Vermerk nach § 251 HGB enthalten.

Gliederung der Jahresbilanz

nach § 266 Abs. 2 und 3 Handelsgesetzbuch

Aktiva

A. Anlagevermögen

I. Immaterielle Vermögensgegenstände

1. Konzessionen, gewerbliche Schutzrechte und ähnliche Rechte und Werte sowie Lizenzen an solchen Rechten und Werten
2. Geschäfts- oder Firmenwert
3. geleistete Anzahlungen

II. Sachanlagen

1. Grundstücke, grundstücksgleiche Rechte und Bauten einschließlich der Bauten auf fremden Grundstücken
2. technische Anlagen und Maschinen
3. andere Anlagen, Betriebs- und Geschäftsausstattung
4. geleistete Anzahlungen und Anlagen im Bau

III. Finanzanlagen

1. Anteile an verbundenen Unternehmen
2. Ausleihungen an verbundene Unternehmen
3. Beteiligungen
4. Ausleihungen an Unternehmen, mit denen ein Beteiligungsverhältnis besteht
5. Wertpapiere des Anlagevermögens
6. sonstige Ausleihungen

B. Umlaufvermögen

I. Vorräte

1. Roh-, Hilfs- und Betriebsstoffe
2. unfertige Erzeugnisse
3. fertige Erzeugnisse und Waren
4. geleistete Anzahlungen

II. Forderungen und sonstige Vermögensgegenstände

1. Forderungen aus Lieferungen und Leistungen
2. Forderungen gegen verbundene Unternehmen
3. Forderungen gegen Unternehmen, mit denen ein Beteiligungsverhältnis besteht
4. sonstige Vermögensgegenstände

III. Wertpapiere

1. Anteile an verbundenen Unternehmen
2. eigene Anteile
3. sonstige Wertpapiere

IV. Schecks, Kassenbestand, Bundesbank- und Postbankguthaben, Guthaben bei Kreditinstituten

C. Rechnungsabgrenzungsposten

Passiva

A. Eigenkapital

I. Gezeichnetes Kapital

II. Kapitalrücklage

III. Gewinnrücklagen

1. gesetzliche Rücklage
2. Rücklage für eigene Anteile
3. satzungsmäßige Rücklagen
4. andere Gewinnrücklagen

IV. Gewinnvortrag/Verlustvortrag

V. Jahresüberschuss/Jahresfehlbetrag

B. Rückstellungen

1. Rückstellungen für Pensionen und ähnliche Verpflichtungen
2. Steuerrückstellungen
3. sonstige Rückstellungen

C. Verbindlichkeiten

1. Anleihen, davon konvertibel
2. Verbindlichkeiten gegenüber Kreditinstituten
3. erhaltene Anzahlungen auf Bestellungen
4. Verbindlichkeiten aus Lieferungen und Leistungen
5. Verbindlichkeiten aus der Annahme gezogener Wechsel und der Ausstellung eigener Wechsel
6. Verbindlichkeiten gegenüber verbundenen Unternehmen
7. Verbindlichkeiten gegenüber Unternehmen, mit denen ein Beteiligungsverhältnis besteht
8. sonstige Verbindlichkeiten, davon aus Steuern davon im Rahmen der sozialen Sicherheit

D. Rechnungsabgrenzungsposten

3.3 Ausweis des Eigenkapitals in der Bilanz

Alle Posten des Eigenkapitals einer Kapitalgesellschaft werden in der Bilanz zu einer Gruppe **„A. Eigenkapital" zusammengefasst.**

Beispiel: **Darstellung des Eigenkapitals in der Bilanz der X-GmbH** für das
Berichtsjahr: Verlustvortrag und Jahres**überschuss** (Jahresgewinn)
Vorjahr: Gewinnvortrag und Jahres**fehlbetrag** (Jahresverlust)

Bilanz X-GmbH — **Passiva**

A. Eigenkapital	**Berichtsjahr**		**Vorjahr**	
I. Gezeichnetes Kapital	**800.000,00**		**800.000,00**	
II. Kapitalrücklage	**100.000,00**		**100.000,00**	
III. Gewinnrücklage	**250.000,00**		**250.000,00**	
IV. Verlust-/Gewinnvortrag	**150.000,00**[1]		**50.000,00**	
V. Jahresüberschuss/-fehlbetrag	**300.000,00**	1.300.000,00	**200.000,00**	1.000.000,00

Gezeichnetes Kapital ist das im Handelsregister eingetragene Kapital, auf das die **Haftung der Gesellschafter** beschränkt ist. Bei der **GmbH** ist es das **Stammkapital** (mindestens 25.000,00 €), bei der **AG** das **Grundkapital** (mindestens 50.000,00 €). Es ist **stets zum Nennwert auszuweisen. Ausstehende Einlagen** auf das gezeichnete Kapital werden **in der Regel auf der Aktivseite** vor dem Anlagevermögen als Forderung des Unternehmens an die Gesellschafter und somit als Korrekturposten zum „Gezeichneten Kapital" ausgewiesen. Sie dürfen nach § 272 (1) HGB auch auf der Passivseite offen vom „Gezeichneten Kapital" abgesetzt werden.

Beispiel: Bilanzausweis der „Ausstehenden Einlagen" **(Regelfall)**

Aktiva		**Bilanz der Y-GmbH**	**Passiva**
A. Ausstehende Einlagen auf das gezeichnete Kapital	400.000,00[2]	A. Eigenkapital I. Gezeichnetes Kapital	2.000.000,00
B. Anlagevermögen			

Der Gewinn-/Verlustvortrag ist der Gewinn- bzw. Verlust**rest des Vorjahres.**

Der Jahresüberschuss/Jahresfehlbetrag ist das in der Gewinn- und Verlustrechnung ermittelte **Ergebnis des Geschäftsjahres,** das in die Jahresbilanz einzustellen ist, sofern die Bilanz vor Verwendung des Jahresergebnisses (Gewinnverwendung bzw. Verlustdeckung) aufgestellt wird, was bei der GmbH die Regel ist.[3]

Rücklagen sind getrennt ausgewiesenes Eigenkapital, die es in der Regel nur bei Kapitalgesellschaften wegen des **konstanten** „Gezeichneten Kapitals" gibt. Nach § 272 Abs. 2 und 3 HGB unterscheidet man **Kapital- und Gewinnrücklagen.**

Kapitalrücklagen entstehen durch ein **Aufgeld (Agio),** das bei der **Ausgabe** von Anteilen (Stammanteile, Aktien) **über den Nennwert erzielt** wird oder durch **Zuzahlungen** von Gesellschaftern **für** die Gewährung einer **Vorzugsdividende.**

Beispiel: Eine Aktiengesellschaft erhöht ihr „Gezeichnetes Kapital" durch Ausgabe junger Aktien: Nennwert 10.000.000,00 €, Ausgabekurs 150 % = 15.000.000,00 € (Bank). Das Agio ist der Kapitalrücklage zuzuführen.

Buchung:	**2800 Bank** **15.000.000,00**	an	**3000 Gezeichnetes Kapital** .	**10.000.000,00**
		an	**3100 Kapitalrücklage**	**5.000.000,00**

1 200.000,00 € Jahresfehlbetrag des Vorjahres – 50.000,00 € Gewinnvortrag des Vorjahres = **150.000,00 € Verlustvortrag des Berichtsjahres**
2 Davon bereits eingeforderte Beträge sind in ( ) zu vermerken.
3 Die Bilanz kann auch nach teilweiser oder vollständiger Verwendung des Jahresergebnisses gemäß § 268 (1) HGB aufgestellt werden.

Gewinnrücklagen werden **aus dem bereits versteuerten Jahresgewinn** (25 % Körperschaftsteuer) durch Einbehaltung bzw. Nichtausschüttung von Gewinnanteilen gebildet (§ 272 [3] HGB). Man unterscheidet vor allem zwischen **gesetzlichen, satzungsmäßigen und anderen (freien) Gewinnrücklagen:**

Gesetzliche Rücklagen müssen **Aktiengesellschaften zur Deckung von Verlusten** bilden. Nach § 150 AktG sind jährlich **5 %** des um einen Verlustvortrag geminderten **Jahresüberschusses** in die gesetzliche Rücklage einzustellen, bis die **gesetzliche Rücklage und die Kapitalrücklage zusammen mindestens 10 %** oder den in der Satzung bestimmten höheren Anteil **des Grundkapitals** erreichen. Solange die gesetzliche und die Kapitalrücklage die Mindesthöhe nicht übersteigen, müssen ein Gewinnvortrag aus dem Vorjahr und freie Rücklagen zur Verlustdeckung herangezogen werden. Bei der GmbH gibt es keine gesetzlich vorgeschriebenen, sondern nur freie (freiwillige) Rücklagen.

Satzungsmäßige oder auf Gesellschaftsvertrag beruhende Rücklagen.

Andere Gewinnrücklagen (Freie Rücklagen). Über die gesetzliche Verpflichtung hinaus können bei Aktiengesellschaften **bis zur Hälfte des Jahresüberschusses** in die andere (freie) Gewinnrücklage eingestellt werden (§ 58 AktG). Freie Rücklagen können **für beliebige Zwecke verwendet** werden, z. B. zur Finanzierung von Ersatz- und Erweiterungsinvestitionen. Da Rücklagen aus nicht ausgeschütteten Gewinnen gebildet werden, dienen sie zugleich der **Selbstfinanzierung** des Unternehmens und ganz allgemein der **Stärkung der Eigenkapitalbasis** der Unternehmen.

Beispiel: In einer Aktiengesellschaft werden aus dem Jahresüberschuss u. a. 60.000,00 € der gesetzlichen und 140.000,00 € der freien Rücklage zugeführt.

Buchung (vereinfacht): **Gewinn- und Verlustkonto** **200.000,00**
an **Gesetzliche Rücklage** **60.000,00**
an **Andere Gewinnrücklagen** **140.000,00**

Offene Rücklagen. Kapital- und Gewinnrücklagen werden in der Bilanz offen als gesonderte Eigenkapitalposten ausgewiesen. Man spricht von „offenen" Rücklagen.

Stille Rücklagen (stille Reserven) sind im Gegensatz zu den offenen Rücklagen aus der Bilanz nicht zu ersehen. Sie entstehen in der Regel durch **Unterbewertung** der **Vermögenswerte** (z. B. durch überhöhte Abschreibungen) oder durch **Überbewertung von Rückstellungen.** Stille Reserven sind auch stets in den Erinnerungswerten von 1,00 € enthalten. Die gesetzlichen Bewertungsvorschriften engen allerdings den Spielraum zur Bildung stiller Reserven ein. Die **Vollabschreibung** geringwertiger Wirtschaftsgüter im Jahr ihrer Anschaffung oder Herstellung ist z. B. eine gesetzlich erlaubte Möglichkeit zur Bildung von stillen Reserven. Da Wirtschaftsgüter höchstens zu ihren Anschaffungs- bzw. Herstellungskosten aktiviert werden dürfen, entstehen zwangsläufig stille Reserven, wenn die **Preise am Markt (Tageswert) steigen.** Beträgt z. B. der Wiederbeschaffungspreis eines Grundstücks 280,00 € je m^2, das 1950 mit umgerechnet 10,00 € je m^2 angeschafft und bilanziert worden ist, so ist die stille Reserve 270,00 € je m^2. Auch Währungsverbindlichkeiten enthalten oft stille Reserven.

Merke:
- **Kapitalgesellschaften müssen das „Gezeichnete Kapital" stets zum Nennwert ausweisen. Gewinne, Verluste und Rücklagen sind deshalb in der Bilanz gesondert auszuweisen.**
- **Kapitalrücklagen entstehen durch Zuzahlungen der Gesellschafter oder Aktionäre, Gewinnrücklagen dagegen aus dem bereits versteuerten Gewinn.**
- **Stille Rücklagen (Reserven) entstehen in der Regel durch Unterbewertung von Aktivposten und Überbewertung bestimmter Passivposten. Die Bildung stiller Reserven lässt den Gewinn und das Eigenkapital geringer erscheinen, als es der Wirklichkeit am Bilanzstichtag entspricht.**
- **Rücklagen stärken die Eigenkapitalbasis des Unternehmens.**

3.4 Gliederung der Gewinn- und Verlustrechnung nach § 275 Abs. 2 HGB

Nur mittelgroße und große Kapitalgesellschaften müssen ihre Gewinn- und Verlustrechnung **veröffentlichen,** und zwar nach § 275 HGB **in Staffelform.** Wie bei der Bilanz ist auch hier zu jedem Posten der **Vorjahresbetrag** anzugeben. Die Staffelform ermöglicht auch dem Buchführungslaien einen schnellen **Überblick über Entstehung und Zusammensetzung des Jahresergebnisses.**

Für ein Industrieunternehmen ergibt sich aus dem nebenstehenden Gliederungsschema des § 275 (2) HGB folgender **kurz gefasster Aufbau** der Erfolgsrechnung:

1	Umsatzerlöse
2	± Bestandsveränderungen
3	+ Aktivierte Eigenleistungen
4	+ sonstige betriebliche Erträge
5	– Materialaufwand
	= **Rohergebnis**
6–8	– übrige betriebliche Aufwendungen
9–11	+ Erträge aus dem Finanzbereich
12–13	– Aufwendungen aus dem Finanzbereich
14	= **Ergebnis der gewöhnlichen Geschäftstätigkeit**
15	+ außerordentliche Erträge
16	– außerordentliche Aufwendungen
17	± **außerordentliches Ergebnis**
18–19	– Personen- und Betriebssteuern
20	= **Jahresüberschuss/Jahresfehlbetrag**

Mittelgroße Kapitalgesellschaften dürfen in der zu **veröffentlichenden** Erfolgsrechnung die **Posten 1 bis 5 als Rohergebnis zusammenfassen** (Konkurrenzeinblick!).

Die GuV-Gliederung basiert entweder auf dem in der Praxis üblichen **Gesamtkostenverfahren** (§ 275 [2] HGB) oder auf dem **Umsatzkostenverfahren** (§ 275 [3] HGB):

Beim Gesamtkostenverfahren werden zur **Ermittlung des Betriebsergebnisses** von den **gesamten Betriebserträgen** (Umsatzerlöse ± Bestandsveränderungen + aktivierte Eigenleistungen) die **gesamten Kosten** abgezogen.

Beim Umsatzkostenverfahren werden zur Ermittlung des Betriebsergebnisses von den **Umsatzerlösen die Selbstkosten des Umsatzes** abgezogen (siehe § 275 [3] HGB im Anhang). Die Erfolgsrechnung nach dem Umsatzkostenverfahren setzt eine **Kostenstellenrechnung** (siehe S. 274 f.) voraus.

Merke:

- **Der Jahresabschluss einer Kapitalgesellschaft besteht aus drei Teilen: Bilanz, GuV-Rechnung und Anhang. Darüber hinaus ist ein Lagebericht zu erstellen.**
- **Art und Umfang der Prüfung, Gliederung und Offenlegung des Jahresabschlusses richten sich nach der Größe der Kapitalgesellschaft.**
- **Kapitalgesellschaften müssen die Entwicklung der Posten des Anlagevermögens als Anlagenspiegel in der Bilanz oder im Anhang darstellen (siehe S. 217 f. und Anhang).**
- **Zur Beurteilung der Liquidität ist in der Bilanz jeweils der Betrag der Forderungen mit einer Restlaufzeit von über einem Jahr und der Verbindlichkeiten bis zu einem Jahr zu vermerken.**
- **Im Anhang müssen jeweils zu den Verbindlichkeiten der Bilanz der Gesamtbetrag mit einer Restlaufzeit von mehr als fünf Jahren sowie Art und Höhe der gewährten Sicherheiten (z. B. Hypotheken) angegeben werden.**

Gliederung der Gewinn- und Verlustrechnung in Staffelform (§ 275 [2] HGB)

1. Umsatzerlöse
2. Erhöhung oder Verminderung des Bestandes an fertigen und unfertigen Erzeugnissen
3. Andere aktivierte Eigenleistungen (z. B. selbst erstellte Anlagen)
4. Sonstige betriebliche Erträge (z. B. Mieterträge, Buchgewinne u. a.)
5. Materialaufwand
   a) Aufwendungen für Roh-, Hilfs- und Betriebsstoffe, Vorprodukte/Fremdbauteile und für bezogene Waren
   b) Aufwendungen für bezogene Leistungen
6. Personalaufwand
   a) Löhne und Gehälter
   b) Soziale Abgaben und Aufwendungen für Altersversorgung und für Unterstützung
7. Abschreibungen
   a) auf immaterielle Anlagewerte und Sachanlagen
   b) auf Vermögensgegenstände des Umlaufvermögens, soweit diese die in der Kapitalgesellschaft üblichen Abschreibungen überschreiten
8. Sonstige betriebliche Aufwendungen (z. B. Raumkosten, Buchverluste u. a.)
9. Erträge aus Beteiligungen[1]
10. Erträge aus anderen Wertpapieren und Ausleihungen des Finanzanlagevermögens[1]
11. Sonstige Zinsen und ähnliche Erträge[1]
12. Abschreibungen auf Finanzanlagen und auf Wertpapiere des Umlaufvermögens
13. Zinsen und ähnliche Aufwendungen[1]

14. Ergebnis der gewöhnlichen Geschäftstätigkeit (= Saldo aus 1–13)

15. Außerordentliche Erträge
16. Außerordentliche Aufwendungen

17. Außerordentliches Ergebnis (= Saldo)

18. Steuern vom Einkommen und vom Ertrag (Körperschaft-, Gewerbesteuer)
19. Sonstige Steuern (z. B. Grund-, Kfz-Steuer u. a.)

20. Jahresüberschuss/Jahresfehlbetrag

Erläuterungen (siehe auch Rückseite des Kontenrahmens):

Die Posten **1–4** stellen **betriebsgewöhnliche Erträge** und die Posten **5–8 betriebsgewöhnliche Aufwendungen** der Kapitalgesellschaft dar.

Die Posten **4/8** sind **Sammelposten** für alle nicht im Gliederungsschema gesondert auszuweisenden Erträge und Aufwendungen aus der gewöhnlichen Geschäftstätigkeit (siehe nebenstehende Beispiele).

Die Posten **9–13** sind Erträge und Aufwendungen des **Finanzbereiches.**

Die Posten **15–16** erfassen lediglich **ungewöhnliche (seltene) Aufwendungen** (z. B. Verluste aus sehr großen Schadensfällen und Enteignungen, Verlust aus dem Verkauf eines Teilbetriebs u. a.) und **Erträge** (z. B. Steuererlass, Gewinne aus dem Verkauf eines Teilbetriebs, Erträge aus Gläubigerverzicht u. a.).

In der Regel weisen Bilanz und Gewinn- und Verlustrechnung als Jahresergebnis einen **Jahresüberschuss oder Jahresfehlbetrag aus.** Die Verwendung des Jahresergebnisses erfolgt dann im **nächsten** Geschäftsjahr. Wird jedoch die **Bilanz nach teilweiser Verwendung des Jahresüberschusses** durch Einstellung in die Gewinnrücklage aufgestellt, so tritt an die Stelle der Posten „Jahresüberschuss" und „Gewinn-/Verlustvortrag" der Posten **„Bilanzgewinn":**

Beispiel:

Jahresüberschuss	420.000,00 €
+ Gewinnvortrag des Vorjahres	30.000,00 €
– Einstellung in Gewinnrücklage	300.000,00 €
Bilanzgewinn	150.000,00 €

Merke: **Große und mittelgroße Kapitalgesellschaften müssen die Gewinn- und Verlustrechnung in Staffelform veröffentlichen. Mittelbetriebe dürfen dabei die Posten 1 bis 5 als Rohergebnis (§ 276 HGB) zusammenfassen.**

1 In der **Vorspalte** ist jeweils anzugeben: ... davon aus (an) **verbundene(n) Unternehmen** ...

Aufgaben

439 Das Schlussbilanzkonto der mittelgroßen Stahlbau GmbH (über 50 Arbeitnehmer) weist zum 31. Dezember folgende Zahlen aus:

Soll		**8010 Schlussbilanzkonto**	Haben
0500 Grundstücke	210.000,00	3000 Gezeichnetes Kapital	2.800.000,00
0510 Betriebsgebäude	2.200.000,00	3200 Gewinnrücklagen	250.000,00
0700 Technische Anlagen und Maschinen	1.280.000,00	3400 Jahresüberschuss	360.000,00
0860 Geschäftsausstattung	290.000,00	3900 Sonstige Rückstellungen	70.000,00
1500 Wertpapiere des Anlagevermögens	120.000,00	4250 Langfristige Bankverbindlichkeiten	1.730.000,00
2000 Rohstoffe	360.000,00	4400 Verbindlichkeiten a.LL	230.000,00
2020 Hilfsstoffe	130.000,00	4800 Umsatzsteuer	50.000,00
2200 Fertige Erzeugnisse	310.000,00	4900 Passive Rechnungsabgr.	10.000,00
2400 Forderungen a.LL	207.000,00		
2800 Bankguthaben	243.000,00		
2850 Postbankguthaben	90.000,00		
2880 Kasse	45.000,00		
2900 Aktive Rechnungsabgr.	15.000,00		
	5.500.000,00		5.500.000,00

1. *Erstellen Sie die Bilanz nach dem Gliederungsschema auf Seite 385.*
2. *Wie hoch ist das Eigenkapital zum 31. Dezember?*
3. *Inwieweit deckt das Eigenkapital das Anlagevermögen?*

440 Das Gewinn- und Verlustkonto der o. g. Stahlbau GmbH weist zum 31. Dezember folgende Zahlen aus:

Soll		**8020 Gewinn- und Verlustkonto**	Haben
6000 Aufw. für Rohstoffe	2.100.000,00	5000 Umsatzerlöse f. eig. Erz.	4.800.000,00
6020 Aufw. für Hilfsstoffe	260.000,00	5200 Bestandsveränderungen	450.000,00
6160 Fremdinstandsetzung	140.000,00	5400 Mieterträge	116.000,00
6200 Löhne	940.000,00	5710 Zinserträge	78.000,00
6300 Gehälter	456.000,00		
6400 Arbeitgeberanteil zur SV	224.000,00		
6520 Abschreib. auf SA	184.000,00		
6700 Mieten	16.000,00		
6800 Büromaterial, Fax, Telefon, Porto	84.000,00		
6870 Werbung	126.000,00		
7000 Betriebliche Steuern	174.000,00		
7510 Zinsaufwendungen	86.000,00		
7710 Körperschaftsteuer	294.000,00		
3400 Jahresüberschuss	360.000,00		
	5.444.000,00		5.444.000,00

1. *Erstellen Sie die Gewinn- und Verlustrechnung in Staffelform nach dem Schema auf Seite 388 und ermitteln Sie das Rohergebnis, das Ergebnis der gewöhnlichen Geschäftstätigkeit und den Jahresüberschuss.*
2. *Richten Sie für den Abschluss des Gewinn- und Verlustkontos das Konto „3400 Jahresüberschuss/Jahresfehlbetrag" ein. Wie lautet im vorliegenden Fall die Abschlussbuchung des Gewinn- und Verlustkontos?*
3. *Nennen Sie die Abschlussbuchung für das Konto „3400".*
4. *Ermitteln Sie die Rentabilität des Anfangseigenkapitals.*

441

Die Druckpapier GmbH weist zum 31. Dezember folgende Daten aus:

Saldenbilanz zum 31. Dezember ..	**Soll**	**Haben**
0700 Technische Anlagen und Maschinen	720.000,00	–
0840 Fuhrpark	65.000,00	–
0860 Geschäftsausstattung	70.000,00	–
1500 Wertpapiere des Anlagevermögens	145.000,00	–
2000 Rohstoffe	950.000,00	–
2020 Hilfsstoffe	280.000,00	–
2030 Betriebsstoffe	68.000,00	–
2200 Fertige Erzeugnisse	352.000,00	–
2400 Forderungen a. LL	360.000,00	–
2800 Bankguthaben	250.000,00	–
2880 Kasse	28.000,00	–
2900 Aktive Rechnungsabgrenzung	12.000,00	–
3000 Gezeichnetes Kapital	–	1.300.000,00
3200 Gewinnrücklagen	–	350.000,00
3310 Gewinnvortrag	–	10.000,00
3400 Jahresüberschuss	–	330.000,00
3900 Sonstige Rückstellungen	–	50.000,00
4250 Langfristige Bankverbindlichkeiten	–	670.000,00
4400 Verbindlichkeiten a. LL	–	575.000,00
4900 Passive Rechnungsabgrenzung	–	15.000,00
5000 Umsatzerlöse für eigene Erzeugnisse	–	8.000.000,00
5200 Bestandsveränderungen	–	160.000,00
5400 Mieterträge	–	10.000,00
5710 Zinserträge	–	30.000,00
5800 Außerordentliche Erträge	–	70.000,00
6000 Aufwendungen für Rohstoffe	5.570.000,00	–
6020 Aufwendungen für Hilfsstoffe	540.000,00	–
6030 Aufwendungen für Betriebsstoffe	110.000,00	–
6200 Löhne	540.000,00	–
6300 Gehälter	190.000,00	–
6400 Arbeitgeberanteil zur Sozialversicherung	90.000,00	–
6520 Abschreibungen auf Anlagevermögen	290.000,00	–
6800 Bürokosten	180.000,00	–
6870 Werbung	65.000,00	–
7000 Betriebliche Steuern	80.000,00	–
7510 Zinsaufwendungen	75.000,00	–
7600 Außerordentliche Aufwendungen	60.000,00	–
7700 Steuern vom Einkommen und Ertrag	150.000,00	–
8020 GuV-Konto (Saldo = Jahresüberschuss)	330.000,00	
	11.570.000,00	11.570.000,00

1. *Erstellen Sie die Bilanz gemäß § 266 HGB.*
2. *Erstellen Sie die Gewinn- und Verlustrechnung in Staffelform nach dem Muster auf S. 388, indem Sie bestimmte Aufwands- und Ertragsposten zusammenfassen und folgende Zwischenergebnisse ausweisen:*
   a) Rohergebnis,
   b) Ergebnis der gewöhnlichen Geschäftstätigkeit,
   c) außerordentliches Ergebnis und
   d) Jahresüberschuss.
3. *Wie hoch ist das gesamte Eigenkapital des Unternehmens zum 31. Dezember?*
4. *Beurteilen Sie die Kapitalausstattung des Unternehmens, indem Sie das Verhältnis zwischen Eigen- und Fremdkapital ermitteln.*

3.5 Jahresabschluss der Gesellschaft mit beschränkter Haftung

Die Aufstellung des Jahresabschlusses und des Lageberichtes erfolgt **durch** die **Geschäftsführer** der Gesellschaft mit beschränkter Haftung. Die **Aufstellungsfrist** beträgt für **große und mittelgroße** Unternehmen **drei Monate,** für **kleine sechs Monate nach Ablauf des Geschäftsjahres** (§ 264 [1] HGB).

Prüfung durch Abschlussprüfer. Jahresabschluss und Lagebericht großer und mittelgroßer Gesellschaften müssen unverzüglich nach ihrer Aufstellung durch besondere Abschlussprüfer (Wirtschaftsprüfer, vereidigte Buchprüfer) geprüft werden. **Für kleine Unternehmen** besteht **keine Prüfungspflicht** (siehe auch Seite 383).

Prüfung durch Aufsichtsrat. Hat die Gesellschaft einen Aufsichtsrat, so muss dieser zunächst noch den **Jahresabschluss,** den **Lagebericht** sowie den **Prüfungsbericht** der Abschlussprüfer prüfen und über das Ergebnis der Prüfung einen Bericht erstellen. Die Geschäftsführer haben sodann alle Unterlagen den **Gesellschaftern zur Beschlussfassung (Feststellung)** vorzulegen (§ 42 a [1] GmbHG).

Beschlussfassung durch die Gesellschafter. Die Gesellschafter haben nun spätestens bis zum Ablauf von **acht Monaten** oder, wenn es sich um eine **kleine** Gesellschaft handelt, bis zum Ablauf von **elf Monaten** über die

▶ **Feststellung des Jahresabschlusses** und die ▶ **Verwendung des Ergebnisses**

in der Gesellschafterversammlung zu beschließen (§ 42 a [2] GmbHG).

Offenlegung. Nach der Feststellung des Jahresabschlusses haben die Geschäftsführer folgende Unterlagen zum Handelsregister einzureichen (§ 325 HGB):

- **Jahresabschluss**
- **Bestätigungsvermerk der Abschlussprüfer**
- **Lagebericht**
- **Bericht des Aufsichtsrates**
- **Vorschlag über die Verwendung des Ergebnisses**
- **Beschluss über die Ergebnisverwendung**

Kleine Gesellschaften müssen lediglich die Bilanz und den Anhang einschließlich Vorschlag und Beschluss über die Verwendung des Ergebnisses zum Handelsregister einreichen. Während große Gesellschaften außerdem alle Unterlagen im Bundesanzeiger bekannt zu machen haben, müssen kleine und mittelgroße Unternehmen lediglich im Bundesanzeiger bekannt geben, bei welchem Handelsregister die Unterlagen eingereicht wurden (§§ 325 f. HGB).

Darstellung der Ergebnisverwendung. In der Regel wird der Jahresabschluss **vor** Verwendung des Ergebnisses aufgestellt. **Bilanz und Gewinn- und Verlustrechnung weisen** deshalb einen **Jahresüberschuss oder** einen **Jahresfehlbetrag** als Ergebnis des Geschäftsjahres **aus.** Die **Verwendung des Gewinns,** also die Einstellung eines bestimmten Betrages in die Gewinnrücklage oder die Ausschüttung einer Dividende an die Gesellschafter, aber auch die Deckung des Verlustes durch entsprechende Auflösung von Rücklagen, kann in folgender Weise dargestellt und als **Ergebnisverwendungsbeschluss** veröffentlicht werden (§ 325 [1] HGB):

	Jahresüberschuss/Jahresfehlbetrag
(±)	**Gewinnvortrag/Verlustvortrag** aus dem Vorjahr
(+)	**Entnahmen aus der Kapitalrücklage**
(+)	**Entnahmen aus Gewinnrücklagen**
(−)	**Einstellungen in Gewinnrücklagen**
(−)	**Gewinnausschüttung** (Dividende)
=	**Gewinnvortrag/Verlustvortrag**

Die erforderlichen Buchungen erfolgen **nach** Aufstellung des Jahresabschlusses.

6686392

Beispiel: **Die X-GmbH (S. 386) weist zum 31. Dez. in der Schussbilanz folgende Zahlen aus:**

A. Eigenkapital	**Berichtsjahr**	
I. Gezeichnetes Kapital	800.000,00	
II. Kapitalrücklage	100.000,00	
III. Gewinnrücklage	250.000,00	
IV. Verlustvortrag	**150.000,00**	
V. Jahresüberschuss	300.000,00	1.300 000,00

Im neuen Jahr soll auf Beschluss der Gesellschafterversammlung der **Gewinn wie folgt verwendet werden:**

1. 60.000,00 € werden der Gewinnrücklage zugeführt.
2. Die Gesellschafter erhalten 10 % Gewinn[1] auf ihren Stammanteil unter Abzug von 20 % Kapitalertragsteuer (KESt):

Ausschüttung (10 % von 800.000,00)	80.000,00
– 20 % Kapitalertragsteuer	16.000,00
Netto-Ausschüttung	**64.000,00**

Darstellung der Gewinnverwendung:

Jahresüberschuss	**300.000,00**	
– Verlustvortrag aus dem Vorjahr	150.000,00	**150.000,00**
– Einstellung in die Gewinnrücklage		60.000,00
– Gewinnausschüttung (Dividende)		80.000,00
Gewinnvortrag auf neue Rechnung		**10.000,00**

Buchungen:

❶ **Eröffnung der Konten „3400 Jahresüberschuss" und „3310 Verlustvortrag":**

8000 Eröffnungsbilanzkonto	an	**3400 Jahresüberschuss**	**300.000,00**
3310 Verlustvortrag	an	**8000 Eröffnungsbilanzkonto**	**150.000,00**

❷ **Übernahme des Jahresüberschusses auf das Konto „3300 Ergebnisverwendung":**

3400 Jahresüberschuss	an	**3300 Ergebnisverwendung**	**300.000,00**

❸ **Deckung des Verlustvortrags:**

3300 Ergebnisverwendung	an	**3310 Verlustvortrag**	**150.000,00**

❹ **Einstellung in die Gewinnrücklage:**

3300 Ergebnisverwendung	an	**3240 Gewinnrücklagen**	**60.000,00**

❺ **Ausschüttung der Dividende und Einbehaltung der Kapitalertragsteuer:**

3300 Ergebnisverwendung . . . 80.000,00	an	**4830 Sonst. Verbindlichkeiten gg. Finanzbehörden**	**16.000,00**
	an	**4070 Verbindlichkeiten gegenüber Gesellschaftern**	**64.000,00**

❻ **Übernahme des Gewinnrestes auf das Gewinnvortragskonto:**

3300 Ergebnisverwendung	an	**3310 Gewinnvortrag**	**10.000,00**

Die Buchungen ❹ bis ❻ können auch zusammengefasst werden. Das **Gewinnvortragskonto** ist **als Bestandskonto** zum 31. Dezember des laufenden Geschäftsjahres über das **Schlussbilanzkonto** abzuschließen und **unter „A. Eigenkapital" auszuweisen.** Nach der Gewinnverwendung setzt sich das **bilanzielle Eigenkapital** wie folgt zusammen:

Gezeichnetes Kapital	800.000,00
+ Kapitalrücklage	100.000,00
+ Gewinnrücklage	310.000,00
+ Gewinnvortrag	10.000,00
Eigenkapital	**1.220.000,00**

Merke: **Die Geschäftsführer erstellen den Jahresabschluss der GmbH. Die Gesellschafter der GmbH beschließen die Feststellung des Jahresabschlusses und die Verwendung des Ergebnisses (Jahresüberschuss/Jahresfehlbetrag).**

1 Zum besseren Verständnis **ohne** Einbeziehung der Körperschaftsteuer (25 %) und des Solidaritätszuschlags.

Aufgaben

442 Die Metallbau GmbH weist zum 31. Dezember des Berichtsjahres und des Vorjahres folgende zusammengefasste Bilanzposten aus:

Bilanzposten zum 31. Dezember	**Berichtsjahr**	**Vorjahr**
Sachanlagen	850.000,00	680.000,00
Finanzanlagen	150.000,00	120.000,00
Vorräte an Rohstoffen, Erzeugnissen u. a.	1.640.000,00	1.720.000,00
Forderungen a. LL	360.000,00	280.000,00
davon mit einer Restlaufzeit über ein Jahr	(20.000,00)	(10.000,00)
Wertpapiere	45.000,00	–
Bankguthaben	215.000,00	240.000,00
Kasse	30.000,00	40.000,00
Aktive Rechnungsabgrenzung	10.000,00	20.000,00
Gezeichnetes Kapital	1.200.000,00	1.000.000,00
Gewinnrücklage	450.000,00	250.000,00
Gewinnvortrag aus dem Vorjahr	10.000,00	20.000,00
Rückstellungen	45.000,00	60.000,00
Verbindlichkeiten gegenüber Kreditinstituten	675.000,00	800.000,00
davon mit einer Restlaufzeit bis zu einem Jahr	(80.000,00)	(70.000,00)
Verbindlichkeiten a. LL	570.000,00	680.000,00
davon mit einer Restlaufzeit bis zu einem Jahr	(570.000,00)	(680.000,00)
Passive Rechnungsabgrenzung	20.000,00	10.000,00

1. *Ermitteln Sie den Jahresüberschuss als Saldo zwischen Aktiv- und Passivseite und weisen Sie ihn in der Bilanz entsprechend aus.*
2. *Erstellen Sie für das mittelgroße Unternehmen (150 Beschäftigte, 8,1 Mio. € Umsatz) eine ordnungsgemäß gegliederte Jahresbilanz für das Berichtsjahr (vgl. S. 383, 385).*
3. *Warum müssen Rücklagen in der Bilanz einer Kapitalgesellschaft gesondert ausgewiesen werden?*
4. *Wie hoch ist das Mindeststammkapital einer GmbH?*
5. *Unter welcher Bezeichnung und zu welchem Wert ist das Stammkapital in der Bilanz der GmbH auszuweisen?*
6. *Worauf führen Sie die Veränderung in den Positionen „Gezeichnetes Kapital" und „Gewinnrücklage" zurück?*
7. *Beurteilen Sie die Veränderungen in der Finanzierung des Unternehmens mit Eigen- und Fremdkapital im Berichtsjahr.*
8. *Welche Veränderungen erscheinen Ihnen auf der Aktivseite von Bedeutung?*

---

443 Die Sachanlagen der Metallbau GmbH (Aufgabe 442) wiesen zum 31. Dezember des Vorjahres Anschaffungs- und Herstellungskosten in Höhe von 1.280.000,00 € aus. Die gesamten Abschreibungen betrugen zum gleichen Zeitpunkt 600.000,00 €.

Für das Abschlussjahr sind Zugänge (Investitionen) von 400.000,00 € Anschaffungskosten, Abgänge von 50.000,00 € und Abschreibungen von 180.000,00 € zu berücksichtigen.

Zuschreibungen und Umbuchungen liegen nicht vor.

1. *Erstellen Sie für das Sachanlagevermögen einen Anlagenspiegel nach dem Muster auf S. 217.*
2. *Welche Unternehmen müssen einen Anlagenspiegel erstellen?*
3. *Wo kann der Anlagenspiegel ausgewiesen werden?*
4. *Worin sehen Sie die besondere Bedeutung des Anlagenspiegels?*
5. *Wie viel % der Anlageinvestitionen (Zugänge) wurden durch Abgänge und Abschreibungen im Abschlussjahr finanziert?*

444 Die Buchwerte des Finanzanlagevermögens der Metallbau GmbH für das Berichts- und Vorjahr sind der Aufgabe 442 zu entnehmen. Bis zum 31. Dezember des Vorjahres wurden Gesamtabschreibungen in Höhe von 10.000,00 € vorgenommen. Im Abschlussjahr waren keine Abschreibungen erforderlich. Allerdings sind Neuanschaffungen von 35.000,00 € und Abgänge von 5.000,00 € zu berücksichtigen.

1. *Ermitteln Sie den Anschaffungswert der Finanzanlagen zum 31. Dezember des Vorjahres.*
2. *Stellen Sie die Entwicklung der Finanzanlagen in einem Anlagenspiegel dar.*
3. *Was ist im Einzelnen im Finanzanlagevermögen eines Unternehmens auszuweisen?*
4. *Unterscheiden Sie zwischen Wertpapieren des Anlage- und Umlaufvermögens.*

445 Die Metallbau GmbH (Aufgabe 442) stellt aus ihrer Erfolgsrechnung folgende zusammengefasste Aufwands- und Ertragsposten für das Abschlussjahr zur Verfügung:

Umsatzerlöse	8.150.000,00
Mehrbestand an Erzeugnissen	20.000,00
Sonstige betriebliche Erträge	30.000,00
Materialaufwand	5.750.000,00
Personalkosten	820.000,00
Abschreibungen auf Sachanlagen	180.000,00
Sonstige betriebliche Aufwendungen	850.000,00
Zinserträge	5.000,00
Zinsaufwendungen	75.000,00
außerordentliche Erträge	80.000,00
außerordentliche Aufwendungen	50.000,00
Steuern vom Einkommen und Ertrag	144.000,00
Sonstige Steuern	86.000,00

1. *Erstellen Sie die Gewinn- und Verlustrechnung in Staffelform gemäß § 275 (2) HGB (siehe S. 389 und Anhang).*
2. *Stellen Sie die Erfolgsrechnung in der Kurzfassung der Staffelform (vgl. S. 388) dar und ermitteln Sie*
   a) die betriebsgewöhnlichen Erträge,
   b) das Rohergebnis,
   c) das Ergebnis der gewöhnlichen Geschäftstätigkeit,
   d) das außerordentliche Ergebnis und
   e) das Jahresergebnis (Jahresüberschuss/Jahresfehlbetrag).
3. *Worin liegen die Vorteile der Gewinn- und Verlustrechnung in Staffelform?*
4. *Warum erlaubt der Gesetzgeber mittleren Unternehmen in der zu veröffentlichenden Gewinn- und Verlustrechnung lediglich das „Rohergebnis" auszuweisen?*
5. Das Gewinn- und Verlustkonto der Metallbau GmbH weist als Ergebnis des Abschlussjahres einen Jahresüberschuss in Höhe von 330.000,00 € aus, der zunächst auf das Konto „3400 Jahresüberschuss" zu übertragen ist. *Wie lautet dann der Buchungssatz?*
6. Das Konto „3400 Jahresüberschuss" wird zum Schlussbilanzkonto abgeschlossen. *Nennen Sie den Abschlussbuchungssatz.*

446 Die Gesellschafterversammlung der Metallbau GmbH beschließt mit Mehrheit die Feststellung des Jahresabschlusses sowie die folgende Verwendung des Jahresgewinns in Höhe von 330.000,00 € und des Gewinnvortrages aus dem Vorjahr von 10.000,00 €:

a) 140.000,00 € Einstellung in die Gewinnrücklage,
b) 15 % Gewinnausschüttung auf das Stammkapital von 1.200.000,00 €,
c) Vortrag des Restgewinns und
d) Darstellung der Gewinnverwendung im Anhang des Jahresabschlusses.

1. *Stellen Sie die Verwendung des Ergebnisses dar.*
2. *Statt gesondert im Anhang darf die Ergebnisverwendung auch bereits in der zu veröffentlichenden Bilanz (§ 268 [1] HGB) dargestellt werden. Was spricht für und was gegen die einzelne Möglichkeit der Ergebnisdarstellung?*

447 Auf Beschluss der Gesellschafterversammlung der Metallbau GmbH werden 180.000,00 € Gewinn an die Gesellschafter ausgeschüttet. Die Kapitalertragsteuer beträgt 20 %.

1. *Ermitteln Sie die Netto-Ausschüttung.*
2. *Welcher buchhalterische Zusammenhang besteht zwischen Kapitalertrag- und Lohnsteuer?*
3. *Ermitteln Sie die Rentabilität, indem Sie den Jahresgewinn von 330.000,00 €*
   a) auf das Nominalkapital (1.200.000,00 € Gezeichnetes Kapital) und
   b) auf das Eigenkapital von 1.660.000,00 € zu Beginn des Abschlussjahres beziehen.
4. *Beurteilen Sie die Rentabilität des Eigenkapitals.*

448
1. *Aufgrund der Angaben in den Aufgaben 446 und 447 sind folgende Buchungen im Rahmen der Gewinnverwendung vorzunehmen:*
   a) Eröffnung der Konten „3240 Gewinnrücklage", „3310 Gewinnvortrag" und „3400 Jahresüberschuss" durch Übernahme der Beträge aus der Schlussbilanz des Vorjahres (= Eröffnungsbilanz).
   b) Umbuchung des Gewinnvortrages und des Jahresüberschusses auf das Konto „3300 Ergebnisverwendung".
   c) Einstellung in die Gewinnrücklage.
   d) Gewinnausschüttung unter Einbehaltung der Kapitalertragsteuer.
   e) Abschluss des Ergebnisverwendungskontos über das Konto „3310 Gewinnvortrag".
   f) Abschluss des Kontos „3310 Gewinnvortrag" am Ende des laufenden Geschäftsjahres.
   g) Banküberweisung der Netto-Dividende an die Gesellschafter.
2. *Ermitteln Sie nach Durchführung der Buchungen das Eigenkapital der Metallbau GmbH in der neuen Zusammensetzung.*

449 Am Ende des laufenden Geschäftsjahres weist die Metallbau GmbH in ihrer Schlussbilanz und Gewinn- und Verlustrechnung einen Jahresfehlbetrag von 190.000,00 € aus. Auf Beschluss der Gesellschafterversammlung soll der Verlust durch den Gewinnvortrag des Vorjahres und durch Auflösung der Gewinnrücklage in Höhe von 150.000,00 € zum großen Teil gedeckt werden.

1. *Stellen Sie die Verwendung des Ergebnisses rechnerisch-tabellarisch dar.*
2. *Eröffnen Sie die Konten „3240 Gewinnrücklage", „3310 Gewinnvortrag" und „3400 Jahresfehlbetrag".*
3. *Nennen Sie die Buchung für die Übernahme*
   a) des Gewinnvortrages und
   b) des Jahresverlustes auf das Konto „3300 Ergebnisverwendung".
4. *Wie lauten die Buchungen aufgrund der Ergebnisverwendungsrechnung?*
5. *Schließen Sie das Ergebnisverwendungskonto über „3310 Gewinn-/Verlustvortrag" ab.*
6. *Ermitteln Sie nach Durchführung der Buchungen das Eigenkapital der Metallbau GmbH in der neuen Zusammensetzung.*

450 Die Gesellschafterversammlung der Metallbau GmbH hat zur Stärkung der Eigenkapitalbasis eine Kapitalerhöhung von nominal 300.000,00 € beschlossen. Zum Ausgleich der im Unternehmen vorhandenen offenen und stillen Rücklagen soll der Stammanteil mit einem Aufgeld (Agio) von 50 % = 150.000,00 € ausgegeben werden. Ein Gesellschafter der Unternehmung übernimmt im Einvernehmen mit den übrigen Gesellschaftern den Anteil gegen Bankscheck.

1. *Wodurch ist die Kapitalerhöhung offen zu legen?*
2. *Wie viel % beträgt die nominale Kapitalerhöhung?*
3. *In welche Rücklage ist das Aufgeld einzustellen?*
4. *Nennen Sie den Buchungssatz nach erfolgter Durchführung der Kapitalerhöhung.*
5. *Worin unterscheiden sich Kapital- und Gewinnrücklagen?*
6. *Unterscheiden Sie zwischen offenen und stillen Rücklagen.*
7. *Worin unterscheiden sich Rücklagen und Rückstellungen?*

451

Saldenbilanz der Maschinenbau GmbH	Soll	Haben
0700 Technische Anlagen und Maschinen	680.000,00	–
0800 Betriebs- und Geschäftsausstattung	280.000,00	–
1500 Wertpapiere des Anlagevermögens	40.000,00	–
2000 Rohstoffe	240.000,00	–
2200 Fertige Erzeugnisse	120.000,00	–
2400 Forderungen aus Lieferungen und Leistungen	460.000,00	–
2600 Vorsteuer	75.000,00	–
2800 Bank	424.360,00	–
2880 Kasse	27.000,00	–
3000 Gezeichnetes Kapital	–	1.000.000,00
3240 Gewinnrücklagen	–	150.000,00
3310 Gewinnvortrag	–	10.000,00
3900 Sonstige Rückstellungen	–	58.000,00
4250 Darlehensschulden	–	180.000,00
4400 Verbindlichkeiten aus Lieferungen und Leistungen	–	160.000,00
4800 Umsatzsteuer	–	303.360,00
4890 Sonstige Verbindlichkeiten	–	38.000,00
5000 Umsatzerlöse für eigene Erzeugnisse	–	1.896.000,00
5430 Sonstige betriebliche Erträge	–	8.000,00
5710 Zinserträge	–	2.000,00
5800 Außerordentliche Erträge	–	32.000,00
6000 Aufwendungen für Rohstoffe	770.000,00	–
62–64 Personalaufwendungen	360.000,00	–
6700 Mietaufwendungen	160.000,00	–
6770 Rechts- und Beratungskosten	15.000,00	–
6900 Versicherungsbeiträge	20.000,00	–
7510 Zinsaufwendungen	22.000,00	–
7600 Außerordentliche Aufwendungen	24.000,00	–
7000 Gewerbesteuer	60.000,00	–
7710 Körperschaftsteuer	60.000,00	–
Weitere Konten: 2900, 3400, 5200, 5490, 6520, 6950, 8010, 8020.	3.837.360,00	3.837.360,00

Abschlussangaben zum 31. Dezember

1. Planmäßige Abschreibungen: TA u. Maschinen: 136.000,00 €; BGA: 38.000,00 €.
2. Der Tageswert der Wertpapiere des Anlagevermögens beträgt 48.000,00 €.
3. Von einer Forderung über 1.100,00 € gehen nur 580,00 € auf unserem Bankkonto ein. Der Rest ist uneinbringlich.
4. Kfz-Versicherungen über 4.800,00 € wurden am 1. Oktober für ein Jahr im Voraus gezahlt.
5. Die Geschäftsmiete für Dezember wird erst am 2. Januar n. J. überwiesen: 9.875,00 €.
6. Kassenmehrbetrag lt. Inventur: 150,00 € (Ursache ungeklärt).
7. Eine Rückstellung für unterlassene Instandsetzung ist aufzulösen: 3.200,00 €.
8. Bildung einer Prozesskostenrückstellung in Höhe von 18.400,00 €.
9. Bestand an Erzeugnissen: Herstellungskosten: 150.000,00 €; Tageswert: 170.000,00 €.
10. Bestand an Rohstoffen: Anschaffungskosten: 240.000,00 €; Tageswert: 230.000,00 €.

a) Führen Sie den Abschluss durch. Übertragen Sie den Saldo des GuV-Kontos auf das Konto „3400 Jahresüberschuss". Das Konto 3400 wird danach zum Schlussbilanzkonto abgeschlossen.

b) Erstellen Sie eine nach § 266 HGB ordnungsgemäß gegliederte Jahresbilanz.

c) Erstellen Sie die GuV-Rechnung in Staffelform gemäß § 275 HGB. Nicht gesondert ausgewiesene Aufwandsposten sind als „Sonstige betriebliche Aufwendungen" zusammenzufassen.

d) Stellen Sie rechnerisch die Gewinnverwendung dar: Rücklagenzuführung 100.000,00 €, 15 % Dividende. Nennen Sie die Buchungen für die Gewinnverwendung im Folgejahr.

3.6 Jahresabschluss der Aktiengesellschaft

Die Aufstellung des Jahresabschlusses erfolgt **durch** den **Vorstand** der AG in den ersten drei Monaten des neuen Geschäftsjahres (sechs Monate bei kleiner AG).

Ermittlung des Bilanzgewinns/Bilanzverlustes. Während bei der GmbH (siehe S. 392 u. 393) die Schlussbilanz meist **vor** Verwendung des Jahresergebnisses aufgestellt wird, wird bei Aktiengesellschaften in der Regel bereits bei Aufstellung der Bilanz ein Teil des Jahresüberschusses den Gewinnrücklagen zugeführt oder ein Jahresfehlbetrag durch Auflösung von Rücklagen gedeckt. Bei einer solchen **teilweisen Verwendung des Jahresergebnisses vor Bilanzerstellung** tritt dann in der Schlussbilanz an die Stelle der Posten „Jahresüberschuss/Jahresfehlbetrag" und „Gewinnvortrag/Verlustvortrag" der Posten **„Bilanzgewinn/Bilanzverlust"** (§ 268 [1] HGB). Der **Bilanzgewinn** ist der Gewinn, den der Vorstand der Hauptversammlung **zur Ausschüttung** vorschlägt.

Jahresüberschuss/Jahresfehlbetrag	**A. Eigenkapital** (Bilanzausweis)
± Gewinn-/Verlustvortrag des Vorjahres	I. Gezeichnetes Kapital
+ Entnahme aus Rücklagen	II. Gesetzliche Rücklage
– Einstellung in Gewinnrücklagen	III. Andere Gewinnrücklagen
= **Bilanzgewinn/Bilanzverlust** →	IV. **Bilanzgewinn/Bilanzverlust**

Beispiel: Die Maschinenbau AG (2.000.000,00 € Gezeichnetes Kapital; 200.000,00 € Gesetzliche Rücklage; 40.000,00 € andere Gewinnrücklagen; 20.000,00 € Gewinnvortrag) weist zum 31. Dezember in ihrer Gewinn- und Verlustrechnung einen **Jahresüberschuss von 380.000,00 €** aus. Vor Bilanzerstellung sollen **160.000,00 €** der anderen (freien) **Gewinnrücklage** zugeführt werden.

Ermitteln Sie selbst den Bilanzgewinn.

Buchungen:

8020 GuV-Konto	an	**3400 Jahresüberschuss**	**380.000,00**
3400 Jahresüberschuss	an	**3300 Ergebnisverwendung**	**380.000,00**
3310 Gewinnvortrag	an	**3300 Ergebnisverwendung**	**20.000,00**
3300 Ergebnisverwendung	an	**3240 And. Gewinnrücklagen**	**160.000,00**
3300 Ergebnisverwendung	an	**3320 Bilanzgewinn**	**240.000,00**
3350 Bilanzgewinn	an	**8010 Schlussbilanzkonto**	**240.000,00**

Buchen Sie auf Konten und ermitteln Sie das Eigenkapital vor und nach Bilanzerstellung.

Die Verwendung des Bilanzgewinns ist Aufgabe der **Hauptversammlung.** Sie beschließt über die an die Aktionäre **auszuschüttende Dividende** und/oder weitere in **Gewinnrücklagen** einzustellende Beträge sowie den **Gewinnvortrag** auf neue Rechnung. Die Verteilungsbuchungen entsprechen der GmbH (siehe Seite 393).

Bilanzgewinn
– Dividende an Aktionäre[1]
– Einstellung in Gewinnrücklagen
= **Gewinnvortrag**

Die Prüfung des Jahresabschlusses erfolgt durch **unabhängige Abschlussprüfer,** und zwar wie bei der GmbH nur bei großen und mittelgroßen Gesellschaften.

Die Feststellung (Billigung) des Jahresabschlusses und des Vorschlages zur Verwendung des Bilanzgewinns **obliegt dem Aufsichtsrat** (§§ 170 f. AktG).

Offenlegung. Jahresabschluss, Lagebericht und Ergebnisverwendungsvorschlag werden **zum Handelsregister eingereicht** und nur bei großen Gesellschaften im **Bundesanzeiger** veröffentlicht.

Merke:
- **Der Bilanzgewinn ist der zur Ausschüttung vorgeschlagene Gewinn.**
- **Der Vorstand ermittelt, die Hauptversammlung verwendet den Bilanzgewinn.**

1 **Mitglieder des Vorstandes und Aufsichtsrates** sind nur selten am Jahresgewinn (§§ 86, 113 AktG) beteiligt. Ihre **Tantiemen** werden meist in den Personalkosten oder sonstigen Aufwendungen Gewinn mindernd erfasst.

Aufgaben

Eine neu gegründete Aktiengesellschaft hat ein voll eingezahltes Aktienkapital von 4.000.000,00 €. Zum 31. Dezember des Gründungsjahres weist das Gewinn- und Verlustkonto einen Jahresüberschuss von 600.000,00 € aus. 452

Vor Aufstellung der Bilanz werden auf Veranlassung des Vorstandes der gesetzlichen Rücklage der jährliche Mindestbetrag (siehe Seite 387) und der anderen (freien) Gewinnrücklage 200.000,00 € zugeführt.

1. *Ermitteln Sie den Bilanzgewinn zum 31. Dezember.*
2. *Stellen Sie die Posten der Gruppe „A. Eigenkapital" in der Bilanz zum 31. Dezember in der vorgeschriebenen Reihenfolge zusammen.*
3. *Wie lauten die Buchungen für die Zuführungen zu der „Gesetzlichen Rücklage" und der „Anderen Gewinnrücklage" sowie den Bilanzgewinn?*
4. *Wie lautet die Buchung für die Übernahme des Bilanzgewinns in das Schlussbilanzkonto?*
5. *Buchen Sie die Fälle 3. und 4. auf folgenden Konten: Gewinn- und Verlustkonto, Ergebnisverwendung, Gesetzliche Rücklage, Andere Gewinnrücklage, Bilanzgewinn, Schlussbilanzkonto.*

Die Hauptversammlung der in Aufgabe 452 genannten Aktiengesellschaft beschließt im auf das Abschlussjahr folgenden Geschäftsjahr die Verwendung des Bilanzgewinns: 453

a) 8 % Dividende auf das Aktienkapital,
b) 40.000,00 € Zuführung in die Gesetzliche Rücklage.
c) Der Restgewinn ist auf neue Rechnung vorzutragen.

1. *Ermitteln Sie den Gewinnvortrag.*
2. *Ermitteln Sie a) die Bruttodividende, b) die einzubehaltende Kapitalertragsteuer (KESt) und c) die Netto-Dividende.*
3. *Nennen Sie den Buchungssatz für die Eröffnung des Kontos „Bilanzgewinn" und die Übernahme des Bilanzgewinns auf das „Ergebnisverwendungskonto".*
4. *Wie lauten die Buchungssätze für die o. g. Verwendung des Bilanzgewinns? Buchen Sie auf folgenden Konten: Eröffnungsbilanzkonto, Bilanzgewinn, Ergebnisverwendung, Gesetzliche Rücklage, Verbindlichkeiten aus Steuern, Verbindlichkeiten gegenüber Gesellschaftern, Gewinnvortrag.*
5. *Wie lauten die Buchungen für die Auszahlung der Dividende und die Überweisung der Kapitalertragsteuer an das Finanzamt (Bank)?*
6. *Ermitteln Sie nach Durchführung der Buchungen das bilanzielle Eigenkapital.*

Eine AG hat ein Grundkapital von 10.000.000,00 €. Die gesetzliche Rücklage beträgt 1.110.000,00 €, die andere Gewinnrücklage 100.000,00 € und der Gewinnvortrag 10.000,00 €. Das Anlagevermögen beträgt zum Bilanzstichtag insgesamt 6.000.000,00 €, das Umlaufvermögen 9.500.000,00 €. Verbindlichkeiten mit einer Laufzeit von über 5 Jahren betragen 1.780.000,00 €, die kurzfristigen Verbindlichkeiten 900.000,00 €. Aus dem Jahresüberschuss werden bei Bilanzaufstellung 390.000,00 € der anderen Gewinnrücklage zugeführt. 454

1. *Ermitteln Sie den Jahresüberschuss, den Bilanzgewinn und den Stand der Rücklagen.*
2. *Erstellen Sie eine ordnungsmäßig gegliederte Bilanz gemäß § 266 HGB.*
3. *Ermitteln Sie den Gewinnvortrag, wenn im neuen Jahr auf Beschluss der Hauptversammlung 12 % Dividende aus dem Bilanzgewinn auszuschütten sind.*
4. *Führen Sie die Buchungen wie in Aufgabe 453 durch.*
5. *Ermitteln Sie das bilanzielle Eigenkapital nach Durchführung der Gewinnverwendung.*

Die in Aufgabe 454 genannte Aktiengesellschaft weist in ihrer Gewinn- und Verlustrechnung zum 31. Dezember des Folgejahres einen Jahresfehlbetrag in Höhe von 100.000,00 € aus, der bei Bilanzerstellung durch Entnahme von 70.000,00 € aus der gesetzlichen Rücklage und dem Gewinnvortrag von 20.000,00 € teilweise gedeckt wird. 455

1. *Ermitteln Sie den Bilanzverlust und danach das bilanzielle Eigenkapital.*
2. *Nennen Sie die Buchungssätze.*
3. *Worin unterscheiden sich offene und stille Rücklagen?*

4 Auswertung des Jahresabschlusses

Aus dem Jahresabschluss lassen sich wertvolle **Erkenntnisse über die Vermögens-, Finanz- und Erfolgslage** des Unternehmens gewinnen, wenn man die Abschlusszahlen entsprechend auswertet. Ein Vergleich mit den Jahresabschlüssen der Vorjahre **(Zeitvergleich)** gibt außerdem Auskunft über die betriebseigene **Entwicklung.** Wie das Unternehmen innerhalb seiner Branche zu beurteilen ist, zeigt ein Vergleich mit den Zahlen branchengleicher Unternehmen **(Betriebsvergleich).**

Die betriebswirtschaftliche Auswertung des Jahresabschlusses umfasst die

- **Aufbereitung (Analyse)** und die
- **Beurteilung (Kritik)** des Zahlenmaterials.

Allgemein spricht man auch von **„Bilanzanalyse und Bilanzkritik".**

4.1 Auswertung der Bilanz

4.1.1 Aufbereitung der Bilanz (Bilanzanalyse)

Umgliederung der Bilanzposten. Die Bilanzen müssen zunächst für eine kritische Beurteilung entsprechend aufbereitet werden. Die zahlreichen Bilanzposten sind daher nach bestimmten Gesichtspunkten umzugliedern und gruppenmäßig zusammenzufassen. Die Vermögensseite umfasst die beiden Hauptgruppen **„Anlagevermögen"** und **„Umlaufvermögen"**, die Kapitalseite **„Eigenkapital"** und **„Fremdkapital".** Das Umlaufvermögen ist nach der **Flüssigkeit** in die Gruppen „Vorräte", „Forderungen" und „Flüssige Mittel" zu gliedern. Die Positionen des Fremdkapitals sind nach der **Fälligkeit** in „Langfristiges Fremdkapital" und „Kurzfristiges Fremdkapital" zu ordnen. Aktive Rechnungsabgrenzungssammelposten werden den Forderungen, passive Rechnungsabgrenzungsposten den kurzfristigen Verbindlichkeiten zugeordnet.

Die Bilanzstruktur ist das Ergebnis der Aufbereitung der Bilanzposten. Sie lässt bereits deutlich den **Vermögens- und Kapitalaufbau** des Unternehmens erkennen:

Bilanzstruktur

Vermögen	**Kapital**
I. Anlagevermögen	**I. Eigenkapital**
II. Umlaufvermögen 1. Vorräte 2. Forderungen 3. Flüssige Mittel	**II. Fremdkapital** 1. langfristig 2. kurzfristig
Wie ist das Kapital angelegt?	*Woher stammt das Kapital?*

Zur besseren Vergleichbarkeit und Überschaubarkeit stellt man die **Bilanzstruktur** nicht nur in absoluten Zahlen, sondern auch **in Prozentzahlen** dar, wobei die **Bilanzsumme die Basis (≙ 100 %)** bildet. Damit wird auf einen Blick erkennbar, welches Gewicht die einzelnen Hauptgruppen innerhalb des Gesamtvermögens (Aktiva) und Gesamtkapitals (Passiva) haben. Vermögens- und Kapitalaufbau werden dadurch noch anschaulicher dargestellt (vgl. Seite 21 f.).

Merke: **Die aufbereiteten Bilanzen eines Unternehmens zeigen deutlich**

- **die Finanzierung** ▷ Eigenkapital : Fremdkapital
- **den Vermögensaufbau** ▷ Anlagevermögen : Umlaufvermögen
- **die Anlagendeckung** ▷ Eigenkapital : Anlagevermögen
- **die Zahlungsfähigkeit** ▷ flüssige Mittel : kurzfristige Verbindlichkeiten

Beispiel: **Die Chemiewerke GmbH** hat ihre Bilanzen nach einer **teilweisen Verwendung des Jahresgewinns** (Zuführung zu den Gewinnrücklagen) aufgestellt:

Jahresüberschuss – Einstellung in die Gewinnrücklage = Bilanzgewinn

Da der **Bilanzgewinn** auf Beschluss der Gesellschafter kurzfristig in voller Höhe als **Dividende** ausgeschüttet wird, ist er im Rahmen der Bilanzaufbereitung den **kurzfristigen Verbindlichkeiten** zuzuordnen. Die **Rückstellungen** sind **je zur Hälfte kurz- und langfristig.**

Die bereits teilweise aufbereiteten **Bilanzen der Chemiewerke GmbH** lauten:

Aktiva	Berichtsjahr T€	Vorjahr T€	Passiva	Berichtsjahr T€	Vorjahr T€
Sachanlagen	1.660	1.420	Gezeichnetes Kapital	1.400	1.000
Finanzanlagen	260	200	Gewinnrücklagen	400	260
Vorräte:			Bilanzgewinn	110	30
Werkstoffe	110	740	Rückstellungen	80	60
Fertigerzeugnisse	1.090	810	langfr. Verbindl.	1.600	1.230
Forderungen a. LL	600	310	kurzfr. Verbindl.	410	1.020
Kassenbestand	35	18			
Bankguthaben	245	102			
	4.000	3.600		4.000	3.600

Die Aufbereitung der Bilanzen wird nach folgendem Schema vorgenommen:

AKTIVA	Berichtsjahr T€	Berichtsjahr %	Vorjahr T€	Vorjahr %	Zu- oder Abnahme T€
Sachanlagen	1.660	41,5	1.420	39,4	+ 240
Finanzanlagen	260	6,5	200	5,6	+ 60
Anlagevermögen	**1.920**	**48,0**	**1.620**	**45,0**	**+ 300**
Vorräte	1.200	30,0	1.550	43,0	– 350
Forderungen a. LL	600	15,0	310	8,6	+ 290
Flüssige Mittel	280	7,0	120	3,4	+ 160
Umlaufvermögen	**2.080**	**52,0**	**1.980**	**55,0**	**+ 100**
Gesamtvermögen	4.000	100,0	3.600	100,0	+ 400

PASSIVA	Berichtsjahr T€	Berichtsjahr %	Vorjahr T€	Vorjahr %	Zu- oder Abnahme T€
Gezeichnetes Kapital	1.400	35,0	1.000	27,7	+ 400
Gewinnrücklagen	400	10,0	260	7,3	+ 140
Eigenkapital	**1.800**	**45,0**	**1.260**	**35,0**	**+ 540**
langfr. Rückstellungen	40	1,0	30	0,8	+ 10
langfr. Verbindlichkeiten	1.600	40,0	1.230	34,2	+ 370
Langfristiges Fremdkapital	**1.640**	**41,0**	**1.260**	**35,0**	**+ 380**
kurzfr. Rückstellungen	40	1,0	30	0,8	+ 10
kurzfr. Verbindlichkeiten	520	13,0	1.050	29,2	– 530
Kurzfristiges Fremdkapital	**560**	**14,0**	**1.080**	**30,0**	**– 520**
Gesamtkapital	4.000	100,0	3.600	100,0	+ 400

4.1.2 Beurteilung der Bilanz (Bilanzkritik)

Die aufbereiteten Bilanzen enthalten bereits die wichtigsten **Kennzahlen** und Angaben **zur Beurteilung der**

- **Kapitalausstattung,**
- **Anlagenfinanzierung,**
- **Zahlungsfähigkeit** und des
- **Vermögensaufbaues**

des Unternehmens. **Mithilfe dieser Kennzahlen** lassen sich **Lage und Entwicklung** des Unternehmens **beurteilen.**

4.1.2.1 Beurteilung der Kapitalausstattung (Finanzierung)

Grad der Unabhängigkeit. Bei der Beurteilung der Finanzierung oder Kapitalausstattung geht es vor allem um die Frage, ob das Unternehmen überwiegend mit eigenen oder fremden Mitteln arbeitet. Dabei ist wichtig zu wissen, dass das **Eigenkapital** zwei Aufgaben zu erfüllen hat, nämlich zum einen die **Haftungs- oder Garantiefunktion** gegenüber den Gläubigern und zum anderen die **Finanzierungsfunktion,** also die fristgerechte Finanzierung von Vermögensteilen, die langfristig im Unternehmen gebunden sind (→ Anlagendeckung). Der Anteil des Eigenkapitals am Gesamtkapital wird daher auch weitgehend von der **Anlagenintensität** des Unternehmens bestimmt. Sehr anlagenintensive Unternehmen (z. B. Schwerindustrie, Bergbau u. a.) benötigen eine höhere Eigenkapitalausstattung als Unternehmen der verarbeitenden Industrie. Eine allgemein gültige Regel über das Verhältnis zwischen Eigen- und Fremdkapitalanteil kann es daher nicht geben (z. B. 1 : 1-Regel). Grundlegend kann aber gesagt werden, dass die wirtschaftliche und finanzielle Stabilität des Unternehmens umso größer ist, je höher der Eigenkapitalanteil ist. Hohes Eigenkapital macht das Unternehmen unabhängiger gegenüber Gläubigern und sicherer in Krisenzeiten. Der **Anteil des Eigenkapitals** am Gesamtkapital drückt somit den **Grad der finanziellen Unabhängigkeit** aus und ist zugleich Maßstab für die **Kreditwürdigkeit und Krisenfestigkeit** des Unternehmens.

Der Grad der Verschuldung des Unternehmens kommt durch den Anteil des Fremdkapitals am Gesamtkapital zum Ausdruck. Zu hohes Fremdkapital bedeutet eine erhebliche **Einengung der Selbstständigkeit** des Unternehmens, da mit jeder weiteren Kreditaufnahme stets der Nachweis der Kreditverwendung und ständige Kontrollen durch Gläubiger verbunden sind. Für die Beurteilung der Finanzierung ist vor allem auch die Zusammensetzung des Fremdkapitals von Bedeutung. Ein relativ hohes kurzfristiges Fremdkapital bedingt eine kurzfristige Bereitstellung von entsprechend hohen flüssigen Mitteln und führt daher zu einer besonderen **Belastung der Liquidität** (Zahlungsfähigkeit) des Unternehmens. Denn unabhängig von der Ertragslage des Unternehmens sind die fälligen Tilgungs- und Zinszahlungen zu leisten.

Grad der Selbstfinanzierung. Gewinnrücklagen werden bei Kapitalgesellschaften aus einbehaltenen Gewinnen **(Gewinnthesaurierung)** gebildet. Sie dienen vor allem der Selbstfinanzierung von Investitionen oder ganz allgemein der **Stärkung der Eigenkapitalbasis.** Setzt man die **Gewinnrücklagen** ins Verhältnis zum Gesamtkapital, kann man daraus den Grad der Selbstfinanzierung des Unternehmens ermitteln.

Merke:
- **Je größer das Eigenkapital im Verhältnis zum Fremdkapital ist, desto solider und krisenfester ist die Finanzierung und desto geringer ist die Abhängigkeit von den Gläubigern.**
- **Die Höhe des Eigenkapitals ist abhängig von der Anlagenintensität.**

Kennzahlen der Finanzierung (Kapitalstruktur)		B	V
❶ Grad der finanziellen Unabhängigkeit	$= \frac{\text{Eigenkapital} \cdot 100\ \%}{\text{Gesamtkapital}}$	45 %	35 %
❷ Grad der Verschuldung	$= \frac{\text{Fremdkapital} \cdot 100\ \%}{\text{Gesamtkapital}}$	55 %	65 %
❸ Anteil des langfristigen Fremdkapitals	$= \frac{\text{lgfr. Fremdkapital} \cdot 100\ \%}{\text{Gesamtkapital}}$	41 %	35 %
❹ Anteil des kurzfristigen Fremdkapitals	$= \frac{\text{kfr. Fremdkapital} \cdot 100\ \%}{\text{Gesamtkapital}}$	14 %	30 %
❺ Grad der Selbstfinanzierung	$= \frac{\text{Gewinnrücklagen} \cdot 100\ \%}{\text{Gesamtkapital}}$	10 %	7 %

Der Grad der finanziellen Unabhängigkeit des Unternehmens ❶, also der Anteil des Eigenkapitals am Gesamtkapital, hat sich im Berichtsjahr (B) gegenüber dem Vorjahr (V) sowohl absolut als auch relativ (von 35 % auf 45 %) **bedeutend verbessert.** Die Stärkung der Eigenkapitalbasis der Chemiewerke GmbH ist einerseits auf eine **Erhöhung des „Gezeichneten Kapitals"** (Stammkapital) von nominal 400.000,00 € als auch auf **Gewinnzuführung in die Rücklagen** in Höhe von 140.000,00 € (siehe GuV-Rechnung S. 415) zurückzuführen. Die Unternehmensleitung sowie die Gesellschafter sind bemüht die Kapitalstruktur entscheidend zu verbessern.

Der Grad der Verschuldung ❷ ist im Zusammenhang mit der Kennzahl ❶ entsprechend von 65 % auf 55 % zurückgegangen. Der im Vorjahr noch sehr hohe Anteil der kurzfristigen Fremdmittel ❹ konnte **erheblich** von absolut 1.080.000,00 € auf 560.000,00 € bzw. relativ von 30 % auf nunmehr 14 % **abgebaut** werden. Hier zeigt sich deutlich die positive Auswirkung der Erhöhung der eigenen Mittel. Die Absicht der Unternehmensleitung, die im Vorjahr noch angespannte Liquiditätslage durch Abbau der kurzfristigen Verbindlichkeiten zu verbessern, wird erkennbar. Das bestätigt auch die Kennzahl ❸. Der Anteil des langfristigen Fremdkapitals ist zulasten des kurzfristigen Fremdkapitals erfreulicherweise von 35 % auf 41 % gestiegen. Offensichtlich steht der Rückgang der kurzfristigen Fremdmittel auch im Zusammenhang mit einer **Umschuldung** (Umwandlung kurzfristiger in langfristige Schulden).

Der Grad der Selbstfinanzierung ❺ hat sich von 7 % auf 10 % **verbessert.** Es ist lobenswert, dass das Unternehmen durch Einbehaltung von wesentlichen Teilen des Gewinns, also durch **Bildung von Gewinnrücklagen,** zur Selbstfinanzierung und damit zur Stärkung der Eigenkapitalbasis beiträgt. Das entspricht auch offensichtlich den Vorstellungen der Gesellschafter der Chemiewerke GmbH, denn der auszuschüttende Bilanzgewinn ist recht bescheiden.

Zusammenfassend kann die **Finanzierung** der Chemiewerke GmbH im Berichtsjahr durchaus als **solide und krisenfest** beurteilt werden. Besonders positiv ist herauszustellen, dass die Unternehmensleitung im Berichtsjahr entscheidende **Maßnahmen zur Verbesserung der Kapitalstruktur** durchgeführt hat. Die Abhängigkeit gegenüber den Gläubigern des Unternehmens ist dadurch erfreulicherweise erheblich geringer geworden. Der **Abbau der kurzfristigen Fremdmittel** kann im Hinblick auf die **Liquidität** als besonders positiv bezeichnet werden. Dass die Gläubiger Vertrauen in das Unternehmen haben, beweist die Tatsache, dass im Berichtsjahr die langfristigen Verbindlichkeiten absolut und relativ zulasten der kurzfristigen Fremdmittel zugenommen haben.

4.1.2.2 Beurteilung der Anlagenfinanzierung (Investierung)

Die Deckung (Finanzierung) des Anlagevermögens durch Eigenkapital (Deckungsgrad I) und durch das **gesamte langfristige Kapital,** also durch Eigen- und langfristiges Fremdkapital (Deckungsgrad II), ist zugleich ein wichtiger **Maßstab zur Beurteilung der Kapitalausstattung** und damit der **finanziellen Stabilität** des Unternehmens.

- **Deckungsgrad I** $= \dfrac{\text{Eigenkapital} \cdot 100\ \%}{\text{Anlagevermögen}}$
- **Deckungsgrad II** $= \dfrac{\text{Langfristiges Kapital (EK + lgfr. FK)} \cdot 100\ \%}{\text{Anlagevermögen}}$

Goldene Bilanzregel. Das **Anlagevermögen** stellt in jedem Unternehmen **langfristig gebundenes Vermögen** dar. Es muss daher auch durch **entsprechend langfristiges Kapital** (Eigenkapital, Hypotheken, Darlehen u. a.) **finanziert** werden. Damit wird sichergestellt, dass im Falle einer Krise keine Anlagegüter veräußert werden müssen, um den Tilgungsverpflichtungen termingerecht nachzukommen. Den **Grundsatz der Fristengleichheit** bezeichnet man auch als „Goldene Bilanzregel" oder „Goldene Bankregel".

Deckungsgrad I. Die **sicherste Deckung** des Anlagevermögens ist natürlich das Kapital, das von den Gläubigern nicht zurückgefordert werden kann: das **Eigenkapital.** Die Anlagendeckung ist daher als sehr gut zu beurteilen, wenn das Eigenkapital das Anlagevermögen **voll deckt.** Ausgezeichnet ist die Deckung, wenn das Eigenkapital darüber hinaus auch noch den **„eisernen Bestand" des Vorratsvermögens finanziert.** In der Praxis gibt es aber nur wenige Industriezweige, in denen das Anlagevermögen ganz durch Eigenkapital finanziert ist (z. B. Elektroindustrie).

Deckungsgrad II. Reicht das Eigenkapital zur Finanzierung des Anlagevermögens nicht aus, so darf zusätzlich **nur langfristiges Fremdkapital** herangezogen werden (Goldene Bilanzregel!). Der **Quotient der Anlagendeckung II** muss dann **mindestens 100 %** betragen, wenn eine volle Deckung durch langfristiges Kapital gegeben sein soll. Je mehr dieser Mindestwert überschritten wird, umso größer ist die finanzielle Stabilität des Unternehmens. In diesem Fall finanzieren die langfristigen Mittel dann noch einen **Teil des Umlaufvermögens.** In jedem Fall müsste noch der eiserne Bestand des Vorratsvermögens langfristig finanziert sein.

Merke:
- **Die Anlagendeckung ist zugleich Maßstab zur Beurteilung der Finanzierung (Kapitalausstattung) des Unternehmens.**
- **Das Anlagevermögen und der eiserne Bestand des Vorratsvermögens sollten stets durch entsprechend langfristiges Kapital gedeckt (finanziert) sein.**

Kennzahlen der Anlagendeckung (Investierung)	Berichtsjahr	Vorjahr
Deckungsgrad I $= \dfrac{\text{Eigenkapital} \cdot 100\ \%}{\text{Anlagevermögen}}$	94 %	78 %
Deckungsgrad II $= \dfrac{\text{Langfristiges Kapital} \cdot 100\ \%}{\text{Anlagevermögen}}$	179 %	156 %

Die Anlagendeckung durch Eigenkapital hat sich im Berichtsjahr grundlegend durch die erwähnte Erhöhung des Eigenkapitals von 78 % auf 94 % **verbessert.** Diese Verbesserung muss noch höher bewertet werden, da das Anlagevermögen im Berichtsjahr zugleich durch erhebliche Investitionen (300 T€) zugenommen hat. Das Unternehmen strebt eine volle Anlagendeckung durch eigene Mittel an, um die finanzielle Stabilität für die Zukunft abzusichern.

Die Anlagendeckung durch langfristiges Kapital (Deckungsgrad II) war schon im Vorjahr sehr günstig. Die **erhebliche Steigerung** im Berichtsjahr von 156 % auf 179 % ist auf die Zunahme der eigenen und auch der langfristigen Fremdmittel zurückzuführen. Diese Überdeckung (56 % bzw. 79 %) bedeutet, dass auch der größte Teil des Umlaufvermögens **langfristig** finanziert ist.

Zusammenfassend kann gesagt werden, dass die oben als **gut beurteilte Finanzierung** des Unternehmens **durch** die **Anlagendeckung bestätigt** wird.

Vermögens-Deckungsrechnung. Die **Anlagendeckung kann in Staffelform** zu einer Deckungsrechnung des gesamten Vermögens ausgebaut werden:

Vermögens-Deckungsrechnung in T€	Berichtsjahr	Vorjahr	+/–
Eigenkapital (EK)	1.800	1.260	+ 540
– Anlagevermögen	1.920	1.620	+ 300
= Über- oder Unterdeckung durch EK	– 120	– 360	+ 240
+ langfristiges Fremdkapital	1.640	1.260	+ 380
= langfristiges Kapital zur Finanzierung des Umlaufvermögens	1.520	900	+ 620
– Umlaufvermögen	2.080	1.980	+ 100
= kurzfristiges Fremdkapital zur Finanzierung des Umlaufvermögens	560	1.080	– 520

Die Deckungsrechnung zeigt die Finanzierung der Vermögensteile besonders deutlich. Das **langfristige Kapital** hat sich zulasten des kurzfristigen Fremdkapitals **erhöht,** was sich auf die **Liquidität** des Unternehmens **günstig** auswirkt.

4.1.2.3 Beurteilung des Vermögensaufbaues (Konstitution)

Die Zusammensetzung (Struktur) des Vermögens, das Verhältnis zwischen Anlage- und Umlaufvermögen, wird entscheidend durch die **Branche** und den **Grad der Mechanisierung und Automatisierung bestimmt.** So sind z. B. Unternehmen der Grundstoff- und Schwerindustrie (Bergbau, Hüttenwerke u. a.) mit einem Anlagenanteil von 60–70 % besonders **anlagenintensiv,** im Gegensatz zu Betrieben der Elektroindustrie und des Maschinenbaus mit 25–35 %.

Anlagenintensität. Anlagen binden langfristig Kapital und verursachen erhebliche **fixe (feste) Kosten,** wie Abschreibungen, Instandhaltungen, Zinsen des investierten Kapitals u. a., die **unabhängig von der Beschäftigungs- und Ertragslage** des Unternehmens **anfallen.** Diese fixen Kosten zwingen das Unternehmen dauernd **um volle Auslastung der Kapazität** und Absatzsteigerung bestrebt zu sein, damit die festen Kosten des Anlagevermögens auf eine möglichst große Anzahl von Erzeugnissen verteilt und deshalb je Erzeugnis (Stückkosten) möglichst niedrig gehalten werden. Es ist daher verständlich, dass eine **hohe Anlagenquote** auch die **Anpassungsfähigkeit** eines Unternehmens an Konjunkturschwankungen sowie Veränderungen in der Nachfrage **vermindert.** Je geringer die Anlagenquote ist, umso elastischer kann sich ein Unternehmen den veränderten Marktverhältnissen anpassen. Die **Anlagenintensität** ist daher zugleich ein **Maßstab für die Anpassungsfähigkeit** oder Flexibilität eines Unternehmens.

Das Umlaufvermögen setzt sich aus **Vorräten, Forderungen und flüssigen Mitteln** zusammen. Anhand der Entwicklung der hierfür ermittelten Quoten am Gesamtvermögen lassen sich wertvolle Erkenntnisse über die **Absatzlage** des Unternehmens gewinnen, wenn man sie mit den **Umsatzerlösen** vergleicht. Ein erhöhter Bestand an Forderungen bedeutet Absatzsteigerung, wenn zugleich die Umsatzerlöse entsprechend gestiegen sind. Eine Veränderung der **Vorratsquote** kann daher auch nur im Zusammenhang mit den Umsatzerlösen betrachtet werden.

Merke:
- **Die Konstitution (AV : UV) wird weitgehend von der Branche und dem Grad der Mechanisierung und Automatisierung bestimmt.**
- **Die Anlagenintensität ist zugleich Maßstab für die Anpassungsfähigkeit und Flexibilität des Unternehmens.**
- **Vorrats- und Forderungsquoten geben Aufschluss über die Absatzlage des Unternehmens. Ein Vergleich mit den Umsatzerlösen ist notwendig.**

Kennzahlen der Konstitution (Vermögensstruktur)		B	V
❶ Anlagenintensität	$= \frac{\text{AV} \cdot 100\,\%}{\text{Gesamtvermögen}}$	48 %	45 %
❷ Anteil des Umlaufvermögens	$= \frac{\text{UV} \cdot 100\,\%}{\text{Gesamtvermögen}}$	52 %	55 %
❸ Ausnutzungsgrad der Sachanlagen	$= \frac{\text{Gesamtleistung}}{\text{Sachanlagen}}$	5,1	3,9
❹ Vorratsquote	$= \frac{\text{Vorräte} \cdot 100\,\%}{\text{Gesamtvermögen}}$	30 %	43 %
❺ Forderungsquote	$= \frac{\text{Forderungen} \cdot 100\,\%}{\text{Gesamtvermögen}}$	15 %	8,6 %
❻ Anteil der flüssigen Mittel	$= \frac{\text{Flüssige Mittel} \cdot 100\,\%}{\text{Gesamtvermögen}}$	7 %	3,4 %

Angaben lt. GuV-Rechnung:		Berichtsjahr	Vorjahr
Umsatzerlöse	(vgl. S. 415)	8.200 T€	5.500 T€
Gesamtleistung	(vgl. S. 415)	8.480 T€	5.520 T€

Die Anlagenintensität ❶ hat im Berichtsjahr absolut um 240 T€ (Sachanlagen) und relativ von 45 % auf 48 % zugenommen. Die Investitionen im Sachanlagenbereich deuten auf eine Kapazitätserweiterung hin, zumal die Gesamtleistung des Unternehmens ebenfalls beträchtlich von 5.520 T€ auf 8.480 T€ gestiegen ist.

Der Ausnutzungsgrad der Sachanlagen ❸ macht deutlich, dass die Kapazität des Unternehmens im Berichtsjahr besser ausgelastet ist. Hat das Unternehmen im Vorjahr mit 1 T€ Sachanlagen nur 3,9 T€ Gesamtleistung erzielt, so beträgt im Berichtsjahr die Gesamtleistung 5,1 T€ je 1 T€ Sachanlagen.

Die Vorratsquote ❹ ist sowohl absolut als auch relativ zurückgegangen. Ein Blick auf die Umsatzerlöse lässt erkennen, dass der Abbau der Vorräte im Zusammenhang mit einer beträchtlichen Absatzsteigerung der Erzeugnisse steht. Die Umschlagszahlen (vgl. S. 416) machen das besonders deutlich.

Die Quote der Forderungen ❺ **und der flüssigen Mittel** ❻ zeigt ebenfalls, dass sich das Unternehmen in einer außerordentlich guten Absatzlage befindet.

Zusammenfassend kann festgestellt werden, dass sich die **Vermögensstruktur** im Berichtsjahr **entscheidend verbessert** hat. Die höhere Auslastung der Kapazität muss sich zwangsläufig **günstig** auf die Kostenstruktur (fixe Kosten) auswirken.

4.1.2.4 Beurteilung der Zahlungsfähigkeit (Liquidität)

Liquidität ist die **Zahlungsfähigkeit** eines Unternehmens, die sich aus dem Verhältnis der flüssigen (liquiden) Mittel zu den **fälligen** Verbindlichkeiten ermitteln lässt. Es ist zu prüfen, ob die liquiden Mittel ausreichen das kurzfristig fällige Fremdkapital zu decken. Denn Zahlungsunfähigkeit (Illiquidität) führt in der Regel meist zur zwangsweisen Auflösung eines Unternehmens im Rahmen eines Insolvenzverfahrens.

Stichtagsliquidität. Der **externe** Bilanzkritiker kann lediglich die Stichtagsliquidität ermitteln, d. h. die **Zahlungsfähigkeit** des Unternehmens **zum Bilanzstichtag.** Diese hat nur begrenzten Aussagewert, da wichtige Daten der Liquiditätsberechnung aus den Abschlusszahlen nicht hervorgehen, wie **Fälligkeiten** der Verbindlichkeiten und Forderungen, **Kreditzusagen** der Banken, **laufende Ausgaben** für Personalkosten, Mieten, Steuern u. v. m. So kann sich die Liquiditätslage schon kurz nach dem Bilanzstichtag schlagartig verändern. Außerdem muss beachtet werden, dass Bilanzen in der Praxis erst weit nach dem Bilanzstichtag aufgestellt werden und deshalb lediglich eine **„historische" Analyse** der Liquiditätslage zulassen. Das Unternehmen selbst wird daher die Liquidität nicht stichtagsbezogen (statisch) aufgrund der Bilanz, sondern kurz- oder mittelfristig (dynamisch) anhand eines **Finanz- oder Liquiditätsplans** ermitteln, der auf zahlreichen Einzelplänen basiert, die den zu erwartenden Einnahmen- und Ausgabenstrom einschließlich geplanter Investitionen ausweisen. Wenn auch die bilanzmäßige Liquiditätsermittlung ungenau ist, so lassen sich aus einem Vergleich der Bilanzzahlen (Zeitvergleich) doch entsprechende Schlussfolgerungen über die **Liquiditätspolitik** des Unternehmens ziehen.

Die Liquiditätskennzahlen berücksichtigen den Grad der Liquidität. Die **Liquidität I** (1. Grades), auch **Barliquidität** genannt, setzt die flüssigen Mittel (Kasse, Bank- und Postbankguthaben, börsenfähige Wertpapiere des Umlaufvermögens) ins Verhältnis zu den kurzfristigen Fremdmitteln. Die **Liquidität II,** auch **einzugsbedingte Liquidität** genannt, berücksichtigt zusätzlich die Forderungen. Die **umsatzbedingte Liquidität III** setzt schließlich das gesamte Umlaufvermögen zum **kurzfristigen Fremdkapital** in Beziehung. Nach einer Erfahrungsregel sollte mindestens die Liquidität II eine volle Deckung des kurzfristigen Fremdkapitals bringen. Die Liquidität III müsste nach einer amerikanischen Faustregel mindestens zu einer zweifachen Deckung (200 %) führen.

Merke:
- **Liquidität bedeutet, dass die flüssigen Mittel ausreichen die fälligen kurzfristigen Verbindlichkeiten zu decken.**
- **Die bilanzmäßigen Liquiditätskennzahlen sind nur unter Vorbehalt als Maßstab der Zahlungsfähigkeit des Unternehmens zu betrachten.**

Liquiditätskennzahlen	B	V
Liquidität I $= \frac{\text{flüssige Mittel} \cdot 100\,\%}{\text{kurzfristiges Fremdkapital}}$	50 %	11 %
Liquidität II $= \frac{(\text{flüssige Mittel} + \text{Forderungen}) \cdot 100\,\%}{\text{kurzfristiges Fremdkapital}}$	157 %	40 %
Liquidität III $= \frac{\text{Umlaufvermögen} \cdot 100\,\%}{\text{kurzfristiges Fremdkapital}}$	371 %	183 %

Die Liquiditätslage des Unternehmens hat sich im Berichtsjahr gegenüber dem Vorjahr in allen drei Stufen ganz **entscheidend verbessert.** Im Vorjahr reichte die einzugsbedingte Liquidität II nicht aus die kurzfristigen Verbindlichkeiten zu decken. Die auf den ersten Blick etwas angespannte Liquidität im Vorjahr kann aber unter Berücksichtigung der erheblichen Überdeckung durch das gesamte Umlaufvermögen (Liquidität III) noch als ausreichend bezeichnet werden. Die Verbesserung der Zahlungsfähigkeit ist auf die durchgeführte **Kapitalerhöhung** sowie **Umschuldung** und vor allem auf die erhebliche **Absatzsteigerung** zurückzuführen. Der Bestand an sofort flüssigen Mitteln ist recht hoch. **Zur Vermeidung einer** unwirtschaftlichen **Überliquidität** müsste die Unternehmensleitung rechtzeitig entsprechende Überlegungen anstellen, wie z. B. **Abbau der Fremdmittel, Investitionen** u. a. Die dadurch eingesparten Zinsen müssten sich günstig auf die Rentabilität des Unternehmens auswirken.

Die Liquiditätsstufen lassen sich auch anschaulich in Staffelform darstellen:

Liquiditäts-Staffelrechnung in T€	Berichtsjahr	Vorjahr
Flüssige Mittel	280	120
– Kurzfristiges Fremdkapital	560	1.080
= Unterdeckung (1. Stufe)	– 280	– 960
+ Forderungen	600	310
= Über- bzw. Unterdeckung (2. Stufe)	320	– 650
+ Vorräte	1.200	1.550
= Überdeckung (3. Stufe)	1.520	900

Zusammenfassende Beurteilung. Die Kennzahlen der Bilanzstruktur der Chemiewerke GmbH zeigen im Hinblick auf die **Finanzierung, Anlagendeckung, Konstitution und Liquidität** im Vergleich zum Vorjahr (Zeitvergleich) eine sehr **positive Entwicklung.** Die entscheidenden Verbesserungen wurden offensichtlich durch die **Kapitalerhöhung** und **Gewinnthesaurierung** sowie den **Abbau der kurzfristigen Fremdmittel** eingeleitet. Hinzu kommt, dass sich das Unternehmen im konjunkturellen Aufwind befindet. Die Unternehmensleitung ist offensichtlich bestrebt die finanzielle Stabilität in dieser Phase noch weiter zu festigen.

Aufgaben

456 Nach der Aufbereitung zeigt die Bilanz eines Industrieunternehmens die folgende Vermögens- und Kapitalstruktur:

Vermögen	T€	%	Aufbereitete Bilanz	T€	% Kapital
I. Anlagevermögen	2.400	**30**	**I. Eigenkapital**	4.800	**60**
II. Umlaufvermögen			**II. Fremdkapital**		
1. *nicht* flüssig ...... (Vorräte)	3.300	**70**	1. *langfristig* .... (Hyp. u. Darl.)	2.000	**40**
2. *bedingt* flüssig .... (Forderungen a. LL)	1.700		2. *kurzfristig* .... (Verbindl. a. LL u. a.)	1.200	
3. *sofort* flüssig ...... (Kasse, Postbank, Bankguthaben)	600				
	8.000	**100**		8.000	**100**

Beurteilen Sie auch unter Berücksichtigung von Branchenrichtwerten ()
a) die Finanzierung oder Kapitalausstattung (35 : 65),
b) den Vermögensaufbau (25 : 75),
c) die Anlagenfinanzierung bzw. -deckung (Deckung I: 80 %; II: 120 %) sowie
d) die Zahlungsfähigkeit (Liquidität) des Unternehmens.

457

Aktiva	Berichtsjahr T€	Vorjahr T€	Passiva	Berichtsjahr T€	Vorjahr T€
TA u. Maschinen .	960	710	Eigenkapital 1. Jan. ...	1.160	1.030
Fuhrpark	130	160	– Entnahmen	80	60
And. Anlagen/BGA	610	390		1.080	970
Werkstoffe	350	720	+ Einlagen	400	—
Fertigerzeugnisse	800	1.100		1.480	970
Handelswaren	50	30	+ Gewinn	320	190
Forderungen a. LL	820	370	Eigenkapital 31. Dez. ..	1.800	1.160
Kasse	20	15	Rückstellungen	80	60
Bank	260	105	Darlehensschulden ...	1.600	1.230
			Verbindlichkeiten a. LL	520	1.150
	4.000	3.600		4.000	3.600

Anmerkungen: Der Jahresgewinn soll nicht entnommen werden. Die Rückstellungen sind je zur Hälfte lang- und kurzfristig. Die **Gesamtleistung** (Umsatzerlöse ± Bestandsveränderungen + aktivierte Eigenleistungen) betrug lt. GuV im Berichtsjahr 7.800 T€, im Vorjahr 5.800 T€.

1. *Bereiten Sie die oben stehenden Bilanzen der Metallwerke Günter Heider e. K. entsprechend dem Aufbereitungsschema auf S. 401 auf.*
2. *Ermitteln und beurteilen Sie die Kennzahlen a) der Finanzierung, b) der Anlagendeckung, c) der Liquidität und d) der Vermögensstruktur.*
3. *Worauf führen Sie die hohen Vorräte im Vorjahr zurück?*
4. *Fassen Sie in einem Kurzbericht das Ergebnis Ihrer Auswertung zusammen.*

Die teilweise aufbereiteten Bilanzen der Textilveredlungsgesellschaft mbH lauten: 458

Aktiva	Berichtsjahr T€	Vorjahr T€	Passiva	Berichtsjahr T€	Vorjahr T€
Sachanlagen	4.350	3.550	Gezeichnetes Kapital ...	3.500	2.500
Finanzanlagen ..	650	500	Gewinnrücklage	1.450	650
Vorräte	2.800	3.875	Bilanzgewinn	325	75
Forderungen a. LL	1.500	775	Rückstellungen	200	150
Flüssige Mittel ..	700	300	langfr. Verbindlichkeiten	3.500	2.575
			kurzfr. Verbindlichkeiten	1.025	3.050
	10.000	9.000		10.000	9.000

Angaben lt. GuV-Rechnung (vgl. S. 426)	Berichtsjahr	Vorjahr
Gesamtleistung	**21.700 T€**	**13.500 T€**
Jahresgewinn	1.125 T€	475 T€
– Einstellung in die Gewinnrücklage	800 T€	400 T€
= **Bilanzgewinn**	**325 T€**	**75 T€**

Anmerkungen zur Bilanzaufbereitung: Die Rückstellungen sind je zur Hälfte kurz- und langfristig. Der Bilanzgewinn wird jeweils im März n. J. voll ausgeschüttet.

1. *Bereiten Sie die Bilanzen entsprechend dem Aufbereitungsschema auf Seite 401 auf und stellen Sie jeweils die Veränderungen der Vermögens- und Kapitalposten fest.*
2. *Errechnen Sie für die Vergleichsjahre jeweils die Kennzahlen a) der Finanzierung, b) der Anlagendeckung, c) der Konstitution, d) der Liquidität.*
3. *Führen Sie die Vermögens-Deckungsrechnung und Liquiditätsrechnung auch in Staffelform durch.*
4. *Beurteilen Sie die Entwicklung der Textilveredlungsgesellschaft mbH anhand der Kennzahlen in den beiden Vergleichsjahren und versuchen Sie die Ursachen der Veränderungen offen zu legen. Stellen Sie sich bei der Beurteilung stets folgende Fragen:*
   - *Wie ist die Entwicklung in absoluten und relativen Zahlen?*
   - *Worauf ist die positive oder negative Entwicklung zurückzuführen?*
   - *Welche weiteren Maßnahmen zur Verbesserung der Finanzierung, Anlagendeckung, Vermögensstruktur und Liquidität würden Sie der Unternehmensleitung empfehlen?*

4.2 Bewegungsbilanz als Instrument zur Aufdeckung der Finanzierungs- und Investitionsvorgänge

Beständebilanz. Die **Schlussbilanz** zeigt die **Bestände an Vermögen und Kapital** zum Bilanzstichtag. Man bezeichnet sie deshalb auch als Beständebilanz.

Bewegungsbilanz. Die Bestände der Schlussbilanz sagen nichts über die Finanzierungsvorgänge im Geschäftsjahr aus, d. h. woher die finanziellen Mittel stammen, die dem Unternehmen im Abrechnungszeitraum zugeflossen sind **(Mittelherkunft)**, und wofür diese Mittel im gleichen Zeitraum verwendet worden sind **(Mittelverwendung)**. Herkunft und Verbleib der Finanzierungsmittel im Geschäftsjahr werden erst dadurch offen gelegt, dass man **zwei** aufeinander folgende **Bilanzen** miteinander **vergleicht** und die **Veränderungen (Bewegungen)** in den Bilanzpositionen (+ bzw. –) ermittelt. Diese Aufgabe übernimmt die Bewegungsbilanz.

Aus einem Vergleich der Vermögens- und Kapitalposten zweier aufeinander folgender Jahresbilanzen stellen wir **vier typische Veränderungen** auf der Aktiv- und Passivseite fest. Bei einer Zunahme eines Aktivpostens (z. B. TA u. Maschinen) und bei einer Abnahme eines Passivpostens (z. B. Darlehensschulden) handelt es sich um eine Verwendung von finanziellen Mitteln **(Mittelverwendung)**. Dagegen bedeuten eine Abnahme eines Aktivpostens (z. B. Forderungen a. LL) und eine Zunahme eines Passivpostens (z. B. Eigen- oder Fremdkapital) Zuflüsse von Finanzierungsmitteln **(Mittelherkunft)**. Stellt man nun diese vier Veränderungen nach Mittelherkunft und Mittelverbleib gegenüber, erhält man die **Bewegungsbilanz.** Sie gewährt Einblick in den Umfang und die Art der **Zu- und Abflüsse der Finanzierungsmittel** während des Geschäftsjahres.

Mittelverwendung — Bewegungsbilanz	Mittelherkunft
● **Erhöhung von Aktivposten** ● **Minderung von Passivposten**	● **Minderung von Aktivposten** ● **Erhöhung von Passivposten**
Wohin sind die Mittel geflossen?	**Woher** stammen die Mittel?

Die aufbereiteten Bilanzen enthalten bereits die Veränderungen (+ bzw. –) der Vermögens- und Kapitalposten des Berichtsjahres gegenüber dem Vorjahr (vgl. S. 401). Daraus lässt sich die Bewegungsbilanz nach obigem Grundschema schnell erstellen:

Mittelverwendung			Bewegungsbilanz — Mittelherkunft		
I. Zunahme der Aktiva			**I. Zunahme der Passiva**		
1. Investitionen im AV			1. Eigenkapital		
Sachanlagen	240		Gezeichnetes Kapital	400	
Finanzanlagen	60	**300**	Rücklagen	140	**540**
2. Zugänge im UV			2. Fremdkapital		
Forderungen a. LL	290		langfristiges FK		**380**
Flüssige Mittel	160	**450**			
II. Abnahme der Passiva			**II. Abnahme der Aktiva**		
Rückzahlung kurzfr. FK		**520**	Vorräte		**350**
		1.270			**1.270**

Beurteilung. Die Bewegungsbilanz macht deutlich, dass der Chemiewerke GmbH im Berichtsjahr insgesamt **1.270 T€ Finanzierungsmittel zur Verfügung** standen. Diese stammten vor allem aus der Kapitalerhöhung in Höhe von 400 T€ und der Einbehaltung von Gewinn im Betrag von 140 T€. Weitere Mittel in Höhe von 380 T€

flossen dem Unternehmen durch Erhöhung des langfristigen Fremdkapitals zu. Durch den Abbau (Verkauf) der Vorräte wurden darüber hinaus 350 T€ an Mitteln freigesetzt. Die Finanzierungsmittel wurden im Bereich des Anlage- und Umlaufvermögens **investiert.** Vor allem dienten die finanziellen Mittel dem **Abbau des kurzfristigen Fremdkapitals** in Höhe von 520 T€.

Merke: **Die Bewegungsbilanz legt Herkunft und Verbleib der Finanzierungsmittel eines Geschäftsjahres offen. Sie ist damit ein Instrument zur Beurteilung der Finanzierungsvorgänge und der Liquiditätspolitik eines Unternehmens.**

Finanzierung aus Abschreibungen. Abschreibungen werden als Kostenbestandteil in die Verkaufspreise der Erzeugnisse einkalkuliert. Sie fließen über die Erlöse wieder in das Unternehmen zurück und stehen somit zur Finanzierung von Ersatz- und Neuinvestitionen zur Verfügung. Die Bewegungsbilanz wird aussagefähiger, wenn man den Anlagenzugängen die Abschreibungen und Abgänge gegenüberstellt. Dadurch wird auf einen Blick erkennbar, in welcher Höhe Abschreibungen und Anlagenabgänge zur **Finanzierung der Anlageninvestitionen** beigetragen haben.

Der Anlagenspiegel der Chemiewerke GmbH weist für das Berichtsjahr u. a. aus:

Anlagevermögen	Zugänge	Abgänge	Abschreibungen
Sachanlagen Finanzanlagen	510 70	20 —	250 10
Gesamtsumme	**580**	**20**	**260**

Unter Berücksichtigung der **Bruttozugänge** von 580 T€ (Aktivmehrung) und der **Abschreibungen und Abgänge** von insgesamt 280 T€ (Aktivminderung) ergibt sich die folgende noch aussagefähigere Bewegungsbilanz:

Mittelverwendung			Bewegungsbilanz		Mittelherkunft
I. Investitionen im AV			**I. Finanzierung aus**		
1. Sachanlagen	510		1. Abgängen	20	
2. Finanzanlagen	70	**580**	2. Abschreibungen	260	**280**
II. Zugänge im UV			**II. Eigenkapitalmehrung**		**540**
1. Forderungen a. LL	290		**III. Langfristiges FK**		**380**
2. Flüssige Mittel	160	**450**	**IV. Mittelfreisetzung durch Abbau der Vorräte**		**350**
III. Tilgung von FK					
Kurzfristige Verbindl.		**520**			
		1.550			**1.550**

Investitionsfinanzierung aus Abschreibungen. Die Bewegungsbilanz lässt erkennen, dass 48 % der Anlageninvestitionen durch Abschreibungen und Abgänge finanziert wurden. Bezieht man die Abschreibungen auf die **Nettozugänge,** ergeben sich 46 %.

Anlagenzugänge	**580 T€**
– **Abgänge**	**20 T€**
= **Nettozugänge (Nettoinvestitionen)**	**560 T€**
Abschreibungen	**260 T€**
Abschreibungen in Prozent der Nettozugänge	**46 %**

Merke: **Die Abschreibungen auf das Anlagevermögen stellen ein bedeutendes Mittel der Finanzierung von Anlageninvestitionen dar.**

Aufgaben

459

Aktiva	Berichtsjahr	Vorjahr	Passiva	Berichtsjahr	Vorjahr
	T€	T€		T€	T€
I. Anlagevermögen			**I. Eigenkapital**	3.000	1.600
1. TA u. Maschinen	1.480	1.000	**II. Fremdkapital**		
2. Fuhrpark	280	100	1. Darlehenssch.	1.530	1.200
3. And. Anl./BGA	500	200	2. Verbindlichkeiten a. LL	470	1.200
II. Umlaufvermögen					
1. Vorräte	1.400	1.650			
2. Forderg. a. LL	800	600			
3. Kassenbestand	20	10			
4. Postbankguth.	130	190			
5. Bankguthaben	390	250			
	5.000	4.000		5.000	4.000

1. *Bereiten Sie die Bilanzen der Möbelfabrik Peter Möbs e. K. entsprechend dem Aufbereitungsschema auf Seite 401 auf und stellen Sie jeweils die Veränderungen der Vermögens- und Kapitalposten fest.*
2. *Ermitteln Sie die Kennzahlen zur Beurteilung der a) Finanzierung, b) Anlagendeckung, c) Liquidität, d) Vermögensstruktur.*
3. *Beurteilen Sie die Entwicklung des Unternehmens in den Vergleichsjahren aufgrund der Kennzahlen und versuchen Sie die Ursachen der Veränderungen offen zu legen. Stellen Sie sich dabei stets folgende Fragen:*
   - *Wie ist die Entwicklung in absoluten und relativen Zahlen?*
   - *Worauf könnte die positive oder negative Entwicklung zurückzuführen sein?*
   - *Welche weiteren Maßnahmen zur Verbesserung der Finanzierung, Anlagendeckung, Liquidität und Vermögensstruktur würden Sie der Unternehmensleitung empfehlen?*

460

1. *Erstellen Sie für die Möbelfabrik Peter Möbs e. K. (Aufgabe 459) anhand der Veränderungsspalte im Aufbereitungsschema eine Bewegungsbilanz.*
2. *Erläutern Sie die Mittelherkunft und Mittelverwendung im Berichtsjahr.*

461

1. *Entwickeln Sie aus den Zahlen der aufbereiteten Bilanzen der Metallwerke Günter Heider e. K. (Aufgabe 457) eine Bewegungsbilanz für das Berichtsjahr.*
2. *Erläutern Sie anhand der Zahlen der Bewegungsbilanz die Finanzierungs- und Investitionsvorgänge des Unternehmens im Berichtsjahr.*

462 **Der Anlagenspiegel** (Auszug) der Textilveredlungsgesellschaft mbH (Aufgabe 458) weist für das Berichtsjahr u. a. folgende Zahlen aus:

Anlagevermögen	Zugänge	Abgänge	Abschreibungen
Sachanlagen	1.800 T€	120 T€	880 T€
Finanzanlagen	170 T€	—	20 T€
Gesamt	1.970 T€	120 T€	900 T€

1. *Errechnen Sie die Nettozugänge (Nettoinvestitionen) im Anlagevermögen.*
2. *Stellen Sie den Nettozugängen die Abschreibungen gegenüber und ermitteln Sie den prozentualen Anteil der Abschreibungen zur Finanzierung der Nettoinvestitionen.*
3. *Wie beurteilen Sie im vorliegenden Fall die Investitionsfinanzierung durch Abschreibungen?*
4. *Begründen Sie, inwiefern der Abschreibungsrückfluss ein bedeutendes Mittel der Finanzierung des Unternehmens darstellt.*

463

1. *Erstellen Sie für die Textilveredlungsgesellschaft mbH eine Bewegungsbilanz anhand der Zahlen der aufbereiteten Bilanzen (Aufgabe 458) und des Anlagenspiegels (Aufgabe 462).*
2. *Beurteilen Sie anhand der Bewegungsbilanz die Finanzierungsvorgänge (Mittelherkunft und Mittelverwendung) während des Berichtsjahres. Stellen Sie sich dazu folgende Fragen:*
   - *Wie hoch war der Gesamtzufluss der Mittel im Berichtsjahr?*
   - *Aus welchen Quellen stammen vor allem die finanziellen Mittel?*
   - *Nennen Sie die Höhe der Mittel aus der Selbstfinanzierung (Abschreibungen, Anlagenabgänge, Gewinnzuführung in die Rücklagen), der Eigenfinanzierung (Erhöhung des Gezeichneten Kapitals), der Fremdfinanzierung und der Mittelfreisetzung durch Abbau des Umlaufvermögens (Umfinanzierung).*
   - *Wie hoch waren die Investitionen im Anlagenbereich und im Bereich des Umlaufvermögens? In welcher Höhe wurden Fremdmittel abgebaut?*

464

Die bereits teilweise aufbereiteten Bilanzen der Maschinenbau AG lauten:

Aktiva	**Berichtsjahr**	**Vorjahr**	**Passiva**	**Berichtsjahr**	**Vorjahr**
	T€	T€		T€	T€
Anlagevermögen			**Eigenkapital**		
Sachanlagen	4.190	3.977	Gezeichnetes Kapital	2.000	2.000
Finanzanlagen	162	153	Gesetzliche Rücklage	400	400
Umlaufvermögen			Andere Gewinnrückl.	880	980
Roh , Hilfsstoffe	2.270	1.920	Bilanzgewinn	230	410
Unfertige Erzeugn. . .	1.780	1.810	**Rückstellungen**		
Fertige Erzeugnisse .	1.208	391	Pensionsrückstellg. .	970	790
Forderungen a. LL . .	1.355	1.570	Sonst. Rückstellungen	580	610
Sonst. Forderungen .	100	280	**Langfristige Verbindl.**	1.320	1.360
Flüssige Mittel	110	102	**Kurzfristige Verbindl.**		
ARA	15	17	Verbindlichk. a. LL . .	2.800	2.390
			Bankschulden	1.060	450
			Sonstige Verbindl. . .	940	810
			PRA	10	20
	11.190	10.220		11.190	10.220

Anmerkungen zur Aufbereitung der Bilanzen: Pensionsrückstellungen gelten als langfristig. Sonstige Rückstellungen sind je zur Hälfte als lang- und kurzfristig anzusehen. Im Vorjahr wurde eine Dividende von 15 %, im Berichtsjahr von 11 % vom Aktienkapital ausgeschüttet.

Angaben lt. GuV-Rechnung (vgl. S. 426)	**Berichtsjahr**	**Vorjahr**
Umsatzerlöse	17.210 T€	18.720 T€
+ Bestandsmehrung an Erzeugnissen	787 T€	10 T€
= Gesamtleistung	17.997 T€	18.730 T€
Jahresüberschuss	20 T€	320 T€
+ Gewinnvortrag	110 T€	90 T€
	130 T€	410 T€
+ Entnahmen aus Rücklagen	100 T€	—
= Bilanzgewinn	230 T€	410 T€

1. *Bereiten Sie die Bilanzen für das Berichtsjahr und das Vorjahr unter Berücksichtigung der vorstehenden Angaben auf.*
2. *Errechnen Sie gleichzeitig die Veränderungen im Aufbereitungsschema.*
3. *Ermitteln Sie die Kennzahlen für die Beurteilung der*
   a) Finanzierung,
   b) Anlagendeckung einschließlich Deckungsrechnung in Staffelform,
   c) Konstitution,
   d) Liquidität einschließlich der Liquiditäts-Staffelrechnung.
4. *Wie beurteilen Sie die Kapitalausstattung in beiden Jahren?*
5. *Wie beurteilen Sie die Zusammensetzung des Fremdkapitals, d. h. das Verhältnis zwischen langfristigen und kurzfristigen Fremdmitteln? Welche Schlussfolgerungen ziehen Sie daraus?*
6. *Worauf führen Sie die absolute Abnahme des Eigenkapitals zurück?*
7. *Was kann über die Liquidität an den beiden Bilanzstichtagen gesagt werden?*
8. *Worauf führen Sie die Erhöhung der Vorräte im Berichtsjahr zurück? Beachten Sie in diesem Zusammenhang auch die Angaben zur Gewinn- und Verlustrechnung.*
9. *Wie beurteilen Sie die Anlagendeckung in beiden Jahren? Kann die Kapitalausstattung des Unternehmens unter Berücksichtigung der Anlagendeckung anders beurteilt werden?*
10. *Würden Sie eine Änderung der Kapitalausstattung für sinnvoll halten? Begründen Sie Ihre Meinung und machen Sie Verbesserungsvorschläge.*
11. *Halten Sie eine Dividendenausschüttung im Berichtsjahr in Höhe von 11 % vom wirtschaftlichen Standpunkt aus für gerechtfertigt? Schauen Sie sich in diesem Zusammenhang die Angaben zur Gewinn- und Verlustrechnung an, d. h. die Entwicklung vom Jahresgewinn zum Bilanzgewinn im Berichtsjahr.*
12. *Worauf führen Sie unter Beachtung der Angaben zur Erfolgsrechnung die negative Entwicklung vom Vorjahr zum Berichtsjahr vor allem zurück?*
13. *Fassen Sie in einem kurzen Bericht das Ergebnis Ihrer Auswertung zusammen und beurteilen Sie Lage und Entwicklung des Unternehmens. Machen Sie Vorschläge, wie die Kapitalausstattung und damit die Liquidität des Unternehmens entscheidend verbessert werden können.*

465 **Das Sachanlagevermögen** der Maschinenbau AG entwickelte sich in den Vergleichsjahren wie folgt:

Sachanlagenentwicklung	Berichtsjahr	Vorjahr
Bestand 1. Januar zum Buchwert	3.977 T€	4.120 T€
+ Zugänge	613 T€	325 T€
	4.590 T€	4.445 T€
– Abgänge	10 T€	—
	4.580 T€	4.445 T€
– Abschreibungen	390 T€	468 T€
Bestand 31. Dezember zum Buchwert	4.190 T€	3.977 T€

1. *Ermitteln Sie die Nettozugänge bzw. Nettoinvestitionen des Sachanlagevermögens.*
2. *Beurteilen Sie die Finanzierung der Nettoinvestitionen aus Abschreibungen. Errechnen Sie die Abschreibungen in Prozent der Nettozugänge.*

466
1. *Erstellen Sie aufgrund der aufbereiteten Bilanzen und der Angaben über die Entwicklung des Sachanlagevermögens eine Bewegungsbilanz.*
2. *Erklären und begründen Sie anhand der Bewegungsbilanz, dass Ihre oben in Aufgabe 464 gemachten Aussagen über die Finanzierung und die Liquidität des Unternehmens durch die Mittelherkunfts- und Mittelverwendungsrechnung bestätigt werden.*

4.3 Auswertung der Erfolgsrechnung

Notwendigkeit. Zur Beurteilung der Lage und Entwicklung eines Unternehmens reichen die Bilanzen allein nicht aus. Sie weisen zwar auch die Höhe des Erfolges aus, erklären aber nicht das **Zustandekommen des Erfolges.** Das ist Aufgabe der **Gewinn- und Verlustrechnung.** Eine Bilanzkritik kann deshalb nur dann vollständig und aussagefähig sein, wenn sie die Zahlen der Erfolgsrechnung in die betriebswirtschaftliche Auswertung einbezieht. Nur so lassen sich Kennzahlen bilden, die Aufschluss über die **Wirtschaftlichkeit** des betrieblichen Leistungsprozesses und die **Rentabilität** des Kapitaleinsatzes geben. Im Rahmen der Erfolgsanalyse geht es daher vor allem um die Beantwortung folgender Fragen:

- *Hat der Betrieb im Vergleichszeitraum wirtschaftlich gearbeitet?*
- *Hat sich der Einsatz des Kapitals gelohnt (Rentabilität)?*

Die Staffelform der Gewinn- und Verlustrechnung zeigt übersichtlich die Entstehung des Jahresergebnisses, wenn man wichtige **Zwischenergebnisse** ermittelt, wie

- **Gesamtleistung,**
- **Ergebnis der gewöhnlichen Geschäftstätigkeit,**
- **a. o. Ergebnis,**
- **Jahresüberschuss/Jahresfehlbetrag und den**
- **Bilanzgewinn/Bilanzverlust.**

Grundlage für die in den folgenden Abschnitten dargestellten **Kennzahlen der Erfolgsanalyse** sind die Bilanzen (vgl. Seite 401) und die Gewinn- und Verlustrechnungen unseres **Ausgangsbeispiels.** Die folgenden Erfolgsrechnungen wurden in einigen Positionen zusammengefasst:

Erfolgsrechnung der Chemiewerke GmbH	Berichtsjahr		Vorjahr	
	T€	T€	T€	T€
1. Umsatzerlöse		8.200		5.500
2. + Bestandserhöhung an Erzeugnissen		280		20
3. **Gesamtleistung (betriebliche Erträge)**		**8.480**		**5.520**
4. Sonstige Erträge		+ 25		+ 23
5. Materialaufwand	5.168		3.036	
6. Personalaufwand	2.550		1.892	
7. Abschreibungen	260		170	
8. Sonstige Aufwendungen	120	– 8.098	120	– 5.218
9. Zinserträge	12		4	
10. Zinsaufwendungen	130	118	180	– 176
11. **Ergebnis der gewöhnlichen Geschäftstätigkeit**		**289**		**149**
12. a. o. Erträge	50		30	
13. a. o. Aufwendungen	– 60		– 40	
14. **a. o. Ergebnis**		**– 10**		**– 10**
15. Steuern		– 29		– 19
16. **Jahresüberschuss**		**250**		**120**
17. Einstellung in andere Gewinnrücklage		140		90
18. **Bilanzgewinn**		**110**		**30**

Durchschnittsbestände. Aus bestimmten Posten der Bilanz und GuV-Rechnung lassen sich **Umschlagskennzahlen** der Roh-, Hilfs- und Betriebsstoffe, der Forderungen a. LL und des Kapitals sowie **Rentabilitätskennzahlen** für das Eigen- und Gesamtkapital ermitteln. Um Zufallsschwankungen auszuschalten, rechnet man mit dem jeweiligen **Mittelwert** aus Anfangs- und Endbestand eines Jahres:

$$\text{Durchschnittsbestand (Material, Forderungen a. LL, Eigen-/Gesamtkapital)} = \frac{\text{Anfangsbestand + Schlussbestand}}{2}$$

4.3.1 Umschlagskennzahlen

Maßstab der Wirtschaftlichkeit. Umschlagskennzahlen sind ein Maßstab zur Beurteilung und Kontrolle der Wirtschaftlichkeit des Betriebsprozesses, also des **Verhältnisses der Kosten zu den Leistungen:** Sie werden ermittelt, indem man **bestimmte Posten der Bilanz** (Materialbestände, Forderungen a. LL, Kapital) zum **Materialaufwand** bzw. zu den **Umsatzerlösen** in Beziehung setzt.

4.3.1.1 Lagerumschlag der Werkstoffbestände

Die Lagerumschlagshäufigkeit der Werkstoffbestände errechnet sich aus dem Verhältnis von Materialaufwendungen zum Durchschnittsbestand der Roh-, Hilfs- und Betriebsstoffe. Sie gibt an, **wie oft** in einem Jahr der **durchschnittliche Lagerbestand umgesetzt,** d. h. verbraucht und ersetzt wurde:

$$\textbf{Lagerumschlagshäufigkeit} = \frac{\textbf{Materialaufwendungen}}{\textbf{Ø Werkstoffbestand}}$$

Die durchschnittliche Lagerdauer ergibt sich, indem man das Jahr mit 360 Tagen ansetzt und durch die Umschlagshäufigkeit dividiert:

$$\textbf{Durchschnittliche Lagerdauer} = \frac{\textbf{360}}{\textbf{Lagerumschlagshäufigkeit}}$$

Beispiel: Chemiewerke GmbH	**Berichtsjahr**	**Vorjahr**
Roh-, Hilfs- und Betriebsstoffe	110 T€	740 T€
Fertige Erzeugnisse	1.090 T€	810 T€
Vorratsvermögen lt. Bilanz	1.200 T€	1.550 T€
Materialeinsatz lt. GuV-Rechnung	5.168 T€	3.036 T€
Durchschn. Werkstofflagerbestand ...	$\frac{110 + 740}{2}$ = **425 T€**	$\frac{740 + 20^{1}}{2}$ = **380 T€**
Lagerumschlagshäufigkeit	$\frac{5.168}{425}$ = **12-mal**	$\frac{3.036}{380}$ = **8-mal**
Durchschnittliche Lagerdauer	$\frac{360}{12}$ = **30 Tage**	$\frac{360}{8}$ = **45 Tage**

Lagerumschlagshäufigkeit und -dauer haben sich im Berichtsjahr ganz **entscheidend verbessert.** Die **hohe** Umschlagshäufigkeit trägt dazu bei, dass der **Kapitaleinsatz geringer** wird, da in **kürzeren** Abständen (30 statt 45 Tage) immer wieder **Kapital zurückfließt.** Dadurch werden **Zinsen und Lagerkosten geringer,** was sich **positiv auf** die **Wirtschaftlichkeit,** den **Gewinn** und die **Rentabilität** auswirkt.

Merke: **Je höher die Umschlagshäufigkeit des Lagerbestandes ist, desto**
- **kürzer ist die Lagerdauer,**
- **geringer sind der Kapitaleinsatz und das Lagerrisiko,**
- **geringer sind die Kosten für die Lagerhaltung (Zinsen, Schwund, Verwaltungskosten),**
- **höher ist die Wirtschaftlichkeit und**
- **höher ist letztlich der Gewinn und damit die Rentabilität.**

1 20 = Bestand vom 1. Januar des Vorjahres.

4.3.1.2 Umschlag der Forderungen

Die Kennzahlen des Forderungsumschlags sind zugleich ein Maßstab zur Beurteilung der Liquidität eines Unternehmens:

$$\textbf{Umschlagshäufigkeit der Forderungen} = \frac{\textbf{Umsatzerlöse}}{\textbf{Forderungsbestand}}$$

Daraus ergibt sich die **Laufzeit** der Forderungen, d. h. die von den Kunden durchschnittlich in Anspruch genommene **Kreditdauer (Zahlungsziel):**

$$\textbf{Durchschnittliche Kreditdauer} = \frac{\textbf{360}}{\textbf{Umschlagshäufigkeit der Forderungen}}$$

Beispiel: Chemiewerke GmbH	**Berichtsjahr**	**Vorjahr**
Forderungen a. LL lt. Bilanz	600 T€	310 T€
Durchschnittlicher Forderungsbestand	$\frac{600 + 310}{2}$ = **455 T€**	$\frac{310 + 790^{1}}{2}$ = **550 T€**
Umsatzerlöse lt. GuV	8.200 T€	5.500 T€
Umschlagshäufigkeit	8.200 : 455 = **18-mal**	5.500 : 550 = **10-mal**
Durchschnittliche Kreditdauer	360 : 18 = **20 Tage**	360 : 10 = **36 Tage**

Im Berichtsjahr nahmen die Kunden durchschnittlich ein **Zahlungsziel von 20 Tagen** gegenüber 36 Tagen im Vorjahr in Anspruch. Unterstellt man ein übliches Zahlungsziel von 30 Tagen, so wird dieses im Berichtsjahr von der Mehrzahl der Kunden weit unterschritten (Skonto!). **Der hohe Forderungsumschlag hat sich günstig auf die Liquidität ausgewirkt.**

Merke: **Je rascher der Forderungsumschlag, desto**

- **kürzer ist die durchschnittliche Kreditdauer,**
- **besser ist die eigene Liquidität,**
- **geringer sind Zinsbelastung und Wagnis (Kosten),**
- **höher sind Wirtschaftlichkeit und Rentabilität.**

4.3.1.3 Kapitalumschlag

Zur Ermittlung der Kapitalumschlagshäufigkeit wird der Umsatz mit dem Eigen- oder Gesamtkapital (Eigen- und Fremdkapital) in Beziehung gesetzt:

$$\textbf{Umschlagshäufigkeit des Eigenkapitals} = \frac{\textbf{Umsatzerlöse}}{\textbf{Eigenkapital}}$$

$$\textbf{Umschlagshäufigkeit des Gesamtkapitals} = \frac{\textbf{Umsatzerlöse}}{\textbf{Gesamtkapital}}$$

$$\textbf{Durchschnittliche Kapitalumschlagsdauer} = \frac{\textbf{360}}{\textbf{Kapitalumschlagshäufigkeit}}$$

Die Kapitalumschlagshäufigkeit gibt an, **wie oft** das **Kapital über die Umsatzerlöse zurückgeflossen ist.** Je rascher der Umschlagsprozess vor sich geht, desto geringer ist der erforderliche Kapitaleinsatz, da in kürzeren Abständen immer wieder Kapital vom Markt zurückfließt. Bei **hoher Kapitalumschlagshäufigkeit** kann man deshalb mit einem verhältnismäßig **niedrigen Kapitaleinsatz** zu einer entsprechend hohen Rendite und infolge des raschen Kapitalrückflusses zu einer **günstigen Liquidität** gelangen.

1 790 = Bestand vom 1. Januar des Vorjahres

Beispiel: Chemiewerke GmbH	Berichtsjahr	Vorjahr
Eigenkapital am 1. Januar .... Eigenkapital am 31. Dezember	1.260 T€ 1.800 T€	1.170 T€[1] 1.260 T€
Durchschnittliches Eigenkapital	3.060 : 2 = 1.530 T€	2.430 : 2 = 1.215 T€
Umsatzerlöse lt. GuV	8.200 T€	5.500 T€
EK-Umschlagshäufigkeit	8.200 : 1.530 = **5,36**	5.500 : 1.215 = **4,53**
EK-Umschlagsdauer	360 : 5,36 = **67 Tage**	360 : 4,53 = **79 Tage**
Gesamtkapital 1. Januar .... Gesamtkapital 31. Dezember	3.600 T€ 4.000 T€	3.500 T€ 3.600 T€
Durchschnittliches Gesamtkapital	7.600 : 2 = 3.800 T€	7.100 : 2 = 3.550 T€
GK-Umschlagshäufigkeit	8.200 : 3.800 = **2,158**	5.500 : 3.550 = **1,549**
GK-Umschlagsdauer	360 : 2,158 = **167 Tage**	360 : 1,549 = **232 Tage**

Die Kapitalumschlagszahlen der Chemiewerke GmbH **kennzeichnen** ebenfalls die **positive Entwicklung** des Unternehmens im Berichtsjahr.

Merke: **Je höher die Kapitalumschlagshäufigkeit ist, desto**

- **rascher fließt das Kapital über die Erlöse zurück,**
- **geringer ist der erforderliche Kapitaleinsatz,**
- **höher ist die Rentabilität,**
- **günstiger ist die Liquidität des Unternehmens.**

4.3.2 Kennzahlen der Rentabilität

Maßstab der Ertragskraft. Der Gewinn ist das Hauptziel jeder unternehmerischen Tätigkeit. Die absolute Höhe des Jahresgewinns allein ist allerdings ohne Aussagekraft. Erst wenn man den Gewinn zum durchschnittlich eingesetzten Kapital oder zum Umsatz in Beziehung setzt, erhält man Auskunft darüber, ob sich der Einsatz des Kapitals gelohnt hat. Die **Rentabilität,** also das **Verhältnis des Gewinns zum Eigenkapital, Gesamtkapital oder Umsatz,** ist ein wichtiger Maßstab zur Beurteilung der Ertragskraft eines Unternehmens. Man unterscheidet deshalb:

- **Rentabilität des Eigenkapitals (Unternehmer-Rentabilität)**
- **Rentabilität des Gesamtkapitals (Unternehmungs-Rentabilität)**
- **Umsatzrentabilität (Umsatzverdienstrate)**

Bereinigter Jahresgewinn. Aus Gründen einer **besseren Vergleichbarkeit** muss der Jahresüberschuss vorab um Posten bereinigt werden, die den Charakter der Einmaligkeit haben. Das sind die **außerordentlichen Aufwendungen und Erträge.** Der so ermittelte bereinigte Jahresgewinn wird zum durchschnittlich eingesetzten Kapital (Mittelwert aus Anfangs- und Schlusskapital) in Beziehung gesetzt.

	Jahresüberschuss
+	**a. o. Aufwendungen**
–	**a. o. Erträge**
=	**Bereinigter Jahresgewinn**

Unternehmerlohn. Bei **Einzelunternehmen und Personengesellschaften** muss der **Jahresgewinn** noch **um** den **Unternehmerlohn** für die mitarbeitenden Inhaber **gekürzt** werden. Nur dann ist ein Vergleich mit einer Kapitalgesellschaft (z. B. GmbH) der gleichen Branche möglich, in der die Gehälter der geschäftsführenden Gesellschafter als Aufwand (Betriebsausgabe) erfolgswirksam gebucht werden.

1 1.170 = Bestand vom 1. Januar des Vorjahres

4.3.2.1 Rentabilität des Eigenkapitals (Unternehmer-Rentabilität)

Sie wird ermittelt, indem man den bereinigten Jahresgewinn zum durchschnittlich eingesetzten Eigenkapital in Beziehung setzt:

$$\textbf{Eigenkapital-Rentabilität} = \frac{\textbf{Bereinigter Jahresgewinn} \cdot 100\,\%}{\textbf{Eigenkapital}}$$

Die Gewinn- und Verlustrechnungen der Chemiewerke GmbH (vgl. S. 415) weisen in der Position 12 a. o. Erträge und in der Position 13 a. o. Aufwendungen aus, die entsprechend zu berücksichtigen sind.

Beispiel: Chemiewerke GmbH	**Berichtsjahr**		**Vorjahr**	
Jahresüberschuss lt. GuV	250 T€		120 T€	
+ a. o. Aufwendungen	60 T€	310 T€	40 T€	160 T€
− a. o. Erträge		50 T€		30 T€
= **Bereinigter Jahresgewinn**		**260 T€**		**130 T€**
Durchschnittliches Eigenkapital (S. 418)	1.530 T€		1.215 T€	
Eigenkapital-Rentabilität	$\frac{260 \cdot 100\,\%}{1.530}$	= **17 %**	$\frac{130 \cdot 100\,\%}{1.215}$	= **10,7 %**
− **Landesübl. Verzinsung** (unterstellt)		5 %		5,0 %
= **Risikoprämie**		**12 %**		**5,7 %**

Risikoprämie. Vergleicht man die **Eigenkapital-Rentabilität** mit dem **landesüblichen Zinssatz** für langfristig angelegte Gelder, so stellt der Überschuss der Eigenkapitalverzinsung die Prämie für das Risiko (Unternehmerwagnis) dar:

Eigenkapital-Rentabilität
− **Zinssatz für langfristige Kapitalanlage**
= **Risikoprämie (Unternehmerwagnisprämie)**

Merke: Die Eigenkapitalrentabilität sollte über die landesübliche Verzinsung hinaus zumindest auch das Unternehmerrisiko (Risikoprämie) abdecken.

Die Eigenkapitalrentabilität der Chemiewerke GmbH hat sich **von 10,7 % auf 17 %,** die Wagnisprämie von 5,7 % auf 12 Prozent verbessert. Unterstellt man eine branchenübliche Risikoprämie von 7 % in dem betreffenden Wirtschaftszweig, so kann die Entwicklung der Chemiewerke GmbH nur als **positiv** beurteilt werden.

4.3.2.2 Rentabilität des Gesamtkapitals (Unternehmungs-Rentabilität)

Das Gesamtkapital der Unternehmung wird in Beziehung gesetzt zum **Gewinn zuzüglich** der als Aufwand gebuchten **Zinsen für das Fremdkapital.** Das Gesamtkapital „erwirtschaftet" nämlich nicht nur einen Gewinn auf das investierte Eigenkapital, sondern darüber hinaus auch die Zinsen für das Fremdkapital:

$$\textbf{Gesamtkapital-Rentabilität} = \frac{\textbf{(Bereinigter Jahresgewinn + Zinsen)} \cdot 100\,\%}{\textbf{Gesamtkapital}}$$

Beispiel: Chemiewerke GmbH	**Berichtsjahr**		**Vorjahr**	
Durchschn. Gesamtkapital (vgl. S. 418)	3.800 T€		3.550 T€	
Bereinigter Jahresgewinn	260 T€		130 T€	
+ **Zinsen lt. GuV**	130 T€	**390 T€**	180 T€	**310 T€**
Gesamtkapital-Rentabilität	$\frac{390 \cdot 100\,\%}{3.800}$	= **10,26 %**	$\frac{310 \cdot 100\,\%}{3.550}$	= **8,73 %**

Steigerung der Eigenkapitalrendite durch zusätzliches Fremdkapital. Die Rentabilität des Gesamtkapitals wird ermittelt, um festzustellen, ob es sich lohnt, **zusätzliches Fremdkapital** für bestimmte Investitionen aufzunehmen. Solange der zu zahlende Fremdkapitalzins unter der Gesamtkapital-Rentabilität liegt, **erhöht** sich die **Eigenkapitalverzinsung** durch die Aufnahme zusätzlichen Fremdkapitals. In diesem Fall wirkt das zusätzliche Fremdkapital zugleich als „Hebel" zur Steigerung der Eigenkapital-Rentabilität **(Hebelwirkung = Leverageeffekt):**

Beispiel: Die **Gesamtkapital-Rentabilität** eines Unternehmens soll **9 %** betragen, der **Fremdkapitalzins 5 %.** Das **Gesamtkapital** setzt sich wie folgt zusammen:

Eigenkapital	600.000,00 €
Fremdkapital	400.000,00 €
Gesamtkapital	1.000.000,00 €

Aus den Angaben ist die Eigenkapital-Rentabilität zu ermitteln:

	Ertrag (Verzinsung) des Gesamtkapitals	90.000,00 € (9 % v. 1.000.000)
–	Zinsen für das Fremdkapital	20.000,00 € (5 % v. 400.000)
=	**Ertrag (Verzinsung) des Eigenkapitals**	**70.000,00 € (= 11,67 %)**

$$\textbf{Eigenkapital-Rentabilität} = \frac{70.000 \cdot 100\,\%}{600.000} = \textbf{11,67 \%}$$

Werden bei konstanter Gesamtkapital-Rentabilität **zusätzlich 200.000,00 € Fremdkapital** aufgenommen, **erhöht** sich die **Eigenkapital-Rentabilität:**

	Ertrag (Verzinsung) des Gesamtkapitals	108.000,00 € (9 % v. 1.200.000)
–	Zinsen für das Fremdkapital	30.000,00 € (5 % v. 600.000)
=	**Ertrag (Verzinsung) des Eigenkapitals**	**78.000,00 € (= 13 %)**

$$\textbf{Eigenkapital-Rentabilität} = \frac{78.000 \cdot 100\,\%}{600.000} = \textbf{13 \%}$$

Merke: **Die Rentabilität des Eigenkapitals wird grundsätzlich durch Aufnahme zusätzlichen Fremdkapitals erhöht, solange die zu zahlenden Zinsen für das Fremdkapital unter der Gesamtkapital-Rentabilität liegen (Hebelwirkung).**

Im Beispiel der **Chemiewerke GmbH** ergab sich eine **Gesamtkapitalrendite von 10,26 %** im Berichtsjahr. Das bedeutet, dass der Fremdkapitalzins in keinem Fall diesen Satz überschreiten darf. Unterstellt man im vorliegenden Fall einen **Fremdkapitalzins** von **5 %,** so ist das Ergebnis als sehr **günstig** zu bezeichnen.

4.3.2.3 Umsatzrentabilität (Umsatzverdienstrate)

Diese Kennzahl zeigt, wie viel Prozent der Umsatzerlöse dem Unternehmen als Gewinn für Investitionszwecke und Gewinnausschüttung zugeflossen sind; oder: wie viel € je 100,00 € Umsatzerlöse verdient wurden **(Umsatzverdienstrate):**

$$\textbf{Umsatz-Rentabilität} = \frac{\textbf{Bereinigter Jahresgewinn} \cdot \textbf{100 \%}}{\textbf{Umsatzerlöse}}$$

Die Umsatzverdienstrate wird noch aussagefähiger, wenn man den reinen Betriebsgewinn zu den Umsatzerlösen in Beziehung setzt.

Beispiel: Chemiewerke GmbH	Berichtsjahr	Vorjahr
Umsatz-Rentabilität	$\frac{260 \cdot 100\,\%}{8.200} = \textbf{3,17 \%}$	$\frac{130 \cdot 100\,\%}{5.500} = \textbf{2,36 \%}$

Im Berichtsjahr wurden 3,17 € gegenüber 2,36 € je 100,00 € Umsatz verdient. Das bedeutet eine **erhebliche Steigerung der Ertragskraft** des Unternehmens.

4.3.3 Return on Investment (ROI-Analyse)

Über die **Rendite des eingesetzten Eigen- bzw. Gesamtkapitals** erfolgt jeweils der **Rückfluss des investierten Eigen- bzw. Gesamtkapitals.** Erweitert man beispielsweise die Formel der Eigenkapitalrentabilität der Chemiewerke GmbH (s. S. 419)

$$\text{Eigenkapitalrentabilität} = \frac{\text{Unternehmergewinn} \cdot 100\,\%}{\text{Eigenkapital}} = \frac{260 \cdot 100\,\%}{1.530} = 17\,\%$$

jeweils im Zähler und Nenner um die **Umsatzerlöse** (8.200 T€), erhält man eine besonders aussagekräftige Kennzahl, den **„Return on Investment (ROI)"**, der nicht nur die **gleiche** Kapitalrendite als **Rückfluss** des investierten Eigenkapitals ausweist, sondern zugleich auch die **Ursachen für eine Verbesserung oder Verschlechterung dieser Rendite,** nämlich die **Umsatzrentabilität** (s. S. 420) und/oder die **Kapitalumschlagshäufigkeit** (s. S. 418 f.):

$$\text{ROI} = \frac{\text{Unternehmergewinn} \cdot 100\,\%}{\text{Umsatzerlöse}} \cdot \frac{\text{Umsatzerlöse}}{\text{Eigenkapital}}$$

$$\text{ROI} = \frac{260 \cdot 100\,\%}{8.200} \cdot \frac{8.200}{1.530} = 17\,\%$$

$$\text{ROI} = \text{Umsatzrentabilität} \cdot \text{Kapitalumschlagshäufigkeit} = 3{,}17\,\% \cdot 5{,}36 = 17\,\%$$

Ermittlung der ROI-Kennzahl. Die Umsatzrentabilität und die Umschlagshäufigkeit des Kapitals sind **beeinflussbare Steuerungskomponenten** für die Kapitalrendite, wie die ROI-Ermittlung anhand der Zahlen der Chemiewerke GmbH deutlich macht:

Jahr	Unternehmergewinn	Eigenkapital (EK)	EK-Rendite
Berichtsjahr	260 T€	1.530 T€	**17,0 %**
Vorjahr	130 T€	1.215 T€	**10,7 %**

Jahr	Umsatzerlöse	Unternehmergewinn	EK	Umsatz-R. ·	EK-Umschlag =	ROI
Berichtsjahr	8.200 T€	260 T€	1.530 T€	3,17 % ·	5,34 =	**17,0 %**
Vorjahr	5.500 T€	130 T€	1.215 T€	2,36 % ·	4,53 =	**10,7 %**

Beurteilung. Das Beispiel zeigt, dass **Eigenkapitalrentabilität und ROI** im Ergebnis in beiden Vergleichsjahren **zahlenmäßig übereinstimmen.** Beide Kennzahlen haben sich im Berichtsjahr um 6,3 Prozentpunkte verbessert. Die Ermittlung des ROI macht deutlich, dass die Steigerung der Rendite insbesondere auf den Anstieg der Umsatzrentabilität von 2,36 % im Vorjahr auf 3,17 % im Berichtsjahr zurückzuführen ist. Die Steigerung der Kapitalumschlagshäufigkeit war an dem guten Ergebnis ebenfalls deutlich beteiligt.

Merke:

- **Der Rückfluss des investierten Kapitals (Eigen- bzw. Gesamtkapital) erfolgt über die entsprechende Kapitalrentabilität.**
- **Umsatzrentabilität und Kapitalumschlag beeinflussen die Höhe der Kapitalrendite.**
- **Die ROI-Kennzahl ist das Produkt aus Umsatzrentabilität und Kapitalumschlagshäufigkeit und legt damit die Ursachen einer Steigerung bzw. Verschlechterung der Kapitalrendite (Eigen- bzw. Gesamtkapitalrentabilität) offen.**

4.3.4 Cashflow-Analyse

Messzahl für die Selbstfinanzierungskraft des Unternehmens ist der Cashflow (Kassen-Zufluss), eine Kennzahl, die aus den USA stammt und Eingang in die deutsche Bilanzanalyse gefunden hat. Sie gibt an, **welche** im Geschäftsjahr **selbst erwirtschafteten Mittel** dem Unternehmen **zur Verfügung stehen für die**

- **Finanzierung von Investitionen,**
- **Schuldentilgung** und
- **Gewinnausschüttung.**

Zum Cashflow zählen deshalb der **Jahresüberschuss** und **alle nicht auszahlungswirksamen Aufwendungen** des Geschäftsjahres, wie z. B. die **Abschreibungen auf Anlagen** und die **Zuführungen zu langfristigen Rückstellungen,** vor allem **Pensionsrückstellungen.** Letztere stellen zwar juristisch Fremdkapital, wirtschaftlich jedoch eigenkapitalähnliche Mittel dar, da sie dem Unternehmen **langfristig und zinslos** zur Verfügung stehen.

	Jahresüberschuss
+	**Abschreibungen auf Anlagen**
+	**Zuführungen zu langfristigen Rückstellungen**
=	**Cashflow**

Aussagefähigkeit. Der Cashflow lässt erkennen, in welchem Umfang sich ein Unternehmen aus eigener Kraft finanziert. Aus Höhe und Entwicklung des Cashflow können Rückschlüsse auf die **Ertragskraft, Selbstfinanzierungskraft, Kreditwürdigkeit** und **Expansionsfähigkeit** gezogen werden. Der Cashflow ist deshalb aussagefähiger als die rein gewinnorientierten Rentabilitätskennzahlen.

Cashflow-Kennzahlen. Sehr aussagefähig ist der Cashflow, wenn man ihn zu den Umsatzerlösen in Beziehung setzt. In diesem Fall wird erkennbar, wie viel Prozent der **Umsatzerlöse** frei für Investitionszwecke, Kredittilgung und Dividendenausschüttung zur Verfügung stehen. Darüber hinaus kann der Cashflow auf das **Nominalkapital, Eigen-, Fremd- oder Gesamtkapital** bezogen werden.

$$\textbf{Cashflow-Umsatzverdienstrate} = \frac{\textbf{Cashflow} \cdot \textbf{100 \%}}{\textbf{Umsatzerlöse}}$$

Beispiel: Chemiewerke GmbH	**Berichtsjahr**	**Vorjahr**
Jahresüberschuss lt. GuV (vgl. S. 419)	250 T€	120 T€
+ Abschreibungen auf Anlagen	260 T€	170 T€
+ Zuführungen zu langfristigen Rückstellungen (vgl. S. 401)	10 T€	–
= **Cashflow**	**520 T€**	**290 T€**
Umsatzerlöse lt. GuV	**8.200 T€**	**5.500 T€**
Cashflow-Umsatzverdienstrate	$\frac{520 \cdot 100\ \%}{8.200} =$ **6,34 %**	$\frac{290 \cdot 100\ \%}{5.500} =$ **5,27 %**

Im Berichtsjahr stehen somit der Chemiewerke GmbH **6,34 % der Umsatzerlöse** gegenüber 5,27 % im Vorjahr an selbst erwirtschafteten Finanzierungsmitteln **frei zur Verfügung.** Oder: 6,34 € bzw. 5,27 € je 100,00 € Umsatz. Das ist auf den gestiegenen Gewinn und die höheren Abschreibungen zurückzuführen.

Merke: **Die Cashflow-Umsatzverdienstrate gibt an, wie viel Prozent der Umsatzerlöse dem Unternehmen zur Investitionsfinanzierung, Schuldentilgung und Dividendenzahlung frei zur Verfügung stehen. Sie ist Maßstab für die Ertrags- und Selbstfinanzierungskraft des Unternehmens.**

4.3.5 Erfolgs- und Kostenstrukturanalyse

Die Erfolgs- und Kostenstruktur eines Unternehmens kann **im Rahmen einer externen Bilanzkritik nur annähernd** aufgrund der zur Verfügung stehenden (veröffentlichten) Gewinn- und Verlustrechnung **analysiert** werden. Die Erfolgsrechnungen lassen zwar die Gesamtleistung des Betriebes (Betriebserträge) erkennen, **nicht aber die genauen Kosten** (Betriebsaufwendungen).

Das Betriebsergebnis kann schätzungsweise ermittelt werden, indem man vom Jahresüberschuss die neutralen Ertragsposten abzieht und die als neutral unterstellten Aufwendungen hinzurechnet. Das so ermittelte Betriebsergebnis wird mit dem Jahresergebnis entsprechend verrechnet, um **das neutrale Ergebnis** des Unternehmens zu erhalten.

Beispiel: Grundlage für die Ermittlung des Betriebsergebnisses der Chemiewerke GmbH sind die Gewinn- und Verlustrechnungen auf Seite 415. Die „Sonstigen Aufwendungen" (Position 8) gelten als betriebsbedingt. Von der Position 15 „Steuern" entfallen auf das Berichtsjahr 15 T€ und auf das Vorjahr 10 T€ auf Ertragsteuern (Körperschaftsteuer).

Betriebsergebnisermittlung	**Berichtsjahr**		**Vorjahr**	
Jahresüberschuss		250 T€		120 T€
− **Neutrale Erträge:** (Positionen 4, 9, 12)		87 T€		57 T€
		163 T€		63 T€
+ **Neutrale Aufwendungen:**				
Position 13: a. o. Aufwendungen	60 T€		40 T€	
Position 15: Steuern	15 T€	75 T€	10 T€	50 T€
= **Betriebsgewinn**		**238 T€**		**113 T€**

Daraus ergibt sich die Erfolgsstruktur des Unternehmens:

Erfolgsstruktur	**Berichtsjahr** T€	**Berichtsjahr** %	**Vorjahr** T€	**Vorjahr** %
Jahresüberschuss	250	100,0	120	100,0
− **Betriebsgewinn**	238	95,2	113	94,2
= **Neutraler Gewinn**	**12**	**4,8**	**7**	**5,8**

Die Erfolgsstrukturanalyse der Chemiewerke GmbH zeigt deutlich, dass der **Jahresüberschuss** in beiden Jahren **in erster Linie auf** den Erfolg der eigentlichen Leistungserstellung und Leistungsverwertung, also **Produktion und Absatz** der Erzeugnisse, **zurückzuführen** ist. Im Berichtsjahr besteht der Jahresgewinn zu 95,2 % und im Vergleichsjahr zu 94,2 % allein aus betrieblichem Gewinn. Der neutrale Gewinn ist von untergeordneter Bedeutung. Die Erfolgsstruktur der Chemiewerke GmbH kann daher als außerordentlich günstig beurteilt werden.

Merke: Die Erfolgsstrukturanalyse zeigt die Zusammensetzung des Jahreserfolges.

Kostenstruktur. Berechnet man den **prozentualen Anteil der wichtigsten Kostenartengruppen** (Materialkosten, Personalkosten, Abschreibungen, Zinsen, Betriebssteuern, Sonstige betriebliche Aufwendungen) **an den Gesamtkosten,** wird die Kostenstruktur oder die jeweilige **Kostenartenintensität** besonders erkennbar. Im Beispiel der Chemiewerke GmbH wird unterstellt, dass die Zinsaufwendungen in voller Höhe betriebsnotwendig sind. Unter Berücksichtigung der obigen Angaben ergibt sich folgende Kostenstruktur:

Kostenartenstruktur/-intensität	Berichtsjahr		Vorjahr	
	T€	%	T€	%
Materialkosten	5.168	62,7	3.036	56,1
Personalkosten	2.550	30,9	1.892	35,0
Abschreibungen	260	3,2	170	3,2
Betriebssteuern	14	0,2	9	0,2
Zinsaufwendungen	130	1,6	180	3,3
Sonstige betriebliche Aufwendungen	120	1,4	120	2,2
Gesamtkosten	**8.242**	**100,0**	**5.407**	**100,0**
Gesamtleistung lt. GuV	8.480	100,0	5.520	100,0
– **Gesamtkosten**	8.242	97,2	5.407	98,0
= **Betriebsgewinn**	**238**	**2,8**	**113**	**2,0**

Es handelt sich um einen **materialintensiven** Industriebetrieb. Die absolute Steigerung der Materialkosten steht im Zusammenhang mit der **Absatzerhöhung.** Die relative Veränderung von 56 % im Vorjahr auf nahezu 63 % im Berichtsjahr ist sehr wahrscheinlich auf **Materialpreiserhöhung** zurückzuführen. Nach Angaben der Geschäftsleitung ist die **Beschäftigtenzahl von 80 auf 100** Arbeitnehmer gestiegen. Die absolute **Steigerung der Personalkosten** ist darauf zurückzuführen. Aufschlussreich ist in diesem Zusammenhang die Frage, ob auch die Arbeitsproduktivität der Belegschaftsmitglieder gestiegen ist:

$$\textbf{Arbeitsproduktivität} = \frac{\textbf{Gesamtleistung}}{\textbf{Beschäftigtenzahl}}$$

Arbeitsproduktivität	Berichtsjahr	Vorjahr
Gesamtleistung	8.480 T€	5.520 T€
Beschäftigtenzahl	100	80
Arbeitsproduktivität je Beschäftigten	8.480 : 100 = **84,8 T€**	5.520 : 80 = **69 T€**

Die Arbeitsproduktivität ist im Berichtsjahr beachtlich um 15,8 T€ je Arbeitnehmer **gestiegen,** was offensichtlich auch auf **Rationalisierungsmaßnahmen** (vgl. Anlageinvestitionen) zurückzuführen ist. Die **Erhöhung der Abschreibungen** ist die Folge der Anlagenzugänge. Erfreulich ist der **Rückgang der Zinsbelastung.** Der Anteil der Gesamtkosten an der Gesamtleistung ist relativ zurückgegangen, entsprechend hat sich das **Betriebsergebnis verbessert.** Insgesamt zeigt die Erfolgsanalyse einen **positiven Trend.**

Aufgaben

467 Die Jahresabschlüsse eines Industriebetriebes weisen folgende Zahlen aus:

Werkstoffbestände (Rohstoffe u. a.)	1. Jahr	2. Jahr	3. Jahr
Anfangsbestand	80.000,00	120.000,00	140.000,00
Schlussbestand	120.000,00	140.000,00	100.000,00
Werkstoffaufwand (Materialverbrauch)	800.000,00	1.170.000,00	1.440.000,00

1. *Berechnen Sie jeweils a) den Durchschnittsbestand und b) die Lagerumschlagshäufigkeit und Lagerdauer. Beurteilen Sie die Entwicklung in den Vergleichsjahren.*
2. *Begründen Sie, inwiefern die Lagerumschlagshäufigkeit Kapitalbedarf, Kosten, Risiko, Wirtschaftlichkeit und damit die Rentabilität des Unternehmens beeinflusst.*

6686424

Die Jahresabschlüsse eines Industriebetriebes weisen folgende Zahlen aus: 468

Forderungen	1. Jahr	2. Jahr	3. Jahr
Anfangsbestand	450.000,00	580.000,00	800.000,00
Schlussbestand	580.000,00	800.000,00	1.200.000,00
Umsatzerlöse	5.150.000,00	8.280.000,00	12.000.000,00

1. *Berechnen Sie für die einzelnen Jahre*
   a) den durchschnittlichen Forderungsbestand, b) die Umschlagshäufigkeit der Forderungen, c) die durchschnittliche Laufzeit (Kreditdauer) der Außenstände.
2. *Begründen und erklären Sie den Zusammenhang zwischen der Umschlagshäufigkeit der Außenstände und der Liquidität, Wirtschaftlichkeit und Rentabilität.*
3. *Wie beurteilen Sie die Entwicklung? Welche Schlüsse ziehen Sie daraus?*

Die Kapitalstruktur eines Industriebetriebes (Durchschnittswerte) lautet: 469

Kapital (Mittelwerte in T€)	1. Jahr	2. Jahr	3. Jahr
Eigenkapital	2.000	2.500	2.500
Fremdkapital	1.000	1.500	600
Umsatzerlöse	15.000	16.400	13.200

1. *Ermitteln Sie a) die Kapitalumschlagshäufigkeit des Eigen- und Gesamtkapitals und b) die Kapitalumschlagsdauer des Eigen- und Gesamtkapitals.*
2. *Welcher Zusammenhang besteht zwischen Kapitalumschlagshäufigkeit einerseits und Kapitaleinsatz, Liquidität und Rentabilität andererseits?*
3. *Wie beurteilen Sie die Entwicklung im Beispiel?*

Den Jahresabschlüssen eines Industriebetriebes entnehmen wir folgende Zahlen: 470

Jahresabschlusszahlen (in T€)	1. Jahr	2. Jahr	3. Jahr
Durchschn. Eigenkapital	2.500	3.000	4.000
Durchschn. Gesamtkapital	4.000	6.000	6.500
Jahresüberschuss	450	650	780
a. o. Aufwendungen	40	60	120
a. o. Erträge	30	70	80
Zinsaufwendungen	90	200	180
Umsatzerlöse	13.860	16.200	19.100

1. *Ermitteln Sie den bereinigten Jahresgewinn.*
2. *Berechnen Sie die Rentabilität*
   a) des Eigenkapitals, b) des Gesamtkapitals, c) des Umsatzes und beurteilen Sie die Entwicklung der Rentabilitätskennzahlen.
3. *Welchen Einfluss haben Umschlagskennzahlen auf die Rentabilität?*
4. *Was versteht man unter der Hebelwirkung des Fremdkapitals?*
5. *Inwiefern kann es steuerlich günstiger sein, Anlageinvestitionen durch Aufnahme zusätzlichen Fremdkapitals zu finanzieren?*

471

Jahresabschlusszahlen (in T€)	1. Jahr	2. Jahr	3. Jahr
Jahresüberschuss	560	620	680
Abschreibungen auf Anlagen	150	180	200
Zuführungen zu Pensionsrückstellungen	10	20	30
Umsatzerlöse	8.400	9.300	10.500

1. *Ermitteln Sie den Cashflow und berechnen Sie die Cashflow-Umsatzverdienstrate.*
2. *Inwiefern sind Cashflow-Kennzahlen aussagefähiger als Rentabilitätskennzahlen?*
3. *Nennen Sie Möglichkeiten der Selbstfinanzierung der Investitionen.*
4. *Worauf führen Sie die Erhöhung der Abschreibungen zurück?*

472

Erfolgsrechnungen der Textilveredlungs-GmbH (vgl. S. 409)	Berichtsjahr T€	Berichtsjahr T€	Vorjahr T€	Vorjahr T€
1. Umsatzerlöse		21.000		13.000
2. Mehrbestand an Erzeugnissen		+ 700		+ 500
3. Sonstige Erträge		+ 63		+ 50
		21.763		13.550
4. Materialaufwand	12.916		7.525	
5. Personalaufwand	5.975		4.150	
6. Abschreibungen	900		600	
7. Sonstige Aufwendungen	200	– 19.991	135	– 12.410
8. Zinserträge	30		10	
9. Zinsaufwendungen	– 310	– 280	– 340	– 330
10. **Ergebnis der gew. Geschäftstätigkeit**		**1.492**		**810**
11. a. o. Erträge	125		75	
12. a. o. Aufwendungen	– 20	+ 105	– 130	– 55
13. Steuern		– 472		– 280
14. **Jahresüberschuss**		**1.125**		**475**
15. Einstellung in die Rücklage		800		400
16. **Bilanzgewinn**		**325**		**75**

Von der Position Steuern (13.) entfallen auf das Berichtsjahr 380 T€ und auf das Vorjahr 210 T€ Körperschaftsteuer. Beschäftigtenzahl: Berichtsjahr 140; Vorjahr 115.

1. *Ermitteln Sie Kennzahlen des Kapitalumschlags, der Rentabilität, des Cashflows und des ROI.*
2. *Stellen Sie jeweils die Erfolgs- und Kostenstruktur dar.*
3. *Beurteilen Sie Lage und Entwicklung der Textilveredlungs-GmbH.*

473

Erfolgsrechnungen der Maschinenbau AG (vgl. S. 413)	Berichtsjahr T€	Berichtsjahr T€	Vorjahr T€	Vorjahr T€
1. Umsatzerlöse		17.210		18.720
2. Mehrbestand an Erzeugnissen		+ 787		+ 10
3. Sonstige Erträge		+ 120		+ 30
		18.117		18.760
4. Materialaufwand	7.135		7.290	
5. Personalaufwand	7.217		6.982	
6. Abschreibungen	390		468	
7. Sonstige Aufwendungen	2.270		2.332	
8. Zinsaufwendungen	198	– 17210	138	– 17210
9. **Ergebnis der gew. Geschäftstätigkeit**		**907**		**1.550**
10. a. o. Erträge	40		50	
11. a. o. Aufwendungen	– 50	– 10	– 70	– 20
12. Steuern		– 877		– 1.210
13. **Jahresüberschuss**		**20**		**320**
14. Gewinnvortrag		110		90
		130		410
15. Entnahmen aus Rücklagen		100		—
16. **Bilanzgewinn**		**230**		**410**

Anmerkungen: Beschäftigtenzahl in beiden Jahren 560. Von den Steuern entfallen auf das Berichtsjahr 40 T€ und auf das Vorjahr 260 T€ Körperschaftsteuer.

Ermitteln und beurteilen Sie die Erfolgsstruktur und die Kostenintensität.

474

Der Geschäftsbericht eines Industriebetriebes enthält folgende Fünfjahresübersicht:

Zahlen in Millionen €	1. Jahr	2. Jahr	3. Jahr	4. Jahr	5. Jahr
Vermögen					
Sachanlagen	2.390	2.270	2.373	2.559	2.608
Finanzanlagen	2.028	2.421	2.524	2.503	2.713
Anlagevermögen	4.418	4.691	4.897	5.062	**5321**
Vorräte	860	818	861	1.365	1.212
Forderungen	1.270	1.156	1.528	1.727	1.481
Flüssige Mittel	569	599	686	678	413
Umlaufvermögen	2.699	2.573	3.075	3.770	**3.106**
Summe	7.117	7.264	7.972	8.832	**8.427**
Kapital					
Gezeichnetes Kapital	1.513	1.526	1.541	1.641	1.723
Rücklagen	1.809	1.836	1.929	1.991	2.081
Einbehaltener Gewinn	2	50	55	80	40
Eigenkapital	3.324	3.412	3.525	3.712	**3.844**
Rückstellungen	608	799	872	1.481	1.554
Langfristige Verbindlichkeiten	2.184	1.963	1.740	1.377	1.334
Kurzfristige Verbindlichkeiten	774	861	1.589	1.983	1.462
Bilanzgewinn (Dividende)	227	229	246	279	233
Fremdkapital	3.793	3.852	4.447	5.120	**4.583**
Summe	7.117	7.264	7.972	8.832	**8.427**
Umsatzerlöse	5.200	5.921	6.905	10.157	**8.394**
Jahresüberschuss	229	277	301	359	**273**
Sachanlageninvestitionen	315	385	620	784	**625**
Abschreibungen und Abgänge	525	505	517	597	**576**

1. *Stellen Sie die Bilanzstruktur in Prozent für jedes Jahr dar. Die Rückstellungen sind je zur Hälfte lang- bzw. kurzfristig.*
2. *Beurteilen Sie im Rahmen der Fünfjahresübersicht die Entwicklung der Finanzierung, Investierung und Vermögensstruktur. Worauf führen Sie wichtige Veränderungen zurück?*
3. *Beurteilen Sie die Finanzierung der Investitionen in Sachanlagen durch Abschreibungen und Abgänge.*
4. *Worauf führen Sie die im Verhältnis sehr hohen Finanzanlagen des zu beurteilenden Industriebetriebes zurück?*
5. *Nehmen Sie Stellung zur Entwicklung der Umsatzerlöse im Vergleichszeitraum. Hat sich die Steigerung der Erlöse auf den Gewinn ausgewirkt? Ermitteln Sie hierzu die Umsatzrentabilität in den einzelnen Jahren.*
6. *Ermitteln Sie den Cashflow für jedes Jahr und erläutern Sie die Entwicklung. Berechnen Sie auch die Cashflow-Umsatzverdienstrate (ohne Zuführungen zu langfristigen Rückstellungen)*
7. *Beurteilen Sie die Selbstfinanzierung (Verhältnis der Rücklagen zum Gezeichneten Kapital).*
8. *Berechnen Sie die Dividende in Prozent vom Aktienkapital.*
9. *Nennen Sie kurz- und langfristige Rückstellungen.*
10. *Inwiefern bezeichnet man Pensionsrückstellungen auch als eigenkapitalähnliche Mittel?*

Empfehlung: *Besorgen Sie sich von bekannten Aktiengesellschaften jeweils den aktuellen* ***Geschäftsbericht,*** *der auch oft in Klassensätzen abgegeben wird. Bereiten Sie die Bilanzen und Gewinn- und Verlustrechnungen für das Berichts- und Vorjahr auf und werten Sie diese – wie im vorliegenden Lehrbuch beschrieben – betriebswirtschaftlich aus.*

H Aufgaben zur Wiederholung und Vertiefung

475 *Welcher der nachstehenden Geschäftsfälle führt zu folgender Bilanzveränderung:*
Aktivtausch (I), Passivtausch (II), Aktiv-Passivmehrung (III), Aktiv-Passivminderung (IV)

a) Rohstoffeinkauf auf Ziel
b) Unser Kunde überweist fälligen Rechnungsbetrag auf unser Bankkonto
c) Umwandlung einer Liefererverbindlichkeit in eine Darlehensschuld
d) Banklastschrift für Darlehenstilgung
e) Kauf von Handelswaren gegen Postbankscheck
f) Banküberweisung der Gehälter
g) Barentnahme durch den Geschäftsinhaber
h) Zinsgutschrift der Bank
i) Kapitaleinlage des Geschäftsinhabers durch Bankeinzahlung

476 *Bei den nachstehenden Geschäftsfällen ist zu prüfen, ob sie*
(1) den Jahresgewinn erhöhen.
(2) den Jahresgewinn vermindern.
(3) den Jahresverlust erhöhen.
(4) den Jahresverlust vermindern.
(5) keinen Einfluss auf das Jahresergebnis haben.
(6) eine Bilanzverkürzung bewirken.
(7) eine Bilanzverlängerung bewirken.

Beachten Sie: Es können mehrere Ergebnisse zutreffen.

a) Kauf einer Maschine auf Ziel
b) Zahlung der Darlehenszinsen
c) Abschreibung auf Maschinen
d) Banküberweisung an den Lieferer abzüglich Skonto
e) Aufnahme eines Darlehens bei der Bank
f) Lastschrift der Bank für Zinsen
g) Zinsgutschrift der Bank
h) Barentnahme aus der Geschäftskasse für Privatzwecke

477 *Nennen Sie den Buchungssatz:*

a) Banküberweisung für Grundsteuer	800,00 €
Grunderwerbsteuer	4.000,00 €
Gewerbesteuer	5.000,00 €
b) Banküberweisung eines Einzelunternehmers für eine Spende	1.500,00 €
c) Brandschaden im Rohstofflager (kein Versicherungsanspruch)	3.500,00 €
d) Über das Vermögen unseres Kunden Schneider KG wird das Insolvenzverfahren eröffnet. Unsere Forderung beträgt	5.800,00 €
e) Entnahme v. Erzeugnissen f. Privatzwecke durch den Inhaber, Herstellwert	1.500,00 €

f) Im Fall d) rechnen wir zum 31. Dezember mit einem Verlust von 40 %.

478 Die Anschaffungskosten eines LKWs betragen 120.000,00 €.

1. *Wie hoch sind Abschreibungsbetrag und Buchwert am Ende des 2. Nutzungsjahres, wenn jährlich 20 % linear abgeschrieben werden?*
2. *Wie hoch sind Abschreibungsbetrag und Buchwert am Ende des 2. Jahres, wenn jährlich 20 % degressiv abgeschrieben werden?*

479 *Buchen Sie auf dem Konto „4200 Kurzfristige Verbindlichkeiten gegenüber Kreditinstituten", das im Haben einen Saldovortrag von 6.834,00 € ausweist, die folgenden Geschäftsfälle und ermitteln Sie den neuen Saldo.*

a) Überweisung an Lieferer	3.500,00 €
b) Zinslastschrift	800,00 €
c) Überweisungen der Kunden	2.800,00 €
d) Bonus des Lieferers	5.800,00 €
e) Scheckgutschrift	2.280,00 €
f) Darlehenstilgungsrate	2.800,00 €
g) Inkasso eines Kundenschecks	1.725,00 €
h) Lastschrift für Bankspesen	90,00 €
i) Bareinzahlung	2.200,00 €

480 Für einen schwebenden Prozess wurde zum 31. Dezember des abgelaufenen Geschäftsjahres eine Rückstellung in Höhe von 4.500,00 € gebildet. Im laufenden Geschäftsjahr endet der Prozess durch Vergleich. Unsere Kosten über 3.000,00 € zuzüglich Umsatzsteuer werden durch die Bank überwiesen. *Nennen Sie die Buchungssätze.*

481 Eine zweifelhafte Forderung über 17.400,00 €, die bereits mit 5.000,00 € netto direkt abgeschrieben worden ist, wird in voller Höhe uneinbringlich.

1. *Mit welchem Wert steht die zweifelhafte Forderung zu Buch?*
2. *Wie lautet die Buchung bei voller Uneinbringlichkeit der Forderung?*

482 Die Möbelwerke P. Schreiner e. K. haben von einer Geschäftsreise folgende Belege zu buchen:

HOTEL HUBERTUS
Landhotel
26160 Bad Zwischenahn-Dreibergen
Tel. 04403 8376
Fax 04403 8377
Steuer-Nr. 065 113 2286 9

Beleg Nr. 167

Rechnung 1 205 Datum: ..-06-28

4 Übernachtungen je 90,00 €	360,00 €
+ 16 % Umsatzsteuer	57,60 €
Rechnungsbetrag	417,60 €

Betrag durch Bankscheckkarte dankend erhalten.

TANK-STATION ILKA PETZOLD E. K.
RAIFFEISENSTR. 52, 26180 RASTEDE
TEL. 04402 82545
Steuer-Nr. 065 234 6625 7

Beleg Nr. 168

*SUPER BLEIFREI 84,75 EUR *
* ZP 2 83,35 1 *

ZWISCHENSUMME 84,75

UST-BRUTTOUMS. 84,75
16,00 % UST
BAR 84,75

BON	DATUM	BED	KASS
0282	..-06-29	0002	0001

483 Das Unternehmen Hans Lindner e.K. stellt Haushaltsgeräte her. Es hat zum 31. Dezember noch 12 Kühlaggregate für Tiefkühltruhen auf Lager. Die Anschaffungskosten betrugen 150,00 €/Stück netto. Zum Jahresabschluss beträgt der Einstandswert je Aggregat gleicher Bauart

a) 130,00 € und b) 180,00 €.

Begründen Sie den Wertansatz für den Schlussbestand in den Fällen a) und b). Buchungssatz?

484 Am 1. Juli eines Geschäftsjahres wurde ein Geschäfts-PKW (Nutzungsdauer: 5 Jahre) angeschafft und durch Banküberweisung bezahlt. Im Einzelnen:

Listenpreis, brutto	34.800,00 €	Nummernschilder, brutto	29,00 €
abzüglich 10 % Rabatt		Kfz-Versicherung für ein Jahr	600,00 €
Überführungskosten, brutto	340,00 €	Kfz-Steuer	180,00 €
Zulassungskosten	40,00 €		

1. *Wie hoch sind die Anschaffungskosten des PKWs?*
2. *Ermitteln Sie den Buchwert des PKWs zum 31. Dezember.*
3. *Buchen Sie die Anschaffung des PKWs, die Kfz-Versicherung und -Steuer.*
4. *Welche Buchungen sind im Einzelnen zum 31. Dezember erforderlich?*

485 *Worin unterscheiden sich Inventar und Bilanz? Nennen Sie mindestens drei Merkmale.*

486 *Ergänzen Sie:*

a) Erträge > Aufwendungen = ●●●
b) Vorsteuer > Umsatzsteuer = ●●●
c) Umsatzerlöse > Selbstkosten = ●●●
d) Aufwendungen > Erträge = ●●●
e) Umsatzsteuer > Vorsteuer = ●●●
f) Selbstkosten > Umsatzerlöse = ●●●
g) Herstellungsmenge > Absatzmenge = Gewinnauswirkung: + oder –?
h) Herstellungsmenge < Absatzmenge = Gewinnauswirkung: + oder –?

487 Doppelte Buchführung bedeutet ●●● Ermittlung des Erfolges. Der Erfolg kann nämlich durch a) Vergleich ●●● und b) durch Gegenüberstellung der ●●● und ●●● ermittelt werden. *Ergänzen Sie.*

488
1. *Was haben Rückstellungen und sonstige Verbindlichkeiten gemeinsam?*
2. *Worin unterscheiden sich Rückstellungen von sonstigen Verbindlichkeiten?*
3. *Für welche Fälle müssen Rückstellungen gebildet werden? Nennen Sie mindestens zwei Arten passivierungspflichtiger Rückstellungen.*
4. *Für welche Rückstellungen besteht ein Recht auf Bildung (Passivierungsrecht)?*
5. *Welchen Einfluss haben Rückstellungen auf Gewinn und Ertragsteuern?*
6. *Inwiefern beeinflusst die Bildung von Rückstellungen auch die Liquidität des Unternehmens?*
7. *Worin unterscheiden sich Rückstellungen und Rücklagen?*
8. *Wodurch entstehen stille Rücklagen (stille Reserven)?*

489
1. *Nennen Sie Steuerarten, die den Gewinn des Unternehmens vermindern.*
2. *Welche Steuern sind vom Gewinn (aus dem Gewinn) zu zahlen?*
3. *Welche Steuer ist Bestandteil der Anschaffungskosten?*
4. *Außer den „Lieferungen und Leistungen" und der „Einfuhr" unterliegt nach § 1 UStG auch die „unentgeltliche Entnahme" von Gegenständen und sonstigen Leistungen durch den Unternehmer der Umsatzsteuer. Nennen Sie die verschiedenen Möglichkeiten der umsatzsteuerpflichtigen Entnahme.*
5. *Der Unternehmer W. Peters verkauft seinen Privat-PKW. Warum unterliegt dieser Umsatz nicht der Umsatzsteuer?*

490 *Bilden Sie für nachstehende Geschäftsfälle die Buchungssätze:*

a) Die Darlehenszinsen für die Zeit vom 1. Mai bis 30. April sind am 30. April des nächsten Jahres fällig .... 4.800,00 €
b) Für eine im Januar des nächsten Jahres dringend durchzuführende Reparatur des Gebäudes beträgt der Kostenvoranschlag zum 31. Dez. .... 87.900,00 €
c) Die Kfz-Steuer in Höhe von .... 1.800,00 € wurde von uns am 1. April im Voraus gezahlt. Buchung zum 31. Dez.?
d) Den Wert einer zweifelhaften Forderung in Höhe von .... 232.000,00 € schätzen wir zum 31. Dezember auf 40 %.
e) Gehaltszahlung durch Banküberweisung:

Bruttogehälter	4.800,00 €
– Einbehaltene Sozialversicherungsbeträge	820,00 €
– Einbehaltene Lohn- und Kirchensteuer sowie SolZ	680,00 €
Banküberweisung (Nettogehälter)	3.300,00 €
Arbeitgeberanteil zur Sozialversicherung	820,00 €

f) Wir haben einem Kunden den Umsatzbonus in Höhe von brutto .... 1.044,00 € noch nicht gutgeschrieben.
g) Die private Entnahme von Erzeugnissen des Unternehmers beträgt netto 4.500,00 €

491

Stellen Sie fest, ob es sich bei den unten stehenden Sachverhalten zum 31. Dez. jeweils um eine Aktive Rechnungsabgrenzung (I), Passive Rechnungsabgrenzung (II), Sonstige Forderung (III) oder Sonstige Verbindlichkeit (IV) handelt. Nennen Sie auch den entsprechenden Buchungssatz.

a) Die Miete für eine vermietete Lagerhalle steht am 31. Dezember noch aus: 2.500,00 €.
b) Die Kfz-Steuer wurde am 1. August von uns für ein Jahr überwiesen: 480,00 €.
c) Die zugesicherte Provision haben wir noch nicht erhalten: 1.500,00 €.
d) Die Löhne für die Lohnwoche vom 28. Dezember bis 31. Dezember werden am 3. Januar nächsten Jahres überwiesen. Auf das alte Jahr entfallen 5.700,00 €.
e) Darlehenszinsen in Höhe von 4.800,00 € wurden von uns am 1. Dezember für drei Monate im Voraus überwiesen.
f) Die Dezembermiete für eine angemietete Lagerhalle wird von uns erst am 2. Januar nächsten Jahres überwiesen: 2.800,00 €.
g) Der Mieter unserer Werkshalle hatte mit der Dezembermiete am 1. Dezember auch bereits die Januarmiete überwiesen: insgesamt 6.000,00 €.

492

Die Anschaffungskosten eines Schreibtischsessels betragen 380,00 €.

Welche Aussage ist richtig?

a) Es ist nur eine Vollabschreibung im Anschaffungsjahr möglich.
b) Es ist lediglich eine Abschreibung nach der Nutzungsdauer möglich.
c) Es besteht eine Wahlmöglichkeit zwischen a) und b).
d) Die Abschreibung erhöht den Verlust.

493

Welche Aussage kennzeichnet zutreffend die Folge einer nicht durchgeführten zeitlichen Abgrenzung in Form der „Aktiven Rechnungsabgrenzung"?

a) Die Erträge im alten Jahr sind zu niedrig.
b) Die Aufwendungen im alten Jahr sind zu niedrig.
c) Die Erträge im alten Jahr sind zu hoch.
d) Die Aufwendungen im alten Jahr sind zu hoch.

494

Welche Geschäftsfälle wirken sich Gewinn erhöhend (I), Gewinn mindernd (II) und erfolgsneutral (III) aus?

a) Überweisung der Einkommensteuer an das Finanzamt.
b) Bildung einer Rückstellung für einen schwebenden Prozess.
c) Überweisung der Umsatzsteuerzahllast an das Finanzamt.
d) Verkauf eines nicht mehr benötigten LKWs zum Buchwert zuzüglich USt.
e) Bankgutschrift für Zinsen.
f) Die Entnahme von Erzeugnissen für Privatzwecke beträgt 1.800,00 €.
g) Eine Forderung über 5.000,00 € netto wird uneinbringlich.
h) Banküberweisung an den Lieferer abzüglich Skonto.
i) Kunde überweist den Rechnungsbetrag abzüglich Skonto.
j) Auf eine im vergangenen Jahr abgeschriebene Forderung gehen unerwartet 580,00 € ein.
k) Überweisung der einbehaltenen Lohn- und Kirchensteuer und des Solidaritätszuschlags.
l) Abschreibung auf Maschinen.
m) Kauf eines Lieferwagens.
n) Im Konto Mietaufwendungen wird eine aktive Rechnungsabgrenzung vorgenommen.

495

Eine Verpackungsmaschine, deren Buchwert zum Zeitpunkt des Ausscheidens 5.000,00 € beträgt, wird gegen Bankscheck verkauft für

a) 5.000,00 € + USt, b) 7.000,00 € + USt, c) 4.000,00 € + USt.

Wie lauten die Buchungen?

496 Anschaffung einer maschinellen Anlage: 200.000,00 € netto + USt, 2.000,00 € Fracht + USt, 15.000,00 € Fundamentierungskosten + USt, 5.000,00 € Montagekosten + USt. Rechnungen werden unter Abzug von 2 % Skonto durch Banküberweisungen beglichen.

1. *Ermitteln Sie die Anschaffungskosten.*
2. *Nennen Sie die Buchungssätze.*

497 *Bilden Sie die Buchungssätze:*

a) Das GuV-Konto weist einen Verlust aus.
b) Auf dem Privatkonto überwiegen die Einlagen.
c) Die Umsatzsteuer ist größer als die Vorsteuer.
d) Eine Forderung wird uneinbringlich.
e) Die Rückstellung für einen Prozess erübrigt sich.
f) Der Lieferer gewährt uns einen Bonus.
g) Kunde erhält von uns Preisnachlass wegen Mängelrüge.
h) Rücksendung beschädigter Rohstoffe an unseren Lieferer.
i) Nachzahlung der Gewerbesteuer aufgrund einer Betriebsprüfung.
j) Barauszahlung eines Gehaltsvorschusses.

498

Auszug aus der Summenbilanz	Soll	Haben
Rohstoffe	450.000,00	—
Bezugskosten	25.000,00	—
Nachlässe, brutto	—	23.200,00
Vorsteuer	18.000,00	—

1. *Ermitteln Sie die Steuerberichtigung.*
2. *Nennen Sie zu 1. den entsprechenden Buchungssatz.*
3. *Ermitteln Sie die Anschaffungskosten der Rohstoffe.*

499

Auszug aus der vorläufigen Saldenbilanz	Soll	Haben
Vorsteuer	76.000,00	—
Umsatzsteuer	—	20.000,00
Nachlässe für Rohstoffe (brutto)	—	16.240,00
Erlösberichtigungen für eigene Erzeugnisse (brutto)	19.720,00	—

1. *Ermitteln Sie die Steuerberichtigungen.*
2. *Nennen Sie die Buchungssätze zu 1.*
3. *Wie hoch ist der Saldo nach Verrechnung der Beträge auf den Steuerkonten?*
4. *Wie lauten die Abschlussbuchungen für die Steuerkonten zum 31. Dezember?*

500 Ein Kunde überweist den Rechnungsbetrag in Höhe von 5.800,00 € unter Abzug von 2 % Skonto durch die Bank.

1. *Nennen Sie den Buchungssatz bei Nettobuchung des Skontos.*
2. *Wie lautet die Buchung im Falle der Bruttobuchung?*
3. *Nennen Sie auch die Steuerberichtigungsbuchung im Fall 2.*

501 In der Metallwerke GmbH beträgt der Bestand der Forderungen a.LL zum 31. Dezember 348.000,00 €. Die Inventur ergab, dass eine Forderung von 20.880,00 € an den Kunden Marc Schneider e. K. als uneinbringlich anzusehen ist.

Welche Buchungen ergeben sich zum 31. Dezember?

502 *Auf welchen Konten werden die folgenden Geschäftsfälle im Haben gebucht?*

a) Zielverkauf von eigenen Erzeugnissen.
b) Kunde erhält Preisnachlass wegen Mängelrüge.
c) Unser Kunde löst Barscheck für Umsatzbonus ein.
d) Lastschrift unseres Rohstofflieferers wegen unberechtigten Skontoabzugs.
e) Unentgeltliche Entnahme von Erzeugnissen.
f) Rohstoffeinkauf auf Ziel.
g) Zum 31. Dezember ergibt sich ein Vorsteuerüberhang.
h) Unser Rohstofflieferer gewährt Preisnachlass wegen Mängelrüge.
i) Wir erhalten Provision durch Banküberweisung.
j) Zum 31. Dezember ergibt sich eine Umsatzsteuerzahllast.

503 *Wie wirkt sich eine „Passive Rechnungsabgrenzung" auf den Erfolg des Abschlussjahres aus?*

a) Der Jahresgewinn erhöht sich.
b) Der Jahresgewinn wird vermindert.
c) Der Jahresverlust erhöht sich.
d) Der Jahresverlust wird vermindert.

504 *Beurteilen Sie folgende Aussagen auf ihre Richtigkeit:*

a) Aufwendungen und Erträge, die wirtschaftlich das Abschlussjahr betreffen, die jedoch erst im neuen Jahr zu Ausgaben bzw. Einnahmen führen, sind zum Bilanzstichtag als „Sonstige Verbindlichkeiten" bzw. „Sonstige Forderungen" zu erfassen.
b) Aktive Rechnungsabgrenzungen sind erforderlich, wenn Einnahmen im neuen Jahr gebucht werden, die aber wirtschaftlich das Abschlussjahr betreffen.
c) Auf dem Konto „Passive Rechnungsabgrenzung" werden Erträge auf Erfolgskonten erfasst, die als Einnahmen erst im neuen Jahr gebucht werden.
d) Aufwendungen des Abschlussjahres, die im neuen Jahr zu Ausgaben führen, müssen bereits zum 31. Dezember gebucht werden.
e) Das Konto „Aktive Rechnungsabgrenzung" fordert zum Bilanzstichtag von allen Erfolgskonten die Aufwendungen an, die bereits als Ausgaben gebucht wurden, wirtschaftlich jedoch zur Erfolgsrechnung des neuen Jahres gehören.
f) Erträge, die im Abschlussjahr bereits als Einnahmen gebucht wurden, jedoch wirtschaftlich in die Erfolgsrechnung des neuen Jahres gehören, werden auf dem Konto „Passive Rechnungsabgrenzung" erfasst.

505

1. *Erläutern Sie den Begriff „Deckungsbeitrag".*
2. *Nennen Sie mindestens zwei Gründe für die Abschreibungen auf Anlagen.*
3. *Erläutern Sie die Begriffspaare*
   a) Ausgaben – Einnahmen,
   b) Aufwand – Ertrag,
   c) Kosten – Leistung.
4. *Nennen Sie jeweils ein Beispiel für 3. a) bis 3. c).*
5. *Unterscheiden Sie zwischen planmäßigen und außerplanmäßigen Abschreibungen.*
6. *Nennen Sie die drei Methoden der planmäßigen Abschreibung.*

506

1. *Nennen Sie kalkulatorische Kostenarten.*
2. *Unterscheiden Sie zwischen Grundkosten und Zusatzkosten.*
3. *Nennen Sie Beispiele für Zusatzkosten.*
4. *Worin unterscheiden sich bilanzmäßige und kalkulatorische Abschreibungen?*
5. *Wie ermittelt man das betriebsnotwendige Kapital?*
6. *Welche kalkulatorischen Wagnisse gibt es?*
7. *Warum lässt sich das allgemeine Unternehmerwagnis nicht kalkulieren?*
8. *Welche Aufgabe hat die Abgrenzungsrechnung im Rahmen der Kosten- und Leistungsrechnung?*

507 Man unterscheidet Ausgaben, Aufwendungen und Kosten.

Nennen Sie je ein Beispiel für

a) Kosten, die kein Aufwand sind,
b) Ausgaben, die keine Kosten sind,
c) Ausgaben, die sowohl Aufwendungen als auch Kosten sind.

508

1. *Erläutern Sie, inwiefern die Deckungsbeitragsrechnung zur Sortimentgestaltung beitragen kann.*
2. *Begründen Sie, welche Auswirkungen die Verrechnung kalkulatorischer Kostenarten auf das Gesamtergebnis des Unternehmens hat.*
3. *Erläutern Sie kurz die Aufgaben der Kostenstellenrechnung und der Kostenträgerrechnung.*

509

1. *Weshalb bildet man Rückstellungen?*
2. *Worin unterscheiden sich Rückstellungen und Rücklagen?*
3. *Warum werden bei abnutzbaren Gegenständen des Anlagevermögens steuerliche Höchstsätze für die jährliche AfA vorgeschrieben?*
4. *Warum kann es für ein Unternehmen günstiger sein, ein Anlagegut degressiv statt linear abzuschreiben?*
5. *Die Verkaufszahlen einer Handelsware gehen aufgrund einer schlechten konjunkturellen Lage zurück. Welche Auswirkung hat das auf den Handlungskostenzuschlag in der Kalkulation?*

510 Man unterscheidet Einnahmen, Erträge und Leistungen.

Nennen Sie je ein Beispiel für

a) Einnahmen, die sowohl Erträge als auch Leistungen darstellen,
b) Einnahmen, die weder Erträge noch Leistungen sind,
c) Erträge, die keine Leistungen darstellen.

511

1. *Welche Bedeutung hat die Abgrenzungsrechnung für die Kosten- und Leistungsrechnung?*
2. *Unterscheiden Sie:*
   a) Gesamtergebnis, b) Neutrales Ergebnis, c) Betriebsergebnis.
3. Die Betriebsergebnisrechnung weist einen Verlust von 50.000,00 € aus, während die Gewinn- und Verlustrechnung der Finanzbuchhaltung einen Gesamtgewinn in Höhe von 120.000,00 € ausweist. *Wie erklären Sie sich das?*

512 *Ergänzen Sie:*

1. Deckungsbeitrag je Stück $> 0 =$ ●●●
2. Deckungsbeitrag je Stück $= 0 =$ ●●●
3. Deckungsbeitrag je Stück $< 0 =$ ●●●
4. Summe der Deckungsbeiträge $>$ fixe Kosten = ●●●
5. Summe der Deckungsbeiträge $<$ fixe Kosten = ●●●

513

1. *Unterscheiden Sie zwischen kurzfristiger und langfristiger Preisuntergrenze.*
2. *Erläutern Sie den „Break-even-Point".*
3. *Wie hoch ist die Gewinnschwellenmenge, wenn der Stückdeckungsbeitrag 200,00 € beträgt und die fixen Kosten insgesamt 300.000,00 € ausmachen?*

514

1. *Unterscheiden Sie zwischen Wirtschaftlichkeit und Rentabilität.*
2. *Welcher Zusammenhang besteht zwischen Wirtschaftlichkeit und Rentabilität?*

Der folgende Kontoauszug der Möbelwerke Peter Schreiner e. K. ist auszuwerten: **515**

Kontoauszug — Stadtsparkasse Nürnberg

Konto-Nr.	Datum	Ausz.-Nr.	Blatt	Buchungstag	PN-Nr.	Wert	Umsatz
119 233 815	..-12-30	68	1				

GUTSCHRIFT 12-30 8744 12-30 9.378,60 H
STADTWERKE NÜRNBERG
RE 4 541 VOM 22. DEZ. .. - 2 % SKONTO
(KONTO 10 004)

PETER SCHREINER E. K.
MÖBELWERKE
HERZOGSTRASSE 56
90451 NÜRNBERG

Alter Saldo: H 259.019,80 EUR
Neuer Saldo: H 268.398,40 EUR

1. *Ermitteln Sie aus dem Überweisungsbetrag den Rechnungsbetrag der Ausgangsrechnung sowie die Umsatzerlöse und die Umsatzsteuer.*
2. *Bilden Sie den Buchungssatz zur Erfassung der Ausgangsrechnung.*
3. *Ermitteln Sie die Steuerkorrektur aufgrund der Skontoausnutzung.*
4. *Buchen Sie die Bankgutschrift bei Nettobuchung des Skontos.*

Die Gehaltsliste der Möbelwerke Peter Schreiner e. K. weist für Januar folgende Summen aus: **516**

Brutto-gehälter	Steuer-abzüge	Sozial-versicherung	Verrechnete Vorschüsse	Auszahlung (Bank)	Arbeitgeber-anteil zur SV
17.897,00	2.467,89	3.245,67	800,00	11.383,44	3.135,67

Das Konto „2650 Forderungen an Mitarbeiter" weist einen Bestand von 4.800,00 € aus.

1. *Bilden Sie die Buchungssätze*
   a) für die Zahlung der Gehälter durch Banküberweisung,
   b) für die Erfassung des Arbeitgeberanteils zur Sozialversicherung.
2. *Ermitteln Sie die gesamten Personalkosten des Monats Januar.*
3. *Buchen Sie aufgrund des folgenden Belegs die Überweisung*
   a) der einbehaltenen Lohnsteuer, Solidaritätszuschläge und Kirchensteuer,
   b) der noch nicht abgeführten Arbeitnehmer- und Arbeitgeberanteile zur Sozialversicherung (Kranken-, Pflege-, Renten- und Arbeitslosenversicherung).

Kontoauszug — Stadtsparkasse Nürnberg

Konto-Nr.	Datum	Ausz.-Nr.	Blatt	Buchungstag	PN-Nr.	Wert	Umsatz
119 233 815	.. 02-12	9	1				

FA NÜRNBERG, 02-12 8744 02-12 2.467,89 S
STEUER-NR. 065 136 34887
LT. LST-ANMELDUNG JANUAR ..
AOK NÜRNBERG, VERS.-NR. 4876 02-13 8745 02-13 6.491,34 S
AN-/AG-ANTEILE JANUAR ..

PETER SCHREINER E. K.
MÖBELWERKE
HERZOGSTRASSE 56
90451 NÜRNBERG

Alter Saldo: H 214.966,40 EUR
Neuer Saldo: H 206.007,17 EUR

I Rechnungslegungsvorschriften nach HGB[1]

Das Handelsgesetzbuch enthält in seinem 3. Buch „Handelsbücher" eine geschlossene Darstellung der handelsrechtlichen Rechnungslegungsvorschriften. Sie gliedern sich (siehe auch Seite 9) in drei Abschnitte:

- 1. Abschnitt: **Vorschriften für alle Kaufleute:** §§ 238–263 HGB
- 2. Abschnitt: **Vorschriften für Kapitalgesellschaften:** §§ 264–335 HGB
- 3. Abschnitt: **Vorschriften für eingetragene Genossenschaften:** §§ 336–339 HGB

Wesentliche Vorschriften des ersten und zweiten Abschnitts, die im Lehrbuch in den entsprechenden Kapiteln zugrunde gelegt und auf den folgenden Seiten **zusammengestellt** werden, sollen den Lernerfolg mit dem Lehrbuch rechtlich noch vertiefen.

Erster Abschnitt: Vorschriften für alle Kaufleute

§ 238 Buchführungspflicht

(1) Jeder Kaufmann ist verpflichtet Bücher zu führen und in diesen seine Handelsgeschäfte und die Lage seines Vermögens nach den Grundsätzen ordnungsmäßiger Buchführung ersichtlich zu machen. Die Buchführung muss so beschaffen sein, dass sie einem sachverständigen Dritten innerhalb angemessener Zeit einen Überblick über die Geschäftsvorfälle und über die Lage des Unternehmens vermitteln kann. Die Geschäftsvorfälle müssen sich in ihrer Entstehung und Abwicklung verfolgen lassen.

(2) Der Kaufmann ist verpflichtet eine mit der Urschrift übereinstimmende Wiedergabe der abgesandten Handelsbriefe (Kopie, Abdruck, Abschrift oder sonstige Wiedergabe des Wortlauts auf einem Schrift-, Bild- oder anderen Datenträger) zurückzubehalten.

§ 239 Führung der Handelsbücher

(2) Die Eintragungen in Büchern und die sonst erforderlichen Aufzeichnungen müssen vollständig, richtig, zeitgerecht und geordnet vorgenommen werden.

§ 240 Inventar

(1) Jeder Kaufmann hat zu Beginn seines Handelsgewerbes seine Grundstücke, seine Forderungen und Schulden, den Betrag seines baren Geldes sowie seine sonstigen Vermögensgegenstände genau zu verzeichnen und dabei den Wert der einzelnen Vermögensgegenstände und Schulden anzugeben.

(2) Er hat demnächst für den Schluss eines jeden Geschäftsjahrs ein solches Inventar aufzustellen. Die Dauer des Geschäftsjahrs darf zwölf Monate nicht überschreiten. Das Inventar ist innerhalb der einem ordnungsmäßigen Geschäftsgang entsprechenden Zeit aufzustellen.

(3) Vermögensgegenstände des Sachanlagevermögens sowie Roh-, Hilfs- und Betriebsstoffe können, wenn sie regelmäßig ersetzt werden und ihr Gesamtwert für das Unternehmen von nachrangiger Bedeutung ist, mit einer gleich bleibenden Menge und einem gleich bleibenden Wert angesetzt werden, sofern ihr Bestand in seiner Größe, seinem Wert und seiner Zusammensetzung nur geringen Veränderungen unterliegt. Jedoch ist in der Regel alle drei Jahre eine körperliche Bestandsaufnahme durchzuführen.

(4) Gleichartige Vermögensgegenstände des Vorratsvermögens sowie andere gleichartige oder annähernd gleichwertige bewegliche Vermögensgegenstände können jeweils zu einer Gruppe zusammengefasst und mit dem gewogenen Durchschnittswert angesetzt werden.

§ 242 Pflicht zur Aufstellung der Eröffnungsbilanz und des Jahresabschlusses

(1) Der Kaufmann hat zu Beginn seines Handelsgewerbes und für den Schluss eines jeden Geschäftsjahrs einen das Verhältnis seines Vermögens und seiner Schulden darstellenden Abschluss (Eröffnungsbilanz, Bilanz) aufzustellen.

(2) Er hat für den Schluss eines jeden Geschäftsjahrs eine Gegenüberstellung der Aufwendungen und Erträge des Geschäftsjahrs (Gewinn- und Verlustrechnung) aufzustellen.

(3) Die Bilanz und die Gewinn- und Verlustrechnung bilden den Jahresabschluss.

1 Einige Vorschriften können aus Platzgründen nur gekürzt wiedergegeben werden.

§ 243 Aufstellungsgrundsatz

Der Jahresabschluss ist nach den Grundsätzen ordnungsmäßiger Buchführung aufzustellen. Er muss klar und übersichtlich sein und ist innerhalb der einem ordnungsmäßigen Geschäftsgang entsprechenden Zeit aufzustellen.

§ 245 Unterzeichnung

Der Jahresabschluss ist vom Kaufmann unter Angabe des Datums zu unterzeichnen. Sind mehrere persönlich haftende Gesellschafter vorhanden, so haben sie alle zu unterzeichnen.

§ 246 Vollständigkeit. Verrechnungsverbot

(1) Der Jahresabschluss hat sämtliche Vermögensgegenstände, Schulden, Rechnungsabgrenzungsposten, Aufwendungen und Erträge zu enthalten.

(2) Posten der Aktivseite dürfen nicht mit Posten der Passivseite, Aufwendungen dürfen nicht mit Erträgen, Grundstücksrechte nicht mit Grundstückslasten verrechnet werden.

§ 247 Inhalt der Bilanz

(1) In der Bilanz sind das Anlage- und das Umlaufvermögen, das Eigenkapital, die Schulden sowie die Rechnungsabgrenzungsposten gesondert auszuweisen und aufzugliedern.

(2) Beim Anlagevermögen sind nur die Gegenstände auszuweisen, die bestimmt sind, dauernd dem Geschäftsbetrieb zu dienen.

§ 251 Haftungsverhältnisse

Unter der Bilanz sind, sofern sie nicht auf der Passivseite auszuweisen sind, Verbindlichkeiten aus der Begebung und Übertragung von Wechseln, aus Bürgschaften, Wechsel- und Scheckbürgschaften und aus Gewährleistungsverträgen zu vermerken; sie dürfen in einem Betrag angegeben werden.

§ 253 Wertansätze der Vermögensgegenstände und Schulden

(1) Vermögensgegenstände sind höchstens mit den Anschaffungs- oder Herstellungskosten, vermindert um Abschreibungen nach den Absätzen 2 und 3, anzusetzen. Verbindlichkeiten sind zu ihrem Rückzahlungsbetrag, Rentenverpflichtungen, für die eine Gegenleistung nicht mehr zu erwarten ist, zu ihrem Barwert und Rückstellungen nur in Höhe des Betrages anzusetzen, der nach vernünftiger kaufmännischer Beurteilung notwendig ist.

(2) Bei Vermögensgegenständen des Anlagevermögens, deren Nutzung zeitlich begrenzt ist, sind die Anschaffungs- oder Herstellungskosten um planmäßige Abschreibungen zu vermindern. Der Plan muss die Anschaffungs- oder Herstellungskosten auf die Geschäftsjahre verteilen, in denen der Vermögensgegenstand voraussichtlich genutzt werden kann. Ohne Rücksicht darauf, ob ihre Nutzung zeitlich begrenzt ist, können bei Vermögensgegenständen des Anlagevermögens außerplanmäßige Abschreibungen vorgenommen werden, um die Vermögensgegenstände mit dem niedrigeren Wert anzusetzen, der ihnen am Abschluss-Stichtag beizulegen ist; sie sind vorzunehmen bei einer voraussichtlich dauernden Wertminderung.

(3) Bei Vermögensgegenständen des Umlaufvermögens sind Abschreibungen vorzunehmen, um diese mit dem niedrigeren Wert anzusetzen, der sich aus einem Börsen- oder Marktpreis am Abschluss-Stichtag ergibt. Ist ein Börsen- oder Marktpreis nicht festzustellen und übersteigen die Anschaffungs- oder Herstellungskosten den Wert, der den Vermögensgegenständen am Abschluss-Stichtag beizulegen ist, so ist auf diesen Wert abzuschreiben. Außerdem dürfen Abschreibungen vorgenommen werden, soweit diese nach vernünftiger kaufmännischer Beurteilung notwendig sind.

§ 257 Aufbewahrung von Unterlagen. Aufbewahrungsfristen

(1) Jeder Kaufmann ist verpflichtet die folgenden Unterlagen geordnet aufzubewahren:

1. Handelsbücher, Inventare, Eröffnungsbilanzen, Jahresabschlüsse, Lageberichte, Konzernabschlüsse, Konzernlageberichte sowie die zu ihrem Verständnis erforderlichen Arbeitsanweisungen und sonstigen Organisationsunterlagen,
2. die empfangenen Handelsbriefe,
3. Wiedergaben der abgesandten Handelsbriefe,
4. Belege für Buchungen in den von ihm nach § 238 Abs. 1 zu führenden Büchern.

(2) Handelsbriefe sind nur Schriftstücke, die ein Handelsgeschäft betreffen.

(3) Mit Ausnahme der Eröffnungsbilanzen, Jahresabschlüsse und der Konzernabschlüsse können die in Absatz 1 aufgeführten Unterlagen auch als Wiedergabe auf einem Bildträger oder auf anderen Datenträgern aufbewahrt werden, wenn dies den Grundsätzen ordnungsmäßiger Buchführung entspricht und sichergestellt ist, dass die Wiedergabe oder die Daten

1. mit den empfangenen Handelsbriefen und den Buchungsbelegen bildlich und mit den anderen Unterlagen inhaltlich übereinstimmen, wenn sie lesbar gemacht werden,
2. während der Dauer der Aufbewahrungsfrist verfügbar sind und jederzeit innerhalb angemessener Frist lesbar gemacht werden können.

(4) Die in Absatz 1 Nr. 1 und 4 aufgeführten Unterlagen sind zehn Jahre und die sonstigen in Absatz 1 aufgeführten Unterlagen sechs Jahre aufzubewahren.

(5) Die Aufbewahrungsfrist beginnt mit dem Schluss des Kalenderjahrs, in dem die letzte Eintragung in das Handelsbuch gemacht, das Inventar aufgestellt, die Eröffnungsbilanz oder der Jahresabschluss festgestellt, der Konzernabschluss aufgestellt, der Handelsbrief empfangen oder abgesandt worden oder der Buchungsbeleg entstanden ist.

Zweiter Abschnitt: Ergänzende Vorschriften für Kapitalgesellschaften

§ 264 Pflicht zur Aufstellung des Jahresabschlusses und des Lageberichtes

(1) Die gesetzlichen Vertreter einer Kapitalgesellschaft haben den Jahresabschluss (§ 242) um einen Anhang zu erweitern, der mit der Bilanz und der Gewinn- und Verlustrechnung eine Einheit bildet, sowie einen Lagebericht aufzustellen. Der Jahresabschluss und der Lagebericht sind von den gesetzlichen Vertretern in den ersten drei Monaten des Geschäftsjahrs für das vergangene Geschäftsjahr aufzustellen. Kleine Kapitalgesellschaften (§ 267 Abs. 1) dürfen den Jahresabschluss und den Lagebericht auch später aufstellen, wenn dies einem ordnungsgemäßen Geschäftsgang entspricht; diese Unterlagen sind jedoch innerhalb der ersten sechs Monate des Geschäftsjahrs aufzustellen.

(2) Der Jahresabschluss der Kapitalgesellschaft hat unter Beachtung der Grundsätze ordnungsmäßiger Buchführung ein den tatsächlichen Verhältnissen entsprechendes Bild der Vermögens-, Finanz- und Ertragslage der Kapitalgesellschaft zu vermitteln.

§ 265 Allgemeine Grundsätze für die Gliederung

(1) Die Form der Darstellung, insbesondere die Gliederung der aufeinander folgenden Bilanzen und Gewinn- und Verlustrechnungen, ist beizubehalten, soweit nicht in Ausnahmefällen wegen besonderer Umstände Abweichungen erforderlich sind.

(2) In der Bilanz sowie in der Gewinn- und Verlustrechnung ist zu jedem Posten der entsprechende Betrag des vorhergehenden Geschäftsjahrs anzugeben.

§ 266 Gliederung der Bilanz

(1) Die Bilanz ist in Kontoform aufzustellen. Dabei haben große und mittelgroße Kapitalgesellschaften (§ 267 Abs. 3, 2) auf der Aktivseite die in Absatz 2 und auf der Passivseite die in Absatz 3 bezeichneten Posten gesondert und in der vorgeschriebenen Reihenfolge auszuweisen. Kleine Kapitalgesellschaften (§ 267 Abs. 1) brauchen nur eine verkürzte Bilanz aufzustellen, in die nur die in den Absätzen 2 und 3 mit Buchstaben und römischen Zahlen bezeichneten Posten in der vorgeschriebenen Reihenfolge aufgenommen werden.

(2) Gliederung der **Aktivseite**
(3) Gliederung der **Passivseite** } **siehe Rückseite des Kontenrahmens (Faltblatt).**

§ 268 Vorschriften zu einzelnen Posten der Bilanz. Bilanzvermerke

(1) Die Bilanz darf auch unter Berücksichtigung der vollständigen oder teilweisen Verwendung des Jahresergebnisses aufgestellt werden. Wird die Bilanz nach teilweiser Verwendung des Jahresergebnisses aufgestellt, so tritt an die Stelle des Postens „Jahresüberschuss/Jahres-

fehlbetrag" und „Gewinnvortrag/Verlustvortrag" der Posten „Bilanzgewinn/Bilanzverlust"; ein vorhandener Gewinn- oder Verlustvortrag ist in den Posten „Bilanzgewinn/ Bilanzverlust" einzubeziehen und in der Bilanz oder im Anhang gesondert anzugeben.

(2) In der Bilanz oder im Anhang ist die Entwicklung der einzelnen Posten des Anlagevermögens und des Postens „Aufwendungen für die Ingangsetzung und Erweiterung des Geschäftsbetriebs" darzustellen. Dabei sind, ausgehend von den gesamten Anschaffungs- und Herstellungskosten, die Zugänge, Abgänge, Umbuchungen und Zuschreibungen des Geschäftsjahrs sowie die Abschreibungen in ihrer gesamten Höhe gesondert aufzuführen. Die Abschreibungen des Geschäftsjahrs sind entweder in der Bilanz bei dem betreffenden Posten zu vermerken oder im Anhang in einer der Gliederung des Anlagevermögens entsprechenden Aufgliederung anzugeben.

(3) Ist das Eigenkapital durch Verluste aufgebraucht und ergibt sich ein Überschuss der Passivposten über die Aktivposten, so ist dieser Betrag am Schluss der Bilanz auf der Aktivseite gesondert unter der Bezeichnung „Nicht durch Eigenkapital gedeckter Fehlbetrag" auszuweisen.

(4) Der Betrag der Forderungen mit einer Restlaufzeit von mehr als einem Jahr ist bei jedem gesondert ausgewiesenen Posten zu vermerken.

(5) Der Betrag der Verbindlichkeiten mit einer Restlaufzeit bis zu einem Jahr ist bei jedem gesondert ausgewiesenen Posten zu vermerken. Erhaltene Anzahlungen auf Bestellungen sind, soweit Anzahlungen auf Vorräte nicht von dem Posten „Vorräte" offen abgesetzt werden, unter den Verbindlichkeiten gesondert auszuweisen.

§ 271 Beteiligungen. Verbundene Unternehmen

(1) Beteiligungen sind Anteile an anderen Unternehmen, die bestimmt sind dem eigenen Geschäftsbetrieb durch Herstellung einer dauernden Verbindung zu jenen Unternehmen zu dienen. Dabei ist es unerheblich, ob die Anteile in Wertpapieren verbrieft sind oder nicht. Als Beteiligung gelten im Zweifel Anteile an einer Kapitalgesellschaft, deren Nennbeträge insgesamt den fünften Teil des Nennkapitals dieser Gesellschaft überschreiten.

§ 272 Eigenkapital

(1) Gezeichnetes Kapital ist das Kapital, auf das die Haftung der Gesellschafter für die Verbindlichkeiten der Kapitalgesellschaft gegenüber den Gläubigern beschränkt ist. Die ausstehenden Einlagen auf das gezeichnete Kapital sind auf der Aktivseite vor dem Anlagevermögen gesondert auszuweisen und entsprechend zu bezeichnen; die davon eingeforderten Einlagen sind zu vermerken. Die nicht eingeforderten ausstehenden Einlagen dürfen aber auch von dem Posten „Gezeichnetes Kapital" offen abgesetzt werden; in diesem Falle ist der verbleibende Betrag als Posten „Eingefordertes Kapital" in der Hauptspalte der Passivseite auszuweisen und ist außerdem der eingeforderte, aber noch nicht eingezahlte Betrag unter den Forderungen gesondert auszuweisen und entsprechend zu bezeichnen.

(2) Als Kapitalrücklage sind auszuweisen

1. der Betrag, der bei der Ausgabe von Anteilen einschließlich von Bezugsanteilen über den Nennbetrag hinaus erzielt wird;
2. der Betrag von Zuzahlungen, die Gesellschafter gegen Gewährung eines Vorzugs für ihre Anteile leisten.

(3) Als Gewinnrücklagen dürfen nur Beträge ausgewiesen werden, die im Geschäftsjahr oder in einem früheren Geschäftsjahr aus dem Ergebnis gebildet worden sind. Dazu gehören aus dem Ergebnis zu bildende gesetzliche oder auf Gesellschaftsvertrag oder Satzung beruhende Rücklagen und andere Gewinnrücklagen.

(4) In eine Rücklage für eigene Anteile ist ein Betrag einzustellen, der dem auf der Aktivseite der Bilanz für die eigenen Anteile anzusetzenden Betrag entspricht. Die Rücklage darf nur aufgelöst werden, soweit die eigenen Anteile ausgegeben, veräußert oder eingezogen werden.

§ 275 Gliederung der Gewinn- und Verlustrechnung

(1) Die Gewinn- und Verlustrechnung ist in Staffelform nach dem Gesamtkostenverfahren oder dem Umsatzkostenverfahren aufzustellen.

(2) Gliederung nach dem **Gesamtkostenverfahren** } **siehe Rückseite des Kontenrahmens**
(3) Gliederung nach dem **Umsatzkostenverfahren** } **(Faltblatt).**

(4) Veränderungen der Kapital- und Gewinnrücklagen dürfen in der Gewinn- und Verlustrechnung erst nach dem Posten „Jahresüberschuss/Jahresfehlbetrag" ausgewiesen werden.

§ 276 Größenabhängige Erleichterungen

Kleine und mittelgroße Kapitalgesellschaften (§ 267 Abs. 1, 2) dürfen die Posten § 275 Abs. 2 Nr. 1 bis 5 oder Abs. 3 Nr. 1 bis 3 und 6 zu einem Posten „Rohergebnis" zusammenfassen.

§ 283 Wertansatz des Eigenkapitals

Das gezeichnete Kapital ist zum Nennbetrag anzusetzen.

§ 284 Anhang: Erläuterung der Bilanz und der Gewinn- und Verlustrechnung

(1) In den Anhang sind diejenigen Angaben aufzunehmen, die zu den einzelnen Posten der Bilanz oder der Gewinn- und Verlustrechnung vorgeschrieben oder die im Anhang zu machen sind, weil sie in Ausübung eines Wahlrechts nicht in die Bilanz oder in die Gewinn- und Verlustrechnung aufgenommen wurden.

(2) Im Anhang müssen

1. die auf die Posten der Bilanz und der Gewinn- und Verlustrechnung angewandten Bilanzierungs- und Bewertungsmethoden angegeben werden;
2. Abweichungen von Bilanzierungs- und Bewertungsmethoden angegeben und begründet werden; deren Einfluss auf die Vermögens-, Finanz- und Ertragslage ist darzustellen.

§ 285 Sonstige Pflichtangaben im Anhang

Ferner sind im Anhang anzugeben:

1. zu den in der Bilanz ausgewiesenen Verbindlichkeiten
   a) der Gesamtbetrag der Verbindlichkeiten mit einer Restlaufzeit von mehr als fünf Jahren,
   b) der Gesamtbetrag der Verbindlichkeiten, die durch Pfandrechte oder ähnliche Rechte gesichert sind, unter Angabe von Art und Form der Sicherheiten;
9. für die Mitglieder des Geschäftsführungsorgans, eines Aufsichtsrats, eines Beirats oder einer ähnlichen Einrichtung jeweils für jede Personengruppe
   a) die für die Tätigkeit im Geschäftsjahr gewährten Gesamtbezüge (Gehälter, Gewinnbeteiligungen, Aufwandsentschädigungen, Nebenleistungen jeder Art u. a.);
10. alle Mitglieder des Geschäftsführungsorgans und eines Aufsichtsrats mit dem Familiennamen und mindestens einem ausgeschriebenen Vornamen;
11. Name und Sitz anderer Unternehmen, von denen die Kapitalgesellschaft mindestens den fünften Teil der Anteile besitzt;
12. Rückstellungen, die in der Bilanz unter dem Posten „sonstige Rückstellungen" nicht gesondert ausgewiesen werden, sind zu erläutern, wenn sie erheblich sind.

§ 289 Lagebericht

(1) Im Lagebericht sind zumindest der Geschäftsverlauf und die Lage der Kapitalgesellschaft so darzustellen, dass ein den tatsächlichen Verhältnissen entsprechendes Bild vermittelt wird.

(2) Der Lagebericht soll auch eingehen auf:

1. Vorgänge von besonderer Bedeutung, die nach Schluss des Geschäftsjahrs eingetreten sind;
2. die voraussichtliche Entwicklung der Kapitalgesellschaft;
3. den Bereich Forschung und Entwicklung.

§ 316 Pflicht zur Prüfung

(1) Der Jahresabschluss und der Lagebericht von Kapitalgesellschaften, die nicht kleine im Sinne des § 267 Abs. 1 sind, sind durch einen Abschlussprüfer zu prüfen.

§ 318 Bestellung und Abberufung des Abschlussprüfers

(1) Der Abschlussprüfer des Jahresabschlusses wird von den Gesellschaftern gewählt.

6686440